□ 운암 조신권 교수 전집 5

슬기로운 삶의 기술
히브리 지혜문학의 이해

2008년 한국 평화예술가 선정 기념

조 신 권 지음

아가페문화사

Understanding of Hebrew Wisdom Literature

The Art of Wisely Living

by

Shin Kwon Cho

2010
Agape Culture Publishing Company
Seoul, Korea

雲岩 조신권 교수 전집을 펴내면서

지금까지 50여 년 간 연세대학교와 총신대학교 및 한국여자신학교에서 가르치고 연구하며 성경과 문학과의 가교를 놓는 일에 진력해 오신 우리들의 동료이자 은사이시며 신앙의 선배이신 雲岩 조신권 교수님의 학덕을 기리고, 신앙과 사상, 교육과 연구 및 문화와 학술 면에서 그가 세운 업적과 공적을 길이 보존하며, 후대에 널리 전승시키고 선양시키기 위하여 그의 전집을 펴내고자 합니다.

그 사이 연구하여 발표하고 출판했던 번역물들과 학술논저들, 그리고 틈틈이 써서 내놓았던 창작물들과 새로 쓴 것들을 모아 雲岩 전집 22권과 별책 1권『人生餘祿』으로 묶어 펴내려 합니다. 이 22권 중에는『성경의 문학적 탐구』를 비롯한 5권의 성경과 문학의 관계저서와『존 밀턴의 문학과 사상』을 비롯한 5권의 영문학과 성경과의 관계 저서,『한국문학과 기독교』를 비롯한 6권의 기타 기독교 관계 저서와 창작물, 그리고『실낙원』을 비롯한 6권의 번역물과 해설이 포함됩니다.

이 전집에서 우리는 끊임없이 새로운 것을 추구하는 선생님의 정열과 도전 및 탐구 정신과 만나게 되고, 무엇보다 복음 안에서 모든 학문과 현상을 재구성하고 재창조하는 그의 탁월한 상상력과 용광로처럼 뜨거운 영성을 재체험(再體驗) 또는 감응감수(感應感受) 할 수가 있습니다. 이런 영성은 혼탁한 세대를 밝히는 등불이 될 것이고, 어디로 가야할 지를 모르는 사람들에게는 지팡이가 될 것입니다.

독자 여러분에게 놀라운 은혜와 감동 및 유익과 새로운 깨달음을 줄 수 있었으면 좋겠습니다. 동시에 그의 한결같은 일관성과 그의 쇠심줄 같은 끈기 및 그의 성문학(聖文學)에 대한 사명감 등을 공유할 수가 있었으면 좋겠습니다. 더구나 영상매체가 판을 치는 이때에 펴내는 이 전집이 천박해 지기 쉬운 우리들의 후학과 후손들의 품격을 고상하게 격상시켜 주는데 도움이 되었으면 좋겠습니다.

지속적인 후원과 기도를 부탁드리며 순차적으로 펴내도록 하겠습니다.

雲岩 조신권 교수 전집 출판후원회
고문 총신대 총장(전) 김인환 박사
대표 총신대 이사장 김영우 목사

머리말

　폭포를 잘 그리기로 유명한 화가가 어느 날 많은 사람들이 지켜보는 가운데 그림을 그리기 시작했다. 모두들 나름대로 폭포의 모습을 상상하며 화가의 붓놀림을 열심히 지켜보고 있었는데, 그는 이상하게도 폭포는 그리지 않고 나무들만 무성하게 그렸다. 나름대로의 폭포를 상상하던 사람들이 한쪽에서 웅성대기 시작했다. 그러나 화가는 사람들의 웅성대는 일에 마음 쓰지 아니하고 진지하게 그림만 그려나갔다. 화가의 붓놀림이 마지막을 향하였을 때 사람들은 비로소 탄성과 함께 울창한 숲속에서 떨어지는 폭포를 발견할 수 있었다고 한다.
　하나님께서도 그의 태초부터 세운 섭리역사의 마스터플랜과 전체적인 구도를 성경이라는 캔버스(canvas) 위에다 그려놓았다. 우리는 성경을 볼 때 저마다 나름대로의 폭포를 기대하며 저마다의 다른 안경을 끼고 보기 쉽다. 그러면서 그 안각(眼角)이 시원치 않은 안경에 보이는 대로만 보며 폭포가 보이지 않는다고 불평할 때가 많다. 하나님의 그림은 하나님의 뜻 가운데서 하늘의 언어로 이루어진 그림이다. 나의 뜻, 나의 생각, 나의 상상, 나의 언어, 나의 이념으로는 뼛속 깊숙한 곳까지 파고드는 말씀을 제대로 읽어낼 수가 없다. 다만 그것은 말씀의 영으로서만 가능하다. 우리가 말씀의 영이라는 안경을 쓰고 볼 때만이 말씀의 진수, 곧 폭포가 보이게 된다.
　도스토옙스키의 장편 소설 『미성년』에 나오는 고독한 주인공 아르까지는 고등학교를 마치고 대학에 들어가게 되었을 무렵, 새롭게 전개될 새로운 삶을 열어나갈 준비를 하면서 자신의 내면 풍경을 이렇게 묘사하였다.
　"내게는 이념이 있어. 온 열정으로 추구해 나가야 할 이념이 있어. 언제부터 시작된 것인지는 모르지만, 내 영혼이 지향할 바가 무엇인지를 끊임없이 일깨워주는 그런 은밀한 기운이 내 가슴속에 깃들어 있어. 내 자신만이 비밀스러운 이념. 무엇이라고 구체적으로 표현은 못하겠지만, 그것을 생각할 때마다 내 가슴에는 신선한 기운과 열정이 솟아나는 것을 느껴. 잘은 모르겠지만, 내 삶을 가치 있는 것에 헌신해야겠다는 그런 아름다운 꿈이 새로운 세계를 준비하는 내 가슴속에 샘솟아 오르고 있어. 아직 막연하긴 하지만 이념을 향한 아름다운 그 열정이 있는 한 나는 어떤 모진 고통과 좌절의 시간이 와도 정면으로 맞서 넘어설 수 있을 것 같아."

삶의 새로운 지평을 꿈꾸며 자신의 눈빛을 가다듬을 준비를 하는 젊은이들은 자신의 내면 풍경을 아르까지처럼 그려볼 수 있다. 물론 가슴속에 이슬처럼 영롱하게 맺히는 생각을 다듬어 낼 줄 아는 감수성은 매우 소중하다 아니 할 수 없다. 그런 감수성을 기르는 것이 무엇보다 일반적인 삶을 위해서는 귀중하다. 그러나 성경의 진수를 내가 휘어잡거나 도도히 흐르는 폭포를 제대로 보려면 그렇게 가슴속에 샘솟아 오르는 기운과 열정 및 감수성만을 가지고서는 불가능하다. 그러기 위해서는 말씀의 영 곧 성령을 받지 않으면 안 된다. 그것이 명경(明鏡)처럼 맑고 투명한 안경이 되어 줄 때 하늘의 언어를 읽어낼 수가 있다. 하늘의 언어는 하늘의 언어로서만 해독할 수 있고 풀어나갈 수가 있다.

나는 연세대학교와 총신대학교, 그리고 한국여자신학교에서 근 50 여년 간 영어와 영문학 및 성경문학을 강의해 왔다. 나름대로는 오랜 동안 강의를 했기 때문에 폭포를 잘 보고 그것을 아름답고도 재미있게 강의로서 풀어냈다고 생각하여 왔다. 그러나 지금까지 본 것은 전체적인 폭포가 아니라 희미하게 떨어지는 가느다란 물줄기였을 뿐이었다. 그런데 학문과 신앙의 연륜이 쌓이면서 점차 깨달음도 깊어지고 삶의 깊이와 슬기가 계속 늘어나는 것을 인식하게 되었다. 또한 이제 와서야 여러 가지 흥미와 관심과 추구까지도 내려놓고 한 가지 것에만 올인(몰입)할 수가 있게 되었다. 세월이 약이라고 하는데 그것이 빈말이 아니라는 것을 요사이에 와서야 더욱 새롭게 느낄 수 있다. 지혜서는 격언처럼 단순하면서도 나름대로 깊은 슬기의 샘 같아서 그 원천으로부터 진리를 길어 올리기가 그리 쉽지 않다. 그러나 매일매일 차분하게 상고하면 슬기로운 삶의 기술을 얻어서 신실하고도 정직하게 살아갈 수가 있을 것이다.

운암전집을 내는 일에 큰 관심을 가지시고 여러모로 도와주시는 총신대학교 전 총장 김인환 박사님과 현 총장 정일웅 박사님 및 그 밖의 여러 교수님들, 그리고 총신대학교 이사장이신 김영우 목사님을 비롯한 물심양 면으로 도와주시는 여러 후원회 회원 여러분들과 영적인 후견인이 되셔서 애정으로 돌보아 주시는 청암교회 담임목사이신 권성묵 목사님께 감사를 드린다. 또한 이권에 개의치 아니하고 전집 출판에 심혈을 기울여 주시는 아가페문화사 사장 김영무 목사님과 출판총책을 맡아서 헌신적으로 돌봐주시는 부천대 조한식 선생님, 그리고 맞춤법과 띄어쓰기 및 워딩 작업 같은 자질구레한 일들을 불평 없이 맡아 처리해 준 총신대 영어교육학과 정세은·오지선 양에게 감사한 마음을 표한다.

두 아이를 돌보느라고 힘이 들련만 마다하지 않고 표지 디자인에 정성을 쏟아 주어서 품위 있는 책을 내도록 해준 셋째 자부에게 심심한 사의를 표하며, 늘 옆에서 성실하게 내조하고 기도로 도와주며 동역해오고 있는 사랑하는 아내 강경애 권사와 따뜻한 보살핌으로써 늘 힘을 북돋아 주는 세 아들 조기헌 장로, 조기백 집사, 조준용 집사와 이은재, 조모란, 황현정 세 자부(집사)들에게도 고마운 마음을 표한다. 할아버지를 위해 늘 기도해주고 있는 대견스런 네 손자들 조현우, 조현수, 조현재, 조현서와 두 손녀들 조유진과 조유빈에게 하나님의 축복이 넘치기를 애정을 모아 간절히 기원 한다.

2010년 4월 15일
관악산이 바라다 보이는
총신대학교 종합관 연구실에서
운암 조신권 씀

차 례

- 머리말 • 5

제1부 지혜문학의 전이해 • 13

제1장 지혜의 의미 • 16

1. 실제적인 의미 • 16
2. 전문적・기술적인 의미 • 18
3. 윤리적인 의미 • 21
4. 종교적인 의미 • 22

제2장 지혜문학을 가늠하는 기준 • 24

1. 설화자의 자세 • 24
2. 개인적 삶의 체험 표현 • 25
3. 반듯한 삶의 윤리적 원칙 추구 • 26
4. 간결한 진리 진술 • 27

제3장 지혜문학의 형태 • 29

1. 속담 • 29
2. 경구 • 33
3. 수수께끼 • 36
4. 알레고리 • 37

제4장 지혜문학의 한 형식 대구법 • 41

1. 동의적 대구법 • 41
2. 반의적 대구법 • 43
3. 종합적 대구법 • 44
4. 상징적 대구법 • 46
5. 계단적 대구법 • 47
6. 내성적 대구법 • 48

제2부 히브리 지혜문학의 이해 • 51

제1장 욥기 : 은혜로 고통을 극복하는 기슬 • 53

I. 욥기의 문학적 탐구 • 55

1. 저자와 저작 년대 • 55
2. 욥기의 장르 • 57
3. 주제와 구조 • 59
4. 문학적 특질 • 62

II. 욥기의 신학적 탐구 • 65

1. 욥의 인물 • 65
2. 천상회의 • 74
3. 천사들 • 76
4. 사탄 • 87
5. 욥의 고통을 보는 눈 • 101
6. 역경을 이기는 길 • 107
7. 욥의 아내 • 113
8. 욥의 세 친구들 • 118
9. 욥의 정신적 갈등 • 130
10. 욥의 믿음 지키기 • 137
11. 엘리후를 통하여 말씀하시는 하나님 • 143
12. 계시를 통하여 찾아오시는 하나님 • 157
13. 욥의 회개와 거듭남 • 172
14. 고통을 통한 은혜 • 177

제2장 잠언 : 슬기로운 삶의 기술 • 185

Ⅰ. 잠언의 문학적 탐구 • 187
  1. 저자와 저작 년대 • 188
  2. 잠언의 장르 • 190
  3. 주제와 문장구조 • 194
  4. 문학적 특질 • 199

Ⅱ. 잠언의 윤리 신학적 탐구 • 210
  1. 잠언의 하나님 • 211
  2. 잠언의 예수 그리스도 • 216
  3. 두 유형의 사람 • 218
  4. 축복은 행함으로 • 232
  5. 행복한 가정 • 251
  6. 삶의 기초교육 • 258
  7. 말, 말, 말 • 276
  8. 지혜로운 삶 • 291
  9. 생명과 죽음 • 305
  10. 파멸의 불길: 일곱 가지 대죄 • 312
  11. 행복의 비결: 일곱 가지 미덕 • 333
  12. 사회적 윤리 • 360

제3장 전도서 : 누리는 삶의 기술 • 388

Ⅰ. 전도서의 문학적 탐구 • 392
  1. 저자와 저작 년대 • 392
  2. 주제와 구조 • 397
  3. 문학적 특질 • 401

Ⅱ 전도서의 실존론적 탐구 • 409
  1. 부조리한 세상 • 410
    1) 해 아래 세상 • 410
    2) 덧없는 세상 가치들 • 419

         3) 부조리한 세상 • 431
         4) 불성실한 성전생활 • 440
         5) 강탈의 병리와 부에 대한 신화적 환상 • 449
         6) 누림이 없는 인생 • 457
         7) 인간의 한계상황 • 464
         8) 위험한 우매자들 • 472

      2. 누림이 있는 인생 • 479
         1) 참 행복의 길 • 480
         2) 자기 몫을 누리는 삶 • 493
         3) '보다 나은' 삶의 원리 • 501
         4) 참다운 삶 • 519
         5) 허무를 넘어서는 신앙 • 527

제4장 아가서 : 열매 맺는 사랑의 기술 • 535

   I. 아가서의 문학적 탐구 • 537

      1. 저자와 저작 년대 • 537
      2. 주제와 문학형식 • 538
      3. 해석방법 • 543

   II. 영적 사랑의 세 단계 탐구 • 546

      1. 첫 번째 단계 : 영적 사랑이 싹트는 시기 • 547
         1) 영적인 갈망 • 548
         2) 자기발견 • 552
         3) 새로운 인식 • 556
         4) 사랑의 시련과 그 소멸 • 562

      2. 두 번째 단계 : 영적 사랑이 꽃피는 시기 • 573
         1) 술람미 여인의 단계적 성장 • 576
         2) 다시 깨어진 친교와 회복 • 595

3) 사랑하는 사람의 우월성 • 601
4) 사랑의 재결합 • 607

3. 세 번째 단계 : 영적 사랑이 열매 맺는 시기 • 611
1) 완숙한 여자 • 613
2) 완숙된 사랑의 갈구 • 631
3) 완숙된 사랑의 성격 • 636
4) 완숙된 사랑의 결실 • 640

* 끝 맺는 말 • 651

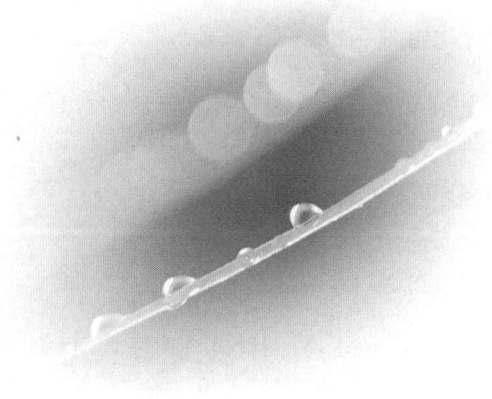

제1부 지혜문학의 전이해

예레미야 18장 18절에 보면, 고대 이스라엘에는 제사장과 예언자와 함께 현자(賢者, the wise man)라는 일단의 사람들이 있었는데, 그들은 중요한 사회적 지위를 차지하고 있었다. 이렇게 중요한 세 사회계층 중의 하나였던 현자들의 가르침과 깨달음을 민속 문학 형태의 그릇에다 영감을 실어 담아놓은 것이 지혜문학(智慧文學)이라 할 수 있다.

어느 민족이나 인생을 지혜롭게 또 가치 있게 살기를 원하며 그러한 삶을 위하여 오랜 세월을 살아오는 동안 자연스럽게 많은 속담이나 수수께끼 같은 것을 갖게 되었고, 또한 격조 높은 귀한 격언이나 금언 같은 것도 다수 갖게 되었다. 이런 민속 문학 형태의 교훈들은 대개 청소년들을 훈계하는데 사용되었다. 그런 의미에서 지혜문학 속에는 자연히 고귀한 도덕적 가치들, 곧 근면, 정직, 순결, 충효, 신의, 경건, 희망, 사랑, 믿음 등과 같은 주로 가르칠 수 있는 그런 내용들과 현대식으로 표현하자면 철학이라고 할 수 있는 것들로서 삶과 죽음, 행복과 불행, 그리고 고통의 문제 등 인생의 근본문제에 대한 심오한 생각들이 담겨져 있다.

물론 이런 문학형태는 이스라엘만이 갖고 있었던 고유한 것은 아니었다. 고대 근동에서 문물이 가장 발달했던 국가들, 즉 애굽과 바벨론에도 이러한 형태의 문학은 있었고, 이스라엘의 현자들은 그것을 수용해서 그들 나름의 신앙적 관점에 따라 토착화했던 것이다.[1] 이스라엘은 여러 가지 면에서 고대 근동의 문화권의 영향 아래 있었으니까, 그 영향을 받았던 것은 불가피한 일이었다. 그러나 이스라엘의 지혜문학은 고대 근동의 지혜문학을 그대로 수용한 것이 아니었으며, "여호와 경외"라고 하는 신학화(神學化) 작업을 통하여 토착화한 것이었다. 이 점이 고대근동의 지혜문학과 이스라엘의 지혜문학을 차별화하는 핵심이 되는 것이다.

다시 말하면 "여호와 하나님"과 그분에 대한 믿음이 바로 이스라엘 지혜를 여타의 지혜와 근본적으로 다를 수밖에 없도록 만드는 요인이 되었다는 말이다. 이스라엘 사람들에게 있어서 지혜란 결국 하나님의 것으로서, 인간이 자신의 힘으로써 찾을 수 있는 그런 것이 아니었다. 때문에 인간 쪽에 요구되는 지혜의 바탕은 올바른 종교적 자세, 곧 하나님께 대한 경외심과 같은 그런 공경의 자세를 갖는 것이었다. 이런 경외심이 바탕에 결여되었을 때, 인간이 아무리 지혜를 많이 쌓았다 해도 결국 모래 위의 탑이 될 수밖에 없었다. 그래서 지혜문학에서 자주 말하는 어리석은 자는 일반적인 지식이 없는 사람을 뜻하는 것이 아니라 하나님을 알지 못하거나 하나님을 부정하는 사람을 가리켰다. 하나님을 부정하며 살고 행동하는 사람이 바로 악인이요 어리석은 사람이었다.

넓은 의미에서 이 지혜문학은 히브리적 철학이라 할 수도 있다.[2] 랑게(Lange)가 말한 것처럼 "히브리 철학의 본질은 사색적인 것보다는 실천적이다. 그것은 … 하나님의 도움이 없는 인간의 이성만으로 모든 일의 원인을 연구하려 하리만큼 사색을 일삼거나 장려하지는 아니한다. 왜냐하면 (그들의 철학은) 본질적으로 신적인 것이므로, 하나님의 계시에다 그 발을 기초 두고 있고, 하나님의 율법의 영원한 원리 위에다 그 몸을 싣고 있기 때문이다."[3]

그 철학의 목적은 인생체험을 통합하고 여러 가지 방법으로 나타낼 수 있는 어떤 기본적인 원리를 찾아내는 데 있었다. 전도서 기자의 말을 빌리면 "지혜롭게 계획을 세우고 산다는 것이 어떤 것인가를 더듬어 찾아 알아보려는"(7:25), 즉 인생의 현실을 해석해 보고자 하는 그런 것이었다. 그러나 이런 현자들을 그리스의 철학자들과 동일시해서는 안 된다. 그들은 궁극적인 실재의 본질이나 궁극적인 인간의 운명보다는 현실적인 세계의 사실들과 현실적인 인생의 문제들에 더 관심을 두었기 때문이다. 다시 말하면 구속사의 중대한 개념인 율법, 계약, 선택, 구원과 같은 문제보다는 개인적 운명과 개인의 교육, 또는 인생생활에 적용할 수 있는 윤리적 일반원칙 같은 것에 더 관심을 두었다. 그래서 아보트는 히브리 지혜문학을 윤리적 철학(ethical philosophy)라 했다.[4]

히브리 철학이 아무리 실천적이라 할지라도, 참된 지혜는 항상 하나님의 도우심이 없이는 인간의 재능만으로는 도저히 얻을 수가 없다. 그러므로 참된 지혜는 인간에게서 솟아나는 것이 아니라 하나님께서 은사로 주시는 것이다. 그래서 야고보 사도는 일찍이 우리에게 이렇게 권면하였다. "너희 중에 누구든지 지혜가 부족하거든 모든 사람에게 후히 주시고 꾸짖지 아니하시는 하나님께 구하라 그리하면 주시리라"(약 1:5).

이 문학양식에 속하는 것은 주로 욥기, 잠언, 전도서, 시편의 일부 등이고 사사기와 하박국 말라기 같은 예언서 및 신약성서 등에서도 이런 지혜정신의 조류를 엿볼 수가 있다. 아가서는 보통 지혜문학에 포함시키지 않지만 나는 아가서도 그 내용으로 보아 이 장르 속에 넣어도 된다고 생각한다. 넓게는 신약성경의 야고보서와 예수 그리스도의 비유 등이 여기에 포함된다. 지혜문학의 일반적 특색은 "지혜"(wisdom)라는 말로 요약될 수 있다. 그러므로 우선 지혜라는 말의 의미를 규명해 보는 것이 좋겠다.

제1장 지혜의 의미

구약 성경에 있어서 '슬기'를 표시하는 말은 다양해서, 어떤 때는 '지식'(knowledge), 어떤 때는 '명철'(明哲 understanding), 어떤 때는 '분별'(prudence), 어떤 때는 '교훈'(discipline) 또는 '징계'(rebuke)라 했다. 이 말들의 뉘앙스는 각기 조금씩 다르지만 거의 비슷한 말들이라 할 수 있는데, 그 중에서도 가장 포괄적으로 사용할 수 있는 말은 역시 '지혜'(wisdom)라는 말이다.

정확히 지혜란 무엇인가? 스튜어트에 따르면 "지혜란 진리를 경험의 빛 아래서 개인의 생활에 적용하는 훈련"[5]이라 할 수 있다. 다시 말하면 지혜는 한 개인이 그가 경험을 통하여 습득한 진리를 따라 생각하고 행동할 때에만 존재하는 그런 것이다. 그러므로 지혜는 현실 '대응능력', '조정기술', "삶과 세계의 법칙들에 대한 실제적인 지식으로서 경험에 기초한 것", "자기 이해와 세계 지배를 위한 탐구"라 할 수 있다.[6] 그러나 어떤 지혜에 대한 정의도 히브리어 '호크마'의 개념을 충족시킬 수는 없다.

이 지혜라는 말이 사용되는 범위는 무척이나 넓어서, 신의 지혜(잠 21:30; 사 31:2)나 신의 창조적 능력(시 104:24; 잠 9:1-6; 렘 10:12)을 가리키기도 하고, 또는 신으로부터 인간에게 주어지는 지혜(시 51:6, 90:12)나 또는 주술적 능력(창 41:8; 출 7:10; 시 58:4-5; 단 1:17, 2:2) 등을 지시하기도 한다. 그러나 일반적으로는 지식과 같이 실제적인 의미로 쓰인다.

1. 실제적인 의미

이 지혜가 왕이나 지배자 또는 지도자에게 부여되면, 그들은 선과 악, 참과 거짓, 추와 미, 유용함과 무용함 등을 명석하게 분별할 수 있는 힘을 갖는 것으로 이해되었다. 메시아(사 11:2), 여호수아(신 34:9), 다윗(삼하 14:20), 솔로몬(왕상 3:9, 12, 4:29-), 학자 에스라(스 7:) 등이 모두 그런 인물들로서, 그들은 실제적인 지혜의 힘에 의존해서 그 정치적, 사법적, 종교적 지도자의 임무를 유용하고 가치 있게 수행할 수가 있었다. 이런 의미에서 히브리적 지혜는 실제적인 성격을 띠고 있었다고 할 수 있다. 솔로몬에게 하나님께서 주신 지혜로 인해 얼마나 나라를 잘 다스리고 재판을 잘 했는가를 살펴봄으로써 지혜의 실제적인 의미를 입증해 보겠다.

솔로몬은 왕이 되었을 때 자신이 이스라엘을 잘 다스릴 실제적인 능력이 없음을 알았으므로 참으로 겸손하게 하나님께 이렇게 기도했다. "나의 하나님 여호와여 주께서 종으로 아버지 다윗을 대신하여 왕이 되게 하셨사오나 종은 작은 아이라 출입할 줄을 알지 못하고 주께서 택하신 백성 가운데 있나이다 그들은 큰 백성이라 수효가 많아서 셀 수도 없고 기록할 수도 없사오니 누가 주의 이 많은 백성을 재판할 수 있사오리이까 듣는 마음을 종에게 주사 주의 백성을 재판하여 선악을 분별하게 하옵소서"(왕상 3:7-9). 솔로몬은 권세와 영광과 재물을 구하지 아니하고 아이와 같은 자기가 나라와 큰 백성을 잘 다스릴 뿐 아니라 그들의 말을 듣고 재판할 때 옳고 그름을 잘 분별할 수 있는 능력 곧 실제적인 지혜를 순수하게 구했다. 하나님께서는 그의 이런 순수한 간구를 들으시고 곧 선악을 분별하는 지혜의 은사를 부어주었다. 그것이 열왕기상 3장 16-28절에 나오는 재판사건이다.

하루는 솔로몬이 모든 신하들을 위하여 잔치를 베풀고 있을 때에 두 창녀가 한 갓난 아이를 가지고 나와 그 아이를 솔로몬 앞에 놓고 서로 자기가 그 아이의 어머니라고 다투고 있었다. 어떻게 누가 진짜 어머니이고 누가 어린 아이를 빼앗고서는 거짓을 꾸며대는 여인인지를 가려낼 수가 있단 말인가? 모두가 난감해 하고 있을 때 솔로몬은 '어린 아이를 공평하게 반으로 나누라'는 결정을 내렸다. 이렇게 함으로써 진실이 드러나게 했던 것이다. 우리는 누구나 다 잘 알고 있다시피 모성애란 자신의 아이를 살리기 위하여 자신의 모든 권리를 포기할 수도 있는 것이다. 이 간단하고 직접적이며 단순한 심리학적 사실을 적용한 것만으로도 이 위대한 정치가로서의 그의 실제적인 지혜는 입증된다. 온 이스라엘이 솔로몬의 판결을 듣고 그를 존경하였다. 백성들이 하나님께서 솔로몬에게 공의를 반듯하게 시행할 수 있는 지혜를 주었음을 깨달았기 때문이다(왕상 3:28).

또 하나의 주목할 만한 문단은 열왕기상 4장 22-28절까지인데, 여기서는 궁정의 식량 공급량과 기병대의 규모를 묘사해주고 있다. 이 문단 가운데 솔로몬이 사는 동안에는 온 나라가 안전하게 살았다는 진술이 "각기 포도나무 아래와 무화과나무 아래에서 평안히 살았더라"(왕상 4:25)는 표현으로 나타난다. 솔로몬의 지혜로운 통치와 나라 경영으로 솔로몬이 다스리는 이스라엘 나라가 부강하고 평화롭게 살게 되었음을 단적으로 보여주는 이야기다. 시바의 여왕도 솔로몬의 부와 지혜가 "세상 그 어느 왕보다 큰 것"(왕상 10:23)을 보고 놀랐다는 기록도 있다. 이 정도로 솔로몬은 실제적인 지혜를 넘치게 받은 왕이었다.

2. 전문적 · 기술적인 의미

다음으로 지혜는 전문적 또는 기술적 능력을 의미했다. 예를 들면 천막이나 신전을 건축하는 기술(출 28:3; 왕상 7:14), 목공, 금장(金匠), 면직공의 기술(출 28:3 이하, 31:3 이하), 우상을 만드는 기술(사 40:19-20; 렘 10:8-9), 직업적인 울음군의 기술(렘 9:17), 항해술이나 조선술(겔 27:8-9), 무역술(겔 28:5) 또는 농업의 기술(사 28:23-29) 같은 것을 모두 지혜라 했다. 이상과 같이 지혜는 인간의 생활과 직결된 지식이나 처세술, 또는 건전한 판단력을 의미했다. 이런 능력과 전문적 기술을 가진 사람들은 어떤 특별한 일을 할 수 있는 지혜를 소유한 사람들로서 예우를 받았으며, 그들을 흔히 지혜자라고 불렀던 것이다.

특히 하늘까지 닿는 바벨탑을 쌓는 기술을 통해 지혜의 전문성이 나타나기도 했지만, 성막을 짓는 일에서 좀 더 지혜의 전문적인 의미를 구체적으로 찾아볼 수 있다. 성막(Tabernacle)을 히브리어로는 '오헬'(ohel)이라고 하는데, 동물의 가죽이나 짐승의 털로 된 유목민들의 천막(텐트)을 가리킨다. 그러나 이스라엘 사람들이 광야에서 세운 성막은 유목민들이 거하는 처소로서의 천막을 가리키는 것이 아니고, 하나님의 이동식 처소, 곧 이스라엘 백성이 하나님께 제사 드리고 죄를 용서받는 거룩한 장소를 뜻한다. 물론 하나님은 광대하시며 무소부재하신 분이시기 때문에 그에게는 거처가 필요치 않으시다. 또한 그를 모실만한 거처도 필요치 아니 하다.

그런데 그러한 하나님이 모세에게 성막을 짓도록 명령하신 까닭은 무엇인가? "내가 그들 중에 거할 성소를 그들이 나를 위하여 짓되 무릇 내가 네게 보이는 모양대로 장막을 짓고 기구들도 그 모양을 따라 지을지니라"(출 15:8-9). 이 구절을 통하여 하나님은 '내가 그들 중에 거할 성소'를 지으라고 말씀하셨다. 즉 하나님 자신의 거할 처소로서의 성막을 건축하도록 명령하신 것이 아니라, 하나님이 이스라엘 중에 거할 수 있는 장소로서의 성막을 짓도록 계시하신 것이다.

이미 앞에서도 말한 바와 같이, 하나님은 천지에 충만하신 분이시기 때문에 자기가 거할 특별한 장소가 필요하시지는 않으시다. 그런데도 성막을 지으라고 하신 것은 눈에 보이는 가시적 성막을 통해서 이스라엘 중에 함께하시겠다는 자신의 의지를 나타내신 것이라 할 수 있다. 그러니까 성막을 세우신 목적은 죄로 말미암아 하나님과 멀어졌던 인간들이 자발적으로 하나님을 찾아 나가 그에게 예배드리고, 희생 제사를 드려 죄를 용서받도록 하기 위한 것이었다고 할 수 있다.

이런 목적 때문에 하나님께서는 모세에게 성막의 규모와 기구 등 하나하나를 자세하게 계시하셨던 것이다. 이 성막에 관한 이야기는 출애굽기 25장으로부터 시작해서 31장까지에 걸쳐 나온다. 이 기록의 말씀 속에서 하나님께서는 시내 산에 올라가 40일 동안이나 준비기도 하며 거기에 머물러 있던 모세에게 그의 손으로 십계를 새긴 두 장의 돌 판과 함께 성막에 관한 세밀한 모형을 제시하면서 상세하게 설명해주셨다. 이때의 모세의 나이는 81세였다. 성막은 하늘에 있는 것의 "그림자"(히 8:5)며, 장차 올 것들의 모형이었다(히 9-10장). 성막과 후에 그 모형대로 지은 성전은 유대민족의 생활 중심지가 됨으로 매우 중요하다.

하나님께서 모세에게 성막의 설계를 계시하고 그것을 지을 자료들을 모으라고 명령하셨을 때, 이에 감동된 자들(출 35:21)과 마음에 원하는 자들(출 35:29)이 성막건립을 위해 즉시 예물들을 가져왔는데, 그것은 성막을 짓고도 남을 만큼 차고 넘쳤다. 그 예물들은 그들이 소유했던 것들을 바쳤기 때문에 그 종류가 다양했는데, 그것은 대부분 그들의 장신구로 쓰였던 팔찌와 가락지와 명패와 목걸이 등과 같은 보석들로서(출 35:22), 대개는 애굽에서 가져왔던 것들이었다. 보석이 없는 사람들은 염소의 털이나 수양의 가죽을 가져왔지만, 어떤 여자들은 가느다란 청색실과 자색 실을 만들어 가져왔고, 또 어떤 여자들은 염소 털로 굵은 실을 만들어 가져오기도 하였다.

이렇게 금세 예물이 다 준비되자 하나님께서는 전문적인 기술을 가지고 성막 짓는 일을 잘 할 수 있도록 하기 위해 두 건축 장인(匠人)을 지명하였다. 이 두 장인은 유다의 6대 후손인 우리의 아들 브살엘과 단 지파에 속한 아하사막의 아들 오홀리압이었다. 브살엘은 금속과 돌과 나무를 정교하게 다루는 미술과 조각에 능한 사람인 동시에 고대의 약제사로서 관유며 향 같은 것을 만드는 기술을 가진 사람이었고, 오홀리압은 재단사로서 여러 가지 천을 다룰 줄 알며 대제사장의 호화로운 제복(祭服)과 그 장식품들을 잘 만들며 청색, 자색, 홍색실과 가는 베로 짜고 수놓는 일에 능한 사람이었다.

하나님께서는 이 일을 하도록 지명하여 부르신 그 장인들에게 그의

"영을 충만케 하여"(출 35:31) 지혜와 총명과 지식으로 여러 가지 일에 부족함이 없도록 자질을 갖추어 주었다. 그들은 연구하는 일 뿐 아니라 직접 일을 하도록 임명되었고,(출 35:32), 또한 다른 일꾼들을 가르치는 일도 하게 하였다(출 35:34). 이 두 건축 장인 가운데서도 특히 유다 지파 훌의 손자요 우리의 아들인 브살렐은 다른 일들을 지휘할 수 있는 명령권을 갖게 한 동시에 그들을 지도하는 수고도 하게 하였다. 이 소문이 전해지면서 지체 없이 일꾼들이 그의 밑에 모여들었고, 그들은 곧 성막 세우는 일에 착수했다(출 36:1).

성막은 세 부분, 곧 성막 뜰과 성소와 지성소로 구성되어 있었고, 그 대지의 규모는 약 300평 정도였다. 이런 대지에다 모세에게 계시해준 설계대로 두 장인의 전문적인 지혜의 능력과 기술로써 아주 성스럽고 훌륭한 성막을 건축하였다. 그리고 제사장의 옷들도 만들었다. 이런 기술을 일컬어 지혜라 하였고 이런 기술을 가지고 있는 사람들은 지혜자라 하여 특별히 존경과 예우를 받았다. 이런 지혜를 전문적인 의미의 지혜라 한다.

3. 윤리적인 의미

지혜를 옳고 그른 것을 가려서 바르고 곧은 삶으로 인도하는 막대기나 지팡이로 보았다(잠 4:11, 15:21). 즉 지혜를 삶의 윤리적인 생활, 표준 또는 법으로 본 것이다. 법이니까 그대로 따라서 살면 바로 갈 수가 있다. 이런 의미에서 지혜라는 말은 명철이나 분별력과 동일한 것이다. 잠언서에서 화자는 젊은이에게 이방 여인과 동일시 되는 음부(淫婦)의 꾐에 대해서 경계할 것을 여러 차례에 걸쳐 충고하고 있는데, 이는 성적으로 빗나가기 쉬운 허약한 젊은이들에게 주는 지혜의 경고인 것이다. 열왕기상 3장 9절에서 "듣는(지혜로운) 마음을 종에게 주사 주의 백성을 재판하여 선악을 분별하게 하옵소서"라고 한 바와 같이 마음을 지혜의 중심점으로 보는 것이다. 이것은 마음의 지적 기능뿐만 아니라 도덕적 기능도 가르치는 것이라 할 수 있다. 솔로몬은 왕이 된 초기에는 지혜의 도덕적 기능까지도 잘 지켜서 나라도 융성하게 하였고 명재판관으로 그 이름을 떨쳐 이스라엘 사람들 뿐 아니라 주변 여러 나라의 사람들이 그를 존경하였다.

그러나 열왕기 11장에 이르면 솔로몬이 타국과 결혼 동맹을 맺으면서부터 윤리적으로 탈선하기 시작한다. 율법은 이방여인과의 결혼을 명백히 금하고 있다(출 34:11-16; 신 7:1-4; 왕상 11:2). 그런데도 솔로몬은 바로의 딸 이외에 이방의 많은 여인들 곧 모압과 암몬과 에돔과 시돈과 헷 여인(왕상 11:1)과 결혼하였다. 왕은 후궁이 칠백이요 첩이 삼백 명이었다. 이런 윤리적인 그릇된 판단과 행동을 한 것은 그에게서 점차 하나님의 영이 떠나기 시작한 것을 의미하며 그에게 주었던 윤리적 기능을 하는 총명한 지혜가 흐려지기 시작한 것을 뜻한다. 지혜가 흐려짐으로써 윤리적인 분별력과 판단이 깨지고 마는 것이다. 결국 그렇게 되면 종교적으로 타락하게 된다.

4. 종교적인 의미

성경에서 말하는 궁극적인 지혜의 의미는 종교적이다. 즉 하나님을 경외하는 삶 그것이 지혜의 근본이라고 한다(잠언 9:10; 욥기 28:28). 하나님을 경외하는 삶 그것이 바로 신앙이다. 이런 믿음 없이는 천상적인 지혜 (heavenly wisdom) 곧 성령을 소유할 수 없다. 성령은 신앙과 직결되는 하나님의 은사인 것이다. 그러나 이런 종교적인 삶은 윤리적인 삶과 전혀 무관한 것은 아니다. 사람들과의 바른 삶은 곧 하나님 앞에서의 실존을 뜻하는 것이기 때문이다. 믿음이 있다고 하면서 행함이 없으면 살아있는 신앙이 아니라 죽은 신앙이 되는 것이다. 이런 의미에서 윤리적인 행동은 종교적인 의미를 갖게 된다. 그러나 자기중심적인 윤리적 사고만으로는 그런 지혜를 얻을 수 없다.

이런 지혜를 얻으려면 잠언 9장 10절에서는 "거룩하신 자를 아는 것"이라 하였다. 거룩하신 자를 아는 방법 중에서 최선의 방법은 하나님의 말씀(성경)을 읽는 것이다. 또한 우리가 지혜를 얻으려면 주님의 도움을 간구하여야 한다. 야고보 사도는 "너희 중에 누구든지 지혜가 부족하거든 하나님께 구하라"(약 1:5) 했다. 솔로몬이 하나님께 백성을 이끄는데 필요한 지혜를 구한 것과 같이(왕상 3:9), 우리가 항상 경건한 길을 가려면 하나님께 의존하여야 한다. 범사에 하나님을 인정하면 그가 길을 인도해주신다고 하였다.

그러나 솔로몬은 윤리적 지혜가 흐려지기고 그가 후궁과 처첩으로 맞이한 이방여인들이 그가 나이 들었을 때 "그의 마음을 돌려 다른 신들을 따르게 하였으므로" 그의 부친 다윗처럼 여호와 하나님을 섬기지 못하였다(왕상 11:6). 그 결과 그는 이방 신들을 위하여 신당을 지었고 그 신들을 숭배하였다. 솔로몬은 이방여인과 결혼하지 말라는 언약을 어김으로써 윤리적인 지혜를 흐리게 하였고 그 결과 이방신들을 위해 신당을 만들고 섬기는 용서받을 수 없는 죄를 범하였다. 결국 왕국은 분열하게 되는 것이다. 이를 통하여 우리는 아무리 지혜자라 할지라도 실족할 수 있으며, 단지 의무이행과 모험적인 일의 추진을 위해 지혜를 사용하면 그것이 그의 멸망을 초래할 수도 있다는 것을 배우게 된다.

제2장 지혜문학을 가늠하는 기준

일반적으로 사람들은 축적된 경험을 토대로 상식의 세계에서 생활하고 있다. 그러나 사람이 살아가면서 상식 이상의 지혜가 필요할 때가 있다. 성경의 지혜문학은 인간의 상식의 세계를 초월하는 그런 지혜의 생활을 교훈하고 있다. 참된 지혜는 세상 지식에서 나는 것도 아니고 단순히 추구한다고 해서 얻어지는 것도 아니다. 위에서도 이미 말씀드린 바와 같이 참된 지혜는 하나님의 은사로 주어지는 것이다(왕상 2:9). 인간이 아무리 재능이 많고 노력을 하여도 하나님의 도우심 없이는 얻을 수 없는 것이 참된 지혜다.

이런 삶의 원리와 기술을 담은 지혜문학 속에는 이미 언급한 바 있는 욥기, 잠언, 전도서와 시편의 일부 등과 아가서 같은 것들이 포함된다. 지혜 문학은 성경문학 중 여타의 어떤 특정한 범주에 넣기 힘든 문학이다. 그래서 서상한 지혜의 책들은 지혜문학의 범주로 구분할 수밖에 없는데, 이와 같이 한 작품을 지혜문학이라는 테두리 안으로 넣는 데에는 몇 가지 가늠기준을 세워 할 수밖에 없다고 생각한다. 이 기준을 살펴보겠다.

1. 설화자의 자세

지혜문학의 테두리를 가늠하는 첫 번째 기준은 무엇보다도 그 특징을 잘 보여주는 화자의 자세라 할 수 있다. 즉 지혜문학에 있어서 그 특징은 화자의 자세에 나타나는데, 다른 작품과는 달리 화자 자체가 자신을 인간 경험에 관한 자신의 입장이나 견해를 주장하는 현자(賢者) 즉 지혜자로 자처하고 있다. 다시 말하자면 그는 나이와 경험이 많은 사람 즉 아버지 또는 권위 있는 교사의 입장에서 자신의 체험과 관찰을 교수하듯이 삶을 해석해 나가고 있는 것이다.

이스라엘의 지혜자는 지혜를 찾는 사람들의 교사 또는 상담자의 역할을 했고, 때로는 일종의 부모 대역도 하였다. 출애굽 이전, 요셉은 하나님에 의해 바로의 '아비'가 되었고(창 45:8), 출애굽 이후 여선지 드보라는 이스라엘의 '어머니'(삿 5:7)라 불리웠다. 그래서 우리는 종종 잠언에서 지혜의 교사가 그의 생도들을 '나의 아이야'(my child)로 부르는 것을 보게 되는 것이다.

전도서 1장 1-2절을 보면 '전도자'라는 말이 두 번 나온다. "전도자가 가로되" 하고 말을 하는 사람을 '코헬렛'이라고 밝히고 있다. 히브리어 '코헬렛'은 전도자(evangelist)라는 뜻 이외에도 지혜자(wise man), 교사(teacher), 설교자(preacher), 집회의 지도자(convener of the assembly), 집회의 기록자(scribe of the assembly)를 지칭한다. 잠언서는 아버지가 아들에게 주는 일상생활의 지혜서이고, 전도서는 아버지가 아들에게 주는 충고라 할 수 있고, 욥기는 지혜자가 어리석은 자에게 일종의 감춰진 삶의 지혜를 가르치는 것이라 할 수 있다.

여기서 말하는 아버지는 생부(生父)가 될 수도 있고, 사부(師父)가 될 수도 있으며, 또한 교부(敎父)나 천부(天父)가 될 수도 있다. 그렇게 보면 생부가 자기가 낳은 아들에게 하듯이, 또한 사부나 교부가 자기의 제자들에게 하듯이, 하늘에 계신 아버지 곧 천부께서 그의 양자로 삼으신 믿는 사람들에게 주시는 교훈이 잠언이요 전도서와 욥기서는 인생론의라 할 수 있다. 전도서 12장 9절에서 화자의 자세가 잘 요약된다. "전도자가 지혜로움으로 여전히 백성에게 지식을 가르쳤고 또 묵상하고 궁구하여 잠언을 많이 지었으며"라 하였다.

2. 개인적 삶의 체험 표현

지혜자의 역할은 제사장이나 예언자보다는 상대적으로 낮고 비천한 것이었으나 그 배경에는 호소력을 띠는 인간의 경험이 깔려 있다. 요컨

대 현자란 선한 삶을 추구하는 사람들이었으며 현실에서 관찰하고 경험한 것을 토대로 그들이 진리라고 느끼는 것들을 가르치는 성실한 선생이었다.

성경의 종교는 한 마디로 말해서 계약종교라 할 수 있다. 구약은 여호와 하나님과 선택된 민족인 이스라엘 사이에 맺어진 낡은 계약이고, 신약은 그리스도를 통하여 하나님과 모든 인간 사이에 이루어진 새로운 계약이다. 낡은 계약은 생활의 규범이 되는 율법을 준수하고 여호와 하나님을 경외하면 이스라엘 민족을 축복의 민족으로 세워주겠다는 것이고, 새로운 계약은 누구든지 그리스도를 믿으면 영생을 주시겠다는 것이다. 그렇기 때문에 구약의 대부분 즉 창세기, 출애굽기, 레위기, 민수기, 신명기 등의 율법서와 여호수아, 사사기, 룻기, 사무엘상, 사무엘하, 열왕기상, 열왕기하, 역대상, 역대하, 에스라, 느헤미야, 에스더를 포함한 역사서 및 이사야, 예레미야, 에스겔, 다니엘, 호세아, 요엘, 아모스, 오바댜, 요나, 미가, 나훔, 하박국, 스바냐, 학개, 스가랴, 말라기 등의 예언서는 대부분 민족적 성격이 강하다. 물론 지혜문학에 그런 요소가 전혀 없는 것은 아니지만 그것은 작품의 배경이 될 뿐이고 대체적으로는 개인적인 성격을 갖는다. 예를 들면 욥기는 민족적 고뇌를 문제로 삼고 있다기보다는 욥이라고 하는 개인의 고통을 다룬 것이라 할 수 있고, 전도서는 솔로몬이라고 하는 한 개인의 삶의 체험인 허무감을 표현하면서 참다운 가치 있는 삶의 의미를 탐구해 나간 것이라 할 수 있다. 신약의 서신과 마찬가지로 구체적인 삶의 문제들을 나와 너의 관계 속에서 친근하고도 인격적으로 풀어가고 있다. 이런 점에서 지혜 문학은 율법서나 예언서 및 역사서 보다는 훨씬 더 보편적이다.[7]

3. 반듯한 삶의 윤리적 원칙 추구

인간생활에 적용할 수 있는 윤리적 일반 원칙 같은 것에 더 관심을 두고 있다. 다시 말하면 어떻게 살아가는 것이 반듯한 삶이고 무엇이 지혜인지를 일깨워 주고 그런 삶을 살도록 나와 너의 눈을 열어준다. 지혜문학은 구속사의 중대한 개념인 율법, 계약, 선택, 구원과 같은 문제보다는 개인의 운명과 교육, 또는 인생에 적용할 수 있는 윤리적 일반 원칙 같은 것에 더 관심을 두고 탐구한다. 현자들은 의심의 여지없이 우리에게 포괄적인 행동 지침들을 내놓는다. 이를테면 부모를 공경하는 것, 일상적인 명령에 순종하는 것, 또는 노년의 부모를 잘 보살피는 것 등이 복잡한 사회를 한 데 묶어 주는 접착제와도 같은 역할을 수행하게 된다는 것을 가르쳐준다. 고대 이스라엘 사회에 있어서 가장 중요한 제도는 가정이었다. 그러므로 가정에서 사람들은 가치 체계를 습득하여야 하고 바른 성격을 형성해 가는 데 필요한 윤리의 원칙들을 깨달을 수 있게 하기 위해서 현자들은 풍부한 수사학을 채용한다. 즉 그들은 권고나 경고, 대화나 판결, 이야기나 시 등의 양식들을 사용하여 자기들의 가르침을 전달하고 강화하고 있다.

4. 간결한 진리 진술

보편적인 진리를 간결하게 진술한 것이 속담 또는 격언이라 할 수 있다. 지혜 문학은 실제로 속담, 격언, 경구, 금언 등과 관련이 있는 일종의 민속 문학인 것이다. 즉 이것은 모든 사람들이 참(진리)이라고 알고 있는 공동 여론에 의존하는 것이라 할 수 있다. 그 배경은 특별한 것이 아니라 일상생활 어디에서나 볼 수 있는 것이다. 개개의 속담은 다른 것과 전혀 관련이 없는 독립된 단위로 쓰이고 있다. 그러나 개중에는 복잡한 형식의 속담도 있음을 간과할 수 없다. 그 첫 단계가 속담 뭉치라 할 수 있다. 즉 한 가지 평범한 주제에 대한 개별 속담들의 계열 같은 것이다. 성경의 잠언에 나오는 예들로서는 왕(25:2-7), 어리석은 자(26:1-12), 게으름뱅이(26:13-16), 사회의 다양한 골칫거리들(26:17-28)에 관한 일련의 금언들이 그런 것이다. 이런 식의 문학적 복잡성으로 발전하는 다음 단계는 하나의 통일 주제별로, 단일 화자를, 그리고 통일된 구조와 시적 조직별로 속담을 모으는 것이다. 그 고전적인 예가 잠언 1-9장인 것이다.

제3장 지혜문학의 형태

만일에 지혜자들이 이스라엘 안에서 독립적인 한 계층을 이루었다면 이런 가정을 해 볼 수가 있을 것이다. 즉 지혜자들은 그들 나름의 메시지를 전개해 가는 특징적인 형식을 사용했을 것이라는 것이다. 실제로 욥기, 잠언, 전도서 등에 채용된 문학형태들은 그들이 아니고서는 잘 이해할 수 없는 독특한 전달 체계를 가지고 있었다. 그렇다면 지혜문학이 갖는 그 나름의 독특한 문학형태는 무엇인가? 그것은 속담(proverb), 경구(epigram), 수수께끼(riddle), 우화(fable), 알레고리(allegory), 수필(essay), 소네트(sonnet), 찬양(praise) 등과 같은 것들이다. 이제는 이러한 중에서 가장 보편적 형태에 대해 살펴보겠다.

1. 속담

지혜문학의 가장 일반적인 형태는 격언이다.[8] 격언의 히브리어인 '마샬'(marshal)은 꽤 넓은 의미를 갖지만 주로 격언, 금언, 속담 유의 진술을 말한다. 속담이란 어느 때 어디서 누가 말했는지는 모르나 그것이 그 주위 사람들의 마음속에 깊은 동감을 얻고 널리 퍼져서 온 민족에게 공통된 진리로 전해 내려오는 격언을 일컫는다.

"옛 사람들이 흔히 말하기를"(삼하 20:15), 또는 "옛 속담에 이르기를"(삼상 24:13) 등으로 보아 이스라엘에는 구전적인 격언이 다수 있었다는 것을 알 수 있다. 그 중에서도 대표적인 것은 사무엘상 10장 12절, "사울도 선지자들 중에 있느냐 하더라"(삼상 10:12)는 말씀이다. 사울은 사무엘로부터 기름부음을 받았는데, 그 때부터 새 마음을 갖게 되었고, 하나님의 영이 크게 임함으로 예언을 하게 되었다(삼상 10:9-10). 그 이전에 사울을 알던 사람들이 사울이 선지자들과 함께 예언하는 것을 보고 서로 이르기를 "사울도 선지자들 중에 있느냐"고 물었다. 그 질문이

구전되어 속담으로 남게 되었던 것이다.

　이 말은 사울의 모습이 종교적인 면에서 눈에 드러날 정도로 급작스럽게 변화된 사실을 가리키고 있다. 이 말은 후에 이스라엘 사람들 사이에 속담이 되어 어떤 사람이 종교적, 윤리적으로 크게 변화하여 다른 사람이 된 것을 가리키는 데에 사용되었다. 이 속담의 출처는 사무엘상 19장 18-24절에도 설명되어 있다.

　사무엘상 24장 13절에는 "악은 악인에게서 난다"는 속담이 있다. 이는 다윗을 시기하여 두루 쫓아다니며 죽이려하던 사울에게 다윗이 엔게디 굴에서 한 말이다. 엔게디 굴에서 다윗은 사울을 죽일 수 있었는데도 죽이지 않고 '그의 겉옷자락'만을 가만히 베었다. 다윗이 이렇게 행한 목적은 자기의 무죄를 입증하기 위한 것이고 사울의 증오심을 완화시키기 위한 것이었다. 따라서 "악은 악인에게서 난다"는 속담은 사람이 어떤 자인지는 그의 행위를 보아 알 수 있다는 뜻이다. 이러한 원리는 "열매로 나무를 알 수 있다"고 하신 예수님의 말씀과 일맥상통하는 것이다. 마태복음 12장 35절에서는 "선한 사람은 그 쌓은 선에서 선한 것을 내고 악한 사람은 그 쌓은 악에서 악한 것을 내느니라"고 하였다. 누가복음 6장 43절에서는 "못된 열매 맺는 좋은 나무가 없고 또 좋은 열매 맺는 못된 나무가 없느니라" 하였고, 야고보서 3장 11-12절에서는 "샘이 한 구멍으로 어찌 단 물과 쓴 물을 내겠느냐. 내 형제들아 어찌 무화과나무가 감람 열매를, 포도나무가 무화과를 맺겠느냐. 이와 같이 짠 물이 단 물을 내지 못 하느니라"라고 하였다. '악은 악인에게서 난다' 는 속담의 의미는 사람됨에 의해서 그 행동이 결정되며 심은 대로 거둔다는 말이다.

　에스겔 16장 44절에는 "어머니가 그러하면 딸도 그러하다 하리라"는 속담이 있다. 여기서 말하는 이스라엘의 '어머니' 는 헷 족속이다(겔 16:3). 헷 족속은 가나안의 후손들로(창 10:5) 가나안 땅의 일곱 족속 중 하나이며(신 7:1), 바알과 아스다롯을 섬기며 살았다. 바알은 페니키아와 가나안인의 남신으로 여신 아세라(아스다롯)와 함께 숭배되었다. 바알의 제사 의식은 음란하고(민 25:1-5) 광란적이며(왕상 18:26) 사람을 제물로 드렸다(렘 19:5). 이런 헷 족속이 사는 가나안 땅에 새로 거주한 이스라엘은 그들을 노예 생활 가운데서 이끌어 내어 출애굽시켜 주신 여호와 하나님을 잊고 먼저 살던 원주민들과 조금도 다름없이 우상 숭배를 그대로 답습하였다(삿 2:11-15; 3:5-7; 8:33). 그래서 하나님은 본 절의 속담을 통해 이스라엘의 부패를 지적하신 것이다. 이것은 우리에게 신자들의 신앙생활은 주변 환경에 영향을 많이 받으므로 항상 조심할 것을 가르쳐 준다. 이 속담은 보통 조소와 경멸을 표시할 때 쓰인다.

에스겔 18장 2절에는 "아버지가 신 포도를 먹었으므로 그의 아들의 이가 시다고 함은 어찌 됨이냐"라는 속담이 나온다. 바벨론에 포로 된 유대인들은 아버지가 저지른 죄 값이 아들에게까지 미친다고 주장하며 하나님의 심판을 불평했다. 그러나 이 속담은 아버지가 지은 죄를 자식이 똑같이 범하면서도 회개하지 않을 경우 심판받는다는 말씀과(출 20:5; 34:7; 레 26:39) 자식은 아비의 죄 때문에 죽지 않는다는 말씀을 혼돈한 것이다(신 24:16). 본 속담은 예언자 에스겔이 당시 유대인들의 잘못된 관념 즉, 현재 유다가 고통을 당하는 이유가 조상들의 죄 때문이라는 생각으로 자신들의 죄를 부인하는 그들의 잘못을 지적하고, 그들로 하여금 모든 사람은 하나님께 대하여 각자 개인적 책임을 지니고 있음을 인식시키기 위하여 사용한 것이다.

그 잠언에는 많은 수수께끼 형태의 격언들이 있다. 이를테면 17장 12절, "차라리 새끼 빼앗긴 암곰을 만날지언정 미련한 일을 행하는 미련한 자를 만나지 말 것이니라" 같은 것이다. 새끼 빼앗긴 암곰을 만나는 것은 너무나 위험한 일이다. 그러나 그보다 더 위험한 일은 미련한 일을 행하는 어리석은 자를 만나는 것이다. 미련한 행위에 대한 경고라 할 수 있다.

잠언 21장 9절에는 "다투는 여인과 함께 큰 집에서 사는 것보다 움막에서 사는 것이 나으니라"는 격언이 있다. 현숙한 여인을 만나는 것이 인생의 큰 축복인 반면(잠 18:22) 악한 아내는 남편에게 큰 장애 요인이 된다. 이스라엘의 가옥 구조는 여러 집들이 아파트처럼 한 데 붙은 형식이었으며, 넓고 평평한 지붕은 공동 이용되었다. 여기에 나오는 '움막'은 지붕의 한 모퉁이를 가리킨다. 따라서 악처와 동거하느니 차라리 혼자 지붕에서 비, 바람 맞는 것이 더 낫다고 하는 것이 표면적 의미며, 더 깊은 이면적 의미는 하나님께서 짝지어 주신 부부간의 화목, 나아가서는 그리스도의 몸 된 교회와 동일시되는 가정의 화평을 강조하는 것이다.

잠언 20장 10절에는 "한결같지 않은 저울추와 한결같지 않은 되는 다 여호와께서 미워하시느니라"는 격언이 있다. 이 속담은 이중 저울에 관해 언급하고 있다고 할 수 있다. 즉 당시의 부정한 상인들은 교묘한 방법으로 이중 저울을 사용함으로써 고객들을 기만하여 부당 이득을 취했던 것이다. 당시만 하더라도 저울은 오늘날처럼 엄격히 규격화, 표준화되지 않았기 때문에 쉽사리 속이고 속을 우려가 다분히 있었던 것 같다. 이런 사실을 배경으로 해서 이런 격언 형태의 잠언이 생겨나게 되었다.

속담 이외에도 성경에는 수많은 현자(賢者)들의 잠언(箴言)이 수록돼 있다. 잠언은 생활의 본보기라 할 만한 귀중한 내용을 가진 격언을 일컫는다. 이를테면 "노하기를 더디 하는 자는 용사보다 낫고/ 자기의 마음을 다스리는 자는 성을 빼앗는 자보다 나으니라"(잠언 16:32)는 말은 속담이라기보다는 우리 인생의 지침이 될 만한 귀중한 잠언이라 할 수 있다. 어쩌면 격언 식으로 말한다고 하는 것은 운문으로 말한다는 것과 같다 할 수 있을 것이다. 따라서 전형적인 격언은 시적인 대구(對句)로 표현된다. 이런 시형식의 격언에 있어서 둘째 귀(토막)는, 때로는 반복, 때로는 대조, 때로는 첨가, 때로는 유사한 문법적 구조, 또 때로는 다른 방법으로 첫째 귀를 보완해 주는 구실을 한다.

의인의 열매는 생명나무라

>   지혜로운 자는 사람을 얻느니라. (잠 11:30)

어떻게 열매가 한 나무가 될 수 있을까? 두 번째 보충구를 보면 의로운 사람의 노력(열매)은 둘레의 사람들에게 매력적인 힘이 되어서 그와 동일한 의의 생활로 이끌 수 있다는 것이다. 그런 의미에서 의의 열매는 생명나무라 할 수 있다.

>   도가니로 은을, 풀무로 금을,
>   칭찬으로 사람을 단련하느니라. (잠 27:21)

칭찬은 사람을 시련하는 도가니나 풀무와도 같다는 비유로 대구를 구성했다.

단순한 격언은 자연과 동물 및 인간의 행동 등에 대한 관찰을 통해 얻어지는 결론을 표현하고 있다.[9]

그 형태는 간단하고 풍자적이며 은유적이다. 이러한 격언들은 다른 사람들을 가르치려는 욕구에서 생겨나는 것이다. 격언의 가르침은 공히 간결함을 목표로 가지고 있으며 암기의 편의를 염두에 두고 있다. 가령 아름답기는 하나 지혜롭지 못한 여인을 그 코에 금가락지를 끼고 있는 돼지와 비교하는 것을 누가 쉽게 잊을 수 있겠는가? 이런 비교는 웃음과 함께 교훈을 주는데 유효하다.

2. 경구

경구(aphorism)는 일종의 아주 짧은 시라 할 수 있다. 고대의 경구는 현대의 그것처럼 간결하고 날카로운 표현도 부족하고 섬광처럼 번쩍이는 위트도 없다. 다만 2연구(couplet)로 한 사상을 간결하게 표현해 주는 것에 불과했다. 그러나 히브리적 경구는 그리스의 그것보다는 좀 더 날카롭고 명료한 맛이 있다. 왜냐하면 경구마다 그 속에 단일사상을 나타내는 금언을 포함하고 있기 때문이다. 이런 경구의 특징은 여러 구절 가운데서 반드시 두 줄이 격언적인 근원을 갖는다는 것이다.

> 내 아들아 네 아비의 훈계를 들으며
> 네 어미의 법을 떠나지 말라.
> 이는 네 머리의 아름다운 관이요
> 네 목의 금사슬이니라. (잠 1:8-9)

교훈과 법도는 늘 쓰고 다닐 관이요 늘 걸고 다닐 목걸이 같은 것이므로 그것을 물리치지 말라는 것으로, 처음 두 줄이 경구로 돼 있다. 이처럼 경구의 묘미는 도덕상의 진리를 신랄하게 표현해 주는 데 있다.

> 악한 자여 의인의 집을 엿보지 말며
> 그 쉬는 처소를 헐지 말지니라.
> 대저 의인은 일곱 번 넘어질지라도 다시 일어나려니와
> 악인은 재앙으로 말미암아 엎드러지느니라. (잠 24:15-16)

의인은 흥하나 악인은 망한다는 경고로, 첫 줄과 셋째 줄이 경구가 된다.

> 내 아들아 너는 듣고 지혜를 얻어
> 네 마음을 바른 길로 인도할지니라.
> 술을 즐겨하는 자들과
> 고기를 탐하는 자들과도 더불어 사귀지 말라.
> 술 취하고 음식을 탐하는 자는 가난해질 것이요
> 잠자기를 즐겨하는 자는 헤어진 옷을 입을 것임이니라. (잠 23:19-21)

탐식과 나태는 패망의 원인이 된다는 경구다. 여기서는 마지막 두 줄이 경구로 돼 있다.

> 내 아들아, 꿀을 먹으라 이것이 좋으니라
> 송이 꿀을 먹으라 이것이 네 입에 다니라.
> 지혜가 네 영혼에게 이와 같은 줄을 알라
> 이것을 얻으면 정녕히 네 장래가 있겠고
> 네 소망이 끊어지지 아니하리라. (잠 24:13-14)

여기서는 첫째 줄과 셋째 줄이 경구를 이루고 나머지는 그것을 보완해주는 병행구(竝行句)들이다. 꿀이 몸에 유익한 것처럼 지혜도 우리들의 영적 삶에 유익하다는 것이다.

경구마다 그 속에 단일사상을 나타내는 금언을 포함하고 있을 뿐 아니라 여러 구절 가운데서 반드시 두 줄이 격언적인 근원을 갖는다는 것을 위에서 이미 말하였다. 그러나 경구는 일반 격언이나 잠언과는 달리 좀 더 특정된 상황과 그 경구를 말한 사람과 단단히 연결돼 있는 경우가 많다. 데이빗 재스퍼(David Jasper)가 말한 것처럼 "경구는 특정한 저자나 출처와"[10] 관련 아래서 이루어진다. 그런 의미에서 마태복음 8장 20절 "예수께서 이르시되, 여우도 굴이 있고 공중의 새도 거처가 있으되 오직 인자는 머리 둘 곳이 없도다"는 경구다. 왜냐하면 이 말은 명백하게 예수라는 사람과 그분이 하시는 일에 제한되어 있기 때문이다. 그러나 예수께서 마태복음 6장 34절에서 하신 말씀, "한 날의 괴로움은 그날에 족하니라"는 잠언의 범주에 좀 더 가깝다. 왜냐하면 그것이 적용되는 범위가 좀 더 일반적이기 때문이다.

3. 수수께끼

수수께끼(riddle)도 이스라엘 사람들이 즐겨 사용했던 지혜문학의 형태들 중의 하나였다. 그 중에서도 가장 오래되고 대표적인 것이 삼손의 수수께끼다.

삼손은 소렉(Sorek) 골짜기에 사는 한 이름 모를 블레셋 여자를 사랑하게 되었다. 삼손은 그녀와 결혼하기 위하여 가다가 딤나의 포도원에서 사자를 찢어 죽이고 거기서 꿀을 따 먹었다. 그 여자와의 결혼 잔치는 칠일 동안 계속되었는데, 그때 삼손은 이런 수수께끼를 잔치집 손님들에게 냈다. "먹는 자에게서 먹는 것이 나오고/ 강한 자에게서 단 것이 나왔느니라"(삿 14:14). "이것이 무엇인가?"라고 하는 것이 수수께끼였다.

삼손의 수수께끼는 대구법의 형식을 갖춘 히브리 특유의 병행시(竝行詩)로 표현되었기 때문에 다음처럼 도표화해 보면 좀더 이해하기 쉽다.

```
먹는 자 = 강한 자 → 사자
  ↓        ↓        ↓
먹는 것 =  단 것  →  꿀
```

이 도표를 보면서 다른 짐승을 잡아먹는 짐승 중에서 가장 강한 동물은 무엇이며, 먹는 식물 중에서 가장 단 음식은 무엇이냐는 뜻의 문제로 압축될 수 있다는 것을 알 수 있다. 그러나 블레셋 여러 사람들이 머리를 맞대고 풀려고 하였으나 그들은 그것을 풀 수가 없었다. 왜냐하면 그것은 항간에 널리 퍼져 있었던 이야기가 아니라 삼손의 개인적 체험에 의해서 만들어진 것이기 때문이다. 그들은 삼손이 그들의 값진 의복을 탈취하기 위해 계략을 꾸민 것으로 단정을 내리고 삼손의 아내를 위협하여 그 대답을 알아내었다. 그들은 삼손에게 이렇게 대답했다.

> 무엇이 꿀보다 달겠으며
> 무엇이 사자보다 강하겠느냐. (삿 14:18)

삼손은 이 대답을 듣고 당시 인기 있던 율격을 이용해서 풍자적인 말로 대꾸했다.

> 너희가 내 암송아지로 밭 갈지 아니하였더라면
> 나의 수수께끼를 능히 풀지 못하였으리라. (삿 14:18)

삼손은 30명의 불레셋인들이 자기 아내를 위협한 결과 수수께끼를 풀었음을 눈치 채고서 그들의 범법 행위를 비유적으로 비난하고 있다. '암소'는 흔히 생식, 노동, 복종 등의 이미지로 부각된다(신 28:4; 욥 21:10). 그리고 당시 히브리인들의 여성관에 의하면 여자는 마땅히 결혼하여 자녀를 낳고 집안일을 잘 돌보며 남자에게 철저하게 순종하여야 했다. 이러한 맥락에서 자기 아내를 "암송아지"로 비유한 것은 매우 자연스럽다 할 수 있다. 즉 나의 사랑을 매수해서 이용하지 않았더라면 그 수수께끼를 풀 수 없었을 것이라는 것이다. 실로 명답이다.

4. 알레고리

알레고리(allegory)란 "다른 것을 말한다"는 뜻의 헬라어인 "알레고레인"에서 나온 말이다. 우리말로는 보통 풍유라 한다. 문자적인 뜻 이외의 다른 뜻을 갖는 수사법을 알레고리라 한다. 또 추상적인 것을 구상화하는 수사법도 알레고리라 한다. 전도서 12장 1-8절은 노년에 대해서 신랄하게 묘사하고 풍유한 알레고리이다.

"너는 청년의 때에 너의 창조주를 기억하라 곧 곤고한 날이 이르기 전에, 나는 아무 낙이 없다고 할 해들이 가깝기 전에 해와 빛과 달과 별들이 어둡기 전에, 비 뒤에 구름이 다시 일어나기 전에 그리하라. 그런 날에는 집을 지키는 자들이 떨 것이며 힘 있는 자들이 구부러질 것이며 맷돌질 하는 자들이 적으므로 그칠 것이며 창들로 내어다 보는 자가 어두어질 것이며 길거리 문들이 닫혀질 것이며 맷돌 소리가 적어질 것이며 새의 소리로 말미암아 일어날 것이며 음악하는 여자들은 다 쇠하여질 것이며 또한 그런 자들은 높은 곳을 두려워할 것이며 길에서는 놀랄 것이며 살구나무가 꽃이 필 것이며 메뚜기도 짐이 될 것이며 정욕이 그치리니 이는 사람이 자기 영원한 집으로 돌아가고 조문객들이 거리로 왕래하게 됨이니라. 은줄이 풀리고 금 그릇이 깨지고 항아리가 샘 곁에서 깨지고 바퀴가 우물 위에서 깨지고 흙은 여전히 땅으로 돌아가고 영은 그것을 주신 하나님께로 돌아가기 전에 기억하라. 전도자가 이르되 헛되고 헛되도다 모든 것이 헛되도다." (전 12:1-8)

이것은 노년을 비유적으로 묘사한 것이다. "해와 달과 별이 빛을 잃는다"는 것은 시력이 약화되고 기쁨이 쇠퇴하고 일상적인 모든 일에 둔감해 지는 것을 말하며, "비가 온 다음에 몰려오는 구름"은 늙은이의 눈물이나 무력함을 암시하고 있다. "집을 지키는 자들이 떨린다"는 것은 인간을 집에다 비유하여 그것을 떠받치고 있는 팔다리가 흔들리는 것을 말하고, "힘없는 자들이 구부러진다"는 것은 굽은 어깨를 말하며, "맷돌질 하는 자들이 적으므로 그친다"는 것은 이가 빠져 없어지는 것을 말한다. "창틀로 내다보는 자들이 어두어진다"는 것은 시력이 약화되는 것을 말하고, "길거리 문들이 닫혀진다"는 것은 청력이 약화되는 것을 말하며, "맷돌질 소리가 적어진다"는 것은 말 수가 적어지는 것을 말한다. 일찍 일어나는 것을 "새의 소리를 들으며 일어난다" 했고, 노래 소리가 적어지는 것을 "음악 하는 여자들도 다 쇠하여진다"고 했다. 그래서 높은 곳이나 걷는 것을 두려워하게 된다는 것이다. 그렇게 되면 "살구나무에 꽃이 피듯" 머리가 희어지고 정력이 떨어지며, "메뚜기가 짐이 될 정도"로 원기가 떨어져 활보할 수 없게 된다는 것이다. 이렇게 힘이 떨어지면 사람은" 영원한 집" 곧 죽음의 나라로 돌아가게 된다. "은줄," "금그릇" "항아리" "바퀴" 따위가 부서지고 깨어진다는 것은 육체의 기능이 소멸되는 것을 비유한 것으로 보인다(12:1-7). 이와 같이 노년을 절묘하게 그리고 있다. 이 알레고리를 통하여 교훈하는 것은 원기가 덜어지고 모든 신체적 기능이 쇠하고 둔화되기 전, 즉 젊을 때 창조주 하나님을 잊지 말고 섬기라는 것이다.

잠언 5장 15-23절은 성실한 부부의 관계에 대해서 논하고 있는 풍유인 것이다.

"너는 네 우물에서 물을 마시며 네 샘에서 흐르는 물을 마시라. 어찌하여 네 샘물을 집밖으로 넘치게 하며 네 도랑물을 거리로 흘려가게 하겠느냐. 그 물이 네게만 있게 하고 타인과 더불어 그것을 나누지 말라. 네 샘으로 복되게 하라. 네가 젊어서 취한 아내를 즐거워하라. 그는 사랑스러운 암사슴 같고 아름다운 암노루 같으니 너는 그의 품을 항상 족하게 여기며 그의 사랑을 항상 연모하라. 내 아들아 어찌하여 음녀를 연모하겠으며 어찌하여 이방 계집의 가슴을 안겠느냐. 대저 사람의 길은 여호와의 눈앞에 있나니 그가 그 사람의 모든 길을 평탄케 하시느니라. 악인은 자기의 악에 걸리며 그 죄의 줄에 매이나니 그는 훈계를 받지 아니함으로 말미암아 죽겠고 심히 미련함으로 말미암아 혼미하게 되느니라." (잠 5:15-23)

행복한 가정이 되려면 무엇보다 먼저 부부는 동반자의식을 갖는 것이 필요하고 그 관계가 원만하여야만 한다. 부부관계의 원만은 사랑과 화목으로 나타나는데, 남편이 하나님께서 주신 자기의 우물 즉 아내에게서 흐르는 물만을 마시는 것으로 해갈(解渴)할 때에만 가능하다. 이 말은 하나님께서 허락한 결혼의 정당한 범위 안에서만 그 본능적 욕구를 만족시키도록 하라는 말이다. 16절에 보면 "어찌하여 네 샘물을 집밖으로 넘치게 하겠으며 네 도랑물을 거리로 흘러가게 하겠느냐" 하였는데, 이것은 남편이 아내에게 충실하지 못하고 성생활이 문란하면 아내도 집밖으로 넘쳐서 거리의 도랑물이 된다는 것이다. "그 물로 네게만 있게 하고 타인으로 더불어 그것을 나누지 말라"고 한 것은 부부만이 누릴 수 있는 그 정결을 누리라는 것이다. 정결이라는 그 비밀은 부부만이 누릴 수 있는 하나님의 최대 은사인 것이다.

남편이 지켜야할 행복의 조건은 또한 자기 자신의 샘만을 복되게 하고 그것을 즐거워하며 족하게 여겨 항상 연모하는 것이다. 여기서 "연모"란 단순히 의무적으로 마지못해서 하는 행위가 아니고 그 사랑으로 인해서 황홀해 하는 절정의 감정(5:19)을 말한다. 이런 남편만이 가정을 행복하게 만들 수 있다.

이 알레고리에서 설교자는 여자를 생명의 물을 길어 마시는 우물에 비유하고 있다. 여기서 우물은 두 가지의 서로 다른 의미를 가지고 있는데, 하나는 물을 길어 마시는 우물을 가리키는 일반적인 의미이고, 다른 하나는 여자의 성(性)을 가리키는 특수한 의미이다. 그러므로 위에서 든 두 본문을 문자적으로만 해석해서는 그 깊은 뜻을 알 수 없다. 이 알레고리를 통하여 주는 교훈은 젊은 때 얻은 아내나 가난하고 어려울 때 고생을 같이 한 아내 곧 조강지처(糟糠之妻)를 소중하게 생각하고 대우하며 사랑하고 그와 더불어 즐거워하며 살라는 것이다.

제4장 지혜문학의 한 형식 대구법

대구법 또는 평행법(parallelism)을 사고의 음율(thought rhythm) 또는 의미의 음율(rhythm of sense or idea)이라고 하는데, 이것은 성경의 시에서만 발견되는 것은 아니지만 가장 두드러지게 나타나는 것이 역시 성경에서이다.

이 시법(詩法)은 문법구조의 반복 또는 단어의 반복 등에도 나타나지만, 중심적으로는 사상(또는 의미)의 반복을 말한다. 뜻이 유사하거나 보완적이거나 상반적인 둘 혹은 그 이상의 단위사상이 유사한 문법적 구조로 나열되어 있는 시법을 말한다. 대구법의 가장 중요한 특징은 시의 귀절체(verse-members)인데, 그 귀절체의 기본적인 평행양식에 따라 여섯 가지의 기본 형태, 즉 동의적 대구법, 대조적 대구법, 종하적 대구법, 단계적 대구법, 상징적 대구법, 내성적(내측 전위적) 대구법 등으로 구분된다.

1. 동의적 대구법

동의적 대구법(synonymous parallelism)은 둘 또는 그 이상의 유사한 개념들을 표현하기 위하여 단어는 다르지만 유사한 구문을 사용하여 그 의미를 강조하는 시법이다.

> 들나귀가 풀이 있으면 어찌 울겠으며
> 소가 꼴이 있으면 어찌 울겠느냐. (욥 6:5)

"들나귀"와 "소", "풀"과 "꼴", "울겠으며"와 "울겠느냐"는 각기 동일한 이념을 지시하고 있다. 즉 자기가 울고 있는 것은 자신의 죄 때문이 아니라 하나님의 사랑을 표상하는 풀이나 또는 꼴이 없는 벌판과 같은 삭막한 현실 때문이라는 사상을 병행구조로 나타낸 것이다.

> 이는 지혜와 훈계를 알게 하며
> 명철의 말씀을 깨닫게 하며. (잠1:2)

첫귀절체 안의 "지혜와 훈계"라는 단어가 둘째 귀절체 안에서 "명철의 말씀"으로 대용되었고 "알게 하며"라는 말이 "께닫게 하며"로 대용되었다. 이런 평행법을 완전 동의적 평행법이라고 한다.

> 근신이 너를 지키며
> 명철이 너를 보호하며. (잠2:11)

"근신", "너" "지키며"라는 말이 그 다음 귀절체 안에서 "명철", "너", "보호하며"로 대치되었다. 같은 뜻을 갖는 이념의 단어들이 반복되었으므로 완전 동의적 평행법이다.

> 내 아들아, 네 아비의 훈계를 들으며
> 네 어미의 법을 떠나지 말라.
> 이는 네 머리의 아름다운 관이요
> 네 목의 금 사슬이니라. (잠1:8-9)

이 본문은 긍정문과 부정문을 겸해서 사용하지만 이 둘은 동일한 의미를 가지고 있다. 자연히 이로 인해 생기는 의미의 미묘한 차이는 같은 의미에 대해서 다양성을 부여하는 결과를 가져온다.

2. 반의적 대구법

반의적 대구법(antithetic parallelism)은 첫 귀절체와 둘째 귀절체의 사상이 대립되거나 첫 귀절체는 긍정적으로 말하나 둘째 귀절체는 부정적으로 말하여 서로 사상이 반립 되는 평행법이다. 이 유형은 서로 대조적으로 비교되는 두 부분으로 구성되어 있다. 그리고 대조되는 두 부분은 "그러나"라는 접속사로 연결된다. 그 예를 두 개만 들겠다.

> 옳은 말이 어찌 그리 고통스러운고,
> 너희의 책망은 무엇을 책망함이냐. (욥 6:25)

첫 귀절체에서는 그 사상이 긍정적으로 표현하였으나 둘째 귀절체에서는 부정적으로 표현하여 그 친구들이 한 많은 말의 무익성을 강조하고 있다.
첫 귀절체와 둘째 귀절체의 사상이 대립되거나 첫 귀절체는 긍정적으로 말하나 둘째 귀절체는 부정적으로 말하여 서로 사상이 반립 되는 평행법이다. 이 유형은 서로 대조적으로 비교되는 두 부분으로 구성되어 있다. 그리고 대조되는 두 부분은 "그러나"라는 접속사로 연결된다. 그 예를 두 개만 들겠다.

> 지혜로운 아들은 아비를 기쁘게 하거니와
> 미련한 아들은 어미의 근심이니라. (잠10:1)

이것은 첫째 귀와 둘째 귀가 서로 대조를 이루는 반의적 대구법으로서 지혜로운 아들이 되어 부모를 기쁘게 하라는 사상을 더 뚜렷하게 부각시키는 것이다.

지혜로운 아들은 아비의 훈계를 들으나
거만한 자는 꾸지람을 즐겨 듣지 아니 하느니라. (잠13:1)

지혜로운 아들은 부모의 훈계를 잘 받아들이지만, 거만한 자는 꾸지람을 듣지도 않고 교훈을 얻지도 않는다는 것이다. 서로 대조되는 두 부분이 "그러나"라는 접속사로 연결되어 있다.

훈계를 저버리는 자에게는 궁핍과 수욕이 이르거니와
경계를 받는 자는 존영을 받느니라. (잠13:18)

훈계를 무시하게 되면 궁핍과 수욕을 당하게 되지만, 경계에 주의하면 존영을 얻게 된다는 것이다. 두 이념을 "그러나"라고 하는 접속사로 연결시키고 있다.

3. 종합적 대구법

종합적 대구법(synthetic parallelism)은 하나의 단위 사상을 유사한 다른 단위 사상으로 보완 확장하는 시법이다. 이 논리의 연속은 원인-결과 또는 결과-원인으로 나타난다.

하나님께 징계를 받는 자에게는 복이 있나니
그런즉, 전능자의 징계를 업신여기지 말지니라. (욥 5:17)

하나님의 징계는 복된 것이므로(원인) 그 견책을 물리치지 말라는 것이다(결말).

도가니로 은을, 풀무로 금을,

칭찬으로 사람을 시련하느니라. (잠 27:21)

도가니로는 은을 연단하고 풀무로는 금을 연단하듯이 칭찬을 가지고 사람을 연단한다는 일종의 종합적 평행법이다.

마음의 고통은 자기가 알고
마음의 즐거움은 타인이 참예하지 못하느니라. (잠 14:10)

마음의 고통과 마음의 즐거움은 자기 외에는 아무도 충분히 알 수 없다. 고통과 즐거움을 연결시키는 것은 "그리고"라고 하는 등위 접속사다.

너의 행사를 여호와께 맡기라.
그리하면 너의 경영하는 것이 이루어지리라. (잠 16:3)

여호와께 행사를 맡기는 것이 성공의 필수요건이다. "너의 행사를 여호와께 맡기라" 그러면 경영하는 것이 성공하리라는 것인데, 앞부분을 종결시켜 주는 것이 그 다음 진술이다. 이 두 진술 사이를 연결시켜 주는 접속사가 "그러면"이다.

이 유형은 어느 한 쪽이 다른 쪽보다 낫거나 서로 비슷함을 보여주는 형식으로 "~보다 더 낫다," "~과 같이," "~도 그러하다"라는 표현으로 이루어지는 경우도 있다.

가산이 적어도 여호와를 경외하는 것이
크게 부하고 번뇌하는 것보다 나으니라. (잠 15:16)

사람은 보통 가난보다는 부유를 택한다. 그러나 가난해도 여호와를 경외하는 것이 돈 때문에 번뇌하는 것보다 낫다는 것이다.

다투는 여인과 함께 큰 집에서 사는 것보다
움막에서 혼자 사는 것이 나으니라. (잠 25:24)

먼 땅에서 오는 좋은 기별은
목마른 사람에게 냉수 같으니라. (잠 25:25)

먼 곳에 사는 친구나 친척에게서 좋은 기별을 받는 충격은 지친 사람에게 시원한 물을 주는 것과 같다.

4. 상징적 대구법

상징적 대구법(emblematic parallelism)은 어떤 개념의 문자적 서술과 비유적 묘사를 위해서 유사한 구문을 사용하는 경우, 즉 어떤 개념의 문자적인 서술을 비유적 표현, 곧 직유나 은유에 의하여 충족 종결시키거나 재현시키기도 하는 시법을 말한다.

개가 그 토한 것을 도로 먹는 것 같이,
미련한 자는 그 미련한 것을 거듭 행하느니라. (잠 26:11)

미련한 자를 개에게 비교하면서 개가 그 토한 것을 도로 먹는 것 같이 미련한 자는 개가 토한 것 같은 미련한 짓을 거듭 행한다는 것을 직유로 재현시킨 시법이다.

나의 형제들은 개울과 같이 변덕스럽고
그들은 개울의 물살 같이 지나가누나. (욥 6:15)

친구의 성실치 못함을 비가 내릴 때는 억수같이 흐르다가 해가 나면 곧 말라버리는 시냇물 같다고 직유로서 충족시키고 있다.

>   너희가 남의 말을 꾸짖을 생각을 하나
>   실망한 자의 말은 바람에 날아가느니라. (욥 6:26)

너희는 소망을 주지 못하는 친구들이다. 그러므로 너희의 말은 바람처럼 무익하며 덧없다는 것이다.

>   슬기로운 자의 책망은
>   청종하는 귀에 금 고리와 정금 장식이니라. (잠 25:12)

때에 알맞는 말은 그것이 설사 책망이라 할지라도 매력적이고 멋있다는 사상을 은 조각품 위의 금 사과나 금귀고리 또는 보석 장식과 같다는 비유로 충족시켜 재현하였다.

>   북풍이 비를 일으킴 같이
>   참소하는 혀는 사람의 얼굴에 분을 일으키느니라 (잠25:23)

이스라엘인들이 북풍의 결말을 예측할 수 있었던 것처럼 참소하는 혀(중상하는 혀)의 결말을 이 비교를 통하여 알 수가 있다. 전자는 비를 내리게 하지만 후자는 분을 일으킨다.

5. 계단적 대구법

계단적 대구법(stairlike parallelism)은 사상적 발전을 나타내기 위하여 단어들이나 그 상당어구들을 약간의 추가된 내용과 함께 반복하는 시법을 말한다. 이 유형의 평행법을 사다리, 또는 점층적 평행법이라고도 한다.

> 지혜가 제일이니 지혜를 얻으라
> 네가 얻은 모든 것을 가지고 명철을 얻을지니라. (잠 4:7)

이 본문은 지혜를 얻고 그것을 가지게 되면 명철을 얻게 되리라는 것을 점진적으로 전개해 주는 계단적 평행법이다.

> 그 이웃을 쳐서 거짓 증거 하는 사람은 방망이요,
> 칼이요 뾰족한 화살이니라. (잠 25:18).

재판이 이웃에 대해 거짓 증언하는 것은 방망이처럼 부수고 칼처럼 나누며 화살처럼 찌르는 행위라는 것을 점진적으로 발전시켰다. 거짓말은 사람의 성품에 상처를 입히는 것 뿐 아니라 무기와 같은 효력으로 사람의 생명을 파괴하기까지 할 수 있다는 것이다.

6. 내성적 대구법

내성적 대구법(introverted parallelism)은 내성적인 문제를 평행적으로 나열하거나 4개의 귀절체로 이루어지는 시문에서 제1 귀절체와 제4 귀절체, 제2 귀절체와 제3 귀절체의 구문이 서로 대응되는 시법을 말한다. 이 시법은 내측 전위적 대구법이라고도 한다.

> 내 아들아 만일 네 마음이 지혜로우면
> 나 곧 내 마음이 즐겁겠고
> 만일 네 입술이 정직을 말하면
> 내 속이 유쾌하리라. (잠 23:15-16)

여기서 제1 귀절체와 제4 귀절체가 대응하고, 제2 귀절체와 제3 귀절체가 대응한다. 엄격히 말하면 이것은 종합적 대구법으로 간주할 수도 있다. 논리의 연속이 원인~결과, 결과~원인으로 나타나기 때문이다.

각주)――――――

1) G. E. Moore and L. H. Brockington, *The Literature of the Old Testament* (London: Oxford UP, 1948), 204.

2) John Paterson, *The Wisdom of Israel* (London: Lutterworth Press, 1961), 11.

3) http://biblenet.co.kr/bbs/view.php?id-sermon.old038no=71에서 재인용.

4) Lyman Abbott, *The Life and Literature of the Ancient Hebrews* (Boston : Houghton, Mifflin and Company, 1902), 263.

5) 고든 디. 피. 더글라스 스튜어트 지음, 『성경을 어떻게 읽을 것인가』, 오광만 옮김 (서울: 성서유니온, 1992), 183.

6) 제임스 L. 크렌쇼 지음, 『구약 지혜문학의 이해』, 강성열 옮김 (서울: 한국장로교 출판사, 1993), 21.

7) Paul S. Sanders, ed., *Twentieth Century Interpretations of the Book of Job* (New Jersey: Pretentice-Hall, Inc., 1968), 3.

8) R. G. Moulton, John P. Peters, A. B. Bruce, *The Bible as Literature* (New York: Y. Crowell & Co., 1896), 107.

9) 제임스 L. 크랜쇼, 48.

10) David Jasper, *The New Testament and The Literary Imagination* (New Jergey: Humanities Press, 1987), 74.

제2부 히브리 지혜문학의 이해

구약성경의 여러 곳에서 지혜적인 부분들을 찾을 수 있다. 창세기 1-11장, 요셉의 이야기(창 37-50장)도 지혜문학이라 할 수 있고, 왕권계승 이야기인 열왕기상 1-2장도 그러하며, 또한 예언서인 호세아서도 지혜에 관한 말로 끝난다(호 14:10). 시편 중에서도 1, 4, 10, 14, 18, 19, 37, 49, 51, 73, 90, 112, 119편 등을 포함한 많은 시편이 지혜문학으로 간주된다. 그리고 신약성경 가운데서는 야고보서와 예수의 비유 같은 것들이 전부 지혜문학에 속한다고 할 수 있다. 구약 가운데서는 아가서를 경우에 따라 지혜문학에 넣기도 하고 빼기도 한다. 보통 지혜문학 하면 욥기, 잠언, 전도서 이 세 권의 책을 말하지만, 나는 비판을 무릅쓰고 여기에다 아가서를 더 첨부하고자 한다.

이미 언급한 바와 같이 지혜문학의 핵심어는 '지혜'라는 말이다. 지혜에 해당하는 히브리 단어는 '살아가는 기술'로 번역되는데, 이는 유대인들이 지혜를 매우 실제적인 용어로 간주하기 때문이다. 그런 의미에서 지혜문학은 도덕 행위와 매일 매일의 삶에 대한 안내서가 되어준다. 그런데 아가서는 인간관계의 가장 아름다운 이상이라 할 수 있는 참된 사랑을 가르쳐 주는 지침서의 역할을 한다. 그런 의미에서 아가서는 지혜문학 속에 포함시켜도 좋다고 생각한다.

이런 히브리 지혜문학의 특징은 다른 문화권의 지혜서와는 달리 하나님께 집중되어 있다는 것이다. "여호와를 경외하는 것이 지식의 근본이거늘 미련한 자는 지혜와 훈계를 멸시하느니라"(잠1:7). 이와는 대조적으로 애굽의 지혜는 현인의 지혜와 삶의 고초를 받아들이기 위한 자기훈련에 초점을 맞추고 있다. 이렇게 비교해 볼 때 히브리 지혜문학과 애굽의 지혜문학은 크게 대조를 이룬다고 할 수 있다.

대개 구약에 있는 지혜문학의 범주는 세 가지라 할 수 있는데, 그 첫째는 실천적인 진리들을 표현하는 일반적인 격언이고, 둘째는 영적인 의미를 지닌 수수께끼나 혹은 비유며, 셋째는 인생의 문제에 대한 토론과 논쟁 등이다. 잠언은 적절한 태도와 경건한 행동을 고취시키기 위한 지혜의 격언과 관찰들을 제공해주고 있고, 전도서는 하나님 없는 인생은 공허하다는 철학적인 논의를 제시해 준다(전 1:2, 14). 욥기는 인간의 고통과 악의 문제를 고전적인 방식으로 검토하면서, 하나님께서 욥 자신에게 드러내기로 정하신 것만을 이해할 수 있다는 결론을 맺고 있고, 아가서는 참된 사랑의 본질을 비유와 상징적인 수법으로 형상화해주고 있다. 시편의 지혜시들 가운데서 되풀이되는 주제는 거룩한 사람들은 고통을 당하는데 반해 악한 사람들은 번성한다는 것이다. 하지만 지혜로운 시편기자는 자주 "진실로 악을 행하는 자들은 끊어질 것이나 여호와를 소망하는 자들은 땅을 차지하리로다"(시 37:9)라는 후렴구로 돌아가는 경우가 많다.

물론 지혜문학서들의 가르침 중에는 더 이상 통용될 수 없을만한 것들도 있고, 현대인들의 눈에는 고루하게 비칠만한 것들 도 있다. 그러나 이스라엘 현인들은 시공을 초월하는 진실과 진리를 추구하려고 하였고, 후진들에게 자기들이 찾고 얻은 바를 깨우치고자 애썼으므로, 오늘날의 우리들에게도 올바른 방향으로 나아가게 하는 자극이 될 뿐 아니라, 우리들이 방치하고 상실한 채 살아가고 있는 더욱 중요한 가치들을 찾고 연마하도록 깨우쳐주게 된다. 히브리 지혜들은 현재의 실존적 삶을 위한 현실적 슬기만 제시해주는 것이 아니라 더 나아가서 우리를 하나님과 영원한 생명으로 인도하는 종교적 지혜를 제시해주기도 한다. 그런 의미에서 히브리 지혜문학은 오늘날 우리에게도 유효하고 중요한 가치와 의미를 갖게 된다. 이제부터 지혜서를 각책별로 분리하여 좀 더 자세하게 살펴보겠다.

제1장 욥기 : 은혜로 고통을 극복하는 기술

　욥기는 세계문학사상 가장 위대한 작품이라고 해도 지나치지 않을 것이다. 마르틴 루터는 이 책을 가리켜 "성경에서 가장 장엄하고 숭엄한 책"이라고 했고, 알프레드 테니슨은 "고금을 통틀어 가장 위대한 시"라고 말했으며, 토마스 칼라일(Thomas Carlyle)은 『영웅, 영웅숭배 론』(On Hero, Hero Worship and the Heroic in HIstory)에서 욥기의 가치를 평하여 이렇게 말하고 있다. "내가 생각하기에 성경 안에서 또는 그 밖에서 이(욥기)와 동등한 문학적 가치에 대해서 쓴 책은 없다. 그것은 고상한 책이요, 만인의 책이다! 그것은 영원한 문제 즉 인간의 운명과 여기 이 땅에 살고 있는 인간을 향한 하나님의 길에 대한 가장 오랜 최초의 진술이다."[11] 전하는 말에 의하면 칼라일의 생애가 거의 다 끝나갈 무렵의 어느 날 저녁, 의자에 앉아 차를 기다리고 있던 그의 손에는 성경이 들려 있었다고 한다. 그때도 그는 여전히 욥기 부분을 펴고 거기에 몰두해 있었는데, 그것은 언젠가 "인류의 마음에서 나온 가장 오랜 합창곡"이라고 불렀던 바로 그 책이었다.[12]

　캔자스 주 출신으로 18년 동안 미국 상원 의원을 지냈던 존 I. 잉걸스는 "성경에서 내가 제일 좋아하는 책은 욥기다"라고 말했다. 금세기 최고의 문학가이며, 기독교서적의 고전이라 할 수 있는 『현대독자의 성경』(The Modern Reader's Bible)과 『성경의 문학적 연구』(The Literary Study of the Bible)를 남긴 리처드 모울튼(Richard Moulton) 교수는 욥기에 대하여 다음과 같은 평가를 남긴 바 있다.

　"만일 고도의 문학 교육을 받은 일단의 사람들이 배심원으로 선출되어 '이 세상의 위대한 시라는 시들 중 가장 위대한 시는 어떤 것일까?' 하는 질문에 판결을 내린다면, 아무래도 만장일치는 불가능할 것이다. 그러나 나는 대부분의 사람들이 판결문에 욥기라고 쓸 것을 믿는다."[13]

　유명한 장로교 신학자 무어헤드(W. C. Moorhead)는 욥기에 대하여 이렇게 말했다. "욥기는 이 세상의 가장 고결한 시들 가운데 하나이다. 모든 페이지에서 빛나는 찬란한 심상(心象), 등장하는 사람들, 대화의 주제가 되는 신비로운 문제들, 영혼의 모든 정서와 인간 심성의 모든 현(弦)들을 건드리고 지나가는 그 터치, 이런 것들이 욥기에 아주 독특한 중요성을 부여해 준다."[14]

 욥기 고유의 문학적, 영적인 가치에 대해서는 고금의 저술가들로부터 얼마든지 더 많은 증언들을 얻어 낼 수 있을 것이다. 욥기는 같은 부류의 책들 가운데서 참으로 독특하며 그 고유의 가치를 확고히 지니고 있다. 단연코 욥기는 이 세상의 모든 시들 가운데 으뜸이라 할 수 있다. 모든 사람들이 말하고 있는 것처럼 욥기는 성경 가운데서 독립된 하나의 문학 작품으로 완벽한 형식을 갖추고 있을 뿐 아니라 한 개인의 뚜렷한 성격을 부각해 낸 지혜서의 압권이라 할 수 있다.

 여행을 좋아하는 사람들은 여러 곳을 찾아다닌다. 경상도 안동에 가면 볼거리가 많은 데 그 중에서도 꼭 가볼 만한 곳이 퇴계 이황선생의 도산서원이다. 도산서원을 둘러본 사람은 누구나 거기서 매화나무와 함께 가슴 뛰게 하는 한시(漢詩) 한 수와 만나게 된다. 내가 만나 본 한시는 이러하다. '불시일번한철골'(不是一番寒撤骨)하니 '쟁득매화박비향'(爭得梅花撲鼻香)이라. 이 한시를 우리말로 번역하면 이러하다. "뼈를 깎는 추위를 한 번 만나지 않았던들 매화가 어찌 코를 찌르는 향기를 품을 수 있으리오." 뼈를 깎는 아픔을 통해서 코를 찌르는 희망의 향기를 품게 된다는 뜻이다. 욥기도 욥의 일체의 상실(재산, 자식, 가솔, 육체)이라고 하는 아픔과 고통을 통해 오는 연단과 성숙 및 축복이라고 하는 놀라운 은총을 극화한 내면적 서사시라 할 수 있다. 욥기를 먼저 문학적으로 고찰해보고 나서 신학적 고찰을 통하여 심원한 욥기의 참된 맛을 음미해 보겠다.

I. 욥기의 문학적 탐구

1. 저자와 저작 년대

욥기의 작자는 단적으로 확정지을 수 없지만, 흔히 그는 호메로스, 베르길리우스, 단테, 밀턴, 셰익스피어 등에 비교된다. 그러나 욥기의 저자 문제는 확정짓기가 그리 쉽지만은 않다. 보통 모세, 솔로몬, 에스라, 느헤미야, 헤만 등이 거론되지만 실제로 누가 썼는지 그 단서와 근거를 확실하게 파악하기란 그리 쉬운 일이 아니다.[15] 다만 한 가지 확실한 것은 그 저자는 상당한 학식과 문학적 재능을 가진 영성적인 사람임에는 틀림없다는 것이다.[16] 천야순일(淺野順一)이라는 일본 학자는 그를 가리켜 "상당한 학식을 갖춘 사람으로서 문학적 재능이 풍부하고 경건한 한 유대인이라고 추정할 수밖에 없다"[17]고 하였다.

그리고 존 게이블이나 찰스 휘러 같은 학자는 지혜자 집단의 어떤 한 사람이 기록했을 것이라고 한다.[18] 예레미야 18장 18절 "제사장에게서 율법이, 지혜로운 자에게서 모략이, 선지자에게서 말씀이 끊어지지 아니할 것이니"라는 말씀이 있는데, 많은 비평가들은 이 말씀이 고대 이스라엘에 존재했던 세 계층의 지도자들 곧 제사장, 예언자, 지혜자 등을 지칭하고 있다고 본다.[19] 이들 세 집단의 본질적인 기능은 각각 한 마디의 말로 표현할 수 있는데, 즉 제사장들은 가르침(토라)을 전하고, 예언자들은 하나님의 말씀(다바르)을 선포하며, 지혜자들은 조언(에차) 또는 교훈을 말한다는 것이다.

그러나 헨리 모리스는 세밀한 이야기를 펼치고 있는 욥기는 창세기와 마찬가지로 실제로 목격한 사람만이 쓸 수 있을 것이라고 하는 전제 아래서 욥기의 원래 저자는 욥 자신이며 성령의 감화를 받아(딤후 3:16) 자신에게 닥친 큰 사건들과 친구들과의 대화 내용을 재현하여 성실히 기록했음이 분명하다고 하였다.[20] 그 근거로서 그는 욥기 19:23-24, "나의 말이 곧 기록되었으면 책에 씌어졌으면 철필과 연으로 영영히 돌에 새겨졌으면 좋겠노라"라는 구절을 듣고 있다. 욥 자신처럼 이런 참담한 고통을 겪어보지 못한 사람은 감히 욥기와 같은 책을 쓸 수 없다는 것이다. 또한 탁월한 학식과 경건한 신앙이 없는 사람은 이런 글을 쓸 수가 없었을 것이다. 그러므로 욥 자신이 이 글을 썼을 것이라고 본다.

욥기는 창세기 11장까지를 제외하고는 성경에서 가장 오래된 책이라고 한다.[21] 이 책이 쓰인 때는 모세 이전이거나 어쩌면 그보다 훨씬 앞선 아브라함 이전의 족장시대일 수도 있다. 욥기에 기록된 사건들은 아브라함이 살았던 시기와 비슷한 주전 이천 년 전의 족장사회에서 일어났던 일이라 할 수 있지만, 사건의 연대와 이 책의 기록연대가 동일하지는 않다. 여기 나오는 사건들이 족장시대의 요소들을 많이 갖고 있다는 것은 다음과 같은 몇 가지 사실이 뒷받침해 주고 있다. 첫째로 욥은 시련을 겪고 나서 140년 이상을 살았으니까 결국은 200세까지 산 셈인데(욥 42:16), 이것은 족장시대의 긴 수명을 연상케 하는 것이다. 둘째로 "금(은) 한 조각"으로 번역된 히브리어 '케시타' (Kesita, 욥 42:11)는 성경 다른 곳에서는 두 번 사용되었는데(창 33:19; 수 24:32), 모두 야곱이 땅을 사기 위해 치렀던 화폐 단위로 묘사된다. 이 단어의 사용이 욥기를 고대 족장 시대에 연결 지어준다. 셋째로 욥기에 언급된 악기들 소고, 수금, 피리 등과 같은 것(욥 21:12)들은 원시 시대에 사용했던 아주 간단한 악기들이다. 이를 보아도 욥기는 고대 족장 시대에 속한다는 것을 알 수 있다. 넷째로 욥기에서 언급하고 있는 기록 수단 즉 철필과 연으로 돌에 새기는(욥 19:24) 기록 수단은 아주 오래된 방법이다. 다섯째로 부를 가축의 수로 측정한 것 또한 족장시대의 그것과 유사하다. 여섯째로 아브라함, 이삭, 야곱과 마찬가지로 욥은 그 가족의 제사장이었고, 특히 노아나 아브라함이 행했던 번제를 욥도 드렸다는 것이다. 일곱 번째로 이스라엘 민족이나 모세의 제도(제사장 직분, 율법, 성막, 종교적인 절기)에 대한 언급이 전혀 없다는 것이다. 여덟 번째로 욥기에 나타난 스바, 갈대아, 오빌과 같은 고대 종족과 지역들은 창세기 10장과 동일하지만 그 시대 이후에 등장하는 지역은 언급되어 있지 않다는 것이다. 아홉 번째로 인류가 바벨탑에서 흩어진 이후 거의 모든 민족들 사이에 만연되었던 우상 숭배가 욥기에 나오는 족속들에게서는 찾아볼 수 없다는 것이다. 욥기에 등장하는 욥은 물론 엘리바스, 빌닷, 소발, 엘리후 모두는 하나님 이외의 다른 신을 섬기지는 않았다. 열 번째로 욥의 딸들은 남자 형제들과 함께 재산을 상속받았다(42:15). 모세 시대 이후에는, 율법에 의하여 남자 형제들이 살아 있을 때, 자매들은 상속을 받을 수 없었다(민 27:8).

이런 모든 점을 미루어 추정하건대 욥기의 시대적 배경은 기원전 2000년경 초기 족장 시대임을 알 수 있다. 또한 기록연대에 대해서도 그 사건이 일어난 직후의 족장시대(주전 2000-1800), 솔로몬 시대(주전 950년), 또는 포로시대 이후(400년경)라고 주장하는 이견들이 있지만, 주전 2000년경으로부터 주전 500년 사이에 쓰인 작품이라고 해두겠다.

2. 욥기의 장르

욥기는 매우 숭엄하고 진지한 문학이기는 하지만, 엄격히 말해서 분류하기 곤란한 문학이다. 욥기가 정확하게 어떤 문학적 형태를 취해했는가에 대해서는 성경학자에 따라 의견들이 다 다르다. 교훈시나 서사시로 보는 사람이 있는가 하면 하나의 극작품으로 보는 사람들도 있다.

먼저 욥기를 교훈시로 보는 것은 '깨달음과 가르침을 주기 위한' 시로 본다는 뜻이다. 그 어느 책도 이 책 전반에 흐르고 있는 영적인 교훈을 흉내 내지는 못할 것이다. 이 책은 '왜 경건한 사람이 고난을 당해야 하는가?' 하는 문제로 고민을 하는 사람들에게 영원히 뛰어난 모본으로 남게 될 한 사람의 인생을 시적 형태를 통하여 제시해 주고 있다는 점에서 교훈시라 할 수 있다.

반면 어떤 사람들은 욥기가 서사시의 형태로 전개되고 있다는 주장을 하는데, 일반적으로 영웅이나 위인의 생애 또는 업적이나 사건을 운문적인 형식과 아주 고상한 형태로 기록한 설화를 서사시라 할 수 있다면 욥기를 서사시라 해도 지나칠 것이 없다. 그래서 게눙(John F. Gennung) 같은 교수는 욥기를 일컬어 "내면적인 삶의 서사시"(The Epic of the Inner Life)라 했고,[22] 저명한 주석가인 고뎃(Frederic Godet)도 이에 대해 다음과 같이 동의하고 있다. "성경에서 극이라 부를 수 있는 책은 꼭 하나가 있으니, 곧 아가서이다. 성경에는 서사시가 두 개 있는데, 하나는 인간의 양심과 하나님의 공의 사이의 갈등을 다룬 욥기이고, 다른 하나는 사탄의 나라와 하나님의 나라 사이의 싸움을 다룬 요한계시록이라 하였다."[23]

욥기에는 아킬레스 같은 힘센 용사나 역사(力士) 또는 전사가 나오지는 않지만 영적인 영웅이 나온다. 또한 전쟁(죽음)이나 낭만(사랑-행복) 같은 인생의 내면적 사이클이 나오지는 않지만 영적인 고투와 그것을 극복하고 얻는 행복의 문제가 다루어지고 있다. 그리고 서론 부분인 1, 2장과 결론 부분인 42장을 제외하고 나면 나머지는 모두 운문의 형태로 되어 있다. 이런 점에서 욥기는 서사시적 요소를 갖추고 있음이 틀림없다. 그러나 호메로스의 『일리아스』나 『오뒤세이아』, 단테의 『신곡』, 밀턴의 『실낙원』과 같은 계열에 놓을 수 있는 순수한 서사시라 할 수는 없다. 그래서 어떤 학자는 짧은 서사시라 했다.

존 오웬(John Owen) 같은 학자는 욥기를 일컬어 셰익스피어의 『햄릿』과 같은 드라마라 했다.[24] 드라마란 일반적으로 심각한 또는 진지한 행위(사건)의 재현이라 할 수 있다. 욥기에는 프롤로그를 제외하고 나면 사실상 그런 행위가 없다. 물론 전혀 심각한 갈등이 없는 것은 아니지만 그것이 행동으로 재현되는 것이 아니고 담론식으로 전개되고 있다. 그런 점에서 욥기는 극적인 요소를 갖고 있지만 순수한 드라마라 할 수는 없다. 다만 순수한 드라마는 아니지만 형태에 있어서나 구성에서나 욥기는 문학적인 예술성의 특징을 다분히 가지고 있는 극작품이라고 할 수 있을 것이다. 그렇다고 해서 욥기의 역사성을 부인하는 것은 아니다.

또 어떤 학자는 비유로 보기도 하고[25] 철학적 논쟁이라고 하나 욥기는 어떤 한 장르에 속하는 작품으로 확정지을 수는 없다. 위에서 열거한 모든 장르의 요소를 다 갖고 있다고 말하는 것이 더 정확한 평가라고 할 수 있다. 이렇게 욥기의 문학적 양식을 확실하게 확정할 수 없으므로 성경학자들은 욥기를 잠언, 전도서와 함께 가장 오래된 지혜문학으로서 분류한다.

3. 주제와 구조

욥기는 일종의 욥의 일생담이라 할 수 있다. 게다가 성경에 나타난 일생담 중에서는 가장 극적인 이야기로 짜여 있다. 욥기의 주제는 온 세상의 주관자이신 하나님의 선하심과 전능하심을 믿는 사람들이 왕왕 품게 되는 "신의론"(神義論, Theodicy)에 관한 의문점을 제기한 것이라 할 수 있다. 다른 말로 말하면, '욥과 같은 정의로운 사람은 왜 고통을 당하고 사악하고 부정한 사람은 어찌 번영하는가? 하나님이 정말 신실하시고 공의로운 분이라면, 그것은 모순이며 옳다고 할 수가 없지 않겠는가? 이렇게 하나님의 신실성과 공의성의 문제를 제기하는 것이 곧 신의론이다. 인간의 가장 궁극적인 관심사 중의 하나라 할 수 있는 신의론과 같은 이런 문제를 놓고 욥은 악의 표상과도 같은 세 친구들과 길고도 치열한 형이상학적인 논쟁을 벌이지만, 그 문제에 대한 시원한 본질적인 해결은 얻을 수가 없었다. 그러던 중 그가 당하는 고통의 극한상황 중에서 새로 나타난 엘리후의 비판적인 설교를 듣게 된다. 새로운 시선이 어느 정도 열리려는 찰나에 회오리바람소리 속에 다가오시는 하나님의 현현인 계시에 직면하면서 그는 지금까지 문제 삼았던 하나님의 영원한 섭리가 정당하다는 것을 깨닫게 된다. 즉 극심한 고통과 시련까지도 "모든 것을 협력케 하여 선을 이루게 하시는"(롬 8:28) 하나님의 섭리에 종속된다는 것을 배우게 되고, 동시에 그 고통을 통하여 영적으로 성숙케 된다는 진리까지도 체험하게 되는 것이다.

따라서 욥기는 이와 같이 고통을 거쳐 하나님의 뜻이 정당하다는 것을 깨닫고 그 섭리에 순종하게 되는 욥의 체험을 주제로 한, 총 42장, 1,070절로 구성된 일종의 짧고 간단한 극시(a kind of brief dramatic poetry)라 할 수 있다. 이 극시의 발단부(서장)는 1-2장에 해당되는데, 천상에서 하나님을 중심으로 주위에 둘러선 천사들과 사탄이 회의를 하는 장면으로부터 시작된다. 이 회의에서 욥의 믿음이 까닭이 있는 것인지 없는 것인지 시험해보자고 하는 사탄의 제의를 받아들여 하나님께서 이를 허락해 준다. 하나님으로부터 이렇게 허락된 시험을 통해 욥은 가족과 재물을 다 잃게 되고 몸에 악질적인 종량까지 얻게 되며, 더 나아가서는 친구들과 아내의 배신까지 받아 극심한 고통에 처하게 된다. 욥이 큰 고통 중에 있다는 소식이 전해지자마자 그의 세 친구들이 조문과 위로를 위해 욥을 찾아왔으나 너무 흉하게 변화된 것을 보고 위로할 말을 잃은 채 일주일 동안을 침묵한다. 이런 욥의 처지와 그의 세 친구들이 처한 처지를 서술해주고 있는 것이 이 극시의 발단부다.

그 다음 이 극시의 전개부는 3-26장까지인데, 이 부분은 욥 자신의 출생에 대한 탄식으로부터 시작해서 그와 그의 세 친구 간에 세 차례에 걸쳐 벌어지는 논쟁으로 이루어져 있다. 세 차례에 걸친 논쟁 중에서 엘리바스는 첫째 바퀴에서 두 장(4-5장), 둘째 바퀴에서 한 장(15장), 셋째 바퀴에서 한 장(22장), 총 4장을 말한다. 빌닷은 첫째 바퀴에서 한 장(8장), 둘째 바퀴에서 한 장(18장), 셋째 바퀴에서 한 장(25장), 총 3장을 말한다. 그리고 소발은 첫째 바퀴에서 한 장(11장), 둘째 바퀴에서 한 장(20장), 총 2장을 말한다. 욥의 세 친구들이 변론한 장수는 총 아홉 장이다. 이에 반해 욥은 첫째 바퀴에서 8장(3, 6, 7, 9, 10, 12, 13, 14장), 둘째 바퀴에서 4장(16, 17, 19, 21장), 셋째 바퀴에서 3장(23, 24, 26장), 총 15장의 답론을 폈다. 치열한 고통 중에 있는 욥이 그의 친구들보다 큰 배에 이르는 더 많은 말을 했다고 하는 사실은 놀라움을 금치 못하게 한다. 그것은 인간적인 입장에서 욥이 자기 자신을 볼 때 잘못 한 것이 없으며 친구들보다 더 못한 것도 없다는 자신의 신앙과 정당성을 그들에게 변호하고 강조하려 하였기 때문이다. 논쟁은 논쟁을 낳고 말만 많아지게 한다. 그렇다고 근본적인 문제가 해결되는 것은 아무것도 없다.

이 극시의 정점부(클라이맥스)는 27장-31장까지인데, 여기서는 욥이 홀로 독백하는 형태로 5장(27, 28, 29, 30, 31장)이 진행된다. 이 부분에서도 욥은 자신을 여전히 변명하고 있다. 그러나 뒤로 가면 갈수록 그 변명의 강도는 늦추어지고 점차 하나님의 권능과 그 행사의 신비함에 다가가는 모습을 보여주기 시작한다.

이 극시의 역전부는 32장-37장까지인데, 엘리후의 논평적인 설교가 주를 이루고 있다. 결말부(종장)는 38장-42장까지에 해당된다. 좀 더 세분하면 38장-42장 6절까지는 하나님의 현현과 그 계시 및 욥의 응답이 나오고, 42장 7-17절까지는 종장인데, 욥과 그의 친구들이 하나님의 존재성을 깨달아 알고 회복되는 장면이다.

이 극시의 서장(序場)과 종장(終場)은 산문 형식으로 되어 있지만, 3장으로부터 41장까지는 시의 형식으로 되어 있다는 것을 잊어서는 안 된다. 우리는 일반적으로 서장과 종장만을 읽고 욥기를 이해했다고 생각하기 쉽지만, 사실상 욥과 그의 세 친구가 주고받는 시의 형태로 된 논쟁적 대화와 그 밖의 다른 부분을 읽지 않고서는 이 작품을 바로 이해할 수가 없다. 이 형식적인 구조를 잘 살피는 것이 욥기를 이해하는 데 무엇보다 중요하다. 물론 욥기의 중심 부분은 욥과 세 친구가 벌이는 논쟁부분이다. 분량도 많지만 욥기의 중심 내용인 신의론의 문제가 여기서 제기된다. 그렇다고 서장과 종장이 전혀 중요하지 않은 것은 아니다. 처음과 마지막 끝은 마치 제단의 양편에 붙은 장식대와 같아서 운문으로 된 부분(3-42:6)을 보다 넓찍하게 만드는 구실을 하는 동시에 그 가운데 부분의 내용을 획연하게 드러나게 해준다. 만일 이 산문 부분이 없으면 욥기에 나오는 논쟁적인 대화의 의미를 이해하기 어려울 것이다. 따라서 욥기를 해독할 때는 산문 부분만을 읽는 것도 바람직하지 않지만, 운문 부분만을 읽는 것도 바람직하지 않다. 그러므로 욥기를 읽을 때는 욥기 전체를 통합적으로 읽는 것이 중요하다.

4. 문학적 특질

밀턴은 "영원한 섭리를 드러내고/ 하나님의 뜻이 올바름을 입증하기 위하여"『실낙원』(Paradise Lost)을 썼다. 욥기의 궁극적인 목적도 바로 밀턴의 의도와 다름이 없었다고 본다. 욥을 향한 하나님의 길 곧 그의 의로운 뜻은 무엇인가? 첫째로 그것은 고통이라는 비극적인 상황 속에서 인내하는 자만이 하나님을 만나게 되고 그의 것을 기업으로 누리게 된다는 것이다. 둘째로 고통을 통해서 자기의 지식과 이성이 아무것도 아니며 얼마나 한계성이 많은가 하는 것을 알게 되어 겸허하게 된다는 것이다. 셋째는 고통의 밤을 통과한 후 근원에서부터 새롭게 재생할 수가 있다는 것이다. 욥기는 이런 '고통을 통한 은혜' 라는 목적을 우수한 시적인 기교와 구조로써 극화한 가장 숭고하고도 웅대한 작품이다. 이제 그렇다면 욥기의 문학적 특질을 간단히 살펴보자.

1) 다양한 은유

욥기의 첫 번째 문학적 특질은 다양한 은유(metaphor)를 사용했다는 데 있다. 그 예를 조금만 들어 보겠다. 악을 심고 고통을 거두어들이는 것을 밭에다 씨를 뿌리고 그 결실을 거두어 드리는 일에다 비유하여(욥 4:8) 욥의 세 친구들은 욥의 재난이 바로 죄악의 대가라는 것을 말하고 있다. 그 예로 장수하다가 죽는 것을 곡식이 영글어 타작마당에 이른 것에 비유했다(욥 5:26). 인생의 해지기를 기다리는 종과 삯을 기다리는 품꾼과도 같다고 했고(욥 7:2), 인생의 덧없음을 하루살이와 아름답게 피었다가 갑자기 스러지는 꽃이나 그림자에 비유했다(욥 14:1-2).
　또한 인생의 빠름을 베틀의 북(욥 7:6), 경주자, 미끄러지는 갈대, 먹이를 덮치는 독수리(욥 9:25-16)로 설명했다. 욥은 자신의 계획을 물거품에 비유했고(욥 17:11), 자신의 죽음을 늪의 물이 마르고 강줄기가 마르는 것 같다고 했다(욥 14:11). 또한 하나님은 욥 자신을 과녁(욥 16:12)으로 삼아 활을 쏘아대는 군인(욥 16:14)과 같지만, 인간이 재생하려면 나무가 물을 필요로 하듯이 하나님이 필요하다고 했다(욥 14:7). 이 이외에도 수많은 비유가 있지만 이 정도로 줄이겠다. 이렇게 비유가 많다는 것은 그 만큼 묘사가 구체적이고 생생하다는 것을 입증해 준다.

2) 절묘한 묘사와 생동하는 심상

　욥기의 두 번째 문학적 특질은 절묘한 묘사와 생동하는 심상을 사용한 것이다. 신의 능력과 지혜를 묘사할 때, 그는 산을 무너뜨려 옮기시며, 땅을 움직이시니 그 기둥이 흔들리고, 해에게 명령을 내려 뜨지 못하게 하시며, 별들을 하늘에 가두어 두시고, 바다 물결을 밟고 큰 일을 하시는 것으로 표현하고 있다(욥 9:5-10). 또한 욥은 모든 사람에게 타인과 같이 된 신세를 토로하면서, 하나님은 내 길을 가로막고 그 앞에 어둠을 놓았으며 소망을 나무 뽑듯이 뽑았고, 군대가 일제히 나와서 길을 쌓고 치듯이 나를 친다고 하였다. 뿐만 아니라 그 아내까지도 숨결을 싫어하고 피부와 살은 뼈에 붙어 겨우 잇꺼풀만 남았다는 표현을 사용하기도 하였다(욥 19:7-21).
　폭풍 속에서 인간의 모든 통찰력과 모든 능력을 웃도는 우주의 질서와 신비를 개진하는 장면도 마치 사진을 보는 것처럼 선명하다. 새벽 별들이 노래하고 하나님의 아들들이 기쁘게 소리치는 가운데 우주의 기초를 놓은 일, 바다를 만들고 그 물이 넘쳐 하늘로 치솟는 것을 막은 일, 규칙적으로 아침을 돌아오게 하고 온 세상에 빛을 넘쳐흐르게 한 일, 깊은 물 속과 사망의 문, 빛과 어둠의 처소, 전쟁을 위해 예비해 둔 우박의 창고와 눈 곳간, 폭우와 우뢰의 길, 사람 없는 땅과 광야에 내리는 비, 물을 돌 같이 굳어지게 하는 서리, 때를 따라 이끌려 나와 그 위력을 나타내는 성좌, 어떤 의도 속에서 움직이는 번개(욥 38:4-38) 등이 하나하나 생생하게 묘사되어 있다.

또한 산 염소, 들 나귀, 들 소, 타조, 말 따위의 동물과 매, 독수리 따위의 조류들, 그리고 하마와 악어, 이 모든 것들의 모습과 생태, 그 구조와 움직임, 그 처소와 번식 등도 선명한 심상을 사용하여 기묘하게 묘사하고 있다(욥 39:1-41:34).

3) 강한 풍자성

풍자란 어떤 대상을 우스꽝스럽게 만들고 그것에 대하여 재미있어 하는 태도나 경멸하거나 분노하며 조소하는 태도를 자아내어 그 대상을 깎아 내리는 문학적 기교이다. 욥기의 풍자성은 주로 욥이 그의 친구들의 신학적인 변론과 인정이 없는 무익한 말과 태도에 대해 분노하고 조소하는 말 속에 잘 나타난다. 그들은 거짓말을 지어내는 자들이요 쓸데없는 의원이라고 비꼰다(욥 13:4). 또한 그들의 격언은 재(ash) 같고 그들의 방어는 토성이라 하였다(욥 13:12). 그런 무익하고 부질없는 말은 너무 많이 들었으므로 그들은 단지 번뇌케 하는 위안자들이라고 한다(욥 16:2). 그들의 말은 허망한 말이요(욥 16:3) 마음을 꺾어 번뇌케 하는 말들이라는 것이다(욥 19:2). 그들은 바람 앞에 검불 같고 폭풍에 불리는 겨와 같은 존재들이라고 격하시킨다(욥 21:18). 이 이외에도 24장 전체는 일종의 사회의 악을 풍자한 것으로 볼 수 있다.

4) 두드러진 애상감

욥기에 나타나는 애상감(pathos)은 주로 고통을 당하는 처참한 욥의 모습과 말 속에 나타나는데 그것이 오히려 깊은 감동을 준다. 욥은 그의 고통을 위로해 주기 위해 왔다고 하는 세 친구들의 무정함과 불친절을 꼬집으면서 나중에는 더 이상 견딜 수가 없어 그들에게 "나의 친구야, 너희는 나를 불쌍히 여기라, 나를 불쌍히 여기라"(욥 19:21)고 하였다. 이런 애처로운 호소는 친구들에게 한 것이기도 하지만 사실은 하나님께 부르짖는 것이라고 할 수도 있다. "나의 친구는 나를 조롱하나 내 눈은 하나님을 향하여 눈물을 흘리고"(욥 16:20)라고 한 말로 보아 알 수 있다. 그렇게도 인자와 긍휼로써 보호하시던 하나님께서 어찌하여 폭풍으로 꺾으시고 상처를 입히시며(욥 9:17) 재앙으로 도륙하시는가(욥 9:23)고 부르짖는다. 이젠 기운이 끊어져 눈에 아무것도 보이지 않는다(욥 10:18)고 절규하는 모습은 어찌나 애처롭고 불쌍한지 말로 다 표현할 수 없다.

II. 욥기의 신학적 탐구

1. 욥의 인물

욥기의 주인공인 욥은 호메로스의 『일리아스』의 주인공 아킬레스와 비교되는 '아가토스' 다. '아가토스'는 육체적인 힘이 센 역사(力士) 또는 용기 있는 전사(戰士)를 일컫는다. 욥은 힘이 센 장사도 아니고 싸움 잘 하는 용사도 아니다. 그러나 욥은 정신적으로 큰 인물이다. 욥의 인물됨에 대해서 좀 더 자세하게 그리고 구체적으로 살펴보겠다.

1) 역사적 실존 인물

욥은 역사적으로 실존했던 인물로서, 그 이름이 '돌아오다', '회개하다'를 뜻하는 아랍어 '아바'에서 파생된 것으로 볼 때는 '돌이키는(회개하는) 자'라는 의미이고, 그 기원이 '미워하다', '대적하다'를 뜻하는 히브리어 '아에브'에서 파생된 것이라면, '미움 받는(핍박 받는) 자'라는 의미가 되지만, 둘 다 정확하지는 않다.[26] 그러나 흥미로운 것은 두 가지 의미가 모두 욥의 체험 속에 반영되고 있다는 사실이다.[27]

욥은 실재인물로서 몇몇 비평가들이 주장하는 바와 같이 가공의 인물은 아니었다. 그 중요한 증거는 에스겔 14장 14-20절과 야고보서 5장 11절이다. 또한 그 실제적인 증거의 예로서 그의 삶과 관련된 몇 가지 사례들과 성경의 내적인 증거들을 들 수 있겠다. 욥에게는 "데만 사람 엘리바스와 수아 사람 빌닷과 나아마 사람 소발"(욥 2:11)이라는 세 친구가 있었다. 그들에 대한 자세한 탐구는 뒤로 미루고 여기서는 그들이 다 특정한 지역에 살고 있었고 특정한 이름을 갖고 있었다는 사실만 말해두겠다. 만일 욥이 가상의 인물이었다면, 이런 세부 사항들에 대한 언급은 필요하지 않았을 것이다. 또한 욥이 가상의 인물이었다면, 그 세 친구들이 그를 버렸을 때 그렇게 심한 고통을 겪게 되는 일도 일어나지 않았을 것이다. 그리고 만일 욥기가 단순히 비유에 지나지 않는다면, 욥의 적으로서 "스바 사람"(욥 1:15)과 "갈대아 사람"(욥 1:17), 그리고 사탄을 구체적으로 거명하지 않고 그냥 '강도'와 같은 애매모호한 단어를 사용해도 괜찮을 것이다. 대개 가상의 인물을 다루면서는 특정한 장소나 인물은 사용하지 않는 것이 보통이기 때문이다.

다음으로 욥이 실존 인물이라는 사실에 대해서는 이미 말한 증거들 이외에 하나님과 성경 기자들의 내재적인 증거들도 들 수 있다. 에왈드는 "개인에 관한 것이든 역사에 관한 것이든 고대에는 완전한 허구적 작품이라는 것은 아예 존재하지 않았다"[28]고 말한다. 성경을 포함한 모든 고대 문서의 일반적인 법칙은 실재했던 사건들과 사람들을 사용한다는 것이다.

뿐만 아니라 하나님은 여섯 번이나 욥을 "내 종"(욥 1:8; 2:3; 42:7, 8〈3회〉)이라고 불렀다. 하나님이 존재하지도 않는 사람을 당신의 종이라고 부르신다는 것은 있을 수도 없는 일이거니와 합당치도 않은 일이다. 에스겔 선지자는 욥을 노아 및 다니엘과 함께 언급함으로써(겔 14:14) 그가 실재적인 인물이었다는 것을 보여준다. 또한 야고보 사도도 야고보 5장 11절에서 욥의 '인내'를 배우라고 권유하였다. '인내'라는 덕목은 살아 있는 사람에게만 결부시킬 수 있는 것이다. 그러므로 욥이 실존했던 인물이라는 것을 알 수 있다.

그는 아브라함과 거의 같은 시대의 의로운 사람으로서, '우스'라는 곳에 살았다. 이 우스는 에돔이라 불렸던 땅 부근에 있었다. 에돔은 에돔 곧 에서의 자손들이 살던 땅(창 32:3, 36:8)이었는데, 이곳은 하나님의 버림을 받은 자손들이 살던 곳으로 저주의 땅이었다. 욥기에서 동방이라 한 곳은 바로 우스를 가리키며 지금의 이라크와 사우디 아라비아의 국경 근처 지역일 것이다. 지금은 사막지대로 변모되었지만 욥이 살았던 당시는 문명이 꽤나 발달한 곳이었다.

2) 온전하고 정직한 인물

이미 앞에서 언급한 바와 같이, 욥은 에스겔 14장 14절과 20절에 따르면 노아, 다니엘과 함께 의인으로 기록되어 있다. 욥기 1장 1절에서 "그 사람은 온전하고 정직하여 하나님을 경외하며 악에서 떠난 자더라"고 한 것도 곧 의인이라는 뜻이다. 욥기에 따르면 욥은 두 가지 면에서 의로웠다. 하나는 온전하다는 의미에서이고, 다른 하나는 정직하다는 의미에서다.

"온전함"이라는 말의 히브리어인 '탐'은 어느 면에서나 흠이 없고 죄가 없는 완전한 사람이라는 뜻이다. 로마서 5장 12절에 의하면 사람은 하나도 예외 없이 죄인이라고 한다. 그러니까 여기서 욥을 의인이라 한 것은 누구보다도 신앙적으로 바른 관계를 맺고 의롭게 살려고 최선을 다한 사람, 곧 하나님을 높이고 사랑하는 그의 마음가짐이 시종일관 순수했다는 것이다. 원래 구약에서 "완전하다"는 것은 하나님께 바칠 동물 즉 희생제물은 상처나 병이 없는 완전한 것이어야 한다는 것을 뜻한다(출 12:5; 레 1:3). 그러므로 여기서 "온전하다"는 말은 종교적으로 또는 제의적으로 완전하다는 뜻이다. 욥은 하나님의 저주받은 자손들이 살고 있는 우스라는 곳에 살았지만 결코 우상 숭배를 하지 않고 실제적으로 하나님을 경외하였던 것이다. 이는 욥과 하나님의 관계가 반듯했음을 의미한다.

"정직함"이라는 말의 히브리어인 '차테크'는 하나님과의 관계에 있어서 바름을 뜻하기도 하지만 특히 사람들과의 관계가 반듯하다는 도덕적인 의미가 더 크다. 그는 "빈궁한 자의 아버지도 되며 내가 모르는 사람의 송사를 돌보아 사실하여 주었으며 불의한 자의 노획한 물건을 어금니 사이에서 빼어내었으며"(욥 29:16-17), "남종이나 여종이 나와 더불어 쟁론 할 때에 . . . 그의 권리를 저버린"(욥 31:13) 일이 없다. 실로 그는 악으로부터 얼굴을 돌리고 살거나 악을 멀리 쫓아버리고 살았던 정직한 사람이었다.

여기에 나오는 '온전하다'와 '정직하다'는 유사어구로서 같은 의미를 반복했거나 강조한 것으로 보아 히브리시에 자주 나오는 동의적 병행법이라고 말하기도 하지만 "온전하다"는 것은 좀더 신앙적인 문맥에서 쓰인 것이고, "정직하다"는 말은 좀더 도덕적인 문맥에서 쓰인 것으로 보는 것이 더 좋다. 그러므로 욥은 신앙적으로나 도덕적으로 나무랄 데 없는 인물이었다고 할 수 있다. 그의 경건한 신앙 인격은 하나님에 대한 경외와 악을 멀리하는 일로 나타났다. 경외는 곧 사랑이요 전적인 신뢰와 의지를 말한다. 욥은 하나님을 두려워하고 그를 높이며, 그만을 의지하고 살며 이웃(사람)에게 악을 행치 않고 일관되게 정직한 삶을 영위했던 사람이었다.

욥이 그처럼 하나님을 높이고 사랑한 사람이라는 것은 그가 받은 축복을 통해서 더욱 알 수 있다. 우선 그는 그의 자손이 강성하게 되는 축복을 받았다. 그의 가족은 아들 일곱과 딸 셋, 그리고 아내를 합치면 12명이었다. 12라는 수는 완전수, 거룩한 수로 쓰인다. 12명이라면 대식구다. 식구가 많으면 바람 잘 날이 없다고 한다. 그러나 욥의 가정은 모두 한 동네에서 어울려 살며 서로 화목하고 친밀하게 지냈던 것이다. 가정의 화목과 단란함을 한결 같게 일상으로 누릴 수 있다고 하는 것은 최고의 축복이라 아니 할 수 없다. 그리고 또 하나의 축복은 많은 재산을 소유한 것이었다. 그 재산은 가축의 수로 나타내었다. 양이 7천 마리, 약대가 3천 마리, 소가 500겨리, 암나귀 500 마리였다고 기록되어 있다(욥 1:2-3). 여기에 나오는 숫자대로라면 욥의 재산이 별것이 아니었다고 생각할런지 모르겠으나 성경에 나오는 3, 7, 100과 같은 숫자는 '풍부하다, 완전하다'는 의미로 쓰이는 경우가 많다. 실제의 숫자로 보기보다는 대단히 많은 것을 묘사하는 상징적인 의미로 볼 수 있다.[29] 시편 112편 1-3절에서는 하나님을 높이고 그를 사랑하며 의롭게 살아가기만 하면 자손의 강성함과 많은 부와 재물의 축복을 받게 된다는 것이다. 이것이 하나님의 신실한 약속이시다. 이런 사실로 미루어 볼 때 욥은 실로 경건한 신앙인이었다는 것을 알 수 있다.

또한 하나님 자신이 욥을 "내 종 욥"(욥 1:8)이라고 한 것만 보아도 매우 경건한 신앙인이었다는 증거가 된다. 종이라는 말의 히브리어는 '에베드' 인데, 그 뜻은 여러 가지로 쓰인다. '일군', '노예들' (창 15:2), '왕의 신하' (역대상 21:3; 삼하 8:6-), '하나님 경배자' (왕하 10:19-23), '특수한 신심과 뛰어난 봉사를 나타낸 개인들' (창 26:24; 출 14:31; 삼하 3:18), '이스라엘 또는 야곱' (사 41:8; 렘 30:10; 겔 28:35), '하나님의 사명을 충실히 이행한 사람' (행 8:38) 등을 가리킨다. 여기서는 하나님을 충실히 섬기고 그에게만 경배한 경건하고 신실한 신앙인이었다는 뜻으로 사용되었다.

3) 동방의 가장 큰 사람

욥은 동방의 가장 큰 사람이었다(욥 1:3). '큰' 이라고 번역된 히브리어인 '가돌'은 '부유하다' 는 의미를 갖고 있다. 실로 그는 문자 그대로 대식구와 막대한 부를 소유한 에돔 지방에서는 아주 크고 위대한 인물이었다.[30] 라키어에 따르면 그는 거부였다는 점에서 큰 사람이기도 했지만 실상 일국의 군주나 왕에 버금가는 이방인 족장이었다는 점에서도 아주 크고 위대한 인물이었다.[31] 또한 욥은 상당히 개명한 사람으로서 학식이 뛰어나고 덕망이 높았으며 모든 사람들로부터 존경받고 많은 사람들에게 은혜까지 베푼 그런 인물이었다(29:7-25). 그의 책에서 보듯이 "그는 글을 썼고 돌에 조각을 새기고 채굴하고 야금술과 건축과 그리고 . . . 박물학, 천문학 등 과학방면에도 상당히 조예가 깊은 사람이었다."[32] 욥의 위대함은 재물이 많고 학식과 덕망이 높았다는 데만 머물지 않았다. 어떤 경우의 시련에서도 그의 믿음은 변치 않았고, 아무리 재산이 많아도 그것이 그의 마음을 오염시키지 못했으며, 학식이 많아도 그를 자만하고 완악하게 하지를 않았다. 그런 의미에서 그는 아주 크고 신실하며 훌륭한 인물이었다. 우리는 이런 사실을 욥기 23장 12절에서 찾을 수 있다. "내가 그의 입술의 명령을 어기지 아니하고 정한 음식보다 그 입의 말씀을 귀히 여겼도다." 욥은 어떠한 경우에도 하나님을 사랑하고 그만을 의지한 실로 신앙의 위인이었다. 재물도, 지식도, 덕망도, 명예도 믿음을 바탕으로 한 것이 아니면 마치 바람을 잡는 것과 같이 덧없을 뿐이고 아침 이슬처럼 속절없이 사라질 뿐이다.

4) 겸손한 가정의 제사장

욥은 겸손한 가정의 제사장이었다(욥 1:4-5). 이미 앞에서 언급한 대로 욥의 가정은 욥과 그의 아내, 그리고 10 남매 합치면 모두 12명이었다. 욥의 가정생활의 특징은 끊임없는 예배에 있었다. 그는 과거를 돌이켜 하나님의 축복을 계수해 보고 나서 감사의 제사를 드린 것이 아니라 매일의 일상적인 일과로서 그렇게 하였다. 그것은 욥의 아들들이 날마다 생일잔치를 하고 난 뒤 욥이 행사를 보면 알 수 있다.

욥의 아들딸들이 다 커서 생일이 되면 형제들을 각기 자기 집에 초청해서 잔치를 베풀었던 것 같다. 이렇게 그들은 서로 사랑의 교제를 나누며 풍성한 잔치를 열고 먹고 마시며 즐겼다. 그 잔치 날이 지나면 욥은 그 다음날 10 남매를 불러다가 자녀수만큼 제물을 준비해서 번제를 드렸다. 욥기 1장 5절에서 "그 잔치 날이 지나면 욥이 그들을 불러다가 성결케 하되 아침에 일어나서 그들의 각 수대로 번제를 드렸으니 이는 욥이 말하기를 혹시 내 아들들이 죄를 범하여 마음으로 하나님을 욕되게 하였을까 함이라. 욥의 행사가 항상 이러하였더라"라고 했다. 욥은 그 가정의 제사장이었으므로 매일 마다 하나님께 희생제물을 드렸는데, 그것을 통하여 자기가 하나님께 늘 의존하며 순종하고 있음을 거듭해서 입증했던 것이다. 제사장인 그는 자기의 권위 아래 있는 아들들이 또한 하나님의 권위에 순종하고 있다는 것을 제사를 통하여 선포하기도 하였다.

번제는 제사 중에서 가장 역사가 오랜 제사라 할 수 있다. 레위기 1장 1-17절까지 보면 번제물의 종류는 세 가지인 것을 알 수 있다. 소의 경우는 흠이 없는 수컷(레 1:3 고난과 인내의 그리스도 상징), 염소의 경우도 역시 흠이 없는 수컷(레 1:10 순종의 그리스도 상징) 그리고 산비둘기나 집비둘기의 경우는 새끼(레 1:14 온유와 겸손, 평화와 성령의 상징)를 드려야 했다. 제물은 이와 같이 흠이 없는 것이어야 했다. 하나님께서는 우리를 구속하기 위하여 오직 흠이 없고 결점이 없는 어린 양 같은 그리스도의 보배로운 피로 역사하셨다(벧전 1:18-19).

모든 제물은 전부 각을 뜨고 쪼개서 화제로 드렸는데, 내장과 머리와 기름과 정갱이(발)를 깨끗이 씻어서 전부 제단 위에 놓고 불살라 여호와 하나님께 향기로운 냄새가 되게 하여야만 했다. 번제물 중 남은 것이 있으면 안 되었고, 하나하나 쪼개서 드리지 않으면 계약사상의 위반이 되는 것이다(레 34:18). 동물로 드리는 제사는 반드시 피를 흘려야 했고 그 피가 죄를 속하게 된다고 믿었던 것이다. 하나님께서는 순종하여 흠 없이 예물을 바친 자와 화해하셨고 만족하게 여겨 죄를 사해 주셨다. 결국 번제는 하나님께 자기 죄를 고백하고 용서받는 제사요, 자기 자신을 하나님께 드리는 제사이다. 욥은 이처럼 가정에서 제사장의 역할을 하였다. 욥은 가족을 사랑하였고 전 가족이 모두 하나님 앞에서 범죄 하지 아니하고 하나님을 높이고 그를 사랑하며 살아가기를 원했다. 욥이 다른 어떤 것보다도 두려워한 것은 그의 아들들이 하나님을 욕되게 하였을까 하는 것이었다. 그래서 그는 "혹시 내 아들들이 죄를 범하여 마음으로 하나님을 욕되게 하였을까"라고 말하였다. 욥은 이렇게 그의 아들들이 하나님을 배반하고 욕되게 할 수 있는 가능성을 생각하고는 결국 아들들을 불러다가 연습시키고 가르쳐 하나님을 의지하고 순종하는 모범을 보였다. 욥은 실로 푼수 없는 얼간이 같은 아버지도 아니고 사랑이 없는 냉랭한 경건주의자도 아니었다. 이런 일은 고차적인 의미의 실천 교육이었다. 자녀들은 번제의 제사를 통하여 잔치할 때 자칫하면 마음으로 하나님을 욕되게 하기 쉽다는 것을 배우게 되었던 것이다. 이렇게 늘 드리는 번제를 통하여 그 가족 전체가 그 마음속으로 하나님을 욕되게 하지 않게 하였다.[33]

5) 인내의 사람

욥은 가장 인내의 모범이 되는 사람이었다. 야고보서 5장 11절에 보면

"보라 인내하는 자를 우리가 복되다 하나니 너희가 욥의 인내를 들었고 주께서 주신 결말을 보았거니와 주는 가장 자비하시고 긍휼히 여기는 이시니라"고 기록되어 있다. 욥의 인내는 우리 믿는 사람들이 본받아야 할 모범으로 늘 제시된다. 그의 인내는 단순히 당하며 참는 것이 아니고 참으며 꾸준히 하나님의 목적을 추구해 나가는 적극적인 덕목이었다. 고난을 통하여 욥은 인내함으로써 겸허하게 되었고, 그의 지적인 교만이 무너지고 깨졌던 것이다. 욥은 고난 중에 흔들리기는 했지만 결코 좌절하여 좌초당한 배처럼 가라앉지는 않았다. 야고보서 5장 7-9절에서 사도 야고보는 농부의 인내를 배우라고 권면한다. 열매는 하룻밤 사이에 맺어지는 것이 아니다. 땀을 흘려야 하고 애를 쓰며 씨를 뿌리는 노력을 들여서 비로소 때가 되면 귀중한 열매를 거두게 되는 것이다.

위에서 상고해 본 바와 같이 욥은 동방에서 가장 크고 으뜸가는 인물이었다는 점에서 아킬레스에 못지않은 '아가토스' 였다. '아카토스' 는 그리스어로 육체적인 강자를 의미하지만, 욥의 힘은 육체적인 힘이 아니라 영적인 믿음의 힘이었다. 그는 온전하고 정직한 사람으로서, 그의 온전과 정직성을 하나님에 대한 경외와 악으로부터의 떠남으로 나타내었다. 이런 의로운 위인이 고통을 당한다고 하는 것은 몹시 불합리해 보였지만, 사실상 욥에게도 이런 불합리한 시험과 고통이 닥아 왔었다. 그러나 그 참담한 시련을 끝까지 참아냈기 때문에, 욥은 하나님으로부터 더 좋은 축복을 받고 행복한 결말을 맺을 수가 있었다. 욥의 오래 참음 곧 인내는 "전능하시고 크시며 긍휼이 많으시고 선하신 하나님"께서 자기의 "곤경(困境)을 돌이켜 주실 것이라"(욥 42:10)고 하는 소망의 열매라 할 수 있다. 그리고 이 소망은 믿음에서 생기게 된다. 믿음은 곧 소망을 낳고 소망은 곧 인내를 낳는다. 그가 받은 축복은 고통을 통한 하나님의 크신 은혜의 열매였다.

2. 천상회의

하루는 하나님의 아들들이 여호와 하나님 앞에 나와 섰고 그 가운데 사탄도 끼어 있었다(욥 1:6). 우리가 보는 이 광경은 가장 인상적이고도 놀라운 불가시적인 세계의 회의장면이다. 다윗은 이 회의를 "거룩한 자의 모임"(시 89:5, 7)이라 하였고, 제시 펜 루이스는 '하나님의 총회' 또는 '만왕의 왕의 법정'[34]이라 하였다. 자세하게 알 수는 없어도 아마 그것은 하늘에서 열리는 천사들의 정기 총회였을 것이다. 이 정기총회는 주기적으로 있는 것 같다.[35] 왜냐하면 하늘에서 열리는 회의가 욥기 1장 6절 말고도 2장 1절에서도 다시 나타나기 때문이다. 이렇게 볼 때 그들은 분명히 창조된 세계에 질서 정연하게 모여 있었다(욥 38:7)는 것을 알 수 있다.

하늘에서 열리는 천사들의 총회는 하나님을 찬양하기 위해서 모이기도 하고 하나님께 대한 그들의 책임사역을 보고할 때에 열리기도 하였다. 이미 위에서 논한 바와 마찬가지로 천사들은 하나님께 대한 막중한 책임을 갖고 있었다. 여기서 말하는 하늘이란 사람들이 공기를 호흡하고 공중의 조류가 날아다니고, 구름이 떠다니며, 비바람 우뢰 이슬 등이 내려오는 장소인(욥 38:29; 시 147:8; 잠 23:5) 우리의 머리 위쪽에 있는 공간의 하늘(Coelum Aqueum)을 말하지는 않는다. 또한 여기서 말하는 하늘이란 해와 달과 별 및 유성들이 붙어 있으며 거대한 양의 물을 포함하고 있는 광대한 우주 공간으로서의 하늘(Coelum Sidereum)(욥 9:9; 38:31; 시 33:6 사 14:12)도 아니다. 여기서 말하는 하늘은 지극히 높은 하나님과 천사들의 거처로서의 하늘을 뜻한다(사 57:15; 63:15; 시 33:14). 바로 이 하늘에서 회의가 열린 것이다.

이 회의에 참석한 "하나님의 아들들"은 어떤 존재들인가? "하나님의 아들들"이라는 표현은 성경에서 두 가지 뜻으로 사용되는 말이다. 우리와 비교되는 경우에서는 천사들을 의미하는 말이고, 다른 말씀들에서는 하나님의 자녀들을 의미한다. 창세기 6장 2절에서 이 말은 셈의 후손들을 의미하고 있지만, 여기 욥기에서는 천사들을 의미하고 있다. 욥기에 나타나는 하늘에서의 모임은 천사들이 그들의 사역을 보고하고 또한 하나님으로부터 다른 임무 또는 명령을 받기 위한 것이었다. 그런데 사탄은 왜 이 자리에 와 있는 것인가?

사탄의 이름은 '참소하는 자'라는 뜻을 지니고 있다. 요한계시록 12장 10절에서 그는 "우리 형제들을 참소하던 자"라고 불리고 있다. 그러나 그는 하나님을 매우 잘 알 뿐 아니라 이 세상의 권세 잡은 자로서 그 자신이 행한 일에 대하여 설명이나 해명을 하여야 하기 때문에 하나님 앞에 나타나게 된 것이다. 이 참소하는 자 사탄이라 할지라도 하나님의 권위에 대해서는 필연코 복종해야만 한다. 비록 그 일이 자기의 뜻에 맞지 않는다 할지라도, 어쩔 수 없이 그가 다른 이들에게 행한 일들을 그대로 보고 드려야 하는 것이다.[36] 그가 하나님 보좌 앞에 모습을 드러낸 것은 그가 가진 특권도 아니며 그의 뻔뻔스러움 때문도 아니다. 그는 자신이 행한 일을 하나님 앞에 나와 낱낱이 고하도록 늘 강요되고 있다. 이것이 사실은 그에게 있어서는 고문과 같은 것이고 고통이 되는 것이다. 하늘에서는 참소자로, 땅에서는 유혹자 또는 파괴자로 나타난다. 그가 어디에 있든지 간에 그는 하나님과 또 선한 모든 것에 대한 원수로 작용한다. 그는 하나님의 원수이지만 그의 앞에 나와서 그 모든 행보를 알려야만 한다.

이것은 아이러니하지만 사탄이 하늘 회의석상에 그 모습을 드러낸 것도 그 때문이었다. 이 회의는 영적 존재들의 회의이고 땅에서 이루어지는 것이 아니라 천상에서 이루어지는 것이기 때문에 사실상은 그 광경을 볼 수도 없고 그 목적도 알 수 없는 것이다. 그런데도 하나님께서는 고통을 당하는 당사자 욥 자신에게는 숨기신 것을 계시를 통해 우리에게는 공개하신다. 이런 상황을 극적인 아이러니라고 한다. 이런 극적인 아이러니를 통해서 하나님은 우리로 하여금 하늘에 있는 영적인 존재들의 위치에 서서 지상에서 벌어지고 있는 사건들을 볼 수 있도록 한다.

그렇다면 욥 자신에게는 숨기신 것을 왜 우리에게는 보여주시는가? 그런 극적인 아이러니를 사용하시는 목적은 어디에 있는가? 그것은 우리가 고난으로 인해서 좌절될 때 우리의 믿음을 강하게 하고 인생에 불어 닥친 어떤 험난한 재앙이라도 반드시 선한 목적이 있으며 하나님이 우리에게 세우신 계획과 목표에 대한 절대적인 믿음을 갖게 하고자 하는 것이다(롬 8:28-29). 그러나 만일 욥이 시험을 당하기 이전에 하나님의 뜻과 계획을 모두 알았더라면, 그 시험의 결과를 이미 알게 됨으로써 그에 대한 절대적인 신뢰는 약화되었을 것이다. 만일 욥이 하나님을 절대적으로 신뢰하지 않으면 안 될만한 그런 극심한 시련을 통과하지 않았더라면 금이 불속에서 단련되는 것처럼 결코 시련 속에서 단련되어 정금같이 되어 나오지는 못했을 것이다. 만약 우리에게 닥친 시련에 대한 이유를 미리 설정해준다면 우리의 믿음이 작용할 여지가 거의 없게 될 것이다. 히브리서 12장 11-13절에 그 원리가 잘 기록되어 있다. "무릇 징계가 당시에는 즐거워 보이지 않고 슬퍼 보이나 후에 그로 말미암아 연단 받은 자들은 의의 평강의 열매를 맺느니라. 그러므로 피곤한 손과 연약한 무릎을 일으켜 세우고 너희 발을 위하여 곧은 길을 만들어 저는 다리로 하여금 어그러지지 않고 고침을 받게 하라." 하나님은 우리가 직면하는 모든 시험들을 위해서 언제나 풍성한 은혜를 예비하고 계신다는 사실을 우리는 믿어야만 한다.

3. 천사들

위에서 이미 언급한 하늘에서 열린 회의에 참석한 "하나님의 아들들"이란 단적으로 말해서 천사들(天使, angels)들을 가리킨다. 천사라는 말은 맨 처음 창세기 16장 7절에 나온다. 하늘의 보좌를 둘러서 있는 하늘의 존재들 곧 천사들은 "만만"(萬萬)(단 7:10)이나 된다고 한다. 그리스도가 탄생 하시던 때에 "허다한" 무리의 천군들이 나타나서 하나님을 찬양했다. 이 큰 무리는 천군의 무리였다(눅 2:13-15). "만군의 여호와"(시 46:7, 11)이라는 칭호는 하나님께서 천사들로 조직된 군대인 천군의 머리이심을 가리킨다. 그리스도가 고난당하실 때에 그는 하나님께 12군단(legions)이 되는 천사들을 요청할 수 있었다고 하였다(마 26:53). 카이자 아우구스투스 시대에 한 군단의 수는 6,000명 가량이었으며 보통 이 정도의 후방 부대가 후원해 주었다. 만약 이 군대의 수와 천사의 수가 비슷하다면 그리스도는 72,000명 내지 훨씬 더 많은 수인 144,000명의 천사를 부르실 수 있었다. 실제적으로 그는 필요하다면 하늘의 모든 군대 곧 만군(萬軍)이라도 부르실 수 있었다.[37]

천사들을 별들과 연결하여 말하는(욥 38:7, 시 148:1-3, 계 9:1-2, 12:3-4, 7-9) 경우가 허다함으로 그 수도 별들의 수와 비교해 볼 수 있을 것이다. 만약 그렇다면 천사들의 수는 사람들의 육안으로 1년에 볼 수 있는 6,000개 보다 초과할 수 있을 것이다. 어떤 과학자들은 은하수 안에 달리는 모든 별들의 숫자는 10억 개로 추산한다. 그러나 그 정확한 수는 알 수 없다.[38]

요한계시록 5장 11절에서는 "많은(만만의) 천사"라 했고, 히브리 12장 22절에서는 "천만 천사"라 했다. 이 말들은 우리가 이해할 수 없는 많은 수를 가리키는 말이지 정확한 수의 표현은 아닌 것이다. 이러한 광대한 수는 하나님의 능력과 크심과 지혜를 반영하고 있다. 하늘과 천군들이 다 같이 하나님의 영광을 선포한다. 그러면 이 천사들은 어떤 존재들인가?

1) 천사들의 존재

(1) 창조된 거룩한 존재

하나님의 창조는 물질계나 지구상에서 시작된 것이 아니라 천상계에서 시작되었다고 한다. 하나님의 말씀으로 수많은 천사들이 창조되었다. 사도 바울은 골로새서 1장 16절에서 "만물이 그에게 창조되되 하늘과 땅에서 보이는 것들과 보이지 않는 것들과 혹은 왕권들이나 주권자들이나 통치자들이나 권세들이나 만물이 다 그로 말미암아 그를 위하여 창조되었고"라고 말한다. 바울은 창조의 사역에 대해 말하면서 창조를 두 개의 분명한 영역으로 나눈다. 보이지 않는 것들이 존재하는 하늘의 영역과 보이는 것들이 존재하는 땅의 영역이 있다. 보이지 않는 존재라고 해서 실재하지 않는 것은 아니다.

천사는 세상의 창조 이전에(욥 38:6-7) 신성한 상태로(유 1:6) 하나님에 의하여 창조되었다. 모든 천사는 하나님께서 그의 모든 창조물을 향해 좋았다고 말씀하신 것처럼 본래 거룩하고 선하게 창조되었다(창 1:31, 2:3). 특별히 하나님의 천사들의 성품을 나타낼 때 "거룩"이라는 말을 사용하였다(막 8:38). 천사는 본래 거룩할 뿐 아니라 모든 선한 것으로 둘러싸여 있고 모든 거룩한 것들의 영향을 받고 있다. 그러나 천사는 피조물이므로 거룩한 창조주 하나님과는 다르다.

하나님에 의해 창조된 천사와 모든 피조물들은 하나님을 섬기도록 창조되었다. 천사는 하나님과의 거룩한 관계 속에서 그를 경배하고(시 148:1-2), 그의 명령에 따라 그 앞에 모이기도 하며(욥 1:6, 2:1), 하나님을 바람처럼 민첩하고 불처럼 열정적으로 섬길 수 있는 특권을 부여 받았다. 그러나 그들에게는 제한이 따르고, 그들의 거룩성도 절대적인 것이 못 된다. 천사도 타락하면 죄 아래로 떨어져 그것에 묶이게 된다(사 14:12, 계 12:3-4). 또한 천사는 피조물로서 창조주께 늘 대답하여야 하는 책임적 존재로서, 도덕적 법칙에 지배를 받게 된다.

(2) 영적인 존재

천사는 비물질적으로 창조된 영적인 존재다(히 1:12). 따라서 우리 인간처럼 몸이 있는 것이 아니다. 그러므로 보이지가 않고 성(性)도 없으며, 또한 몸을 가진 인간처럼 결혼을 하지 않고(마 22:30), 따라서 종족 번식의 능력도 없다(마 22:30; 막 12:25; 눅 20:35-36). 그렇다고 실재하지 않는 것은 아니다. 천사는 비물질적인 실유(實有)다. 분명히 인간들처럼 육체적이며 물체적인 몸을 갖고 있지는 않다. 그래서 천사를 가리켜 "섬기는 영"(히 1:14)이라 한다. 영은 시간과 공간을 초월하기 마련이지만 천사는 공간과 시간의 제한을 받고 있으며(단 9:21-23), 결코 하나님처럼 무소부재(無所不在)할 수 없고, 또한 편재(遍在)할 수도 없다.

천사는 인간의 몸과 같은 몸도 없고 성(sex)도 없지만 때로는 사람의 모습으로(창 18:1-8, 18:22, 19:1-8), 그것도 대부분은 남성의 모습으로 나타난다(창 18:1-2, 막 16:5, 눅 24:4). 때로 땅 위에 나타난 환상 가운데서는 천사를 평범치 않은 사람의 모습으로 묘사하고 있다(단 10:5-6, 마 28:3, 눅 24:4, 계 4:6-8).

천사는 영적인 존재지만 날개를 가진 존재로 묘사한다(겔 1:5-8, 13-14, 24, 단 9:21, 눅 1:19, 계 14:6, 12:7). 모든 천사가 다 날개를 가지고 있는가? 그렇다고 말할 수는 없을 것 같다. 날개를 가진 천사는 그룹들이라 할 수 있는데, 그것도 상징성이 더 크다고 할 것이다. 천사의 날개는 천사들의 완전하고 신속한 순종과 봉사를 묘사하는 것이라 할 수 있다.

(3) 인격적 존재

천사를 인격적 존재로 생각하는 근거는 우리의 인격성의 정의에 의한다. 천사의 인격성은 기본적으로 세 가지 기능 즉 지, 정, 의이다. 지, 정, 의를 갖춘 피조물을 인격적 존재로 우리는 부른다.

첫째로 천사는 지성을 갖고 있음을 알 수 있다. 그 증거로 천사는 우리의 그리스도 안에서의 큰 구원을 알기 열망하고(벧전 1:12), 그들은 하나님의 계시를 통해서 인간의 장래 사건을 알며(눅 1:13-16), 세상에 대한 하나님의 계획을 안다(계 10:5-6, 17:1-18). 하나님의 천사들은 그들의 지혜롭고 큰 임무를 수행할 만큼 충분히 지적이다(막 13:27, 히 1:7, 14). 그들은 이따금 사람들의 목적들을 통찰한다(마 28:5). 그러나 그들의 지성에도 한계는 있다. 특히 그들은 그리스도의 구원 사역에 대해서는 알 수가 없고(벧전 1:11-12), 주님의 재림의 시기도 알지 못한다(마 24:36).

둘째로 천사는 정서를 가지고 있음을 알 수 있다. 하나님의 능력과 지혜가 나타날 때 그들이 놀라운 창조에 대해 즐거움으로 반응하는 것을 보면 알 수 있다(욥 38:7). 스랍들은 또한 하나님을 경외하여 "거룩하다, 거룩하다, 거룩하다"(사 6:3)는 반응을 보인다. 천사는 그리스도의 신성과 구속 사역을 인정하고 하나님과 더불어 어린양 그리스도를 경배하며 찬송과 존귀와 영광과 능력을 세세토록 돌리며 노래하고 있다(계 5:11-14). 또한 천사들은 회개한 죄인에게 주어진 구원에 대해 그들 자신 즐거워하거나 구원의 즐거움을 이해하면서 주시한다(눅 5:10).

셋째로 천사는 의지를 갖고 있음을 알 수 있다. 그들은 하나님의 뜻 안에서 그들에게 주어진 일을 행하도록 선택되어진 존재지만 그들 자신이 그들의 행동에 대한 다양한 과정과 방법을 선택할 수는 있었다. 그러나 사탄은 하나님의 뜻을 따라 행한 것이 아니고 믿지 않는 자들 안에서 자기의 뜻을 따라 행한다(엡 2:1-2).

(4) 능력 있는 존재

시편 103편 20절에서 "능력이 있어 여호와의 말씀을 행하며 그의 말씀의 소리를 듣는 여호와의 천사들이여 송축하라"라고 한대로 천사는 능력이 있는 존재다. 그 힘을 가지고 어느 날 밤 앗수르 군 185,000을 살해했고(왕하 19:35), 다윗의 죄로 인하여 이스라엘 사람 70,000을 온역(瘟疫)으로 죽였고(삼하 19:35), 큰 지진을 일으키며 하늘로부터 내려와 예수를 장사지낸 무덤의 돌을 굴려냈으며(마 28:2), 마침내는 귀신들을 잡아 천년동안 감금하여 둘만큼 능력을 갖고 있다.

(5) 불멸의 존재

천사들은 피조물이지만 타락한 인간처럼 죽지는 않는다(눅 20:30, 35, 36). 우리 주님께서 이 지상에 거하시는 동안 주님의 적들이 찾아와서 부활에 관한 가르침에 도전했을 때, 주님께서는 마태복음 22장 28-30절에서 부활 때에는 사람들이 천사들과 같이 되어 장가가지도 않고 시집가지도 않는다고 말씀하셨다. 주님께서 이 말씀 속에서 지시하신 것은 천사란 죽어서 없어지는 존재가 아니라는 것이다. 그렇기 때문에 천사의 수를 유지하기 위하여 재생산할 필요가 없다. 옛날에 창조된 모든 천사들이 지금도 여전히 살아있는 것이다.

2) 천사들의 칭호

천사들의 이름들은 그들이 특수한 속성을 갖춘 인격이며 하나님과 인간과의 특별한 관계를 갖고 있음에 대한 확실한 증거가 된다.

(1) 천사의 사역을 나타내는 이름들

가) 하나님의 사자(messenger)

천사라는 헬라어 '앙겔로스'(angelos)와 히브리어 '말락'(malak)은 '소식을 전하는 자' messenger라는 뜻이다. 이 이름은 소식을 전하는 사람에게 사용되었으며(사 44:26; 마 11:10; 약 2:25), 또한 초자연적이고 영적이며 하늘의 하나님 앞에 사는 존재로서 그의 목적을 알게 해주고(눅 1:11) 그의 뜻을 행하는(시 104:4; 마 4:6; 계16:1) 그의 사자(使者)에게 사용되었다.

나) 하나님의 일꾼(minister)

하나님 앞에서 영적인 봉사를 하는 천사에게 하나님의 일꾼이라는 이름이 사용되었다(시 104:4).

다) 천군(heavenly army)

하나님의 뜻을 성취하고 그의 전쟁을 수행하는 천군 또는 군대로 지칭된다(시 103:21, 148:2). 하나님의 천군과 군대의 일부분임을 가리킬 때 병거(chariot, 시 68:12, 14; 왕하 6:16-17)라는 이미지가 사용된다.

라) 순찰자 또는 파수꾼(watcher)

천사는 잠을 자지 않고(겔 1:18) 늘 돌보며 감시하며(히 13:17) 많은 임박한 위험을 경고하며 지켜주는(시 91:11) 파수꾼으로 지칭된다(단 4:13, 17).

(2) 천사의 속성을 나타내는 이름들

가) 권능자의 아들들

천사는 위대하고 막강한 힘을 가진 권능자의 아들들로 지칭된다(시 29:1, 103:20).

나) 거룩한 자들

천사는 하나님 편에 서 있는 거룩한 특성과 행동을 가진 자들로 지칭된다(시 89:7; 욥 5:1; 단 8:13; 슥 14:5).

다) 별들

천사는 하늘에 속한 특성과 그곳에 거주한다는 것을 지시하기 위해 별들이라고 지칭한다(욥 38:7; 신 4:19; 느 9:6). 특히 '새벽별'에 천사가 비유되는 것은 천사는 미(美)와 광채와 영광으로 가득찬 존재요, 별들이 선원들의 안내자가 되듯이 성도들을 인도하고 그들의 길을 형통케 하는 존재(창 24:40)라는 것을 지칭하는 것이다.

라) 하나님의 아들들

천사는 권력과 능력을 가진 하나님에게 속한 하나님의 아들들로 지칭된다(욥 1:6, 2:1, 38:7).

욥기에서 천사들을 "하나님의 아들들"이라고 한 것은 그들이 땅에 속한 존재들이 아니라 하늘에 속한 존재라는 것을 보여준다. 천사는 하나님의 자손들이므로 그의 아들들이라고 한다. 아들은 아버지의 극진한 사랑을 받으며 그를 섬긴다. 아들들은 아버지와 가까이 있으면 가정에서 큰 능력과 권세를 갖는다는 것을 가르쳐 주고 있다.

3) 천사들의 등급

보통 천사들의 계급과 서열을 아홉 등급으로 나누어 설명하고 있지만 상당히 그 등급이 많은 것 같다.[39]

(1) 천사장(Archangel)-미가엘: 하나님의 법과 심판을 전하는 전령이다. 이러한 자격을 갖추고 있는 미가엘은 거대한 용 사탄과 그 무리들과 전쟁을 벌이는 군대의 지휘관으로서 등장한다(계 12: 7-12). 이런 의미에서 천사장은 악한 영계의 권세에 대항하여 싸우는 천사들의 지휘관이라 할 수 있다(유 1:9; 계 12:7; 단 10:13, 21). 그 미가엘의 뜻은 '누가 하나님 같으시냐? 인데, 그것은 하나님과 비교될 수 없는 겸손한 자세를 그려보게 한다. 그리고 타락하기 이전의 루시엘(Lucifer)도 미가엘과 동등하거나 더 우월한 천사장이었던 것 같다.

(2) 그룹(Chrubim)-그룹은 이루 표현할 수 없는 능력과 아름다움으로 창조된 최고 계층의 천사들로 보인다. 그룹들의 모양은 경우에 따라 다르게 나타났다. 창세기 3:24에 맨 처음으로 그룹이 나오는데, 여기서 그들은 인간이 추방된 후 에덴동산의 문을 지키고 있다. 그들은 화염검을 갖고 생명나무의 길을 지켜 죄를 범한 인간은 하나님의 존전에 접근하지 못하게 하며 또한 생명나무의 열매를 먹지 못하도록 한다. 그들은 죄와 낙원이 양립할 수 없음을 가르쳐 준다. 다음으로 그룹은 성소 안

에 둔 언약궤 뚜껑 시은좌(속죄소, the mercy seat) 위에 금으로 조각된 모습으로 나타난다(출 25:17-22). 이와 관련된 그룹은 "영광의 그룹"(히 9:5)으로 지시되는데, 아마도 하나님의 영광과 관련된 듯하다. 에스겔이 바벨론 포로가 되어 있을 때 그는 하나님의 영광에 대한 환상을 보았는데 그 안에 "네 생물"(겔 1:5)이 있었다. 뒤에 가서 이 생물들은 그룹들임을 말해주고 있다(겔 10:4, 18-22). 에스겔의 환상 중에 나타난 그룹들은 매우 복잡한 생물들이었다. 그들은 각각 네 얼굴과 네 날개를 가져 그 전체의 모양은 사람의 모양과 같았다(겔 1:5-6). 그들은 날개 아래 사람의 손을 가졌다(겔 10:8). 이 그룹은 하나님의 계시와 지시를 인간에게 전해 주는 사자가 아니라 하나님의 영광스러운 존전을 지키고 그 주권과 거룩하심을 선포하고 수호하는 것이 그들의 임무였다(창 3:24; 삼하 22:11; 시 80:1).

(3) 스랍(Seraphim)–천사들의 또 하나의 특별한 등급은 스랍들이다. 그들도 역시 그룹들 같이 하나님의 영광에 깊이 연결되어 있으며 아마도 등급에 있어서 그룹들과 매우 깊은 연관이 있는 것 같다. 히브리어 세라핌은 '불타는 자들'을 뜻한다. 이 뜻은 아마도 그들의 외부에서의 사역보다 하나님께 대한 그들의 내적인 불타는 듯한 헌신을 말하는 것 같다. 인간을 하나님께 접근시키며 예배를 수종드는 천사들이다(사 6:2, 6). 그들은 하나님의 완전한 거룩함을 찬양하며 선포한다(사 6:3).

(4) 왕권들(Thrones)–왕이나 군주들의 보좌 위에서 통치하도록 창조된 천사들이다(골 1:16).

(5) 주권들(Dominions or Lordships)–하나님 밑에서 법을 집행하는 천사들이다(골 1:16).

(6) 통치자들(Principalities)–하나님을 대신해서 치리하는 천사들이다(골 1:16).

(7) 권세들(Powers)–어떤 특정한 권세를 행사하는 천사들이다(엡 1:21, 3:10; 골 1:16, 2:10; 벧전 3:22).

(8) 능력들(Mighties)--세력 또는 능력을 드러내는 천사들이라 할 수 있다(벧전 3:22).

(9) 천사들(Angels)--원래 천사라는 헬라어 안젤로스(angelos)와 히브리어 말락(malak)의 뜻은 '소식을 전하는 자'(messenger)이다. 가브리엘은 원어의 뜻 그대로 주로 하나님의 자비와 약속을 전하는 하나님의 사자로 나온다. 하나님의 부리는 영들이다(히 1:14). 하나님의 일꾼 노릇을 하는 천사들로서 주로 성도들과 어린 아이를 보호하는 일을 한다(마 18:10). 하나님의 '섬기는 영' 들이다. 이들은 하나님의 일꾼 노릇을 하는 천사들로서 주로 성도들과 어린 아이를 보호하는 일을 한다(히 1:14; 마 18:10).

이렇게 천사들을 아홉 등급으로 나누어 놓고 볼 때 적어도 천사들의 능력이 서로 다르며, 어떤 천사들에게는 다른 천사들이 갖지 못한 지위가 있다는 것을 확실하게 알 수 있다.

4) 천사들의 책임

천사들, 그들에게 맡겨진 책임은 아주 막중하다. 천사들은 크고 작은 중요한 일 때문에 동원된다. 그들은 하나님을 위하여 그리고 교회와 그 백성을 위하여 크고 작은 일들을 한다.

하늘의 별처럼 셀 수 없이 많은 천사들은 하나님의 신하들로서 그의 영광을 위하여 쉬지 않고 수종을 들며 그의 위엄을 높이 드러낸다(왕상 22:19). 또한 그들은 천사 합창단으로서 하나님을 계속하여 찬양하고 경배하며(사 6:1-3; 계 7: 11-12), 천군으로서 그를 옹위하여 섬기며(히 1:7) 지키고(겔 28:14), 그의 마음과 뜻을 인간들에게 선포하는 일을 한다(창 16:7, 19:12; 눅 1:26; 행 1:10, 8:26, 10:3, 27:23; 계 1:1). 뿐만 아니라 하나님을 대리해서 다스리는 역할을 하며(계 7:1, 16:3; 단 10:13, 21), 정기적인 회의를 통해 그들이 행한 일을 보고하고 하나님의 명령, 곧 자비의 명령(왕하 6:17)과 심판의 명령(삼하 24:17)을 받아 집행하는 일을 한다.

그리스도와 관련해서 그의 탄생을 예언(눅 1:26-33)하고 알리며(눅 2:13), 아기 예수를 보호하고(마 2:13), 그리스도가 시험받으신 후 그를 강하게 했으며(마 26:53), 겟세마네 동산에서 그에게 힘을 주었고(눅 22:43), 예수가 묻혔던 무덤의 돌을 굴려냈고(마 28:2), 부활의 소식을 전했다(마 28:6).

그리고 천사들은 '섬기는 영'(히 1:14)으로서 우리 성도들을 찾아와 섬기며 하나님의 종들을 지켜주고(왕하 6:14-17), 경건한 성도들을 다치지 않게 떠받들어 주고 지켜주며(시 91:12), 경건한 성도들이 필요로 하는 것을 마련해 준다(왕상 19:4-8). 또한 천사들은 의사로서 경건한 성도들의 병을 낫게 해주고(요 5:4), 고통 중에 위로자가 되며(창 21:16-19; 사 6:6-7; 눅 22:43), 군사로서 하나님의 교회와 그 백성들을 지켜준다(시 34:7; 왕하 6:17). 성도들이 그들의 사명을 다할 때 용기를 북돋아주는 일을 하고(왕하 1:15), 경건한 성도들을 위험 중에서 보호하고 구출해 주며(창 19:16, 단 6:22, 행 5:19), 선지자요 교사로서 성도들을 가르친다(단 8:16, 19, 9:22). 천사들은 이와 같이 아주 막중한 일들을 하고 있다.

천사들은 죄인들이 회개하면 거룩한 성도들과 함께 기뻐하고(눅 15:10), 성도가 죽으면 그들이 영혼을 어둠의 왕이 다스리는 공중을 무사히 빠져나가 안전하게 하늘에 다다르게 호송하는 책임을 맡고 있다(눅 16:22). 마지막 날 하나님의 심판을 수행하며(마 13:49-50; 계 6:1, 8:1-6, 12:7-9, 14:17-18, 15:1, 16:1-21), 임박한 심판을 불신자에게 알려주고(창 19:13; 계 14:6-7), 불신자에게 벌을 내린다(행 12:23).

민족에 관한 책임으로서, 하나님의 섭리를 대행하고(단 10:21), 하나님의 심판의 수종을 들며(마 13:41-42), 민족을 보호하기도 한다(단 10:21).

4. 사탄

 세상의 모든 악과 유혹의 배후에는 반드시 사탄의 흉계가 도사리고 있다. 사탄은 오늘도 게릴라처럼 숨어서 기회만 있으면 복잡한 현대인의 마음을 뚫고 들어와 쑥밭으로 만들려고 호시탐탐(虎視耽耽) 노리고 있다. 그러므로 오늘의 그리스도인들은 "너희가 주 안에서와 그 힘의 능력으로 강건하여지고 마귀의 간계를 능히 대적하기 위하여 하나님의 전신갑주를 입으라"(엡 6:10-11)는 말씀대로 전신갑주로 무장하여야 한다. 마르틴 로이드 존스라고 하는 유명한 설교가는 "사탄의 교활한 간계 가운데 하나는 성도들이 자신을 존재하지 않는다고 믿도록 하는 것이다"라고 했다고 한다.[40] 우리가 사탄을 지나치게 무서워해서도 안 되지만, 그렇다고 아주 무시해서도 안 된다. 다만 성경에 있는 그대로 정확하게 사탄의 존재를 인식하고 하나님의 거룩한 빛 안에서 자신의 모습을 보며 자신의 신분을 올바로 정비하는 것으로써 사탄의 권세를 제압하여야 한다.

1) 사탄의 본질

 성경을 고찰해 볼 때 사탄은 세 중요한 사건, 곧 하늘에서 하나님께 반역하는 일과 하늘에서 지옥으로 쫓겨나 하나님의 자리를 차지하려는 음모를 꾸미고 공중 권세를 잡고 다스리는 일 및 에덴동산에서 인간을 넘어뜨리고 타락시키는 일 등에 참여한다. 이 세 사건은 각기 사탄의 다른 본질과 역할을 시사해 준다. 그 각기 성격과 형태를 달리하는 역할은 세 다른 세계, 하늘과 세상과 에덴동산에서 전개된다. 따라서 악의 총화체인 사탄은 일종의 부정한 삼위일체(Unholy Trinity), 즉 성삼위일체(Holy Trinity) 하나님의 한 적대자이면서도 세 다른 모습을 가진 하늘의 대천사로, 암흑세상의 임금으로, 또는 지상의 유혹자로 나타나는 존재라 할 수 있다.

(1) 하늘의 대천사: 루치펠

성경에 "천사장들"이라는 복수명사가 한 번도 사용되지 않고 단수명사만 사용된 것을 볼 때, 천사장은 미가엘 하나뿐이었던 것 같다. 다만 타락 이전에는 루치펠(Lucifer)도 미가엘과 거의 동등한 천사장급이 아니었는가 한다.[41] 원래 타락 이전의 사탄은 루치펠 또는 루시엘이라고 불리는 대천사였다. 루시퍼는 루치펠의 영어식 음역에 해당된다. 이외에도 루키펠 또는 루치페르 등으로 표기되기도 한다.

성경적으로 볼 때 사탄 곧 마귀의 본 정체는 하나님의 피조물로서 하늘에 거주하는 영적인 존재였다. 그러나 그는 지금의 타락한 상태로서가 아니라 아름답고 거룩하게 창조된 상태로였다. 그는 많은 영적 피조물들 즉 천사들 중에서도 가장 뛰어난 대천사였다. 에스겔 28장 14절에서는 사탄을 가리켜 "기름 부음을 받고 지키는 그룹"(겔 28:14)이라 하였는데, 이로써 우리가 알 수 있는 것은 루치펠은 기름 부음을 받은 지도자일 뿐 아니라 하나님의 영광스러운 임재와 거룩함을 최고의 위치에서 지키고 선포하는 수호천사였다는 것을 알 수 있다. 기름 부음을 받은 거룩한 대천사란 곧 기름 부음을 받은 왕처럼 그가 특수한 위치에 있었고, 또한 애초부터 그는 "하나님의 동산 에덴"(겔 28:13)에 있었다는 것을 보여준다. 여기 하나님의 동산 에덴은 지상 낙원을 지칭하는 것이 아니라 하늘에 있는 하나님의 낙원을 지칭한 것이라고 생각한다. 그 낙원 안에 "하나님이 성산"이 있었는데 그는 타락으로 인하여 그 거처에서 쫓겨나게 되는 것이다.(겔 28:14, 16). 이런 것으로 보아 그는 바로 하나님의 면전에 있었던 것을 알 수 있다(겔 28:14).

루치펠은 라틴어로 '빛을 발하는 자' 또는 '빛의 운반자'(Light-bearer)라는 뜻으로, 수많은 천사들을 통솔하는 대천사들 중의 하나로서

"계명성"(the morning star, 사 14:12)에 비유될 만큼 찬란하고 아름다우며 완전한 그런 존재였다(겔 28:12). 프로테스탄트 학자들 중의 일부는 이사야 14장 12절에 나오는 "계명성"을 바벨론 왕에 대한 대명사로 보지만, 대개는 타락한 천사들의 우두머리 곧 루치펠로 본다.[42]

루치펠은 실로 수많은 천사들을 통솔하는 별 들 중에서도 가장 찬란한 별 즉 계명성이었다. 성군(星群)을 이끄는 새벽별[43] 같은 그의 용모는 마치 햇빛과도 같았다. 또한 그는 하늘에서 바르고 깨끗하게 서 있었고 그렇게도 영광스럽고 완전한 존재였다. 하늘에서 루치펠의 위치는 매우 높고 은총을 크게 입은 대천사급이었다. 그의 체력은 물론 의지력과 지력이 모두 출중했고(겔 28:12-18), 부하를 사랑하며 아름다움을 추구하는 마음까지도 갖고 있었다. 그가 모반을 일으켰을 때 천사의 무리 가운데서 삼분의 일(계 12:4)이나 가담했다는 사실만을 미루어 보아도 천상에서 그가 차지하고 있던 위치를 능히 짐작할 수가 있다. 그처럼 찬란한 존재였던 그가 왜 하늘에서 떨어지게 되었는가? 한 마디로 말해서 그것은 교만 때문이었다.

에스겔 28장 17절에 사탄의 "불의가 마침내 드러났다"는 말씀이 있다. 그 이유를 "네가 아름다우므로 마음이 교만 하였으며 네가 영화로우므로 네 지혜를 더럽혔음이여"(겔28:17)라는 말씀 속에서 찾을 수 있다. 그의 죄는 교만한 마음과 자기도취인 것이 분명하다. 하나님으로부터 부여받은 아름다움에 도취하여 마음이 교만해졌던 것이다(딤전 3:6). 이사야 14장 12-15절에서도 "하늘에 올라 하나님의 뭇 별(천사들) 위에 내 자리를 높이리라. 내가 북극 집회의 산 위에 앉으리라" 하였다. "내가 하늘에 오르리라"는 것은 그의 위치로 보아서 하늘을 방문하겠다는 뜻이 아니라 그곳에 머무르겠다는 뜻이다. 이 말은 하나님의 거처를 차지하고자 하는 원망을 나타낸 말이다. "내가 하나님의 뭇별 위에 내 자리를 높이리라"는 말은 최고의 천사로 머무는 것으로 그치는 것이 아니라 모든 천사를 다스리는 하나님의 지배권을 찬탈하겠다는 굳은 교만의 의지를 표현한 것이다.

"내가 북극 집회의 산 위에 앉으리라"는 말은 궁극적으로는 메시아의 자리를 빼앗고 모든 인간사를 지배하겠다는 암시인 것이다. 왜냐하면 이사야 2장 2절과 시편 48편 2절에 의하면 "집회의 산"은 하나님의 왕국 통치의 중심이기 때문이다. 그것은 예루살렘에서 메시야가 행할 지상 통치와 분명히 연관되어 있다. 내가 "가장 높은 구름에 올라가"(사 14:14)라는 말은 하나님 보다 더 높은 영광을 차지하기를 바라는 표현이다. 왜냐하면 여기서 "구름"은 하나님의 영광과 임재와 관련 있기 때문이다(출 13:21, 40:28-34; 욥 37:15-16; 마 26:64; 계 14:14-16). "내가 지극히 높은 이와 같아지리라"(사 14:14)는 말은 "천재의 주재"를 가리키는 "높은 자"의 권위를 빼앗겠다는 말이다. "내가 같아지리라"고 하는 교만한 생각에서 분쟁을 일으키고 거기에 많은 다른 천사들을 끌어드린다. 그래서 그의 거처 또한 더럽혀졌다.

(2) 암흑세상의 임금: 사탄

원래 성경에 있어서 '사탄'(Satan)이라는 말은 고유명사가 아니라 보통명사로서 '적대자' '원수' '반대자'라는 뜻이다. 또한 '고소하는 자' '의심하는 자'라는 뜻도 있다. 이 말은 처음에는 일반적으로 개인이나 국가에 반대하는 자, 즉 원수를 지칭하는 말로 사용되었다(삼상 29:4; 삼하 19:22; 왕상 5:4, 11:14, 23, 25). 창세기 3장에 나오는 보통 명사 '뱀'은 물론 사탄과 동일시되는 것이지만, '사탄'이라는 고유 명사가 처음 성경에 나타난 것은 욥기 1장에서 부터다. 이때부터 그 뜻이 변하여 초자연적인 존재로서의 적대자(adversary) 즉 마귀의 고유명사가 되었다.

이미 위에서 언급한 바와 같이, 사탄은 오만과 강포의 죄 때문에 하나님께서는 그의 특권으로 그에게 주었던 위치 즉 하나님의 보좌 가까이에서("하나님의 성산") 쫓아냈다. 즉 하늘에서 추방당하게 되는 것이다.

베드로후서 2장 4절에서는 "하나님이 범죄한 천사들을 용서하지 아니하시고 지옥에 던져 어두운 구덩이에 두어 심판 때까지 지키게 하셨으며"라고 하였고, 요한계시록 12장을 보면 이전에 사탄이 패배했던 일에 대해 이렇게 기록하고 있다. "하늘에 전쟁이 있으니 미가엘과 그의 사자들이 용과 더불어 싸울 새 용과 그의 사자들도 싸우나 이기지 못하여 다시 하늘에서 그들이 있을 곳을 얻지 못한지라 큰 용이 내쫓기니 옛 뱀 곧 마귀라고도 하고 사탄이라고도 하며 온 천하를 꾀는 자라 그가 땅으로 내쫓기니 그의 사자들도 그와 함께 내쫓기니라"(계 12:7-9).

이렇게 하늘에서 내쫓긴 사탄과 그의 사자들을 유다서 1장 6절에서는 "자기 위치를 지키지 아니하고 처소를 떠난 천사들"이라고 하였고, 에베소 2장 2절에서는 "공중의 권세를 잡은 자들"이라 하였다. 타락 이전에는 "계명성"이라는 이름을 가진 자, 하나님의 거룩한 빛으로 빛나던 자, "아침의 별, 새벽의 아들"이라 불리던 존재가 타락 이후에는 하나님의 모든 것에 대적하는 마귀가 되고 만다. 이때부터 그는 지옥의 군주, 암흑세상의 임금, 이 세상의 왕(요 12:31), 또는 세상 사람들을 혼미케 하는 이 세상의 신(고후 4:4)으로 군림하게 되는 것이다. 그러나 이런 사탄의 지상 통치도 한시적이라는 것을 사도 요한은 그의 계시록에서 이렇게 묘사하고 있다. "또 내가 보매 천사가 무저갱의 열쇠와 큰 쇠사슬을 그의 손에 가지고 하늘로부터 내려와서 용을 잡으니 곧 옛 뱀이요 마귀요 사탄이라 잡아서 천 년 동안 결박하여 무저갱에 던져 넣어 잠그고 그 위에 인봉하여 천년이 차도록 다시는 만국을 미혹하지 못하게 하였는데 그 후에는 반드시 잠깐 놓이리라"(계 20:1-3).

그때까지는 사탄과 귀신들은 막강한 세력의 군대조직을 갖고 공중에 권세 잡은 자(엡 2:2)로서 이 세상을 다스리며 인간을 미혹하고 시험하여 멸망으로 이끌어 가게 될 것이다. 그는 한때 하나님의 영광과 그의 피조물들의 유익을 위해 사용하던 능력을 이때부터는 분열과 파멸을 위해 사용하게 된다. 죄를 범한 이후부터 사탄은 하나님의 거룩한 면전에 머무릎 수가 없게 되었지만 정기적으로 모이는 천상회의 때에는 하나님께 대답하고 보고하기 위해서 다른 "하나님의 아들들"과 함께 하나님의 거룩한 면전에 나타나게 된다(욥 1:6, 2:1). 그 자리에서 그는 형제들을 참소하는 것이다(슥 3:1; 계 12:10).

이처럼 하늘의 대천사였던 루치펠은 반역을 꾀하였다가 지옥으로 떨어진 후 지옥의 군주(『실낙원』 10. 621)가 되고, 이때부터 사탄이라는 고유명사로 불리게 되는 것이다.

(3) 지상의 유혹자: 뱀

일반적으로 유혹자(the tempter)는 인간보다 작은 모습으로 묘사된다. 그 특색은 교활(guile), 기만(fraud), 허위(falsefood), 거짓말(lies), 간계(wiles), 이른 바 가장 비천한 것들(『실낙원』 9. 71)로 이루어져 있다. 이런 더럽고 파멸적인 것을 특색으로 하는 유혹자는 성경에서는 고래(시 104:26)나 또는 악어에 비유되지만(욥 41:15; 시 74:14) 『실낙원』에서는 거대한 해수 레비아단에다 비유된다.

> 저 바다의 짐승, 해류를 헤엄치는, 만물 중에서
> 가장 크게 하나님이 창조한 레비아단과 같다.
> 이 짐승이 어쩌다 노르웨이의 거품 이는 바다에
> 잠들 양이면, 해가 저 뱃길 잃은 어느 조각배의 사공이
> 웬 섬인 줄 알고-뱃사람들이 말하듯-
> 가끔 비늘 있는 가죽에 닻을 내리고
> 바람 가리는 쪽에 배를 매고 쉬나니,
> 밤은 바다를 덮고 기다리는 아침은 더디기도 하여라.
> 이렇듯 마왕은 거대한 몸 길게 뻗고 누워 있다,
> 불타는 호수의 사슬에 묶여. (『실낙원』 1. 202-210)

동물우화에 따르면, 레비아단은 뱃사람들을 유혹해서 겉보기에는 안전한 큰 몸집에 정박하게 하고는 그 다음엔 바닥으로 가라앉아 그들을 파멸시켰다고 한다. 사탄은 이 레비아단과 같이 이미 그의 동료천사들을 유혹해서 지옥으로 떨어뜨렸고, 현재나 미래에 있어서도 수많은 사람들을 유혹하고 속여서 멸망으로 이끌게 될 것이라는 것이다. 성경에서도 사탄을 멸망으로 인도하는 자(벧전 5:8; 엡 6:11) 또는 죄로 이끄는 자(요 13:2)로 묘사하고 있는 것을 볼 수 있다. 그 뿐 아니라 사탄은 허위의 선동자(행 5:3; 계 12:9)로, 또는 살인자(요 13:27)로 나타난다. 그러니까 레비아단 이미지는 거대하기는 해도 유혹자로 떨어진 사탄의 변신을 그려주는 데 있어서는 아주 적절한 비유가 될 수 있다고 생각한다. 사탄은 사람을 유혹하기 위해 다양한 위장과 변신을 꾀한다.

또한 성경에서도 사탄을 늑대나 사자 또는 호랑이에다 비유하는 것을 볼 수 있다. 모두 이 동물들은 악의 상징이기 때문이다. 그리고 가마우지도 탐욕과 연관되는 악의 표상이니까(시 7:2; 벧전 5:8), 사탄을 가마우지로 위장시키는 것도 적절 하다고 할 수 있다.

사탄은 여러 모양으로 이처럼 변신과 위장을 시도한 후 마침내는 뱀으로 변신하여 하와를 유혹하여 타락시킨다. 하와를 타락시킬 때의 유혹자 뱀을 밀턴은 "웅변이 성했던 아테네나 자유 로마의 어떤 이름 있는 변사"(『실낙원』11. 670-72)처럼 위엄 있게 서 있는 모습으로 그려주고 있다. 이런 서사시적 직유를 통해서 밀턴은 유혹자 뱀에게다 위엄과 심도를 부여하려 했던 것이다. 동시에 밀턴은 "유유히 일어서서 그 모습이나 동작 또는 그 몸가짐이 청중을 매혹하듯, 유혹하는 머리를 높이 들고 정열에 넘쳐 이렇게 열변을 시작 한다"(『실낙원』11. 670-78)라고 말함으로써, 마치 우리 앞에서 열변을 토로하는 자를 보는듯하게 하는 그런 말을 가지고 하와를 설복하여 유혹시키려고 하는 유혹자의 시각적 인상을 깊게 남겨 주고 있다. 또한 "홍옥 같은 눈"(『실낙원』11. 500)을 가진 뱀으로 묘사한 것을 보면, 밀턴은 분명 돌같이 단단한 사탄의 완고함과 무

자비한 속성을 재현하려고 하였다는 것을 알 수 있다.

사탄의 외형적 모습이 변함에 따라 그의 도덕적 성품이나 내면적인 가치도 변질되는 것을 볼 수 있다. 즉 빛은 어둠으로, 선은 악으로, 온유와 겸손은 교만으로, 영광은 치욕으로, 장엄함은 흉함으로, 질서는 혼돈으로 바뀌는 것이다. 이처럼 악하게 변모된 사탄의 계교와 궤휼을 물리칠 수 있을 때까지 우리는 악마와 대항해서 싸워야 한다. 마귀로 하여금 우리 속에 침투하지 못하도록 "틈을 타지 못하게 하여야 한다"(엡 4:27). 다시 말하면 우리 마음에 마귀가 들어올 수 있는 어떤 공간도 남겨두어서는 안 된다는 것이다.

그래서 사도 베드로는 "근신하라 깨어라 너희 대적 마귀가 우는 사자 같이 두루 다니며 삼킬 자를 찾나니"(벧전 5:8)라고 가르쳤다. 또한 사도 베드로는 "너희는 믿음을 굳건하게 하여 그를 대적하라"(벧전 5:9)고 하였고, 야고보는 "마귀를 대적하라 그리하면 너희는 피하리라"(약 4:7) 하였다. 선한 천사들은 물론 악한 천사들까지도 모두 사람들이 일반적으로 알고 있는 것보다 훨씬 더 큰 영향력을 이 세상에서 행사하고 있다는 사실을 기억하여야 한다.

2) 사탄의 이름들

사탄을 가리키는 각기 다른 명칭이 40가지나 된다고 한다.[44] 그 중에서 그의 위치와 성격 및 활동을 나타내는 이름만 골라 생각해 보겠다.

(1) 위치를 나타내는 이름

가) 기름 부음을 받고 지키는 그룹(겔 28:14). 사탄의 영광스러운 신분과 높은 위치를 묘사해 주는 이름이다.

나) 이 세상의 임금(요 12:31, 14:30, 16:11). 하나님과 분리되어 본성적

으로 원수가 된 이 세상의 통치자가 되었음을 보여주는 명칭이다.

다) 공중의 권세 잡은 자(엡 2:2). 이 칭호는 사탄의 지위와 활동을 지구의 대기 안에 자리잡은 왕국을 다스리는 통치자로 그린 것이다.

라) 이 시대의 신(고후 4:4). 이 명칭은 이 악한 세대를 통치하는 신이라는 것을 지시해 주고 있다.

마) 귀신의 왕(마 12:24; 눅 11:15). 사탄은 "귀신의 왕 바알세불"(눅 11:15)이라 하는데, 바알세불이라는 히브리어의 원뜻은 "파리떼의 주" 또는 "주민들의 주"라는 것이다. 이것은 블레셋 나라의 한 신에게 붙여진 칭호였는데 이 이름이 사탄이란 이름으로 성경 속에 유입되었다.

바) 하늘에 있는 악령들의 (머리)(엡 8:12). 수많은 귀신들을 지배하며 그들 가운데 통치하는 자라는 의미의 이름이다.

(2) 성격을 나타내는 이름들

가) 계명성(Lucifer 사 14:12). "아침의 아들"과 동일시 한 것으로 보아서 천사들 중에서도 가장 찬란한 존재였다는 묘사해 주는 이름이다.

나) 사탄(슥 3:1; 계 12:9). 하나님의 왕국에 적대가 되는 왕국을 세우고자 하는 목적을 갖고 움직이는 존재로 묘사하는 이름이다.

다) 마귀(눅 4:2, 13; 요 8:44; 계 12:9). 마귀는 '중상자' 혹은 '책 잡는 자'라는 뜻으로 악하게 거짓된 보고를 하여 다른 사람의 명예에 타격을 주는 존재를 지시하는 이름이다.

라) 옛 뱀(계 12:9, 20:2). 여기서 '옛'이란 말은 오래전부터 있었고 잘 알려진 자로서 꾀고 미혹하는 존재를 지시하는 이름이다.

마) 큰 용(계 12:3, 7, 9). 두렵고 파괴적인 일을 하는 성격의 존재라는 것을 나타내 주는 이름이다.

바) 악한 자(요일 5:18). 자신의 부패된 상태로 만족치 않고 다른 자를 부패시키기 위하여 찾는 악한 자를 가리키는 이름이다.

(3) 활동을 나타내는 이름들

가) 미혹하는 영(거짓말쟁이 또는 꾀는 자)(요 8:44; 딤전 4:1-8; 계 12:9). 온 땅을 거짓말로 꾀여서 진리에 눈이 흐리게 만드는 존재라는 의미다.

나) 불법한 자(살후 2:8). 자신만 법을 어기는 것이 아니라 다른 사람들을 불법으로 떨어지게 만드는 존재라는 의미다.

다) 시험하는 자(마 4:3; 눅 4:13; 딤전 3:5; 고후 4:4). 사탄은 시험하는 자로서 인간에게 하여금 도덕적인 시련을 주어 악으로 미혹하게 하는 존재라는 의미다.

라) 참소자(계 12:10). 사탄은 하나님 존전에 기회있을 때마다 접근해서 믿는 사람들을 참소하는 존재라는 의미다.

마) 지금 불순종의 아들들 가운데서 역사하는 영(엡 2:2). 이 이름은 '공중의 권세 잡은 자' 라는 이름과 병행어구가 되는 이름이다. 다시 말하면 지금 불순종의 아들들 가운데서 역사하는 영의 지배자를 가리키는 이름이다.

3) 사탄의 군대와 그 전략

(1) 사탄의 군대

사탄은 우리말로는 마귀라고 하는데, 그는 어둡고 악한 영들의 나라 권세를 잡고 있다(마 12:22-30; 계 2:13). 즉 그는 귀신들의 왕으로서 두 부류의 구별된 무리들에 대해서 권세를 잡고 있는 데, 그 두 부류의 무리는 곧 세상의 마귀 조직과 공중의 마귀군대인 것이다.[45] 그리고 이 사탄 마귀의 군대는 악령들, 아니 악령이라고 하느니 보다는 "귀신들"이라고 말하는 것이 더 나은 더러운 영들로 이루어져 있다. 이 '귀신'(demon)

이라는 이름은 악한 영이라는 의미를 지닌 '다에몬'(daemon)이라는 라틴어 단어와 '다이몬'(daimon)이라는 헬라어 단어에서 유래되었다. 사탄은 늘 단수로 쓰이지만 귀신은 늘 '귀신들'이라는 복수형으로 쓰이고 있는데, 사탄은 마왕으로서 하나뿐이지만 귀신들은 무수하기 때문이다. 이 악령들이 사탄에게 헌신하는 데, 이들은 모두가 악하고 더럽고 심술궂은 존재들이다(마 12:43-45, 8:16, 9:32-33; 막 5:1-13; 행 8:6-7).

귀신들은 지성을 갖고 있을 뿐 아니라 지혜와 교활함이 뛰어난 사탄의 직접적인 지배와 명령을 받고 있다. 이 사탄의 궤계에 따라 사람의 몸에 들어가 몸을 지배하기도 하고 영의 세계와 인간의 세계를 연결시켜 주는 역할을 하는 영매(靈媒)의 영을 지배하기도 한다. 이 귀신들의 활동의 동기는 크게 두 가지로 말할 수 있다. 하나는 인간을 넘어뜨려 하나님의 뜻을 훼방하는 것이고, 다른 하나는 사탄 마귀의 권세를 확장코자 하는 것이다. 그러므로 그들은 그들의 왕이 명하는 대로 모두가 다 하나님을 욕되게 하는 일들을 거리낌 없이 도맡아 서로 협력하여 추진해 나아간다. 또한 그들은 구원 받지 못한 자들을 사망의 길로 인도하고 신자들에 대하여서는 끊임없이 싸움을 걸고 있다(엡 6:12). 이런 귀신들의 농간에 넘어가 많은 신자들이 참 믿음에서 떠나 배교하는 것을 보게 된다.

(2) 사탄의 전략

사탄은 하나님의 뜻을 훼방하고 자기의 권세를 확장하기 위하여 자기의 군대인 귀신들을 동원해서 온갖 궤계 즉 전략을 세워 그대로 추진해 간다. 그것을 크게 삼단계로 나누어 생각해 볼 수 있다.

가) 첫 번째 전략: 속임

거짓의 아비 사탄은 속임(창 3:4)을 통하여 먼저 우리의 생각(mind)을 사로잡아 거짓된 생각을 우리 인간의 속사람이라고 할 수 있는 마음(heart)에 심으려는 것이 최초의 전략이다. 왜냐하면 생각은 우리 인격의 가장 중심이 되는 것이기 때문이다. 바울은 고린도 교회 교인들의 "마음이 그리스도를 향하는 진실함과 깨끗함에서 떠나 부패할까 두려워했다"(고후 11:3). 사탄은 속임수와 위장술이 아주 뛰어난 존재로서, 때로는 "광명의 천사"(고후 11:14)로 가장하기도 한다. 사탄의 속임으로부터 자유하기 위해서는 우리의 생각을 날마다 하나님의 말씀과 성령의 다스림을 받아야만 한다(딤후 3:13-14). 그러할 때 "마음(mind)을 새롭게 함으로 변화를 받아"(롬 12:2)라는 의미를 알게 된다. 우리의 생각이 하나님의 생각으로 다스림을 받기 시작하면 곧 우리의 속사람인 마음(heart)에 변화가 일어나기 시작한다. 그때 비로소 우리는 "하나님의 선하시고 기뻐하시고 온전하신 뜻이 무엇인지 분별"(롬 12:2)할 수 있게 된다. 그러나 반대로 사탄의 속임수와 위장술을 통하여 미혹되면 우리의 생각들이 흐려지게 되고 우리의 마음(heart) 속에 어두운 생각(마 5:28)이 자리를 잡기 시작한다.

나) 두 번째 전략: 유혹과 시험

우리의 마음(heart)이 사탄의 속임수를 받아들이면 그것은 그 후 계속해서 우리의 인격(soul)을 향하여 유혹하고 시험하기 시작한다. 우리의 마음을 일반적으로 속사람(inner person)이라고 한다. 예레미야 17장 9절에 보면 "만물보다 거짓되고 심히 부패한 것은 마음이라 누가 능히 이를 알리요"라는 말이 나오는데, 여기서 '마음'은 '속사람'을 뜻한다. 창세기 3장 4절에서 사탄의 속임은 곧 이어서 5절의 유혹을 통하여 하와의 인격(soul)속으로 파고들어간다. 그 직후 선악과를 향한 하와의 시각이 달라졌다. 창세기 3장 6절에 "여자가 그 나무를 본즉 먹음직도 하고 보암직도 하고 지혜롭게 할 만큼 탐스럽기도 한 나무인지라 여자가 그 실과를 따먹고 자기와 함께한 남편에게도 주매 그도 먹은지라"라고 기록되어 있다. 아마도 유혹이 있기 전에는 아담과 하와가 동산 중앙에 있는 선악과를 볼 때마다 하나님을 경외하며 찬양하였을 것이라고 상상할 수 있다. 그러나 거짓에 근거한 유혹에 넘어갔을 때에는 가치관의 변화가 오는 것을 볼 수 있다. 소유하고자 하는 탐욕이 그녀의 눈을 가려 분별력을 잃고 만다.

성경은 유혹과 시험을 받는 것 그 자체는 죄가 아니라고 하지만(히 4:15), 이 단계에 있어서 우리는 그것은 죄가 아니라고 합리화할 것이 아니라 하나님의 시각에서 자신을 살피며 생각(mind)과 마음(heart)을 올바르게 관리하여야 한다.

다) 세 번째 전략: 인격 파괴

사탄은 결정적으로 우리를 범죄에 빠뜨리기 위해 우리의 인격 곧 지, 정, 의에 강한 영향력을 미치기 시작한다. 그 악한 영향력이 우리의 지식과 감정과 의지를 지배하게 되어 행동으로 드러나면 구체적인 죄를 범하게 된다. 바로 이때 사탄은 죄지은 우리를 정죄하고 참소하기 시작한다.

사탄은 하나님이 사랑하시고 기뻐하시는 자를 삼키기 위하여 우는 사자 같이 두루 찾아 다닌다. 하나님께서는 욥을 지극히 사랑하시고 기뻐하시며 대견하게 여기셨다. 특히 욥기 1장 8절 "여호와께서 사탄에게 이르시되 네가 내 종 욥을 주의하여 보았느냐"는 말씀을 보면 욥에 대한 하나님의 사랑과 극단의 칭찬을 하고 있는 것을 알 수 있다. 사탄은 하나님의 욥에 대한 칭찬을 듣고만 넘어갈 수가 없었다. 그래서 욥이 하나님을 잘 섬기는 것은 다 '까닭'이 있을 것이라고 참소한다. 사탄은 온갖 술책을 동원해서 훼방하고 참소하고 결국은 하나님의 허용아래 욥에게 손을 대는 것이다. 요한계시록 12장 10절을 보면 사탄의 참소는 한두 번으로 끝나는 것이 아니라 끊임없이 계속된다는 것을 알 수 있다.

이와 같이 욥이 갑자기 당한 재난 배후에는 사탄이 있었다. 사탄은 온갖 술책과 방법을 동원해서 시험하고 유혹한다. 사탄은 대개 성경을 보면 사람을 시험할 때 첫째, 적(인간, 즉 니므롯과 같은 네피림)을 동원하기도 하고, 둘째, 자연(비, 바람, 폭풍, 눈, 번개, 벼락)을 동원하기도 하며, 셋째, 동물(뱀, 늑대, 사자, 범)을 동원하기도 하고, 넷째, 질병(페스트, 전염병)을 동원하기도 한다.

이상에서 우리가 살펴본 바와 같이 욥의 고통을 발생시킨 배후자는 더러운 악령들의 왕 사탄이라는 것을 알 수 있다. 보들레르가『내면일기』에서 "모든 인간의 내부에는 매 순간, 동시에 존재하는 두 가지 경향이 있다. 하나는 신을 향하는 것이고 나머지 하나는 사탄을 향하는 것이다. 신을 향한 기원, 혹은 정신성은 계단을 밟아 올라가려는 욕망이다. 사탄을 따르는 것, 혹은 수성(獸性)은 하강하는 기쁨이다"[46]라고 말한 바와 같이, 우리는 신과 사탄 사이에서 늘 갈등하며 선택을 요청받고 있다. 사탄은 우리 인간을 하강 또는 추락시키기 위하여 언제나 미혹과 궤휼을 일삼는다. 미혹은 낚시꾼이 미끼를 던져 꼬이는 것과 같은 것을 말한다. 미끼는 아름다울수록 더욱 좋다. 사탄은 아주 아름다운 것을 우리에게 던진다. 그래서 미혹인줄 모르고 그것을 무는 경우가 많다. 그러면 결국 사탄의 낚시에 물리게 된다. 오스카 와일드(Oscar Wild)라는 심미주의 문학자는 "나는 무엇이든 다 저항할 수 있다. 단 유혹을 빼놓고"라는 말을 하였다. 시련은 일반적으로 밖으로부터 주어지는 것이지만 유혹이라는 것은 우리 안에서부터 일어나는 것이다. 사람의 보통 심리는 때로는 선보다는 악에 대해 더 매력을 느낄 때가 많다. 그러나 결국은 이 사탄의 미혹을 이기지 못하면 승리의 면류관을 받아쓸 수가 없다.

5. 욥의 고통을 보는 눈

1) 불시에 닥친 고통

"하루는 욥의 자녀들이 그 맏아들의 집에서 음식을 먹으며 포도주를 마실 때에 사환이 욥에게 와서 아뢰되 소는 밭을 갈고 나귀는 그 곁에서 풀을 먹는데 스바 사람이 갑자기 이르러 그것들을 빼앗고 칼로 종을 죽였나이다 나만 홀로 피하였으므로 주인께 아뢰러 왔나이다."(욥 1:13-15)

욥의 재난은 불시에 일어났다. 그것은 13절의 "하루는"라는 말과 15절의 "갑자기"라는 말이 암시하고 있다. "하루"라고 하는 그 어느 날에 정말 무서운 사건이 일어났다. 욥의 운명이 하루 아침에 바뀌는 날벼락이 떨어진 것이다. 그것도 예측하지 못했던 재난이 갑자기 밀어 닥친 것이다. 그 날은 그의 자녀들이 맏형의 집에 모여 잔치하며 먹고 마시는 날이었다. 바로 그 날에 불시에 재난은 밀어닥쳤다.

하루는 갑자기 스바 사람이 나타나서 나귀와 소를 빼앗고 종들을 죽이는 참사가 일어났다(욥 1:15, 6:19). 스바 사람은 아라비아 서남부의 사막에 살던 약탈자 또는 상인들이다. 또한 하늘에서 불이 내려와 양떼와 종을 살라 버렸다(욥 1:16). 그리고 갈대아 사람이 세 떼를 지어 갑자기 약대에게 달려들어 모두를 빼앗고 칼로 종을 죽이는 끔찍스러운 사건이 일어났다(욥 1:17). 갈대아 사람은 갈대아 우르를 차지하고 살았던 반 유목민족인 광야족속(창 11:28; 행 7:4)이다. 욥의 자녀들이 모여 잔치하던 집에 거친 들의 대풍이 몰려와 네 모퉁이 기둥을 치므로 집이 무너져서 다 죽고 말았다(욥 1:18-19). 이런 참혹한 비극이 불시에 일어났.

하늘에서 불이 내려오고 거친 들에서 대풍이 불어와 종들과 자식을 눈 깜짝할 사이에 잃게 되었으니 날벼락이 아닐 수 없었다. 이런 극한 상황에서 그래도 그 사람의 실존을 버텨줄 수 있는 "버팀목"이 있다면 육체뿐인데, 욥의 경우에는 그것마저도 허용되지 않았다. 제1차 시험에서 욥의 반역의 죄를 입을 통하여 끌어내려고 시도했던 사탄은 그 시도가 실패로 돌아간 것을 알고 하나님 앞에 다시 나타나(욥 2: 1-3) 다음과 같은 제안을 내놓는다. "가죽으로 가죽을 바꾸오니 사람이 그 모든 소유물로 자기의 생명을 바꾸올지라. 이제 주의 손을 펴서 그의 뼈와 살을 치소서. 그리하시면 틀림없이 주를 향하여 욕하지 않겠나이까"(욥 2:4-5). "가죽으로 가죽을 바꾸오니"라는 말은 물물교환을 가리키는 고대의 관용적 표현이다. 그런데 사람이 자기의 생명을 보존하기 위해서라면 여하한 소유물도 아끼지 않고 다 바꾸지 않겠느냐는 것이 곧 본 절의 의미이다. 하나님은 사탄의 이런 제안을 듣고 욥의 신앙을 믿기 때문에 2장 6절에서 "내가 그를 네 손에 맡기노라. 다만 그의 생명은 해하지 말지니라"라고 제한적인 허락을 하신다. 이에 사탄은 하나님 앞을 물러나와 2장 7절에 보면 "발바닥에서 정수리까지 종기가 나게" 했다.

"종기"(악창)는 구약 성경에서 매우 광범위하게 사용되는 말이다. 나병자로부터 작은 종기에 이르기까지 악창(종기)이라는 단어가 사용된 것을 볼 수 있다. 이 악창에 대한 논의는 서로 다른 점이 있지만 대개 세 가지 정도의 해석이 가능하다. 첫째는 문둥병을 뜻한다는 해석이 제일 많고, 둘째는 피부가 코끼리 가죽 같아진다고 하는 상피병(象皮病)이라는 해석이 있는가 하면, 셋째는 바그다드 종양(Bagdad boil)이라는 해석도 있다. 여기서 악창이란 강한 열과 타는 듯한 궤양성을 가진 부풀음을 나타내는 병으로 아주 무서운 형태의 나병의 일종이다. 이 피부병이 얼마나 무서운 것이었는가는 욥기 전체를 읽어 보면 금방 알 수가 있다. 2장 7절을 보면 그의 발바닥으로부터 정수리까지 한 곳도 성한 곳이 없이 피부병이 발병했다고 말하고 있다. 욥이 가려움을 견디지 못해서 기와 조각을 가지고 피가 나도록 긁고 있는 장면이 2장 8절에 나온다. 3장 24절에서는 너무너무 고통스러워 자기가 앓는 소리가 마치 물이 쏟아지는 것 같다고 표현하고 있다. 7장 4절에서는 욥이 밤새도록 잠을 자지 못하고 불면증에 시달리고 있으며, 7장 5절에서는 피부가 갈라지고 종기에 구더기가 우글거리고 살갗이 쉴 사이 없이 곪아 터지고 있다고 표현하였다. 19장 17절에서는 숨을 쉴 때 지독한 악취가 나서 아내가 돌아 누어 버릴 정도였다고 묘사하였고, 19장 20절에서는 피부와 살이 뼈에 붙었다고 말하고 있다. 30장 17절과 30절에서는 뼈를 쑤시는 듯한 통증이 한시도 멈추지 않았고, 30장 30절에서는 몸이 검어지며 균열이 생겼다고 말하고 있다. 그리고 7장 3절을 보면 여러 달이 지났는데도 그 증세가 전혀 호전되지 않고 있다고 하소연 한다. 참으로 욥은 무서운 병으로 고통당하고 있었다는 것을 알 수 있다. 결국 그는 동네 바깥에 있는 잿더미 위에 앉아서 빨리 죽기만을 바라는 처참한 신세가 되고 말았다.

그 사실을 욥기 2장 8절에서 "욥이 재 가운데 앉아서 질그릇 조각을 가져다가 몸을 긁고 있더니"라고 묘사한다. 재는 우리가 잘 아는 대로 불을 때고 남은 찌꺼기를 재라고 한다. 그 당시에는 집집마다 불을 때고 남은 재를 동네 바깥에 있는 쓰레기장에 갖다 버렸다. 거기에 모아 두었다가 한 달에 한번 정도 다른 쓰레기와 함께 불로 태웠다고 한다.[47] 그러고 나면 재가 쌓이고 쌓여서 큰 무더기를 이루었다. 지금 욥은 바로 이 동네 바깥에 있는 그 재 무더기 위에 앉아 있는 것이다. 그곳은 그야말로 비참한 장소였다. 전염병에 걸린 사람이 쫓겨 나와서 기거하는 곳이기도 하고, 의지할 데 없는 불쌍한 사람이 와서 잠을 자는 곳이기도 하다. 어떤 때는 개들이 돌아다니며 시체를 뜯어 먹기도 했으니 그 비참함은 말로 할 수 없을 정도였다. 따라서 재위에 앉아 있다는 말은 '슬프다, 버림받았다'는 것을 상징적으로 말해 주는 것이라고 할 수 있다. 사탄은 욥에게 마지막 남은 희망이라 할 수 있는 그의 아내를 이용해서 그녀로 하여금 그를 버리게 했다(2:9).

불시에 욥에게 밀어닥친 재난은 그에게 참담한 고통을 가져다주었다. 죽음이나 재난 및 상실(喪失)과 배신 같은 것은 고통을 주는 원인이요 동기이기는 하지만 고통 자체와는 구별되어야 한다. 아무리 나쁜 것, 불행한 것이라 하더라도 이를 "아프게 느끼는 주체의 체험이 없으면 고통이 되지 못한다."⁴⁸⁾ 단순히 수동적으로 불행이나 악을 수용한다는 의미만이 아니라 능동적으로 어떤 감정을 느끼면서 당한다는 것을 의미한다. 이런 점에서 고통(suffering)은 아픔(pain)에 대한 느낌이라는 주체적 능동적 개념을 함께 포함하고 있다. 욥의 고통은 한 마디로 말해서 상실로 인한 고통이라고 할 수 있다. 그가 잃은 것은 무엇인가? 그것은 이미 위에서 본 것처럼 부의 상실이요, 건강의 상실이요, 가족과 종의 상실이요, 사랑하는 배우자 아내의 상실이요, 친구의 상실이었다. 세상에 살면서 그가 의지했던 모든 것을 일시에 다 잃은 것이다. 잃은 것 그 자체가 고통은 아닌 것이다. 그 잃음에 아픔을 느낄 때 고통이 된다. 그런데 우리는 욥기 1장 20절에서 욥이 "일어나 겉옷을 찢고 머리털을 밀" 정도로 몹시 아픔을 직접 체험하고 있었다는 사실을 발견하게 된다. 벌떡 일어나는 경우는 결단을 표현한다든지 충격을 받았을 때 또는 격렬한 감정을 표현하려고 할 때 일어난다. 마찬가지로 겉옷을 찢고 머리털을 미는 것도 큰 비탄을 표현하거나 비장한 각오를 할 때 하는 행위이다. 얼마나 불시에 밀어닥친 재난이 참을 수 없을 정도였으면 그가 일어나 겉옷을 찢고 머리털을 밀었겠는가를 생각하면 참으로 욥의 고통은 견디기 어려운 것이었음을 알 수 있다.

2) 고통을 보는 눈

(1) 전통적으로 보는 눈: 인과응보(因果應報)로 보는 고통

구약 시대로부터 고통을 인간의 죄악과 잘못의 결과로 보는 것이 전통이었다. 욥의 세 친구의 고통을 보는 태도와 눈이 그러했다. 이것이 전통적인 고통에 대한 해석 방법이다. 창세기 2장 17절 "선악을 알게 하는 나무의 실과는 먹지 말라. 네가 먹는 날에는 반드시 죽으리라 하시니라" 했고, 야고보서 1장 15절 "욕심이 잉태한즉 죄를 낳고 죄가 장성한 즉 사망을 낳느니라" 했다. 욕심 즉 죄의 결과는 사망과 슬픔 곧 불행뿐이다. 하와의 고통스럽고 수치스런 삶이 하나님에 대한 죄의 결과였다. 고통은 그들의 죄의 대가요 형벌이었다. 노아시대에 죄가 너무 많아서 물로 심판을 받았고, 소돔과 고모라가 너무 썩어 불로 심판을 받았다. 한 개인이나 국가도 죄가 꽉 차면 망하게 된다. "의인에게는 어떤 재앙도 임하지 아니하려니와 악인에게는 앙화가 가득하리라"(잠 12:21) 하였고, "재앙은 죄인을 따르고 선한 보응은 의인에게 이르느니라"(잠 13:21)는 말이 있으며, "악을 뿌리는 자는 재앙을 거두리라"(잠 22:8) 하였다. 고통의 원인을 인간의 잘못과 죄악에서 찾으려는 태도는 여러 선지자들의 사상 속에 깊이 배어있다. 그래서 고통을 당할 때마다 죄악을 깨닫고 회개하도록 촉구하는 것이 선지자들의 보편적 과업이다. 랍비 암미(Ammi)는 이런 생각을 표어화 하여 다음과 같이 말하였다. "죄 없는 곳에 사랑도 없고, 죄 없는 곳에 고통도 없다"[49] "죄가 없으면 고통도 없다"(There is no suffering without sin)는 것이다. 물론 일면의 진리인 것은 틀림없다. 그러나 모든 고통이 다 죄의 대가만은 아니다.

(2) 교육적으로 보는 눈: 시련과 시험으로 보는 고통

시험이라는 말은 히브리어로 '마싸', 헬라어로 '페이라스모수' 또는 '페이라조'라 하는데 크게 두 가지로 나눌 수 있다. 하나는 긍정적인 의미로서 영적인 선을 창조하기 위하여 하나님으로부터 비롯되는 것이고, 다른 하나는 부정적인 의미로서 악을 저지르게 하기 위한 사탄의 유혹을 말한다.

긍정적인 의미의 시험을 좀 더 구체적으로 살펴보면, 첫째는 교육을 위해서이고(벧전 1:6-7), 둘째는 사랑하시기 때문이고(히 12:5-13), 셋째는 성숙과 지혜를 위해서이고(히 5:8-10), 넷째는 장차 줄 영광을 위해서이다(롬 5:15, 약 1:12). 시련의 결국은 예수 그리스도의 인격을 닮게 만

드는 것이라 한다. 욥기 23장 10절은 욥의 고난의 관점을 극명하게 보여주는 말씀이다. "내가 가는 길을 그가 아시나니 그가 나를 단련하신 후에는 내가 순금같이 되어 나오리라." 욥은 죄를 범한 사람이 아니다. 그는 하나님을 두려워하고 악을 피한 사람으로서 완전하고 진실하며 최악의 불행가운데서도 주저하거나 하나님을 향해 항의하지 않았다. 그런데도 그는 극렬한 고통을 체험하게 되는데, 그것은 죄악의 대가가 아니었다. 욥의 제4의 친구인 엘리후가 본 것처럼 욥의 고통은 죄악의 형벌이 아니라 그를 순금처럼 만들기 위한 단련이요 시련이었다. 아브라함에게 그의 소중한 아들 이삭을 제물로 바치라고 한 하나님의 명령(창 22:1-19)도 그런 패러다임의 하나라 할 수 있다. 토머스 아 켐피스는 "그리스도인은 모든 시험과 역경을 통하여 영적 생활의 겸손과 순수성을 시험받고 그 시험에 대한 보상으로 영적으로 더욱 진보하고 보다 정화된 영혼과 미덕을 갖추게 된다"고 하였는데, 이 발언도 결국은 고난을 교육으로 보는 것이라 할 수 있다. 고통은 죄의 대가로 오는 인과응보일 수도 있지만 하나님께서 사랑하는 자를 더욱 존귀하게 쓰시기 위하여 단련시키는 교육의 과정이기도 하다.

(3) 그리스도론적으로 보는 눈: 고난의 종으로서 받는 고통

그리스도는 하나님의 아들이시므로 아무런 죄가 없으시다. 그러나 인간의 죄를 대신 짊어지시고 십자가에 달려 돌아가셨다. 그리스도가 당한 고난은 대속적 고통이다. 바울이 당한 고난은 그의 죄 값이 아니라 예수를 위한 핍박받음이요 매요 굶음이요 옥에 갇힘이었다. 의를 위하여 핍박을 받는 자는 복이 있다고 하였다. 오늘날도 나의 죄 때문이 아니라 예수 때문에 고통을 겪는 경우도 있다. 악인들이 당할 고통을 대신 받는 고통(Burden of others)이라고 할 수 있다. 예수는 우리가 짊어져야 할 죄의 짐을 대신 짊어지시고 수치와 고통을 받으셨다. 예수는 이사야 선

지가 말하는 "고난의 종"인 것이다. "그는 실로 우리의 질고를 지고 우리의 슬픔을 당하였거늘 우리는 생각하기를 그는 징벌을 받아 하나님께 맞으며 고난을 당한다 하였노라. 그가 찔림은 우리의 허물 때문이요 그가 상함은 우리의 죄악 때문이라. 그가 징계를 받음으로 우리는 평화를 누리고 그가 채찍에 맞음으로 우리는 나음을 받았도다"(사 53:4-5). 여기에 나타난 고난의 종은 죄나 잘못 때문이 아니요 다른 사람의 죄를 대신 지고 고통을 받는(vicarious suffering) 자이다. 내가 고통을 당함으로써 다른 사람의 고통을 덜게 된다. 내가 채찍과 징벌을 받음으로써 다른 사람의 벌을 덜어준다는 생각은 신학적으로 깊은 의미를 가진 통찰인 것이다. 정의를 이루기 위한 고통, 앞으로 오는 세대가 행복을 누리기 위해서 먼저 간 세대가 당하는 고통, 선각자나 지도자들이 대중들을 대신해서 당하는 고통 등은 모두 이러한 범주에 속하는 고통들이다. 예수의 고통과 죽음은 모든 인간의 죄 때문에 희생의 제물로 바쳐진 것이다(막 10:45; 요 1:29; 롬 3:25). 예수의 일회적 죽음과 고통은 모든 인간의 구원을 가능케 했다. 욥이 당한 고통은 그를 단련시켜 순금으로 만들어 쓰시고자 하는 하나님의 의도적 교육이었다.

6. 역경을 이기는 길

우리 인생의 최대 소망은 재난 없이 행복하게 평생을 살아가는 것일 것이다. 그러나 인생은 아무리 피하고 싶어도 피할 수 없는 재난이 있다. 그것이 천재(天災)일 수도 있고 인재(人災)일 수도 있다. 우리의 극한 상황 중의 극한 상황이라 할 수 있는 죽음은 우리로서는 어떻게 할 수가 없다. 그럼에도 불구하고 죽음을 포함한 모든 역경에 대처하는 길을 우리는 찾아보려고 애를 쓴다. 욥이 그에게 밀어닥친 그 재난을 어떻게 대처했는가를 보면서 우리는 여기서 그 길을 모색해보면 도움이 될 것이다.

1) 경배

욥기 1장 20절에 보면 "엎드려 경배하며"라는 말씀이 있다. 경배는 예배 행위의 가장 중요한 부분이라고 생각한다. 예배란 하나님과의 만남이요 그와의 사귐이라고 할 수 있다. 예배를 통하여 하나님께서는 저 높은 곳에서 내려와 우리 같이 낮은 인생과 만나서 사랑의 교제를 하신다. 하나님과 만남이 없는 예배는 공허한 의식에 지나지 않는다. 성경은 신령과 진정으로 예배 또는 경배하는 자는 하나님을 만난다고 하였다(요 4:21-24). 일반적으로 말해서 찬양이 하나님께서 하신 역사(What He has done)에 초점을 두고 그분을 높이는 것이라면, 경배는 하나님의 성품(Who He is)에 초점을 두고 그분을 높이는 것이라 할 수 있다. 이러한 면에서 경배가 예배의 꽃으로서 예배의 핵이 될 수 있는 것은 왕 같은 제사장인 하나님의 발등상 앞에 나아가 그분을 섬길 수 있는(ministering unto the Lord) 복된 기회가 될 수 있기 때문이다.

경배는 하나님 앞에서 자신을 낮추는 것이다. 경배를 뜻하는 히브리어 '하와'(chawah) 또는 '샤하'(shachah)나 헬라어 '프로스퀴네오'(proskuneo)는 '몸을 굽히거나 엎드려 절하는 것'을 뜻한다. 이러한 동작은 혈연관계나 사회적인 관계에서 경의를 표하는 방법이었다. 말하자면 하나님 나라의 백성이며 그의 아들인 우리가 스스로를 낮추어 왕이시자 아버지이신 하나님을 높이는 것이다.

또한 경배는 하나님에 대한 신뢰와 순종의 표현인 것이다. 하나님 앞에서 우리가 엎드릴 수밖에 없다는 것은 우리가 하나님을 의지하지 않고 또 그 뜻에 따르지 않고는 온전히 살 수 없다는 것을 의미한다. 경배는 하나님과 우리의 관계를, 따라서 우리의 참모습을 잘 드러내어 준다.

찬양이 주로 소리로 표현되는 반면, 경배는 몸의 자세로 나타낸다. 찬양은 하나님의 귀를, 경배는 하나님의 눈을 향하고 있다. 찬양은 하나님을 높이는 데에 초점을 맞추는 반면, 경배는 자신을 낮추는 데에 관심이 있다. 그러므로 경배하는 사람들은 "땅에 엎드리고" 찬양하는 사람들은 "서서" 찬양을 한다. 욥도 땅에 엎드려 하나님께 경배하였다. 순종의 믿음을 통해 하나님은 세상을 또는 역경을 이기는 힘을 주신다. 믿음 없이는 이 세상의 온갖 고통을 이길 수 없다. 믿음의 가장 극명한 핵심적 표현이 경배이다.

2) 찬송

"내가 모태에서 알몸으로 나왔사온즉 또한 알몸이 그리로 돌아가올지라. 주신 이도 여호와시요 거두신 이도 여호와시오니 여호와의 이름이 찬송을 받으실지니이다"(욥 1:21) '감사', '찬송', '송축'은 모두 찬양이다. 믿는 사람의 의무 중의 하나가 하나님을 자랑하고 그를 높여드리는 것이라 할 수 있다. 찬양 또는 찬송을 뜻하는 구약의 히브리어 단어들 중 핵심적인 '할랄'(halal)이 바로 '자랑하다', 또는 '칭찬하다'라는 뜻을 가지고 있다. 말하자면 찬양은 하나님의 훌륭한 점을 고백하여 하나님을 높이는 것이다. 우리는 하나님의 피조물로서, 왕의 백성으로서, 주님의 종으로서, 또는 자녀로서 하나님 아버지를 높여드리는 것은 너무나 당연하고 본질적인 의무라고 생각한다.

하나님은 찬양 속에 있기를 기뻐하신다(시 22:3). 찬양의 향기가 진동하는 곳에 하나님은 자신의 임재를 확연히 드러내신다. 그리고 우리는 그분이 함께하신다는 것을 분명히 경험하게 되는 것이다. 찬양이 있는 곳에는 놀라운 하나님의 권능이 드러난다(시 68:4). 하나님께 찬양하는 것은 거친 광야에 "대로", 즉 큰 길을 닦는 것과 같다. 자동차가 고속도로 위를 마음껏 달리듯 하나님께서는 찬양의 대로를 통해 놀랍게 역사하신다. 하나님의 능력이 강력하게 역동적으로 나타나는 통로는 찬양이다.

찬양과 기쁨은 직결된다. 기쁨 없는 찬양만큼 끔찍한 것도 드물 것이다. 기쁠 때 찬양이 터져 나오고 찬양할 때 기쁨이 솟구쳐 오르기 마련이다. 이 관계를 시편 63편 5절에서 이렇게 노래하고 있다. "골수와 기름진 것을 먹음과 같이 나의 영혼이 만족할 것이라. 나의 입이 기쁜 입술로 주를 찬송하리라." 하나님의 인격과 그 하시는 일은 우리 안에 찬양과 함께 기쁨을 일으키시는 것이다. 기쁨은 저절로 생겨나는 것이 아니라, 그것은 믿음으로 누리게 되는 것이다. 우리는 보통, 느끼는 대로 행동하는 것을 당연하게 여긴다. 그래서 주관적인 판단이나 느낌에 따라 좋으면 하고 싫으면 하지 않는 경우가 많다. 그러나 성경은 이와 정반대되는 행동원리를 제시하는데, 느낌이 행동에 따르게 된다는 것이다. 찬양을 우리 생활의 일부로 만들 때 늘 기쁨을 느끼게 되고 하나님께 영광을 돌릴 수 있다. 늘 찬송하면 하나님은 "원수의 목전"(시 23:5)에서 상을 차려놓으시고 내 잔을 넘치게 해주신다. 찬양하는 중에 우리의 역경은 누그러지고 태양을 받으면 눈이 녹듯이 녹아내리기 시작하게 된다. 찬양은 역경을 치료하는 양약이라 할 수 있다.

3) 감사

"이 모든 일에 욥이 범죄하지 아니하고 하나님을 향하여 원망하지 아니하니라"(욥 1:22). 부르스라는 사람이 "하나님을 찬양하는 버릇이 된 혀는 쉽사리 하나님을 욕되게 하는 언어를 사용하지 않는다"고 말한 바와 같이, 욥은 하나님을 향하여 어리석게 입술로 원망하지 않았다. 처음에는 욥은 꼬리를 물고 밀어닥치는 역경의 악순환과 끔찍스러운 참변의 소식을 듣고 큰 충격을 받은 나머지 그 감정을 억누르지 못하고 겉옷을 찢고 머리털을 밀며 그 비통함을 표현하였다(스 9:1-4 참조). 영적인 침체는 입술의 불평과 원망과 짜증과 불만으로 나타난다.

그러나 욥은 다음 순간 끌어 오르는 분노와 원망과 슬픈 감정을 억누르고 땅에 겸손하게 엎드려 하나님께 경배하였다. 경배에는 연습이나 훈련이나 간구가 있을 수 없다. 오직 그분의 거룩하신 성품과 권위 아래

순복하여 자신의 사랑을 신령과 진정으로 드리면 되는 것이다. 바로 이 것이 하나님을 영화롭게 하고 그분을 영원토록 즐거워할 수 있는 예배 다운 모습이다. 그 다음으로는 하나님을 만나게 하는 다리로서 찬양을 드려야 한다. 욥은 모든 일에 범죄 하지 아니하고 여호와의 이름을 찬송 했다. 보다 차원 높은 찬양은 그분이 나를 위하여 무엇을 해주었는가를 생각하면서 찬양하는 것이 아니라 그분이 어떤 분이신가를 생각하며 찬양 드리는 것이다. 그런 의미에서 욥의 찬양은 경배를 통하여 하나님을 만난 사람만이 드릴 수 있는 차원 높은 찬양이라 할 수 있다. "주신 이도 여호와시요 거두신 이도 여호와시니"(욥 1:21)라는 말씀 속에 욥의 하나님 인식이 잘 드러난다. 그분의 절대주권과 섭리를 인정하고 그분을 찬양하는 것이다. 또한 하나님과의 만남을 통하여 그는 자신이 모태에서 알몸(적신)으로 왔다가 알몸으로 그리로 돌아가야 만하는 존재가 자기라는 것을 알게 되었다. 경배를 통하여 하나님을 만났고 그 자신이 벌거숭이로 왔다가 벌거숭이로 갈 수밖에 없는 연약한 존재라는 것을 깨닫게 되니 그분만을 의지할 수밖에 없고 하나님을 향하여 어리석게 원망을 하지 않게 되는 것이다. 원망하지 않은 것 자체는 감사라고 할 수 없지만, 욥이 당한 그 상황에서 원망하지 않았다고 하는 것은 뒤집으면 곧 감사가 되는 것이다. 이런 칭송과 감사와 찬양 및 경배의 예배를 드리면 삶 속에서 하나님을 만나게 되고 어떠한 어려움 속에서도 그것을 극복하고 일어설 수가 있다. 감사는 만병통치약이라 할 수 있다.

예배의 기본적 틀은 감사, 찬양, 경배(시 100:4)이다. 감사는 예배의 기초요 찬양은 예배의 다리이며 경배는 예배의 핵심이다.[50] 이런 기본적인 틀을 지키면서 온전히 드리는 예배는 우리 안에 하나님의 생명이 넘치게 하며 평안과 기쁨을 넘치게 한다(롬 14:17). 또한 예배는 치유를 낳고(출 15:26), 모든 묶임으로부터 자유하게 하며 무엇보다 하나님을 알게 한다. 따라서 예배는 열매 맺는 삶으로 이끈다(요 15:1-5). 그 열매 중의 하나가 인내(오래 참음)이다. 인내는 신앙 없이 이루어질 수 없는 가장 소중한 덕목이다. 인내하면 하나님의 때가 반드시 오는 것이다. 그때가 되면 아픔도 고통도 역경도 변하여 쉼이 되고 기쁨이 되며 진로(進路)가 순탄해 질 수도 있다.

4) 인내

욥은 몸에 악창이 나 몰골이 형편없이 바뀌어 천덕꾸러기가 된다. 동네 바깥 잿더미 속에 앉아 있는 버림받은 신세가 된 것이다. 이러한 극한 상황이 또 어디에 있겠는가? 그때 아내는 찾아와서 주님을 욕하고 죽으라고 자살을 권유한다. 그러나 욥은 "그대의 말이 한 어리석은 여자의 말 같도다. 우리가 하나님께 복을 받았은즉 화도 받지 아니하겠느냐"(욥 2:10)라고 하였다. 여기서 "받는다"로 번역된 동사는 항거하지 아니하고 온유와 인내로 받아들인다는 뜻을 내포하고 있다. 그래서 어떤 학자는 "받는다"를 "순응하다"로 번역하기도 한다.

 어려운 상황을 만났을 때 분별없이 덤벼들고 이유도 없이 반항하거나 원망하는 것보다는 정신을 가다듬고 온유와 인내로써 그 상황을 받아드리고 때를 기다려야 한다. 모든 것이 다 떠나가도 하나님만은 남아 계신다. 결국 인간이 걸치고 있던 재산, 가정, 지위, 권력, 명예 학식 같은 옷이 다 벗겨지면 남는 것은 알몸뚱이 뿐이다. 그때 하나님이 내 알몸뚱이에 새로운 거룩한 옷 곧 성의(聖衣)를 입혀주시고 사랑으로 다가오신다. 오직 욥은 하나님 한 분만 믿음으로 바라보았다. 애정을 가지고 내가 바라볼 대상이 있어야 인내하며 기다릴 수가 있다. 허무주의와 절망을 넘어서는 길이 바로 그것, 즉 사랑을 가지고 기다리는 것이다. 역경과 시험을 당하는 그리스도인들에게 아주 중요한 영적인 지침은 믿음과 인내이다. 예레미야 애가 3장 26절에서는 "사람이 여호와의 구원을 바라고 잠잠히 기다림이 좋도다"라고 하였다. 인내는 "의와 평강의 열매"를 맺는다.

아들을 잃은 한 어머니가 나이 많은 중국인 철학자에게 어떻게 하면 그녀의 큰 슬픔을 이겨낼 수 있겠는가를 물었다. 그 나이 많은 현자는 다음과 같이 말했다. "제가 도와드릴 수 있습니다. 그러나 겨자씨 조금을 가져 오셔야 합니다. 그런데 그 겨자씨는 전에 가족이 죽었던 일이 없고, 슬픈 일도 전혀 없었던 그런 집에서 얻어 오셔야만 합니다."

그 여인은 그때부터 겨자씨를 구하러 다니기 시작했다. 그러나 가는 집마다 사랑하는 사람을 이전에 이미 잃었던 집이었거나, 그렇지 않으면 가슴 아픈 이별의 사연을 안고 있는 집들이었다. 결국 겨자씨를 얻지 못한 채 돌아오게 된 여인은 "저는 정말 이기적인 사람이었습니다. 슬픔이란 어느 누구도 피할 수 없는 보편적인 것이군요"라고 큰 소리로 말했다. 그 철학자는 이렇게 말했다. "아 그렇군요. 당신은 사람들을 동정하고 그들을 위로할 수 있게 되었습니다. 그렇게 할 때에 당신 스스로의 슬픔은 조금씩 줄어들게 될 것입니다"라고.

어떠한 경우에도 주님만 바라보며 그의 뜻을 헤아리며 참고 기다리며 기쁘게 생각하고 행동하면 늘 우리 안에 평강이 넘치게 되고 그 평강이 우리의 마음과 생각을 지켜주게 된다. 만일 우리가 고통의 시간들을 감사하므로 인내한다면, 피곤한 손과 연약한 무릎을 일으켜 세우게 하시고 주님과 함께 올곧은 길로 가게 하신다. 사나운 길을 평탄케 하여 주신다. 범사에 주를 인정하면 어떤 경우에도 인도해주시겠다고 하나님은 약속하셨다.

7. 욥의 아내

1) 지상에서 가장 행복했던 여자

욥의 아내의 이름은 알 수가 없다. 이름은 알 수 없지만, 우스라고 하는 땅에서 누구보다도 큰 특권을 누리며 행복한 생활을 했던 여인이 욥의 아내다. 욥이 살았던 고대 족장시대는 아내가 어떤 대우를 받으며 사느냐하는 것은 남편이 가지고 있는 지위와 능력에 따라 좌우되었다. 욥이 동방에서 존경받는 왕이었다면 그의 아내도 자동적으로 왕비의 대우를 받았을 것이다. 그녀의 남편 욥은 동방에서 가장 큰 부자였다. 따라서 그의 아내도 많은 종복을 거느리며 손에 흙을 전혀 묻히지 않은 채 부를 누리며, 아들 일곱과 딸 셋이 함께 어울려 남을 부러워할 것 없이 한 동네에서 행복하고 화목하게 살았을 것이다. 뿐만 아니라 욥은 매우 건강했다. 건강한 남편을 섬기며 건강한 사람들이 누릴 수 있는 행복감을 누구보다도 만끽하며 산 것이 욥의 아내였다. 당시의 모든 보통 여성들의 생활이 그러했듯이 욥의 아내도 행복의 기초를 하나님 중심의 경건함에 두지 아니하고 그 남편과 삶의 현실 조건에다 두고 생활했던 것이다. 믿지 않는 사람들이 그런 것처럼 최대의 행복은 건강한 남편과의 사이에 많은 자녀를 두고 재물을 누리며 천수하는 것이 무엇보다 행복의 기준이었다. 그녀의 생활의 기초는 한 마디로 말해서 영적인 것이 아니라 육적이고 물질적이었다. 그런데 이런 세상적인 것들은 귀하고 설사 가치가 있다 할지라도 영원한 것이 못되고 매우 찰나적이고 유동적이다. 따라서 이런 것들 위에 기초를 둔 행복은 그런 조건들이 사라지면 일시에 깨지기 마련이다.

2) 어리석어 보였던 여자

이렇게 행복했던 가정에 예측하지 못했던 재난이 닥쳐와 가졌던 소유를 다 잃었고, 자녀 10남매도 일시에 몰살했으며, 남편 욥은 병에 걸려 건강을 잃고 몹쓸 병에 걸린 사람들이 당시에는 그랬던 것처럼 그 사회에서 쫓겨나 동네 밖 잿더미 속에서 살아가는 형편이 되었다. 욥의 아내가 하늘처럼 의지하고 살았던 모든 것들이 일시에 사라지자 그녀는 이 엄청난 손실과 상실에 그만 충격을 받아 욥이 비판한 대로 "어리석은 여자"(2:10)처럼 욥을 향하여 아직도 "온전함을 굳게 지키느냐 하나님을 욕하고 죽으라"(2:9)고 하였다. 그녀는 그 입을 사탄에게 빌려 주고 말았던 것이다.

이 경우에 "어리석음"을 뜻하는 말, 즉 "나아바알"은 지식, 지혜가 없다는 것보다는 오히려 불신앙, 부도덕을 말한다. 구약 특히 잠언 등에 있어서는 지혜는 신앙으로 통하고 어리석음은 불신앙으로 통한다. 시편 14장 1절에서 "어리석은 자는 그 마음에 이르기를 하나님이 없다 하도다"라고 한 것은 무신론을 뜻하지 않고 하나님의 존재를 일단은 인정하나 실제로는 하나님이 없는 것같이 생활하고 행동함을 말한다. 결국 하나님의 존재를 원리적으로는 부정하는 것이 아니고 하나님을 믿지 않는 데서 오는 심판을 무시하는 것을 말한다. 욥의 아내도 이론상으로는 하나님의 존재를 부정은 하지 않았지만, 실제로는 그것을 부정한 셈이다. 그러나 욥의 아내도 신의 문제로 고민을 하지 않고 있었던 것은 아니니까 근본적으로는 무신론자는 아니었다.[51] 하나님이 없다고 하는 사람이 가장 어리석은 사람이지만 하나님을 저주하고 자살을 하라고 남편에게 권유하는 아내도 어리석은 여인 중의 하나와 같다고 할 수밖에 없다. 남편의 자살 그것이 그들이 당하고 있는 그때의 곤경에서 벗어날 수 있는 유일한 길이라고 그의 아내는 생각했던 것이다. 어떻게 보면 괴로워하는 남편을 보다 못한 아내의 마지막 결심이라고 생각할 수도 있지만 너무나 믿음 없는 발언이요 아내로서의 속 좁은 소견일 뿐이다. 이 말은 욥의 고통의 책임은 하나님께 있다고 본 불경스러운 발언임에 틀림없다.

그녀는 비록 하나님께서 일시적으로 고통을 허용하시지만 궁극적으로는 그 고난을 통해서 긍정적인 열매를 맺게 하시려는 것을 이해하지 못했다(히 12:11). 그녀에게는 영적인 통찰력이 없었던 것이다. 욥은 생활의 기초를 하나님 신앙 위에 두고 살았음으로 엄청난 고난 중에서도 하나님을 욕하는 죄를 범하지 않았지만, 그의 아내는 하나님의 존재를 부인하는 것은 아니지만 실제적인 신앙은 없었던 것 같다. 그러니까 현실의 삶의 기초가 흔들리니까 그나마 남아있던 신앙의 뿌리마져 흔들리고 만다. 믿지 않는 많은 사람들처럼 그녀는 사탄에 의해서 눈이 멀어 버렸다(고후 4:4, 11).

3) 남편에게 등을 돌렸던 여자

욥이 탄식한 것처럼 마침내 욥의 아내는 욥이 건강을 잃기 전에는 그렇게도 좋아했던 그의 숨결을 싫어하기 시작하였다. 건강하고 행복할 때는 그 숨결이 달콤하고 매우 감미로워 입맞춤하기를 좋아하고 그의 품에 더 가까이 가고자 하지만 건강이 좋지 않고 삶의 여건이 아주 나빠지면 대개는 그 숨결을 싫어하게 마련인 것이다. 욥의 아내는 남편 때문에 왕비와 같은 대우를 받고 살았는지는 모르지만, 보통 여자들처럼 이상이 없는 현실주의자요 매우 물질적이고 육체적인 여자였던 것 같다. 아무리 그렇다 할지라도 욥의 숨이 싫어 등을 돌려대고 자는 것은 배신행위임에 틀림없다. 이런 배신행위가 병들고 의지할 곳 하나 없는 욥을 울렸다. 그러나 욥은 하나님을 그의 입으로 저주하지 않았다. 욥의 아내는 자기의 삶의 위기의 순간에 하나님께 부정적인 말을 했을 뿐 아니라 그녀는 남편에게도 등을 돌려댄 것이다. 부부는 서로 돕고 감싸주고 의지하며 서로 지지해 주며 살아가는 동반자인 것이다. 그런데 세상 것만을 바라다보고 살아온 욥의 아내는 그녀의 행복의 요건들이 사라지자 그만 그녀의 남편을 멸시하며 못할 말을 내뱉고 등을 돌려댄다.

대체적으로 성경학자들은 욥의 아내를 놓고 좋지 않게 말한다. 유대 랍비들은 그녀를 가리켜 '디나' 라는 이름을 붙였다고 한다. 야곱의 딸인 디나처럼 어리석은 여자라는 말이다. 아우구스티누스는 이 여인을 놓고 사탄의 시녀라 했고, 칼뱅은 사탄의 도구라 했고, 심지어 어떤 사람은 제2의 하와라는 별명을 붙인다.[52] 이처럼 욥의 아내는 성경의 인물 가운데 욕을 가장 많이 먹는 축에 속한다.

4) 욥의 아내는 악처였는가?

그러면 욥의 아내는 아주 몹쓸 악처였는가? 단적으로 그렇게 정죄할 수는 없을 것 같다. 왜냐하면 하나님께서는 욥의 아내를 잘못했다고 나무라신 적이 없고, 나중에 다시금 행복한 가정을 이루어 남편과 슬하에 10남매를 두고 평생을 해로하게 되기 때문이다. 그러므로 욥의 아내를 놓고 무슨 큰 죄를 범한 사람처럼 다루는 것은 지나치지 않나 생각한다. 그러면 욥의 아내는 왜 가시 돋친 말을 하는가? 그것은 하늘처럼 믿었던 남편이 하루아침에 산송장이 되고 말았기 때문이다. 남편과 더불어 그녀의 행복도 산산 조각이 나고 그만 비극의 여주인공이 되고 만다. 그래서 욥의 아내는 그렇게 남편이 고통스럽고 수치스럽게 구박받으며 살아가는 이보다 차라리 하나님을 욕하고 죽어버리는 편이 낫겠다고 생각한 것이다. 그러나 욥의 아내가 잘 했다고 할 수는 없다. 물론 그렇다고 욥의 아내를 중죄인으로 심판할 수도 없다. 욥의 아내는 매우 현실주의적인 인물이기는 하지만 죄인으로 못 박을 수는 없다.

한 때 마르틴 루터는 그의 적들의 가혹한 비판 아래서 좌절하게 되었던 시절이 있었다. 그 당시 그는 진리를 위하여 자신이 행한 모든 일들로 말미암아 겪게 되었던 고통을 어떻게 하면 갚아 줄 수 있을까 궁리하고 있었다. 그의 아내는 루터의 생각이 잘못되었다는 것을 알았고 사태의 심각성을 깨달았다. 그녀는 이 상황을 극복하기 위해서 하나님의 지혜를 빌려오기로 한 것이다. 그래서 그녀는 검은 드레스를 입고, 통곡을 하며, 집안일마저 돌보지 않았다. 루터는 아내의 이런 모습을 보고 깜짝 놀라며 누가 죽었느냐고 물었다.

"오! 하나님이 죽었어요."

"하나님이 죽었다니? 그게 도대체 무슨 말이요?"

"그렇지 않구요? 당신이 지금 하고 있는 일을 보니 하나님이 죽었음에 틀림없어요."

루터는 아내의 말을 듣고서야 자신이 잘못하였다는 것을 깨달았다. 그녀는 이런 방법으로 문제를 해결하였고 그녀가 원하는 결과를 가져오게 된 것이다. 성실한 아내는 이렇게 하나님의 지혜를 가지고 문제에 직면하며 남편을 어떠한 경우에도 지지해 주고 다시 일어서도록 힘과 용기를 북돋아 준다. 그러나 욥의 아내는 궁지에 몰린 남편을 막다른 골목까지 몰고 가는 우를 범했다. 그녀는 어리석은 여자처럼 욥에게 자살을 권했던 것이다. 그러나 그것으로 문제가 해결되지는 않는다. 확실히 욥의 아내는 마르틴 루터의 아내처럼 영적인 통찰력을 소유한 여자는 아니었다.

8. 욥의 세 친구들

1) 위로해 주기 위해 찾아온 세 친구

욥의 집안이 패가망신했으며 욥은 몹쓸 병이 들어 그 동네로부터 쫓겨나 동네 밖 쓰레기더미에서 참담한 생활을 하고 있다는 기가 막힌 소문이 인근에 쫙 퍼졌다. 그 소문을 듣고 욥을 조문하고 위로하기 위해 욥의 친한 친구 셋이 찾아왔다. 그 이름은 엘리바스, 빌닷, 소발이다. 그 사실을 욥기 2장 11-13절에서 이렇게 소개하고 있다.

"때에 욥의 친구 세 사람이 그에게 이 모든 재앙이 그에게 내렸다 함을 듣고 각각 자기 지역에서부터 이르렀으니 곧 데만 사람 엘리바스와 수아 사람 빌닷과 나아마 사람 소발이라. 그들이 욥을 위문하고 위로하려 하여 서로 약속하고 오더니 눈을 들어 멀리 보매 그가 욥인 줄 알기 어렵게 되었으므로 그들이 일제히 소리 질러 울며 각각 자기의 겉옷을 찢고 하늘을 향하여 티끌을 날려 자기 머리에 뿌리고 밤낮 칠일 동안 그와 함께 땅에 앉았으나 욥의 고통이 심함을 봄으로 그에게 한 마디도 말하는 자가 없었더라."

위에 인용한 말씀을 보면, 세 친구는 욥의 재난 소식을 듣고 서로 약속을 하고 먼 거리에서 찾아온 것이 틀림없다. 왜 각각 오지 않고 같이 왔을까? 어떤 학자는 욥이 나쁜 짓을 하다가 천벌을 받았다는 소문이 들리는 마당에 혼자서 그를 대면한다는 것이 어쩐지 위험할 것 같아 서로 짜고 왔다고 말을 한다.[53] 그러나 이런 해석은 지나친 것이라고 생각한다. 왜냐하면 욥의 세 친구는 그렇게 나쁜 친구들이 아니었고 그렇게 까지 욥을 경계하여야 할 이유도 없었기 때문이다. 욥을 찾게 된 동기는 어디까지나 순수하고 선한 것이었다는 것을 본문을 통해 알 수 있다.

그들이 욥을 찾아 온 목적은 욥을 조문하고 위로하기 위해서였다. 그러기 위해서 서로 약속을 하고 멀리서부터 그를 찾아왔던 것이다. 욥이 졸지에 10남매나 되는 자녀를 잃어버렸으니 조문을 하는 것이 마땅했고, 그 많던 가산을 다 잃어버리고 이제 병까지 얻어 죽게 되었으니 위로를 해주는 것이 친구로서의 도리라고 생각했던 것이다.

엘리바스라는 이름의 뜻은 '하나님은 순금이다' 이며 그는 데만 사람이다(욥 4:1). 데만은 에서의 자손인 데만이 에돔의 북쪽에 세운 지역으로 지혜자가 많이 배출된 지역이다(렘 49:7, 20; 겔 25:13). 빌닷이라는 이름의 뜻은 '논쟁의 아들' 이라는 의미이며 그는 수아 사람이다. 수아도 에돔의 일부로 추측된다(창 25:2; 대상 1:32). 소발이라는 이름의 뜻은 '지저귀는 새' 라는 의미이며 그는 나아마 사람이다(11:1, 20:1, 42:9). 역시 나아마도 에돔 근처에 있는 지역으로 보인다.

각기 그들은 서로 떨어진 지역에서 서로 "조문하고 위로하자"고 하는 약속을 하고 욥을 찾아왔다. 그들은 욥을 보자마자 너무나 기가 막혀 크게 소리 지르며 통곡하고 옷을 찢고 티끌을 머리 위로 날리며 땅바닥에 주저앉아 있었다. 그들은 욥이 앉아 있던 잿더미에 함께 주저앉아 일어나지를 못했다. 욥이 살던 고대 사회에서는 가늠할 수 없는 슬픔과 고통을 당하면 옷을 찢고 티끌을 날리며 땅바닥에 주저앉아 있는 관습이 있었다. 그들은 옷을 찢은 욥처럼 삭발은 하지 않았지만 티끌을 머리 위로 날리며 땅바닥에 주저앉아 통곡을 하였다. 그뿐 아니라 욥의 고통이 극심한 것을 보고 그들은 밤낮 칠 일 동안 입을 다문 채 말을 한 마디도 하지 않았다. 이런 표현으로 보아서 욥과 세 친구 사이는 매우 가깝고 너무나 좋은 친구 사이였다는 것을 알 수 있다.

　욥의 세 친구는 자기 자신들을 슬픔당한 욥과 동일시하는 태도를 취했다는 점에서, 또한 적절한 말을 찾지 못하고 어설픈 한두 마디 말로써 욥의 괴로움을 위로하려고 드는 것은 어리석은 일이라고 생각한 나머지 욥과 함께 앉아 침묵만 지켰다는 점에서, 처음의 그들은 욥에게 고통만 더해 주는 나쁜 친구는 아니었다. 그러나 나중에 그들이 입을 열기 시작하면서부터 그들은 아주 매서운 가해자가 되었다. 어찌나 괴로웠던지 욥은 19장 22절에서 "너희가 어찌하여 하나님처럼 나를 박해하느냐. 내 살로도 부족하냐"고 하소연한다. 고통 받는 자 옆에서 말없이 그의 고통을 나의 고통으로 받아드리며 입을 다물고 있는 것은 그 고통당하는 자를 돕는 일이요, 그를 위해 기도드리는 행위와 동일시 할 수 있다. 쓸데없이 남은 괴로워 죽겠는데 말을 많이 늘어놓으면 고통당하는 자의 심경을 건드리게 되고 그것이 심하면 분통을 터뜨리는 계기가 될 수 있다. 욥의 세 친구들도 선한 목적을 가지고 좋은 동기에서 욥을 찾아와 지혜롭게 진정한 위로를 처음에는 주었다. 그러나 나중에 가서 욥과 극심한 논쟁을 버리면서 욥의 세 친구는 욥을 박해하고 괴롭히는 사탄의 도구로 이용당하고 마는 것이다.

2) 욥을 정죄하는 세 친구

　욥기 4장부터 31장까지의 내용은 일종의 논쟁 형식으로 전개되는 신학적 변증이다. 욥기 총 42장 중 29장이 욥과 그의 세 친구가 서로 자기의 입장을 주장하는 논쟁인 셈이다. 이 논쟁은 세 차례 돌면서 번갈아 이야기하는 그런 논쟁의 형식으로 이루어져 있다. 그 세 차례 돌면서 서로 번갈아 가면서 하는 이야기는 다음과 같다.

첫 번째 차례의 이야기(욥 3:1-14:22)
  엘리바스의 이야기: 욥 4:1-5:27(총 2장). 빌닷의 이야기: 욥 8:1-22(총 1장). 소발의 이야기: 욥 11:1-20(총 1장). 욥의 이야기: 욥 3:, 6:-7:, 9:-10:, 12:-14:(총 8장).
두 번째 차례의 이야기(15:1-21:34)
  엘리바스의 이야기: 욥 15:1-35(총 1장). 빌닷의 이야기: 욥 18:1-21(총 1장). 소발의 이야기: 욥 20:1-29(총 1장). 욥의 이야기: 욥 16:-17:, 19:, 21:(총 4장)
세 번째 차례의 이야기(22:1-31:40)
  엘리바스의 이야기: 욥 22:1-30(총 1장). 빌닷의 이야기: 욥 25:1-6(총 1장). 욥의 이야기: 욥 23:-24:, 26:(3장). 욥의 독백: 욥 27:-31:(총 5장).

위에 도표화한 간략한 정리를 통하여 보는 바와 같이, 세 친구 중에서 가장 연장자인 엘리바스가 먼저 입을 열기 시작했고 그에 대한 욥의 변명이 이어지고 욥의 변명이 끝나면 다른 친구가 자기 이야기를 하는 형식으로 세 차례 돌면서 논쟁을 벌인다. 엘리바스가 세 번 총 4장에 걸쳐서 이야기를 했고, 빌닷이 세 번 총 3장에 걸쳐서 이야기를 했으며, 소발은 두 번 총 2장에 걸쳐서 이야기하고 끝난다. 그러나 욥은 장장 여덟 번 총 20장에 걸쳐서 대답하며 따진다. 그들의 논쟁이 총 29장인데 그 중에서 욥이 한 이야기가 꼭 20장이 되는 셈이다. 그러니까 욥의 세 친구들보다 욥이 훨씬 더 많은 말을 했다. 그것은 욥 자신의 참을 수 없는 고통과 그 고통은 죄의 대가라고 하는 친구들의 정죄에 대하여 자기 자신의 무죄를 변호하고 주장하고자 하는 격분이 분출되어 말로 쏟아져 나온 것이라고 생각한다. 욥의 엄청난 불행을 인과응보의 법칙을 가지고 세 친구는 풀려고 하였다. 그러나 그들의 입지점(standing point) 곧 그들의 입장은 각기 달랐다. 이 점을 중심으로 그들의 논점을 정리해 보겠다.

(1) 엘리바스의 인물과 그의 입장

엘리바스는 데만 사람으로(욥 4:1), 욥의 세 친구 중에서 나이가 제일 많고(욥 15:10) 제일 신사적이며 학식이 높은 인물이었다(욥 15:1). 그는 세상을 오래 살면서 보고 들은 것을 가지고 자기주장을 펴고 있다. 다시 말하면 그는 그의 인생 경험을 바탕으로 이야기를 전개하고 있다는 말이다. 욥기 4장 7-11절을 보면 그것을 바로 알 수 있다. "생각하여 보라. 죄 없이 망한 자가 누구인가 정직한 자의 끊어짐이 어디 있는가. 내가 보건대 악을 밭 갈고 독을 뿌리는 자는 그대로 거두나니 다 하나님의 입 기운에 멸망하고 그의 콧김에 사라지느니라. 사자의 우는 소리와 젊은 사자의 소리가 그치고 어린 사자의 이가 부러지며 사자는 사냥한 것이 없어 죽어 가고 암사자의 새끼는 흩어지느니라." 4장 8절에서 "내가 보건대"라는 말은 "내가 지금까지 경험한 바로는"하는 말이다. 15장 17절에서도 "내가 본 것을 설명하리라"는 말로 이야기를 시작하는 것을 볼 수 있다. 엘리바스는 "악을 밭 갈고 독을 뿌리는 자는 그대로 거둔다"라는 인과응보의 법칙을 자기가 본 보편적인 지식 즉 경험을 바탕으로 주장하고 있다. 자신의 지식과 경험에 비추어 보면 죄 없이 망한 자는 하나도 없다는 것이다. 그가 보았던 사람들 중에서 죄 없이 멸망한 사람은 아무도 없다는 논리인 것이다. 이 견해는 시편 37편 25절 "내가 어려서부터 늙기까지 의인이 버림을 당하거나 그 자손이 걸식함을 보지 못하였도다"라고 하는 말씀과 동일하다. 이 견해에 따르면 고난이란 언제나 특별한 죄의 직접적 결과요 그 죄에 대한 하나님의 심판의 결과라는 것이다. 그러므로 욥도 이 법칙에서 예외일 수 없으므로 그가 고통을 당하는 것은 엄연한 죄의 대가요 하나님의 심판의 결과라고 한다.

그러나 엘리바스가 시종일관 자기의 경험만을 가지고 이야기하는 것은 아니다. 환상(幻想) 중에 하나님이 그의 귀에 들려주신 세미한 음성까지 공개하고 있다. 자기의 말이 하나님의 말씀이나 다름없다는 점을 강조하기 위하여 계시를 받았다는 말을 하고 있는 것이다. 즉 엘리바스는 그가 종교적 체험에서 얻은 지식(욥 4:12-17)을 기초로 해서 욥의 고통은 죄의 대가라는 것을 확언하고 있다. 그러나 그의 환상은 성령의 역사라기보다는 빛의 천사로 위장한 사탄의 궤계라 할 수 있다. 겉으로는 경건한 척하면서 진리를 왜곡시키는 악한 영에게 이용당하고 있었던 것이다. 그래서 그는 고통 받는 욥 자신이 스스로 죄인임을 수긍하지 않는 미련함에 대해 책망하면서 욥에게 "나라면 하나님을 찾겠고 내 일을 하나님께 의탁하리라"(욥 5:8)고 한다. 이는 사람을 미혹시키는 기만행위요 자기 자신의 주관적 신앙의 논리와 환상에 근거한 무조건적인 매도로서 서기관이나 바리새인들이 취했던 태도와 동일한 것이라 할 수 있다. 그리고 나서 엘리바스는 욥에게 직접적인 권고(욥 5:17-27)로 "전능자의 징계를 업신여기지 말지니라"(욥 5:17)고 하였다. 엘리바스의 첫 이야기는 모두가 독단적이요 주관적인 신앙에 근거해서 그의 논리를 펴고 있음을 알 수 있다. 사탄은 엘리바스를 이용하여 욥을 파괴시키려고 궤휼을 부린다(욥 4:17-21).

논쟁의 두 번째 차례의 이야기에서 엘리바스는 여전히 자기가 본 바(욥 15:17)요 경험한 바요 "조상에게서"(욥 15:18) 받은 전통적 권위에 근거해서 악인이 받을 벌을 구체적으로 적시하고 있다(욥 15:20-35). 15장 20절에서 24절까지, 그리고 15장 29절에서 35절까지에서는 악인이 당할 재앙에 대해서, 15장 25절에서 28절까지에서는 그러한 재앙을 당하는 사람의 모습을 그리고 있다. 악인은 하나님에 대해 교만하고 그의 교훈과 지도를 두꺼운 방패로 막으며 달려가듯 대적한다고 한다(욥 15:26). 악인은 생활과 인격에 있어서 진리를 섭취하지 아니하고 무절제하며 사치한 생활을 한다는 것이다(욥 15:27). 그러므로 악인은 결국 "어두운 곳을 떠나지 못하리니"(욥 15:30) 곧 멸망할 것이라고 한다. 그 가지가 푸르지 못할 것이며 포도 열매가 익기 전에 떨어질 것이며 감람 꽃은 떨어져 결실이 없을 것이고 그의 장막은 불타 없어지리라고 한다(욥 15:31-15).

논쟁의 셋째 차례에 속하는 욥기 22장 4절 이하에서는 욥의 악이 크고 그의 죄악이 극에 달했다(욥 22:5)고 책망한다. 그러므로 "올무들이 너를 둘러 있고, 두려움이 갑자기 너를 엄습하며 어두움이 너로 하여금 보지 못하게 하고 홍수가 너를 덮느니라"(욥 22:10-11)고 하였다. 이 말도 결국은 죄인은 멸망하고 큰 고통을 당하게 된다는 뜻으로 욥의 고통은 죄의 대가라는 한결같은 논리를 표명한 것이다.

엘리바스의 이야기가 근본적으로 틀린 것은 아니지만, 그의 주장은 너무나 완고하고 폐쇄적이며 형식주의적이고 권위주의적이다. 이런 주장만 일삼으면 혁신이나 개혁은 이루어질 수가 없다. 그러기 때문에 엘리바스는 마치 자기가 하나님이 되는 양 세 번째 차례의 이야기에서는 주로 욥을 죄인(욥 22:4-11)으로, 그리고 악인(욥 22:12-20)으로 몰아세우며 그의 회개(욥 22: 21-30)를 촉구한다. 즉 하나님과 화목하고(욥 22:21), 그 말씀에 마음을 두며(욥 22:22), 악을 버리고(욥 22:23), 재물에 대한 집착을 버리라고 권면한다(욥 22:24). 욥의 고통을 죄의 대가로 보는 엘리바스는 욥이 만일 회개하면 그 고통에서 벗어나서 구원을 받을 수 있을 것이라고 끝까지 주장한다.

(2) 빌닷의 인물과 그의 입장

빌닷은 수아 사람으로, 논쟁적이고 공격적인 인물이며 전통주의자다. 학자들은 빌닷을 도덕주의자 또는 원칙론자라고 하나 전통주의자라고 하는 편이 훨씬 더 적합하다. 이런 부류의 사람은 전통의 실상과 본의를 외면한 채 진부한 형식에 연연해하며 전통적 권위에만 맹종하는 경향이 있다(마 15:3; 막 7:8; 골 2:8).

빌닷은 옛 시대 사람 즉 조상 때부터 내려오는 전통과 관습에 의존해서 욥을 정죄하고 있다. "청하건대 너는 옛 시대 사람에게 물으며 조상들이 터득한 일을 배울지어다. 우리는 어제부터 있었을 뿐이라. 우리는 아는 것이 없으며 세상에 있는 날이 그림자와 같으니라. 그들이 네게 가르쳐 이르지 아니하겠느냐. 그 마음에서 나오는 말을 하지 아니하겠느냐"(욥 8:8-10). 그는 어떠한 지혜도 선조들로부터 배울 수 있다고 한다. 이렇게 전통에 치우쳐서 그는 "하나님이 어찌 정의를 굽게 하시겠으며 전능하신 이가 어찌 공의를 굽게 하시겠는가. 네 자녀들이 주께 죄를 지었으므로 주께서 그들을 그 죄에 버려두셨나니"(욥 8:3-4)라고 정말 무서운 말을 퍼붓는다. 이것은 욥의 자녀들이 한꺼번에 몰살을 당한 것은 하나님 앞에서 크게 잘못한 것이 있기 때문이라는 것이다. 즉 하나님의 공의의 심판이라는 것이다. 빌닷의 입장은 냉엄한 종교적 율법주의자의 그것이라고 할 수 있다.

빌닷도 욥의 고통을 죄의 대가로 보고 있다. "왕골이 진펄이 아닌 데서 크게 자라겠으며 갈대가 물 없는 데서 크게 자라겠느냐. 이런 것은 새 순이 돋아 아직 뜯을 때가 되기 전에 다른 풀보다 일찍이 마르느니라. 하나님을 잊어버리는 자의 길은 다 이와 같고 저속한 자의 희망은 무너지리니"(욥 8:11-13)라고 하며 욥의 신앙을 나무란다. 왕골과 갈대는 못이나 늪지에서 자라는 식물로서 물이 빠지면 며칠 되지 않아 곧 시들어 버리는 덧없는 식물로서 저속한 자를 비유하고 있다. 저속한 자란 '하네프'라고 하는데 이는 '신성을 더럽힌 자 또는 하나님을 모독하며 공경하지 않는 자'를 가리킨다. 욥은 왕골과 갈대와 같이 언제나 변함이 없으신 견고하고 반석과 같으신 하나님을 의지하지 아니하고 물이나 진펄에 비유되는 세상의 헛된 소망이나 의지를 따른 형식적인 신앙인이라는 것이다. 갈대처럼 속이 비었으므로 아직 벨 때가 되기 전에 곧 한창 때 말라버렸다는 것이다. 저속한 자는 허무함과 일시적인 것의 표상인 거미줄 같은 세상 것을 의지함으로 희망이 없다고 한다(욥 8:14). 이어서 그는 저속한 자의 번영과 빠른 쇠퇴를 덩굴 식물의 빠른 성장과 창졸간의 쇠퇴에다 비유하면서 욥의 고난을 인과응보로만 해석하고 있다(욥 8:16-18).

논쟁의 두 번째 차례의 이야기에서도 빌닷은 "악인의 빛은 꺼지고 그의 불꽃은 빛나지 않을 것이요. 그의 장막 안의 빛은 어두워지고 그 위의 등불은 꺼질 것이요"(욥 18:5-6)라고 해서 하나님을 거역하는 그 욥 자신(악인)과 가족(장막)이 불행(불이 꺼짐)해진다고 단언한다. 또한 악인은 사방의 올무, 그물, 얽는 줄, 창애(새덫), 동임 줄, 함정에 빠질 것이며(욥 18:8-10), 온갖 재앙의 밥이 될 것이고(욥 18:11-14), 본인(뿌리 욥 18:16)과 자손(가지 욥 18:16)이 아주 멸하여 흔적조차 없어질 것이고 후세에 두려운 교훈을 남길 것이라고 한다(욥 18:20).

논쟁의 세 번째 차례의 이야기에서도 하나님은 온 우주를 통치하시는 분으로 말하면서도(욥 25:2) 세상에 살며 탐욕에 오염된 사람은 그런 통치의 평화를 알지 못한다는 것이다. 하나님은 그 통치를 아는 빛을 우리에게 주셨는데(욥 25:3), 욥은 그 빛을 꺼뜨렸다는 것이다. 그는 인생을 "벌레 또는 구더기"(욥 25:6)에다 비유하면서 은근히 욥을 벌레 또는 구더기 취급한다. 그러면서 그는 해와 달과 별이 그 빛을 스스로 내는 양 자랑하면 그 순간 하나님은 그 빛을 거두어 가신다고 한다(욥 25:5). 그런데 욥은 왜 하나님 앞에서 그렇게도 자신을 의롭다고 주장하느냐고 나무라는 것이다.

그는 전통과 관습을 내세워 자기주장의 정당성을 고집하지만, 실상은 상상과 가정에 근거를 두고 욥의 문제를 해석한 것이다. "만일"이라는 말을 그는 많이 쓰고 있는데 그것이 그 입장을 잘 대변해 주고 있다. 빌닷은 상상은 풍부했는지 모르나 진실을 알지 못하였고 하나님의 계시에 의해서 문제를 풀려고 하지 않았다. 사람을 판단할 때 그가 행한 일 또는 행하였다고 생각되는 일을 가지고 판단하는 경우 그것은 잘못이다.

(3) 소발의 인물과 그의 입장

소발은 나아마 사람(욥 11:1, 20:1, 42:9)으로, 매우 무뚝뚝한 독단론자요 도덕주의자로서 상대방보다도 자기가 거룩하다고 생각하는 거만한 자요 독선가다. 그리고 세 사람 중에서는 나이가 제일 어리고 단순한 반면 인정이 없는 인물인 것 같다. 그는 자신의 추측과 상식을 가지고 욥을 때려잡으려 한다. 그는 무조건 욥에게 "(너는) 알라"(욥 11:6)는 식으로 공격해 들어간다. 그러면서 그는 욥에게 "하나님께서 너로 하여금 너의 죄를 잊게 하였음을 알라"(욥 11:6)라고 말하면서 함부로 욥을 정죄한다. 또한 "악한 자들은 눈이 어두워서 도망할 곳을 찾지 못하리니 그들의 희망은 숨을 거두는 것이니라"(욥 11:20)고 하여 욥을 눈먼 장님에 비유하였다. 그러므로 그는 눈이 어두워서 도망할 곳을 찾지 못하리라는 것이다.

논쟁의 두 번째 차례의 이야기에서도 동일한 논리를 편다. 악인은 자기의 똥처럼 망할 것이고(욥 20:7), 꿈같이 지나갈 것이요 환상처럼 사라질 것이요(욥 20:8), 기골이 장대하나 결국은 흙에 눕게 된다(욥 20:11)고 주장한다. 악인의 자녀는 불의의 형벌을 물려받게 되며(욥 20:10), 악인은 악을 미워하기는커녕 그 악을 즐겨 자기 속에 간직하면서 그것이 독한 식물이 되어 자신을 괴롭히는 것조차 깨닫지 못하게 된다는 것이다(욥 20:14). 악인은 스스로 행복하려고 애를 쓰나 결국은 자기가 삼킨 재물을 토하게 되고(욥 20:15), 자기 소유를 즐거워 하지 못하게 되며(욥 20:18), 더욱 영생의 복에서 제외된 자가 된다(욥 20:17). 따라서 악인은 회개하지 않으면 하나님의 온갖 징벌을 피치 못한다(욥 20:24-28)는 것이다.

소발의 주장의 일면은 옳지만, 하나님의 진심은 악인을 징벌하는 것이 아니라 그 악인이 회개하고 돌아오기만을 기다리는 것이다.

(4) 욥의 세 친구는 참된 위로자였는가?

욥의 세 친구는 일면 옳은 이야기를 하고 있는 것이 사실이지만, 좋은 위로자라고 할 수는 없었다. 그들은 위로하기 위하여 오기는 왔지만 사랑이 있는 위로자는 못 되었고, 번뇌케 하는 위로자였으며 무익한 돌팔이 의사와 같은 존재였다.

가) 사랑이 없는 위로자

"낙심한 자가 비록 전능자를 경외하기를 저버릴지라도 그의 친구로부터 동정을 받느니라 내 형제들은 개울과 같이 변덕스럽고 그들은 개울의 물살 같이 지나가누나"(욥 6:14-15). 이 말은 경험과 환상을 내세워 욥의 고통은 죄의 대가라고 못을 박는 엘리바스의 정죄에 대하여 욥이 보인 첫 번째 반응인 것이다. "동정을 받는다"는 말은 사랑한다는 말과 같은 뜻이라고 할 수 있는데, 욥을 위로해 주기 위하여 찾아온 세 친구는 달면 삼키고 쓰면 뱉는 그런 성실치 못한 변덕스러운 친구라할 것이다. 그런 친구를 근원이 빈약한 광야의 개울에다 비유한다. 여기서 개울은 팔레스타인에서 흔히 발견되는 '와디'(wadi)를 가리키는 데 비가 오면 갑자기 물이 불어 범람하다가도 비가 그치면 얼마 안가서 깡말라 바닥이 드러나는 시내처럼 그 친구들은 욥을 끝까지 사랑하지 않고 있다는 것이다(욥 6:15-21).

또한 그 친구들은 사막의 신기루 같은 존재들이었다. 이스마엘의 후손으로(창 25:15) 아랍의 대상부족(隊商部族)인 데마 사람들이나 또는 아랍의 주류를 이루고 살면서 황금이나 향료와 같은 상품을 베니게와 여러 지방으로 돌며 교역하는(시 72:10; 겔 27:22) 스바의 행인들이 갈증을 느끼며 사막 길을 가다가 사막의 신기루를 보면 기대에 차서 허둥지둥 다가가지만 결국에는 더 큰 실망을 안겨주는 신기루와 같은 존재가 그의 친구들이라는 것이다(욥 6:18-23). 이들은 하나님을 경외할 줄 모르는 실로 진정한 사랑이 없는 존재들인 것이다. 일시적인 관심은 지속적일 수 없으며 도움도 줄 수가 없을 뿐 아니라 오히려 피곤함과 상처를 더해 줄 뿐이다(욥 6:21). 청하지도 않았는데 찾아와서 피곤함과 상처만을 안겨주는 그의 친구들이야말로 신실치 못하고 성실치 못한 허망한 친구들이라 할 수 있다.

나) 쓸모없는 의원 같은 친구

욥의 세 친구들이 처음 일주야 동안 침묵을 지키고 있을 때는 좋은 친구로 인정이 되었다. 잠잠하고 잠잠한 것이 지혜이거늘 그 친구들은 변론을 일삼고 입술의 변명을 늘어놓으려고 거짓을 꾸며내는 일까지 서슴지 않는 파렴치한들이 된 것이다. 이 친구들을 환자를 위하여 취하여야 할 처방을 전혀 알지 못하는 돌팔이 의사에다 비유하고 있으며(욥 13:4), 하나님의 낯을 좇는 자(욥 13:8) 즉 하나님의 눈치나 살피고 그것에다 비위를 맞추려고 애를 쓰는 아첨꾼에다 비유한다. 그들이 많은 변론을 늘어놓고 방어하는 말을 하지만 쉽게 부서질 토성(土城)(욥 13:12) 같다고 한다. 한 마디로 믿을 수 없는 약 처방도 모르는 엉터리 의사 같은 존재가 그 친구들이라는 것이다.

다) 재난을 주는 위로자

"너희는 다 재난을 주는 위로자들이로구나"(욥 16:2). 위로를 해주기 위하여 왔으면 불쌍히 여기고 감싸주며 위로나 할 것이지 오히려 번뇌케 하는 말로(욥 19:1) 열 번이나(자주 반복해서) 꾸짖고 학대하고 내게 수치가 될 행위를 증명하려드는 가증스러운 친구들이라는 것이다. 그래서 욥의 세 친구하면 우정을 가장하여 고통을 더해 주는 사람을 뜻하게 되었다. 이들은 참 친구가 아니라 양의 가죽을 뒤집어 쓴 위선자들이다. 욥기 21장 34절에서는 궤휼을 일삼는 "헛된 위로자"라 하였으며, 26장 1-4절에서는 힘이 없는 자를 부축해 주는 능력도 되지 못하고(2절), 새로운 시야를 열어주는 지혜가 되지도 못하며(3절), 하나님께로부터 나온 말도 아닌 전혀 도움도 되지 못하는 오히려 침묵보다도 못한 말을 마구 뱉은 나쁜 친구들이라는 것이다.

라) 참된 위로자는 누구인가?

세상의 참 친구는 누구며 참된 위로자를 어디서 찾을 수 있겠는가? 이 세상의 친구들은 거의가 다 위선자요 거짓을 일삼는 자요 궤휼을 일삼는 무익한 의사와 같은 존재들이라 할 수 있다. 오직 참된 위로자가 있다면 다름 아닌 보혜사(comforters) 성령이 있을 뿐이다. 보혜사 즉 '파라클레테'(paraclete)는 슬픔에 잠겨 있는 제자들에게 보내주시겠다고 약속한 '성령'을 가리킨다(요 14:16, 16:7-8). 성령은 우리를 인도 보호하시며 기르시고(양육) 위로(구원)해 주신다. 욥이 친구들을 너무 의지했다는 것 자체가 문제다. 욥의 세 친구는 위로자라기 보다는 서로의 자긍심(pride)을 위해 정의를 내세우면서 싸운 일종의 논객들이라 할 수 있다. 역경 중에 서로 다투거나 싸우는 것은 조금도 도움이 되지 않는다. 또한 대단한 신학적 논리와 전통의 주장도 아픈 사람에게는 전혀 약이 되지 못한다. 그것은 욥의 반응을 보면 알 수 있다.

9. 욥의 정신적 갈등

욥의 세 친구들은 욥을 조문하고 위로하기 위해 왔다고는 하지만, 그 어느 누구도 욥을 진실로 이해하려 하지 않았을 뿐 아니라, 하나님의 성품이나 욥에 대한 그의 섭리도 인정하려 하지 않았다. 친구들의 변론은 욥에게 자아성찰을 할 수 있도록 자극하지 못하였으며, 오히려 자기변호에 대한 정신만을 그의 내면에 일깨워 주었을 뿐이었다. 그 세 친구들은 선한 일들과 진실한 일들을 이야기하기는 했지만, 그들이 하는 말의 모든 내용이 진리는 아니었다. 그들은 경험과 전통과 율법을 근거해서 자신들의 입장과 주장을 내세웠으나, 욥은 그것을 받아들일 수가 없었을 뿐 아니라, 침묵을 지키고 가만히 있을 수가 없었다.

그러므로 욥은 빈정대는 어투로 "너희만 참으로 백성이로구나. 너희가 죽으면 지혜도 죽겠구나"(욥 12:2)라고 친구들을 비꼬고 빈정대면서, 그들이 알고 있는 것 못지않게 자신도 알고 있다는 사실을 말하고 있다. 논쟁과 지식에 관한 한 욥이 그들보다 우위에 있었던 것 같다. 그러나 욥의 경우와 마찬가지로 곤경을 만났을 때 필요한 것은 사람의 논쟁과 시비가 아니라 하나님말씀의 진리요 진정한 위로라 할 수 있다. 욥이 겪어야 했던 고통의 과정을 따라가면서 그의 반응을 살펴보면 신학적 또는 종교적 논쟁이 신앙생활이나 고통의 문제 해결에 도움이 되는지 안 되는지를 알 수 있을 것이다. 그러면 세 친구의 논쟁에 대하여 욥이 어떤 반응을 보였는가를 살피면서 그의 정신적 갈등의 양태를 살펴보겠다.

1) 절망

욥은 참으로 견디기 어려운 손실을 당하면서 첫 번째 보인 반응은 절망이었다. 그가 얼마나 무서운 충격을 받았는가 하는 것은 한동안 말문을 닫고 있었다는 것을 보면 짐작할 수 있다. 너무나 기가 막혀서 말이 나오지가 않았다. 그러나 그는 8일 만에 입을 열고 자기의 난 날 곧 생일을 저주하는 말을 하기 시작한다. 이런 절망에 가득 찬 표현은 욥기 3장 전체에서 찾을 수 있지만, 특히 3장 24-26절에 더욱 잘 묘사되어 있다. "나는 음식 앞에서도 탄식이 나며 내가 앓는 소리는 물이 쏟아지는 소리 같구나. 내가 두려워하는 그것이 내게 임하고 내가 무서워하는 그것이 내 몸에 미쳤구나. 나에게는 평온도 없고 안일도 없고 휴식도 없고 다만 불만만이 있구나."

세상에 태어났다는 사실 자체를 후회하고 가슴 치는 그런 절망을 겪게 되는 것이다. 지금이라도 당장 죽고 싶다는 바람 이상으로 어두운 절망이 또 있겠는가? 7장 16절에서는 "내가 생명을 싫어하고 영원히 살기를 원하지 아니하오니 나를 놓으소서 내 날은 헛 것이니이다"라고 할 정도였다. 또한 10장 18절에서도 "주께서 나를 태에서 나오게 하셨음은 어찌함이니까. 그렇지 아니하셨더라면 내가 기운이 끊어져 아무 눈에도 보이지 아니하였을 것이라"고 어머니의 태에서 태어난 것 자체를 원망하고 절망하며 괴로워한다. 절망은 죽음에 이르는 병이라 할 수 있다.

절망하는 사람은 첫째 희망을 가질 수 없다. 욥은 7장 1-14절에서 희망이 없는 무익한 날들을 한탄하며 자신의 괴로움을 하나님께서 해결해 달라고 호소하는 것을 볼 수 있다. 우선 7장 1-6절을 보면 그는 이 세상에서 살아가는 인생을 "힘든 노동"("전쟁")과 같다고 주장한다. 그런데 여기서 "힘든 노동" 또는 "전쟁"이라는 히브리말 '차바'는 '봉사' 또는 '노동', '수고'로 번역될 수 있는 말이다. 그러므로 그 뒤에 나오는 문맥과 연결해 보면, 땅위에서 살아가는 인생에게는 누구에게든 행하여야할 일 곧 봉사하여야 할 일이 있다는 것이다. 그러나 그 날은 "품꾼의 날"과 같아서 너무나 제한되어 있다. 시간만 제한되어 있는 것이 아니라 인생에게 품꾼이 고용주를 위해 일하듯이 힘든 수고를 하여야 한다는 것이다. 그래서 종이 안식의 밤을 기다리고 품삯을 기다리듯 수고의 종말을 기다리지만, 밤마다 고통으로 안식할 수 없다고 한다(욥 7:4). 게다가 육체적 고통이 극심해서 잠마저 잘 수가 없고 그래서 속히 날이 새기를 기다리고 낮이면 흉한 몰골을 들어내기 싫어 밤이 되기를 기다리며 지루한 나날을 보내지만 실은 그 날들은 베틀의 북처럼 빨리 지나가고 그 빠른 날도 유익하게 보내질 못하고 헛되게 보내니 더욱 괴롭다는 것이다. 정말 존재론적인 절망에 빠져있다 하겠다.

욥기 17장 11-16절에서는 일체의 희망이 끊긴 것을 이렇게 한탄한다. "나의 날이 지나갔고 내 계획, 내 마음의 소원이 다 끊어졌구나. 그들은 밤으로 낮을 삼고 빛 앞에서 어둠이 가깝다 하는구나. 내가 스올이 내 집이 되기를 희망하여 내 침상을 흑암에 펴놓으매 무덤에게 너는 내 아버지라, 구더기에게 너는 내 어머니, 내 자매라 할지라도 나의 희망이 어디 있으며, 나의 희망을 누가 보겠느냐. 우리가 흙 속에서 쉴 때에는 희망이 스올의 문으로 내려갈 뿐이니라." 마음의 사모하는 바가 다 끊어졌으니 무슨 희망이 있으며 무덤은 자기를 품을 것이고 구더기는 지상의 식구보다도 더 가까이 있게 될 것이니 희망이 어디 이겠느냐는 것이다. 삶의 희망이 없음을 말하고 있다.

진정한 희망은 바람과 기대라는 두 요소로 이루어진다. 그런데 이런 희망이 끊어지면 남는 것은 죽음뿐이다. 희망이 없으면 인고(忍苦)도 있을 수 없다. 바이런(Byron)이라는 낭만시인은 "희망"에 대해서 이렇게 말했다.

> 희망이란 풍파 많은 인생에
> 무지개와도 같은 것이다.
> 또한 희망은
> 구름장을 웃음으로 날려 보내고
> 내일을 예언의 날로 색칠해 주는
> 저녁 햇살과도 같은 것이다.

둘째 절망하는 사람은 안식을 누리지 못한다. 욥기 10장 14-22절을 보면, 범죄 하면 주께서는 용서하지 아니하시고(욥 10:14-15), 의로울지라도 계속 증거 하는 자를 환란을 갈아가며 괴롭게 하시고 사자처럼 늘 사냥하신다고 한다(욥 10:16-17). 그것은 욥이 현재의 하나님과 자기 자신의 관계를 바로 파악한 것이다. 자기의 고통의 연고를 이해하지 못하여 괴로와하면서도 자기를 기억하고 평안을 주실 것이라고 확실히 믿고 간절히 기도한다. 특히 돌아오지 못할 땅 곧 어두운 죽음의 땅으로 가기전에 평안을 주실 것이라고 확신한다. 평안을 주시리라고 하는 확신은 있지만 절망하는 욥에게는 현재의 평안과 안식은 없는 것이다. 평안을 간절히 갈구하는 것은 현재 그 평안이 그에게는 없기 때문이다.

2) 분노

욥의 두 번째 반응은 분노를 들 수 있다. 자신에게 일어난 일을 받아들이기를 거부하는 일종의 반항이요 갈등이라 볼 수 있다. 욥기 23장 2절에서 그가 "오늘도 내가 반항 하는 마음과 근심이 있나니 내가 받는 재앙이 탄식보다 무거움이라"고 한 것을 보아 무엇을 잘못했다고 이런 고통을 당하는지 모르겠다는 억울함이 분노로 이어지며 원망으로 솟구쳐 나오는 것을 볼 수 있다. 욥이 알고 있는 하나님은 선하시고 의로운 자를 축복하시고 끝까지 보호해 주시는 참 신실하신 분이었다. 그러나 막상 자기에게 일어난 일을 보니 그런 하나님이 아니라는 마음이 들었다. 어딘가 속은 듯한 감정을 어찌 할 수 없었다. 그래서 그 마음에 분이 일어난 것이다. 욥은 자기가 아주 죄가 없는 사람은 아니지만 패가망신 당하는 천벌을 받아야할 만큼 끔찍한 죄를 지었다고는 생각하지 않았다. 그렇기 때문에 그의 마음에 분노가 사라지지 않았다.

격분하게 되면 힘이 센 자에게도 앞뒤를 가리지 않고 대어들기 일수다. 욥기 9장 17-18절에서는 "그가 폭풍으로 나를 치시고 까닭 없이 내 상처를 깊게 하시며 나를 숨 쉬지 못하게 하시며 괴로움을 내게 채우시는구나"라고 말하며 하나님께 대드는 것을 볼 수 있다. 나아가 하나님과 변론을 벌인다. 그래서 13장 3절에서 "참으로 나는 전능자에게 말씀하려 하며 하나님과 변론하려 하노라" 하였다. 까닭 없이 고통을 당하고 있다는 억울한 생각이 그의 분노를 불러 일으켰고, 그의 분노는 하나님의 낯(얼굴)(히. 파님)을 맞대하여 변론(논쟁)을 벌이는 모험을 감행한다.

또한 그의 분노는 그의 친구들을 무시하고 비방하는 태도를 취하게 만든다. 욥기 13:2 "너희 아는 것을 나도 아노니 너희만 못하지 않으니라"는 욥의 말은 너희 지식이 무엇이며 너희가 나보다 나은 것이 무엇이냐는 하대의 말이다. 사실상 욥은 지혜나 삶에 있어서 그의 세 친구들보다 훨씬 탁월했으며 영적으로 더 성숙되어 있었다. 욥이 그들보다 하나님에 관한 진리도 훨씬 더 많이 깨달아 알고 있었다. 그런데도 그의 친구들은 욥을 어리석고 미숙한 것처럼 신학적인 방법으로 계속 깨달으라고 권고한다. 욥은 이에 대해 분격하면서 너희와는 변론을 벌일 만한 가치도 없으니 "너희는 나의 변론을 들으며 내 입술의 변명을 들어 보라"(욥 13:6)고 하였고, "너희의 격언은 재 같은 속담이요 너희가 방어하는 것은 토성이니라"(욥 13:12)라고 친구들을 비웃고 나무라며 무시해버린다. 친구들이 내세우는 진리란 "재"처럼 무가치하며 공중의 찬바람이 사라져 버리는 것과 같이 헛되다는 것이다. 그들이 논리의 견고하지 못함을 흙으로 쌓아 올려서 만든 "토성"에다 비유하고 있다. 구운 벽돌로 만든 방벽은 매우 견고하지만 토벽은 비만 오면 무너질 만큼 허약하다. 그만큼 그들의 주장의 근거는 허약한 것이라는 뜻이다. 더욱이 욥은 그러니 친구들에게 "너희는 잠잠하라"(욥 13:13)고 그들의 입을 막아버린다.

욥기 16장 1-5절에도 욥은 친구들이 하는 말과 같은 말을 많이 들었으나 그 말은 사람을 번뇌케 하는 허망한 말이니 집어치우라고 머리를 흔든다. 머리를 흔드는 것은 상대방을 조롱하거나 그 행위를 정죄할 때 하는 히브리인들의 관례적 표현 양식이다. 너희들의 말은 무엇엔가 격동당하여 하는 거짓말이라고 비난한다. 내가 만일 너희 자리에 있으면 너희들처럼 행동하지 않고 오히려 위로와 격려로 너희를 일으키는데 힘썼을 것이라고 그들의 잘난체하며 정죄하는 친구들을 무시해버린다. 분노는 이처럼 원망과 시비 그리고 전능하신 하나님께 대드는 일을 하게 만든다.

3) 영적 침체

다음으로는 욥의 세 번째 반응으로서 영적 침체를 들 수 있다. 욥은 하나님이 계시지 않는 것 같은 불안과 공포를 느끼게 되었고, 이제는 아무 것도 할 수 없다는 무력감과 체념에 사로잡히게 된다. 욥기 17장 15-16절에서 욥이 "나의 희망이 어디 있으며 나의 희망을 누가 보겠느냐"라고 한 것을 보면 알 수 있다. 또한 29장 2-3절에서는 욥은 "나는 지난 세월과 하나님이 나를 보호하시던 때가 다시 오기를 원하노라. 그 때에는 그의 등불이 내 머리에 비치었고 내가 그의 빛을 힘입어 암흑에서도 걸어다녔느니라"라고 하였다. 이는 다시 옛날로 돌아가서 행복하게 살아보았으면 하는 간절한 소망을 표현한 것이다.

이런 영적 침체 현상은 우선 욥의 경우 하나님으로부터 버림받고 모든 사람들로부터 소외당했다는 공허감과 고독감에서 온 것이라 할 수 있다. 욥은 "내가 주께 부르짖으나 주께서 대답하지 아니하시오며 내가 섰사오나 주께서 나를 돌아보지 아니하시나이다"(욥 30:20)라 하였다. 여기서 "부르짖으나"라든가 "섰사오나"라는 말은 기도와 기도하는 자세를 말한다. 유대인들은 흔히 서서 기도드리는 것이 보통이었다. 서서 간절히 부르짖는 기도를 드려도 응답이 없어 답답함을 금할 수 없다고 한탄한다. 뿐만 아니라 욥은 그 곁에 있던 아주 가까운 사람들이 점차 그를 버리고 멀리 떠났다고 느꼈다. 심지어 한 몸을 이룬 아내마저 그를 싫어한다고 느꼈다. 욥기 19장 13-19절에 그 느낌이 잘 드러난다. "나의 형제들이 나를 멀리 떠나게 하시니 나를 아는 모든 사람이 내게 낯선 사람이 되었구나. 내 친척은 나를 버렸으며 가까운 친지들은 나를 잊었구나. 내 집에 머물러 사는 자와 내 여종들은 나를 낯선 사람으로 여기니 내가 그들 앞에서 타국 사람이 되었구나. 내가 내 종을 불러도 대답하지 아니하니 내 입으로 그에게 간청하여야 하겠구나. 내 아내도 내 숨결을 싫어하며 내 허리의 자식들도 나를 가련하게 여기는구나. 어린 아이들까지도 나를 업신여기고 내가 일어나면 나를 조롱하는구나. 나의 가까운 친구들이 나를 미워하며 나의 사랑하는 사람들이 돌이켜 나의 원수가 되었구나." 이런 느낌을 13장 24절에서는 "주께서 어찌하여 얼굴을 가리시고 나를 주의 원수로 여기시나이까"라고 표현한 일이 있다. 이처럼 하나님으로부터 버림을 받았을 뿐 아니라 가장 가까운 친구와 친척 및 아내로부터 버림을 받았으며 종들과 어린 아이들까지도 자기를 낯선 사람 즉 타국 사람으로 여겨 조롱한다는 것이다. 이런 외인의식은 모든 것을 낯설게 만들고 새로운 어떤 것을 시도하고자 하는 안전성과 소망을 주지 못한다. 친구와 친척, 아내와 자식, 심지어 하나님 아버지까지도 모두가 낯설고 나와는 상관이 없는 대적처럼 보이게 되는 것이다.

이렇게 영적 침체에 빠진 욥은 인생 자체를 허무하게 느끼게 된다. 욥기 14장 1-12절에서 인생이란 꽃과 같고 물과 같다고 보았다. 따라서 꽃처럼 인생은 쇠잔하기 쉽고 그 날이 짧으며 그것도 괴로움으로 가득 차 있다고 말한다. 성경에서는 흔히 인생을 꽃에다 비유한다(시 90:6, 103:15; 사 28:1, 40:6; 약 1:10-11; 벧전 1:20). 이러한 경우 대부분은 인생의 덧없음과 유한함을 강조하기 위해 쓰인다. 욥의 경우에 있어서 번창했던 지난날은 마치 아침에 피었다가 저녁에 져버리는 꽃과 같이 허망하게 여겨졌을 것이다. 이는 한 마디로 말해서 여호와 하나님의 선하심과 인자하심을 일시적이지만 잊어 버렸을 때 오는 영적 침체 현상 중의 하나였다고 할 수 있다.

10. 욥의 믿음 지키기

욥은 그의 절망과 나락(奈落)의 끝자락에서 영원히 그 심연으로 굴러 떨어지지 아니하고 어떻게 버틸 수 있었으며 마침내는 그 극한상황을 벗어나 하나님의 은총의 자리로 다시 돌아올 수가 있었는가? 물론 긍휼이 풍성하신 하나님께서 그의 자비의 손길을 펴서 쓰러져 죽을 만한 자리에 있는 불쌍한 욥을 건져 주었다고 단정해버리면 할 말이 없다. 그러나 하나님께서도 그의 은총의 손길을 기다리지 않는 자에게는 그의 구원의 손길을 내밀지 않으신다는 것을 알아야 한다. 시편 104편 9절에도 이런 말씀이 있다. "그가 사모하는 영혼에게 만족을 주시며 주린 영혼에게 좋은 것으로 채워주심이로다." "하늘은 스스로 돕는 자를 돕는다"는 옛 고사성어도 있지 않은가? 또한 '구하는 자가 차지하게 되고 두드리는 자가 문을 열게 되며 찾는 자가 얻게 된다는 것' 이 예수께서 우리에게 가르쳐 주시는 하나님의 도움을 받을 수 있는 노하우(비법 know-how)다. 그러면 욥은 어떤 방법으로 그 믿음을 지켜 마침내 하나님의 은총을 끌어 낼 수가 있었는가? 그것을 아는 것이 매우 중요하다.

1) 믿음의 줄을 놓지 않음

욥은 극심한 고통 중에서도 하나님께서는 여전히 두루 살피시고 기적적인 은총을 베풀고 계신다는 믿음의 끈을 놓지 않고 실낱처럼 잡고 있었다(욥 7:8). 욥은 주님께서 그의 아픔의 현장을 두고 멀리 떠나가셨거나 그의 시선을 다른 데로 돌리셨다고 하는 생각을 한 번도 놓은 적이 없었다. 조금은 흔들리긴 했지만, 여전히 하나님께서는 자기를 주목하고 계시며 그의 신음소리를 들으시고 고통의 때를 당겨 풀어주려고 하신다는 사실을 그는 믿고 있었다. 그러므로 욥기 7장 11절 "그런즉 내가 내 입을 금하지 아니하고 내 영혼의 아픔 때문에 말하며 내 마음의 괴로움 때문에 불평하리이다"라고 하였다. 여기 사용된 "불평"한다는 말은 하나님께 그의 아픔 때문에 원망하겠다는 것이 아니라 애절하게 긍휼과 자비를 베풀어 달라고 호소하는 기도를 드리겠다는 뜻이다. 그는 자신이 바다나 용과 같이 강한 존재가 아니고 그지없이 연약하고 매우 측은한 인생임을 고백하며(욥 7:12), 자기를 하나님께서 너무 크게 생각해서 지키시지 말아 달라고 애원한다. 이처럼 욥은 위기의 끝자락에서도 하나님을 부인하거나 저주하는 불신앙의 죄와 절망을 털어 내놓지 않았던 것이다.[54] "내가 생명을 싫어하고 영원히 살기를 원하지 아니하오니 나를 놓으소서. 내 날은 헛 것이니이다. 사람이 무엇이기에 주께서 그를 크게 만드사 그에게 마음을 두시고 아침마다 권징하시며 순간마다 단련하시나이까"(욥 7:16-18). 이렇게 애타게 묻고 부르짖으면서도 하나님이 자기를 크게 여기시고 늘 마음을 쓰시며 순간마다 자기를 지키고 간섭하신다는 사실을 믿었던 것이다. 또한 욥은 친구들과 싸우고 하나님께 대들면서도 믿음의 동아줄만은 놓지 않고 있었다. 욥은 끝까지 일관 되게 여호와 하나님께서 자기에게 크게 마음을 두시고 순간마다 권징하고 단련시켜서 자기를 크게 만들어 주시리라고 하는 은근한 믿음을 가지고 있었던 것이다. 그런 믿음이 그런 날이 올 것이라고 하는 희망을 갖게 하였고, 그 희망이 그로 하여금 그 어려운 처지를 잘 극복하고 참고 이기게 하였던 것이다.

우리는 희망 없이는 살 수 없다. 희망은 산소와 같다. 산소 없이 생존하지 못하는 것과 마찬가지로, 믿는 사람들은 소망 없이 인생의 길을 걸어갈 수가 없다. 보다 나아지리라는 희망이 우리로 하여금 과거를 버리고 현재의 아픔을 딛고 일어서서 미래로 향해 나아가게 하는 것이다. 약속의 하나님을 믿고 붙잡는 욥의 믿음이 희망을 낳게 하였다. 욥은 시련의 벼랑 끝에서 약속의 하나님이 늘 감찰하시며 단련시켜 주신다고 하는 믿음을 내려놓지 않음으로써 미래에 대한 희망을 품을 수가 있었다.

예전에 스페인이 통치하던 지브랄타 해협에는 세 글자로 된 라틴어 표지판이 세워져 있었다고 한다. '네-풀루스-울트라'(Ne-Plus-Ultra=No More Beyond). 이 표지판의 뜻은 더 이상 갈 수 없다는 것이다. 그런데 콜럼버스가 그곳을 넘어 아메리카 신대륙을 발견하였다. 지금까지는 그곳이 끝이라고 생각했지만 그 너머에 신대륙이 기다리고 있었던 것이다. 그곳은 보이지 않았기 때문에 그곳 너머에 또 다른 신세계가 있으리라고 생각할 수가 없었다. 믿음만이 그런 상상과 희망을 갖게 한다. 콜

럼버스가 신대륙을 발견한 이 후 그 표지판에서 '네' (Ne)자를 떼 냈다고 한다. '노 모어 비욘드' (no more beyond)에서 '노' (no)가 없어지자 '모어 비욘드' (more beyond)가 된 것이다. 믿음의 눈으로 바라볼 수가 없었을 때는 그 너머에서 아무것도 볼 수 없었다. 그러나 믿음의 눈으로 현실 그 너머를 바라보았을 때 그 너머에 희망의 무지개가 떠 있다는 것을 알게 되는 것이다.

호랑이에게 물려가도 정신만 차리면 잡혀 먹히지 않는다고 하는 옛말이 있다. 이 옛말에서 알 수 있듯이, 아무리 어려운 일을 당해도 믿고 넋을 놓지 않으면 그 상황에서 벗어날 수가 있다. 믿는 사람이 가장 어려운 시험을 당할 때 믿음의 끈을 놓지 않으면 다시 옛날의 확고한 그 자리를 회복할 수가 있다.

2) 하늘의 중보자를 바라봄

욥기 16장으로 넘어가면서 아직은 정신적 갈등은 그대로 있으나 점진적으로 소망의 불꽃이 타오르기 시작하는 것을 알 수 있다. "지금 나의 증인이 하늘에 계시고 나의 중보자가 높은 데 계시니라. 나의 친구는 나를 조롱하고 내 눈은 하나님을 향하여 눈물을 흘리니 사람과 하나님 사이에와 인자와 그 이웃 사이에 중재하시기를 원하노니" (욥 16:19-21). 여기서 "중보자"라는 말의 히브리어는 '사하드'다. '사하드'는 '증거를 보여주다', '목격자가 되다'의 명사형으로 곧 '증인', '보호자', '변호자' 또는 '옹호자' 라는 뜻이다. 이제 욥은 정신적 갈등의 늪과 음지에서 빠져나와 자신을 보호해주고 변호해 줄 증인 중보자를 바라볼 수 있는 고지와 양지로 다가가고 있음을 보여 준다.

욥기 19장으로 넘어가면 한 걸음 더 구속자에게 가까이 다가가고 있음을 보게 된다. "내가 알기에는 나의 대속자가 살아 계시니 마침내 그가 땅 위에 서실 것이라. 내 가죽이 벗김을 당한 뒤에도 내가 육체 밖에서 하나님을 보리라"(욥 19:25-26). 여기서 '대속자'라는 말의 히브리어는 '고엘'이다. '고엘'은 '되사다' 또는 '도로 찾다'라는 뜻이다. 그러나 "대속자"의 의미를 바로 해득하기 위해서는 구약에서 사용된 그 의미를 살펴보는 것이 좋겠다. 첫째로 피를 보수하는 자를 뜻한다(민 35:19, 21). 보수하는 자란 복수할 수 있는 권리가 주어진(출 21:24-25) 일가와 친척을 말한다. 둘째로 잃어버린 재산을 회복하는 자 또는 그 근친자를 뜻한다(룻 3:12, 4:10). 셋째로 포로 된 이스라엘 민족을 해방시키는 자(사 41:14, 43:10)를 뜻한다. 여호와 하나님은 이스라엘의 구속자시다. 넷째로 다른 자의 죄를 대신지는 자, 희생자(속죄양, 사 53:5, 12)를 뜻한다. 욥기에서 욥이 기다리는 "대속자"는 욥의 입장에서 그의 의, 곧 그의 결백을 변호해주는 자를 뜻한다. 그러므로 내용적으로는 "판결자"(욥 9:33)와 똑같다. "판결자"는 서로 싸우는 양쪽 사이에서 시비곡직을 가려서 서로 화해시키는 자를 말한다. 그러므로 신약에서 말하는 그리스도와 같은 구속자와는 같지가 않다. 그러나 간접적으로는 신약의 그리스도를 지향한 것이라 할 수 있다. 또한 욥은 "육체 밖에서 하나님을 보리라"라고 해서 그는 하나님의 영광스러운 구원을 확실히 믿고 있음을 보여준다. 여기서 "육체 밖에서"라는 말은 이 지상에서의 생명이 끊긴 후라는 뜻이다. 그러므로 희미하지만 욥은 부활의 신앙을 갖고 있었던 것이 틀림없다.

욥은 이 구속자 되신 하나님을 만나고 싶어 얼마나 몸부림을 쳤는지 모른다. 그 염원의 몸부림은 욥기 23장 3-5절에 잘 나타나 있다. "내가 어찌하면 하나님 발견하고 그의 처소에 나아가랴 어찌하면 그 앞에서 내가 호소하며 변론할 말을 입에 채우고 내게 대답하시는 말씀을 내가 알며 내게 이르시는 것을 내가 깨달으랴." 점차 욥은 그의 정신적인 침체의 늪에서 벗어나 밝은 소망의 세계로 다가가고 있는 것이다.

드디어 욥기 28장에 이르면 지혜의 본체이신 하나님을 다시 만나게 된다. 지혜란 그리 찾기가 쉬운 것이 아니다. 지혜란 어떤 보석하고도 바꿀 수 없는 것으로(욥 28:15-19) 가장 깊은 곳(욥 28:14) 가장 은밀한 곳(욥 28:22)에서도 찾을 수 없고 어떤 생물도 깨달을 수가 없는 것이다(욥 28:21). 오직 성령을 통해 우리 시야가 열릴 때 그것을 볼 수 있다(롬 1:19). "주를 경외함이 지혜요 악을 떠남이 명철이니라"(욥 28:28)고 한 것은 바로 그 사실을 말해 주고 있다. 즉 지혜는 지혜의 본체이신 하나님으로부터 오는 것이라는 것을 깨닫게 되는 것이다. 이후 욥은 엘리후를 통하여 더욱 눈이 열리고 따라서 직접 그 눈으로 하나님의 계시를 보게 된다.

욥의 정신적 갈등은 믿음이 없어서 생긴 것이 아니라 자기가 당하는 고통과 슬픔을 견딜 수가 없어서 빠져드는 인간적인 절망이요 분노요 정신적 침체라 할 수 있다. 하나님은 선한 분이라는 믿음 자체를 버린 것은 아니다. 그런 신앙이 있다고 해서 덜 절망하지 않는 것은 아니다. 신앙인도 인간임에는 틀림없다. 끔찍한 일을 당하면 누구나 절망할 수밖에 없다. 그러나 절망의 극에 있다고 해서 하나님의 존재와 성품을 부인해서는 안 된다. 그것이 진실된 믿음이요 인내이다. 역경은 믿음의 사람에게는 우리의 연약함을 깨닫고 하나님을 의지하게 한다. 그러나 믿음의 밧줄을 놓으면 완전한 어둠의 나락으로 떨어지게 된다.

3) 소망 가운데 오래 참음

여기서 말하는 소망은 일반인들의 사사로운 꿈이나 장래의 계획이 아니다. 그것은 고통을 통한 은혜 즉 하나님의 영광스러운 구원을 확실하게 믿는 데서 오는 소망을 말한다. 고통의 한복판에서 욥은 구속자를 바라보게 된다. 그러나 그 소망은 보이는 소망이 아니다. 만일 우리가 보지 못하는 것을 바라면 참음으로 기다려야 한다. 우리의 폐에 산소가 필요한 것처럼 인간에게는 소망이 필요하다고 이미 말한 바 있다. 고통을 통한 은혜를 누리려면 오래 참아야 하고 그 참음은 소망이 없으면 생기질 않는다. 오래 참아 믿음 안에서 승리하려면 시험과 단련을 이겨낼 수 있는 극기 훈련이 필요하다. 욥은 고난 중에 하늘에 계시는 하나님을 바라보았고 그의 구원에 대한 확신을 갖고 오래 참았다.

그래서 사도 야고보는 "보라 인내하는 자를 우리가 복되다 하나니 너희가 욥의 인내를 들었고 주께서 주신 결말을 보았거니와 주는 가장 자비하시고 긍휼히 여기는 이시니라"(약 5:11)고 하였다. 그는 고통을 통하여 하나님의 놀라운 은총을 끄집어냈고 위대한 승리를 거두었다. 위대한 승리는 쓰러지지 않는 것이 아니라 쓰러질 때마다 하늘에다 소망을 두고 다시 일어서는 것이다. 중국의 공자도 "가장 위대한 승리는 쓰러지지 않는 것이 아니라, 쓰러질 때마다 다시 일어나는 것이다"라고 비슷한 말을 하였다. 실패와 고통을 딛고 전진하는 믿음과 소망의 전진을 보장하는 인내와 극기와 용기를 터득하여야 한다. 욥은 아주 참기 힘든 시험과 단련 및 친구들과의 치열한 논쟁을 통하여 다시 일어설 수 있는 극기훈련을 쌓았고 고난을 통하여 욥은 인내함으로써 겸허하게 되었으며, 그의 지적인 교만이 무너지고 깨졌던 것이다. 욥은 고난 중에 흔들리기는 했지만 결코 좌절하여 좌초당한 배처럼 가라앉지는 않았다.

역경을 당하고 있는 사람에게 있어서 필요한 것은 싸움이 아니라 믿음이고 믿음의 소망과 인내요 하나님으로부터 오는 하늘의 지혜인 것이다. 그것을 배우고 깨닫는 과정은 결코 짧거나 간단하지는 않다.

11. 엘리후를 통하여 말씀하시는 하나님

엘리후는 젊은 사람으로서 욥과 세 친구의 논쟁을 계속 듣고 있었지만 예의상 그들의 말에 개입하지 않고 있었다. 친구들은 더 할 말이 없었고, 욥도 자기 할 말을 다 했으므로 엘리후는 마음에 품고 있던 말을 쏟아놓았다. 욥기 가운데 여섯 장(32-37장)이 엘리후의 이야기에 할애되었다. 엘리후가 어떤 경로로 그 자리에 있게 되었는지 우리는 알 수 없다.

그리고 욥과는 어떠한 관계였는지도 확실히 알 수가 없다. 그렇지만 그가 하는 말을 들어보면 욥과 세 친구들이 논쟁을 벌이는 자리에 처음부터 끝까지 함께 있었다는 것을 알 수 있다. 여기서 우리는 엘리후를 통하여 말씀하시는 하나님의 가르치심과 만날 수 있다. 그 가르치심을 통하여 우리는 몇 가지 진리를 배우게 된다. 그 진리를 탐구해 보는 것이 이 장의 목표다. 먼저 엘리후는 어떤 인물인가를 살펴보고 그 다음으로 그가 주장하는 바가 무엇인가를 규명한 후 그를 통하여 말씀하시는 하나님의 교훈을 궁구해 보겠다.

1) 엘리후의 인물과 그의 입장

(1) 엘리후의 인물

엘리후는 부스 사람(욥 32:2, 6; 창 22:21; 렘 25:23)이다. 부스는 아브라함의 조카 부스의 후손들이 살았던 곳으로 여겨지는 북아라비아의 한 지역이다(창 22:21). 그는 바라겔의 아들이라고 소개된다(32:2, 6). '바라겔'은 그리스어로 '하나님이 축복하여 주신다' 는 뜻이고 엘리후는 '그는 나의 하나님이시다' 라는 뜻이다. 이것은 셈의 후손들이 가졌던 여호와 신앙의 뿌리를 보여주고 있지만 고유한 히브리 족속은 아닌 것 같다. 그는 제일 나이가 적으면서도 결코 무례히 행치 않은 예의 바른 젊은이였다(32:6-7). 왜냐하면 그는 사건의 경과를 주의깊게 관찰하면서도 매우 침착하였고 전후좌우를 잘 살폈기 때문이다. 서두르지 않고 조심스럽게 말을 시작하는 그의 모습 속에서 우리는 그의 겸손과 인내와 인격의 성숙성을 찾을 수 있다. 또한 그는 하나님을 경외한 사람(욥 32:18)이었다. 하나님의 말씀이 차고 넘쳐서 터져나올 것 같은 상태를 그는 욥기 32장 19절에서 "보라 내 배는 봉한 포도주통 같고 타지게 된 새 가죽 부대가 같구나"라고 표현하였다. 발효를 목적으로 술을 가죽 부대에 담아 둘 경우 점점 가스가 차서 마침내 가죽 부대가 터져 술이 쏟아져 나올 때처럼 자기 가슴이 터질 것만 같다는 것이다(마 9:17). 특히 엘리후는 "새 가죽 부대"라고 하는 비유로써 자신의 답답하고 욥에 대한 동정으로 가득 찬 뜨거운 마음을 표현하였다. 또한 이로써 그는 선지자적인 사명과(렘 20:9) 진리에 대한 그의 열정도 표현한 것이라고 할 수 있다. 위에서 이미 본 것처럼 그는 하나님을 경외한 지혜로운 사람이요 그 진리를 수호하기 위해서는 사람의 낯(욥 32:21)을 보지 않는 진솔한 사람이었다. 아첨이란 인간의 이기심과 비굴함에서 연유되는 것으로서 적극적으로는 총애를 받기 위해서이고 소극적으로는 해를 피하기 위해서이다. 엘리후는 사람에게 아첨할 줄 모르는 오직 하나님만을 두려워 한 사람이었다.

(2) 엘리후의 자세

욥의 세 친구들은 마치 재판장의 자리에 앉아서 위세당당하게 내려다 보듯이 고압적인 자세로 욥을 대하며 정죄하였다. 그러나 엘리후는 겸허한 자세로 욥을 대하고 있다. "나와 그대가 하나님 앞에서 동일하니 나도 흙으로 지으심을 입었은즉"(욥 33:6)이라고 하는 말을 보면, 욥과 자기는 조금도 다를 것이 없는 연약한 존재라는 것이다. 세 친구들은 욥의 과거를 가지고 그가 당하는 고통을 해석하려고 하였지만, 엘리후는 그렇게 하지 않았다. 그는 욥이 죄를 지었기 때문에 고통을 당한다고 생각지 않았다. 욥이 죄 때문에 고통을 당하고 있는 것이 아니라 고통 때문에 죄를 짓고 있다고 생각하였던 것이다. "그대는 실로 내가 듣는 데서 말하였고 나는 그대의 말소리를 들었느니라 이르기를 나는 깨끗하여 악인이 아니며 순결하고 불의도 없거늘 참으로 하나님이 나에게서 잘못을 찾으시며 자기의 원수로 여기사 내 발을 차꼬에 채우시고 나의 모든 길을 감시하신다 하였느니라"(욥 33:8-11)하였다. 욥은 자기의 결백을 내

세우려고 하다가 하나님을 불의한 자로 몰아붙인 셈이 된 것이다. 그는 욥의 이러한 태도를 옳지 않다고 보았다. 그러나 엘리후는 결코 욥의 죄를 탓하거나 나무라지 않고 겸손하게 성령을 힘입어 욥의 잘못된 자세를 바로 잡고자 하였다.

이 자세는 갈라디아서 6장 1절에서 바울이 말한 "형제들아, 사람이 만일 무슨 범죄한 일이 드러나거든 신령한 너희는 온유한 심령으로 그러한 자를 바로잡고 너 자신을 살펴보아 너도 시험을 받을까 두려워하라"는 말씀과도 일치한다. 형제를 바로 잡고자 하는 일에 있어서, 우월감이나 과시하려고 하는 마음에서 행하여서는 안될 것이다. 또한 우리가 그런 일을 행하지 않았다고 해서 그들과는 질적으로 다른 사람인 것처럼 생각해서도 안되며, 온유한 심령으로 행하되 그들의 범죄로 인하여 자신을 돌아보는 계기가 되어야 할 것이다.

(3) 엘리후의 입장

엘리후는 욥의 세 친구와는 달리 그의 주장의 근거를 하나님에게 두었다. 다시 말하면 하나님의 말씀에 그 기초를 두었다는 말이다. 그래서 그는 32장 9절에서 "어른이라고 지혜롭거나 노인이라고 정의를 깨닫는 것이 아니라"라고 전제한 후, 사람의 속에는 심령이 있고 그 기운이 하나님의 지혜와 총명을 주므로 자기가 연소하나 말하겠다고 나선다. 가장 위대한 지혜는 하나님의 말씀을 소유한 사람에게서 나온다고 그는 믿고 있었다. 그런 의미에서 참된 지혜는 야고보서 3장 17절에서 말하고 있는 바와 같이 위로부터 오는 것이다. "오직 위로부터 난 지혜는 첫째 성결하고, 다음에 화평하고, 관용하고, 양순하며, 긍휼과 선한 열매가 가득하고, 편견과 거짓이 없나니"라 했다.

하나님께서 그의 자녀들을 확실하게 가르치는 데 사용하는 두 가지 다른 방법이 있다. 한 가지는 자연과 역사와 인간을 통하여 간접적으로 가르치는 것이고, 다른 한 가지는 마음 속에서 이루어지는 성령의 직접적인 내적 가르침에 의한 것이다. 욥기 33장 15-16절을 보면 "꿈에나 밤에 환상을 볼 때에" 여호와의 자녀가 침대에서 깊이 잠이 들어 세상에서의 책임과 이해로부터 멀리 떨어지게 될 때, 거룩한 성령은 마음속의 영적 귀를 부드럽게 여시고 그 위에다 여호와께서 인(印)을 치시듯 교훈하신다. 이것은 엘리바스가 욥에게 묘사한 이상(異象)과는 아주 대조를 이루는 성령의 참된 가르침이다. 그 차이는 매우 현저하다. 하나님께서는 영적인 귀를 부드럽게 여시고 '하나님의 가르침'을 잘 받아들이는 마음의 문을 활짝 열도록 역사하신다. 엘리바스가 말한 '이상'은 말로 다 표현할 수 없으리만큼 위협적이고 그에게 공포와 떨림과 전율을 불러일으켰으며 그 몸의 털을 곤두세웠었다. 그러나 엘리후가 본 '환상'은 세미한 음성으로 가르침을 듣게 하셨다. 이런 성령의 조용한 가르침은 하나님에게 순전하고 전적으로 순종하는 마음과 불 앞에서 녹는 초처럼 부드럽게 가르침을 잘 받아들이려 하는[55] 마음속에만 오직 주어지게 된다. 엘리후는 성령의 조용한 가르침에 따라 사람의 눈치를 전혀 보지 않고 말을 하였다.

욥기 32장 21-22절을 보면 엘리후는 결코 사람의 낯을 보거나 사람에게 아첨하지 아니하고 하나님께서 계시해주시는 진리만을 말하고 있음을 알 수 있다. 다른 말로 말하면 엘리후는 성령 하나님만 의지하여 충고를 하고 있다. 욥기 33장 3절 "내 마음의 정직함이 곧 내 말이며 내 입술이 아는 바가 진실을 말하느니라"고 한 것만을 보아도 알 수 있다. 즉 하나님의 사자인 엘리후는 할 말이 가득했다. 연장자들은 '말할 것'을 무척 애를 써서 찾아내려 했지만, 엘리후의 경우에는 그렇지가 않았다. 그의 안에 있는 속 심령이 쏟아내고 부어 주는 대로 메시지를 전달하기만 하면 되었던 것이다.

엘리후가 말하는 지혜는 하나님께로부터 오는 영감에 의한 지식 즉 영적인 직관인 것이다. 그러므로 그는 권위 있게 지혜 있는 자나(욥

34:4), 또는 총명이 있는 자는(욥 34:16) 자기의 말에 귀를 기울이고 청종하라고 한다. 하나님께서 주시는 능력을 좇아 행하는 것이 얼마나 중요한 것인가를 보여주고 있는 대목이라 하겠다.

2) 엘리후의 주장

엘리후가 주장하는 내용은 욥기 32장 2-3절에 요약되어 있다. "람 종족 부스 사람 바라겔의 아들 엘리후가 화를 내니 그가 욥에게 화를 냄은 욥이 하나님보다 자기가 의롭다 함이요 또 세 친구에게 화를 냄은 그들이 능히 대답하지 못하면서 욥을 정죄함이라." 여기서 '화를 낸다' 는 것은 문자 그대로 '화가 타 오른다' 라는 뜻이다. 그러면 엘리후는 왜 화를 내게 되었는가? 첫째로는 욥이 하나님보다 자기가 의롭다 주장하기 때문이었고, 둘째로는 그러한 모독적이고 불경건한 욥을 세 친구들이 회개하도록 설득시키지 못했기 때문이었다. 욥기 33장으로부터 37장까지에 엘리후는 네 번에 걸쳐서 하는 좀 '맥이 빠지지만'[56] 진솔한 충고들이 들어 있다. 이 충고형식의 첫째 설교는 33장, 둘째 설교는 34장, 셋째 설교는 35장, 넷째 설교는 36-37장에 나온다.

간단히 말해서, 엘리후는 자기의 의와 정직함을 주장하는 욥을 향하여 그보다 더 높으시고 거룩하신 하나님의 위대함과 선하심과 인자하심을 일깨워주려고 한 것이다. 그러므로 엘리후가 주로 내세우는 것은 사람 곧 자기가 아니라 하나님이시다. 그래서 엘리후는 따분하고 지루하다고 느낄 정도로 하나님이 어떤 분이신가를 성실하게 설명해 주고 있다. 엘리후가 말하는 하나님은 영원히 스스로 존재하시고(자존자), 크시며, 긍휼하시며, 공의로우시며, 심판하시는 전능하신 분이시다.

(1) 영원 자존하신 하나님

"하나님의 영이 나를 지으셨고 전능자의 기운이 나를 살리시느니라" (욥 33:4). 이 짧은 한 절 속에 많은 하나님의 속성이 나타나 있다. 우선 하나님은 인격을 가지신 영이시라는 것을 알 수 있다. 하나님은 생각하시고 느끼시고, 말씀하신다. 그러므로 자기가 만드신 피조물들과 직접적인 교제를 하실 수가 있으시다. 영으로서 하나님은 인간에게 해당되는 한계성이 해당되지 않는다.

세상에는 눈으로 볼 수 있는 것도 있지만, 눈으로 볼 수 없는 것도 있다. 본질적으로 눈에 보이는 것보다는 눈에 보이지 않는 것이 더 중요하고, 가치 있고, 아름답고 고결하다. 사람의 경우 눈에 보이는 것은 육체적 형상이다. 그러나 인간에게는 보이지는 않는 영혼이 있다는 것을 아무도 부인할 수 없을 것이다. 그리고 사실상 육체보다 더 귀한 것은 생명이요 영혼이다.

하나님도 영이시므로 우리 눈으로 볼 수가 없다. 보통 사람들은 그들이 볼 수 없고, 만질 수도 없으며, 느낄 수도 없는 그 어떤 것을 믿기란 참으로 어렵다 아니 할 수 없다(고전 2:14). 하나님을 영(요한 4:24)으로 믿지 아니하고 모양과 색깔을 가진 존재로 믿는 사람이 있다면 어리석은 사람이라 할 수 있다(시 14:1).

또한 하나님은 영이시기 때문에 시간과 공간을 초월할 뿐 아니라 영원불변하시는 "영원 자존자"(출 3:14)라 할 수가 있다. 시공을 초월한 존재로 하나님을 믿지 않기 때문에 우리를 지으신(욥 35:10) 자로 믿지 못할 뿐 아니라 지금도 살아계셔서 인생사와 역사를 주관하며 무엇이나 할 수 있는 능력자며 어디나 계실 수 있는 무소부재자로 믿지 못한다. 하나님은 인간과 같이 외부의 어떤 것에 그의 존재를 의존하지 않는 영원 자존자다. 다른 모든 것은 과거와 장래에 속하지만, 하나님은 언제나 지금 '계시는 이' 곧 영원부터 계시는 절대적 독립 자존자이시다. 엘리후가 소개하는 하나님은 우선 이런 하나님이었다.

(2) 크신 하나님

"내가 네게 대답하리라. 이 말에 네가 의롭지 못하니 하나님은 사람보다 크심이니라. 하나님께서 사람의 말에 대답하지 않으신다 하여 어찌 하나님과 논쟁하겠느냐"(욥 33:12-13). 이 주장은 하나님은 사람보다 크시고 위대하시기 때문에 무슨 일을 하던지 간에 인간에게 일일이 설명하시는 분이 아니라는 것이다. 하나님께서는 "헤아릴 수 없는 큰 일을 행하시느니라"(욥 37:5). 우리는 그분의 뜻과 행하심을 측량할 수 없다. 사람이 보기에는 무언가 잘못하시는 것 같고 불합리한 것처럼 보여도 하나님은 그런 분이 아니시라는 것을 강력히 주장한다.

또한 하나님은 크시고 지존하신 분이시라는 것이다. "하나님은 그의 권능으로 높이 계시나니 누가 그같이 교훈을 베풀겠느냐. 누가 그를 위하여 그의 길을 정하였느냐 누가 말하기를 주께서 불의를 행하셨나이다 할 수 있으랴"(욥 36:22-23). 하나님은 그의 권능에서 높으시고 지존하시며 크시다는 것이다. 이 세상의 어느 누구도 그를 위하여 그의 길과 뜻을 정해줄 자가 없고 그만큼 우리 인간들에게 유익한 교훈을 줄 수 있는 사람이 없다는 것이다. 그러므로 그가 하시는 일을 보고 옳지 않다고 따지는 것은 악한 행실이라 한다. 그러므로 그의 의를 의심하거나 옳지 않다고 대들어서도 안 된다는 것이다.

(3) 긍휼하신 하나님

"하나님이 그 사람을 불쌍히 여기사 그를 건져서 구덩이에 내려가지 않게 하라. 내가 대속물을 얻었다 하시리라"(욥 33:24). 여기서 "구덩이"는 히브리어로 "솨하트"라고 하는데 그것은 사냥꾼이 동물을 잡기 위하

여 땅 속에 판 함정(겔 19:4-8)을 뜻한다. 하나님은 긍휼하시므로 지금
참을 수 없는 고통을 주시지만 자기가 사랑하는 사람은 연단을 시킨 후
에는 바로 이 구덩이에서 건져주신다고 한다(33:28). 하나님께서 "은혜
를 베푸사"(욥 33:26) 깊은 죄악의 구덩이에서 건져주시는 것이 구원이
다. 그러니 그런 구원을 바라며 떠들지 말고 계속 쟁변하지 말고 잠잠할
것이며(욥 33:31, 33), 지혜로 가르치는 자기의 말에 귀를 기울이라는 것
이다(욥 33:31, 33). 그 은혜(긍휼)는 기도 없이는 불가능하다는 것도 말
한다(욥 33:26).

긍휼하신 하나님은 다른 말로는 사랑의 하나님이라는 뜻이다. 하나님
은 사랑이시며 사랑의 근원이시다(요일 4:7, 11). 하나님의 사랑은 미치
지 아니한 곳이 없다. 하나님은 특히 인간들을 사랑하기 때문에 "사람의
길을 주목하시며 사람의 모든 걸음을 감찰하신다"(욥 34:21). 이런 하나
님이시므로 결코 욥의 의를 모른 체 하시지는 않을 것이라고 엘리후는
말하는 것이다.

(4) 공의로운 하나님

"그러므로 너희 총명한 자들아 내 말을 들으라. 하나님은 악을 행하지
아니하시며 전능자는 결코 불의를 행하지 아니하시고, 사람의 행위를
따라 갚으사 각각 그의 행위대로 받게 하시나니 진실로 하나님은 악을
행치 아니하시며 전능자는 공의를 굽히지 아니하시느니라"(욥 34:10-
12). 하나님은 사람을 사랑하시지만 공의를 굽히시면서까지 사랑하시진
않으신다는 것이다. 그러므로 하나님은 행위대로 보응하신다. 그것은
수확의 원리요 윤리의 원칙이라 하겠다.

한 마디로 말해서 하나님의 공의는 심판과 판단으로 나타난다고 할
수 있다. 참으로 하나님의 판단은 인간의 판단과는 전혀 다르다. 그것은
진리의 판단이요, 의로우신 판단이다. 하나님의 판단은 결코 "외모"(욥

34:19)로 대하시지 아니하시는 공의로운 판단이다. 하나님의 공의는 선행에 상주시는 것으로 나타나는 동시에 죄를 벌하시는 것으로도 나타난다.

"그는 사람의 길을 주목하시며 사람의 모든 걸음을 감찰하시나니 행악자는 숨을 만한 흑암이나 사망의 그늘이 없느니라. 하나님은 사람을 심판하시기에 오래 생각하실 것이 없으시니 세력 있는 자를 조사할 것 없이 꺾으시고 다른 사람을 세워 그를 대신하게 하시느니라"(욥 34:21-24). 하나님은 세심하게 사람의 길을 주목하여 보시며 그 길을 감찰하신다. 그리고 그 행위대로 심판하신다는 것이다. 그래서 36장 6-16절에서는 하나님은 지혜로 천지만물을 지으셨을 뿐 아니라 그의 뜻대로 관리하시고 악인은 잠시 버려두지만 결국에는 파멸시키고 만다는 것이다.

결코 하나님께서는 뇌물을 받고 자신의 공의로운 재판을 굽게 하거나 가난한 자나 불쌍한 자의 재판을 억울하게 하도록 내버려 두시지 않으신다. 공의로우신 하나님께서는 인간의 성품과 행동 하나하나를 유념하시고 세심하게 감찰하셨다가 마지막 날에 공의로 심판하실 것이라고 한다.

(5) 전능하신 하나님

"하나님은 능하시나 아무도 멸시하지 아니하시며 그의 지혜가 무궁하사 악인을 살려 두지 아니하시며 . . . ."(욥 36:5-6). 하나님은 전지전능하시므로 땅의 기초를 놓으시고 모든 아름다운 것들과 이슬과 물방울을 내셨으며 하늘을 휘장과 같이 치셨다. 이와 같이 하나님은 전능하신 분이시지만 세상적으로 볼 때 아무리 비천한 사람이라 할지라도 멸시치 않으시며, 그 권능이 뛰어나신 분이시므로 악인을 살려 두지 않으신다는 것이다. 하나님께서는 인간 자체가 연약한 존재며 티끌과 같다는 것을 잊지 않고 계신다. 그리고 그들이 고통을 받게 되면 하나님께서는 그로 말미암아 괴로워하신다. 하나님께서는 사랑하시는 자로부터 눈을 돌이키지 아니하시고 그들을 왕과 함께 영원한 보좌에 앉게 하사 존귀하게 하신다(욥 36:7).

하나님은 영원자존자요 크시고 높으신 지존자(至尊者)시며, 긍휼이 많으시고 사랑의 주인이시만, 공의로우시며, 전능하신 심판주가 되신다는 것이다. 그러므로 엘리후는 하나님을 떠나 범죄 하지 말라고 "그들에게" 말하였다(욥 34:27-37). 27절에서 말한 "그들"은 악인을 가리킨다. 악인들은 하나님의 길에서 벗어나 전혀 그와는 무관한 것처럼 행동하며 살아가는데, 마치 욥이 그러하다는 것이다. 욥을 은근히 비틀어 꼬집는 말이다. 욥의 고통은 결코 죄의 대가가 아니라 하나님의 사랑의 징계(욥 36:17-21)이므로 "그대는 분노하지 않도록 조심하며 많은 뇌물이 그대를 그릇된 길로 가게 할까 조심하라"(욥 36:18)고 경고하는 동시에 오히려 고난 중에도 참고 견디며 하나님만을 늘 의존하고 밤중에라도 노래하라고 한다(욥 35:1011). 또한 하나님을 높이고, 그를 항상 경외하며(욥 37:1-24), 헛되이 입을 열어 지식 없는 말을 하는 잘못을 범하지 말라고 권고한다(욥 35:12-16).

2) 엘리후를 통한 하나님의 가르치심

엘리후는 폭풍 속에서 울리는 "하나님의 음성 곧 그 입에서 나오는 소리를 들으라"(욥 37:2)라고 떨리는 마음으로 욥에게 권고한다. 또한 욥기 37장 14절에서는 "욥이여 이것을 듣고 가만히 서서 하나님의 오묘한 일을 깨달으라"고도 하였다. 엘리후는 하나님의 말씀을 다만 떨림으로 받아 전달하는 사자 또는 '해석자'(욥 33:23)의 역할을 할 뿐이다. 여기서 말하는 해석자는 하나님께서 보내신 대사를 가리킨다. 그는 하나님과 어떻게 사귀어야 할지를 아는 사람이며 하나님의 메시지를 전달하도록 하나님에 의해 선택된 자이고 하나님의 이름으로 권위 있게 말할 수 있는 자였다. 엘리후는 그의 네 번에 걸친 설교(해석)를 통하여 하나님께서 보여주시는 진리와 가르침을 욥에게 진지하게 설파하고 있다.

첫째 가르침은 하나님은 의로우면서도 긍휼하신 분이라는 것이다. 하나님은 사람과 달라서 잘못된 판단을 내리실 수 없는 분이시다. 하나님은 그의 영원한 섭리 속에서 비록 욥의 시험을 허락하기는 했지만 그의 고통을 즐거워하면서 보좌 위에 손을 놓고 가만히 앉아계시는 폭군과 같은 그런 존재는 아니시라는 것이었다. 하나님은 어떠한 경우에도 정의를 굽히시지는 않지만 그를 믿는 사람들에게는 넘치는 긍휼을 베푸시는 분이시라는 것이다. 그래서 야고보 사도는 "사람이 시험을 받을 때에 내가 하나님께 시험을 받는다 하지 말지니 하나님은 악에게 시험을 받지도 아니하시고 친히 아무도 시험하지 아니하시느니라"(약 1:13)고 하였다. 하나님은 친히 아무도 시험하시지도 않으시며 사람이 고통당하는 것을 보면서 기뻐하시는 분도 아니시라는 것을 알아야 굳게 설 수 있고 인내할 수 있다. 인내할 때 비로소 의의 열매는 맺힐 수 있다는 것이다. 한 가지 분명한 사실은 하나님은 절대 악을 행하지 않으신다는 것이다. 욥기 34장 12절에서 그것을 확인할 수 있다. "진실로 하나님은 악을 행하지 아니하시며 전능자는 공의를 굽히지 아니하시느니라". 여기서 우리가 꼭 배워야할 것이 있다. 즉 우리는 신앙생활을 잘 하다가도 이해할 수 없는 어떤 고통이 찾아오거나 좋지 않은 일을 만나게 되면, 욥과 같이 하나님을 향해 잘못된 태도를 보일 때가 있다는 것이다. 아우구스티누스는 『하나님의 도성』이라는 책에서 참 의미 깊은 말을 하였다. "고통은 동일하나 고통당하는 사람은 동일하지 않다. 악한 사람은 똑같은 고통을 당하면서도 하나님을 비방하고 모독하지만 선한 사람은 고통 속에서도 하나님을 찾으며 하나님을 찬양한다. 모든 사람이 무슨 고통을 당하느냐가 문제가 되는 것이 아니라 어떻게 당하느냐가 문제이다. 똑같은 미풍이 불어오지만 오물은 더러운 냄새를 풍기고 거룩한 기름은 향기로운 냄새를 풍긴다."[57] 중요한 것은 고통을 대하는 사람의 태도라는 것이다.

두 번째 가르침은 우리가 가장 경계하여야 할 죄는 교만이라는 것이다. 욥이 당하는 고통은 죄의 대가가 아니라 그의 교만한 태도에 잘못이 있다는 것을 알고 겸손을 배우지 않으면 안 된다고 하였다. 사실 욥은 자신을 변호하고자 하나님을 애타게 찾았으나, 그의 마음의 교만이 하나님을 가까이 오시지 못하도록 저지한 셈이다. 분명히 엘리후는 다음의 말 속에서 욥의 이런 교만을 의식하고 그것을 지적한 것이라 할 수 있다. "사람은 학대가 많으므로 부르짖으며, 군주들의 힘에 눌려 소리치나, 나를 지으신 하나님은 어디 계시냐고 하며 밤에 노래를 주시는 자가 어디 계시냐고 말하는 자가 없구나. 땅의 짐승들보다도 우리를 더욱 가르치시고 하늘의 새들보다도 우리를 더욱 지혜롭게 하시는 이가 어디 계시냐고 말하는 이도 없구나. 그들이 악인의 교만으로 말미암아 거기에서 부르짖으나 대답하는 자가 없음은 헛된 것은 하나님이 결코 듣지 아니하시며 전능자가 돌아보지 아니하심이라" (욥 35:9-13). 엘리후에 따르면 욥이 하나님께 부르짖어도 하나님은 대답지 아니하신다고 탄식하는데, 그것은 그가 교만하기 때문이라는 것이다. 여기의 "그들" 이란 "악인" 을 의미하고, 그것은 암암리에 욥을 가리키고 있는 것 같다. 이처럼 엘리후에게 있어 욥의 근본 문제는 그의 교만에 있었다. 그러므로 더 겸손해지지 않으면 구원받지 못한다는 것이다. 욥이 자기를 하나님보다 의롭다고 생각하는 것이 교만이라고 엘리후는 생각하고 있었다. 하나님은 사람의 마음을 살피시다가 그 마음의 중심과 동기가 올바른 사람을 발견하시면 그들을 위해 일을 하기 시작하신다. 만일 욥이 계속 하나님에 대한 자신의 그 교만한 태도를 바꾸지 않는다면 그는 그 곤욕에서 풀릴 수 없다는 것이다.

셋째로 엘리후에 따르면, 고통은 고통 그 자체에 뜻이 있다는 것이다. 그 구체적인 뜻은 단련이요 정화다. "하나님은 곤고한 자를 그 곤고에서 구원하시며 학대당할 즈음에 그의 귀를 여시나니 그러므로 하나님이 그대를 환난에서 이끌어 내사 좁지 않고 넉넉한 곳으로 옮기려 하셨은즉 무릇 그대의 상에는 기름진 것이 놓이리라" (욥 36:15-16). 여기서 그들의 귀를 학대를 통해서 여신다고 하였는데, '학대' 란 '고난, 핍박, 박해'

란 뜻이다. 결국 학대라는 말도 고난과 동일한 뜻으로 사용된 셈이다. 그런데 고통은 인간을 단련시키며 정화시키는 원동력이 된다는 것이다. 이사야 48장 10절 "보라 내가 너를 연단하였으나 은처럼 하지 아니하고 너를 고난의 풀무에서 택하였노라"는 말씀과 일치한다. 인간의 원죄는 교만에 있고, 그 교만은 인생의 고난과 고뇌를 통해 깨뜨려지고 겸허해진다. 그때 비로소 구원이 이루어진다는 것이다. 고난은 풀무와 같아서 사람을 단련시키고 정화시킨다고 보았다. 여호와 하나님의 도우심으로 이집트에서 구출된 히브리 민족이 왜 40년 동안 광야를 방황하지 않으면 안 되었던가? 이집트에서 이스라엘이 구출된 것은 하나님이 택하신 선민이었기 때문이다. 그러나 그들이 하나님의 은혜로 선택되었다는 것만으로는, 아직 젖과 꿀이 흐르는 가나안 복지에 들어가 그것을 기업으로 누릴 자격이 없다. 광야를 방황하던 히브리 민족이 쉽사리 가나안 땅에 들어가지 못한 것은 다른 이유도 있지만, 그것은 신앙적 입장에서 볼 때 그들은 선민으로서의 훈련을 받지 않으면 안 되었기 때문이다(신 8:4-7; 4:35-36). 엘리후에 따르면 고통은 선민의 단련과 정화의 한 방법인 것이다. "이는 사람에게 그의 행실을 버리게 하려 하심이며 사람의 교만을 막으려 하심이라. 그는 사람의 혼을 구덩이에 빠지지 않게 하시며 그 생명을 칼에 맞아 멸망하지 않게 하시느니라"(욥 33:17-18). 하나님께서는 우리의 교만을 막으시고 우리 영혼이 멸망치 않게 하시려고 고통을 예방의 수단으로 사용하신다는 것이다.

넷째 하나님의 가르침은 고통은 하나님과의 대화의 한 수단이 된다는 것이다. 하나님은 긍휼하신 분이시기 때문에 고통당하는 자에게 특별히 가까이 찾아오신다. 특별히 그와 교제를 나누기를 원하시고 특별히 대화를 나누고 싶어 하신다. 이 사실을 엘리후는 욥기 33장 14절에서 이렇게 표현하였다. "하나님은 한 번 말씀하시고 다시 말씀하시되 사람은 관심이 없도다." 고통을 당하는 사람은 비록 하나님을 찾지 않아도 하나님은 고통당하는 사람에게 거듭거듭 찾아오신다는 것이다. 하나님은 지속적으로 찾아와서 그 교만이 부서질 때까지 깨우침을 주신다. "혹시 그들이 족쇄에 매이거나 환난의 줄에 얽혔으면 그들의 소행과 악행과 자신들의 교만한 행위를 알게 하시고"(욥 36:8-9)라고 한 것이나 "그들의 귀를 열어 교훈을 듣게 하시며 명하여 죄악에서 돌이키게 하시나니"(욥 36:10)라고 한 것은 모두 고통당하는 자를 하나님께서는 찾아와 깨달음을 주시고 그 죄악에서 돌이키도록 하신다는 것이다.

결론적으로 엘리후가 주장하는 진리는 하나님을 경외하며 사는(욥 36:26) 지혜를 얻으라는 것이다. "전능자를 우리가 찾을 수 없나니 그는 권능이 지극히 크사 정의나 무한한 공의를 굽히지 아니하심이니라. 그러므로 사람들은 그를 경외하고 그는 스스로 지혜롭다 하는 모든 자를 무시하시느니라"(욥 37:23-24). 전능자를 쉽사리 측량하려고 해서는 안 된다. 하나님의 섭리는 무궁하고 광대하기 때문에 사람으로서는 판단하여 시비를 가릴 수가 없다. 그러므로 그 섭리에 복종하여 인내하는 겸손한 자세로 돌아설 때 그 고통의 함정에서 벗어날 수 있다고 한다.

12. 계시를 통하여 찾아오시는 하나님

고통의 현장을 찾아오실 때 하나님께서는 계시라는 수단을 이용하셨다. 우리는 하나님이 어떤 분이시라는 것은 알 수 없다. 그러나 하나님이 어떤 분이시라는 것을 전혀 알 수 없는 것은 아니다. 하나님의 이러한 존재의 신비에 관한 성찰은 우리 자신의 지식과 결단에 의해서 시작되는 것이 아니라 모든 사람에게 자기 자신을 드러내 보이려고 하는 하나님의 결단과 선포에 의해 이루어지는 것이다. 그것을 신학적인 용어로 '계시'라고 한다. 이런 의미에서 먼저 계시의 개념과 그 종류에 대해서 개괄하는 것이 우리를 찾아오시는 하나님을 이해하고 그분과 만나는 데 있어서 도움이 될 것으로 사려 된다.

'계시'는 히브리어로 '아포칼립시스'라 하는데, 그 뜻은 '숨겨진 것'

또는' 가리워진 것'을 '벗겨 보여 주는 것' 이다. 이 말은 성경에서 여러 용도로 쓰이고 있다. 첫째는 '비추다' (un- covering, 눅 2:32), 둘째는 커튼을 젖히면 뒤에 있는 것이 나타나는 것 같이 '나타난다' (롬 2:5; 행 1:7; 벧전 1:7, 13; 롬 8:19), 셋째는 '깨닫게 한다' (엡 1:17; 갈 1:12)는 뜻으로 보통 사용된다.

이 계시를 크게 분류하면 객관적 계시와 주관적 계시로 나뉘게 된다. 객관적 계시는 일반계시(자연계시), 특별계시(초자연적 계시), 인격계시로 세분된다. 이 객관적 계시를 좀 더 세분해서 설명해 보겠다. 객관적 계시 중 일반계시란 어떤 것인가? 그것은 하나님께서 자연(시 19:1; 롬 1:20)을 통해서, 인간의 역사(행 17:23-29)를 통해서, 그리고 인간의 마음(빌 2:13; 잠 4:23)을 통해서 역사하는 것을 말한다. 특별계시란 구약시대에는 주로 꿈과 환상, 음성과 제비뽑기, 이적과 기사 또는 선지자를 통해서 계시되었다. 그러나 신약시대에 와서는 주로 말씀을 통해서 계시되었는데, 말씀에는 네 가지가 있다. 첫째는 살아있는 인격적 말씀(예수 그리스도), 둘째는 기록된 말씀(성경), 셋째는 기록되지 않은 말씀(성령), 넷째는 선포되고 있는 말씀(설교)이 그것이다. 인격계시는 성령의 조명을 통해서 계시하는 것을 말한다(마 11:26-27; 요 14:26; 요일 2:20, 27).

다음으로는 주관적 계시에 대해서 생각해 보겠다. 주관적 계시란 하나님께서 개개인에게 주관적으로 원하시는 뜻을 말하는 것을 의미한다. 이것은 숨겨져 있고 은밀하기 때문에 신앙인 자신이 스스로 찾아야 한다. 그 방법은 무엇인가? 첫째 성경 계시에 의존하고(시 119:105; 요 16:13), 둘째 자연계시와 병행하며(시 19:1-5; 마 24:20), 셋째 신앙 경험과 지식을 참고하야 하고(전 1:1-5), 넷째 신앙 지도자와 상담하며(삼상 9:6; 행 8:31), 다섯째 양심의 소리에 청종해야 하고(벧전 3:21; 딤전 1:19), 여섯째 순종의 자세를 가져야 한다(요 7:17).

욥기를 보면 하나님은 욥기 32장 이후에서 자기의 모습과 뜻을 커튼을 걷고 보여주듯이 드러내 보이시기 시작한다. 욥기 37장 2-5절을 보면 하나님은 "하나님의 음성 곧 그 입에서 나오는 소리", "그 소리를 천하에 펼치시며", 번갯불과 천둥을 가지고 "만민을 심판"(욥 36:31)하시는 여호와시라고 엘리후는 욥에게 설명한다. 욥기 36장 33절에서 "그의 우레가 다가오는 풍우를 알려주니"라고 말한 바와 같이, 하나님께서 자기를 직접 나타내시는 계시의 전조가 되는 우뢰와 번갯불이 하나님의 보좌 주위에 퍼져나갔다(욥 36: 29-30). 하나님의 두 손은 번갯불로 휩싸였고, 하나님으로부터 나타나는 번쩍거리는 번갯불은 "과녁을 치시도다"(36:32)라고 하였다. 하나님의 손으로부터 발하는 번쩍이는 번갯불은 땅 끝까지 이르고 하나님의 장엄한 음성은 위엄이 가득한 소리를 낸다(욥 37:2-5). 하나님은 눈을 명하여 땅에 내리게 하고(욥 37:6), 그의 기운으로 얼음을 얼게 하시며 물의 넓이를 줄어들게 하신다(욥 37:10). 하나님께서는 방향을 바꾸어 가며 번갯불을 인도하시기도 하고(욥 37:11-12), 구름을 내사 징벌하시기도 하며, 그것으로 긍휼을 베풀기도 하시고(욥 37:13), 남풍으로 땅을 고요하게 하기도하시며, 부어 만든 거울 같은 하늘을 펴기도 하신다(욥 37:17)고 엘리후는 자연 계시의 전조적 현상을 이야기 한다. 이렇게 하나님께서는 그의 위엄과 능력과 지혜 및 그의 의와 광휘(光輝)로운 뜻을 자연을 통하여 펼치신다는 것이다. 이것을 자연 계시라고 한다. 지금 우리 인간은 타락으로 인해서 우리의 눈에 비늘 같은 것이 씌워져 이런 자연 현상을 보면서도 그 뜻을 읽을 수가 없게 되었다. 그러나 하나님께서는 우리의 귀가 뚫리고 눈이 열릴 때까지(시 119:18) 찾아와 거듭 거듭 말씀하시며, 그 기이한 진리의 세계를 열어 보여 주신다. 이처럼 폭풍 가운데서 욥을 찾아와 부르시는 분은 여호와 하나님이시다.

1) 폭풍 가운데서 부르시는 하나님

엘리후가 욥이 당하는 고통의 문제를 놓고 한참 이야기를 하고 있을

"그때에"(욥 38:1) 갑자기 폭풍 가운데서 하나님이 나타나셨다. 하나님이 갑자기 임재하시니 엘리후도 욥도 거기에 있던 모두가 놀라지 않을 수 없었다. 욥은 이루 말할 수 없는 고통의 한복판에 있을 때 그렇게도 발견하기를 소원했던(욥 23:3) 여호와 하나님의 음성을 이렇게 듣게 되었다. 바로 이 순간이 욥의 그 소원이 이루어지는 감격적인 순간이었다. 폭풍은 검은 먹구름에다가 번개와 뇌성이 수반되는 자연 현상이다. 구약시대에 보면 하나님이 이스라엘 백성을 찾아오실 때 폭풍 구름 가운데서 나타나시는 경우가 여러 번 있었다. 특별히 시내 산에서 하나님은 구름 가운데 나타나셨다. 그것은 하나님의 임재를 사람들에게 보여주는 동시에 사람들이 보아서는 안 되는 하나님의 영광스러운 모습을 가려주는 역할도 된다.

하나님은 사람의 눈으로 볼 수 없는 존재이다. 직접 눈으로 그 찬란한 하나님의 영광의 빛을 보면 죽게 된다. 이러한 사람의 연약성을 알고 계시고 또한 그 연약함을 염려하시는 하나님께서는 그 모습을 구름으로 가리시고 매우 조심스럽게 구름 가운데 임하시는 것이다. 욥에게 나타나신 하나님은 그를 향해 이렇게 말씀하셨다. "무지한 말로 생각을 어둡게 하는 자가 누구냐. 너는 대장부처럼 허리를 묶고 내가 네게 묻는 것을 대답할지니라"(욥 38:2-3). 여기서 '생각'이란 구약에서는 '지혜'와 거의 동일한 용어로 사용되고 있다(사 5:19, 11:2; 렘 18:18, 19:7). 또한 '대장부'는 히브리어로 '게벨'이라고 하는데, 그 뜻은 '용사' '군사'를 가리키는 말이다. 그래서 '게벨'하면 힘센 사람, 특히 씩씩한 남자를 가리키게 된다. 그러니까 이 말씀은 심한 고통을 당하고 있는 따라서 위로의 말이 필요한 욥에게 하나님께서는 오히려 용사처럼 되라고 하는 매우 엄숙한 요청을 하셨다. '허리를 묶고'라는 표현도 출전하는 자세를 가리킨 것이며, 그것은 욥에게 그런 준비를 하라는 것이기도 하다. 하나님은 처참한 고통을 당하고 있는 욥을 찾아와서 한다는 말은 위로가 아니라 남자 대 남자로서 나와 이야기를 할 준비를 하라는 명령이었다. 이런 요청은 욥의 승한 기를 꺾어주려는 의도라기보다는 오히려 용사다운 자각(깨달음)을 불러일으키려는 의도에서였다고 할 수 있다.

욥기 40장 2절 "트집 잡는 자가 전능자와 다투겠느냐 하나님을 탓하는 자는 대답할지니라"는 말씀은 인간이 감히 거룩하신 하나님께 대들면서 트집 잡고 탓할 수 있겠느냐는 것이다. 이 말씀은 욥기 40장 8절 "네가 내 공의를 부인하려느냐"라는 말씀과 함께 하나님의 심판은 무효라고 감히 떠들거나 하나님은 불의하다고 대드는 욥의 행위를 나무라는 말씀이다. 이것은 피조물인 욥이 창조주 하나님이신 자기와 다툴 만한 존재가 못 된다는 것을 욥에게 분명히 보여주고자 하신 것이라 할 수 있다. 욥기 38장으로부터 41장까지의 말씀 중에서 하나님이 욥에게 던진 질문이 70여 번이나 나오는데, 그것은 욥의 무지를 증명하기 위한 것이라기보다는 일종의 반어법으로서 욥을 향한 하나님의 깊은 관심과 진한 사랑이 담겨져 있는 말씀이 대부분이다. 이것은 일부러 거룩하신 하나님께서 구름 가운데 나타나 욥을 불러 편한 마음으로 대화를 나누시고자 하는 시도였고 하나님의 끊임없는 관심의 표현이었다.

이러한 찾아오심과 그의 요청은 아마 욥에게는 매우 뜻밖의 일로 느껴졌을 것이며, 허를 찔린 듯한 느낌이었을 것이다. 그러나 이런 갑작스러운 부르심으로 말미암아 욥은 눈을 떴던 것이 아닐까? 그것은 흔히 말하는바 일종의 충격요법 같은 것이었다고 할 수 있다. 욥은 이제까지 땅만을 내려다보면서 번민의 나날들을 보내고 있었다. 그러니 지금 하나님의 일깨우심에 의하여 욥은 깊은 잠에서 깨어나 하늘을 쳐다보게 된다. 그래서 욥은 이제 이렇게 대답하게 된다. "나는 비천하오니 무엇이라 주께 대답하리이까. 손으로 내 입을 가릴 뿐이로소이다. 내가 한 번 말하였사온즉 다시는 대답하지 아니하겠나이다"(욥 40:4-5). 완전히 사람이 달라져 버린 것이다. 그렇게 말이 많던 사람이 입을 꼭 다물고 손으로 입을 가려 버렸다. 말할 자격도 없으면서 함부로 떠든 것을 부끄러워하게 되었다. 자기의 연약함과 무지함을 깨닫는 것이 온전한 회개로 나가는 첫 단계라 할 수 있다. 자기의 죄를 부끄러워할 줄 아는 것이 깨달음이다. 이런 놀라운 본질적인 변화가 축복의 문을 열게 하는 키가 되는 것이다.

이런 깨달음은 친절한 말에서 연유되는 것이 아니라 사랑의 질타와 견책에서 오는 것이다. 사랑의 채찍은 사람의 영혼을 살리는 구실을 한다(잠 23: 13-14). 그 채찍과 매는 자기 잘못을 깨닫게 되고 자기의 길을 돌이키게 한다. 여기서부터 새 출발을 하는 첫 걸음이 시작된다. 잠언 29장 15절에서는 "채찍과 꾸지람이 지혜를 주거늘 임의로 행하게 버려둔 자식은 어미를 욕되게 하느니라"고 했다. 임의로 하도록 버려두는 것은 옳지 않을 뿐 아니라 그 사람을 망쳐놓는 것이다. 그러나 채찍과 꾸지람을 아끼지 않으면 그 사람에게 지혜를 주게 된다.

2) 찾아오셔서 이야기하시는 여호와 하나님

욥기 1장으로부터 37장까지에는 하나님을 '엘샤다이' 라는 히브리어로 부르고 있다.[58] '엘샤다이' 는 '전능하신 하나님' 이라는 뜻이다. 무엇이나 마음대로 하시는 분, 못할 것이 전혀 없는 하나님이 '엘샤다이' 하나님이시다. 어떤 점에서는 나약한 인간에게는 항상 두려움의 대상이 될 수 있는 분이 '엘샤다이' 하나님이시다. 그러나 폭풍 가운데서 욥에게 말씀하시는 분은 '엘샤다이' 하나님이 아니라 '여호와' 하나님이시다.

성경에 기록된 하나님의 이름들은 하나님께서 계시하신 것으로서 거기에는 하나님의 속성이 잘 나타나 있다. 다시 말하면, 하나님은 그의 이름을 통해서 그 자신이 누구시며, 무엇을 하시는 분인가를 말씀하여 주신다. 그러므로 하나님의 이름을 부르고 찬양을 하는 것은 하나님을 경배하는 행위이며 하나님의 이름을 망령되이 일컫는 것은 사악한 행위가 된다.

성경에 나오는 하나님의 이름 가운데서 제일 많이 쓰이는 이름은 '엘로힘'이다. 하나님의 창조적인 능력이나 전능하심을 묘사할 때 사용되는 이름이다. 이 이름은 복수형으로 능력의 충만하심과 삼위일체이신 하나님을 말해 준다. 또 '엘'이라는 이름이 있다. 이 단어는 종종 다른 말을 붙여서 복합 명칭으로 사용되는데, '엘샤다이'가 그 중의 하나이다. 그 뜻은 이미 앞서도 말한 대로 '전능하신 하나님'이라는 뜻이다. '엘 엘욘'은 '지극히 높으신 하나님'이라는 뜻이다. '엘 올람'은 '영생하시는 하나님'이라는 뜻이다. 그리고 '아도나이'라는 이름이 있다. 이는 '주' 혹은 '주인'이라는 뜻을 지니고 있으며 주권과 통치의 관념을 내포하고 있다. 또 신구약 모두에서 사용되는 것으로는 '아버지'라는 이름이 있다. 이는 하나님이 만물의 생산시자요 인간의 창조자이심을 나타낸다.

이와는 대조적인 특별한 이름으로 '여호와'가 있다. 이 이름은 '스스로 있는 자'라는 뜻으로 인간에 대한 하나님의 구속 사역과 관련해서 일곱 개의 복합 명칭으로 사용된다. '여호와 라파'는 '치료하시는 하나님'이라는 뜻이다. 그러므로 병들어 고난의 밤을 만난 사람은 절망할 것이 아니라 '여호와 라파'를 기억하여야 한다(시 119:55). '여호와 삼마'는 '거기 계시는 하나님'이라는 뜻이다. 인간관계에서 소외되고 고독한 처지에 놓일 때 '여호와 삼마'를 기억하여야 한다. '여호와 샬롬'은 '평강의 하나님'이라는 뜻이다. 우리 인간이 불안정한 형편에 처했을 때에 우리는 '여호와 샬롬'을 기억하여야 한다. '여호와 라하'는 '목자가 되시는 하나님'이라는 뜻이다. 우리가 사망의 음침한 골짜기를 지날지라도 밝은 내일을 전망할 수 있는 근거는 하나님께서 선한 목자가 되셔서 우리를 인도해 주심을 믿기 때문이다. '여호와 이레'는 '예비하시는 하나님'이라는 뜻이다. 우리는 먼 장래를 알지 못하나 하나님은 아시고 우리를 위해서 가장 좋은 때에 가장 좋은 것으로 예비하고 계신다. '여호와 닛시'는 '우리의 깃발(승리) 되신 하나님'이라는 뜻이다. 대적들에 의해 사방으로 에워싸임을 당하며 실패했다는 생각이 들 때에 '여호와 닛시'를 기억하여야 한다. '여호와 치드케누'는 '우리의 의가 되시는 하나님'이라는 뜻이다. 이는 예수 그리스도께서 믿는 우리에게 하나님의 의가 되심을 의미하고 있다.

이와 같이 하나님의 이름들도 우리 인간들과 밀접한 관계가 있으므로 그 이름들에 계시된 하나님을 기억하여야 한다. 그런데 38장에서 욥을 찾아온 하나님은 여호와시다. '여호와' 하나님은 '스스로 있는 자'(출 3:14)로서 언약자로서의 하나님을 이야기 한다. 언약자 하나님을 여호와라 한다. 또한 이 이름은 '영원히 존재하는 분', '이루시는 분'이라는 의미도 가지고 있다. 그 하나님은 사랑이 많으시고 자비로우신 분이시다. 인간의 연약함을 아시고 인간과 함께 대화를 나누시고 교제하고자 하는 하나님이 여호와시다. 여호와 하나님은 영원히 존재하시되 우리와 함께 하시며, 우리의 마음과 삶 속에서 우리의 필요를 충족시켜 주시는 분이시다.

이 여호와 하나님께서 찾아오셔서 이야기 하시는 것이 무엇인가? 즉 자연의 신비를 보여 주시면서 그가 계시하시는 것이 무엇인가를 욥기 38장 1절부터 40장 5절까지에서 다루고 있다. 첫째로 여호와 하나님께서 찾아오셔서 보여주시는 계시는 창조의 질서이다. 그는 창조의 주요한 일곱 가지 양상(욥 38:1-38)을 가지고 창조의 질서 속에 나타나는 자신의 지혜와 전능하심과 선하심을 보여 주신다.

땅(38:4-7), 바다(38:8-11), 낮과 밤(38:12-13), 사망의 문과 땅의 넓이(38:16-18), 눈과 우박(38:22-23), 천체와 구름과 비(38:24-33) 등 자연 현상을 들어서 질문의 형태로 이야기 하신다. 첫째 물음은 태초의 역사와 깊은 관련이 있다. "내가 땅의 기초를 놓을 때에 네가 어디 있었느냐. 네가 깨달아 알았거든 말할지니라. 누가 그 도량법을 정하였는지, 누가 그 줄을 그것의 위에 띄웠는지 네가 아느냐. 그것의 주추는 무엇 위에 세웠으며 그 모퉁잇돌을 누가 놓았었느냐. 그 때에 새벽 별들이 기뻐 노래하며 하나님의 아들들이 다 기뻐 소리를 질렀느니라"(38:4-7).

하나님께서는 땅의 기초를 세우셨고 그 경계를 정하셨다. 그렇게 하는 데 매우 오랜 시간이 걸린 것이 아니다. "그가 말씀하시매 이루어졌으며"(시 33:9)라고 기록된 대로 말씀하시면 즉시 창조되었다. 그 때에 일어난 또 다른 중요한 사건은 "새벽 별들이 기뻐 노래하며 하나님의 아들들이 다 기뻐 소리를 질렀느니라"(욥 38:7)한 바로 그 사건이다. 힘 있는 천사들은 하나님이 지구에 견고한 초석을 놓으시는 것을 황홀하게 지켜본 자들이었다. 그들은 그 작업이 끝나자 기뻐하였고, 그곳은 그들의 활동 영역이 되도록 되어 있었다. 천사들이 새벽 별로 불려진 이유는 땅이 아마도 "사람에게 주어진"(시 115:16) 것처럼 별들은 천사들의 거주지로 제공되었기 때문이다. 별들과 천사들은 성경에 비추어 볼 때 하늘의 주인이다.

다음으로 하나님은 대홍수를 상기시키면서 욥에게 질문을 던지신다. "바다가 그 모태에서 터져 나올 때에 문으로 그것을 가둔 자가 누구냐. 그 때에 내가 구름으로 그 옷을 만들고 흑암으로 그 강보를 만들고 계한을 정하여 문빗장을 지르고 이르기를 네가 여기까지 오고 더 넘어가지 못하리니 네 높은 파도가 여기서 그칠지니라 하였었노라"(욥 38:8-11).

바다는 창조 둘째 날에 하나님에 의해 창조된 두 개의 커다란 물 저장소로부터 나왔다. 그때는 '궁창 위의 물'과 '궁창 아래의 물'로 분리되었다. 하나는 대기 위를 덮고 있는 중기이고 다른 하나는 지구의 딱딱한 껍질 아래 압력을 받고 있는 거대한 저장소의 깊은 물이다. 이 두 저장소의 물이 합쳐서 대홍수를 일으켰다. "큰 깊음의 샘들"(창 7:11)에서 갑자기 바다가 "그 모태에서 터져 나오는"(38:8) 동시에 "하늘의 창문들이 열려"(창 7:11) 40일 동안 비가 억수같이 쏟아지자 온 세상은 물로 넘치게 되었다. 하늘에 넓게 펴져 있던 수중기층은 매우 빠른 속도로 응결하여 거대한 구름이 되어 지구 전체를 깊은 어둠에 싸이게 했다. 그때 세상은 물의 넘침으로 멸망하였으되(벧후 3:6) 한 사람 의인 노아와 그 가족만이 살아남았다. 이런 섭리를 욥은 몰랐던 것 같다. 그것이 욥의 무지이다.

욥기 38장에서 하나님은 위의 두 질문 이외에도 지구의 자전(욥 38:12-15), 바다의 샘과 길(욥 38:16), 지구의 넓이(욥 38:18), 빛의 처소 (욥 38:19), 빛이 운행하는 길(욥 38:24), 비의 아버지와 얼음판의 어머니 (욥 38:28-39), 우주적인 물리 법칙(욥 38:33), 전기를 이용한 의사소통 (욥 38:35)에 관해 물으셨다. "사망의 문"(욥 38:17)이 무엇인지, 그리고 욥은 눈과 우박(욥 38:22)을 어떻게 만드시는지를 알 수가 없었다. 욥은 눈과 우박이 창고에 저장되었다가 하나님께서 원하실 때 풀어놓으시는 것으로 알았다. 그러나 하나님께서는 비와 얼음에 대한 하나님의 길은 사람은 이해 할 수 없다고 하신다. 오직 하나님만이 비와 우박이 내리도록 하늘의 길을 내신다. 인간은 무지하여 하나님께서 이 자연을 어떻게 움직이시는가를 감히 상상할 수 없다. 계속해서 하나님께서는 욥에게 묘성과 삼성의 띠를 풀 수 없다고 하신다. 욥은 별들의 배치를 바꿀 수도 없고 밤에 북두성이 나타나게 할 수도 없다. 그 모든 권능을 베푸시는 이는 욥이 아니라 하나님 자신이라는 것이다(33절). 이처럼 그가 창조의 질서에 대해 질문하신 것은 그의 전지전능하심과 그 존재를 나타내는 증거를 제시하면서 욥의 무지를 일깨우려 하신 것이다.

둘째로 여호와 하나님께서 찾아오셔서 보여주신 계시는 보존의 질서이다. 피조물들을 여호와 하나님께서 어떻게 돌보고 계신가를 아느냐고 묻는 질문으로써 자연스럽게 우주 만물의 보존의 질서를 질문의 형태로 이야기 하신다(욥 38:34-40:2).

육식 동물의 대표라 할 수 있는 사자(욥 38:39-40), 맹금류의 대표라 할 수 있는 까마귀(욥 38:41), 야생 염소(욥 39:1), 암사슴(욥 39:1-4), 들나귀(욥 39:5-8), 들소(욥 39:9-12),[59] 타조(욥 39:13-18), 군마(욥 39:19-25), 매(욥 39:26), 썩은 고기를 좋아하는 독수리(욥 39:39:27-30) 등을 예로 들어 내가 어떻게 이것들을 돌보는지 아느냐고 물으신다. 심지어 메뚜기(욥 39:20)에 관해서도 묘사하고 있다. 하나님께서는 대우주의 운행만을 주관하시는 것이 아니라 하등 동물들 까지도 온정을 갖고 철저하게 보살피고 계심을 보여주신다.

특히 타조는 제 새끼에 대해서 무정한 짐승이다. 타조는 다른 짐승들처럼 둥지에서 알을 낳는 것이 아니라 아무데서나 알을 까게 한다. 또한 타조는 자기가 낳은 알을 보호할 줄도 모른다. 그러나 멸종되지 않는 것은 하나님께서 모래와 햇빛으로 품어주셔서 부화하고 번식하도록 하시기 때문이다. 욥기 39장 19-25절의 말씀은 군마의 힘과 용기와 충성을 말하고 있는 것이다. 곧 군마는 두려워하지 않고 후퇴하지도 않으며 나팔 소리에 따라서 그 탄 자의 지도대로 순종한다. 군마에게 힘을 줄 수 있는 것은 욥이 아니라 하나님이시라는 것이다. 매는 기후를 따라서 이동하는 새로 이동시기를 스스로 알고 행동을 취하는 새이다. 특히 매는 다른 새들 보다 지혜가 뛰어나다. 매는 높은 낭떠러지 위에 보금자리를 정하며(27-28절), 멀리서 그 움킬 만한 것을 보며(29절), 그 새끼들에게 먹을 것을 가져다준다(30절). 그리고 독수리들은 짐승의 피를 빨아 먹는다. 이렇게 보면 미물의 짐승이 사람보다 나을 때가 있다. 이를 통해 욥의 어리석음을 일깨우고 있다.

이 열두 가지 동물들의 생태를 가지고 질문의 형태로 말씀하신 것은 욥의 무지와 동물들과 자연에 대한 책임감도 느끼지 못하고 살아온 욥의 눈을 뜨게 하시고자 하는 사랑의 책망이라 할 수 있다. 또한 하나님은 그 질문을 통하여 창조하신 것 특히 동물을 어떻게 보살펴야 하는가를 보여주시며 인간의 창조물에 관한 관리를 강조하시고 있다.

3) 가장 강한 것까지도 다스리시고 심판하시는 하나님

하나님께서는 욥기 40장 6절에 보면 두 번째 폭풍 가운데 나타나 욥에게 말씀하신다(욥 40:6-42:6). 욥기 39장에서와는 달리 지상에서 가장 크고 강한 동물인 베헤못(하마, 욥 40:15)과 바다의 가장 거대한 해저동물인 리워야단(악어, 욥 41:1-34)에다 초점을 맞추어 이야기를 전개하신다.

이 두 동물이 가지고 있는 기질을 살펴보면, 하나님의 자녀인 욥의 삶에서도 발견되는 두 가지 요소가 발견된다.⁶⁰⁾ 하나는 옛 성품을 말하고, 또 하나는 사람의 고집을 말한다.

첫 번째 동물은 입이 큰 하마(베헤못)에 대해 이야기 된다. 하마는 욥과 마찬가지로 피조물의 위치에 있는 데, 그 묘사를 보면 다음과 같다. "이제 소 같이 풀을 먹는 베헤못을 볼지어다. 내가 너를 지은 것 같이 그것도 지었느니라. 그것의 힘은 허리에 있고 그 뚝심은 배의 힘줄에 있고 그것이 꼬리 치는 것은 백향목이 흔들리는 것 같고 그 넓적다리 힘줄은 서로 얽혀 있으며 그 뼈는 놋관 같고 그 뼈대는 쇠막대기 같으니 그것은 하나님이 만드신 것 중에 으뜸이라. 그것을 지으신 이가 자기의 칼을 가져 오기를 바라노라. 모든 들짐승들이 뛰노는 산은 그것을 위하여 먹이를 내느니라. 그것이 연 잎 아래에나 갈대 그늘에서나 늪 속에 엎드리니 연 잎 그늘이 덮으며 시내 버들이 그를 감싸는도다. 강물이 소용돌이칠 지라도 그것이 놀라지 않고 요단 강 물이 쏟아져 그 입으로 들어가도 태연하니 그것이 눈을 뜨고 있을 때 누가 능히 잡을 수 있겠으며 갈고리로 그것의 코를 꿸 수 있겠느냐"(욥 40:15-24). 욥기 40장 19절에서 하나님은 이 동물이 피조물 중에서 으뜸이라고 하셨다. 이 동물의 몸을 구성하고 있는 모든 부분은 그가 대단한 힘을 가졌다는 것을 말해 준다. 그러나 이 동물은 소와 같이 풀을 먹는다. 다른 동물들도 그가 먹는 같은 들판에서 먹기도 한다. 그는 겉으로는 해를 끼칠 것 같지 않은 순진한 몸집을 가지고 있으며, 또 사실 화를 내지 않는 한 해롭지 않은 동물이다. 다른 동물들이 그를 두려워하지 않는 이유도 이 때문일 것이다. 그러나 아무도 감히 그의 길을 방해하거나 먹는 것을 빼앗지 못한다. 이 동물은 오직 자기 자신만을 생각하고 자신을 위해 살며 또 그의 노함은 쉽게 발발한다.⁶¹⁾

이 동물은 언제 어디서나 그가 원하는 곳에서 쉬고 있다. 그는 아무도 두려워하지 않으며 어떤 일이 일어나도 마찬가지이다. 심지어 강물이 홍수로 범람할지라도 놀라지 않는다. 그는 어디서나 안전하다. 왜냐하면 물에서나 육지에서나 그는 자기 집처럼 살 수 있기 때문이다. 그를 덫에 걸리게 하여 잡거나 줄에 맬 수도 없으며 더구나 코를 꿰기는 더욱 어렵다. 다시 말해서 이 동물은 인간이 길들이거나 지배할 수 없는 동물이라는 것이다. 그런데 그를 창조하신 분은 하나님이시다.

이 동물은 우리의 옛 성품, 절대로 길들여지거나 지배할 수 없는 아담으로부터 물려받은 타락된 성품을 생각나게 한다. 이것은 선한 어떠한 일도 방해하기 때문에 사실상 우리의 원수와도 같다. 그런데 이 원수와 같은 옛 성품을 지배하실 수 있는 분은 하나님 오직 한 분뿐이다.

베헤못이라는 단어 그 자체는 거대한 동물을 의미하므로 성경 주석가들은 그것을 오늘날의 코끼리나 하마가 틀림없다고 생각한다.[62] 그러나 헨리 모리스는 위에서 인용한 하마의 특징 묘사로 보아서 하마가 아니라 힘이 센 공룡인 것 같다고 단정한다.[63] 공룡은 모든 동물들 중 가장 큰 동물일 뿐 아니라 가장 흉측 하고 무시무시한 동물이었다. 베헤못이던 공룡이던 필자의 생각에는 상관이 없다. 다만 중요한 것은 이 동물은 인간이 길들이거나 지배할 수 없다는 것이다. 사람은 이 동물을 못 죽이지만 하나님은 죽이실 수 있다(욥 40:19). 그 사실이 자기의 고통도 하나님께서 풀어주실 것이라고 하는 희망을 욥에게 주었다.

두 번째는 리워야단에 대해서 이야기를 하신다(욥 41:1-34). 베헤못이 가장 거대한 육지 동물이라고 한다면 리워야단은 가장 거대한 해저동물이다. 그 특징에 대한 묘사에 따르면 이 리워야단(Leviathan)은 악어도 고래도 아닌 것 같다고 하는 학자도 있다.[64] "네가 낚시로 리워야단을 끌어낼 수 있겠느냐 노끈으로 그 혀를 맬 수 있겠느냐 너는 밧줄로 그 코를 꿸 수 있겠느냐.... 네가 능히 많은 창으로 그 가죽을 찌르거나 작살을 그 머리에 꽂을 수 있겠느냐.... 참으로 잡으려는 그의 희망은 헛된 것이니라 그것의 모습을 보기만 해도 그는 기가 꺾이리라 아무도 그것을 격동시킬 만큼 담대하지 못하거든.... 칼이 그에게 꽂혀도 소용이 없고 창이나 투창이나 화살촉도 꽂히지 못하는구나"(욥 41:1-2, 7, 9-10,

26). 이 구절을 보면 리워야단은 인간의 노력으로 도저히 잡거나 죽이거나 할 수 없는 것이라고 단정하고 있다.

다음 묘사도 유의해 볼 필요가 있다. "그것이 재채기를 한즉 빛을 발하고 그것의 눈은 새벽의 눈꺼풀 빛 같으며 그것의 입에서는 횃불이 나오고 불꽃이 튀어 나오며 그것의 콧구멍에서는 연기가 나오니 마치 갈대를 태울 때에 솥이 끓는 것과 같구나. 그의 입김은 숯불을 지피며 그의 입은 불길을 뿜는구나"(욥 41:18-21). 이로 보아서 전설상의 동물로 알려진 불뿜는 용이라 할 수 있다. 성경에서도 리워야단이 용으로 간주된 곳이 있다. "리워야단 . . . . 바다에 있는 용"(사 27:1). 이 동물은 전설적인 동물이 아니라 실존적인 동물이다(시 104:25-26; 욥 41:31 참조). 이것은 공룡보다 사악한 영인 사탄의 큰 힘과 교만을 상징하는데 사용되었다. 욥기 41:3-4, 9, 25, 33 등은 거대한 동물을 언급한 것이기도 하지만 이 동물을 마귀로 인격화한 것이기도 하다. 하나님은 이렇게 결론을 내리신다. "모든 높은 자를 내려다보며 모든 교만한 자들에게 군림하는 왕이니라"(욥 41:34). 이 말씀은 동물에는 해당이 안 되고 사탄에 대한 지칭이라 할 수 있다. 옛 뱀이며 또한 악령인 사탄은 모든 교만한 자들의 왕이다. 동시에 이 무시무시하고 힘센 동물은 우리의 고집스러운 자아와 자신의 뜻대로 사는 교만을 생각하게 한다.

마지막 날 하나님은 이 레비아단 곧 용을 심판한다. "그 날에 여호와께서 그의 견고하고 크고 강한 칼로 날랜 뱀 리워야단 곧 꼬불꼬불한 뱀 리워야단을 벌하시며 바다에 있는 용을 죽이시리라"(사 27:1). 시편에서도 시인은 똑같은 암시를 하고 있다. "주께서 주의 능력으로 바다를 나누시고 물 가운데 용들의 머리를 깨뜨리셨으며 리워야단의 머리를 부수시고 그것을 사막에 사는 자에게 음식물로 주셨으며"(시 74:13-14). 이제 더 이상 큰 용은 내어 쫓기어 욥을 고소한 것처럼 우리 인생을 고소할 수 없게 된다. 그래서 요한 계시록 12장 7-10절에서는 "하늘에 전쟁이 있으니 미가엘과 그의 사자들이 용으로 더불어 싸울 새 용과 그의 사자들도 싸우나 이기지 못하여 다시 하늘에서 그들의 있을 곳을 얻지 못한지라. 큰 용이 내쫓기니 옛 뱀 곧 마귀라고도 하고 사탄이라고도 하며 온 천하를 꾀는 자라. 그가 땅으로 내어 쫓기니 그의 사자들도 그와 함께 내쫓기니라. 내가 또 들으니 하늘에 큰 음성이 있어 이르되 이제 우리 하나님의 구원과 능력과 나라와 또 그의 그리스도의 권세가 나타났으니 우리 형제들을 참소하던 자 곧 우리 하나님 앞에서 밤낮 참소하던 자가 쫓겨났고"라고 하였다.

결국 모든 시험은 끝이 나고 사탄은 멸망할 것이다. "또 내가 보매 천사가 무저갱 열쇠와 큰 쇠사슬을 그의 손에 가지고 하늘로부터 내려와서 용을 잡으니 곧 옛 뱀이요 마귀요 사탄이라. 잡아서 천 년 동안 결박하여 무저갱에 던져 넣어 잠그고 그 위에 인봉하여 천 년이 차도록 다시는 만국을 미혹하지 못하게 하였다"(계 20:1-3). 그러나 이것이 사탄의 마지막은 아니다. 왜냐하면 주님과 그의 성스러운 자들이 이 지상을 다스릴 천년왕국 이후 사탄을 다시 잠깐 놓으실 것이기 때문이다(계 20:3). 따라서 사람과 악령들이 일으키는 마지막 반란 이후에야 하나님과 사탄 간의 투쟁은 끝이 난다. "또 그들을 미혹하는 마귀가 불과 유황 못에 던져지니 . . . 세세토록 밤낮 괴로움을 받으리라"(계 20:10).

여기서 보여주는 중심 사상은 다음과 같은 반즈(Barnes)의 주석에서 찾을 수 있다. "이 동물들은 인간들이 사는 곳과는 확연히 먼 곳에서 서식하기에 인간에게 길들여지는 경우는 전혀 없는데, 그렇듯 인간의 아무런 훈련이 없어도 그 동물들에게는 자체의 독특한 습관과 본능이 있어서 그것이 하나님의 계획 및 완전한 지혜의 엄청난 다양성을 증거 해주고 있다."[65]

이때가 되어서야 모든 하나님의 자녀들은 욥처럼 "생각하건대 현재의 고난은 장차 우리에게 나타날 영광과 비교할 수 없도다"(롬 8:18)라는 말씀을 깨닫게 될 것이다. 또한 우리도 욥처럼 "주께서 주신 결말을 보았거니와 주는 가장 자비하시고 긍휼히 여기는 이시니라"(약 5:11)라는 고백을 할 수 있게 된다.

　하나님께선 거대한 리워야단을 이길 힘을 갖고 계시며 마지막에 그것을 멸망시키며 죄와 죽음에 대해서도 승리하실 것임을 선포하는 말로써 창조에 대한 설명을 끝냈을 때 욥은 자신의 미흡했던 생각을 돌이켜 보며 회개하게 된다. 하나님은 욥의 교만을 겸손으로 바꾸기 위해 또 그를 더욱 낮추시기 위해 가장 큰 동물 둘을 들어 응답을 요구하며 욥에게 다가오셨다. 욥은 마침내 자신의 정체를 새롭게 인식하게 되고 변화를 입게 되는 것이다.

　셰익스피어도 자연을 통하여 자연의 하나님을 보고 그분과 만난 그 신비를 다음처럼 노래했다.

　　　사람들은 발견한다,
　　　나무에서 언어를,
　　　흐르는 시내에서 책을,
　　　바위에서 설교를,
　　　그리고 모든 것에서 선을. . . .
　　　『당신 좋을실 대로』11. 1

　이제 우리는 욥과 마찬가지로 자연을 묵상하는 자리에서 그 자연을 지으신 하나님을 만나는 자리로, 또한 우리에게 말씀하시는 그분에게 경배하는 자리로까지 나가야 한다.

13. 회개와 거듭남

　하나님을 향해서 솔직하게 고백하는 모습을 기록하고 있는 욥기 42장 1-6절은 욥기의 마지막 장으로 매우 중요한 주제를 담고 있다. 즉 욥이 낮아지고 깨어지는 과정을 그리고 있는 부분이다. 그 과정을 간단히 살펴보겠다.

1) 욥의 새로운 신 인식

"주께서는 못 하실 일이 없사오며 무슨 계획이든지 못 이루실 것이 없는 줄 아오니"(욥 42:2)라는 말씀은 곧 욥의 눈이 새롭게 열린 것을 말해주고 있다. 이런 새로운 깨달음은 잊을 수 없는 하나님과의 만남을 통하여 이루어졌다. 욥이 하나님을 만난 것은 우리 눈으로 볼 수 있는 일처럼, 하나님과 얼굴을 마주 보았던 것을 의미하지 않는다. 이 일은 욥이 하나님에 대해 새로운 영적 이해를 갖게 되었다는 것을 의미한다. 이 일은 새로운 영적 힘 즉 성령에 의해서 정신 속에서 일어날 수 있는 어떤 일이다. 이것은 하나님의 전지 전능성을 인정하는 것이요 그 하나님의 창조와 그 지배에 대한 전면적인 승인이라 할 수 있다. 그것은 인간으로서 도저히 알 수 없는 사실이요 신비요 기적이다. 그러나 하나님은 인간으로서는 헤아리기 어려운 일을 하신다는 것을 믿음으로 받아드리라는 것이다. 지금까지는 자기가 의롭고 하나님이 하시는 일이 못마땅하다고 주장하던 그가 이제는 전지전능하신 하나님이 하시는 일은 무엇이나 우리 인간이 거역할 수 없으며 모두가 옳다는 것을 받아들이는 것이다. 하나님의 절대 주권과 전능하심을 새롭게 인식하게 되었다. 이런 놀라운 인식의 전환이 닫혔던 하늘의 문을 열게 하고 새로운 세계로 나아가게 하는 것이다. 생각이 바뀌면 세상이 달라진다는 말이 있다. 그 말은 옛날이나 지금이나 동서고금을 통해 내려오는 만고불변의 진리이다.

2) 욥의 겸허한 자기 비움

두 번에 걸친 질문 공세를 받고 그의 지적인 교만과 무지가 꺾이기 시작한다. 그래서 그는 욥기 40장 4절에서 "나는 비천하오니 무엇이라 주께 대답하리이까"라고 하는 큰 변화의 자세를 갖기에 이른다. 욥은 하나님이 펼쳐 보이시는 우주만상에 관한 놀라운 일들을 통하여 자기가 미천한 자라는 것과 할 말이 아무 것도 없는 존재라는 사실을 깨달았다. 이것은 욥이 자기 자신을 새롭게 발견하기 시작한 것이라 할 수 있다. 자기가 은근히 의롭게 살려고 최선을 다해 왔다고 변론을 폈지만 하나님의 도전을 받고 나서 비로소 자기의 부족을 깨닫는다. 하나님은 욥의 교만을 심판하셨다. 이제 욥은 심한 수치심을 느껴 아무 말도 할 수 없었다. 미천하다는 말은 자기가 짐승보다도 못하다는 말이 아니겠는가. 이제까지는 자기가 가장 잘나고 의롭다고 여기던 그가 하나님을 만나고 나서 자기는 짐승이나 다름이 없다고 느끼기 시작한 것이다. 이것이 그의 회개의 시발점이라 할 수 있다. 욥이 자신을 미천한 자라고 고백할 수 있는 겸손은 하나님의 임재 속으로 그가 이끌림을 받았기 때문이다. 욥의 겸허한 마음은 하나님의 임재가 가져다 준 당연하고 불가피한 결과였다.

    욥기 42장 3절에서도 40장 4절에서와 마찬가지로 자신의 무지를 솔직하게 고백한다. "무지한 말로 이치를 가리는 자가 누구니이까. 나는 깨닫지도 못한 일을 말하였고 스스로 알 수도 없고 헤아리기도 어려운 일을 말하였나이다." 이 고백은 인간의 한계를 솔직히 인정한 것이다. 욥의 죄는 그의 행위나 생활과 관계되는 것이 아니었다. 다시 말하면 그의 죄는 도덕적, 윤리적인 것이 아니라 지적인 죄, 지적인 교만이었다. 그것을 가리지 않고 솔직하게 털어놓은 것이다. 일체의 자기의 약함과 추함과 독선적 허식을 벗어버린 것이다. 하나님께 항변하던 자기의 어리석음과 하나님의 공의와 주권과 지혜까지도 의심하던 자기의 무지와 지적인 자만을 송두리 채 버리게 되었다. 자기를 내려놓으면 안 보이던 것이 보이게 되고 어둡던 것이 밝아지게 되며 닫혔던 것이 열리게 되는 것이다. 자기를 내려놓고 자기를 비우는 것이 겸손이다.

3) 욥의 진솔한 기도

"내가 말하겠사오니 주는 들으시고 내가 주께 묻겠사오니 주여 내게 알게 하옵소서"(욥42:4) 하였다. 자기의 무지를 아시는 주님께서 그 무지를 깨치시고 영적인 지식과 통찰력을 달라는 것이다. 자신의 부족한, 있는 그대로의 모습을 주님께 아뢰며 지혜의 도움을 요청하는 기도이다. 약함을 아시는 주님께서 강하게 해 달라는 기도이다. 하나님께서는 자기를 통하여 선을 이루게 하실 것이라고 하는 확신과 희망을 품고 매달리는 기도에 귀를 기울이신다. 이렇게 매달리는 기도는 보좌를 움직이게 하는 막강한 에너지가 된다. 아뢰올 말도 제대로 찾지 못한 채 중언부언하는 것은 하나님께서 가장 싫어하시는 기도의 자세다. 자신을 껍데기로 자꾸 감싸 위장하거나 숨기지 말고 자기의 약점과 허물을 송두리 채 내놓고 긍휼을 요청하면 하나님께서는 그 기도를 들으시고 은총으로 찾아오셔서 어루만져 주시고 아픔을 싸매 주시고 고쳐주신다. 진실만이 하나님과 통하는 은총의 통로가 된다. 수관이 막혀 있는데 어떻게 생명수를 주실 수 있겠는가? 막힌 수관을 뚫는 길은 오직 진솔한 기도뿐이다.

4) 하나님과의 만남체험

"내가 주께 대하여 귀로 듣기만 하였사오나 이제는 눈으로 주를 뵈옵나이다." '귀로 듣는다' (욥 42:5)는 것은 사람이 하나님에 관해서 말하는 것을 듣는 것을 의미하므로 하나님과 욥의 간접적인 관계를 말하고 있다. 그러나 이제 욥은 '눈으로 본다' 는 것은 직접적인 관계를 지시하는 것이다. 욥은 주를 직접 대면한 것이다. 욥은 사랑의 하나님과 얼굴을 맞대하게 된 것이다. 이 만남은 신앙인에게 생명의 충만함을 가져다 준다. 욥은 그러므로 하나님께 굴복했고 위기의 순간에도 시편 저자처럼 "나는 의로운 중에 주의 얼굴을 뵈오리니 깰 때에 주의 형상으로 만족하리이다"(시 17:15)라고 말할 수 있었다. 이런 만남은 고통 중에 잃어버렸던 소망을 다시 찾을 수 있게 했다. 이 만남은 매우 값진 것이다. 이것은 인간의 삶 가운데서 일어나게 되는 전환점을 의미한다. 백문이 불여일견(百聞而 不如一見)라는 말이 있듯이 백 번 듣는 것 보다 한 번 직접 보는 것이 더 낫다는 금언이다. 건성으로 들어서 아는 것 보다는 직접 눈으로 보고 확인하는 지식이 새롭게 거듭나게 하는 불씨가 된다.

5) 욥의 참회

"그러므로 내가 스스로 거두어들이고 티끌과 재 가운데서 회개하나이다"(42:6)라 하였다. 여기서 먼지(티끌)와 재는 사무엘 하 13장 19절과 에스겔 27장 37절에서 보는 바와 같이 겸손, 수치, 회개, 슬픔 등을 표상한다. 한 마디로 말해서 '티끌과 재'라는 말은 신음과 한탄에 관한 이미지이다. 욥은 지금까지의 죄를 매우 통탄하며 회개한다는 뜻이다. 죄란 인간의 무지를 말한다. 그러나 인간의 지식은 본래부터 한계가 있으므로, 인간이 무지하다는 것은 당연하다. 다만 문제는 자신의 무지를 스스로는 모른다는 것이다. 욥의 회개는 욥 자신의 자발적인 의지에 의한 것이지만, 그 자발적인 마음을 주신 것은 여호와 하나님이시다. 이렇게 회개 할 때 절망 속에 있던 욥에게 새로운 세계가 열린다. 죄의 일식이 거치고 새로운 광명의 날이 밝아온다. 이렇게 죄의 일식이 거칠 때 욥의 고통은 근본적으로 구제될 수 있었다.

하나님에 대한 올바른 생각과 이해를 하게 된다면, 모든 일에 대해서도 올바른 사고와 이해를 시작하게 된다. 만약 우리가 하나님에 대해 잘못 이해하고 있는 것이 있다면, 우리 자신에 대해서도 잘못 알고 있다는 것을 의미한다. 하나님과의 관계가 올바르게 이루어질 때 우리의 옛 성품은 그의 지배를 받게 되고 따라서 회개하고 새로운 존재로 거듭나게 되는 것이다.

14. 고통을 통한 은혜

욥의 이야기는 42장으로 끝이 난다. 42장 7절 이하는 욥기의 대단원 또는 에필로그이다. 이 대목은 프롤로그와 더불어 산문체로 쓰여져 있다. 우리가 잘 알 수 있는 바와 같이, 이 프롤로그와 에필로그는 욥기라는 한 액자의 틀에 해당된다.

이 대목에서 먼저 주목하여야 할 것은 하나님께서 욥의 세 친구들에게 크게 진노하셨다는 것이다. "데만 사람 엘리바스에게 이르시되 내가 너와 네 두 친구에게 노하나니 이는 너희가 나를 가리켜 말한 것이 내 종 욥의 말같이 옳지 못함이니라"(욥 42:7). 하나님은 욥의 세 친구에게 노를 발한다고 하였는데, 왜 그랬는가? 그것은 너희가 나를 가리켜 말한 것이 정당하지 못하기 때문이라는 것이다. 욥의 친구들은 하나님의 정의를 옹호하려고 무척 애를 썼지만, 그들의 말은 확실하지 않다고 보셨다. 확실한 것은 있는 그대로라는 뜻으로 보는 것이 가장 타당하다. 무엇이 가장 확실한가? 사실 있는 그대로가 가장 확실한 것이다. 아무리 말을 꾸미고 용모와 자태를 아름답게 보이려고 애쓰고, 논리를 정연하게 세워서 말한다고 해도, 그것이 있는 그대로가 아니면 금방 진상이 폭로되고 만다. 그러나 만일 있는 그대로라면 설사 말은 서투르고 겉모습은 추하더라도 그것은 진실하고 확실하다. 친구들의 인과응보의 원리를 내세운 말은 바르지 않다는 것이다. 그 말은 욥에게 말할 수 없는 고통만 안겨 주었다.

1) 하나님의 은총을 받는 길

하나님의 은총을 받는 길은 화해와 용서뿐이다. 친구들의 화해와 욥의 용서가 만났을 때 하나님은 그들을 용서하시고 욥의 곤경을 돌이켜 주셨으며 그에게 갑절의 은총을 주었다. 화해와 용서의 만남은 곤욕과 절망의 어두운 굴을 빠져나가 찬란한 빛의 영토에 이르게 하는 은총의 열차와 같다할 것이다.

(1) 화해의 번제

하나님은 자기에 대하여 바른 말을 하지 못한 욥의 세 친구에게 명하여 이르기를 "너희를 위하여 번제를 드리라"(욥 42:8)고 하였다. 왜 욥의 친구들이 욥을 찾아가 먼저 화해하여야 하는가? 그것은 바르지 못한 말로 욥에게 많은 상처를 주었고 폐부를 찌르는 아픔을 주었기 때문이다. 그러므로 잘못에 대한 보상으로 희생물을 바치라는 것이다. 그래서 욥의 친구들은 7 마리의 수송아지와 수양을 가지고 가서 바쳤다. 7이라는 숫자는 완전함을 나타내는 숫자로 모든 죄를 속하는 희생물을 드리라는 것이다.

조금도 거리낌 없이 잘못은 은폐하지 말고 욥을 찾아가 화해를 청하고 하나님께 화해의 번제를 드리라고 욥의 세 친구들에게 명하셨다. 하나님의 명령대로 욥의 세 친구는 욥을 찾아가 화해했고 욥은 그들이 드리는 번제를 위해서 중보의 기도를 드렸다. 한 마디 변명도 하지 않고 명령을 받자마자 즉시 자기들의 잘못을 시인하고 욥에게 찾아가 먼저 화해를 청하고나서 하나님께 번제를 드리는 세 친구들이 참으로 훌륭하다. 성경을 보면 예배를 드리다가 형제와 불화한 것이 생각나거든 먼저 가서 형제와 화해하고 와서 예배를 드리라는 말씀이 있다. 하나님으로부터 용서를 받아야 축복의 문이 열리는데 그 용서를 받는 첫걸음이 불화한 것을 풀고 화해하는 것이다. 화해는 가장 아름답고 선하며 하나님께서 가장 기뻐 받으시는 예배드리는 자의 예물이다. 그러므로 하나님께서는 우리에게 늘 요구하시는 것이다.

(2) 중보의 기도

욥은 아직도 여전히 고통 중에 있으면서도 자기를 괴롭혔던 모든 사람들을 용서하고 화해의 기도를 드렸다. "욥이 그 벗들을 위하여 빌매"(욥 42:10). 하나님은 욥의 중보 기도와 그들이 바친 제물을 기쁘게 받으시고 그들을 용서해 주셨다. 부당한 비난으로 고통을 겪었음에도 불구하고 욥이 그 친구들을 용서한 태도는 실로 경건의 귀감이 된다. 누가복음 6장 37-39절에는 "용서하라 그리하면 너희가 용서를 받을 것이요 주라 그리하면 너희에게 줄 것이니 곧 후히 되어 누르고 흔들어 넘치도록 하여 너희에게 안겨 주리라"라는 말씀이 있다. 이 말씀 그대로 욥은 흔들어 넘치도록 하여 주시는 하나님의 축복을 받았다.

여기서 욥은 제사장 역할을 했다. 반즈라는 주석가는 욥의 기도에 대해서 이렇게 말하고 있다. 욥은 "중보의 기도의 본질과 바람직한 중보 기도에 대한 아름다운 모본이다. 욥은 거룩한 사람이었다. 그의 기도는 하나님이 받으실 만한 것이었으며, 그의 능력있는 중보 기도를 통하여 그 친구들이 하나님의 복을 누리게 되었기 때문이다. 욥은 또한 족장 시대의 예배의 본질을 보여 주는 모본이다. 그것은 단지 제물을 드리는 것만으로 이루어지지 않았다. 제물과 더불어 기도가 같이 드려져야 했다. 거기에 피의 제사를 드려도 그것만으로 하나님께 열납 됨이 보장된다는 증거는 없다. 진실 된 기도가 수반되어야만 했던 것이다. 욥은 또한 족장 시대의 경건이 무엇인가를 보여 주는 모본이기도 하다."[66]

2) 축복의 은총

(1) 곤경을 돌이켜 주시는 축복

"욥이 그 친구들을 위하여 기도할 때 여호와께서 욥의 곤경을 돌이키시고"(욥 42:10). 화해와 용서가 하나님의 축복을 받는 길의 첩경이다. 이는 곧 하나님께선 이 최선의 길이 마련되었을 때 그 사람에게 놀라운 은혜와 축복을 주심을 뜻한다. "너희가 사람의 과실을 용서하면 너희 천부께서도 너희 과실을 용서하시려니와 너희가 사람의 과실을 용서하지 아니하면 너희 아버지께서도 너희 과실을 용서하지 아니하시리라."(마 6:14-15). 이것이 그리스도께서 또한 가르치신 방법이기도 하다.

알렉산더 스멜리(Alexander Smellie)는 "욥의 곤경이 회복되어졌을 때 욥은 겨울을 빠져나와 봄으로 들어갔다"[67]라고 했는데, 매우 적절한 표현이라고 생각한다. 욥 자신 친구들로부터 많은 상처와 송곳으로 찌르는 듯한 아픔을 입었지만 그것을 돌아보거나 개의치 않고 하나님이 주시는 은총에 힘입어 친구들과 즉각적으로 화해하고 그들을 위해 중보기도로써 용서의 마음을 열었다. 이때 축복의 통로가 열린다. 그것이 바로 고통을 통한 은총이라 할 수 있다.

(2) 고난을 통한 축복의 은총

욥기 42장 11-17절에 따르면 하나님이 욥의 곤경을 돌이키실 때 그는 죽어가는 욥의 몸을 완전히 회복시켜 그 후 140년 동안을 더 살 수 있도록 하셨다. 최소 200살까지는 살았으리라고 추측한다. 그뿐 아니라 재물도 그전의 갑절로 주었다. 욥을 위로하기 위해 찾아온 사람들은 조상 대대로 전해 내려오는 관습인지 하나님의 명령인지 알 수 없으나 "금 한 조각과 금고리 하나씩 주었다"(욥 42:11). 이 선물들로 욥은 잃은 양 떼와 소 떼를 다시 소유할 수 있게 되어 결국 이전보다 더 부유하게 되었다(욥 42:12). 더 중요한 것은 그의 가족들의 수가 전보다 두 배나 더 증가했다는 것이다. 일곱 아들과 세 딸은 죽었지만 그들은 아버지가 가르쳤던 희생과 믿음을 통해 하나님께로 갔으며 언젠가는 다시 그와 함께 있게 될 것이다. 회복 이후 욥은 새로 거듭난 아내와 더불어 일곱 아들과 세 딸을 낳게 됨으로써 하나님께 대한 분명한 신앙을 가진 20명의 아이들을 두게 된 셈이다. 그뿐 아니라 그의 딸들은 전국에서 제일 아름다웠다고 하였다(욥 42:15). 또한 딸아이들에도 기업을 분배해 주었다. 욥은 잠깐 동안 궁핍과 심한 고통을 당했으나 그것을 잘 견디냄으로 나머지 오랜 기간 동안은 부유하고 평안하며 영광스러운 삶을 살았다(고후 4:17; 벧전 1:11 참조).

우리가 섬기는 하나님은 참으로 좋으신 분이시다. 그분은 우리가 구할 수 있거나 받을 수 있는 것보다 훨씬 많은 것을 주실 준비가 언제나 되어 있다. 그분은 자기가 사랑하는 사람에게 결코 인색하게 주시는 법이 없다. "네 시작은 미약하였으나 네 나중은 심히 창대하리라"(욥 8:7)라고 한 빌닷의 말은 진리인 것이다. 여기서 '창대하다'는 말은 '풍성하다'는 뜻으로 하나님은 우리의 생각 밖으로 넘치게 주시는 분이시라는 말이다. 하나님께서 자기의 아들 예수를 보내신 것도 우리의 생명을 '더 풍성히'(요 10:10) 얻게 하려는 데 목적이 있었다.

욥기는 이렇게 모든 것이 헤피 엔딩으로 끝나는 단테의 『신곡』에 비유할 수 있는 일종의 형이상시라 할 수 있다.

각주)―――――

11) Thomas Carlyle, *On Hero, Hero Worship and the Heroic in HIstory* (Harmondsworth: Penguin Books Ltd., 1958), 105.

12) 헐버트 라키어 지음, 『지혜의 위기』, 윤중석 옮김 (서울: 기독지혜사, 1993), 8.

13) 위 책, 9.

14) 위 책, 10에서 재인용.

15) Paul S. Sanders, ed., *Twentieth Century Interpretations of the Book of Job* (New Jersey: Prentice-Hall, Inc., 1968), 11.

16) M. H. Pope, "The Book of Job" in *The Interpreter's Dictionary of the Bible*, vol. 2, 911-25 참조; Ruth H. Blackburn, *The Old Testament As Living Literature* (New York: Monarch Press, 1964), 115.

17) 淺野順一 지음, 『욥기』--그 현대적 의의』, 崔寶卿 옮김 (서울: 雪友社, 1988), 14.

18) John B. Gabel and Charles B. Wheeler ed., *The Bible as Literature: An Introduction* (Oxford : Oxford University Press, 1990), 114.

19) R. N. Whybray, *The Intellectual Tradition in the Old Testament* (Berlin and New York:Walter de Gruyter, 1974), 24-31.

20) 헨리 모리스 지음, 『위대한 과학서 욥기』, 크리스챤 월드 편집주 옮김 (서울:크리스챤 월드, 1991), 17.

21) 위 책, 10.

22) Horace M. Kallen, *The Book of Job As a Greek Tragedy* (New York: Hall and Wang, 1959), 4; Nahum M. Sarna, "Epic Substratum in the Prose of Job," *JBL* 76(1957), 13-25 참조.

23) 라키어, 77-78에서 재인용.

24) Kallen, 4.

25) Moses Maimonides, *The Guide of the Perplexed*, Translated by Shlomo Pines(Chicago:University of Chicago Press, 1963), 486.

26) 옥한흠 지음, 『나의 고통, 누구의 탓인가?』 (서울: 두란노, 1994), 13; 천야순일, 19.

27) 어빙 L. 젠센 지음, 『욥기』, 박병용 옮김 (서울: 아가페출판사, 1985), 11.

28) 라키어, 31에서 재인용.
29) 옥한흠, 16.
30) 제시 펜 루이스 원저,『욥의 신앙』, 이 창우 옮김 (서울:충현출판사, 1981), 14.
31) 라키어, 9.
32) 위 책, 15.
33) J. D. 펜티코스트 저,『사탄아 물러가라』, 조병수 역 (서울: 한국기독교교육연구원, 1981), 99.
34) 제시 펜 루이스 지음,『고난과 승리』, 이 창우 옮김 (서울:엠마오, 1990), 19.
35) C. F. 디카슨 지음,『천사 사탄과 귀신론』, 김달생 옮김 (서울:성광문화사, 1982), 116.
36) 데오도르 H. 에프 저,『살기 위해 죽어야 했던 사람 욥』, 고광자 역(서울: 바울서신사, 1990), 25.
37) 디카슨, 114-115.
38) *Ibid.*, 115.
39) 벤쟈민 키취 지음,『성경 은유 영해』, 김경선 옮김 제2권(서울: 麗韻社, 1987), 358.
40) 옥한흠, 31에서 재인용.
41) 위 책, 63.
42) Robert H. West, *Milton and the Angels* (Athens: U of Georgia P, 1955), 49.
43) 새벽별은 흔히 행성인 금성을 묘사하는 데 쓰이는 이름이다. 금성은 매년 일정 기간 태양이 뜨기 전에 동쪽 하늘에 떠오른다. 금성을 매우 밝은 행성이기 때문에 새벽 시간까지 보이는 상태로 남아 있으며, 비록 진짜 항성이 아니지만 효성(曉星)으로 불린다. 새벽에 뜨는 기간 외에 금성은 저녁별이 된다. 이때부터 일몰 후 서쪽 하늘에 나타나는 것이다. 저녁에 보이든 새벽에 보이든 금성은 지구 안쪽 궤도에 있는 행성이므로 태양으로부터 아주 먼 거리로 선회하지는 않는다. 수성 또한 새벽별과 저녁별로 불리지만 눈으로 보기는 매우 어렵다.
44) 디카슨, 160.
45) 루이스 S. 채퍼 지음,『성경으로 본 사탄의 정체』, 김만풍 역 (서울:두란노서원, 1982), 93.

46) 조르주 바타이유 지음, 『문학과 악』, 최은경 옮김 (서울:민음사, 1995), 59.
47) 옥한흠, 67.
48) 한국정신문화연구원 철학 · 종교 연구실 편, 『악이란 무엇인가』 (서울: 도서출판 창, 1992), 313.
49) John Bowker, *Problems of Suffering in Religions of the World* (Cambridge: At the University Press, 1970), 32.
50) 김진오 지음, 『예배와 삶』 (서울: 두란노, 1994), 298.
51) 바타이유, 37.
52) 옥한흠 지음, 70.
53) 옥한흠, 81.
54) 위 책, 102.
55) 루이스, 155.
56) 淺野順一, 121.
57) 옥한흠, 160에서 재인용.
58) 위 책, 177.
59) 들소는 히브리어로 유니콘이라 하는데 대개는 거대하고 사나운 들소 혹은 사나운 황소와 동일시한다
60) 에프, 193.
61) 위 책, 194.
62) 모리스, 133.
63) 위 책, 134.
64) 위 책, 136-141.
65) 라티어, 191에서 재인용.
66) 라키어, 204 에서 재인용.
67) 위 책, 205.

제2장 잠언 : 슬기로운 삶의 기술

어떤 사람들은 말하기 전에 생각하고, 또 어떤 사람들은 생각하기 전에 말한다. 또 어떤 사람들은 생각하면서 말하고, 어떤 사람들은 말하면서 생각한다. 물론 말없이 생각하는 사람들도 있고 생각 없이 말하는 사람들도 있을 수 있다. 사람은 각기 여러 면에서 다르기 때문에 바로 위에서 말한 것들 중에서 어떤 한 패턴만을 강요하거나 내세우는 것은 매우 억지스럽고 독선적이라 할 수 있지만, 그러나 이 범주들 중에서 가장 자연스럽고 지혜로운 것은 말하기 전에 생각하는 것이라 할 수 있다.

이렇게 말하기 전에 생각한 것을 사람들은 가장 자연스러우면서도 간결하고 힘찬 문학적인 양식이라 할 수 있는 속담이나 격언의 형태로 표현했던 것이다. 어떤 다른 문학적 양식이 나타나기 훨씬 오래 전에 속담과 격언의 형태가 존재할 수 있었던 것도 이 때문이라고 생각한다. 민속문학의 한 형태인 속담이나 격언으로 각 나라 사람들은 그들 나름의 지혜를 표출했고, 그런 전통은 오늘까지 면면히 흘러내려오고 있다. 이 속담이나 격언은 단순한 사고를 하는 사람들에게 지혜를 전달해 줄 수 있는 가장 적합한 문학적 수단이 되는 것이다.

속담이나 잠언의 구성단위는 단순하고 경구적인 격언들이 보통이지만 그것이 좀 더 발전하면 공통된 주제를 다루는 보다 복잡한 강론형의 문학의 형태가 될 수도 있다. 경구 형태의 짤막한 격언들은 잠언 10-22장에서 찾을 수 있고, 강론형태의 격언은 잠언 1-9장에서 찾을 수 있다. 그밖에 욥기나 전도서 등은 매우 심오한 장편의 지혜문학의 형태로 되어 있다.

한 마디로 말해서 잠언은 도덕적이며 윤리적 교훈을 담고 있는 책으로, 지혜롭고 경건하게 살아가는 비법이나 또는 기술을 배울 수 있는 매우 중요한 보물창고(寶物倉庫, the chief storehouse)다. 그래이(Gray)라는 학자에 따르면, "인간 본성의 원리에 깊이 뿌리를 박고 또한 인간의 영원한 관심을 언급하였기 때문에 모든 시대의 예절과 일치하여 모든 입장과 환경에서의 처신술이라 생각된다. 그러나 상황에 따라 여러 가지 변모성을 지니고 있다. 잠언은 개인 윤리 뿐 아니라 정치적인 중요한 큰 목적을 언급하고 있다"[68]고 한다. 브리지즈(Bridges)가 "이 놀라운 책은 참으로 신령한 지혜의 광맥이다. 거룩하고 경건한 하나님의 뜻이 나타나고 인간 본성의 관찰이 미세하고 정밀하게 나타난다"[69]라고 한 이 말은 잠언에 대한 훌륭한 평가가 된다. 또한 노만 패턴은 그의 『신약: 서설』에서 "잠언의 본질은 그것이 세상 일이 어떻게 돌아가는지에 대한 관찰을 토대로 한다는 점이다. 잠언은 인생 속에서 반복하여 일어날 수 있는 상황에 대한 번쩍이는 통찰이다. 잠언의 격언 형식은 통찰을 제시할 뿐 아니라 이를 행할 것을 강요한다"[70]라고 하였는데, 이는 잠언이 인생 속에서 반복되는 진리를 다루고 있는 아주 짧지만 심오한 책으로서 슬기롭게 살아가는 기술을 가르쳐 주고 있기 때문에 이를 행하고 적용새서 살면 바른 삶을 살 수 있다고 강조한 것이다.

워즈워드(Worthworth)라는 신학자는 그의 『잠언 서론』에서 "잠언서는 솔로몬 시대의 환경에서 모은 영감의 책이다"[71]라 하였다. 그러므로 잠언은 일반적으로 말하는 단순한 격언집이 아니라 영감에 의해 기록된 하나님의 말씀으로 욥기와 전도서와 더불어 지혜문학에 포함된다. 그러나 읽기가 그리 쉬운 책은 아니다. 잠언은 실제로 난해한 문학 표현으로, "슬기롭게 살아가는 기술과 법"을 가르쳐 주는 보배로운 지혜서이고[72] 지금까지 살아온 삶의 경험과 활기 있는 관계를 가지고 있는 삶의 철학서이다.[73] 특히 젊은이들로 참 지혜를 일찍이 사랑하고 간절히 요구하게 해서 세상에서 평화와 신임을 얻을 행동을 하게 하는 밝은 처세술을 익숙케 하는[74] '슬기샘' 같은 책이 잠언이다.

뿐만 아니라 이 잠언을 효과적으로 읽고 그 속에 담긴 처세술을 익숙하게 터득하게 되면 어리석은 자와 젊은 자들이 슬기롭게 되어 말과 행동을 삼가게 되고 이미 지혜를 소유하고 있는 사람들에게는 하나님의 뜻을 잘 분별하는 변별력과 선악을 잘 구별해서 바른 것을 행하게 하는 통찰력과 판별력을 갖게 해준다. 특히 잠언은 무엇보다도 참 지혜의 성격을 분명히 제시하고 있는데, 그것이 다름 아닌 '하나님을 경외' 하라는 것이다. 이처럼 잠언서는 '지혜는 곧 하나님 경외'라는 확고한 지식에서 출발하고 있으므로 잠언을 깊숙하게 성찰하고 익히면 영적인 지혜를 풍성하게 얻게 될 뿐 아니라 거룩한 경건에까지 이르게 되는 매우 유익한 책이라 할 수 있다. 잠언서의 본질은 도덕적 및 윤리적 생활 윤리들에 대한 교훈이지만, 여기서는 그보다 먼저 잠언의 문학적 탐구를 통하여 잠언의 일반적 개요부터 살펴보겠다.

I. 잠언의 문학적 탐구

잠언(Proverbs)은 히브리어 성경인 구약정전의 세 부분, 즉 제1부인 율법, 제2부인 예언서, 제3부인 성문서(聖文書) 중에서 셋째 부분에 속한다. 이 성문서에는 11권의 책들이 들어 있는데 그 중의 하나가 바로 잠언이다. 시편과 욥기 다음에 배치되어 있다. 또 잠언은 그 문학적인 특징으로 볼 때, 히브리의 지혜문학에 속하며 그 중에서도 가장 대표적인 것이다. 히브리의 지혜문학 중에서 현재 남아 있는 것은 구약 정전 중에서는 욥기와 잠언과 전도서 3권뿐이다.

본 잠언의 히브리어의 명칭인 '마샬'(mashal)은 '비교'(Comparison) 또는 '유사'(Likeness) 등의 의미인데, 깊은 진리를 알기 쉬운 일과 대조하여, 가르치기 위해 사용하는 문학양식이다. 즉 '거룩한 의'를 생각하게 하기 위해서, '더러운 악'을 아울러 비교한다든지, 또는 추상적인 고귀한 '지혜'를 형상화하기 위해 '현숙한 여인'(Lady)을 등장시켜 의인화하여 좀 더 선명하게 오랫동안 기억하게 하고 그 뜻을 심화 시키는 것 같은 수사방법을 일컫는다(잠 11:22). 우선 이 잠언은 누가 언제 쓰게 되었는지부터 살펴보겠다.

1. 저자와 저작 년대

잠언의 저자와 연대는 책의 구조를 먼저 이해하지 못하고서는 알 수가 없다. 이 책은 여러 시대에 걸쳐 여러 명의 저자들과 편집자들에 의해 기록되었으며 여덟 부분으로 구성되어 있다고 할 수 있다. 제1 . 2 단락인 솔로몬의 잠언들(1-9장)은 이스라엘이 통일 왕국을 이루었던 주전 10세기 중엽에 기록되었을 것이다. 솔로몬 당시를 특징짓는 평화와 번영은 그 당시 심오한 지혜가 발전되어진 것과 조화를 이룬다. 기록 장소는 예루살렘으로 보며 주요 대상은 지혜를 구하는 이스라엘 사람들이었을 것이다. 제3단락(10:1-22: 16) 역시 솔로몬의 작품으로 볼 수 있으니까 이것들도 주전 10세기 중엽에 이루어진 것으로 생각된다. 제4단락(22:17-24:34)은 "지혜있는 자의 말씀"(22:17; 24:23)이라 불리지만, 이 지혜 있는 자의 성격이 모호하기 때문에 이 말씀들의 연대들도 역시 불분명하다. 아마 그들은 솔로몬보다 전시대에 살았고 솔로몬이 그들의 말씀들을 편집하고 거기에다 자신의 것을 덧붙인 것일 수도 있고, 아니면 솔로몬 당시에도 살아 있던 자들로서 무명의 편집자가 그들의 말씀들에 첨가했을 수도 있다. 제5단락(25-29장)의 잠언들은 솔로몬이 썼으나 히스기야의 신하들(25:1)이 편집한 것이라 할 수 있다. 히스기야가 주전 729년부터 686년까지 통치했으므로 이 기간 중에 기록되었을 것이다. 제6단락(30장)과 제7단락(31:1-9)은 아굴과 르무엘왕이 기록한 것으로서 이들은 이스라엘 백성이 아닌, 아마 아라비아 사람들이었을 것이다.[75] 그러나 그들의 신분과 혈통은 불분명하다. 제8단락(31:10-31)은 르무엘(31:1)의 말씀들이 계속되지만 그것의 구조가 단독으로 두자체(頭字體)[76]이고 그 형식상 31장 1-9절과는 다르기 때문에 독립된 부분으로 구별했다.[77] 그것이 사실이라면 저자는 알 수 없게 된다.

이와 같이 고찰해 볼 때 이 책은 최소한 히스기야 시대에는 완결된 형태를 가졌을 것이다(25:1).[78] 그러나 그의 신하들이 책 전부를 편집했는지는 불확실하다. 마지막 편집 연대는 아굴과 르무엘이 그전에 썼다고 가정하고 주전 700년경으로 본다. 물론 저작과 모든 편집은 모든 성경의 신적 저자인 성령의 감독 지시 아래에서 이루어졌다(딤후 3:16).

잠언의 저자는 위에서 이미 언급한 것처럼 몇 사람이 더 있을 수 있지만 대부분은 솔로몬의 기록으로 보는 것이 타당하다. 유대 랍비의 가르침에서는, 아가는 솔로몬의 청년기에, 잠언은 중년기에, 전도서는 노년기에 집필된 것으로 되어 있다. 그 전설은 솔로몬이 지혜에 뛰어났었다는 성경의 기사에서 유래한 것으로 생각된다(왕상 3:28, 4:32, 5:9 이하, 10:1 이하, 11:41). 체인(Cheyne, 1841-1915)이라는 아주 비평적인 학자까지도 "이 전설의 본질이 인정될 수 없다는 이유는 없다"[79]고 말하고 있는 것을 보면, 대체적으로 잠언을 솔로몬의 저작으로 보고 있는 것이 틀림없다. 보통 유다의 전통에 따르면, 구약의 율법은 모세에게, 시가는 다윗에게, 지혜는 솔로몬에게 관련시키는 것이 상례다.

이렇게 볼 때, 잠언이 솔로몬의 저작이라는 것은 거의 틀림없는 사실이지만, 몇 가지 객관적인 사례를 들어 그것을 입증해 보겠다. 첫째 솔로몬의 잠언이라는 말이 본서의 세 곳 즉 1장 1절, 10장 1절, 25장 1절 등에 나오기 때문이고, 둘째 솔로몬은 왕으로 기름부음을 받을 때 하나님께 특별한 은총 즉 지혜를 구했고 실제로 그 은총을 받아 나라를 잘 다스리고 재판도 슬기롭게 잘 한 아주 지혜로운 사람이었기 때문이며(왕상 3:3-15), 셋째 솔로몬은 열왕기 상 4장 32절에 보면 "그가 잠언 삼천 가지를 말하였고 그의 노래는 천다섯 편이며"라고 하였는데, 실제로 그는 많은 잠언을 말한 것이 틀림없기 때문이다. 성령이 그를 인도하여 그가 쓴 3,000 잠언 중에서 몇 백 개만이 택하여 져서 성경 속에 들어오게 된 것이다.

옛날에 근동에서는 왕을 아주 신비로운 인물로 보았다고 한다. 그래서 왕이야말로 신적인 지식에 접근할 수 있는 특수한 인물로 생각했을 뿐 아니라 그를 통해 그 지식에 접할 수 있다고 믿었다. 구약에도 그러한 증거는 많이 있다. 특별히 이스라엘 왕 중에서도 다윗 왕가와 관련해 볼 때 그런 신뢰는 깊었던 것 같다. 잠언 1장 1절을 보면 이 잠언은 "다윗의 아들 솔로몬의 잠언"이라고 하였다. 솔로몬은 다윗의 사랑하는 아들로서 잠언의 저자임이 틀림없다. 그러나 근본 뜻은 솔로몬의 지혜를 전달하고자 하는 것이 아니요 신의 진리를 표현하고자 한 것이다.

2. 잠언의 장르

장르는 예술에서 작품을 구분할 때 이용되는 느슨한 분류 범위라 할 수 있다. '종류'라는 의미의 프랑스어 단어 '장르'(genre)에서 나왔다. 주로 문학과 수사학 분야에서 사용되었으나, 영화와 음악, 만화, 컴퓨터 게임 등 다른 예술 분야에도 폭넓게 적용된다. 음악에 기악, 성악 등의 구분이 있고, 미술은 회화, 조각, 공예 등으로 나뉘듯이 문학에도 작품을 이루는 기본 원리와 특성에 따라 구별되는 여러 종류가 있다. 이를 가리켜 '갈래' 혹은 '장르'라 한다. 일반적으로, 작가는 작품을 창작할 때 막연한 충동만으로 붓을 드는 것이 아니라 어떤 종류의 문학 양식이나 모형을 고려하면서 제재를 선택하고 표현 방법을 구상한다.

또한 독자들은 그것이 어떤 유형에 속하는 것인가를 분별하고 이에 따른 기대를 잠정적인 기준으로 삼아 작품을 읽어 나아간다. 만약 우리가 처음 대하는 어떤 작품이 소설인지 수필인지 구별되지 않는다면 그 이해는 무척 더디게 될 것이다. 이처럼 작자에게는 창작 행위의 모형을 제공하고, 독자에게는 이해의 틀을 마련해 주는 데에 모든 예술 장르의 기본적 효용이 있다.

흔히 장르는 서술법, 내용, 구조 및 어법이 유사한 일군의 본문들을 지칭하게 된다. 장르의 목록을 들자면 이루 다 헤아리기 어려울 만큼 많다. 교과서, 학위논문, 비평, 서평, 전기, 감상문, 기행문, 수필, 시, 소설, 드라마 등등이 다 장르다. 성경에도 수많은 문학 장르가 들어 있지만, 그 중에서도 성경을 지배하는 두 가지 장르는 이야기와 시다. 그러나 이것만으로는 부족하다. 성경에는 이야기와 시외에도 율법, 예언, 잠언, 서신, 묵시 등의 장르가 더 있다. 이런 장르가 중요한 것은 어떤 본문을 해석할 때 우리가 그 본문의 장르를 어떻게 이해하는가에 의해 그 해석이 좌우되기 때문이다.

잠언이라고 일컫는 장르는 이야기 형식이 아니면서 간결하게 표현되어 있는 속담, 격언, 옛말, 금언 등으로 이루어져 있다. 잠언이 무엇인가를 좀 더 분명히 살펴보려면, 잠언을 잠언의 문학적인 사촌격인 경구(aphorism)와 구분하여 봄이 중요하다. 이 두 가지는 비슷하게 보이나, 경구는 잠언의 경우보다 좀 더 특정한 상황과 그 경구를 말한 사람에게 단단히 연결되어 있다. 마태복음 8장 20절 "예수께서 이르시되, 여우도 굴이 있고 공중의 새도 거처가 있으되 오직 인자는 머리 둘 곳이 없다"는 진술은 경구다. [80] 왜냐하면 그것이 명백하게 예수라는 이와 그분이 하시는 일에 제한되어 있기 때문이다. 그러나 예수께서 마태복음 6장 34절에서 하신 말씀, "한 날의 괴로움은 그날에 족하니라"는 잠언의 범주에 더 가깝다. 왜냐하면 그것이 적용되는 범위가 좀 더 일반적이기 때문이다.

잠언과 경구 사이에 있는 이러한 구분은 잠언이 어떤 특정한 상황의 속박으로부터 자유로울 수 있는 경향이 있음을 말하여 준다. 그럼으로써 잠언은 좀 더 일반적이고 공공적인 진실이 되는 것이다. 잠언은 어떤 고립된 사건에서 끌어낸 관찰들이 아니며, 그 고립된 사건에만 적용할 수 있는 것들도 아니다. 잠언은 분별능력을 은사로 받은 현인(sage)이 사람의 경험 속에서 일어나는 여러 가지 현상들을 조사하고, 공통점이 없는 것처럼 보이는 순간들 가운데에서, 그것들을 함께 묶어 주는 통일된 주제를 터득할 때 생긴다. 따라서 잠언의 수사적인 기능은 독자들이 여러 가지 실제적인 상황들에 적용할 수 있도록 현인이 터득한 일반적인 윤리적 지침을 제공하여 주는 데에 있다.

가령 잠언 14장 16절에서 진술한 "지혜로운 자는 두려워하여 악을 떠나나 어리석은 자는 방자하여 스스로 믿느니라"는 말씀은 현명한 사람은 악을 만나면 조심하면서 그것을 멀리할 것임을 암시한다. 그러나 이와는 대조적으로 어리석은 사람은 사탄에게 걸려드는 큰 실수를 할 것임을 시사하기도 한다. 그러므로 악이 있는 상황에서는 신중함은 현명한 것이며, 일시적 충동은 어리석은 것이다. 이 잠언은 어리석은 자는 현명한 사람이 밟기를 두려워하는 곳에 돌진하여 들어간다는 말이다. 여기서 현인이 터득한 것은 보편적인 윤리적 지침이다. 그것이 현명한 사람에게도 적용될 수 있고 어리석은 사람에게도 적용될 수 있다. 누구에게 적용되느냐에 따라 그 결과는 엄청나게 달라진다. 그것을 보여 주는 것이 잠언이라는 장르다.

잠언의 수사적인 효과는 독자들을 두 개의 다른 방향으로 동시에 밀어간다는 것, 즉 독자들을 미래와도 관계시키고 과거와도 관계시킨다는 것이다. 다시 말하자면 잠언은 그 형성의 바탕이 되는 과거의 경험들을 상상해낼 수 있도록 독자들을 끌어들이는 것으로써 과거와 관계 짓게 한다. 그래서 폴 리커어(Paul Ricoeur)는 "잠언은 이야기가 아니면서도 이야기, 아니 실제적으로는 이야기의 책을 떠올리게 한다"[81]고 하였다. 표면적으로만 보면 잠언은 일상생활의 잡다하고 단편적인 일련의 장면들을 연상시키지만, 실상은 그런 것들이 잘 걸러져서 구별되게 유기적으로 묶여진 가치와 진리의 조직체라 할 수 있다.

그리고 잠언은 아직 발생하지 않았지만 앞으로도 있을 수 있고, 또한 있음직한 경험들을 제시함으로써 독자들을 미래와 관계 맺게 한다. 이렇게 잠언은 과거에 이미 있었고 앞으로 또한 일어날 수 있음직한 경험들을 기억하기 쉽도록 간결하게 다듬어 표현해 냄으로 해서 쉽게 새로운 사건으로 옮겨 갈 수가 있다. 잠언은 이처럼 과거의 세대를 현재 세대와 그리고 미래의 세대와 연결 짓는다. 전통적인 가치들은 이러한 방법을 통해서 덧없이 지나가는 시간의 흐름 속에서도 존속되며 그 기본적인 정신(에토스)을 계속 유지해 나가게 되는 것이다. 여기서 말하는 기본적인 정신은 보통 사람들이 소중히 여기는 가치들과 열망들의 조직체계를 지칭한다.[82] 이것이 잠언이라고 하는 장르에서 찾을 수 있는 유효성이라 할 수 있다.

잠언은 위에서 이미 말한 바와 같이 매우 간결하고 명료한 표현으로 오랫동안 소중한 가치를 보존하며 기억에 남아 있게 한다. 일반적으로 이런 형식을 '격언'이란 단어로 표현했는데, 이런 표현 양식을 성경에서도 매우 중시하고 있다. 잠언서와 같은 지혜문학에는 간결 명려한 양식으로 표현된 만고불변의 진리와 가치 및 교훈들이 가득 들어 있다. 이런 장르의 성격상 잠언은 인생에 대한 통찰을 제공하는 것으로 그치지 않고 그 적용까지도 제시하는 것이다. 가령 "은을 사랑하는 자는 은으로 만족하지 못하고"(전 5:10)와 같은 인상적인 구절은 단순히 만족하지 못하는 '은 사랑'만을 보여주는 것이 아니라 실제적인 현실적 통찰력까지도 갖게 해 준다. 이처럼 잠언은 판에 박힌 진부한 표현이나 사상을 넘어서 인상적이고 기억에 오래 남는 방식으로 진리를 표현한다. 잠언을 듣고 나면 그것을 검토하고 일상생활에 적용해 보고 싶어진다. 이렇게 볼 때 뛰어난 형태의 잠언은 생각을 적용을 마무리 짓는 것이 아니라 오히려 그것을 장려한다는 것을 알 수 있다.

잠언은 간단하고 겉보기에 아주 짧기 때문에 쉽게 이해된다. "사람이 무엇으로 심든지 그대로 거두리라"(갈 6:7)라는 말을 들을 때 그 뜻을 몰라 당황하는 사람은 아무도 없다. 그러나 그 속에는 깊은 뜻이 담겨져 있어서 이해하기가 만만치 않은 심오한 뜻이 포함되어 있다. 잠언은 대개 인생의 근본 문제에 접근해서 진지하고 보편적으로 심화시킨다. 더욱이 잠언에는 적용의 한계가 있을 수 없으므로, 그저 사소하게만 생각되는 구절도 그 중요성이 감해지지 않는다.

잠언이라는 장르에 관하여 그밖에 주목하여야 할 것은 그것이 종종 시의 형식을 취한다는 것이다. 예를 들면 잠언에는 구체적인 이미지를 사용할 때가 아주 많다. "게으른즉 서까래가 내려앉고"(전 10:18)에서와 같이 은유와 직유가 빈번하게 사용된다. "의인의 길은 돋는 햇살 같아서"(잠 4:18)와 같은 것이 그런 것이다. 마지막으로 잠언은 특수성과 보편성을 동시에 가지고 있다. 때로는 보편적인 원리를 독특하게 묘사하는 경우도 있다. "게으른즉 서까래가 내려앉고"라는 잠언은 단순히 집에 관해서 말하는 것 그 이상의 의미, 즉 삶에서 볼 수 있는 게으름에 관하여 논하고 있다. 이런 점들이 잠언이라는 장르에서만 맛볼 수 있는 묘미라 할 수 있다.

3. 주제와 문장구조

1) 주제

"여호와를 경외하는 것이 지식의 근본이거늘 미련한 자는 지혜와 훈계를 멸시 하느니라. 내 아들아 네 아비의 훈계를 들으며 네 어미의 법을 떠나지 말라. 이는 네 머리의 아름다운 관이요 네 목의 금 사슬이니라"(1:7-9). 이 구절 속에 잠언의 주제가 명시(明示) 되어 있다. 그것은 한 마디로 말하자면 '여호와 경외' 다.

이런 '여호와 경외' 에 대한 관심은 이집트의 탈출로부터 솔로몬 때에 이르는 기간 동안 줄곧 성경 기록자들에게 있어왔다.[83] 출애굽기 14장 31절에서 "이스라엘이 여호와께서 애굽 사람들에게 행하신 그 큰 능력을 보았으므로 백성이 여호와를 경외하여 여호와 그 종 모세를 믿었더라"라고 한 말씀만 보아도 알 수가 있다. 하나님께서는 크나큰 능력의 손길을 펴서서 자기 백성을 이집트의 종살이에서 구원하셨다. 그 놀라운 구원의 은총에 대한 백성들의 적극적인 반응이 바로 그들의 경외와 신뢰였다.

이와 같이 '여호와 경외' 는 그 분의 구원 사역에 대한 신실한 반응으로서 그 분의 율법을 부지런히 순종하는 것으로 표현되었다. "곧 너와 네 아들과 네 손자들이 평생에 네 하나님 경외하며 내가 너희에게 명한 그 모든 규례와 명령을 지키게 하기 위한 것이 또 네 날을 장구하게 하기 위한 것이라"(신 6:2). 이스라엘 네 하나님 여호와께서 요구하시는 것이 무엇이었는가? 그것은 여호와를 경외하는 것 즉 그의 모든 도를 행하고 그를 섬기는 것이다(신 10:12). 이와 같이 '여호와 경외'는 하나님께서 그의 택하신 백성에게 끝까지 베푸시는 그 신실하고 놀라운 능력과 은총을 신뢰하고 순종하는 것을 의미한다.

'여호와 경외'는 지혜문학 속에 어김없이 나오는 단골 교훈이다. "여호와를 경외하는 것이 지식의 근본이다"(잠 1:7, 9:10; 욥 28:28; 시 111:10). 여기서 언급된 '근본'을 히브리어로 '레쉬트'라고 하는데, 그것은 '출발점' 또는 '제일 중요한 부분', '제일 원리' 또는 '중심'이라는 뜻이다. 곧 지혜가 제일이요 지식의 출발점이요 중심이라는 말이다. 다른 말로 말하면 지혜를 추구하는 것은 '여호와 경외'를 깨닫게 되는 일이라 할 수 있다. 그러므로 "여호와 경외"는 지혜의 목표 또는 종착점 즉 오메가 포인트라 할 수 있다.

그리고 '경외한다'는 말의 히브리어 '이르아트'는 '두려워하다' 또는 '존경하다'는 뜻이지만, 그것은 단순한 두려움을 뜻하는 것이 아니라 그 분에 대한 두려운 마음을 가지고 그 앞에 서는 것을 말한다. 왜냐하면 우리 인생의 생사 곧 운명이 그분의 손에 달려 있기 때문이다. 다시 말하면 하나님의 절대 주권과 우리의 모든 것이 그분께 달려 있다는 사실을 깨닫고 그분을 존절히 대하는 것을 의미한다. 존절히 대한다는 것은 곧 존경과 예절을 갖추어 대하는 것을 말한다. 더 나아가 이스라엘이 하나님과 맺은 언약의 배경에서 볼 때, '경외'라는 말은 그 분께 대한 전적인 의뢰(잠 3:5, 7, 29:25), 순종(잠 20:18, 21:31), 헌신과 충성(수 24:14), 그리고 겸손(잠 15:33)과 도덕적으로 올곧은 행동(욥 28:28) 등을 뜻한다.

잠언 1장 8-9절에서 "내 아들아 네 아비의 훈계를 들으며 네 어미의 법을 떠나지 말라. 이는 네 머리의 아름다운 관이요 네 목의 금 사슬이니라" 하였다. '내 아들아'라고 부르는 칭호는 매우 다정하고 친밀함을 나타내는 표현으로서, 화자의 토운(tone), 즉 말하는 자의 분위기나 자세, 또는 관점을 지시해준다. 여기서 우리는 이런 토운을 통하여 화자가 어디까지나 아버지의 입장에 서서 사랑하는 아들의 어리석음과 무지를 깨우쳐 주려고 혼신을 다해 애쓰고 있다는 것을 알게 되는 것이다. 그가 하는 쓰디 쓴 약과 같은 교훈과 훈계는 그의 아들에 대한 뜨거운 애정의 샘에서 분출되어 흘러나오는 생수와 같은 것이라 할 수 있다.

'훈계'나 '법' 곧 '토라'는 다 사랑하는 부모로부터 나오는 말씀이므로 언제나 듣고 그것을 지켜 실천할 준비를 갖추고 살라는 말이다. 이는 진실로 사랑의 충고로서 '지혜롭게 살라'는 명령으로 이루어진다. 그러므로 사랑의 화신인 부모의 훈계와 법을 떠나 사는 것은 어리석은 일 중에서도 가장 어리석은 일이 아닐 수 없다. 부모에게 순종하는 것은 곧 하나님 아버지의 권위를 인정하는 것이 되고 피조물 중의 하나인 인간으로서 마땅히 지켜야 할 복종의 의무라는 것이다.

이렇게 아비의 훈계를 들으며 어미의 법을 무시하고 거절하거나 무관심하게 방치하지 않으면 아름다운 관을 주겠다는 것이다. 면류관은 승리자에게 주는 것인 데(딤후 4:8; 계 2:10), 여기서 말하는 '면류관'은 '은총의 관'을 의미하며 법도를 따라 살면 은총을 받아쓰게 된다는 뜻이다. '목의 금 사슬'이란 권세와 명예를 수여하는 표시로 이집트의 왕이 요셉에게 주었었다(창 41:42). 그리고 바벨론의 왕 벨사살이 다니엘에게 걸어주었던 것이기도 하다(단 5:29). 하나님을 경외하고 그의 훈계와 법도(말씀)를 따라 사는 자는 은혜를 더욱 받고 명예와 지위를 얻게 된다는 것이다.

2) 문장 구조

잠언이 가지고 있는 전형적인 이미지는 매우 평범하다. 그러나 그 평범함을 극복하기 위하여 잠언의 저자는 나름대로 특징적인 독특한 문장 구조를 구사하였다. 다시 말하면 하나의 문장을 두 부분으로 나누어서 대조 시키거나 공들여 마무리 짓는 문장 조직을 취하였다는 것이다. 잘 아시다시피, 잠언의 대부분은 하나의 문장으로 되어 있는 데, 일반적으로 이 문장들은 아래에서 언급하는 세 가지 구성 체계 중의 그 어떤 하나로 되어 있다는 것이 사계의 권위자인 로벗 얼터의 말이다.[84]

가) 대조 구조

이 대조 구조(Antithesis)는 두 부분으로 구성된 한 문장 중에서, 둘째 부분이 첫째 부분의 역이 되는 생각을 표현해 주는 문장체계인 것이다. 잠언 15장 17절이 그 좋은 예가 된다. "채소를 먹으며 서로 사랑하는 것이/ 살진 소를 먹으며 서로 미워하는 것보다 나으니라." 이 구조의 수사적인 효과는 독자의 마음에다가 대비가 되는 두 장면을 떠올리게 하는데 있다. 이 잠언을 읽으면서 우리는 우선 아주 검소하게 한쪽에 차려 놓은 식탁주위에 서로 사랑을 나누며 검소한 음식을 하나님이 주신 귀한 은혜의 선물로 받아서 배부르게 먹고 있는 사람들의 모습을 머리 속으로 그려보게 된다. 또 한편으로는 은과 수정으로 된 고급 그릇에 가장 맛이 있는 고기가 가득 찬 만찬을 차려 놓은 식탁주위에는 살진 고기를 앞에 놓고도 웃음과 대화라고는 전혀 나누지 않고 냉랭하게 음식만을 먹고 있는 사람들의 모습을 보게 된다. 우리는 이런 구조를 통하여 두 가정을 서로 비교하고 대조하여 볼 수 있다. 이런 두 대조 구조를 통하여 우리는 아무리 가난하고 가진 것이 없어서 고기는 먹지 못하고 채소만 먹지만 서로 사랑하며 오순도순 밥상에 둘러 앉아 식사를 하는 것이 가정의 참된 행복이라는 것을 깨닫게 된다.

다음과 같은 문장도 이런 대조의 구조를 갖고 있다. "악인의 집에는 여호와의 저주가 있거니와/ 의인의 집에는 복이 있느니라"(잠 3: 33). 한쪽에는 예수를 믿지 않는 사람들이 사는 집이 있는데, 거기에는 사람들도 드나들지 않고 손도 끊겨 웃음이 전혀 없이 삭막하게 보내는 가정이 있고, 다른 한쪽에는 가산도 넉넉하고 식구들도 많으며 손님들도 자주 드나드는 아주 사랑이 넘치는 번창한 가정이 있다. 사랑과 축복이 넘치는 가정과 미움과 원망 및 저주가 가득 찬 가정이 대조를 이룬다. 이런 대조 구조를 갖는 문장들이 잠언에는 많이 있다.

나) 세심한 마무리 구조

세심한 마무리 구조(elaboration)는 두 부분으로 된 문장 가운데서, 둘째 부분은 첫째 부분의 생각을 강화시켜 주고 더 나아가 장래에까지 시간을 연장시켜 주는 문장체계인 것이다. 잠언 14장 26절이 그 좋은 예다. "여호와를 경외하는 자에게는 견고한 의뢰가 있나니 그 자녀들에게 피난처가 있으리라." 이 구조의 수사적인 효과는 두 개의 막으로 구성되는 연극을 만드는 것이다. 1막에서 우리는 여호와께 견고한 의뢰가 있는 사람들의 행동을 보게 되고, 2막에서는 한 세대가 지나간 뒤의 장면으로서, 그들의 자녀들의 이야기가 펼쳐지는 것을 보게 된다. 우리는 여기서 둘째 막의 내용이 그 첫째 막에서 우리가 발견한 지혜를 정교하게 손질을 가해서 마무리된 것이라는 것을 알게 된다.

"여호와를 경외하는 것은 생명의 샘이니/ 사망의 그물에서 벗어나게 하느니라"(잠 14:27)도 같은 예라 할 수 있다. 여기서도 1막에서는 여호와를 경외하는 사람들에게는 생명이 넘치는 것을 보게 되고, 2막에서는 그들이 새가 그물에 걸려 죽는 것처럼 죽지 아니하고 경외하는 여호와의 도움으로 그 사망의 그물에서 벗어나는 장면을 보게 된다. 이런 예들을 우리는 잠언에서 많이 찾을 수 있다. 이 구조는 첫째 부분의 생각을 둘째 부분에서 공들여 다듬고 마무리하는 구조라 할 수 있다.

다) 응답 구조

응답 구조(Answer)는 두 부분으로 된 문장 중에서 두 부분이 함께 기능하면서 겉으로 드러나지 않은 질문에 대하여서 대답처럼 보이는 것을 만들어 내는 문장체계인 것이다. 잠언 11장 22절과 21장 3절이 그 좋은 예다. "아름다운 여인이 삼가지 아니하는 것은/ 마치 돼지 코에 금 고리 같으니라"(11:22). 이 문장을 보면 질문이 드러나지 않고 숨겨져 있다. 즉 '돼지 코에 금 고리와 같은 것이 무엇인가?' 라는 질문이 기록되지는 않았지만 이 문장 중에 암묵적으로 암시되어 있다. 이에 대한 대답이 11장 22절 즉 '돼지 코에 금 고리' 같은 것이라는 것이다. 이는 사려분별이 없는 아름다운 여인을 비유한 예다.

"공의와 정의를 행하는 것은/ 제사 드리는 것보다 여호와께서 기쁘게 여기시느니라"(21:3). 이 속에 숨겨진 질문은 '여호와께서 제사보다 더 기쁘게 여기시는 것이 무엇인가?' 이다. 그 대답이 바로 "공의와 정의를 행하는 것"이라는 것으로 나타난다. 이 형식의 수사적인 효과는 말하지 않은 질문과 그 질문에 대한 직접적인 대답이 되는 사람들의 경험, 그 두 가지를 다 독자의 마음에 떠오르게 하는 것이다.

4. 문학적 특질

1) 다양한 이미지 구사

잠언은 다양한 재치 있는 이미지들의 전시장과도 같다. 사실상 구약의 현자들은 인생에 대한 그들의 관찰력 때문에 성경의 사진작가들이라고 불리기도 한다. 때때로 그들은 이미지나 비유를 그 수단으로 동원할 뿐 아니라 때로는 미련한 자, 게으른 자, 간음하는 자 등과 같은 인물들을 동원하기도 하고 때로는 그런 인물들의 행동들을 구체적으로 실물처럼 선명하게 묘사해주기도 한다. 그런 의미에서 잠언의 현자들은 흡사 사진작가와도 같다. 잠언의 현자들이 즐겨 사용한 이런 다양한 이미지들을 다음과 같은 유형으로 나누어서 살펴보겠다.

가) 지혜와 어리석음

잠언의 두 지배적인 이미지들은 '지혜'와 '어리석음'이라 할 수 있는데, 이 두 사이의 상충과 갈등은 본서 전체를 위한 주제가 되기도 한다. 이 두 가지 상반되는 이미지들을 더욱 분명하게 하기 위해서 저자는 집을 만들고, 잔치를 준비하여 사람들을 자기 쪽으로 초대하거나 길거리와 광장에서 소리쳐 부르는 아름답고 현숙한 여자와 유혹하고 길거리로 나도는 이상한 여자 즉 음녀로써 의인화하였다. 특별히 잠언 1-9장에서 그렇게 하였다. 잠언 전체는 이 '지혜'와 '어리석음'에게 부여되는 극중 인물의 성격과 전형적인 행동, 그리고 그들의 생활방식과 그들의 삶에 각기 뒤따르는 결과 등을 대조시키는 것으로써 더욱 확대되어지는 것이다.

'지혜'와 '어리석음'은 잠언 전체에 걸쳐서 나타나는 한편, 다른 수많은 인물들이 이 두 막강한 경쟁자의 친구들로 등장한다. 우리는 분별, 근면, 자선, 관대함, 절제력 등을 가진 '지혜'의 여러 친구들과 만나게 되지만, 어리석은 부류의 사람들이 지혜로운 부류의 사람들보다는 훨씬 더 많고 넓다. 게으른 자들, 부정직한 사람들, 술주정뱅이들, 매춘부들, 간음자들, 폭행자들, 성내는 자들, 잔소리가 심한 배우자들, 욕심 많은 사람들, 구두쇠들, 못된 이웃들, 거짓말쟁이, 바보들이 다 이 어리석은 부류의 사람들 편에 서 있는 자들이다.

잠언에 깊게 스며 있는 '지혜'와 '어리석음' 사이의 강조된 대조와 함께 또한 갈등의 요소가 책 전체를 통합하고 있다. 더욱이 독자는 계속되는 줄다리기 속에서 이 둘 중 어느 하나를 선택해야 하는 입장에 놓이게 되며, 그 내용들은 빈번하게 훈계나 명령의 형태로 나타나게 된다.

나) 아버지와 아들

지혜문학은 고대에 있어서는 학습서에 해당되었다. 오늘날로 말한다면 그것은 학교의 교과서와 같은 것이라고 할 수 있다. 세상이 교실이라면 젊은 세대들의 교육을 책임지는 선생은 아버지가 되며, 그 학생은 바로 그 화자의 아들이 되는 것이다. 이런 의미에서 잠언은 아버지가 사랑하는 아들에게 주는 일종의 교훈이라 할 수 있다. 특별히 잠언 1장으로부터 7장까지에 걸쳐서 '내 아들아' 또는 '아들들아'로 시작되는 교훈의 말씀이 15번이나 나온다. 이로 보아서도 잠언은 아버지가 사랑하는 아들에게 하시는 교훈이라는 것을 알 수가 있다. 좀 번거롭기는 하지만 가능한 한 여러 곳을 예로써 들어두겠다.

"내 아들아 네 아비의 훈계를 들으며 네 어미의 법을 떠나지 말라"(잠 1:8). "내 아들아 그들과 함께 다니지 말라 네 발을 금하여 그 길을 밟지 말라"(잠 1:15). "내 아들아 네가 만일 나의 말을 받으며 나의 계명을 네게 간직하며"(잠 2:1). "내 아들아 나의 법을 잊어버리지 말고 네 마음으로 나의 명령을 지키라"(잠 3:1). "내 아들아 여호와의 징계를 경히 여기지 말라 그 꾸지람을 싫어하지 말라"(잠 3:11). "내 아들아 완전한 지혜와 근신을 지키고 이것들이 네 눈앞에서 떠나지 말게 하라"(잠 3:21). "아들들아 아비의 훈계를 들으며 명철을 얻기에 주의하라"(잠 4:1). "내 아들아 내 말에 주의하며 내가 말하는 것에 네 귀를 기울이라"(잠 4:20). "내 아들아 내 지혜에 주의하며 내 명철에 네 귀를 기울여서"(잠 5:1). "그런즉 아들들아 나에게 들으며 내 입의 말을 버리지 말고"(잠 5:7).

"내 아들아 네 아비의 명령을 지키며 네 어미의 법을 떠나지 말고"(잠 6:20). "내 아들아 내 말을 지키며 내 계명을 간직하라"(잠 7:1). "이제 아들들아 내 말을 듣고 내 입의 말에 주의하라"(잠 7:24).

아버지는 사랑하는 아들이 젊은 혈기 때문에 음녀의 유혹에 넘어가 파멸당하는 것을 막고 하나님을 경외하는 삶에 굳게 서 있게 하기 위해서 '애비의 말과 훈계, 계명과 명철, 지혜와 명령, 그리고 어미의 법과 여호와의 징계와 꾸지람'을 경홀히 여기지 말며 간직하고 주의하며 지키라고 교육하는 것이다.

다) 길과 지름길

지혜의 삶의 특성을 묘사하기 위하여 사용된 가장 독특한 이미지는 바로 길과 지름길의 이미지다. 이 이미지 속에는 분명한 의식을 가지고 어떤 행동을 하거나 한 방향으로 오랫동안 습관적으로 움직이는 것과 어떠한 종착지에 도달하는 것 등의 주제들이 포함된다. 그러므로 이 이미지는 한 사람의 일생과 그가 취한 행동들의 결과를 나타내주기도 한다. 길의 이미지 속에서 우리는 선한 길과 악한 길 사이의 대조를 발견한다. 특별히 잠언 2장 12-15절과 4장 14-19절이 그러하다.

"사악한 자의 길에 들어가지 말며 악인의 길로 다니지 말지어다. 그의 길을 피하고 지나가지 말며 돌이켜 떠나갈지어다. 그들은 악을 행하지 못하면 자지 못하며 사람을 넘어뜨리지 못하면 잠이 오지 아니하며 불의의 떡을 먹으며 강포의 술을 마심이니라. 의인의 길은 돋는 햇살 같아서 크게 빛나 한낮의 광명에 이르거니와 악인의 길은 어둠 같아서 그가 걸려 넘어져도 그것이 무엇인지 깨닫지 못 하느니라"(잠 4:14-19).

인생의 바른 길을 선택하는 것이 얼마나 중차대한가 하는 것을 다음의 잠언 속에서 요약해주고 있다. "바른 길로 행하는 자는 걸음이 평안하려니와 굽은 길로 행하는 자는 드러나리라"(잠 10:9). 올바른 행동의 길은 평탄하고(잠 4:26, 3:17) 곧 바르며(잠 15:21), 위로 향하며(잠 15:24) 생명과 영생으로 인도한다(잠 12:28). '지름길' 도 길의 이미지와 마찬가지로 길 선택의 중요성을 묘사해주는데 자주 쓰인다.

또한 잠언은 특별히 잘못된 길을 선택한 사람들의 파괴적인 결과에도 관심을 둔다. "어떤 길은 사람이 보기에 바르나 필경은 사망의 길이니라"(잠 14:12, 16:25). 성적인 유혹에 넘어가는 것은 "스올(음부)의 길이라 사망의 방으로 내려가는"(잠 7:27)것이라고 하였다. "명철의 길을 떠난 사람은"(잠 21:16) 죽음으로 향하는 것과 같다는 것이다(잠 15:24, 16:17). 지혜의 길을 따르지 아니하고 어리석고 미련한 길을 따라 사는 것은 파멸이라는 것을 보여주고 있다.

몸의 부분들 중에서 매우 모험적이고 활동적인 발 뿐 아니라, 길과 연관된 이미지에도 활보하는 것, 비틀거리는 것, 걸으며 따라가는 것들도 포함된다.

라) 함정과 무기들

잠언에 자주 나타나는 또 다른 일단의 이미지들은 '함정' 과 '무기들' 이다. 잠언의 현자들은 '함정' 과 '올가미' 이미지들을 통해서 사람들이 망칠 수 있는 인생의 양상들을 보여주고 있다. '올가미' 들이 미련한 자들의 거주지라면, '덫' 으로부터 피하는 것은 지혜로운 자들의 상급이라 할 수 있다. 잠언들은 젊은 자들로 하여금 덫에 걸리지 않고 피하도록 도와주는 삶의 지도(地圖)에 해당된다. 현자들은 아주 광범위하게 미련한 행동들을 열거해주고 나서 이를 우리가 피하여야만 하는 올가미로 분류하였다. 그들이 분류해 주는 피하여야 할 올가미는 바로 미련한 말(잠 6:2-5), 악한 말(잠 12:13), 성급한 결정(잠 20:24), 그리고 속임수로 모은 재물(잠 21:6) 등이 라 한다. 이런 올가미들은 우리가 가는 길에 교묘하게 숨겨져 있어서 우리들의 진행을 막는 경우가 많다. 그래서 간음을 행하는 음녀는 깊은 구덩이(잠 22:14)로서 "강도 같이 매복한"(잠 23:28) 함정(잠 23:27)으로 불리는 것이다. 성적인 유혹에 빠지는 것은 마치 도수장으로 끌려가는 소와 같이 되기도 하고 신속하게 화살에 맞은 사슴이나 그물 속으로 날아드는 새와 같이 된다고 한다(잠 7:22-23).

어리석음이 사람을 멸망시키는 것은 하나의 공격무기 같은 것이고, 지혜는 이를 막는 보호방패 같은 것으로 묘사된다. "그는 정직한 자를 위하여 완전한 지혜를 예비하시며 행실이 온전한 자에게 방패가 되시나니"(잠 2:7, 30:5)라는 잠언에서 우리는 그것을 확인할 수 있다. 이와는 대조적으로 품행이 나쁜 여자의 입술은 "두 날 가진 칼같이 날카로우며"(잠 5:4), 거짓 증거 하는 사람은 "방망이요 칼이요 뾰족한 화살이라"(잠 25:18)고 하였다. 미련한 자를 고용하는 것은 "돌을 물매에 매는 것"처럼 위험하며(잠 26:8), 지나가는 미련한 자나 술 취한 자를 고용하는 것은 아무에게나 분별 없이 부상을 입히는 궁수(弓手)와도 같다(잠 26:10).

또한 지혜의 미덕들을 높이기 위하여 잠언의 저자는 그 가치를 나타내는 용어들을 두드러지게 많이 사용하고 있는 것을 보게 된다. 가장 분명한 비유는 보석의 비유로서, 지혜는 "네 목에 장식"(잠 3:22)이요, "네 머리의 아름다운 관이요 네 목의 금 사슬"(잠 1:9)이며, "영화로운 면류관"(잠 4:9)이고, "귀한 보배"(잠 20:15) 같다고 하였다. 이와 마찬가지로 중요한 것은 은(잠 2:3, 10:20)과 금(잠 25:11)의 이미지인데, 지혜의 가치에 대한 직접적인 주장(잠 8:18)과 아울러 지혜가 은이나 금보다도 더욱 귀중하다는 선언(잠 3:14, 8:10, 19, 16:16) 등이 그런 것이라 할 수 있다. 좋은 아내는 "진주보다 더 하니라"(잠 31:10)고도 하였다.

지혜의 우월한 가치에 관한 주제에 있어서 약간 변형된 것은 지혜가 사람에게 가져다주는 실질적인 유익에 대한 강조라 할 수 있다. 세심한 주의를 기울인다면, 지혜의 길을 따르는 것이 하나의 위대한 성공 이야기가 되며, 어리석음이 가져다 주는 파괴와 비교할 때 더욱 매력적이라는 것을 알 수 있다. 이것은 지혜가 가져다주는 상급들을 열거한 두 개의 찬양시 곧 잠언 3장 13-18절과 8장 6-21절에 가장 잘 드러난다.

"지혜를 얻는 자와 명철을 얻은 자는 복이 있나니/ 이는 지혜를 얻는 것이 은을 얻는 것보다 낫고 그 이익이 정금보다 나음이니라/ 지혜는 진주보다 귀하니 네가 사모하는 모든 것으로도 이에 비교할 수 없도다/ 그의 오른손에는 장수가 있고 그의 왼손에는 부귀가 있나니/ 그 길은 즐거운 길이요 그의 지름길은 다 평강이니라/ 지혜는 그 얻은 자에게 생명나무라 지혜를 가진 자는 복되도다"(잠 3:13-18).

"너희가 은을 받지 말고 나의 훈계를 받으며 정금보다 지식을 얻으라/ 대저 지혜는 진주보다 나으므로 원하는 모든 것을 이에 비교할 수 없음이니라"(잠 8:10-11).

잠언은 나쁜 것에 대조하여 더욱 좋은 것으로, 무가치한 것들에 대조하여 더욱 가치 있는 것들로 계속적으로 우리의 관심을 돌리게 하려고 주목을 끌고 있다.

마) 부지런한 아내와 그 밖의 직업들

지혜문학이 삶의 모든 영역들을 다루기 때문에, 잠언에서 묘사된 활동들은 인생의 각종 직업들에 대한 다소 포괄적인 관찰을 보여준다. 우리는 범죄함으로써 생계를 꾸려나가는 사람들에 대한 기록들도 가끔 접한다. 또 다른 곳에서 우리는 농부들과 사업가들, 통치자들과 전령들, 집을 짓는 자들과 하녀들, 주인과 종들에 대해서도 읽는다. 잠언을 끝맺는 덕스럽고 부지런한 아내에 대한 묘사에는 물건을 사고팔며, 배로 물건을 실어 보내며, 집안일을 보살피는 것과 관련된 구절들이 또한 포함된다.

그리고 잠언의 현자들은 사람의 직업에 관계없이 부지런함의 덕과 게으름의 악덕에 초점을 맞추는 경우가 많다. 게으른 자들이나 나태한 자들은 잠언에서 가장 경계하는 주요 인물들이다(잠 6:9-11, 13:4, 15:19, 19:15, 24, 20:4, 24:30-31, 34, 26:14-15). 이와 반대로 "모든 수고에는 이익이 있다"(잠 14:23)고 한다. 잠언 전체에서 가장 명확한 묘사 중의 하나는 스스로 일을 시작하는 부지런한 개미에 대한 묘사(잠 6:6-8)다. "손이 부지런한 자는 부하게 되며"(잠 10:4) "다스리게 된다"(잠 12:24)는 것이다. "부지런한 자의 경영은 풍부함에 이를 것이며"(잠 21:5), "부지런한 자의 마음은 풍족함을 얻게 된다"(잠 13:4)고도 하였다.

바) 성과 결혼

잠언은 성과 결혼에 관한 일종의 성경적인 가르침의 보고라고도 할 수 있다. 잠언에서는 결혼에서 맺어진 신실한 사랑을 가장 이상적인 것으로 찬미되고 있다(잠 5:15-19). 이런 이상적인 사랑은 이웃과의 성적인 교류(잠 6:23-35)로부터 "방탕한 여자"라고 불리는 매춘부들의 뻔뻔스럽고 대범함(잠 7:)까지에 이르는 다양한 형태의 부정(不淨)과 비교를 이룬다. 현자의 호소는 지혜를 사랑하라는 것이다. "지혜를 버리지 말라…그를 사랑하라" "그를 높이라…그를 품으라"(잠 4:6, 8).

아버지, 어머니, 남편, 아내, 아들로 이루어지는 가정에 있어서의 그들 각자의 역할과 그들의 관계들이 본서에서는 계속적으로 다루어진다. 성경의 어떤 책도 잠언보다도 여인을 중점적으로 다룬 책은 없을 것이다. 여인에 대한 본서의 견해는 양면적인데, 매우 긍정적일 때도 있지만 극히 부정적일 때도 있다.

사) 일상적인 삶과 활동들

잠언의 현자들은 '인생'의 많은 약속들(잠 3:16)과 '죽음'의 경고들(잠 5:5)을 다루고 있는 것을 볼 수 있다. 그러나 복음과는 달리 지혜는 영원한 저주로부터 구원을 약속하지는 않는다. 그 대신 지혜는 하나님의 세상에서의 성공적인 삶과 어리석음의 고통 중에 받게 될 위안을 약속한다. 지혜는 장수의 기대를 증대시키지만 어리석음은 일찍 죽는 길로 내려 보낸다. 이와 동일한 방법으로 잠언의 약속들은 성경의 다른 약속들이 가지는 절대성에 의해서 해석되어서는 안 된다. 잠언의 약속들은 보장된 결과에 대한 묘사라기보다는 지혜로운 생활이 일반적으로 가져오는 삶의 특징들을 묘사한 것이라 할 수 있다.

삶에 대한 이러한 강조와 함께 우리는 각 사람의 생활을 구성하는 기본적인 활동들에 대한 언급을 자연스럽게 발견하게 된다. 먹고, 마시고, 일하고, 잠자고, 걷고, 사랑하고, 성적인 생활을 하고, 씨뿌리고, 추수하고, 웃고, 말하고, 듣는다. 우리는 잠언에서 "추운 날에 옷을 벗거나"(잠 25:20), "상처 위에 식초를 붓는 것"(잠 25:20), "부러진 이"(잠 25ʺ19), "코를 비틀면 피가 나는 것"(잠 30:33), "지나가는 개의 귀를 잡는 것"(잠 26:17), 그리고 "이른 아침에 큰 소리로 자기 이웃을 축복하는 자"(잠 27:14)와 함께 사는 고통 등에 대한 묘사도 읽게 된다. 일상생활에 열심히 종사하는 사람들의 모습을 강조하는 또 다른 언급들은 몸의 각 부분들에 관한 수많은 구절들이다. 발(15회), 입술(30회 이상), 손(24회), 혀(거의 30회), 그리고 귀(25회 이상) 등에 관한 것들이 많다. 이와 마찬가지로 잠언에는 자연에 대한 많은 언급들이 있는데, 그 이유는 부분적으로는 잠언의 특징들 중의 하나가 인간의 행동과 자연의 요소들 사이의 유사성을 발견하는 것이기 때문이다. 그렇게 때문에 우리는 물, 바람, 저녁, 어둠, 빛 분수, 산, 나무, 구름, 비 등에 대한 구절들을 많이 발견하게 된다.

현자의 마음속에 떠오른 일상적인 활동의 범위를 적절하게 요약해 주는 것은 잠언 30장 18-19절과 21-31절에 기록된 신비스런 일들의 목록에서 발견할 수 있다.

2) 많은 경구 사용

경구란 본래 그리스어로는 '새긴 문자'를 뜻하지만 보통은 다듬어지고, 압축되고, 날카롭고, 아주 짧은 시를 말한다. 특히 히브리적인 경구는 그 속에 단일 사상을 나타내는 금언을 담고 있는 것이 특색이다.

> 악한 자여, 의인의 집을 노리지 말고
> 그 안식처를 망쳐 놓지 말라.
> 대저 의인은 일곱 번 넘어져도 다시 일어나고
> 악인은 재난을 만나 망한다. (잠 24:15-16)

의인은 흥하고 악인은 망한다는 것으로 첫 줄과 셋째 줄이 경구가 된다.

> 내 아들아, 꿀은 좋은 것이니 먹어 두어라.
> 송이꿀은 입에 다니 먹어 두어라.
> 지혜도 네 영혼에는 그와 같은 줄 알아라.
> 지혜를 얻으면 앞날이 열리고
> 희망이 끊기지 아니하리라. (잠 24:13-14)

여기서도 첫재 줄과 셋재 줄이 경구를 이루고 나머지는 그것을 보완해 주는 평행구들이다. 꿀이 몸에 유익한 것처럼 지혜도 우리들의 영혼의 삶에 유익하다는 것이다.

3) 풍부한 해학성

잠언에서 사용한 또 다른 수사적인 방법은 유머다. 어떤 잠언들은 노골적으로 웃기며, 과장으로 수사적인 효과를 성취하고 있다. 그렇게 함으로써, 삶의 어리석음에 대하여서 독자로 하여금 웃도록 만든다. 잠언 25장 19절은 좋은 예다.

> 어려울 때 신용없는 사람을 믿는 것은
> 부러진 이빨이나 위골된 다리를 믿는 격이다. (잠 25:19)

음식을 먹을 때 우리는 이빨에 의존하지만 그것이 부러지면 씹을 때마다 고통을 느끼게 된다. 걸을 때 우리는 다리를 의존하지만 그것이 위골되면 걸을 때마다 절름거리게 된다. 마찬가지로 우리는 어려울 때 친구를 믿지만, 그 때 그가 신용이 없다면 그것은 부러진 이빨이나 위골된 다리를 믿는 격이어서 오히려 아픔이 될 뿐이라는 것이다.

> 길을 지나가다가 자기와 상관도 없는 싸움에 끼여드는 자는
> 지나가는 개의 귀를 잡는 자와 같다. (잠 26:17)

무척 익살스러운 표현이다. 왜 그런가? 그것은 일단 사나운 개의 귀를 잡았다면 놓아 줄 수가 없기 때문이다.

> 바가지를 긁는 아내는
> 장마철에 이어 떨어지는 물방울과 같다.
> 그런 여자를 다스리는 것은 바람을 잡는 격이요,
> 오른 손으로 기름을 움켜잡는 격이다. (잠 27:15-16)

바가지를 긁는 아내를 멈추게 할 수는 없다. 그렇게 하려고 애쓴다 할지라도 그 아내는 슬쩍 빠져나가 다시 시작하기 때문이다.
잠언에 나오는 조롱 섞인 가시 도친 말들도 우리로 하여금 웃게 만드는데, 그 한 예는 아침에 깨울 때 게으른 사람이 만들어내는 핑계들이다.

"사자가 밖에 있은즉 내가 나가면 거리에서 찢기겠다 하느니라"(잠 22:13). 게으른 자에 대한 과장된 표현도 "그 손을 그릇에 넣고서도 입으로 올리기를 괴로워하는"(잠 19:24) 게으름을 잘 보여주면서 웃기게 만든다. 역시 "횃불을 던지며 화살을 쏘아서 사람을 죽이는 미친 사람이 있나니 자기의 이웃을 속이고 말하기를 희롱하였노라 하는 자도 그러하니라"(잠 26:18-19)도 웃기게 하는 유머다.

위에서 예로 든 바와 같이 다투기 좋아하는 여자를 빈정대는 투로 말하기는 해도 여자를 냉소적으로 경멸하지는 않는다. 히브리적인 격언은 냉소적이라기보다는 보편적이고 사실적이다. 일반적으로 냉소주의에는 인간이나 평범한 미덕에 대한 경멸이 포함되는 것이 보통이지만 히브리적인 격언에서는 그런 것을 발견 할 수 없다. 히브리적 격언에 나타나는 풍자만 봐도 일반적으로는 친근한 맛이 있다. 그것은 보다 높은 수준의 윤리를 다루는 데서 기인되는 것이라 할 수 있다.

II. 잠언의 윤리 신학적 탐구

잠언은 잘 알다시피 총 31장으로 구성되어 있는데, 그 본질은 도덕적 및 윤리적 원리들에 대한 일종의 교훈이라 할 수 있다. 물론 율법과 묵시(잠 29:18), 제사장직과 제물(잠 15:8, 21:3, 27)과 같은 것들에 대한 언급들은 괄호 속의 구절들 말고서는 거의 찾을 수가 없지만, 잠언에서는 여호와 하나님이 도덕과 공의의 주관자로 사실상 나타나며 그 하나님이 잠언의 윤리 도덕적 전제가 되어 있다. 그런 까닭에 잠언을 윤리적으로만 탐구하는 것은 옳지 못 하다. 그러므로 잠언을 윤리 신학적으로 고찰 탐구하려고 한다.

1. 잠언의 하나님

사람이 하나님을 인식한다고 하는 것은 사실상 한계가 있다. 그러나 인간이 신은 어떤 존재이며 누구인가를 묻는 것은 그 존재를 부정하는 것이 아니라 오히려 정직하고 솔직하게 신의 존재에게로 다가가는 표현이라 할 수 있다. 계속해서 묻는 그런 물음의 과정을 통해서 인간은 그 무한하고 심오하며 광대한 하나님의 얼굴 앞으로 조금씩 다가갈 수 있을 것이다. 가만히 살펴보면 사람마다 놓인 상황이나 처지에 따라 하나님에 대한 인식도 달라지는 것을 알 수 있다. 그런데 잠언의 저자인 솔로몬은 모든 것을 거의 다 소유한 위풍당당하고 권세를 누리는 그런 왕의 자리에 있었다. 그러므로 그는 그의 그런 왕의 자리에서 겪는 구체적인 생활 처지와 정황 속에서 하나님을 인식하였다. 그러면 솔로몬이 잠언에서 하나님의 모습을 어떻게 인식하고 있는가를 다음과 같이 세범주로 압축해서 살펴보겠다.

1) 임의로 인도하시는 봇물 같은 하나님

"왕의 마음이 여호와의 손에 있음이 마치 봇물과 같아서 그가 임의로 인도하시느니라"(잠 21:1). 여기 나오는 '왕'은 잠언의 저자인 솔로몬 왕 자기 자신을 가리킨다고 할 수 있다. 그는 우리가 잘 아는 대로 이 세상의 권세와 부귀영화를 다 누렸던 남부러울 것이 전혀 없는 이스라엘의 제3대 왕이었다. 지혜가 뛰어난 왕으로 알려졌으며, 구약성경 가운데 아가서, 잠언서, 전도서 등의 지혜문학을 쓴 저자로 또한 알려져 있다. 뿐만 아니라 그는 하나님이 주신 지혜를 가지고 재판도 잘 하였으며 나라도 잘 다스려서 대외평화에 힘쓰는 동시에 왕국의 절정기를 구축하여 후세에 그의 영화로 칭송을 받기도 하였다.

종교적으로는 페니키아로부터 자재와 기술을 들여와 정교하고 치밀하게 공을 들인 여호와의 성전을 예루살렘에 건설하여 언약의 궤(櫃)를 안치하고, 인심을 한곳으로 모으는 성역을 확립하기도 하였다. 또한 정치적으로는 종래의 부족제도를 무시하고 12개의 행정구역을 설치, 장관을 파견하여 징세와 부역 사무를 맡게 하였고, 군사 면에서는 이집트로부터 말과 전차를 도입하고 상비군을 두었는데, 이는 실전보다는 국력을 과시하기 위한 것이었다.

경제적으로는 세계 교역의 요지를 차지하여 통행세를 징수한 외에 이집트, 페니키아, 아라비아 등과 통상을 활발하게 하고 조선소와 구리제련소도 건설하여 부를 축적하였다. 스바 여왕의 마음을 사로잡았다는 화려한 궁전, 하렘[85]의 생활과 함께 미술, 문학, 음악도 발달하였지만 반면, 징병, 징세, 강제노동 등으로 인한 백성의 피폐는 왕의 사후 왕국이 남북으로 분열되는 원인이 되었다.

솔로몬은 이와 같이 왕으로서 세상 권세를 다 누렸고 지혜와 함께 부귀영화도 골고루 누렸을 뿐만 아니라 아주 놀랄만한 많은 업적도 남겼다. 한 마디로 말해서 세상에서는 부러울 것이라고는 하나도 없는 그런 존재였다. 그럼에도 불구하고 여호와 하나님 앞에 서면 그의 존재는 너무 작고 미약하다는 것을 알게 되었다. 즉 그는 그의 체험을 통하여 여호와 하나님은 우주 만물을 다스리고 계시며 마치 봇물[86]이 쏟아져 내릴 때처럼 거침없이 임의대로 만사를 인도해 가시는 분이시라는 것을 확인할 수가 있었다. 즉 그는 전도서에서 고백하고 있는 대로 사람의 마음을 가장 기쁘게 해주는 "먹고 마시며 수고하는 것들이 (모두) 하나님의 손에서 나오는 것"(전 2:24)이라는 것을 알게 되었다는 말이다. 또한 왕이라고 예외는 아니어서 그 마음마저도 여호와의 손안에 있을 뿐 아니라 그의 온갖 생각까지도 몽땅 이끌어가고 계신다는 것도 깨달았다.

모든 것을 하나님이 주관하시고 이끌어 가시기 때문에 하나님 없이 삶의 의미와 목적을 이해할 수가 없다. 러시아 소설가 안드레이 비토프(Andrei Bitov)는 무신론적인 공산주의 정권 아래에서 성장했다. 하지만 어느 우울한 날 하나님은 그의 눈길을 사로잡아 이끌었다. 그는 그 순간을 이렇게 회상하고 있다. "스물일곱 살 되던 해 어느 날 나는 레닌그라드에서 지하철을 타고 있었다. 그 당시 나는 너무나도 절망하여 그 순간 삶이 멈춰버릴 것 같았고, 나의 미래는 통째로 없어질 것 같았다. 삶의 의미는 생각조차 할 수 없었다. 그때 갑자기 한 구절이 눈에 띄었다. '하나님 없이는 삶을 이해할 수 없다.' 나는 그 구절을 계속 되새기며, 그 구절을 계단 삼아 절망 속에서 빠져나와 하나님의 빛 가운데로 한 걸음씩 들어가게 되었다."

러시아의 소설가 안드레이 비토프처럼 솔로몬 왕도 하나님을 봇물처럼 임의로 자기의 마음과 생각을 주관하며 이끌어 가시는 이라고 인식하였다. 이런 인식은 참으로 존귀한 은총의 소산이었다.

2) 우리의 경영을 이루시는 하나님

"하나님께서는 무작정 움직이지 않으신다. 하나님은 모든 것을 정확하게 계획하셨다. 물리학자, 생물학자 그리고 그 외 다른 과학자들이 우주를 연구하면 할수록 우리는 하나님이 만드신 모든 것들이 우리의 존재에 꼭 맞도록 얼마나 독특하게 만들어졌는지 감탄할 수밖에 없다. 그리고 이러한 조건들이 인류의 생존을 가능하게 하는 데에 얼마나 정확한지 놀랄 수밖에 없다."[87] 모든 것이 정확한 하나님의 뜻과 계획에 따라 움직이고 이루어진다는 것이다.

다시 말하자면 만물의 위대한 창조자 하나님께서는 모든 피조물들과 그들의 언행심사를 보존하시고, 감독하시고, 처리하시고, 통치하시되, 가장 큰 것으로부터 가장 작은 것에 이르기까지 그렇게 하신다는 것이다. 그런 하나님의 사역을 섭리라 한다. 하나님께서는 그의 가장 지혜롭고 거룩한 섭리와 그의 전지전능한 예지(豫知), 및 그 자신의 의지의 자유롭고 불변하는 계획과 작정에 따라서 모든 일을 하신다.

모든 일은 사람이 세우고 성취하는 것 같이 생각하기 쉽지만 사실상은 여호와 하나님의 섭리 안에서 시작된다고 솔로몬은 인식하였던 것을 볼 수 있다. "마음의 경영은 사람에게 있으나 말의 응답은 여호와께로부터 나오느니라/ 사람의 행위가 자기 보기에는 모두 깨끗하여도 여호와는 심령을 감찰하시느니라/ 너희 행사를 여호와께 맡기라 그리하면 네가 경영하는 것이 이루어지리라/ 여호와께서 온갖 것을 그 쓰임에 적당하게 지으셨나니 악인도 악한 날에 적당하게 하셨느니라"(잠 16:1-4).

사람들은 자기의 문제나 현상을 자기 입장에서 보고 이해하지만, 여호와는 사물과 현상을 총체적인 섭리의 눈으로 보기 때문에 하나님의 섭리는 온전하지만 우리들의 생각과 이해는 너무 한계적이어서 불완전하고 왜곡된 것이 많다. 뜻과 계획은 우리가 세울 수 있지만 그것을 한 치의 오차도 없이 이루게 하시는 이는 하나님이시라는 것이다. 그것을 우리가 믿고 그에게 모든 행사를 맡기면 정확하게 경영되고 이루어진다고 솔로몬은 인식하였다.

3) 제사보다 공의와 정의를 더 기뻐하시는 하나님

"사람의 행위가 자기 보기에는 모두 정직하여도 여호와는 마음을 감찰 하시느니라/ 공의와 정의를 행하는 것은 제사 드리는 것보다 여호와께서 기쁘게 여기시느니라"(잠 21:2-3). 사람의 행위가 정직하고 옳다고 생각하는 되는 경우도 마음을 감찰하시는 여호와의 눈으로 보실 때는 그렇지 않은 경우가 많다. 그러므로 우리는 우리가 가치 있다고 생각하는 데로 행할 것이 아니라 하나님의 뜻을 먼저 헤아리는 것이 중요하고 피상적인 판단이나 형식적인 제사를 드리는 것보다는 상한 마음과 정직한 심령 및 공의와 정의를 행하는 것을 하나님께서는 더 기뻐하신다는 것이다.

하나님께서 제일 싫어하는 것이 사악한 사고와 형식적인 제사를 드리는 것이다. 물론 하나님께서는 신령과 진정으로 드리는 살아 있는 제사를 가장 기뻐하신다. 우리 자신을 몽땅 드리는 것이 진정한 살아 있는 제사 곧 예배의 전부라 할 수 있다. 하나님께 우리들의 삶을 전적으로 내어 드리는 것이 진정한 제사다. 삶의 전부를 드린다고 하는 것은 하나님께 전적으로 항복 하는 것이나 다름없는 행위다. 하나님께 더 많이 항복하면 할수록 더 진정한 우리가 되게 되고, 그렇게 되면 더욱 하나님께서 우리를 기뻐하시게 되는 것이다.

하나님께 우리의 삶을 전부 드리는 것이 하나님께서 가장 기뻐하시는 방법이지만 그렇지 못하고 형식화되거나 의식화된 제사는 공의나 정직을 행하는 것보다 못 하다고 솔로몬은 알고 있었다. 하나님께서 기뻐하시는 행위인 공의와 정의는 살아 있는 제사와 맞 먹는 제물이 되는 것이다. 하나님은 공의로우신 분이시다. 그러므로 무엇보다 공의와 정의를 기뻐하신다. 그리고 그가 기뻐하시는 그런 공의는 통치자를 통해서 세상에 구현하도록 섭리하셨다.

"하나님의 말씀이 왕의 입술에 있은즉 재판할 때에 그의 입이 그르치지 아니하리라／ 공평한 저울과 접시저울은 여호와의 것이요 주머니 속의 저울추도 다 그가 지으신 것이니라／악을 행하는 것은 왕들이 미워할 바니 이는 그 보좌가 공의로 말미암아 굳게 섬이니라"(잠 10-12).

"하나님의 말씀이 왕의 입술에 있다"는 것은 왕이 내리는 말은 하나님의 판결과 같다는 것이다. 왜냐하면 그런 일을 할 수 있는 권세를 하나님께서 왕에게 주셨기 때문이다. 그러므로 왕이 바르지 못하고 무책임하면 세상은 어지러워지고 무질서해지게 되는 것이다. 옳고 그른 것을 가릴 수 있는 기준이나 규범도 하나님이 만드셨다. 그것이 곧 "저울과 접시저울이나 저울추도 하나님의 것"이라는 말로 표현되었다. 하나님의 판단과 뜻을 잘 헤아려 왕은 재판을 공평하게 하여야 하는데, 그것을 하나님께서 기뻐하신다는 것이다. 솔로몬은 이와 같이 하나님은 형식적인 제사보다는 공의와 정의를 더 기뻐하시는 분이라고 인식하였다.

2. 잠언의 예수 그리스도

잠언에 수록되어 있는 지혜는 두 가지 종류로 구분할 수 있다. 그것은 '신학적 지혜' 와 '실용적 지혜' 이다. 신학적 지혜란 '지혜' 자체에 대해서 신학화 작업이 이루어진 것을 말한다. 그 결과 지혜가 독립적인 실재(reality)를 가진 존재로 발전하게 된다. 이러한 신학적 지혜의 첫 단계는 '지혜'가 '여인'으로 인격화 되는 것이다. 다음 신학적 지혜는 단순히 '지혜의 인격화'에서 한 걸음 더 나아가서, 지혜를 신격화(hypostasis of wisdom) 시키고 있다. 신격화된 지혜는 곧 그리스도로서, 아버지 하나님의 창조 사업에 동역자로 참여하시는 것이다. "여호와께서 그 조화의 시작 곧 태초에 일하시기 전에 나를 가지셨으며 만세전부터, 태초부터, 땅이 생기기 전부터 내가 세움을 받았나니 아직 바다가 생기지 아니 하였고 큰 샘들이 있기 전에 내가 이미 났으며 산이 세워지기 전에, 언덕이 생기기 전에 내가 이미 났으니 하나님이 아직 땅도, 들도, 세상 진토의 근원도 짓지 아니 하셨을 때에라 그가 하늘을 지으시며 궁창으로 해면에 두르실 때에 내가 거기 있었고 그가 위로 구름 하늘을 견고하게 하시며 바다의 샘들을 힘 있게 하시며 바다의 한계를 정하여 물이 명령을 거스르지 못하게 하시며 또 땅의 기초를 정하실 때에 내가 그 곁에 있어서 창조자가 되어 날마다 그의 기뻐하신 바가 되었으며 항상 그 앞에서 즐거워하였으며 사람이 거처할 땅에서 즐거워하며 인자들을 기뻐하였었느니라"(8:22-31).

지혜는 세상 창조 전 '태초' 부터 존재하였던 말씀이고 주님이시며 창조주라 한다. "태초에 말씀이 계시니라"(요 1:1). "그가 만물보다 먼저 계시고 만물이 그 안에 섰느니라"(골 1:17). 창조주 하나님께서는 이 지혜를 가지시고 일하신다. 말씀인 로고스는 헬라 철학에서는 이성. 법칙. 생각 등의 의미로 사용되었지만, 요한복음에서는 이미 영원 전부터 존재하시고 창조주로 역사하신 예수님을 가리키고 있다. 시편 33편 6절에서는 그 사실을 일컬어 "여호와의 말씀으로 하늘이 지음이 되었으며 그 만상을 그의 입 기운으로 이루었도다"라 하였다.

잠언 8장 23절에서는 "만세전부터, 태초부터, 땅이 생기기 전부터 내가 세움을 받았나니"라 했는데, 이 말은 "기름부음을 받아 세워진 것"을 지시한 것이다. "내가 나의 왕을 거룩한 산 시온에 세웠다 하시리로다" (시 2:6). "주의 보좌는 예로부터 견고히 섰으며, 주는 영원부터 계셨나이다"(시 93:2). 하나님께서 그리스도를 이렇게 만세 전에 세우셨거니와 우리의 구원함도 벌써 그 거룩하신 뜻 가운데 만세 전에 예정되어진 것이라 할 수 있다. "그 기쁘신 뜻대로 우리를 예정하사 예수 그리스도로 말미암아 자기의 아들들이 되게 하셨으니"(엡 1:5)라는 말씀이 있고, 또한 "모든 일을 그의 뜻의 결정대로 일하시는 이의 계획을 따라 우리가 예정을 입어 그 안에서 기업이 된"(엡 1:11) 것이라고도 기록되어 있다.

잠언에서는 이 만세 전부터 세우신 그리스도가 "그 곁에 있어서"(잠 8:30) 창조의 장인(匠人) 노릇을 했다고 하였다. 다시 말하면 창조의 고안자인 아버지 하나님의 창조사역의 협력자로 신격화되어 있다는 말이다. 하나님께서는 이 창조의 일을 기뻐하셨고(8:31) 또한 창조의 장인이요 협력자인 그리스도를 기뻐하신다.

갈라디아 4장 5-6절에 보면 "우리로 아들의 명분을 얻게 하려 하심이라 너희가 아들이므로 하나님이 그 아들의 영을 우리 마음 가운데 보내사 아빠 아버지라 부르게 하셨느니라"는 말씀이 있는데, 이 말씀은 인자(人子)되신 그 지혜, 그 아들을 기뻐하시는 그런 기쁨인 것이다. 실로 그가 아들을 통하여 많은 자녀를 두시고 이를 기뻐하신다는 것이다. 그는 천지를 창조하실 때 기뻐하셨거니와 죄인을 구원하시는 역사를 더욱 크게 기뻐하신다. "죄인 한 사람이 회개하면 하늘에서는 회개할 것 없는 의인 아흔 아홉으로 말미암아 기뻐하는 것보다 더하리라"(눅 15:7). 그리하여 태초에 말씀으로 계셨던 주님께서 사람의 몸을 자신이 입으시고 이 구원의 역사를 담당하셨다. 지혜자로 신격화된 그리스도는 만물 창

조에 가담해서 협력자 노릇을 했고 영원히 죽을 수밖에 없는 인생들을
구원하시기 위해 또한 사람의 몸을 입고 오셨던 것이다. 잠언의 저자는
예수 그리스도를 하나님 아버지의 창조사역에 협력자로 참예하신 지혜
의 장인으로 보고 있다.

3. 두 유형의 사람

1) 현숙한 여자와 이상한 여자

지혜(잠 1:20)를 의인화해서 현숙한 여자로 내세우는 반면 어리석음
(잠 1:22) 곧 우매함은 이상한 여자 곧 음녀로 의인화해서 내세운다. 아
버지는 사랑하는 아들을 불러 놓고 음녀를 삼갈 것을 권고하면서 바른
선택의 삶을 요구한다. 이 두 여자를 어떻게 묘사하고 있는가를 살펴보
겠다.

(1) 현숙한 여자

여기서 내세우는 현숙한 여자의 덕성은 정직성(잠 8:6)과 완전성이라
할 수 있다(잠 8:7-11). 현숙한 여자로 의인화된 지혜가 말하는 것은 모
두가 다 옳은 것이기 때문에(잠 8:7-9), 반드시 들어야 하고(잠 8:5), 큰
가치가 있는 것이기 때문에(잠 8:11), 다른 어떤 것보다도 먼저 택하여야
만 한다(잠 8:10)고 한다. 또한 현숙한 여자의 말은 정직하고(잠 8:9) 진
실하며(진리) 의롭다(잠 1:3, 8:15, 20)는 것이다. 그래서 현숙한 여자의
지혜로운 말은 은이나 금(잠 8:19), 또는 진주(잠 3:13-15)보다 더 귀하다
고 한다.

우선 현숙한 여자로 의인화된 지혜가 하는 일은 사람을 불러 초대하
는 일이다. 그녀는 은밀하게 숨어서 사저로 밤에 불러들이는 음녀와

는 달리 문밖, 곧 악인도 선인도 모두 꼭 같이 오고 가는 그런 길거리와 사람들이 많이 모이는 시장이나 공원 같은 광장, 또는 시끄럽고 소란한 곳이나 옛날에 재판이 열리던 곳(룻 4:11; 욥 29: 7)과 시장이 개설되던 곳(왕하 7:11), 그리고 선지자들의 예언 선포의 장소로 사용되던 그런 곳 (왕상 22:10) 즉 성문 어귀나 주택가라 할 수 있는 성문 같은 곳이다.

여기서 우리가 생각하고 배워야할 것은 첫째로 하나님께서 주시는 지혜 곧 말씀은 은폐되거나 비밀리에 선포될 필요가 없다는 것이다. 둘째로 그 지혜는 지식인 엘리트나 특권층만의 것이 아니라는 것이다. 다시 말하면 시장에서 장사하는 사람들, 광장에서 연설 하는 것을 듣는 사람들, 재판을 구경하려 나오는 사람들, 혹은 일상적으로 평범한 일을 하는 사람들에게 더 필요한 것이 이 지혜라는 말이다. 하나님을 경외하는 지혜가 참으로 필요한 곳은 바로 이런 구체적인 삶의 현장인 것이다.

그러면 이 현숙한 여자가 불러 초청하는 대상은 누구인가? 그것은 한 마디로 말해서 선하고 지혜로운 사람이 아니라 세 유형의 세속적인 인간들이었다. 잠언에서 말하는 이 세 유형의 세속적인 사람들은 첫째 '어리석은 자', 둘째 '거만한 자', 그리고 셋째 '마련한 자'를 가리킨다. 이 세 유형의 사람들에 대해 좀 더 자세하게 살펴보겠다.

첫째 유형의 사람은 '어리석은 자'(잠 1:22)인데, 이는 곧 단순하고 장래를 전혀 고려하지 않으며 전혀 분별력 없이 세상에 도취하여 각성된 삶을 살지 않는 자와 하나님이 없다고 떠드는 불경건한 자를 일컫는다. 둘째 유형의 사람은 '거만한 자'(잠 1:22)인데, 이는 교만하고 방탕하며 하나님과 사람을 모두 멸시하고 거룩한 삶과 하나님의 말씀과 경고를 조롱하는 자를 일컫는다. 셋째 유형의 사람은 '미련한 자'(잠 1:22)인데, 이는 강퍅하고 지능이 둔하며 도덕적인 데 관심을 두지 않고 행동하는 자를 말한다. 이런 자들을 부르는 까닭은, 어리석음에 어리석음을 더 좋아하고, 거만에 거만을 더 기뻐하며, 미련하여 지식을 미워하며 살아가는 사람들에게 언제까지 그렇게 살겠느냐고 경고하고자 하는 것이었다

(잠 8:4-5).

위에서 이미 언급한 바와 같이, 초청의 동기는 회개를 촉구하기 위한 것이었다. 현숙한 여자는 이런 책망을 바로 받으면 돌아서게 될 것이라고 믿었다(잠 1:23). 다른 성경에서도 "이스라엘 족속아 돌이키고 돌이키라 너희 악한 길에서 떠나라 어찌 죽고자 하느냐?"(겔 33:11)고 하였고, "그러므로 너희가 회개하고 돌이켜 너희 죄 없이함을 받으라 이 같이 하면 새롭게 되는 날이 주 앞으로부터 이를 것이요"(행 3:19)라 했다. 여기서 '새롭게 되는 날'이란 곧 죄 씻음을 받고 주님 앞에서 새로워지는 때 곧 본래의 모습을 되찾는 때, 혹은 성령을 충만히 받는 때를 일컫는다. 잠언 1장 23절에서도 회개하고 돌아서면 성령을 부어주신다고 했다. "내가 내 영을 만민에게 부어 주리라"(욜 2:28). "나는 목마른 자에게 물을 주며 마른 땅에 시내가 흐르게 하며 나의 영을 네 자손에게 나의 복을 네 후손에게 부어 주리니"(사 44:3). 잠언 9장 3절에서는 이 성령을 '자기의 여종'이라 하였고, 그 여종을 보내어 높은 곳에서 사람들을 부르겠다고 하였다.

장엄하고 아름다운 잔치 준비를 완료하고(잠 9:1-12) 나서 현숙한 여자 지혜는 그 자신의 여종들을 보내어 자비의 초청을 한다. 이사야 55장 1절에 "너희 모든 목마른 자들아 물로 나아오라 돈 없는 자도 오라 너희는 와서 사 먹되 돈 없이, 값없이 와서 포도주와 젖을 사라"는 기록이 있듯이, 잠언 9장 5절에서도 "너는 와서 내 식물을 먹으며 내 혼합한 포도주를 마시고"라고 하였다. 이런 초청에 응해서 주님께 나오는 자는 "생명의 떡"(요 6:48)이신 주님의 풍성한 은총에 동참하게 된다는 것이다.

묘하게도 이 초청에는 두 가지 상반 되는 반응이 따르는 것을 볼 수 있다. 9장 7-9절에서는 초청에 각기 다른 반응을 보이는 두 부류의 사람들이 소개되고 있는데, 그 중의 한 부류는 거만한 자 곧 마음이 닫힌 자이다. 이들은 악한 자로 종교를 멸시하고 경멸하며 미워하고 조롱하는 자들이라 할 수 있다. 그러나 다른 한 부류는 지혜 있는 의로운 자들이다.

이들은 마음이 열린 자들로서, 책망을 받을 때 더욱 지혜로워지고 학식이 더해지고 배움이 늘어난다. 시편 141편 5절에서는 "의인이 나를 칠지라도 은혜로 여기며 책망할지라도 머리의 기름 같이 여겨서 내 머리가 이를 거절하지 아니할지라" 하였고, 이사야 55장 3절에서는 "너희는 귀를 기울이고 내게 나아와 들으라 그리하면 너희 영혼이 살리라" 하였다. 초청을 받아드리면 살게 되고 거절하면 생명이 죽게 된다는 것이다(잠 9:10-12).

위에서 말한 거만한 자들은 주님의 초청을 받고서도 그것을 "듣기 싫어하고 돌아보지도 않고"(잠 1;24) 도리어 교훈을 멸시하고 책망을 받지 않으며(잠 1:25), 지식을 미워하며 여호와 경외하기를 즐거워하지 않는다(잠 1:29). 그러나 현숙한 여자의 초청의 부르는 소리를 듣고 나오는 자는 안전하게 그리고 평안하게 살 수 있다(잠 1:33). 현숙한 여자는 지혜를 추구하므로 여러 가지 좋은 결과와 깨달음 및 유익을 갖게 해준다. 첫 번째의 유익은 여호와 경외를 깨닫게 된다는 것이다. 즉 지혜를 구하고 사모하는 자에게 하나님을 알고 경외하는 지혜를 주신다(잠 2:5-8).

두 번째 유익은 영적인 통찰력을 얻게 된다는 것이다. 즉 실제적으로 매우 복잡하고 혼미한 환경 속에서 선한 길(good path) 곧 공의와 공평과 정직의 길을 어떻게 갈 것인가를 결정할 수 있는 능력을 주신다. 하나님과 관계가 바로 되어 있으면(잠 2;5) 필요한 깨달음과 인도를 받게 되되(잠 2:6), 우리의 마음속으로 부터 받게 될 것이라 한다. 이것은 우리 속에 성령께서 내주해 계신다는 뜻과 동일하다 할 수 있다(잠 2:10).

세 번째 유익은 도덕적 보호를 받게 된다는 것이다. 성도들은 타락하고 악한 대적이 발호하는 환경 속에서 살아가고 있다. 그러므로 그들은 주님의 인도와 보호가 필요하다. 본문에서는 두 가지 위험에서 구해주시겠다고 하였다. 첫째로는 악하고 패역한 자들의 위험에서 보호해 주시겠다는 것이다(잠 2:12- 15). '패역하다' 는 말의 동의어는 '구부러지다', '왜곡되다', '바른 길에서 벗어나다', '속이다' 등이다. 이 어둡고 왜곡되고 굽고 속이는 길 곧 악인의 길은 악의 세력에 종속되는 것을 말한다. 세상은 이처럼 어둡고 사악하지만 하나님을 경외하고 살면 그에게 그 악인의 꾀를 쫓지 아니하고 죄인의 길에 서지도 아니하며 오만한 자의 앉지도 아니할 수 있는 힘을 주실 뿐 아니라 보호해 주신다는 것이다.

그 다음으로는 음녀(strange woman, 잠 2:16-19)의 유혹으로부터 구해 주신다는 것이다. 음녀란 곧 악의 세력을 의인화한 것이라 할 수 있다. 이 음녀가 어떤 존재이건 간에 그녀의 유혹은 세상에서 가장 피하기 힘든 일이라고 생각한다. 그러나 하나님을 사모하는 사람은 그 위험으로부터 보호를 받게 된다는 것이다.

네 번째 유익은 선한 길로 걸어가게 하신다는 것이다(잠 2:20-22). 그 길은 죽음의 길이 아니라 생명의 길이며, 그것을 잠언의 저자는 '땅에 거한다'는 말로 표현하였다. 여기서 '땅'이란 히브리어로 '아레츠'라 하는데 '가나안 땅'을 의미한다. 가나안 땅은 이스라엘 백성에게 있어서는 가장 고귀한 축복의 땅이었다. 왜냐하면 그것은 새 땅(마 5:5; 벧후 3:13)을 의미하고 천국을 상징하기 때문이다. 즉 이 땅은 성도의 영원한 집과 영생을 말한다고 할 수 있다. 악한 자는 멸망하나 의인은 영원히 산다는 것이다.

(2) 이상한 여자

이상한 여자 곧 '음녀'(이 여자라)와 '이방 계집'(노크리야)은 동의어다. 음녀의 역사는 매우 오랜데, 라합도 음녀였다(수 2:1). 창세기 38장 15절에 나오는 창녀(케데쇠)는 종교적인 목적 즉 생산력을 주관하는 신인 아스다롯을 매음을 통해 섬겼던 여사제를 말한다. 그래서 "음행하는 자나 더러운 자나 탐하는 자 곧 우상숭배자는 다 그리스도와 하나님 나라에서 기업을 얻지 못하리니"(엡 5:5)라 하였다. 음녀를 달리 이상한 여자 또는 호리는 여자라 할 수 있는데, 그녀의 특색은 다음과 같다.

첫 번째 호리는 여자의 특색은 호리는 말을 한다는 것이다. 호리는 말(잠 6:24, 7:5, 21)은 아첨이나 간사와 마찬가지로 겉과 속이 다른 표리부동한 것을 말한다. 두 번째 호리는 여자의 특색은 기생의 옷을 입는다는 것이다. "그 때에 기생의 옷을 입은 간교한 여인이 그를 맞으니 이 여인은 떠들며 완악하며 그 발이 집에 머물지 아니하여"(잠 7:10-11). 거울 앞에 자주 앉아 치장하고 옷맵시에 무척 신경 쓰고 외양을 가꾸는 여인은 속 빈 여인이요 기생의 옷을 입은 여인이다. 그런 여자는 지분 냄새로 남자를 호리는 것이다. 세 번째 호리는 여자의 특색은 간교하다는 것이다. 간교(잠 7:10)는 히브리어로 '나추르'라고 하는데, 이는 '비밀' 혹은 '은익'을 뜻한다. 겉과 속이 다르고 비밀이 많으면 간교한 것이다. 뒤는 더러운데 앞만 깨끗한 체하는 것이 간교다.

네 번째 호리는 여자의 특색은 떠든다는 것이다. 시끄럽게 떠들고 다툼이 많다(잠 9:13, 21:9, 19). 아무것도 아닌 것을 가지고 다툼을 일삼는 것을 의미하는 것이다. 다섯 번째 호리는 여자의 특색은 완악하다는 것이다. 이 여인은 떠들며 완악하다(잠 7:11-12). 말을 듣지 않고, 마치 멍에 메우지 않은 짐승처럼 제마음 대로 하는 상태, 마음이 들뜬 상태 또는 야수적인 악성의 상태를 일컫는다. 여섯 번째 호리는 여자의 특색은 마음이 들떠 있다는 것이다. "그 발이 집에 머물지 아니하여"(잠 7:11)라고 하였다. 마음이 허하고 들떠서 집안에 밑을 붙이고 가만히 앉아 있을 수가 없어 무사분주하게 동분서주하는 것이다.

일곱 번째 호리는 여자의 특색은 부끄러움을 모른다는 것이다. 철면피라 수치를 모르는 것을 말한다. "창기의 낯을 가졌으므로 수치를 알지 못하니라"(렘 3:3). 창기는 수치를 모른다. 여덟 번째 호리는 여자의 특색은 어리석다는 것이다. 문자적으로는 "순진하여 속기 쉬운"이라는 뜻이다. 또한 무지해서 아무것도 모르는 것을 말한다.

이 호리는 여자 곧 음녀는 남자를 호리는 것을 그 목적으로 하고 있는

데, 그 수법은 다음과 같다. 첫 번째 수법은 포옹하고 입 맞추는 것이다(잠 7:13). 입맞춤은 가장 강한 음욕을 잡아끄는 인력과 흡인력이 되는 것이므로 일단 남녀가 포옹하고 입 맞추면 마지막 선을 지키기가 어렵다. 두 번째 수법은 몸짓 곧 부끄러움을 모르는 얼굴로 유인하는 것이다. 요염한 눈빛을 하고 몸을 비비꼬며 윙크를 하는 등 호리는 몸짓을 한다(잠 7:13). 세 번째 수법은 아첨의 말로 호리는 것이다(7:14-20). 일단 음녀는 화목제를 드렸다는 말로 호린다(잠 7:14). 그 다음으로는 남자의 마음을 부추기는 말로 호린다(잠 7:15). "이러므로 내가 너를 맞으려고 나와서 네 얼굴을 찾다가 너를 만났도다"라고 하였는데, 이는 우리의 만남은 우연이 아니라 천생연분이라는 것이다.

더욱 그녀는 감각적 표현으로 남자를 호린다(잠 7:16-17). "내 침상에는 요와 애굽의 무늬 있는 이불을 폈고 몰약과 침향과 계피를 뿌렸노라"고 하였다. 뿐만 아니라 아침까지 흡족하게 서로 사랑하자고 하는 말로 남자를 호린다(잠 7:18). 흡족하게 서로 사랑하자는 것은 히브리어의 원뜻대로 하면 '사랑을 깊이 들이키자'는 뜻이라 한다. 이는 깊은 성행위를 뜻하는 것으로 가끔 성행위를 샘물에 비교하는 것을 생각하면, 그 표현이 적절하다는 것을 알 것이다(잠 5:15-17; 아 4:12-15). 더 나아가 그녀는 소년을 안심시키는 말로 호린다(잠 7:19-20). 이 여자는 남편이 상업상 여행 중에 있고 보름 후에나 돌아올 것이기 때문에 남편에게 불의를 범하는 일이기는 하지만(잠 2:16-17), 결코 그에게 붙잡혀 혼날 염려는 없다고 안심시키며 호리는 것이다.

이렇게 해서 호림을 당하면 파멸하고 만다. "그 발은 사지로 내려가며 그의 걸음은 스올(음부)로 나아가나니"(잠 5:5, 7:24-27, 9:18) 하였다. 여기서 음부란 어둡고 음울하며 축복이 없는 영적 죽음의 세계를 말함으로 사지(死地)와 동일어라 할 수 있다. 이미 스올로 가고 있는 음녀들과 휩쓸리는 것은 이 세상에 살아 있는 동안에 죽음을 경험하는 일이다. 이렇게 음녀에게 호림을 당하면 생명의 길에서 탈선하게 된다. 그래서 솔로몬은 "그는 생명의 평탄한 길을 찾지 못하며 자기 길이 든든하지 못하여도 그것을 깨닫지 못하니라"(잠 5:6) 하였다. 창기의 유혹은 마귀의 역사다. 지옥은 이러한 육체적, 영적인 창기들로 빈 틈 없이 채워진다(잠 7:27). 지옥은 생명이 없는 곳이요, 생명의 길에서 떠난 곳이다. 사지로 끌려가는 그런 사람은 살아 있으나 죽은 것이나 다름이 없고 현세에서 지옥을 경험하는 것이다(잠 6:32).

음녀의 호림을 당하면 자신과 가정이 파탄 당하게 된다는 것이다. "두렵건대 네 존영이 남에게 잃어버리게 되며 네 수한이 잔인한 자에게 빼앗기게 될까 하노라 두렵건대 타인이 네 재물로 충족하게 되며 네 수고한 것이 외인의 집에 있게 될까 하노라 두렵건대 마지막에 이르러 네 몸, 네 육체가 쇠약할 때에 네가 한탄하여 말하기를 내가 어찌하여 훈계를 싫어하며 내 마음이 꾸지람을 가벼이 여기고 내 선생의 목소리를 청종하지 아니하며 나를 가르치는 이에게 귀를 기울이지 아니하였던고 많은 무리들이 모인 중에서 큰 악에 빠지게 되었노라 하게 될까 염려하노라"(5:9-14).

또한 음녀의 호림을 당하면 패가망신 할 뿐 아니라 영혼의 손상을 입게 되고 상함과 능욕과 부끄러움을 당하게 된다는 것이다. 솔로몬은 이렇게 말하였다. "음녀로 말미암아 사람이 한 조각 떡만 남게 됨이며 음란한 여인은 귀한 생명을 사냥함이니라 사람이 불을 품에 품고서야 어찌 그의 옷이 타지 아니하겠으며 사람이 숯불을 밟고서야 어찌 그의 발이 데지 아니하겠느냐 남의 아내와 통간하는 자도 이와 같을 것이라 그를 만지는 자마다 벌을 면하지 못하리라 도둑이 만일 주릴 때에 배를 채우려고 도둑질하면 사람이 그를 멸시하지는 아니하려니와 들키면 칠 배를 갚아야 하리니 심지어 자기 집에 있는 것을 다 내 주게 되리라 여인과 간음하는 자는 무지한 자라 이것을 행하는 자는 자기의 영혼을 망하게 하며 상함과 능욕을 받고 부끄러움을 씻을 수 없게 되나니 남편이 투기로 분노하여 원수 갚는 날에 용서하지 아니하고 어떤 보상도 받지 아니하며 많은 선물을 줄지라도 듣지 아니하리라"(잠 6:26-35).

개인과 가정을 파탄케 하는 호림 당함을 막는 길은 그것을 피하는 것이지만 그것은 청년의 단순한 의지로 되는 것이 아니라 부모의 교훈에 귀를 기울이고 그것을 붙들고 놓지 말며 그것과 동화해서 살 때 비로소 가능하다고 한다. 잠언 6:20-22에서는 그것이, 길을 갈 때는 인도자로, 잠을 잘 때는 보호자로, 깨어 활동을 할 때는 대화자나 상담자가 되어 준다고 하였다. 비유적으로 말하자면 명령은 등불이요, 법은 빛이요, 훈계의 책망은 생명의 길이라고 할 수 있다(잠 6:23). 다른 말로 말하면 모든 육체적, 도덕적, 영적인 악에서 구해 주시겠다는 것이다. 그러므로 지혜가 부족할 때는 구해야만 한다.

2) 의로운 사람과 악한 사람

성경은 의인은 없나니 하나도 없다고 한다. 스스로 의롭다고 하는 자는 거짓말을 하는 자라고 하지만, 믿음으로 사는 자는 의롭다함을 받는 것이다. 그렇지 아니한 자를 악인이라 할 수 있다. 잠언 10-15장에서는 의로운 사람을 지혜로운 자, 완전한자, 정직한 자, 명철한 자, 마음이 신실한 자, 인자한 자, 구제를 좋아하는 자, 진실하게 행하는 자, 선한 자 등으로, 악한 사람을 미련한 자, 사악한 자, 자기 재물을 의지하는 자, 죄인, 말씀을 멸시하는 자 등으로 묘사하고 있다. 그들이 영위하는 생활의 특성과 태도 여하에 따라서 의로운 사람과 악한 사람은 구분된다.

잠언 10장으로부터 15장에서 의인과 악인의 생활특성과 그 생활태도에 대해 자세히 기술해주고 있다.

(1) 의인과 악인의 생활특성

의인의 생활특성 중 그 첫 번째는 훈계를 좋아하는 것이다(잠 12:1).

훈계를 좋아하는 사람은 참된 지식 즉 배움을 소중히 여기며, 그것이 어떤 경로로 자기에게 오든 간에 받아들인다. 시편 119편 7절에서는 "내가 주의 의로운 판단을 배울 때에는 정직한 마음으로 주께 감사하리이다"라고 하였다.

의인의 생활특성 중 그 두 번째는 생각이 정직하다는 것이다(잠 12:5). 올바른 생각은 올바른 말과 올바른 행동을 낳게 되는데, 이는 결국 의를 기뻐하시는 분으로부터 보상을 받게 된다. "선한 사람은 그 쌓은 선에서 선한 것을 내고 악한 사람은 그 쌓은 악에서 악한 것을 내느니라"(마 12:35)는 말씀이 그 특성을 잘 말해주고 있다.

의인의 생활특성 중 그 세 번째는 수욕을 참는 것이다(잠 12:16). 지혜로운 자는 수욕 즉 모욕을 당해도 괴로워도 드러내지 않고 묻어두는 참음을 좋아한다. 참는다는 것은 모욕을 무시해 버린다는 것이 아니라 그것에 대한 반응을 조절하거나 용서하는 것을 뜻한다. "우리가 환난 중에도 즐거워하나니 이는 환난은 인내"(롬 5:3)를 낳기 때문이다.

의인의 생활특성 중 그 네 번째는 진리를 말한다는 것이다(잠 12:17). 의인은 법정에 설 때에 터무니없는 무고나 허망한 풍설(출 23:1)을 늘어놓지 않고 진실만을 말한다. 바울은 "내가 그리스도 안에서 참말을 하고 거짓말을 아니하노라"(롬 9:1) 하였는데, 그것은 "그리스도의 진리"(고후 11:10)가 그의 속에 있기 때문이었다.

의인의 생활특성 중 그 다섯 번째는 화평을 도모한다는 것이다(잠 12:20). 화평은 희락에서 연유되고 또한 희락은 역으로 화평에서 오는 것이라 할 수 있다. 로마서 12장 18절에서는 "할 수 있거든 너희로서는 모든 사람으로 더불어 평화하라" 하였다.

의인의 생활특성 중 그 여섯 번째는 지식을 감춘다는 것이다(잠 12:23). 지혜로운 자는 자기의 지식을 과시하려고 하지 않는다. 말할 가치가 가장 적은 것을 가지고 있는 사람이 말이 많다. 슬기로운 사람은 자기 지식을 끊임없이 공표하지 않는다. 그래서 잠언 10장 14절에서는 "지혜로운 자는 지식을 간직하거니와 미련한 자의 입은 멸망에 가까우니라"고 하였다.

의인의 생활특성 중 그 일곱 번째는 이웃의 인도자가 된다는 것이다(잠 12:26). 의인은 이웃을 옳게 인도하여 준다. 비록 그 말이 어렵거나 거북할 수 있으나 바로 받는 경우에는 양약이 된다. 신령한 자는 모든 것을 판단하고 경건하게 살펴서 이웃의 덕을 세워주고 바른 길로 인도한다.

반대로 악인들의 특성은 다음과 같다. 악인의 생활특성 중 첫 번째는 징계를 싫어한다는 것이다(잠 12:1). 의인은 징계를 좋아하지만 악인은 징계를 싫어한다. 징계를 싫어하는 사람은 짐승과 같다. 왜냐하면 다른 사람의 바로 잡는 말을 무가치하게 여기기 때문이다(잠 10:17). 이런 사람은 자기 생각과 행실이 바른 교훈에 아무리 위배될지라도 다스릴 수 없는 자기 고집을 더 좋아한다.

악인의 생활특성 중 그 두 번째는 속임수를 쓴다는 것이다(잠 12:5). 악인은 궤휼 즉 악을 도모하기를 침상에서도 한다. 그래서 시편 36편 4절에서는 "그는 그의 침상에서 죄악을 꾀하며 스스로 악한 길에 서고 악을 거절하지 아니하는도다"라 하였다. 악인의 생각은 악한 말과 행동을 낳는다.

악인의 생활특성 중 그 세 번째는 분노를 당장 나타낸다는 것이다(잠 12:16). 완고하고 둔하고 미련한 자는 그의 길이 바른 줄로 생각하며(잠 21:2), 권고를 받아들이지 않고(1:7), 도리어 분노를 나타낸다. 즉 권고에 대해서 생각도 안 해 보고 감정을 폭발한다는 것이다. 그래서 "돌은 무겁고 모래도 가볍지 아니하거니와 미련한 자의 분노는 이 둘보다 무거우니라"(잠 27:3) 하였다. 또한 "어리석은 자는 자기의 노를 다 드러내어도 지혜로운 자는 그것을 억제하느니라"(잠 29:11)라고도 하였다.

악인의 생활특성 중 그 네 번째는 거짓을 일삼고(잠 12:17), 함부로 말한다는 깃이다(잠 12:18). 거짓 증인은 거짓말을 일삼고 망령되게 말한다. 망령되게 말하는 것은 칼로 찌름과 같다. 함부로 하는 말은 상처를 입힐 의도로 한 것은 아닐지라도 마치 칼같이 상처를 주고 찌를 수 있다.

악인의 생활특성 중 그 다섯 번째는 악을 꾀한다는 것이다(잠 12:16). 악인의 마음에서 나오는 것은 악한 생각(막 7:21) 뿐이다. 그 악한 생각이 "사람을 더럽게 하고"(막 7:23), "악한 길"(시 36:4)에 서게 한다. 악을 꾀한다는 말은 모해(謀害)(잠 3:29)나 또는 계교(잠 6:18), 그리고 악의 도모(잠 14:22)를 한다는 뜻이다. 또한 그것은 마음과 정신이 죄와 더러움에 빠진 것을 말한다.

악인의 생활특성 중 그 여섯 번째는 미련한 것을 전파한다는 것이다(잠 12:23). "우매한 자는 길에 갈 때에도 지혜가 결핍하여 각 사람에게 자기가 우매함을 말하느니라"(전 10:3). 이사야 32장 6절을 보면 "이는 어리석은 자는 어리석은 것을 말하며 그 마음에 불의를 품어 간사를 행하며 패역한 말로 여호와를 거스르며 주린 자의 속을 비게 하며 목마른 자에게서 마실 것을 없어지게 함이며"라고 한 말씀과 같다.

악인의 생활특성 중 그 일곱 번째는 자기를 미혹한다는 것이다(잠 12:26). 악인의 소행은 깨끗지 못하고 모든 것을 바르게 분간할 수가 없어서 자기를 미혹케 한다는 것이다. 스스로를 미혹하는 사람은 굽은 길과 거짓된 길을 사랑하게 된다.

(2) 의인과 악인의 생활태도

의로운 사람의 생활태도 중 그 첫 번째는 의롭게 생활을 하려고 한다는 것이다. 의로운 생활이란 곧 공의를 굳게 지키는(잠 11:19), 그 길을 바르게 하는(잠 15:21), 사랑하는(잠 15: 17), 훈계를 좋아하는(잠 12:1), 지혜대로 칭찬을 받는(잠 12: 8), 정직한(잠 11:3), 뿌리가 움직이지 않는(잠 12:3), 선을 도모하는(잠 14:22), 그 이웃을 업신여기지 않는(잠 14:21), 기도하는(잠 15:8) 생활이라 할 수 있다.

의로운 사람의 생활태도 중 그 두 번째는 부지런하게 생활을 하려고 한다는 것이다. 근면한 생활이란 "손을 부지런히 놀리는"(잠 12:11, 24, 27, 13:4) 생활이요, 수고하고 여름에 거두는 생활을 뜻한다. '여름에 거둔다'는 말은 시기와 기회를 놓치지 않고 거두어 드리는 것을 의미한다. 잠언 6장 8절에서는 "여름 동안에 예비하며 추수 때에 양식을 모으느니라"고 하였다. 일할 때 일하지 아니하면 그 유업이 남에게로 돌아간다. 그래서 잠언 17장 2절에서는 "슬기로운 종은 주인의 부끄러움을 끼치는 아들을 다스리겠고 또 그 아들 중에서 유업을 나눠 얻으리라"고 하였다. 기회와 때를 놓치지 않을 뿐 아니라 기회와 때를 만들어 할 일을 어둔 밤이 오기 전에 열심히 하는 것이 의로운 사람의 마땅한 생활 자세라 할 수 있다.

의로운 사람의 생활태도 중 그 세 번째는 바른 언어생활을 하고자 하는 것이다. 바른 언어생활이란 지혜의 말을 하는(잠 10:13, 31), 가치 있는 말을 하는(잠 10:20, 15:23), 교육적인 말을 하는(잠 10:21), 기쁘게 하는 말을 하는(잠 10:32), 사람을 구원하고자 하는 말을 하는(잠 12:6), 진리를 말하는(잠 12:17), 화평을 논하는(잠 12:20), 선한 말을 하는(잠 12:25, 15: 26) 언어생활을 뜻한다.

악한 사람의 생활태도 중 그 첫 번째는 악하게 살려고 한다는 것이다. 악한 생활이란 곧 의리 없는(잠 10:2), 굽은 길로 행하는(잠 10:9), 눈짓하고 미워하는(잠 10:10, 12), 징계를 버리는(잠 10:17), 행악으로 낙을 삼는(잠 10:23), 땅에 거하지 못하는(잠 10:30), 악을 도모하는(잠 14:22), 방자하고 분내는(잠 14:16, 15:18), 마음이 굽은(잠 11:20), 과도히 아끼는(잠 11:24) 생활태도 등을 뜻한다.

악한 사람의 생활태도 중 그 두 번째는 나태하게 살려는 것이다. 나태한 생활이란 손을 게을리 놀리는(잠 10:4), 추수 때 잠자는(잠 10:5), 편안한 소득을 바라는(잠 10:16) 생활태도 등을 뜻한다.

악한 사람의 생활태도 중 그 세 번째는 악한 언어생활을 하고자 하는 것이다. 악한 언어생활이란 미련하고 과격한 말을 하는(잠 15:1), 말이 많은(잠 10:19), 가치 없는 말을 하는(잠 10:20), 지식이 없는(잠 10:21), 패역한 말을 하는(잠 10:32), 독을 머금는(잠 10:6, 11), 거짓말을 하는(잠 14:5) 언어생활을 일컫는다.

(3) 의인과 악인이 받는 대가

의인의 대가 중 그 첫 번째는 여호와의 은총을 입는다는 것이다(잠 11:27, 12:2, 14:9, 35). 잠언 11장 27절에서 "선을 간절히 구하는 자는 은총을 얻으려니와"라 했을 때, 그 "선"이란 하나님의 뜻대로 사는 일을 말한다. 이 선을 간절히 구한다는 말은 하나님의 뜻을 실행하기를 힘쓴다는 말이다. 여호와의 은총을 받으면 주리지 않게 되고(잠 10:3), 칭찬을 받게 되며(잠 10:7, 12:8), 장수하게 된다(잠 10: 27). 또한 형통하게 되고(잠 11:10), 유익을 보며(잠 14:23), 흥하게 된다(잠 14:11).

의인의 대가 중 그 두 번째는 구원을 얻는다는 것이다(잠 11:6). 구원을 얻으면 생명이 있게 되고(잠 12:28), 요동치 않게 되며(잠 12:3, 7), 빛나게 되고(잠 13:9), 평안하게 되며(잠 10:9, 11:14), 지식을 간직하게 되고(잠 10:14), 즐거우며(잠 10:28), 길이 곧게 된다(잠 11:5, 15:21).

악인의 대가 중 그 첫 번째는 여호와의 미움을 받는다는 것이다. 여호와의 미움을 받으면 소욕이 물리쳐지고(잠 10:3), 멸시 받게 되며(잠 12:8), 단명하고(잠 10:27, 30), 소망이 없게 되며(잠 10:28, 11:7), 제물이 줄어들고(잠 13:11), 허무하게 된다(잠 11:18).

악인의 대가 중 그 두 번째는 형벌을 받는다는 것이다(잠 11:2). 형벌을 받게 되면 멸망하게 되고(잠 10:14), 넘어지며(잠 11:5), 어둡게 되고(잠 13:9), 근심하게 되며(잠 10: 10)[88], 악에 사로잡힌다(잠 11:6).

결국 악인의 길은 "어둠 같아서 그가 걸쳐 넘어져도 그것이 무엇인지 깨닫지 못하지만"(잠 4:19) "의인의 길은 돋는 햇볕 같아서 점점 빛나서 원만한 광명에 이르게 된다"(잠 4: 18). 돋는 햇볕은 진리와 순결과 희락과 생명을 의미한다. 의인은 언제나 빛 가운데서 행하지만 악을 행하는 자들은 그들의 행위가 들어날까 봐서 어두운 곳을 더 좋아 한다. 의인의 길은 점점 더 확실해지고 믿으면 믿을수록 더욱 깨닫게 되며 더욱 성장하고 더욱 기쁨과 평안이 넘치며 감사와 찬양이 더 많아진다. 그것을 잠언 기자는 "점점 빛나서 원만한 광명에 이르게 되는 것"이라고 하였다. 의의 길은 생명 샘이지만 악의 길은 "필경은 사망의 길"(잠 14:12)이다. 우리는 생명과 사망, 둘 중에서 하나를 엄숙하게 선택하여야 한다. 의의 길을 선택하면 돋는 햇볕 같아서 점점 더 빛나게 되겠지만 악의 길을 선택하면 어두움 같아서 거쳐 넘어지게 된다. 그러므로 명철과 지혜가 필요하다.

4. 축복은 행함으로

흔히 교회에 걸어 놓은 이런 표어들을 볼 수 있다. 즉 '구원과 영생은 오직 믿음으로, 축복과 상급은 행함으로, 은사와 능력은 기도로, 유업과 보존은 겸손으로, 이김과 달성은 사랑으로, 그리고 쓰임과 사명은 순종으로' 라는 표어다. 너무나 마음을 울리는 감동적인 표어다. 위의 표어에도 적시되어 있는 바와 같이, 축복과 상급은 우리에게 요구하시는 하나님의 법도와 명령을 겸손하게 받아들여 순종하고 지킬 때 주어지는 선물이다. 다시 말해서 축복은 하나님의 명령이나 말씀을 따라 행하고 살아가는 행위와 삶을 통하여 우리들의 생명 있는 믿음을 표현하였을 때 비로소 임하는 하나님의 은총이라 할 수 있다. 이런 축복과 준수하여야 할 조건들로써 어떤 것들이 있는가를 잠언 속에서 찾아보겠다.

1) 계명 준수와 부귀

사람은 누구나 복 받기를 원하고 또 그것을 얻기 위해 열심히 구하고 일하며 살아간다. 우리들이 구하고 찾는 복은 참으로 말로다 표현할 수 없을 만큼 많다. 그렇게도 많고 많은 복들 중에서도 동양에서는 주로 오복(五福)만을 강조하는 것을 볼 수 있다. 그 오복은 수(壽), 부(富), 강녕(康寧), 유호덕(攸好德), 고종명(考終命)이다.

위에서 든 동양의 오복을 풀이하면 그 첫째가 바로 장수(수)하는 것이다. 둘째가 부로서 물질적으로 넉넉하게 사는 것이다. 셋째가 강령으로서 몸이 건강하고 마음이 평안한 것을 의미한다. 넷째가 유호덕으로서 덕 쌓는 것을 좋아하는 것을 의미한다. 마지막이 고종명으로서 제명대로 살다가 편히 죽는 것이다.

믿는 사람들도 세상 사람들과 다를 바 없이 장수와 존귀와 건강을 마다하지 않고, 가장 귀한 축복이라고 생각하는 경우가 많다. 그것을 잘못되었다고 나무랄 수만은 없다. 그러나 이런 복들은 얻고 싶어 한다고 해서 세상 사람들이 바라는 횡재처럼 그저 굴러들어오는 것은 아니다. 이 모든 복을 받아 누리려면 반드시 그만한 대가를 치러야 한다. 그래서 잠언에서도 하나님의 계명을 '마음'으로 지키고 인자와 진리를 떠나지 말게 하며 그것을 목에 매며 마음 판에 새기고 살아야 한다고 했다(잠 3:1, 3).

여기서 우리가 꼭 유념해 두어야 할 가장 중요한 단어는 '마음'이라는 말이다. 이 '마음'은 생명의 근원이며 속사람이 내주하는 자리이기 때문이다. 한 마디로 말해서 마음은 느낌, 욕구, 애정과 같은 감정의 전부가 담겨 있는 곳이다. 즉 마음은 우리의 영적 삶의 가장 깊은 지성소와도 같은 곳이므로, 잠언 4장 23절에서는 "모든 지킬 만한 것 중에 더욱 네 마음을 지키라 생명의 근원이 이에서 남이니라"고 했다.

하나님의 지시하심이 마음으로부터 나오기 때문에, 마음으로 하지 않는 것을 하나님은 가장 싫어하신다. 마음이 깃들여 있지 않은 행위는 하나님이 가장 싫어하시는 형식과 외식인 것이다. 그러므로 성경 말씀(법)을 잊어버리지 않는 것이나 지키는 것도 그저 건성으로 하지 말고 마음 곧 충심으로 하여야 한다는 것이다. 충심이 따르는 말씀준수와 말씀의 실천행위 그것을 하나님은 요구하신다.

그 다음으로 중요한 것은 '인자'와 '진리'를 떠나지 않도록 하는 것이다. 여기서 말하는 '인자'를 히브리어로 '헤세드'라 하는데 원래 그것은 '격렬한 욕망'이라는 뜻이다. 이 말이 하나님께 적용될 때는 인간을 향한 사랑과 은총을 의미하며, 인간에게 적용될 때는 경건, 즉 하나님을 향한 인간의 사랑과 인간애를 의미한다. 그리고 '진리'를 히브리어로 '에메트'라 하는데, 그것은 '견고함', '안전성'이라는 뜻이다. 이는 약속을 이행하시는 하나님의 성실함을 가리킨다. 한편 '헤세드'가 이기심과 미움을 배제하는 의미로 쓰이는 말이라면, '에메트'는 가식과 위선을 배제하는 의미로 쓰이는 말이다. 그러므로 인자와 진리를 떠나지 말라고 하는 것은 하나님을 향한 격렬한 갈망과 하나님께 대한 성실함과 일관성을 잃어버리지 말라는 것이다. 이것을 '마음 판에 새기' 듯이 또는 '목에 매' 듯이 귀하게 여기고 제일 중요한 원리로 삼아 살면 장수와 평강과 존귀의 축복을 주시겠다는 것이다(시 34:12).

이 때 하나님께서 주시는 축복은 이미 위에서 언급한 바와 같은 삶의 양과 삶의 질 양면에 주시는 것으로 나타나는데, 첫째는 삶의 양, 다시 말하면 장수로 나타난다. 문자적으로 장수란 '날들의 연장', '생명의 연장', '일정한 지점까지의 지속'을 가리킨다. 둘째는 삶의 질, 즉 평강(잠 3:2)과 하나님과 사람과의 화평 및 존귀(잠 3:4)로 나타나게 된다.

긴 삶을 살아도 건강하게 이상이 빨리 노화되지 않고 오래 살아야 그것이 축복이요 진정 의미 있는 삶이라 할 수 있다. 단순히 나이를 많이 먹는다고 늙는 것이 아니라, 이상을 포기할 때 비로소 늙는다. 세월은 피부에 주름을 잡지만, 정열을 포기하면 영혼에 주름이 잡힌다. 신념과 신앙을 가지면 나이가 들어도 젊어지고 회의를 가지면 나이는 젊어도 늙어진다. 자신(自信)을 가지면 젊어지고 공포를 가지면 늙는다. 희망을 가지면 젊어지고 절망을 가지면 늙어진다. 늘 자연과 인간 세상, 그리고 하나님으로부터 아름다움과 희열, 용기와 장엄함, 경이와 신비의 에너지를 얻을 수 있으면 나이는 늙어도 젊어진다. 이렇게 사는 것이 참다운 장수라 할 수 있다.

우리가 하나님의 명령 또는 법을 겉으로만 순종하는 것이 아니라 마음으로부터 진실 되게 우러나오는 순종을 하게 되면 장수하며, 그것도 평강을 누리며 오래오래 살게 된다는 것이다. 그리고 인자(사랑)와 진리(성실)로 하나님의 교훈을 떠나지 않고 마음 판에 새겨 늘 묵상하면 하나님 앞이나 사람 앞에서 귀중히 여김을 받게 된다고 한다.

이런 복을 받아 누리지 못하고 있는 것은 그렇게 하지 않았기 때문일 것이다. 마음에 평강이 임하지 않고 두려워하며 살아간다는 것은 하나님의 말씀을 떠나서 살기 때문일 것이며, 성도들에게나 세상 사람들에게 존귀함을 받지 못하고 있는 것은 진리를 떠나 행동하고 자비가 없기 때문이며, 건강에 문제가 있는 것은 절제하지 못하고 물질의 노예가 되어서 신경을 너무 많이 쓰고 하나님보다 내 지혜를 더 의지하며 살기 때문일 것이다. 하나님의 명령과 법을 마음으로 잘 지키지 않고 내려놓거나 떼어 놓고 인자와 진리를 떠나 살면 오래 사는 축복과 존귀와 평강의 은총도 받아 누릴 수가 없게 된다.

2) 시인과 인도

릭워렌 목사는 어느 날 산에 갔다가 길을 잃은 적이 있는데 그때의 당혹스러웠던 경험을 다음과 같이 기록하고 있다. "나는 산에서 길을 잃은 적이 있다. 가던 길을 멈추고 야영지로 가는 길을 물었을 때, 나는 이런 말을 들었다. "여기서는 그리로 갈 수 없습니다. 산의 반대쪽에서 출발해야 합니다." 마찬가지로 우리가 스스로에게 초점을 맞추고 시작한다면 삶의 목적에 도달할 수 없다. 삶의 목적에 도달하기 위해서는 우리의 창조주, 하나님으로부터 시작해야 한다. 우리는 하나님의 의해, 하나님을 위해서 창조되었고, 그것을 이해하기 전에는 결코 삶을 이해할 수 없다. 오직 하나님 안에서만 우리가 어떻게 시작되었고, 우리가 누구이며, 삶의 의미와 목적 그리고 이를 통한 삶의 소중함, 더 나아가 우리가 궁극적으로 나아가는 목적지를 발견할 수 있는 것이다. 하나님 외의 다른 모든 길은 결국 막다른 골목으로 인도할 것이다."[89]

우리는 누구나 길을 잃으면 헤매게 되고 당황하게 된다. 특히 깊은 산 같은 데서 길을 잃으면 결코 찾아 나올 수가 없다. 그때 필요한 것이 나침반이요 그 길을 잘 아는 안내자다. 우리는 종종 인생길에 바른 길을 놓쳐 길을 잃을 때가 있다. 이런 때 요구되는 것이 모든 길을 정통하고 있는 안내자라 할 수 있다. 그 가이드는 시간과 공간에 매여 있는 유한한 인간이 될 수가 없다. 그래서 잠언의 기자는 "자기 자신의 지혜를 의지하지 아니하고 하나님만을 의뢰하고 그를 범사에 인정하라"(잠 3:5-6)라고 하였다. 그리하면 그의 길을 지도하고 인도해주실 것이라는 것이다. 인생길을 지도받고 싶으면 하나님의 명령을 지켜야만 한다. 하나님의 명령은 곧 여호와를 의뢰하고 인정하라는 것이다. 첫째 하나님을 의뢰한다고 하는 것은 곧 내 마음을 다하고 뜻을 다해 하나님을 사랑하는 것이라 할 수 있다. 그래서 신명기 6장 5절에서는 "너는 마음을 다하고 뜻을 다하고 힘을 다하여 네 하나님 여호와를 사랑하라"고 하였고, 시편 37편 3절에서는 "여호와를 의뢰하고 선을 행하라" 하였다. 하나님을 전적으로 의뢰한다고 하면서 마음과 뜻과 힘을 다하지 않는 것은 기만이요 가식인 것이다. 그 다음 하나님을 의뢰한다고 하는 것은 자기 명철을 의지하지 않고 하나님의 지혜를 믿고 범사에 그를 인정하는 것이다. 사람의 명철 곧 분별력은 소극적이요 한계가 있어 완전하지 못하다. 그런데도 자기의 명철을 의지하고 산다고 하는 것은 전능하신 여호와를 의뢰하지 않는 것과 다름이 없다. 그러므로 "범사에 그를 인정하는 것"이 여호와를 의지하는 것이요 그를 사랑하는 것이 된다. 성도의 길은 적극적으로 그를 의뢰하고(잠 3:5), 인정하고(잠 3:6) 경외하는(잠 3:7)데 있다. 그리하면 하나님께서 그의 길을 지도해주고 인도해주신다.

계명을 준수하는 것은 곧 하나님을 사랑하는 것이므로, 여호와는 우리의 목자가 되어 양인 우리를 푸른 초장으로 잔잔한 물가로 인도하시고, 마음의 평안과 안전지대로 안내하신다. 이것이 가장 건강하고 복된 은총이다(마 6:25-34).

이런 하나님의 인도하심을 따라서 가는 자에게 요구되는 기본적인 자세는 자신을 부인하고 자신을 주께 드리는 전적인 헌신이라 할 수 있다. 여호와 하나님께서 막으시면 막으시는 대로 방향을 바꾸어서 나아가야 하고, 험산 준령과 같은 사망의 음침한 골짜기로 인도하시면 그런 곳도 마다하지 않고 나아가야 한다. 자신을 부인하고 자신을 주께 온전하게 드렸기 때문에 주께서 인도하시는 길이 어디가 되었든지 우리는 그 길만을 따라서 가겠다는 각오를 갖고 앞으로 나아가야 한다. 그리하면 그가 합동해서 유익하고 선한 길로 인도하신다.

잠언 16장 9절을 보면 "사람이 마음으로 자기의 길을 계획할지라도 그 걸음을 인도하는 자는 여호와시니라"는 말씀이 있다. 사람이 아무리 계획을 세운다고 해도 인생의 항로를 인도하시는 분은 하나님이시라는 사실을 알아야 한다. 이는 사람이 마음속에 계획을 세우고, 생각하고, 서로 손을 맞잡는다 할지라도, 사람을 감동시켜서 일의 진행과 결과를 유익하게 하는 것은 하나님의 은혜라는 것이다. 그러므로 성도들은 말로만 여호와를 의지한다고 하지 말고, 항상 모든 일의 계획과 그 과정까지도 여호와 하나님께 맡기므로 하나님의 선하신 응답을 받도록 해야 한다.

이것을 잠언 16장 3절에서는 "너의 행사를 여호와께 맡기라"라고 하였다. 여기서 말하는 행사는 우리가 세우는 계획과 동일한 것이다. 그러므로 우리 인생의 모든 행사를 여호와께 맡기면 여호와 하나님께서 경영해서 이루어주신다(잠 16:3). 이것은 인간이 자기 행복을 위하여 모든 계획을 세우고 그것을 성취할 힘이 없으므로 전적으로 여호와께서 맡아 이루어달라고 의탁하여야 한다는 뜻이다. 또한 이것은 어떤 일을 경영하는 경우 처음부터 하나님이 원하시는 뜻이 무엇인지를 살피고, 그 뜻대로 일을 경영하면서 그 과정과 결과까지도 다 여호와께 맡기고 의지하여 하나님이 주시는 힘과 지혜로 그 일을 이루라는 뜻이기도 하다.

그러므로 성도들은 인생의 만사를 자기가 주인이 되어 주장하지 말고, 하나님의 뜻을 좇아 하나님이 주시는 힘과 지혜로 살아감으로써 그 행사가 형통하는 복을 누리도록 해야 할 것이다. 모사(謀事)와 계획은 사람에게 달려 있어도, 경영과 성사(成事)는 하나님께 달려있다. 우리 사람이 계획을 세워도 하나님께서 최종 결정권을 가지고 있다는 것이다. 최종 결재자는 하나님이시기 때문에, 사람이 계획할지라도 하나님이 허락하시지 않으시면 그 일은 이루어지질 않는다. 즉 이 말씀은 사람이 어떤 일을 하겠다고 계획을 하지만 그 계획된 일이 이루어지게 하시는 이는 하나님이시라는 것이다. 모사는 재인(在人)이요, 성사는 재천(在天)이라는 말이 바로 이런 말이다.

잠언 16장 9절에서도 "사람이 마음으로 자기의 길을 계획할지라도 그의 걸음을 인도하시는 이는 여호와시니라"고 하였다. 사람의 계획대로 모든 것이 되질 않고 하나님이 허락하셔야 된다는 것이다. 우리의 계획, 인생길, 짐, 염려, 영혼을 하나님께 맡겨야 하는데, 그것을 10%만 맡기면 그 만큼만 인도해주시고 보장해 주신다. 그러나 우리가 모든 것들을 주님께 100% 온전히 맡기면 여호와 하나님께서는 그 믿음을 보시고 기쁨으로 그 일을 100%이루어주신다.

그리고 시편에서는 계획이나 행사라고 하질 않고 우리의 인생길을 하나님께 맡기라고 하였다. 시편37장 5절에 보면 "너의 길을 여호와께 맡기라"고 하였다. 우리 인생의 길을 하나님께 맡기고, 하나님과 의논하면 우리의 인생길을 책임져 주시고 지도 인도해주신다. 우리는 인생의 길을 걸어 갈 때에 함께해주시는 동반자이거나 안내자가 필요하다. 인생의 길을 잘 아는 안내자의 인도를 받으면 여행이 재미있고 힘들지 않다.

그러나 가는 길을 잘 알지 못하여 잘못 길을 들어서면 큰 낭패를 만나게 된다.

그리고 여호와를 경외한다는 것은 하나님의 임재를 체험한다는 것을 전제로 하는 말이다(출 3: 4-6). 우리가 하나님을 경외하지 못하는 결정적인 이유가 하나님의 임재를 체험하지 못하기 때문이다. 하나님의 임재를 상상하거나 습관적으로 그럴 것이라 인정하는 정도로는 하나님을 경외할 수 없다. 우리가 하나님의 임재를 체험하게 되면 두려워하는 마음으로 그분의 인도하심을 받을 수 있다. 하나님께서 내 인생 행로에 불기둥과 구름기둥으로 임재 해 계신다는 사실을 체험하면 그분의 인도하심을 받을 수 있다.

3) 훈련과 건강

질병은 아픔과 고통, 심한 경우에는 죽음까지도 전제되는 것이기 때문에 무섭고 싫고 두렵다. 사람은 누구나 이런 질병으로부터의 자유를 원하고 건강하고 행복하기를 다 원한다. 병드는 것을 즐거워하며 유쾌하게 생각하는 사람은 세상엔 한 사람도 없다. 이렇게 우리가 원치 않는 것이 질병이지만 얄궂게도 늘 우리에게 침범하여 우리를 괴롭히고 생명을 위협한다. 질병 가운데는 육체의 질병도 있고, 마음의 질병도 있으며, 정신적이고 영적인 질병도 있다. 그것이 육체적인 것이든 영적인 것이든 질병은 우리를 언제나 불안하게 하고 공포에 떨게 한다.

웹스터 사전에 따르면, 질병이란 "평온함이 결여된 상태 또는 건강의 부조리를 경험하는 상태"라고 정의된다. 평안함이 없거나 행복하지 못하고 기쁨과 감사와 감격이 사라진 모든 상태는 질병이라 할 수 있는데, 이 가운데서도 가장 무서운 질병이 영적인 것이다. 단적으로 이 영적인 질병은 염려와 근심 걱정, 그리고 불안으로 나타난다. 염려란 급박한 두려움을 먹고 사는 마음의 고통스러운 불안이다. 이 염려는 인간의 관점을 크게 부각시키는 반면 하나님의 관점을 억누름으로써, 우리를 더욱 두려움에 휩싸이게 한다. 우리는 염려할 때, 주변의 인간사를 너무나 의식한 나머지 하나님의 시각은 그에 짓눌려 사라져 버리고 만다. 염려는 우리의 일상에서 하나님의 관점을 교살시키고, 우리를 초조하게 만든다. 그러므로 염려는 죄가 된다.

또한 염려는 본질적인 것과 부차적인 것을 식별할 수 있는 능력을 짓누름으로써, 우리의 마음을 산란하게 만든다. 세부적인 것들을 염려하다 보면 끝없는 두려움, 의심, 임무, 기대감 그리고 압박감만 늘어난다. 결국 우리는 중요한 것이 무엇인지에 대한 초점을 잃고 말게 된다. 부차적인 것들로 말미암아 마음이 산란해지는 동시에 본질적인 것들을 소홀히 여기게 된다. 그리고 염려는 우리의 기쁨을 짜내고 다른 사람들을 수용하기보다 판단하게 만들어 부정적인 사람이 되게 한다. 염려가 마음의 전쟁터에서 승리하면 우리는 부정적으로 변한다. 이렇게 되면 염려를 다른 사람들에게 전염시키는 것은 불가피한 결과로 다가오게 된다. 염려 이외에 이 영적 질병의 다른 한 형태로 나타나는 것이 불안이다. 현대는 불안이 더 하여가고 신경을 항상 곤두세우고 살아가는 때다. 스트레스, 불안, 신경 쇠약, 노이로제라는 말은 항상 우리 귀에 들려지고 내 주위에서 흔히 이런 일을 당하는 사람들을 보면서, 나도 당하면서 살아가고 있는 현대이다.

현대의 사회는 육신적으로는 풍요롭고 모든 것이 부족함이 없이 살 수 있지만, 반대로 영혼은 불안이 가중되고 있는 시대이다. 영혼이 불안한 것은 내 영이 중병에 걸려 있기 때문이다. 과다한 영적 불안과 염려 근심은 하나님의 미쁘심을 불신하는 것이요 하나님의 성전인 몸을 해롭게 하는 것이므로 죄가 된다. 이런 죄는 하루도 거르지 않고 매일 같이 일어나며 매일 우리의 정신과 마음을 병들게 하고 우리의 영혼을 쇠약하게 만든다.

우리의 내면세계를 좀 더 강하고 튼튼하며 질서 있게 만들려면 매일 같이 악을 털어내는 연습과 훈련이 필요하다. 그래서 잠언 3장 7절에서는 "스스로 지혜롭게 여기지 말지어다 여호와를 경외하며 악을 떠날지어다"라고 하였다. 스스로를 지혜롭게 여기지 않고 여호와 하나님을 경외하며 악에서 떠나는 훈련을 매일 같이 하면 염려와 불안 같은 죄에서 벗어날 수가 있다. 그렇게 되면 감정도 안정되고 우리의 확신도 흔들리지 않게 되며 몸가짐과 판단도 공평해지게 되는 것이다. 흐려졌던 분별력도 회복되고 내면세계의 혼돈과 무질서가 지혜의 빛으로 환해지고 제자리를 찾게 될 것이다. 그러면 마음의 고요와 평정이 이루어지고 자만도 꺾이게 된다.

이와 같이 스스로를 지혜롭다고 여기는 교만을 버리고 하나님을 경외하고 악을 떠날 때 우리는 영육 간에 축복을 받게 된다. 자만은 영적인 병중에서 고질적인 병이다.[90] 악을 떠나는 것이 지혜요, 그것이 곧 몸의 '양약'이 되고 '골수'를 윤택하게 한다(잠 3:8).

악을 떠나 슬기의 세계로 더 높이 그리고 길게 날아오르면 힘차고 고된 연습과 훈련이 필요하다. 스스로의 지혜를 믿지 말고 남과 다르게 생각하고 행동하며 스스로의 지혜를 의지하지 말고 하나님을 경외하며 악을 떠나는 연습을 계속하면 육적인 질병이나 영적인 쇠약함에서 벗어나 높이 비상할 수 있고 당당하게 일차적인 것과 부차적인 것을 가려가면서 당당하게 살아갈 수가 있다.

이렇게 자기의 지혜를 버리고 하나님을 경외하며 악을 떠나 살면 질병에서 벗어날 수가 있지만, 마음에 욕심이 넘치면 차가운 못에서도 물결이 끓어오르는 것 같아서 끓어오르는 욕심이 입히는 화상을 면할 길이 없게 된다. 마음에 욕심이 넘치면 결코 악에서 떠날 수가 없다. 그러므로 악에서 떠나려면 마음을 비워야 한다. 그래야만 여름 무더위 속에서도 서늘한 기운을 느끼게 되고, 번잡한 저자에 살더라도 시끄러움을 모르게 된다. 그렇게 마음을 비워야 몸도 좋아지고 몸을 아프게 하는 병도 없어지는 것이다. 또한 욕심이라고 하는 악을 떠나면 "골수도 윤택하게 된다." 즉 뼈가 축축하여 힘이 있고 튼튼하게 되어 골수염이나 관절염 같은 병도 없을 것이고, 정신병이나 영적인 쇠약함도 없어질 것이다. 한마디로 말하면 영육 간에 건강하게 된다는 말이다.

4) 공경과 재물

우리가 살아가는 세상 속에서 항상 가장 큰 이슈가 되는 것이 돈이다. 성경에서 돈 문제에 관해 3225번이나 언급하고 있다는 말만 들어봐도 돈이 우리 일상생활에서 얼마나 중요한 것인지를 잘 알 수가 있다. 특히 예수의 비유 설교 가운데 3분의 2가 돈에 관한 설교다. 돈과 인격, 돈과 신앙을 주제의 축으로 삼고 있다.

재물은 하나님이 주신 선물이므로 무조건 나쁘게 보는 것은 옳지 못하다. 이것을 잘 관리하고 그것으로 행복을 누리는 것은 하나님의 뜻이다. 흔히 물질적이라는 말이 영적이라는 말과 반대되는 개념으로 사용하기 때문에 물질은 악하고 영은 선하다는 편견을 가질 수가 있다. 그러나 그것은 헬라사상이지 결코 기독교적인 사상은 아니다. 성경은 하나님이 물질계의 주인이시며 물질을 선한 목적으로 창조하셨고, 지으신 물질계에 만족하셨다고 증언한다.

풍성한 재물은 그리스도 안에서 재창조되어 누리는 하나님 나라의 복이 얼마나 큰 것인지를 실질적으로 대변해준다고 해도 과언이 아니다. 재물은 인간에게 부를 가장 실감나게 느끼게 하는 것이므로 하나님의 구원의 풍성함을 체험적으로 배우게 하는 방편이 된다. 그러나 분수 넘게 더 많은 재물을 얻고자 사람들은 온갖 수단과 방법을 다 동원하며, 재물로 인하여 질시와 반목 전쟁까지도 불사하며, 심지어 재물 때문에 인간을 살해도 하는 것이다. 바로 이런 지나친 소유욕은 문제가 된다.

소유욕은 우물과 같아서 아무도 우물을 채울 수 없듯이 무궁한 소유욕을 채우는 것은 거의 불가능하다. 채워질 수 없는 소유욕을 가진 사람들은 불행하다. 세상에서 가장 대책 없는 사람은 자신이 소유하지 못한 것을 한탄하여 자신이 지니고 있는 바를 향유하지 못하는 사람이다.

물론 사회생활을 하기 위하여 돈과 물질이 필요한 것은 더 말할 나위가 없다. 인간은 육체를 가진 존재이므로 물질적인 가치계산을 따르는 재화에 의존하지 않을 수 없는 것도 사실이다. 그것은 단순히 인간 존재의 기본인 의식주 생활을 위해서만이 아니라 보다 높은 문화생활을 위해서도 꼭 필요하다. 또 모든 문화와 예술과 아울러 종교적 차원의 개발에 있어서도 물질의 필요를 전제로 하고 있기 때문이다. 돈이나 재물은 단순히 생계를 위해서만이 아니라 인간다운 생활의 모든 분야를 위해서도 필요하다는 것을 인정해야 한다.

그런데 구약에서 하나님께서 물질을 사용하신 데에는 한 가지 뚜렷한 특징이 있다. 하나님은 무엇보다도 이스라엘 백성들에게 그리스도 안에 있는 구원의 풍성함을 가르치기를 원하셨다. 따라서 구약시대의 재물은 그 소유자가 하나님과 갖는 믿음과 신뢰의 관계 속에서 볼 때에만 의미가 있다. 잠언 기자가 한 다음과 같은 진술 속에서 그 의미를 확인할 수가 있다. "네 재물과 네 소산물의 처음 익은 열매로 여호와를 공경하라. 그리하면 네 창고가 가득히 차고 네 포도즙 틀에 새 포도즙이 넘치리라" (잠 3:9-10).

여호와를 섬기는 일은 여러 가지를 가지고 할 수가 있다. 그런데 여기서는 물질을 가지고 공경하라는 것이다. 더욱 네 소산물의 처음 익은 열매로 여호와를 공경하라 하였다. 재물도 소산물도 모두 하나님께서 주신 것이므로 하나님께서 주신 물질을 가지고 인색하게 굴지 말고 정성을 다하여 힘껏 바치라는 것이다. 하나님께서 주신 것을 그가 원하실 때 바치는 것은 너무나 타당한 일이라 아닐 수 없다.

그리고 네 재물로 여호와를 공경하라는 말은 남의 재물이나 훔친 것, 또는 도적질한 것이나 사기 친 것을 가지고서가 아니라 자기 자신의 희생으로 얻어진 것을 가지고서 하라는 것이다. 그리고 소산물의 처음 익은 열매를 가지고서 공경하라고 한다. 이것은 병든 것이나 덜 익은 것, 또는 상품 안 되는 것이거나 못 쓰게 된 것으로가 아니라 처음 얻는 가장 알차고 소중한 것을 드리라는 것이다. 여기서 공경한다는 말은 기뻐하신다는 뜻으로서, 그렇게 드릴 때 하나님께서 기뻐하신다는 것이다. 더욱 헌물 행위는 감사의 표현으로 이루어지는 것이어야만 한다. 젤트너(Zeltner) 같은 이는 "감사는 신령한 축복의 샘을 열고 불평은 그 샘을 닫는다"고 했다.

너무 욕심을 부리지 말고 가진 것으로 만족해야 한다. 자기 분수를 넘는 욕심은 불행을 초래한다. 영국의 정치가 말보로 공작은 말년에 몸이 쇠약해졌을 때에도 마차 삯 6펜스를 절약하기 위해 춥고 깜깜한 밤에 자기의 집무실에서 집까지 걸어가곤 했었다. 그가 죽으면서 남긴 150만 파운드가 넘는 재산은 그가 생전에 가장 싫어했던 원수 중의 한 사람이 상속을 받았다. 잘 살고 싶어 하는 것은 사람들의 보편적인 소원이다. 그런데 부자가 되겠다는 목표를 세우고 부자 되기를 애쓰다 보면 마음에 탐심이 생기게 된다. 일단 마음속에 돈에 대한 욕심이 생기면 눈이 어두워진다.

욕심을 버리고 자족하며, 나아가서 순리를 따라 하나님의 영광을 위해 선한 일을 하는 데 힘써야 하겠다. 그래서 잠언에서는 다음과 같은 의미심장한 말을 하였다. "네가 어찌 허무한 것에 주목하겠느냐 정녕히 재물은 스스로 날개를 내어 하늘을 나는 독수리처럼 날아가리라"(잠 23:5)

하나님이 주시는 물질의 축복은 많이 받아 누려야 하지만 돈을 너무 사랑하여 땅에 쌓아두거나, 범죄 하는 어리석음을 범치 말고 재물을 하나님의 영광을 위해 사용하는 올바른 물질관을 확립하여야 하겠다. 유대인의 격언 중에 "너는 욕심을 제거하라. 그렇지 아니하면 욕심이 너를 묶어버린다"라는 말이 있다. 우리 주변에 있는 많은 그리스도인들 중에서 신앙생활과 신앙의 가치를 알면서도 교회를 떠나는 사람의 대부분은 물욕 때문이다. 물질에 대한 지나친 욕심은 죄 중의 죄이다. 물질을 가까이하면 할수록 영적으로는 멀어지게 된다.

물질은 사람이 살아가는데 있어서 아주 요긴하기는 하지만, 그것이 잘 선용할 때에만 요긴하다는 것을 알아야한다. 그렇지 않으면 물질은 사람들에게 엄청난 재난을 가져다준다. 물질이란 우리 생명보다 귀하지 않다. 그래서 물질로 생명의 주관자이신 하나님으로 삼지 말고 그것을 가지고 그를 공경하라고 한다. 그렇게 하면 더욱 많은 것으로 축복해 주신다. 세상의 헛된 것들을 탐하지 말고 오직 하나님만을 바라보며 하나님 중심의 삶을 살아나가고 그 물질로 하나님을 공경하여야 한다. 그때 비로소 하나님의 물질적 축복은 배가 되고 영속적인 것이 될 것이다.

5) 징계와 사랑

행복한 삶을 살아가는데 있어서 가장 중요한 요소는 사랑이다. 사랑이 없어도 행복할 수 있다고 믿는 사람은 결코 행복할 수 없는 사람이다. 사람은 사랑을 받으므로 행복하고, 사랑하므로 또한 행복하다. 주고받는 사랑이 서로 조화를 이루어야 하는데, 사랑하기만 하고 받지 못하는 것이나 사랑받기만 하고 사랑하지 못하는 것, 모두 건전하지 못하다.

사랑은 삶의 근원이요 삶의 영양소다. 모든 사람은 사랑이 있어야 살아갈 수가 있다. 주는 사랑이건 받는 사랑이건 사랑은 그 뿌리가 깊게 뻗어 우리의 삶에 영양분을 공급한다. 이는 사랑받는 사람으로 하여금 살아야 할 이유를 발견하게 하고, 사랑하는 사람에게는 살아가는 보람을 느끼게 한다. 아주 까다로운 장애아였던 헬런 켈러는 스승 에너 설리번의 사랑을 느끼기 시작하면서 보람된 새 삶을 시작하였다. 삼중 장애자였던 그녀가 사랑을 확인하면서 장애를 극복하는 힘을 얻게 된 것이다. 사랑은 이런 위대한 힘의 근원이라 할 수 있다.

하나님과 우리 인간의 사이도 그런 사랑의 관계로 고리지어 있다고 해도 과언이 아니다. 하나님은 우리 인간을 그 무엇 하고도 바꿀 수 없으리만큼 사랑하시기 때문에 독생 성자 예수 그리스도를 이 땅에 보내시어 우리의 죄를 사하시기 위해 우리 대신 죽게 하셨다. 십자가, 이것이 하나님의 무한한 사랑의 징표다. 그러므로 우리도 하나님에게 우리들의 생명이 들어 있는 사랑을 바쳐야 한다. 생명이 들어 있는 사랑이란 무엇인가? 단적으로 말해서 그것은 예수를 절대 신뢰하는 믿음과 말씀에 절대 순종하여 그대로 사는 의지적 표현이라 할 수 있다. 예수 그리스도가 나를 사랑한다는 사실을 알면 칼 바르트처럼 말할 수 없는 큰 힘을 누릴 수가 있다.

잘 아시다시피, 육신의 자녀들에게도 잘못하면 매를 든다. 그것은 자녀가 바로 되라고 그리하는 것이다. 잠언의 기자는 "매를 아끼는 자는 그의 자식을 미워함이라 자식을 사랑하는 자는 근실히 징계하느니라"(잠 13:24) 하였다. 자녀를 사랑하는 부모라면 내 자녀의 잘못을 그대로 방관하지 않고 사랑의 채찍과 매를 들어서까지 훈계하며 다스린다. 부모의 마음이 심히 아프고 쓰라리지만 자녀를 사랑하기 때문에 자녀의 장래를 위하여 사랑의 징계로 자녀를 올바르게 교훈하고자 한다.

하나님께서도 마찬가지시다. 하나님께서도 그의 자녀가 아닌 자들에게는 무관심하시다. 그들이 망하거나 흥하거나 별 관심이 없고 그냥 두고 보신다. 그러나 하나님의 자녀들에게는 관심을 집중하시고 엄한 징계로 다스리신다. 하나님의 징계는 우리에게 향하신 하나님의 사랑의 표현이라 할 수 있다. 하나님의 징계로 망하거나 죽는 자 없으며 결국에는 복을 가져다주는 것이다.

징계를 받을 때는 슬프고 괴롭고 억울하기도 하지만 그러나 징계는 잠시 잠간이요 징계 받은 후의 축복은 영원하다. 진정으로 자녀를 사랑하는 부모는 자녀가 올바른 길로 가지 않는 것을 보면 엄하게 꾸짖고 훈계한다. 참사랑은 과보호에 있지 아니하고 자녀의 참된 인격 성숙과 생활을 위해 아픔을 감수하며 사랑의 매를 드는 것에 있기 때문이다.

자녀 된 우리에 대한 하나님의 사랑도 이와 같다. 하나님께서는 그의 자녀들의 영적, 도덕적, 지적, 생활적인 면을 성령을 통해 끊임없이 가르치시고 연단시키신다. 왜냐하면 우리가 범사에 그에게까지 자라 성숙한 그리스도인으로서 하나님 나라 백성의 자질을 갖추기를 원하시기 때문이다. 그럼에도 불구하고 대부분의 성도들은 이와 같은 하나님의 징계를 당하게 될 때 낙심하고 불평하며 징계로 말미암아 괴로워한다. 그러나 성경은 이에 대해 "…주의 징계하심을 경히 여기지 말며 그에게 꾸지람을 받을 때에 낙심하지 말라 주께서 그 사랑하시는 자를 징계하시고 그의 받으시는 아들마다 채찍질하심이니라"(히 12:5, 6)고 말씀하고 있다.

이와 같이 징계는 하나님의 적극적인 사랑의 표현이다. 그러므로 징계를 받는 성도는 그 의미를 잘 살펴 온전한 그리스도의 모습을 닮아가는 데 필요한 밑거름으로 삼아야 한다. 그래서 잠언의 기자는 "내 아들아 여호와의 징계를 경히 여기지 말라 그 꾸지람을 싫어하지 말라 대저 여호와께서 그 사랑하시는 자를 징계하시기를 마치 아비가 그 기뻐하는 아들을 징계함 같이 하느니라"(잠 3:11-12) 하였다.

올림픽에서 금메달을 따기 위해 노력하는 선수는 감사하는 마음으로 감독의 고된 훈련을 따라간다. 감독이 자신을 금메달 선수로 만들려는 것을 알기 때문이다. 하나님 아버지가 성도들의 인생에 대해 가지고 계신 계획도 마찬가지이다. 어려움은 그 어떤 것이든 훈련 과정으로 생각하여야 한다. 아니, 생각이 아니라 사실이 그렇다. 우리 가정의 자녀들이 삶의 어려운 과정을 신앙적인 시각으로 이해하고 해석할 수 있기를 바란다.

지금도 하나님께서는 우리를 사랑하신다. 이와 같이, 아버지 하나님께서는 사랑하는 아들을 연단시키기 위하여 징계하는 것이다. 그래서 히브리서 기자는 12장 7절에서 "어찌 아버지가 징계하지 않는 아들이 있으리요"라 고 하였다. 나에게 이 연단의 훈련이 없다면 나는 전혀 그분의 자식이 아닌 것이다. 육친의 아버지의 징계는 혹 이기적이요 불확실할 때도 있지만 하늘 아버지의 징계는 모두가 우리의 유익을 위해서이다. "무릇 징계가 당시에는 즐거워 보이지 않고 슬퍼 보이나 후에 그로 말미암아 연단 받은 자들은 의와 평강의 열매를 맺느니라"(히 12:11)라 하였다. 하나님의 진노는 사탄의 애무와 사랑보다 훨씬 낫다. 하나님은 우리를 살리시려고 징계하시고, 사탄은 우리를 죽게 하려고 애무한다.[91] 징계를 받을 때 깨닫고 경성하면 하나님의 사랑의 축복을 받게 된다는 것이다.

6) 근신과 행복

우리 인간이 얼마만큼 행복한가는 것은 무엇인가 많이 가지고 좋은 일이 있어서 좋은 것이 아니라 어디까지나 자발적으로 솟아나는 마음의 상태여하에 따라 결정되는 것이다. 행복은 외부적 조건이 아니라 내 마음 먹기에 달려 있다. 우리 모두 하루에 오만가지 생각을 하고 있다. 그중 긍정의 비중이 높은 사람일수록 성공과 행복의 가능성은 높아진다. 불행 방정식이 아닌 행복 방정식이 나를 지배하도록 바꿔보아야 한다. 오늘도 행복방정식으로 살아가는 것이 불행 방정식을 가지고 살아가는 것보다 훨씬 낫다.

바다 수달은 전복을 배 위에 올려놓고 돌로 깨드려 먹고, 이집트 독수리는 타조 알을 먹기 위해 작은 돌을 입에 물었다가 떨어뜨려 깨드려 먹는다. 침팬지는 나뭇가지를 개미구멍에 넣어, 가지에 붙어있는 흰개미를 사냥하여 먹으며 행복을 누린다. 그러나 인생은 이런 동물이나 조류들과는 달리 먹는 것만으로는 만족할 수가 없고 정신적인 만족을 느낄 수 있을 때에만 행복을 느끼게 되는 것이다.

이런 완전한 행복과 영혼의 만족을 얻으려면, 잠언 3장 13절에서는 "지혜와 명철을 얻으면"이라 했고, 잠언 3장 21절에서는 "내 아들아 완전한 지혜와 근신을 지키고 이것들로 네 눈앞에서 떠나지 말면"이라 했다. 지혜는 하나님을 경외하는 것이요 명철은 악을 떠나는 것이라 할 수 있고 근신은 무슨 일을 하든지 먼저 깊이 생각하고 행동하는 것을 의미한다. 하나님을 경외하고 악을 떠나서 경건하게 살면 가장 행복하다는 것이다. 지혜는 은이나 금보다도 그리고 진주보다도 값지고 귀한 것이다(잠 3:14-15). 우리는 세상의 귀중한 금속과 광채 나는 것을 위해서는 우리의 온갖 재능과 노력과 재물을 다 바치지만 그 보다 더 귀한 지혜를 위해서는 그렇지가 못한 것이 사실이다.

지혜와 근신 및 명철은 거의 같은 뜻을 갖는 동의어라 할 수 있는데, 이런 것들을 사랑하고 신중하고 분별력 있게 살아가면 하나님께서는 장수와 부귀, 즐거움과 평강 및 영생 등을 축복으로 주신다는 것이다. 이런 축복을 받은 사람은 행복하지 않을 수가 없다. 지혜를 얻는 자들에게는 장수와 부귀 뿐 아니라 영혼의 평안과 고요함도 제공한다는 것이다. 지혜의 길은 곧 그리스도 안에 있는 길이므로 생명나무를 먹는 것과 일반이다. 에덴동산에서 아담과 하와는 명령에 순종하지 아니하므로 생명나무를 잃었지만 하나님을 경외하고 악을 떠나 살면 생명나무의 열매를 먹게 되는 것이다. 생명나무는 예수님의 예표라 할 수 있다(계 2:7, 22:2). 지혜의 길은 영혼의 생명이 되며(잠 3:22), 발이 거치지 않고(잠 3:23) 발을 지켜 걸리지 않게 하며(잠 3:26), 즉 앞길이 탄탄대로 같이 되며, 누우면 단잠을 주시며(잠 3:24) 안연히 행하게 하신다(잠 3:23).

더욱 행복한 사람은 지혜를 붙잡을 뿐만 아니라, 지혜를 소유한 사람이라고 밝히고 있다. "내 아들아 완전한 지혜와 근신을 지키고 이것들이 네 눈앞에서 모두 잘 간직하여 너의 시야에서 떠나지 말게 하라"고 한 잠언 3장 21절이 그 진리를 시사(示唆)한 것이다. 그러므로 허영을 좇아서 방황하지 말고, 하나님의 말씀을 언제나 마음에 유의하며, 잊어버리지 말라고 한다. 하나님의 말씀을 틈틈이 묵상하고, 하나님과 늘 교제하며, 목숨이 붙어 있는 한 지혜를 유지하고 도야하여야 한다. 신중하게 행하려는 사람들은 지혜의 말씀, 곧 하나님의 말씀, 성경을 꾸준히 봉독하고 주의 깊게 상고하여야 한다.

또한 지혜는 항상 마음에 두고 있어야 한다. 마음의 보고, 즉 마음에 숨은 속사람 안에 지혜가 있는데, 이런 완전한 지혜와 근신을 꼭 지켜야 한다. 지혜와 근신의 원칙을 고수하고 그 원칙에서 떠나지 말아야 한다. "그리하면 그것이 네 영혼의 생명"(잠 3:22)이 될 것이라고 하였다. 지혜는 여러분이 게을러지고, 태만하게 될 때, 여러분을 자극하고 충동시켜 부지런하고 충성된 길로 달려가게 해 준다.

지혜는 여러분이 낙심하고 낙담하기 시작할 때 고통 중에 있는 여러분을 소생시켜 주기도 한다. 또한 지혜는 명예와 명성을 항상 동반한다. 하나님을 믿는 신앙으로 하나님께서 우리의 반려자가 되어 주실 때, 지혜는 우리를 보호해 주신다. 지혜는 여러분의 길을 무사히 가도록 도와주고 걸려 넘어지지 않도록 하여 준다. 지혜는 우리에게 유혹으로부터 안전한 길을 지시하여 줄 것이며, 될 수 있는 대로 그 안전한 길에 머물도록 할 것이고, 거룩한 보호로써 우리가 능히 그 길로 갈 수 있도록 하여 줄 것이다. 많은 사람들이 실족하여 넘어지고, 엎드러지고, 쓰러질 때에, 하나님께서 지혜를 주셔서 굳건히 버틸 수 있도록 장애를 뛰어넘을 수 있도록 방법을 알려 주신다.

하나님께 나를 모든 재난에서 지켜 주시며, 내 생명을 지켜 주실 것이다. 하나님께서는, 내가 나갈 때나 들어올 때나, 이제부터 영원까지 지켜 주실 것이다. 여러분은 여러분을 하나님께 자신을 의탁하였고, 하나님의 날개 그늘 아래 피신하고 있음을 알기 때문이다. 여러분은 지키기 위하여 앉아 있을 필요가 없고, 누우면 단잠을 자게 될 것이며, 근심 걱정과 불안 때문에 뜬 눈으로 새우는 일이 없을 것이다. 그리고 밖에서 오는 것이든 안에서 오는 것이든 어떠한 두려움으로도 동요되는 일이 없이, 여러분의 잠은 달게 될 것이며, 상쾌하게 될 것이다.

지혜로운 사람은 악인의 멸망이 임할 때에도 두려워하지 않아도 된다. 설령 그런 멸망이 임하고 곧 문 앞에 닥친 것 같이 여겨지더라도 그것을 두려워할 필요가 없다. 왜냐하면 하나님께서 믿는 이들을 안전히 지켜 주실 뿐만 아니라, 그들을 든든하게 감싸주시며, 책임지고 보호해 주시기 때문이다. 그러나 소심한 신자들은 재앙의 때가 닥치면 자기들도 그 멸망 중에 포함될지도 모른다고 생각해서 염려한다. 그것은 전능하신 하나님을 전적으로 경외하고 신뢰하지 못하기 때문이다.

다만 우리가 여호와 하나님을 전적으로 신뢰하고 안연하게 살아가며 진정한 행복을 누리고 영혼의 생명이 되는 축복을 차지하려면, 하나님께서 요구하시는 지혜와 근신 곧 영적 통찰력을 소유하고 있어야 한다. 이런 영적인 통찰력은 어떤 상황이나 사물의 근원을 꿰뚫어 보는 능력을 의미한다. 비록 인간의 통찰력이 완전하지는 않지만, 그러나 성령의 감동으로 이루어지는 온전한 통찰력을 가질 수 만 있으면, 우리는 매 순간순간마다 하나님의 뜻을 바르게 분별해가며 바른 삶을 살아갈 수가 있게 된다. 이런 영적인 분별력과 통찰력 곧 지혜를 한순간도 내려놓지 아니하고 눈앞에서 떠나지 않도록 지켜 가면 하나님께서 우리의 길을 평안히 행하고 거치지 않게 해주실 것이다.

5. 행복한 가정

가정이란 가장 작지만 사회의 핵심적인 구성단위로서 무엇보다 소중한 혈연 공동체다. 이 혈연 공동체를 하나로 묶는 것은 물론 피지만 피를 나눈 사람들이 서로 사랑과 믿음(창 21:16, 24:67, 29:20)으로 결속되는 것이 더 중요하다. 가정은 아버지와 어머니, 그리고 그들의 자녀로 구성된다. 결혼은 여호와 하나님께서 세워주신 가장 존귀한 은총이요 축복이기 때문에(잠 18:22), "모든 사람은 혼인을 귀히 여기고 침소를 더럽히지 말아야"(히 13:4) 하고, "젊은이는 시집가서 아이를 낳고 집을 다스리고 대적에게 비방할 기회를 조금도 주지 말아야"(딤전 5:14) 한다.

가정을 행복하게 만드는 요건은 무엇보다 온 가정 식구들이 여호와를 경외하는 것, 다시 말하면 하나님을 주인으로 모시는 것이다. 잠언 5장 21절에서는 "대저 사람의 길은 여호와의 눈앞에 있나니 그가 그 사람의 모든 길을 평탄하게 하시느니라"고 하였다. 늘 하나님과 함께 걸으며 옳은 길을 따르는 믿음이 가정을 평탄하게 하는 근본 원리라 할 수 있다. 가정이 평탄하면 모든 것이 형통하고 행복하게 되는 것이다. 여호와를 경외하는 가정은 다투지 아니하고 오순도순 화목하게 살아간다. 그런 가정을 우리는 행복한 사랑과 믿음의 가정이라 일컫는다. 아무리 재산이 많아도 사랑이 없으면 아무것도 아니다. 그래서 잠언 15장 16-17절에서는 "가산이 적어도 여호와를 경외하는 것이 크게 부하고 번뇌하는 것보다 나으니라 채소를 먹으며 서로 사랑하는 것이 살진 소를 먹으며 서로 미워하는 것보다 나으니라"고 하였다. 이 사랑의 공동체를 구성하고 있는 사람들이 각기 돌봄(care)과 나눔(share)과 섬김(service)을 함께 하며 공유하고 누릴 수만 있다면, 그리고 그들이 각자 그들 나름의 책임을 잘 감당할 수 있기만 하면 가정의 질서는 굳게 세워지고 그 가정은 행복하게 될 것이다.

1) 남편과 아내

한 가정의 가장 행복한 구성 단위는 일부일처제(一夫一妻制)이다. 왕들이 사치스럽게 그랬던 것처럼 만일 보통 사람들에게도 일부다처제(一夫多妻制)가 허용된다면, 그 가정은 파탄을 면치 못하게 되고 그 가정에서는 늘 불화와 분란이 불 같이 일어나게 될 것이다. 남편과 아내가 동반자로서 하나님의 뜻에 따라 사랑의 튼튼한 줄로 결속되면 영육이 하나가 되고 서로 갈라서는 일 없이 자녀 교육은 물론 가정의 경영에도 한 목소리를 내며 조화를 이루어가게 된다.

부부는 이렇게 서로가 서로에게 덕을 세우도록 힘써야 할 의무가 있다. 남편은 아내에게 덕을 세우고 아내는 남편에게 덕을 세우도록 해야 할 의무가 있는 것이다. 남편은 아내에게 덕을 세우고, 아내는 남편에게 덕을 세움으로서 원만하고 조화로운 부부관계를 유지할 수가 있다. 이렇듯 원만하고 조화로운 부부의 동반자관계가 유지될 때 그 가정은 행복하게 된다.

이런 행복하고 원만한 부부관계는 사랑과 화목으로 나타나는데, 남편이 하나님께서 주신 자기의 우물, 즉 자기의 아내에게서 흐르는 물만을 마시는 것으로 해갈(解渴)할 때에만 가능하다. 이 말은 하나님께서 허락한 결혼의 정당한 범위 안에서만 그 본능적 욕구를 만족시키도록 하라는 말이다. 잠언 5장 16절에 보면 "어찌하여 네 샘물을 집밖으로 넘치게 하며 네 도랑물을 거리로 흘러가게 하겠느냐" 하였는데, 이것은 남편이 아내에게 충실하지 못하고 성생활이 문란하면 아내도 집밖으로 넘쳐서 거리의 도랑물이 된다는 것이다. "그 물이 네게만 있게 하고 타인으로 더불어 그것을 나누지 말라"(잠 5:17)고 한 것은 부부만이 누릴 수 있는 그 성적 정결을 누리라는 것이다. 성적 정결이라는 그 비밀과 그 신비는 부부만이 누릴 수 있는 하나님의 최대 은사라 할 수 있다.

남편이 지켜야할 행복의 조건은 또한 자기 자신의 샘만을 복되게 하고 그것을 즐거워하며 족하게 여겨 항상 연모하는 것이다. 그래서 잠언 5장 18-19절에서는 "네 샘으로 복되게 하라 네가 젊어서 취한 아내를 즐거워하라 그는 사랑스러운 암사슴 같고 아름다운 암노루 같으니 너는 그의 품을 항상 족하게 여기며 그의 사랑을 항상 연모하라"고 하였다. 이 말씀이 교훈하는 것은 남편은 아내하고만 동거하여야 하고 조강지처로 만족하고 늘 연모하여야 한다는 것이다.

첫째로 남편은 지식을 따라 아내와 동거함으로써 그들의 기도가 막히지 않게 해야 한다(벧전 3:7). 여기서 "지식을 따라"라 한 말은 성경적 가르침에 근거하여 아내를 성적 욕구 충족의 대상으로만 생각하고 대하지 말고 하나님께 영광을 돌리기 위한 생의 동반자로서 육체적 교섭을 가져야 한다는 것이다. 어떤 일이 있어도 남편은 그의 아내와 별거해서는 안 된다. 남편과 아내가 결혼의 언약을 깨는 것은 젊은 시절의 짝을 버리는 죄를 짓게 된다(잠 2:17). 부부간에는 지켜야할 도리가 있다. 그 중의 첫째가 이혼을 하지 않는 것이다.

요즘에는 미국이나 서구는 물론 우리나라도 이혼 사례가 가장 많은 나라 중의 하나가 되었다. 1975년의 혼인건수(28만 건) 대비 이혼건수(1만 6천 건) 비율은 5.7%에 불과했다. 한편 2004년 국내 이혼건수는 14만 건, 혼인건수는 31만 건을 각각 기록해 혼인으로 새로 형성된 가구의 약 45%에 해당하는 가구가 이혼으로 해체되고 있다는 것이다.[92] 이것은 단적으로 부부의 도리가 없어져가고 있다는 것을 의미한다. 부부는 이권 관계로 맺어진 이해당사자들이 아니라 절친한 벗과 같다(잠 16:28, 17:9). 아내는 노예거나 아이를 낳아주는 씨받이가 아닌 것이다. 아내는 하찮은 소유물이 아니라 남편에게 하나님이 주신 귀한 선물이요 은혜다 ('God-given boon', 잠 18:22, 19:14).[93]

둘째로 남편은 젊어서 취한 조강지처를 버리지 말고 그 품을 항상 족하게 여겨 항상 연모하라는 것이다. 젊어서 취한 아내는 암사슴 같고 암노루 같아서 아름답고 사랑스러우며 가장 현숙한 존재이므로 그와 더불어 평생을 즐거워하며 기쁨을 함께 하여야 한다. 여기서 "연모"란 단순히 의무적으로 마지못해서 하는 행위가 아니고 샘솟듯 솟구치는 사랑으로 말미암아 황홀하게 되는 절정의 감정(잠 5:19)을 말한다. 이렇게 아내를 연모하는 남편만이 가정을 행복하게 만들 수 있다.

잠언 12장 4절에서 "어진 여인은 그 지아비의 면류관이나 욕을 끼치는 여인은 그 지아비의 뼈가 썩음 같게 하느니라"고 한대로 가정의 행복의 또 다른 한 요소는 어진 아내가 살림을 할 때 가능하다. 잠언 31장 10-31절은 일종의 이런 어질고 현숙한 아내의 자질과 특성을 논하고 있는 '현처론'(賢妻論)이라 할 수 있다. 여기서 말하고 있는 현숙한 아내는 검소하고 헌신적인 여인을 말한다. 현숙한 아내는 남편에게 늘 충실한 그의 면류관이요(잠 12:14), 남편에게 있어서 진주보다 더 귀하다. 그런 아내를 남편은 편안히 신뢰한다(잠 31:10). 왜냐하면 그는 자기 아내의 사랑과 이기심을 초월한 애정 속에서 엄청난 보배를 발견하기 때문이다. 이 보배는 어찌나 엄청난지 어떠한 상황하에서도 그를 궁핍하게 만드는 법이 없다. 그녀의 영향은 일생 동안 선하게 미친다. 살림을 잘 함으로써(잠 31:11), 집을 세워나가게 된다(잠 14:1). 현숙한 아내는 남편에게 선을 행할 뿐, 비방하거나 깎아내리는 일은 하지 않는다(잠 31:12).

잠언 31장에 나오는 현숙하고 능력 있는 아내는 종들과 투자 자산 및 무역상의 이익(잠 31: 15-16, 18, 24절) 등 상당한 재산을 가진 집안의 사람으로서 비범한 여인이었지만 그녀의 성품은 일반적이었다. 이를테면, 부지런히 일함, 남편을 신뢰하고 그의 신뢰를 받음(잠 31:11-13, 27-29), 식구들에 대한 관심과 준비, 관대함과 인애 같은 덕성들은 일반 사람들이 다 가질 수 있는 일반적인 성품들인 데, 이런 덕성들은 명예, 칭송, 성공, 고귀한 인격과 삶의 즐거움을 가져다준다. 그녀는 부지런하고 계획성이 있는 가정의 관리자로, 유력한 무역인으로, 가족들의 옷을 손수 만들어 제공하는 부지런한 직공(織工)으로, 궁핍한 자들을 돕는 유덕한 자선가로, 지혜를 가지고 삶을 이끌어 가는 생의 길잡이로서 묘사되는가 하면 남편의 행운과 입지를 향상시키는데 크게 기여한 현처로 또한 소개된다. 가정에 어진 아내와 따뜻한 어머니가 없으면 그 가정은 이미 행복이 불가능하다.

부부란 참으로 매우 특별한 관계로 맺어진 사람들이다. 그래서 부부간은 무촌(無寸), 곧 촌수가 없는 사람들이다. 그러기에 서로 아무런 관계도 없던 사람들이 어떤 날 만나서 가정을 이루면서 가장 가까운 사람들이 된다. 그러나 뒤돌아서면 남이 되는 것이 부부인 것이다. 가장 가깝고도 먼 것이 부부 사이다. 따라서 부부간에 지켜야할 규례가 있고 도리가 있다. 남편은 아내를 사랑과 예의와 친절로 대하여야 하며 아내를 연약한 그릇으로 알아서 애정으로 지켜주고 생명의 유업을 함께 받을 자로 귀히 여겨야 한다. 한편 아내는 남편에게 순종하며 가정을 지키게 하여야 할 뿐 아니라 가정을 잘 다스리고 정조를 지켜 정숙한 아내가 되어야 한다. 남편과 아내가 이런 도리를 잘 지키면 행복한 가정을 이끌 수 있고 부부 사이에 다툼이 생기지 않는 행복한 가정이 된다.

2) 부모와 자식

"자식은 여호와의 기업(선물)이요 태의 열매는 그의 상급이다"(시 127:3). 하나님의 선물이 곧 자녀라고 해서 내 마음대로 할 수 있는 것이 아니고 하나님께서 주신 그 특성을 찾아내어 그들이 성장해서 어른이 될 때까지 양육(養育)하는 것이[94] 부모의 책임인 것이다. 그러므로 부모가 아들에게 넘겨 줄 수 있는 가장 귀중한 유산이 있다면 그것은 신앙과 지혜라고 생각한다. 이스라엘에 있어서 아버지는 아들의 최초의 교사인 동시에 최초의 제사장인 것이다. 전문적인 지혜자나 제사장은 아버지의 기능의 확대에 지나지 않는다.

아들의 교사가 되는 아버지의 최대 교육 목표는 아들에게 지혜 즉 훈계(instruction)와 명철(understanding), 선한 도리(good doctrine)와 법(잠 4:1-2)을 전수시켜 주는 것이다. 솔로몬은 그것을 자기 자신이 창안해낸 것이 아니고 아버지 다윗으로부터 물려받은 것인데, 그것을 사랑하는 아들에게 이제 넘겨주려 한다고 한다. 지혜는 전승되고 그것이 세세 대대로 이어져 전통이 되고 살아 숨쉬며 생명력을 발휘할 수 있게 된다. 솔로몬은 왕이요 큰 재물을 갖고 있었지만 그것들 보다는 지혜를 유산으로 넘겨주려고 하였던 것이다.

잠언 4장 3절에 보면 "나도 내 아버지의 아들이었으며 내 어머니 보기에 유약한 외아들이었노라"고 하였다. 솔로몬은 물론 다윗의 아들이었으나 밧세바의 외아들은 아니었다(삼하 5:14; 대상 3:5). 그러므로 여기서 "외아들"은 각별한 사랑의 대상이있음을 밀하는 것으로 보아야 한다. 아브라함도 이스마엘이 있었음에도 불구하고 이삭을 독자라고 불렀는데 같은 맥락으로 이해할 수 있다(창 22:2, 22). 여기서 어머니의 "외아들"이었음을 강조한 것은 지혜교육을 함에 있어서는 어머니도 아버지와 한가지로 동참하여야 함을 말하는 것이다.

사람들은 누구나 명예, 성공, 은혜, 경건, 안전, 생명과 같은 세속적인 가치를 추구한다. 그러나 아버지가 아들에게 교훈하는 것은 그것들보다 지혜를 찾는 것이 더 값지다고 가르쳐 주는 것이다. 왜냐하면 지혜는 찬란한 보상을 주기 때문이다. 그래서 아버지의 말을 "마음"에 두면 "살리라"(잠 4:4)고 하였다. 선한 도리를 지키는 마음은 생명의 길이 된다. 우리의 마음은 작은 성소로서 거기에 늘 하나님의 임재(코람데오, Coram Deo)가 실현되어야만 한다. 그러므로 마음에서 허황된 것을 조심스럽게 제거하여야 한다. 아버지는 사랑하는 아들에게 이 사실을 일깨워 주는 것이다. 이것이 곧 양육이다.

자식이 하여야 할 일 첫 번째는 부모의 훈계에 순종하는 것이다(잠 1:8, 12:1, 15:5). 그래서 잠언 13장 1절에서는 "지혜로운 아들은 아비의 훈계를 듣는다"고 하였다. 잠언에 있어서 부모에게 순종하는 것은 소중한 덕목으로 나타난다.[95] 자기에게 생명을 준 부모를 거역하는 자는 풍성한 생명을 누리지 못한다. 자녀들은 부모의 충고에 귀를 기울이는 것, 즉 부모의 가르침을 경청하고 그것을 일상생활에서 실천에 옮기는 것이 곧 부모의 훈계를 따르는 것이다.

그리고 자식이 하여야 할 일 두 번째는 청결한 품행을 갖고(잠 20:11), 정직하게(잠 23:16), 친구를 잘 분별해서 사귀며(잠 23:7), 부모를 기쁘게 하는 것(잠 10:1, 23:14-18)이다. 그래서 "지혜로운 아들은 아비로 기쁘게 하거니와 미련한 아들은 어미의 근심이라"(잠 10:1)고 하였다. 특유한 병행법을 사용해서 부모에게 효도하라고 권유하는 말씀이다. 왜 이 말씀이 10장 이후 계속되는 솔로몬의 잠언 22장 16절까지에 제일 먼저 나오는가? 그것은 십계명 중에서 인간에 대한 첫째 계명이기 때문이다.

효도는 사회 도덕의 기초가 된다. 흔히들 기독교는 윤리적인 종교가 아니라고 하나 그것은 왜곡된 비방이다. 에베소 6장 1절에서 부모를 주안에서 공경하면 오래 살리라고 하였다. 성경상에는 아비의 기쁨이 된 아들도 많이 있지만 어미의 근심이 된 아들도 많이 있다(잠 13:1, 15: 20, 19:13, 26, 20:20, 23:22, 28:24, 30:11, 17). 효행의 제일은 부모에게 순종하고 그들을 기쁘게 해드리는 것이다. 또한 부모를 구박하지 않고(잠 19:26), 저주하지 않으며(잠 20:20), 그 물건을 도적질 하지 않는 것도 효행(잠 28:24)이라 할 수 있다.

위에서 이미 설명한 바와 같이 가정은 가장 중요한 제도이다. 가정에서 사람들은 가치 체계를 습득하며 아름다운 성격이 형성된다. 부부간의 원만한 관계와 정결한 사랑, 부모공경과 일상적인 명령에 대한 순종 및 노년의 그들을 보살피는 것 등은 복잡한 사회를 한 데 묶어 주는 접착제와도 같은 역할을 수행한다. 자유롭게 행해지는 훈련은 배움과 배우는 자가 똑같이 중요함을 의미한다. 이 모든 일이 하나님을 경외하는 신앙을 벗어나서는 이루어질 수 없다.

6. 삶의 기초교육

교육하면 우선 제도적인 교육을 생각하기 쉽다. 잠언에서 말하는 교육은 반드시 학교 교육만을 뜻하는 것은 아니다. 학교 교육보다 더 중요한 것은 가정에서 부모가 하는 가정교육이라 할 수 있다. 부모가 중심이 되어 이루어지는 가정교육은 살아 있는 한 거의 중단되질 않는다. 그러나 시간이 지나면 인격 형성에 가정이 지배적인 영향을 미치지 못하는 때가 도래한다. 인위적인 학교교육 그리고 친구와 사회인들과의 교제가 가정교육의 뒤를 이어 인격형성에 지속적인 영향을 미치게 된다. 그래도 삶의 기초교육은 가정에서 거의 이루어진다고 해도 과언이 아니다. 그러므로 가정교육의 중점은 인격형성의 중추를 이루는 사회도덕교육과 신앙교육이어야 한다.

1) 가정교육

가정이란 인격을 단련시키는 최초이자 가장 중요한 학교이다. 또한 모든 인간이 최고 혹은 최악의 도덕교육을 받는 곳이다. 그리고 죽을 때까지 이행할 행동 원칙들을 습득하는 곳이다. "예절이 인간을 만든다"는 말이 있고, "정신이 인간을 만든다"는 말도 있다. 하지만 이 두 가지 말보다 더 진실한 것은 "가정이 인간을 만든다"는 것이다. 가정교육에는 예절교육과 정신교육 뿐 아니라 인격교육까지 포함되어 있다. 감성과 지성이 눈을 뜨고, 좋은 방향으로든 나쁜 방향으로든 인격과 습관이 형성되는 곳이 가정이다. 뿐만 아니라 가정은 가장 행복을 누릴 수 있는 곳이기도 하다.[96]

에라스무스라는 인문학자는 토머스 모어경의 가정을 "기독교 신앙을 가르치는 학교이자 신앙심을 키우는 수련장"이라고 말했다. 또한 이렇게 덧붙였다. "그의 가정에서는 성난 목소리도 말다툼하는 소리도 들을 수 없었다. 그의 가정에는 게으른 이가 한 명도 없었다. 모두가 부지런히 즐거운 마음으로 의무를 다했다."[97]

토머스 모어경은 사실상 이런 가정교육을 통하여 배워서 익힌 친절한 태도와 부지런하며 사소한 일에까지도 자상하게 배려하는 마음으로 인하여 모든 이들로부터 칭송과 사랑을 받았다. 이처럼 사는 동안 자연스런 교육은 가정에서 오래도록 계속된다. 그만큼 가정교육은 중요하다.

잠언의 기자가 "나의 아들아, 네 아비의 훈계를 들으며 네 어미의 법을 저버리지 말라"(1:8)고 한 것도 사실상 가정에서 이루어지는 부모의 훈계교육을 자녀들이 청종하지 않으면 안 된다는 것을 권고한 말이라 할 수 있다. 다른 한편으로는 부모들을 향하여 자녀들에 대한 이런 가정교육을 게을리 하지 말고 철저하게 하라는 당부로 한 말이기도 하다. 부모가 가정에서 자녀교육을 소홀하게 되면, 자녀들은 게으른 자가 될 수도 있고(10:20), 방탕한 자가 될 수도 있으며(29:3), 부모를 멸시하고(15:20), 조소하고(30:17), 저주하는(30:11) 불효자가 될 수도 있기 때문이다. 그러므로 부모는 마땅히 구체적인 방법으로 자녀들을 철저하게 교육하여야만 한다.

(1) 훈계(징계) 교육

'훈계' (discipline)라는 말을 풀이하면 '고난을 통해 바르게 한다' 는 뜻이다. 고난은 사람을 단련시킨다. 자녀들을 훈계로써 양육하라는 말에는 자녀들이 바르게 되도록 고난을 주라는 의미가 내포되어 있다. 자녀들이 만일 이 훈계를 따르지 않을 때는 책망도 있어야 하고 채찍도 있어야 한다. 이 모든 것을 섞어놓은 것이 '훈계' 라는 말이다.

"주께서 그 사랑하시는 자를 징계하시고 그가 받아들이시는 아들마다 채찍질하심이라 하였으니"(히 12:6)라는 말씀에서 보는 바와 같이 훈계 곧 징계하는 동기는 사랑에 있다. 그러므로 우리가 자식들이 잘못한 것을 책망하지 않고 벌을 내리지 않으면 사랑하지 않는 것과 다름이 없다. 요한계시록 3장 19절에서는 "무릇 내가 사랑하는 자를 책망하며 징계하노니 그러므로 네가 열심을 내라 회개하라"고 하였다. 주님께서 사랑하는 자를 훈계하시는 것과 같이, 가정에서도 부모가 자식을 사랑한다면 훈계로써 양육하여야 한다.

"나의 아들아" 라고 부르는 아버지의 음성에는 애정이 들어 있다. 그리고 자녀의 귀한 영혼을 사랑한다면 매를 아끼지 말아야 한다. "매를 아끼는 자는 그의 자식을 미워함이라 자식을 사랑하는 자는 근실히 징계 하느니라"(잠 13:24). 또한 "그를 채찍으로 때리면 그의 영혼을 스올(음부)에서 구원하리라"(잠 23:14)고 하였다. 부모는 이 채찍으로 자녀의 마음속에 들어 있는 미련스러움(22:15)과 영혼을 가볍게 여기는 마음

(잠 15:32-33)을 몰아내야 한다. "아이에게 훈계하지 아니하려고 하지 말라 채찍으로 그를 때릴지라도 그가 죽지 아니하리라"(잠 23:13). "상하게 때리는 것이 악을 없이 하나니 매는 사람 속에 깊이 들어가느리라"(잠 20:30) 하였다. 초달(매질)의 방법은 곧 사랑의 표현(28:23)으로 그 영혼을 죽을 자리에서 구하는 길이 되는 것이다. 또한 잠언 19장 18절에서는 "네가 네 아들에게 희망이 있은즉 그를 징계하되 죽일 마음은 두지 말지니라"고 하였다. 자식에 대하여 희망을 가진 사람은 그 자식에게 훈계의 채찍을 들어야 한다. 이 말은 자식을 바른 길로 가게 하기 위해서는 훈계 곧 징계가 필요하다는 말인 것이다. 자식을 멋대로 놔두면 그 자식은 멸망의 길로 갈 수밖에 없다.

(2) 훈련(지혜) 교육

'훈련'을 히브리어로 '무사르'라고 하는데, 그것은 단순한 매질이나 구두 책망 이상의 의미를 함축하고 있다. 이 단어는 삶을 부요하게 하는 모든 가르침의 체계를 뜻하기도 한다. 자연히 그러한 교훈들과 가르침들은 다른 사람들에게 교육되어야 한다. 이스라엘의 자녀들은 이집트 사람들 못지않게 열정적으로 끝없는 연구에 몰두한다.[98] 잠언 22장 6절에서는 "마땅히 행할 길을 아이에게 가르치라 그리하면 늙어도 그것을 떠나지 아니하리라"(22:6)고 하였다. 여기서 '가르치라'(train up)는 말은 선한 기질은 계속 자극을 시켜서 더 잘하게 만들고 그리고 악한 경향에 대해서는 고삐를 꿰어 순종하도록 만들라는 의미로 사용된 것을 볼 수 있다.[99] 부모가 아이에게 마땅히 행할 길을 가르칠 때, 그 때 하나님이 주신 약속 즉 '늙어도 그것을 떠나지 아니하리라'는 말씀이 있다.

세 살 버릇이 여든까지 간다는 속담이 있거니와 어릴 때의 교육은 자녀에게 총명을 일깨우고 지혜를 더해 준다. "채찍과 꾸지람이 지혜를 주거늘 임의로 행하게 버려둔 자식은 어미를 욕되게 하느니라"(잠 29:15)

는 말씀이 곧 그 진리를 명시해 준다. 우리 부모는 무엇보다 지혜를 가르쳐주어야 한다. 지혜란 '하나님의 기대에 일치해서 사는 생활'이라 할 수 있고 '적절한 때에 올바른 선택을 할 수 있는 지식과 능력'이라 할 수도 있다.[100] 올바른 선택을 계속해서 하는 일관성이 바로 성장의 표지가 된다. 그래서 성장을 덜한 사람은 어떤 때는 올바른 선택을 했다가도 어떤 때는 그렇게 하지 못한다. 일관성 있게 적절한 선택을 하는 사람을 우리는 성숙한 사람 또는 지혜로운 사람이라고 부른다. 그러므로 우리 부모는 우리 자식들이 살아가는 동안에 적절한 때에 적절한 선택을 할 수 있는 지혜를 훈련을 통해 길러주어야 한다.

(3) 명령(권위) 교육

"내 명령을 지켜 살며 내 법을 눈동자처럼 지키라"(잠 7:2). 명령은 곧 권위를 상징하는 것이다. 권위는 자신이 그렇게 살면서 그런 명령을 할 때 생기는 법이다. 명령자가 언행일치도 안 되고 진실하지도 못하면 명령을 내릴 수도 없거니와 설사 명령을 내린다 하더라도 그것이 법의 효과를 볼 수 없는 것이다. 부모의 권위로써 자식들을 훈계함이 마땅하다. 부모로서 권위가 없으면 바른 훈계가 이루어지지 않는다. 부모가 권위를 세우고 주장하기 위해서는 먼저 부모가 하나님의 권위에 순종해야 한다. 그럴 때 그 자식들이 부모의 권위를 받아들이게 되는 것이다. 부모의 권위가 무너지면 자식들을 절대로 훈계할 수가 없다.

명령 즉 부모의 권위로써 훈계하는 목적 첫 번째는 사상과 행위의 좋은 버릇을 길러주는 데 있다(잠 7:3-6). 부모의 권위를 가지고 훈계함에 있어서 무엇보다 먼저 하여야 할 것은 자녀들에게 생각하는 버릇을 길러주는 것이다. 생각으로 자녀들의 운명이 바뀔 수도 있다. 그러므로 자식들을 기를 때 우리는 생각하는 아이들로 길러야 한다. 생각 없이 그저 감정이 이끄는 대로 행동하는 아이들로 길러서는 안 된다. 생각하는 아이는 저절로 되지는 것이 아니다. 어려서 부모가 의식적으로 자식들로 하여금 생각하게끔 해주어야 한다. 생각하는 법을 가르쳐 주는 것이 중요하다.

부모의 권위로써 훈계하는 목적 두 번째는 영혼의 생명을 지켜주는 데 있다(잠 3:23). 잠언 4장 10-13절에서는 "내 아들아 들으라 내 말을 받으라 그리하면 네 생명의 해가 길리라 내가 지혜로운 길을 네게 가르쳤으며 정직한 길로 너를 인도하였은즉 다닐 때에 네 걸음이 곤란하지 아니하겠고 달려갈 때에 실족하지 아니하리라 훈계를 굳게 잡아 놓치지 말고 지키라 이것이 네 생명이니라" 하였다. 하나님을 범사에 인정하면 그분이 길을 인도해 주시고 위로와 힘을 주신다.

부모의 권위로써 훈계하는 목적 세 번째는 그 자식들에게 높이 들려지는 영화로운 명예를 주려는 데 있다(잠 1:9). 잠언 4장 8-9절에서는 "그를 높이라 그리하면 그가 너를 높이 들리라 만일 그를 품으면 그가 너를 영화롭게 하리라 그가 아름다운 관을 네 머리에 두겠고 영화로운 면류관을 네게 주리라 하셨느니라" 하였다. 여호와 하나님을 경외하고 높이도록 가르치면 하나님께서 그 자식을 높이 세워 아름답고 영화로운 면류관을 받아쓰도록 이끌어 주시는 것이다.

2) 사회교육

사회는 시끄럽고 잡다한 곳이다. 사회를 구성하는 것은 각양각색의 사람들이다. 그 중에는 어리석은 자도 있고 거만한 자도 있으며, 진리를 역겨워 하는 자도 있고, 교훈을 멸시하는 자도 있으며, 지식을 미워하고 하나님을 경외하지 않는 자도 있다. 이 사람들은 각기 그들 나름의 길을 가기 때문에 사회에는 실로 다양한 삶의 길이 있다. 세상은 요지경 속처럼 다양하게 생활이 전개되는 곳이다. 선과 악, 생명과 죽음, 아름다움과 추함, 옳은 것과 그릇된 것, 좋은 것과 나쁜 것 등 온갖 대조적인 것들이 병존되는 곳이 세상이다. 그러므로 복잡하고 혼탁한 사회 속에서 바른 삶을 이끌어가기 위해서는 바른 가치 판단과 선택이 필요하다. 분별력 즉 가치 판단력이 없으면 아무리 원해도 바른 선택이 이루어지지 않는다. 여기서 사회 교육이라고 하는 것은 한 마디로 말해서 이런 것들에 대해서 적절하게 대처하며 그것들을 잘 분간하여서 올바르게 살아갈 수 있는 분별력을 키워주는 것을 뜻한다. 사회생활을 시작하는 사람들에게 있어서 가장 먼저 대두되는 것이 사람 사귀는 문제다. 무엇보다 사회생활의 성공은 바른 교제와 무관하지 않다.

(1) 바른 교제

사람은 나면서부터 누구와 만나게 된다. 집안에서는 부모와 만나고, 학교에 가서는 스승과 만나고 또 친구들과 만나며, 좀더 성장하면 결혼의 상대인 이성과 만나게 된다. 그 다음부터 교제가 시작된다. 교제의 대상은 이성도 있고 동성도 있을 수 있다. 현숙한 여자를 만나 사귀게 되는 것도 매우 소중하지만 사회생활에 있어서 보다 중요한 것은 참된 좋은 친구를 만나는 것이다.

젊은 사람이든 나이 든 사람이든, 사람들은 교류하는 이들을 모방하게 된다. 물론 나이 든 사람보다는 젊은 사람이 더욱 그렇겠지만 말이다. 아들을 바른 길로 인도하고자 했던 17세기 영국의 형이상시인 조지 허버트의 어머니는 이렇게 말했다. "우리의 몸이 고기에서 필요한 영양소를 섭취하듯, 우리의 영혼은 좋거나 나쁜 친구가 보여주는 본보기나 들려주는 이야기로부터 무의식중에 좋은 점이나 나쁜 점을 취하게 된다."[101]

사실 주변 사람들과의 교제가 인격 형성에 영향을 미치지 않는 것은 불가능하다. 사람들에게는 모방하는 습성이 있기 때문이다. 그러므로 철저한 사회교육이 필요하다. 이 사회교육의 중점 과제는 바른 선택을 하도록 도와주고 좋은 습관과 좋은 본보기를 본따서 좋은 영향을 받을 수 있도록 도와주는 것이다. 부모나 스승이 이에 관심을 가지고 가르치고 지도할 필요가 있다.

"내 아들아 악한 자가 너를 꾈지라도 따르지 말라"(잠 1:10)는 어버이의 말씀은 곧 친구를 골라 사귀라는 권고인 것이다. 친구라고 번역된 신약성경의 원어 즉 그리스어 '필로스' (philos)는 친구라는 뜻 외에 '사랑하는' (loving), '사랑을 받는' (beloved) 등의 뜻을 갖는다. 사랑하고 사랑받는 데에서 친구관계가 이루어지는 것이다. 성경에 사용된 친구의 개념에는 두 가지의 특징이 있다. 하나는, 괴롭고 버림받은 자와 유대를 갖는 것이다. 예수는 죄인의 친구였고(마 9:11), 죽은 나사로를 불러 친구라 했다(요 11:11). 곧 그들과 유대를 가짐으로써 그들을 괴로움과 절망으로부터 구제하는 것이다. 또 하나는, 즐거움을 함께 하는 것이다. 잃었던 아들을 되찾았을 때엔 친구를 불러 함께 즐긴다고 했고(눅 15:6, 9), 잔치에 임한 신랑의 친구들은 기뻐한다고 했다(요 3:29). 친구란 두 인격이 하나가 되어 서로 괴로움을 없이 해주고 기쁨을 만들어가는 관계적 인간을 뜻한다.

잠언 18장 24절에서 "많은 친구를 얻는 자는 해를 당하게 되거니와 어떤 친구는 형제보다 친밀하니라"고 한대로 친구 중에는 해로운 친구가 있고 형제보다 더 친밀한 친구가 있다. 젊은 시절의 짝을 버리는(잠 2:17) 배신 잘 하는 친구, 친한 벗을 이간하는(잠 17:9) 친구, 이웃을 해하려고 꾀하는(잠 3:29) 친구, 이웃과 다투거나 남의 은밀한 것을 누설하는(잠 25:8-9) 친구, 이웃을 멸시하거나 업신여기는(잠 11:12, 14:21)친구, 큰 소리로(잠 27:14) 친밀한 사이라고 떠들어대는 친구, 남의 재앙을 원하는(잠 21:10) 친구, 이런 친구들과는 "사귀지 말라"(잠 20:19, 24:21)고 금하고 있다. 이 나쁜 친구들은 이웃의 은혜를 입지 못하게 하며(잠 21:10) 파멸의 길로 이끌어 가기 일수다.

참으로 친구는 "친구를 위하여 목숨을 버리면 이에서 더 큰 사랑이 없나니"(요 15:13)라고 한 대로 친구를 위해 목숨을 버릴 수 있는 친구가 참 좋은 친구다. 이런 참 좋은 친구는 형제보다 더 친밀하며(잠 18:24), 언제나 사랑이 끊어지지 않고(잠 17:17, 27:10), 가난해도 불변한다(잠 19:4, 7). 이런 친구가 항구 불변 하는 친구다. 또한 참 좋은 친구는 신실한 친구다. 그런 "친구의 아픈 책망은 충직에서"(잠 27:6) 기인된다. 좋지 못한 친구는 아첨을 일삼는 데, 그것은 "그의 발 앞에 그물을 치는"(잠 29:5) 것과 같기 때문이다. 그리고 참 좋은 친구는 "충성된 권고"(잠 27:9)를 해 준다(잠 27:9). 그래서 잠언 27장 17절에서는 "철이 철을 날카롭게 하는 것 같이 사람이 그 친구의 얼굴을 빛나게 하느니라" 하였다. 눈치 있고 의리 있는 친구가 좋은 친구다. "너는 이웃집에 자주 다니지 말라 그가 너를 싫어하며 미워할까 두려우니라"(잠 25:17)고 말한 대로 싫어하고 미워하는 것도 눈치 못 채고 매일 같이 그것도 하루 종일 친구의 집에 드나드는 것은 무례가 되는 것이다. 맛있는 꿀이라도 과식하면 토할까 한다는 말이 있거니와 너무 과한 친교가 오히려 수고를 낳는 경우도 있다. "마음이 상한 자에게 노래하는 것은 추운 날에 옷을 벗음 같고 소다 위에 식초를 부음 같으니라"(잠 25:20)라고 한대로 동정할 사람에게 동정은 하지 않고 도리어 그 상심을 더 상하게 함은 추운 날에 옷을 벗음과 같다. "이른 아침에 큰소리로 자기 이웃을 축복하면 도리어 저주 같이 여기게 되리라"(잠 27:14, 26:18-19)는 말도 너무 과한 칭찬은 아첨이 될 수도 있다는 것을 가르쳐 주는 말씀이다.

세상에 많은 사람들 중에서 어떤 사람이 좋고 또 어떤 사람이 나쁜지 쉽게 구별할 수 없다. 그러므로 부모님의 지혜 교육이 필요하다. 즉 분별력을 길러 주어야만 한다는 것이다.

(2) 바른 길

잠언을 보면 두 길의 주제가 자주 나온다. 두 길은 빛과 어둠(잠 4:18-19)에 비유되고, 의인의 길과 악인의 길, 또는 생명의 길과 죽음의 길(잠

2:21, 22), 그리고 좁은 길과 넓은 길로 대조된다. 의인이란 곧 믿음과 순종을 통해 하나님과 바른 관계 안에 있는 사람들인 반면, 악인들은 이 관계를 거절함으로써 도덕적 영적 어둠에 이르는 길에 들어서게 된다(잠 4:19). 그 어두운 길에 들어서게 되면 악을 행하지 않고 살기가 대단히 어렵다(잠 4:16-17). 인생은 어떻게 보면 선택이라 할 수 있다. 우리는 학교도, 직업도, 배우자도, 삶도 모두 선택하여야 한다. 그 중에서도 제일 중요한 선택은 선악과 진위중에서 무엇을 선택하느냐 하는 것이다. 우리는 누구나 악의 길을 피해 살고 싶은 마음들을 다 갖고 있다. 그러면서도 그렇지 못한 경우는 너무나 많다. 그 길을 피할 수 있는 유일한 방법은 처음부터 그 길에 들어서지 않는 것밖에 없다.

"사특한 자의 길에 들어가지 말며 악인의 길로 다니지 말며 악인의 길로 다니지 말지어다 그의 길을 피하고 지나가지 말며 돌이켜 떠나갈지어다"(잠 4:14-15)라 하였다. 여기서 "사특한 자"란 곧 악을 행하는 자, 불의한 자를 일컫는 말이다. 이 사특한 자의 길은 어둠의 길이다. 그러므로 그 길로 일단 들어서게 되면 영적 눈이 어두워지고 지각이 어지럽게 되며 영적 통찰력이 희미해져 왜곡되게 된다. 악인의 길의 종점은 파멸과 죽음이다. 그런데 한번 빠져들면 진펄과 개펄 같아서 빠져나오기가 힘들다. 그러므로 피하고 지나가지 말아야 한다.

그러나 "의인의 길은 돋는 햇살 같아서 크게 빛나 한낮의 광명에 이르게 한다"(잠 4:18). 돋는 햇살은 진리와 순결과 희락과 생명을 의미한다. 빛은 언제나 생명이오 진리요 기쁨이다. 이 돋는 햇살은 점점 빛나는 빛 즉 낮으로 들어가는 빛을 의미한다. 또한 그것은 커지는 빛이요 마침내는 광명에 이르게 하는 빛이다. 의인의 길은 점점 더 확실해지고 믿으면 믿을수록 더 깨닫게 되는 것을 뜻한다. 의인의 길은 점점 더 은혜 가운데 들어가게 되고 진리를 깨닫게 되고 기쁨과 평안이 충만해지는 길인 것이다.

빛은 변호 받는 자의 상징이 아니고 변호자의 상징이다. 그런 의미에서 그리스도만이 빛의 원천이라 할 수 있다. 의로운 길을 선택한 자는 그 위에 의의 태양이 비칠 것이다. 그러면 그 얼굴이 빛나고 마음이 밝아지고 치료하는 빛이 비치므로 그들의 흑암은 도망칠 것이다. 한때는 흑암에 있었던 백성이 이제는 그리스도를 영접하고 나면 빛 가운데 있게 된다. 주 안에 있는 자 또는 경건한 자는 성령의 빛을 통하여 파괴의 그물에서 피할 수가 있다. 그러나 불경건한 자는 흑암에 걸려 넘어져 사망의 함정에 빠지게 되는 것이다. 그들은 속임수에 걸려 넘어지게 되고 파괴적인 일의 덫에 걸려서 넘어지며 말의 그물에 걸쳐서 넘어지게 된다. 그러므로 두 길 중에서 바른 길을 선택하도록 교육하여야 한다.

(3) 바른 이득

"적은 소득이 공의를 겸하면 많은 소득이 불의를 겸한 것보다 나으니라"(잠 16:8)고 한 말씀은 바른 이득이 부정한 이득보다 낫다는 말이다. "가산이 적어도 여호와를 경외하는 것이 크게 부하고 번뇌하는 것보다 나으니라"(잠 15:16)는 말과 동일한 뜻이다. 즉 물질보다 덕이 더 낫다는 말이다. 아합이 나봇의 포도원을 빼앗은 것(왕상 21:18), 게하시가 은과 옷을 나아만에게서 취한 일(왕하 5:26), 유다가 주님을 은 30에 판 일(마 26:15), 이런 부당한 이득은 무익한 것이다. 아니 큰 범죄라 할 수 있다.

"만일 온 천하를 얻고도 제 목숨을 잃으면 무엇이 유익하리요 사람이 무엇을 주고 제 목숨과 바꾸겠느냐"(마 16:26)라고 한 바와 같이 온 천하를 얻고도 제 목숨을 잃으면 아무런 소용이 없는 것이다. "불의로 치부하는 자는 자고새가 낳지 아니한 알을 품음 같아서 그의 중년에 그것이 떠나겠고 마침내 어리석은 자가 되리라"(렘 17:11)고 하였다. 잠언 15장 27절에서는 "이익을 탐하는 자는 자기 집을 해롭게 하나 뇌물을 싫어하는 자는 사느니라" 하였다. "속이는 말로 재물을 모으는 것은 죽음을 구하는 것"(잠 21:6)이나 다름이 없다. "이익을 얻으려고 가난한 자를 학대하는 자는(잠 22:16) 가난하게 되고, 부당한 "재물은 스스로 날개를 내어 하늘에 나는 독수리처럼 날아가리라"(잠 23:4) 하였다. "대저 재물은 영원히 있지 못하니"(잠 27:24), "속히 부하고자 하는 자는 형벌을 면하지 못하리라(잠 28:20) 하였다.

물욕에 잠긴 자는 마침내 "여호와 내가 진노를 내리는 날에 그들의 은과 금이 능히 그들을 건지지 못하며 능히 그 심령을 족하게 하거나 그 창자를 채우지 못하고 오직 죄악의 걸림돌이 됨이로다"(겔 7:19). 불의한 재물은 더 큰 화를 초래한다. 그래서 시편 112편 9절에서는 "그가 재물을 흩어 빈궁한 자들에게 주었으니 그의 의가 영구히 있고 그의 뿔이 영광중에 들리리로다"고 하였다.

청렴결백한 마음은 수많은 금은보화보다 낫다. 억만금을 벌어도 부당하고 부정한 소득은 그 사람을 비열하고 가련하게 만든다. 소득이 조금 적어도 안식하는 마음과 의로운 원칙을 따라 사는 것이 더욱 행복하다. "속이고 취한 음식물은 맛이 좋은 듯하나 후에는 그 입에 모래가 가득하게 되리라"(잠 20:17).

속이는 저울은 하나님께서 미워하신다(잠 21: 6, 26:19). 그래서 잠언 20장 23절에서는 "한결같지 않은 저울추는 여호와께서 미워하시는 것이요 속이는 저울은 좋지 못한 것이니라" 하였다. 사회에서 서로의 나눔과 공정성이 사라지면 그 사회는 붕괴되고 만다. 이 진리를 가르쳐 주는 것이 사회교육의 중심이다.

3) 종교 교육

교회의 사명과 책임을 크게 구분한다면 전도, 교육, 봉사로 나눌 수가 있다. 예수께서도 복음을 전파하시고, 가르치시고, 병을 고치시며 봉사한 모습을 볼 수 있다. 어느 신학자는 "기독교는 사도들이 일구어 놓은 선교의 밭을 교사들이 물을 주어 자라게 했다"고 말하기도 했다(고전

3:6). 그만큼 가정과 교회의 교육적 사명은 어제나 오늘이나 막중하다 아니 할 수 없다. 가정이나 교회에서 해야 할 종교교육의 내용은 무엇인가. 세 가지로 나누어서 생각해 보겠다.

(1) 신앙교육

인간은 지극히 약한 동물이다. 그러나 무한히 강해질 수가 있다. 약한 인간을 무한히 강하게 만드는 것은 신념과 신앙을 갖는 것이다. 17세기 영국의 경험론의 창시자인 프랜시스 베이컨은 『신기관』(Novum Organum)이라는 책에서 "지식은 힘이다"라고 말하였다. 이것은 옳은 말이다. 지식은 우리에게 여러 가지 힘을 준다. 지식이 많다는 것은 힘이 많다는 것이요, 지식이 적다고 하는 것은 힘이 적다는 것이다. 그러나 신앙은 지식보다 더 큰 힘이라 할 수 있다. 신앙의 힘은 산을 바다로 옮길 수도 있고, 죽은 자를 살릴 수도 있다.

미국 조지 워싱턴 대통령의 어머니인 메리 보올 여사는 어린 아들에게 좋은 교육을 받게 하는 것보다 신앙의 유산을 물려주는 것이 최고의 선물이라는 것을 잘 알고 있었던 분이다. 그래서 보올 여사는 아들에게 성경이야기, 위인전기, 그리고 시나 교훈적인 격언 등을 많이 들려주면서 그대로 실천하도록 격려해 주었다고 한다. 이런 보올 여사의 신앙교육을 통하여 말씀으로 양육된 조지 워싱턴은 자라나 미국의 대통령이 되었으며 가장 정직하고 양심적인 신앙적 역사인물이 되었던 것이다.

우리가 잘 알고 있는 시각 장애자인 강영우 박사도 그의 자녀들이 잠자리에 들기 전에, 그들의 머리맡에서 자신의 점자 성경을 읽어주었다고 한다. 그렇게 성장한 자녀들이 자기 아버지를 세상에서 가장 존경한다고 항상 입을 모아 말할 뿐 아니라 미국 사회에서도 매우 존경을 받는 지도자들이 되었다고 한다.

이와 같이 매일 성경을 읽어주거나 암송시키는, 또는 자녀들의 신앙 성장에 도움이 될 수 있는 책들과 친근할 수 있도록 해주는 방법 등을 사용해서 신앙교육을 할 수도 있고, 부모가 삶의 모범을 통하여 본보기를 보여주는 것으로써 신앙교육을 할 수도 있다. 그 방법은 환경이나 처지에 따라 다를 수 있겠지만 무엇보다 중요한 것은 부모들이 그의 자녀들을 어릴 적부터 신앙교육을 통하여 말씀으로 양육시킨다는 것이다.

이런 신앙교육에 있어서 제일 먼저 하여야 할 것은 우리의 자녀들이 하나님을 경외하며 살아가도록 교육하는 것이다. 하나님을 경외하는 것은 지혜의 근본이요(잠 1:7), 신앙적 생활의 근본(잠 14: 26-27)이다. 그 다음으로 하여야 할 것은 하나님을 경외할 뿐 아니라 전적으로 의뢰하며(잠 3:5) 의지하고 살아가도록 지도하는 것이다. 즉 여호와 하나님에 대한 의뢰신앙을 갖게 하는 것이다. "너는 마음을 다하여 여호와를 의뢰하고. . . . 대저 여호와는 의지할 자이시라 네 발을 지켜 걸리지 않게 하시리라"(잠 3:5, 26)고 한대로 여호와를 의뢰하면 그 길을 인도하여 주신다. 또한 하나님은 항상 그를 의지하는 자의 방패가 되고(잠 29:25, 30:5), 재물과 영광과 생명도 축복으로 주신다(잠 14:27, 15:16, 22:4, 28:25).

그리고 마지막으로 하여야 할 것은 하나님께 대한 사랑과 경외심 외에 자녀들에게 감사하며 살아가도록 가르쳐주는 것이다. 그러나 그것은 말로써 되는 것이 아니라 부모들의 살아있는 모범 곧 행동으로서만 가능한 것이다. 그래서 잠언 22장 6절에서는 "마땅히 행할 길을 아이에게 가르치라 그리하면 늙어도 그것을 떠나지 아니하리라"고 하였다.

한 마디로 말해서, 부모는 무엇보다 자식들에게 먼저 의심을 버리게 해주고, 여호와 하나님을 믿고 그의 계명을 따라 살도록 마음과 뜻을 다 모아 깨우쳐 주어야 한다. 즉 인생이 할 가장 귀중한 일은 여호와 하나님을 늘 찾고 늘 경외하는 것이라는 것을 가르쳐 주어야 한다. 인생의 의의를 하나님께 두고 살아가도록 가르치는 것이 종교 교육의 목표다.

(2) 경건교육

경건이란 태도나 언어 등 외적 형태를 말하는 것이 아니다. 걸음걸이가 경망스럽거나 말이 차분하지 못하다고 해서 경건하지 못한 것이 아니다. 경건은 그가 얼마나 그리스도인답게 사느냐에 달려있다. 이 경건은 헬라어로 '유세베이안'라고 하는데, 그것은 '하나님을 예배하는 마음' 또는 '하나님으로 충만한 상태'를 의미한다. 이런 마음이나 상태는 그저 이루어지는 것이 아니라 무한한 연습을 통하여 깊은 은혜 속으로 들어갈 때 비로소 이루어지는 것이다. 그러므로 우리는 운동선수들이 체육관에서 경기를 위해 피 눈물 나게 연습하듯이, 경건의 연습도 철저하게 하지 않으면 안 된다.

우리가 이 땅에서 살아가기 위해서는 육체의 연습도 필요하지만, 경건의 훈련은 범사에 유익하다. 우리가 죄인 되었을 때 그리스도께서 우리를 위해 죽으심으로 우리는 영원한 생명을 받았다. 그 영원한 삶은 이 세상에서의 삶이 아니라 저 천국에서의 삶이다. 경건의 훈련은 바로 천국 백성으로서의 삶을 살기 위한 훈련이라 할 수 있다. 육체의 훈련에는 윤리가 결여될 때가 많지만, 경건의 훈련에는 서로를 살리는 생명력이 넘친다.

바른 신앙인이 되려면 경건한 삶을 살아야 한다. 세계적인 음악가 루빈스타인의 성공 비결은 거듭된 훈련의 결과다. 그는 늘 이렇게 말한다. "하루 연습을 거르면 내가 알고, 이틀 연습을 거르면 내 친구가 알며, 사흘 연습을 거르면 내 청중들이 안다." 그렇다. 경건한 삶을 살기 위해서도 루빈스타인처럼 끊임없이 연습하는 것이 필요하다. 연습이란 반복되는 훈련을 통하여 지식과 능력을 배양시킴으로써 진보를 추구하는 것을 말한다. 이런 경건을 연습한다함은 결국 부단히 하나님에 대한 진리와 자신의 삶을 연구하고 반성하여 보다 성숙해 지려고 노력하는 것을 말한다.

경건생활이 이어지지 않는 신앙생활은 부패한 삶으로 이어질 수밖에 없다(딤전 6:3-5). 그리고 경건은 성도의 신앙을 보호해 주기도 한다. 열심히 예배에 참석하고, 봉사하고 구제하며 기도하는 생활을 통해 세상에 빛과 소금의 역할을 하면서 세상 사람들에게 칭송받게 되고 자연히 성도의 신앙도 불의로부터 보호받게 해주는 것이 경건생활의 장점이다. 경건은 성도의 신앙을 성장시켜 준다. "습관은 사람의 운명을 결정짓는다"는 말이 있듯이, 연습된 경건생활은 성도의 영혼을 그리스도의 장성한 분량까지 성장시켜 주는 힘이 되어 줄 것이다.

위에서 이미 언급한 바와 같이, 경건의 기독교적인 의미는 여호와를 경외하고 섬기는 생활을 의미한다. 더 나아가 경건은 하나님의 신실하심을 의지하고 악을 떠나 살며 적극적으로는 남을 돕고 선을 베풀며 사는 생활을 가리킨다. 그래서 잠언의 기자는 3장 7절에서 "스스로 지혜롭게 여기지 말지어다 여호와를 경외하며 악을 떠나질어다"라 하였고, 3장 26절에서는 "대저 여호와는 네가 의지할 이시니라 네 발을 지켜 걸리지 않게 하시리라"고 하였다. 이것은 기독교인이 갖추어야 할 덕 중에 영적으로 가장 귀중한 덕목인 경건을 강조한 말씀이라 할 수 있다.

이렇게 배움과 훈련으로써 다져진 경건은 범사에 유익하고 금생과 내생에 약속이 있다(딤전 4:8). 그것은 또한 시험에서 우리를 건져줄 수도 있고, 멸망으로부터 구원해 줄 수도 있다(시 32:6). 하나님께서도 이런 경건한 사람을 택하여 복을 주시는 것을 볼 수 있다(시 4:3). 이런 경건을 중점적으로 가르쳐 주는 것이 종교교육의 필수적인 의무사항이라 할 수 있다.

(3) 심성(心性) 교육

내적인 영의 생명은 마음에서 시작한다. 마음은 생명의 원천이다. 왜냐하면 미혹도 깨달음도 다 같이 마음에서 나타나기 때문이다. 모든 것은 마음이 만들어 내는 것으로 마치 요술하는 사람이 여러 가지 물건을 자유롭게 만들어 보여주는 것과 같다. 사람의 마음으로는 여러 종류가 있고 각기 근거도 다 다르다. 마음이 많이 흐린 사람도 있고 적게 흐린 사람도 있다. 현명한 사람도 있고 우매한 사람도 있다. 성품이 선량한 사람도 있고 그렇지 못한 사람도 있다.

코끼리의 조련사가 되려면 다섯 가지 조건을 갖추어야 한다. 건강해야 하며, 근면하고 거짓이 없어야 하며, 신념이 있어야 하고 뛰어난 지혜가 있어야 한다. 그렇듯이 마음을 잘 다스리는 법을 가르쳐 주는 것이 종교 교육의 중심이라 할 수 있다. 왜냐하면 마음에서 모든 악한 생각들이 나오기 때문이다. "내 말에 귀를 기울이라"(잠 4:20)하였는데, 이것은 곧 겸손하고 공손한 마음의 자세를 가지라는 말이다(시 78:1). 또한 "그것을 네 눈에서 떠나게 말라"(잠 4:21)하였는데, 이것은 마음이 성경 말씀에 늘 지배되어야 한다는 것을 말한 것이다. 그러므로 그것은 '네 마음 속에서 지키라' 는 말과 동일한 것이다.

그래서 사람이 무엇보다 지켜야할 것은 '마음'(잠 4:24)이라고 한다. 여기서 지킨다는 표현은 문의 문지기와 관련되는 말이다. 문지기가 지키는 일은 이중적이라 할 수 있다. 문지기의 의무는 마음에 출입하는 사상이 어떤 종류의 것인지 살펴야 한다. 다음으로 문지기가 하여야 할 것은 마음의 문 앞에 서있어야 한다는 것이다. 그리스도의 십자가와 인내는 마음의 제일 좋은 문인데, 이것은 모든 강요에 대항하는 빗장으로 잘 지켜야 할 것이다.

사람들은 본디 맑고 깨끗한 마음 곧 청정한 본심을 지니고 있었다. 그러나 지금은 죄로 인하여 미혹의 먼지에 덮여져 있다. 사람들이 마음에 하나님 두기를 싫어하기 때문에 여러 죄악들이 거기서부터 나오게 된다. 사람들이 자기를 사랑하며, 돈을 사랑하며, 자긍하며, 교만하며, 훼방하며, 부모를 거역하며, 감사하지 아니하며, 거룩하지 아니하며, 무정하며, 원통함을 풀지 아니하며, 참소하며, 절제하지 못하며, 사나우며,

선한 것을 좋아하지 아니하며, 배반하여 팔며, 조급하며, 자고하며, 쾌락 사랑하기를 하나님 사랑하는 것보다 더한 것을 보게 된다(딤후 3:2-4). 이 모든 것이 심성의 타락으로부터 기인되는 죄악들이다.

그러나 종교 교육을 통하여 부모는 자녀들에게 본래의 본심에 눈을 뜨고 진실의 자기로 돌아갈 수 있도록 가르쳐야 한다. 사람의 마음이 미혹되고 더러워지는 것은 욕심 때문이다. 욕심이 제거된 상태와 청정한 마음의 상태는 한 동전의 양면과도 같다. 바다의 파도 없음과 고요한 바다를 구분할 수 없듯이 욕심 없음과 청정한 상태도 구분할 수 없다. 욕심이 걷히면 그것이 곧바로 청정한 상태가 된다. 마치 파도가 걷히면 바다가 고요해지게 되는 것과 같다. 말씀으로 욕심을 줄이고 마음을 달래가며 신성을 비추어 내는 본래적인 삶의 모습을 되찾도록 가르쳐 주어야 한다.

우리가 일체의 행위를 창조주 하나님께로 향하면, 사람의 마음은 말할 수 없이 순결해진다. 모든 힘을 다 기울이고 가진 노력을 다할지라도 우리가 뜻하지 않은 실패를 하고 마는 것은 반드시 거기엔 이기적인 욕심이 섞여 있는데서 기인한다. 주를 떠나서 다른 데서 영광을 취하려는 자는, 또 무슨 사사로운 선에서 낙을 얻으려는 자는 참 즐거움을 항구히 누리지 못할 것이요, 그 마음에 즐거움이 충만치 못하고, 다만 많은 거리낌과 역경을 만나게 될 것이다. 자애심이나 명예욕이나, 일체의 이기주의를 떠날 때에, 비로소 우리의 활동은 인류 사회에 유익하고, 우리 행위가 정당한 방향으로 나아가고, 하나님께 가치 있는 것이 된다.

그리고 우리가 바른 길에서 탈선하지 않기 위해서는, 즉 하나님께로 지향하기 위해서는 매일 기도 중에 이를 개선하여 실천하여야 한다. 그것이 마음을 다스리고 지키는 일이요 그래야 한 점 흠이 없이 깨끗한 마음으로 우리의 생을 하나님께 봉헌할 수 있을 것이다. 기도는 우리의 생활을 제물로 만든다. 이 제물은 희생의 불꽃 같이 하나님께로 올라가는 것이다. 그래야만 우리의 생활이 시야를 가로막고 눈에 매운 야욕의 검은 연기를 섞지 않고 맑은 화염이 되어 하늘로 올라가게 될 것이다. 이때 비로소 우리의 생활이 다른 사람들에게 광명이 되고, 그들은 바른 길을 찾아 기쁜 마음으로 전진할 수 있을 것이다.

우리가 참으로 간절히 기도를 드리면 일체의 행위는 궁극적인 목적인 하나님께로 향하기 때문에, 신앙과 생활 간에는 다리(가교)가 놓이게 되어 양자간의 대립과 갈등이 거의 없어진다. 기도로써 하루를 바치면 그 날 하루의 모든 행위에 좋은 영향을 준다. 그렇지만 사람의 약점과 죄과로 말미암아 다시 양자간에 틈이 생기는 경우도 있을 수 있다. 그러므로 날마다 기도로써 하루를 시작하고 기도로써 마감을 하여야 한다. 그것이 바로 마음을 다스리고 지키는 일이다. 그것이 바로 심성교육이라 할 수 있다.

7. 말, 말, 말

우리가 살아가면서 다른 사람들에게 제일 먼저 자기를 나타내는 것이 자기의 외면적인 모습이라고 한다면, 그 다음으로 자기의 모습을 보여 주는 것은 말이다. 말이란 다른 사람들과의 사이에서 이뤄지는 의사소통인 동시에 자신의 표현이요 자신의 모습이라 할 수 있다. 이렇게 인간은 말을 할 수 있는 동물이기 때문에 위대하지만 동시에 많은 문제점도 가지게 되는 것이다. 우선 말은 한 사람의 입에서 나오지마는 천 사람의 귀로 들어간다는 사실을 생각해야 한다.

한 마디로 말해서 천양 빚도 한 마디 말로 갚기도 하지만 사람 마음에 씻을 수 없는 상처를 남길 수도 있다. 명심보감에 이르기를 "깜박이는 한 점의 불티가 능히 넓고 넓은 숲을 태우고, 반 마디의 그릇된 말이 평생에 쌓은 덕을 무너뜨린다"고 했다. 정말 우리는 말에 조심해야 한다. 한 마디의 잘못된 말이 이간질이 되고 한 마디의 잘못된 말이 일생 동안 키워온 우정을 순식간에 허물어뜨리기도 한다. 근거 없는 말이나 과장된 말로 인간과 인간을 갈라놓고 불화의 씨앗을 심고 불신의 사회를 만든다. 그리고 한 번 잘못된 말은 엎질러진 물과 같아서 다시 어찌해 볼 수가 없다. 말은 될 수 있는 대로 신중히 생각해서 해야 되며 되도록이면 말을 적게 하는 것이 실수를 하지 않는 길이 된다.

이 세상에는 다시 돌아오지 않는 세 가지가 있는데, 그것이 잃어버린 기회(機會)와 시위를 떠난 화살, 그리고 입에서 나온 말이다. 이중에서 가장 치명적인 것은 말이라 할 수 있다. 말은 단순하지만 그 영향력이 엄청나다는 것을 우리는 날마다 경험하면서도 말을 제대로 하는 사람은 극히 드물다.

말은 첫째로 인간이 가지고 있는 능력 중에서 가장 큰 능력이라 할 수 있는데, 그것은 의사소통이 되고 있기 때문이다. 현대사회가 대중사회가 되면서 바르게 의사표시를 한다는 것은 새삼 강조할 필요가 없을 것이다. 모든 싸움의 근본원인도 잘못된 의사전달에서 비롯되고 있듯이, 바른 의사소통을 통하여 인류의 문화는 더욱 발전되어 왔다는 것은 너무나 자명한 일이다. 또 의사소통에 따라 인간관계가 맺어지는 것이다. 자신의 주장을 올바르게 내세울 수 있을 때 우리는 자주적인 인간이 되어 비로소 진정한 인간관계를 가능하게 만든다. 하나님은 우리에게 아름다운 관계, 사랑의 관계를 만들도록 하기 위해 언어를 주셨다. 결국 모든 인간관계란 서로간의 의사소통에 따라서 관계가 맺어지게 되는 법이다. 인간관계는 또 사람을 통치하는 힘을 갖고 있다. 사람에게는 수천억 개의 신경조직이 있지만 온 몸을 제어할 수 있는 것은 언어중추신경이다. 마치 말하고 싶어서 세상에 태어난 것처럼 인간들은 말을 통해 자신을 움직이고 그렇게 세상을 통치하는 것이다.

말은 둘째로 늘려 발음하면 '마알'이 된다고 한다. '마알'이란 '마음의 알갱이'란 뜻인데, 결국 마음의 알갱이들이 나타나는 것이 말이므로 열 길 물속은 알아도 한 길 사람 속은 알 수 없지만, 하는 말을 통해서 마음을 헤아려 볼 수 있는 것이다. 말과 글은 그 사람에게 내재되어 있는 능력과 수준을 알 수 있게 하므로, 우리 조상들도 사람을 평가할 때 신언서판(身言書判)으로 기준을 삼았던 것이다.

한 샘에서 두 샘물이 나올 수 없듯이, 단물이니까 단물을 내고 쓴물이니까 쓴물을 내듯이 인격에 따라 사람들은 말을 하게 된다. 잎이 무성할수록 열매가 적다는 말과 물은 깊을수록 소리가 없다는 속담은 일치한다. 잘난 사람일수록 함부로 말하지 않고 말을 아낀다는 의미이다. 대체로 큰 목소리로 말하는 사람일수록 허풍쟁이들이 많고, 수다를 잘 떠는 사람은 채워지지 않는 무엇이 있고, 또 험하게 말하는 사람일수록 단순한 사람이 많다. 어리석은 사람은 이렇게 긴 혀로써 금방 알아 볼 수 있지만, 지혜 있는 자는 말로서 자신을 드러내는 것보다는 온유함으로 그 행함을 보여 주게 된다.

말은 셋째로 인생 그 자체라 할 수 있다. "말이 씨가 된다"는 속담처럼, 말 한 마디가 운명을 바꿀 수가 있다는 것을 우리 사람들은 오래 전부터 알았던 것 같다. 성경에서는 죽고 사는 것이 혀의 권세에 달려있고, 큰 배가 키에 따라 움직이듯이 인생도 말에 따라 방향이 달리한다고 말조심을 교훈하고 있다. 태초부터 말씀이 있었듯이, 사람은 물질로 사는 것이 아니라 말로 사는 존재다. 그러므로 가슴속에 품고 있는 그 한마디 말이 그 사람의 실존의 모습이 되는 것이다.

그러므로 환경과 운명을 탓하기 전에 먼저 말부터 고쳐야 한다. 사람은 말하는 순간에 이미 자기 최면에 빠져 신념화 되어 태도부터 달라지기 때문이다. 태도는 습관을 습관은 결국 인생을 바꾸어 놓게 된다. 그러므로 말하기 전에 생각하는 습관을 길러야 한다. 자연과 사건들을 통해 묵상하는 시간을 가진 후에 느꼈던 생각들을 다시 글로 써 볼 때 생각은 구체화되어 신념 속의 말을 할 수 있게 되는 법이다. 이것보다 더욱 중요한 일은 아무리 조리 있게 말을 해도 진실이 없는 말은 이미 죽은 언어라는 사실이다. 천 마디 생명 없는 말보다도 진실한 한 마디가 훨씬 큰 감동을 줄 수 있다.

또한 "말이 없으면 생각도 없다"는 말이 있듯이 말과 생각 사이에는 밀접한 관계가 있다. 일찍이 하만(J. G. Hamann)은 "말이 없으면 이성도 없고, 따라서 세계도 존재하지 않는다"고 했고, 소쉬르는 "심리적으로는, 말로써 표현하지 않고서는, 우리의 생각은 꼴 없고 불분명한 덩어리에 지나지 않는다"라 하고 있다. 말이 있기 때문에 우리 인간은 생각과 감정을 나타낼 수 있다.

좋은 말은 사람을 살리지만 나쁜 말은 사람을 죽이기도 한다. 살아 있는 인간이 말을 하지 않을 수 없으나 말이 많으면 그 말의 많음이 바다의 파도가 그 바다를 흉흉하게 할 수도 있고 흙탕물을 만들 수도 있듯이, 우리의 생각과 감정을 어지럽히고 더럽힐 수도 있다. 가능한 한 순화된 말을 쓰는 것이 좋다. 순화(醇化)란, 깨끗지 못한 것을 걸러서 순수하게 하는 일이요, 복잡한 것을 단순하게 한다는 뜻이다. 말 가운데서 걸러내야 할 것들을 걸러내고 다듬어야할 것들을 다듬어서 쓰는 것이 곧 순화다. 여호와 하나님께서 "미워하시는 것 곧 그의 마음에 싫어하는 것이 예닐곱 가지"(잠 6:16)가 있는데, 그 중의 하나가 악한 말이다. 그는 "거짓된 혀"(잠 6:17)와 "거짓을 말하는 망령된 증인과 및 형제 사이를 이간하는 자"(잠 6:19)를 교만과 더불어 가장 미워하신다. 말의 사용이 어떤 가르침을 주는지 세 항목으로 나누어서 살펴보겠다.

1) 말의 자제

말이 많으면 결국 죄(허물)를 짓게 되고(잠 10:19) 곤란을 당하게 된다. 침묵을 지키는 능력은 지혜로운 것이므로 말이 많은 것은 분명히 미련한 것이다. 전도서 5장 3절에서는 "걱정이 많으면 꿈이 생기고 말이 많으면 우매한 자의 소리가 나타나느니라"고 하였다. 사람은 실수가 많은데 그 대부분이 입술을 지키지 못하여서 오는 실수인 것이다. 잠언 17장 27절에서는 "말을 아끼는 자는 지식이 있고"라고 하였다. 입술을 제어하는 것은 어려운 일이지만 이것이 참된 지혜이다. 하나님의 사람은 "사람이 무슨 무익한 말을 하든지 심판 날에 이에 대하여 심문을 받으리니 네 말로 의롭다 함을 받고 네 말로 정죄함을 받으리라"(마 12:36-37)는 말씀을 기억하면서 신중하게 말하는 것이 덕스럽다.

입술을 제어하는 것은 곧 생명을 보전하는 것과 일반이며, 온전한 자는 자기 혀를 다스린다. 입술을 슬기롭게 다스릴 줄 모르는 사람은 틀림없이 파멸을 초래하게 된다. 혀는 곧 "불과 같아서"(약 3:5) 제어하기 어렵지만, 입술을 크게 벌리는 자에게는 멸망이 오는 것이다. 그래서 잠언 20장 19절에서는 "입술을 벌린 자를 사귀지 말찌니라"고 하였다. 제어하는 것이 매우 어려워도 입과 혀를 지키는 자는 환난에서 그 영혼을 구하게 된다(잠 13:3, 21:23). 말을 하되 지혜로운 말을 골라서 하여야 한다. 지혜롭지 못한 말은 그것이 아무리 사실이라 할지라도 심각한 곤란과 재난의 씨앗이 되는 경우가 많다.

독사들은 누군가를 물 때 독침과 같은 역할을 하는 송곳니를 가지고 있다. 이 침을 통해서 적의 몸에 치명적인 물질을 보내어 극심한 통증을 느끼게 한다. 뱀만이 그들의 입에서 독을 내뿜는 피조물이 아니다. 사람들이 조심하지 않고 하는 말이 위험스런 독이 되기도 한다. 사람들은 뱀의 독보다도 더 해로운 거짓말을 하고, 소문을 퍼뜨리며 험담을 한다. 하나님은 뱀보다도 표독스런 혀를 가진 우리에 대하여 더 염려하고 계신다.

2) 말의 힘

혀는 엄청난 능력을 가지고 있다. 그래서 예수님께서는 누가복음 6장 45절에서 사람은 "그 마음에 쌓은 선"으로 말한다고 하였다. 입에서 나온 말은 에너지와도 같다. 입에서 나온 말은 사라지지 않고 작은 에너지 덩어리가 되어 나의 주위를 감싸게 된다. 그래서 내 주위에는 눈에 보이지는 않지만 나의 말들이 가득하다. 사람들이 나를 만나면 내가 그동안 해 놓은 말의 에너지를 느끼게 된다. 나 또한 상대방이 한 말의 에너지를 감지하게 되는 것이다. 그래서 말 한 마디 하지 않아도 그냥 상대방의 얼굴만 봐도 상대방이 어떤 사람인지 알 수 있다.

평소에 감사, 기쁨, 만족, 행복, 사랑, 웃음, 좋은 말을 많이 하는 사람은 주위에 밝은 기운이 가득하여 그냥 그 얼굴만 봐도 기분이 좋아지지만, 평소에 불평, 불만, 험담, 거짓말, 욕설, 돈돈돈타령, 변명만 하는 사람은 그 옆에만 가도 어두운 기운이 훅 밀려와서 숨이 막히게 된다. 평소에 예수님 찬양, 기도, 영광, 순종, 말씀 주님을 높이며 주님과 대화하는 사람의 옆에는 은혜가 충만하다. 그런 사람을 만나면 하나님을 만난 것 같이 늘 기쁘고 즐겁다. 말의 힘은 파괴적으로 나타나 좋지 못한 영향을 미치기도 하고 좋은 방향으로 나타난 행복을 가져다주기도 한다.

좋은 말은 양약과 같아서 사람을 변화시키고 행복하게 만든다. 5만 번 이상의 기도응답을 받은 기도의 사람 조지 뮐러 목사는 3000명 이상의 고아를 기른 고아의 아버지였지만 청소년 시절에는 그도 동네에서 부랑자였다. 아버지의 돈을 훔치고 거짓말을 일삼고 친구와 어울려 유흥업소와 경찰서를 자기집처럼 들락거리다가 결국 교도소를 다녀오기도 했다. 이런 그의 마음을 잡게 해서 오늘날 기독교사에 빛나는 성자가 되게 한 것은 말 한마디였다. "조지! 나쁜 버릇을 하루아침에 고칠 수는 없지만 하나님은 한번 택한 자녀를 절대로 버리지 않으신다. 낙심하지 말고 노력하면 넌 반드시 훌륭한 사람이 될 거야." 어느 날 동네 목사님에게 상담하러 간 그에게 목사님이 한 말이었다. 이 말이 조지 뮐러를 변화시켰다. 말은 이런 힘을 갖고 있다.

또 한 예를 더 들어 보겠다. 카네기가 뉴욕의 록펠러 센터에서 친구를 만나기로 했을 때의 일이다. 다른 친구 한 명과 빌딩 안으로 들어서서 안내원에게 헨리 수벳이라는 사람의 사무실 호수를 물었다. 단정한 제복 차림의 안내원은 서류를 검토하더니 깍듯한 표정으로 말했다. "헨리 수

벳 18층, 1816호실입니다." 안내원은 말 사이에 간격을 두고 또박또박 말했다. 카네기는 서둘러 승강기 쪽으로 가다가 무슨 생각이 떠올랐는지 다시 안내원에게로 뛰어갔다. "지금 당신이 말하는 방법은 정말 현명한 것 같군요. 명료하고 정확한 그 발음은 누구도 흉내 내기 힘들 것 같습니다." 순간 안내원의 얼굴은 기쁨으로 가득 차올랐다. "고맙습니다. 안내하는 일을 하다 보니 정확한 의사 전달을 위해선 무엇보다 발음이 중요하다는 것을 깨닫고 나름대로 또박또박 말하는 법을 터득했습니다."

안내원의 설명을 귀담아 들은 카네기는 가볍게 목례를 해 보이고 승강기를 향해 걸어갔다. 영문도 모른 채 이리저리 따라다닌 친구가 투정하듯 말했다. "자네는 이 바쁜 시간에 그깟 일 때문에 몇 번을 왔다 갔다 하는가?" 카네기는 어깨를 으쓱 들어 보이며 대답했다. "칭찬은 내가 가장 쉽게 할 수 있는 일이라네. 그렇지만 그 효과는 실로 대단하지. 저 안내원은 내 칭찬을 듣고 아마 가슴이 부풀만큼 행복했을 것이네. 그것을 아는 나는 내 입에서 칭찬이 나오는 순간 인류의 행복의 총량을 조금 더 증가시켰다는 생각에 기분이 좋아지곤 하지." 승강기 문이 열리고 카네기가 앞서 내렸다. 친구는 중얼거리며 카네기를 뒤따랐다. "인류 행복의 증가라구?"

카네기의 칭찬의 말은 안내원의 가슴으로 침투해서 인류 행복을 증진시키는 에너지로 작용을 하였다. 잠언의 기자는 말의 힘에 대해서 다음과 같이 언급하였다. 12장 14절에서는 "사람은 입의 열매로 말미암아 복록에 족하며 그 손이 행하는 대로 자기가 받느니라" 하였고, 18장 21절에서는 "죽고 사는 것이 혀의 힘에 달렸나니 혀를 쓰기 좋아하는 자는 혀의 열매를 먹으리라" 하였으며, 16장 27절에서는 "불량한 자는 악을 꾀하나니 그 입술에는 맹렬한 불같은 것이 있느니라" 하였다. 이 말의 힘은 침투력과 전파력으로 나타난다. 이에 대해서 생각해 보겠다.

(1) 말의 침투력

사람은 입의 열매로 인하여 복록(福祿)을 누리게도 되고 또한 사람은 함부로 말하는 말에 의해 "칼의 찌름"(잠 12:18)에 의한 것처럼 그 감정이나 정신의 상처를 크게 입게도 된다. 악인의 궤휼과 미혹하는 말에 의해 우리의 "심령이 상하게"(잠 18:14) 되기도 하고 혀의 권세에 의해 죽기도 하고 살기도 한다. "선한 말은 꿀송이 같아서 마음에 달고 뼈에 양약이 된다"(잠 16:24). 격려하고 달래며 전하는 적합한 말은 상쾌하게 하고 사기를 앙양시켜 육체적으로 보다 건강하게 한다. 그래서 잠언 15장 23절에서는 "사람은 그 입의 대답으로 말미암아 기쁨을 얻나니 때에 맞은 말이 얼마나 아름다운고"라고 하였다. 잠언 12장 25절에서는 "근심이 사람의 마음에 있으면 그것으로 번뇌하게 되나 선한 말은 그것을 즐겁게 하느니라"고 하였다. 옳은 말은 비탄에 잠긴 영혼과 애통하는 심령에 침투해서 위로와 격려와 원기를 갖다준다.

말 자체는 사실이라 할지라도 그것을 제삼자에게는 결코 전달되지 말아야 할 말이 있는데도 불구하고 그것을 거듭 말함으로써 말하는 사람에게나 다른 사람들에게 많은 상처와 심통(心痛)을 갖다 주는 경우가 있다. 반면에 때에 맞는 적절한 말은 귀중하고 유익하여 듣는 사람에게 힘을 주며 말하는 사람에게 기쁨을 준다. "경우에 합당한 말은 아로새긴 은쟁반에 금 사과"(잠 25:11)처럼 아름답다는 것이다. "네 말로 의롭다 함을 받고 네 말로 정죄함을 받으리라"(마 12:37)는 말씀대로 말은 침투력이 있어서 살게도 하고 죽게도 할 수 있다. 그래서 잠언 18장 8절에서는 "남의 말하기를 좋아하는 자의 말은 별식과 같아서 뱃속 깊은 데로 내려가느니라"고 하였다. 험담을 듣는 것은 진미를 먹는 것과 같다. 음식이 소화되듯이 남의 험담의 소식은 사람의 내장에서 흡수된다. 그 말은 침투력이 강하다.

미국의 36대 대통령이었던 린드 존슨은 96킬로그램이 넘는 몸무게로 고민했다. 존슨은 체중감량을 위해 몇 번 노력했으나 실패했다. 그러다 그의 아내에게 의미 있는 말 한마디를 듣고 다시 시도, 성공할 수 있었다. 그의 아내는 "만일 당신이 자신을 조절할 수 없다면 국가도 경영할 수 없을 것"이라고 말했던 것이다. 존슨은 이 말을 마음 깊이 새기고 노력한 결과 80킬로그램까지 뺄 수 있었다. 하루에 의미 있는 말 한마디씩만 듣는다면 인생은 달라질 것이다.

한창 정치활동을 왕성하게 하던 루스벨트도 39세 때에 갑자기 소아마비에 걸려 보행이 곤란해졌다. 그는 다리를 쇠붙이에 고정시킨 채 휠체어를 타고 다녀야 했다. 절망에 빠진 그가 방에서만 지내는 것을 아무 말 없이 지켜보던 아내 엘레나 여사는 비가 그치고 맑게 갠 어느 날 남편의 휠체어를 밀며 정원으로 산책을 나갔다. "비가 온 뒤에는 반드시 이렇게 맑은 날이 옵니다. 당신도 마찬가지예요. 뜻하지 않은 병으로 다리는 불편해졌지만 그렇다고 당신 자신이 달라진 건 하나도 없어요. 여보, 우리 조금만 더 힘을 냅시다." 아내의 말에 루스벨트가 대답했다. "하지만 나는 영원한 불구자요. 그래도 나를 사랑하겠소?" "아니 무슨 그런 섭섭한 말을 해요? 그럼 내가 지금까지는 당신의 두 다리만을 사랑했나요?" 아내의 이 재치 있는 말에 루스벨트는 용기를 얻었다. 장애인의 몸으로 대통령에까지 당선되어 경제공황을 뉴딜정책으로 극복했고, 제2차 세계대전을 승리로 이끌었다. 아내의 말 한 마디가 남편의 인생을 결정한다. 나쁜 말은 독으로 침투하고 좋은 말은 양약이 된다.

(2) 말의 전파력

미련한 자는 칼로 찌르는 것 같이 말하고, 경솔하게 말하며, 아첨의 말을 하며, 망하게 하는 말을 한다(잠 12:18, 18:13, 29:5, 10:21, 11:9). 그러나 지혜로운 자는 늘 양약 같은 말을 하며, 선한 말을 하고, 좋은 기별을 전하는 말을 하며, 합당한 말을 한다(잠 12:18, 12:25, 16:24, 15:30,

25:11). 또한 생명의 말을 하며, 천은과 같이 귀한 말을 하고, 진실한 말을 한다(잠 15:4, 18:4, 10:20, 12:17, 19, 22).

그것이 선한 말이든 악한 말이든 말은 "불같아서" 사방으로 잘 번진다. 잠언 16장 28절에서는 "패역한 자는 다툼을 일으키고 말쟁이는 친한 벗을 이간하느니라"고 하였다. 불량한 자는 악을 꾀하며 마치 지옥 불 위에 고정되어 있는 것 같은 입술을 가지고 있다. 이런 사람은 두루 다니며 분쟁의 씨를 뿌리는데 이것은 마치 엉겅퀴나 다른 해로운 잡초를 심는 것과 일반이어서 결국 많은 사람들에게 슬픔과 비통을 안겨준다.

수근 되는 것과 험담이 그리스도인들 사이에서도 가장 불행한 저주를 초래한다는 사실에는 재론의 여지가 없다. 이 가증스런 죄악으로 인해 절친한 벗 사이가 멀어지며 온갖 오해들이 발생하게 된다. 좋은 말보다는 나쁜 소문이나 험담은 더욱 쉽게 널리 전파된다. 그런 패역한 말은 항상 다툼을 일으키는 경우가 많다(잠 6:14). 마음속에 패역과 악한 계교가 숨어 있는 사람의 말은 독극물과도 같아서 한번 그것이 전해지면 삽시간에 퍼져 그만 죽고 만다. 그래서 잠언 15장 4절에서는 "온순한 혀는 곧 생명나무지만 패역한 혀는 마음을 상하게 하느니라"고 하였다. 말은 사람에게 용기를 줄 수도 있고 사람을 억누를 수도 있다. 격려와 기쁨을 주는 치료하는 말은 정서적 건강에 기여하여 힘과 성장의 근원인 생명나무와 같다. 그러나 패역한 즉 파괴적인 말은 마음에 흘러들어 그 마음을 상하게 하며 사기를 꺾어 놓는다. 이만큼 말은 퍼져나가는 힘이 있다. 나쁜 소문은 더욱 잘 퍼진다. 그것은 사람을 살리는 것이 아니라 죽이는 수가 더 많다.

오래 전 이탈리아 나폴리의 한 공장에서 위대한 성악가를 꿈꾸는 한 소년이 있었다. 어려운 생활 중에 겨우 첫 레슨을 받았을 때, 교사는 그에게 "너는 성악가로서의 자질이 없어. 네 목소리는 덧문에서 나는 바람 소리 같다"고 혹평했다. 그 소년은 큰 좌절에 빠지고 말았다. 그러나 소년의 어머니는 실망하는 아들을 꼬옥 껴안으며 이렇게 말했다. "아들아!

너는 할 수 있어, 실망하지 말아라. 네가 훌륭한 성악가가 되도록 이 엄마는 어떤 희생도 아끼지 않고 너를 돕겠다." 소년은 어머니의 격려를 받으면서 열심히 노래했다. 이 소년이 바로 세계적인 성악가 잉리코 카루소였다. 사랑이 담긴 따뜻한 말 한마디의 격려는 사람의 인생을 바꾸어 놓을 수 있는 힘이 있다. "선한 말은 꿀 송이 같아서 마음에 달고 뼈에 양약이 되며"(잠 16:24) "의인의 입은 지혜를 내어도 패역한 혀는 베임을 당할 것이니라"(잠10:31)고 성경은 말씀한다. 우리의 말은 꿀 송이 같이 달아서 몸에 양약이 되어야 한다.

3) 악한 말의 결과

악한 말로는 거짓된 말도 있고, 아첨하는 말도 있으며, 이간질 하는 말도 있다. 또한 중상모략 하는 말도 있고, 비방하는 말도 있으며, 조롱의 말도 있고, 자만의 말도 있으며, 다툼의 말도 있고, 속이는 말도 있으며, 교활한 말도 있고 어리석은 말도 있다. 이처럼 잠언에는 수많은 악한 말들이 있다.[102] 그것이 어떤 형태의 악한 말들이든 간에 이런 말들은 그 어떤 보상도 받을 수 없으며 오직 패망만 있을 뿐 정당화도 될 수가 없다. 이런 악한 말의 결과에 대해서 간단히 살펴보고 나서 끝을 맺겠다.

(1) 보상 없음

"모든 수고에는 이익이 있어도 입술의 말은 궁핍을 이룰 뿐이니라" (잠 14:23)는 말씀은 곧 단순히 말로 끝나는 말뿐인 말의 허점을 단적으로 표현한 언사다. 어떤 일이든 열심히 일하면 결과가 있으나 일에 대하여 말만 하는 사람은 가난하게 될 수밖에 없다. 잠언 12장 11절과 24절에서는 "자기의 토지를 경작하는 자는 먹을 것이 많거니와 방탕한 것을 따르는 자는 지혜가 없느니라"고 하였고, "부지런한 자의 손은 사람을 다스리게 되어도 게으른 사람은 부림을 받느니라"고 하였다. 부지런하게 일하면 많은 식량을 얻게 되지만 입으로 말만 늘어놓고 허탄한 것만 추구하게 되면 농사일을 하지 못하여 먹을 것이 없게 된다는 뜻이다. 일은 하지 않고 입술만 놀리는 자는 궁핍을 면할 수 없다. 말만 하고 실천이 없는 자는 굶어 죽을 수밖에 없다. 입만 놀리는 말은 아무런 힘도 못되며 또한 아무런 보상도 받을 수가 없게 된다.

"저는 태어날 때부터 장님입니다." 이런 팻말을 목에 걸고 프랑스 파리의 미라보 다리 위에서 구걸을 하고 있는 한 장님이 있었다. 그런데 그 곁을 지나가던 어떤 사람이 그 걸인에게 당신이 이렇게 해서 구걸하는 돈의 액수가 하루에 얼마나 되느냐고 물었다. 그러자 그 걸인은 침통한 목소리로 겨우 10프랑 정도밖에 되지 않는다고 대답했다. 그 소리를 들은 행인은 고개를 끄덕이면서 걸인의 목에 걸려있는 팻말을 뒤집어 놓으며 다른 어떤 말을 적어놓았다. 그로부터 약 한달 후, 그 행인이 그 곳에 다시 나타났을 때 걸인은 행인의 손을 붙잡고 감격해 하며 물었다. "참으로 고맙습니다. 선생님께서 다녀가신 뒤 요사이는 50프랑까지 수입이 오르니 대체 어떻게 된 연유인지 모르겠습니다. 도대체 무슨 글을 써 놓았길래 이런 놀라운 일이 생기는 겁니까?" 그러자 행인은 빙그레 웃으며 이렇게 대답했다. "별다른 게 아닙니다. 원래 당신의 팻말에 쓰여 있는 글 '저는 때어날 때부터 장님입니다'라는 말 대신에 '봄이 오건만 저는 그것을 볼 수 없답니다'라고 써 놓았을 뿐이죠."

이 이야기는 우리가 쓰는 말 한마디가 나쁜 것이면 아무런 보상도 받지 못하지만 그것이 선한 것이면 얼마든지 결과가 달라질 수 있다는 사실을 밝혀준 프랑스의 시인인 로제 카이유가 든 예화다. "태어날 때부터 장님"이란 무미건조한 말만 가지고는 사람들에게 아무런 감동도 주지 않았지만, 거기에 좀 더 아름다운 상상의 날개를 달아줌으로써 사람들의 동정심을 자극할 수가 있었던 것이다. 이왕이면 우리도 살아가면서 이렇게 아름다운 수식어를 하나씩 달아주면 좋을 것이다. 같은 말, 같은 생활이라도 이렇게 아름답게 꾸며주면 보다 맛깔스럽고 정감어린 생활을 할 수가 있다. 그래서 잠언의 기자는 "경우에 합당한 말은 아로새긴 은쟁반에 금 사과니라"(잠 25: 11)고 하였다. 그러나 남을 헐뜯거나 비방하며 저주하는 말 같은 것에는 한 푼의 보상도 따르지 않는다.

(2) 패망 부름

잠언 26장 23-28절은 입술로는 꾸미지만 속은 다른 그런 자의 말은 결국은 패망을 부른다는 것을 단적으로 보여준 실례라 할 수 있다. 말로는 사랑과 애정을 호언장담하지만 죄악으로 구부러진 마음을 늘 지닌 사람은 찌꺼기 은으로 도금한 값싼 토기와 같다. 이런 물건은 값이 나가는 것처럼 보이지만 사실은 무가치하듯 아첨하는 자의 말, 곧 입술로만 꾸미는 자의 말이 그와 같다는 것이다. 열렬한 그의 말은 단지 부패한 그의 의도를 숨기기 위한 수단에 불과하다. 그는 자기를 해칠 의도를 가진 대상을 속으로는 미워하면서도 겉으로는 좋은 말로 속이려고 애쓰지만, 결국에 가서는 그의 진면목이 공공연하게 드러나게 되는 것이다(잠 26:26).

자기 이웃이 빠질 말의 함정을 파는 사람은 거기에 자기가 빠지게 되고 그는 마치 언덕 위로 바위를 굴려 놓았다가 그 돌이 다시 자기에게로 굴러 내려오는 바람에 그 돌에 으깨어진 사람과도 같다. 결국 속과 겉이 다른 사람은 아무리 그 속을 감추려 해도 드러나게 되고 결국에는 패망하게 되는 것이다.

세상에는 우리에게 위험과 파괴적인 재난을 가져다주는 것들이 수없이 많다. 발진티푸스를 전염시키는 쥐의 경우가 그 한 예인데, 미국에서만 해도 매년 쥐로 인한 피해액은 약 2억 달러라고 한다. 한 해에 쥐 한 마리가 먹어치우는 음식물과 재산의 피해액은 겨우 2달러정도이다. 그러나 엄청난 쥐의 숫자로 볼 때 실로 어마어마한 손실이요, 이로 인해 우리는 보이지 않는 파괴를 당하고 있는 셈이다. 자연 발생적으로 쥐가 죽는 수효를 포함하여 단순 계산하면, 한 쌍의 쥐가 3년 동안 왕성한 번식력으로 무려 3억 5천 9백 마리의 자손을 퍼트린다고 한다. 이것들이 농장에서 농장으로 집에서 집으로 다니며 보이지 않는 피해를 인간에게 주고 있는 것이다.

이와 같이 날마다 인간의 마음과 영혼을 파괴시키는 것이 쥐 말고 또 무엇인지 생각해 보아야 한다. 그것이 말의 폭력이다. 악한 말과 험담과 비방과 거짓들로 이웃에게 상처를 주거나 병을 주며 그 인격을 파괴시키는 사실들을 곰곰이 생각해 보기를 바란다. "우리가 다 실수가 많으니 만일 말에 실수가 없는 자라면 곧 온전한 사람이라 능히 온몸도 굴레 씌우리라 ··· 혀는 곧 불이요 불의의 세계라 혀는 우리 지체 중에서 온 몸을 더럽히고 삶의 수레바퀴를 불사르나니 그 사를 것이 지옥불에서 나느니라"(약 3:2, 6). 악한 말은 무기처럼 직접적이고 신속하고 마약이나 공해처럼 습관화된 나쁜 환경 속에서 또한 쥐처럼 알지 못하는 가운데 인간을 파괴시키는 재난이 된다.

(3) 정당화되지 않음

잠언 24장 12절에 따르면 사망과 살육으로 끌려가는 자들의 곤궁을 "알지 못하였노라"고 강한 변론을 펴지만 사람의 감춰진 동기와 생각들을 저울질하시는 하나님 앞에서는 정당화될 수가 없다. 악한 말은 아무리 궤사한 입술을 가지고 꾸미고 속이며 정당화하려고 해도 마침내는 그것이 드러나고 심판을 면할 수 없게 되는 것이다. 우리 인간은 참 변명이 많다. 변명은 잠깐은 통할는지 모르나 결국은 탄로 나게 되고 오히려 망신만 당하는 구실이 된다.

세상에는 실패해도 변명하지 않는 사람과 실패하면 반드시 변명을 늘어놓는 사람 두 종류의 사람이 있다. 변명도 일종의 습관이며 습관화되면 실패를 당연시하게 된다. 실패의 원인을 철저히 분석해야 실패는 성공의 소중한 거름이 되는 것이다. 변명으로 적당히 넘어가는 사람은 거름의 소중함을 모르는 것이며 그런 사람이 짓는 농사는 흉작일 수밖에 없다.

어느 여름날, 몹시 갈증이 났던 여우는 열심히 주위를 살펴보던 중 포도나무를 발견한다. 목을 축일 수 있다는 생각에서 여우는 신이 나서 포도나무를 향해 달려갔다. 그런데 막상 도착해 보니, 포도는 여우가 따 먹기에는 너무 높이 매달려 있었다. 여우는 있는 힘을 다해 점프를 해보았다. 그러나 포도를 따 먹을 수가 없었다. 입에는 군침이 가득 돌았지만, 어쩔 수 없었다. 여우는 할 수 없이 포도를 따는 것을 포기하고 돌아서서는 혼잣말로 중얼거린다. "저 포도는 너무 시어서 맛이 없을 거야." 자신의 실패나 약점을 감추기 위해 다른 이유를 들어 변명한 것이다. 여우의 이런 행위와 말은 일종의 자기 합리화라고 할 수 있다.

합리화는 인정할 수 없는 실제 상황을 그럴듯한 이유를 들어서 회피하는 방식이다. 즉 자기감정이나 태도를 바꾸어서 불안이나 긴장에 대한 자신의 인식을 바꾸어 버리는 기만형의 방식이다. 어떤 잘못이나 실수에 대하여 구실을 대며 그 까닭을 말하거나 또는 어떤 일을 한 뒤에, 자책감이나 죄책감에서 벗어나기 위하여 그것을 정당화하려는 경향이 많이 있는데, 그것은 가능한 한 자제하여야 한다. 정당화나 합리화는 정직하지 못한 어리석은 일에 지나지 않는다. 잘못한 것을 아무리 변명해도 떳떳할 수가 없다. 더구나 하나님 앞에서 우리들의 죄와 허물에 대한 구실과 까닭을 내세우며 변명을 늘어놓는 것은 어리석기 짝이 없는 퇴폐행위다.

말의 문제를 끝내면서 몇 가지 교훈을 요약해 보겠다. 우선 말을 아끼면(잠 17:27) 많은 유익을 얻을 수 있다는 것을 배우게 된다. 그래서 잠언 17장 9절에서는 "허물을 덮어주는 자는 사랑을 구하는 자요 그것을 거듭 말하는 자는 친한 벗을 이간하는 자니라"고 하였다. 합당한 이유가 없는데도 불구하고 이리저리 돌아다니며 다른 사람의 허물을 거듭 말하는 자는 실로 비열한 행동을 하는 자이다. 그런 혐오스러운 언행으로 인해서 참된 친구 사이가 벌어지게 되고 상처를 받게 된다. 그러나 말을 아끼고 허물을 덮어주면 큰 은혜가 되고 사랑의 온실과 같아서 성장과 활력적인 생활에 도움이 된다는 것이다. 말을 함부로 많이 하면 자기 자신에게 올무가 되고(잠 6:2) 영혼에 상처를 주며(잠 8:13) 분노를 일으키게 됨으로(잠 15:1) 하나님의 미움(잠 6:19)과 멸시를 받게 되는 것이다(잠 22:12). 악한 꾀, 거짓말과 중상모략을 의도하는 비방과 악한 말을 즐기면 결국 패망하게 된다. 또한 입이 하는 것을 깨끗이 하여야 한다는 것을 배우게 된다. 입이 하는 것을 깨끗이 한다는 것은 거짓말을 하지 않으며 남을 욕하지 아니하며, 말을 뒤집어서 이간질을 아니 하며, 거칠고 해로우며 쓸데없는 말을 함부로 하지 않아야만 기쁨과 생의 감미로움과 활력을 맛보게 된다는 것이다.

8. 지혜로운 삶

인생을 지혜롭게 사는 것은 매우 현명하고 복된 일이요 행복의 길로 나가는 첩경이라 할 수 있다. 이 세상에는 수많은 사특하고 어지러우며 혼탁한 일들과 가치들이 서로 얽혀서 들끓고 있다. 그래서 옳고 그름을 바로 판단하기가 매우 어렵다. 그러나 '생명의 샘'에 비유되는 지혜만 있으면 미로(迷路)로 빠져들지 아니하고 정도(正道)로 걸어갈 수가 있을 것이다. 이때 지혜는 바른 판단과 분별의 나침반 역할을 하는 척도가 된다. 이런 준거를 따라 걸어가면 마음의 미로도 뚫리게 되고 전도(前途)의 안개와 구름도 걷히게 되어 마음의 하늘에는 무지개가 뜨게 된다. 그렇게 되면 아무리 폭풍우 속에 있다하더라도 마음속은 평온하고 화창하게 될 것이다. 이런 날은 참으로 행복할 것이 틀림없다. 이런 지혜로운 삶은 누구나 기대하고 바라는 기대치라 할 수 있다. 먼저 잠언의 기자가 왜 지혜를 "생명의 샘"에다 비교하는가를 살펴보고 나서 누구나가 다 바라는 지혜로운 삶이 어떤 것인지를 고찰해 보겠다.

1) 생명의 샘 같은 지혜

지혜를 소유한 사람에게 있어서 그 '슬기'는 "생명의 샘"(a fountain of life, 잠 16:22)과 같은 것이다. 가나안과 같은 메마른 땅에서 물 특히 흐르는 샘물은 생명의 근원이 된다. 물로 말미암아 자연은 생명을 지속하며 새로운 결실도 맺게 된다. 그러므로 샘물은 생명의 영속과 보존의 상징이라 할 수 있다. 자연에서 생명을 주는 것이 물이기 때문에 인간의 생산 능력을 나타내는 비유로 대체적으로 사용된다.

잠언 5장 18절에서는 "네 샘으로 복되게 하라. 네가 젊어서 취한 아내를 즐거워하라"하였다. 아내를 '샘물'로 묘사한 것이다. 여자는 아이를 낳을 수 있고 남자의 이름을 영속화 시켜주기 때문에 여자는 '샘물'에 비유될 수가 있다. 아가서에서도 신부는 '샘물'로 묘사되어 있는 것을 볼 수 있다. "너는 동산의 샘이요 생수의 우물이요 레바논에서부터 흐르는 시내로구나"(아 4:15).

그리고 잠언 16장 1-33절에서는 현숙한 여인에 비유되는 지혜를 가리켜 '생명의 샘'이라고 하였다. "의인의 입은 생명의 샘"(잠 10:11)이라고 한 말이나, "명철한 사람의 입의 말은 깊은 물과 같고"(잠 18:4)라고 한 비유는 같은 뜻으로 사용된 것이다. 잠언 13장 14절에서도 "지혜 있는 자의 교훈"을 '생명의 샘'이라 하였다. 이것은 지혜를 옳고 그른 것을 가려서 바르고 곧은 삶 곧 생명으로 인도하는 막대기나 지팡이 같은 것으로 본 것이라 할 수 있다(잠 4:11; 15:21). 즉 지혜를 삶의 윤리적인 생활의 표준 또는 법으로 본 것이나 다름없다는 말이다. 지혜는 바른 삶의 법이요 원리니까 그대로 따라서 살면 '생명의 샘'처럼 삶에 생명력이 충만히게 되고 활성화 될 수 있다는 뜻이다.

그런가 하면 "여호와를 경외하는 것은 생명의 샘"(잠 14:27)이라 하였고, 잠언 25장 26절에서는 "의인이 악인 앞에 굴복하는 것은 우물의 흐려짐과 샘의 더러워짐 같으니라" 하였다. 또한 "거룩한 자를 아는 것"(잠 9:10)이 지혜 곧 '생명의 샘'이라고도 하였다. 샘물이 자연의 생명력이 되고 생산력으로 작용하듯이 지혜는 영적인 것의 생명력 또는 정신적인 생산력이 될 수 있다는 것이다. 결국 잠언의 제일 원리는 지혜의 근본이 되는 여호와를 경외하는 것이 곧 사는 길이요 영적인 것을 생산하는 힘이 된다.

위에서 여러 번 언급한 바와 마찬가지로 '슬기'는 깊은 우물과 같다. 그러나 슬기로운 사람은 그것을 길어 올릴 수 있다. 그래서 "사람의 마음속에 있는 모략은 깊은 물 같으니라 그럴지라도 명철한 사람은 그것을 길어 내느니라"(잠 20:5)라 하였고, "명철한 사람의 입의 말은 깊은 물과 같고 지혜의 샘은 솟구쳐 흐르는 시내와 같으니라"(잠 18:4)고도 하였다. 슬기로운 사람만이 길어낼 수 있는 깊은 물에다 비유되는 것이 '지혜'다.

지식이 단순히 어떤 사물에 대한 기술적 이해력을 말하는 반면 지혜는 한 인격이 인생의 존재와 의미 전반에 대하여 갖는 통찰력 전체를 가리킨다. 따라서 세상의 이론적 지식이 없는 자도 그 양심과 이성에 따라 우주의 원리를 추구하면 심오한 지혜를 가질 수 있다. 성경은 참 지혜는 여호와 하나님을 경외하는 것 혹은 거룩한 자를 아는 것이라고 한다. 이 지혜는 여호와 하나님으로부터 오는데 그것은 주로 창조 사역에 나타나며(잠 3:19), 신약에 와서는 참 지혜이신 그리스도를 통하여(눅 21:15) 그리고 그리스도 부활 승천 이후에는 보혜사 성령을 통하여(눅 12:12; 고전 12:8) 하늘에서 우리에게 임재 한다. 또한 참 지혜는 성령의 감동으로 기록된 하나님의 계시의 말씀 곧 성경 그 자체라 하기도 한다(딤후 3:15).

이 참 지혜는 그것을 소유한 사람에게 시험에 들지 않게 해주며, 모든 불의에서 보호하고 지켜주며 영화롭게 해준다(잠 2:16, 4:6-9). 또한 지혜는 모든 악한 것에서 바른 길로 인도하며, 모든 걱정의 굴레로부터 자유하게 하여 얼굴을 밝게 해주고(잠 4:23-27, 3:13-15), 냉철한 판단력으로 인해 성공하기에 유익하도록 해준다. 한편 영적으로는 지혜를 얻으므로 소망이 끊어지지 않게 하여(잠 24:14), 하나님께 더 가까이 갈 수 있게 한다(막 12:34). 잠언 8장 32-36절에 따르면 지혜를 따르는 자에게 지혜는 생명(잠 8:35)과 여호와의 은총을 가져다준다. 즉 지혜는 생명의 길이요 어리석음은 죽음의 길이다. 지혜는 곧 '생명의 샘'과 같다.

2) 바른 관계의 삶

사람이 지혜롭게 산다는 것은 우선 하나님과 올바른 관계를 갖고 살아가는 것을 의미한다. 하나님과 올바른 관계를 갖는다는 것은 곧 그분에 대한 바른 지식을 갖고 그의 뜻에 순종하며 살아가는 것을 말한다. 하나님과의 그런 바른 관계는 하나님으로부터 지음 받은 존재(잠 22:2)가 인간이라는 인식에서부터 출발하게 된다. 다시 말하면 분명하고 철저한 피조물감(彼造物感)을 소유하고 하나님 앞에 설 때 그 관계는 이루어진다는 말이다.

그러면 잠언에서 말하는 하나님은 어떤 분이신가? 두 말할 것 없이 하나님은 창조주시다. 창조주로서 그는 우리가 "지혜로도, 명철로도, 모략으로도"(잠 21:30) 이길 수 없는 그런 분이신 것이다. 그러므로 하나님을 전능하신 창조주라는 사실을 분명하게 인식하고 그를 "경외하는 것이 지혜의 근본이 되는 것이다"(잠 9:10).

여호와 하나님께서 인간을 만드실 때 "온갖 것을 그 쓰임에 적당하게 지으셨다"(잠 16:4). 그래서 잠언 20장 12절에서는 "듣는 귀와 보는 눈은 다 여호와의 지으신 것이니라"고 하였다. 귀와 눈을 지으신 목적이 분명히 있다는 것이다. 귀로는 남이 무엇을 말하는가를 경청하도록 하기 위해서 만들었고 눈으로는 그들이 행하는 것을 관찰하도록 만들었다는 것이다. 뿐만 아니라 그는 늘 자신이 지으신 인간들이 그 목적대로 살아가고 있는가를 감찰하시며 사람의 깊은 속을 살피신다(잠 20:27). "사람의 걸음은 여호와로 말미암나니 사람이 어찌 자기의 길을 알 수 있으랴"(잠 20:24)고 한 말은 곧 사람을 인도하시는 이는 여호와 하나님이시라는 것을 표현한 것이다. 또한 그는 인간을 시험하사 "마음을 감찰하시고"(잠 21:2), 자신의 명령에 복종하는 자를 보호하실 뿐 아니라 존귀케 하신다(잠 10:29). 그의 눈을 피할 자는 아무도 없다는 말이다. 그래서 잠언 15장 3절에서는 "여호와의 눈은 어디서든지 악인과 선인을 감찰하시느니라"고 하였다.

그리고 사람이 하나님의 연단이 끝날 때까지 끝까지 견디는 사람이 바르고 지혜로운 삶을 사는 것이라고 할 수 있다. 잠언은 사람이 어떻게 하여야 사람답게 살아갈 수 있는가를 여러 모양으로 충고, 훈계, 지시하고 있는 말씀들이다. 성숙되기 이전의 인간은 은덩어리에 비유될 수 있다고 한다. "은에서 찌꺼기를 제하라 그리하면 장색의 쓸 만한 그릇이 나올 것이요"(잠 25:4)는 말이 그것을 시사해 준다. 은괴에서 찌꺼기 즉 불순물을 거두어 내서 순은이 될 때 비로소 은장색의 손에 의해서 쓸 만한 그릇이 될 수 있다는 것이다. 금은을 단련해서 찌꺼기를 걸러내는 것은 용광로지만, 사람을 단련해서 정금 같은 인물로 만드는 것은 여호와 하나님이시다. "도가니는 은을, 풀무는 금을 연단하나 여호와는 마음을 연단하시느니라"(잠 17:3)고 하셨다.

"도가니로 은을, 풀무로 금을, 칭찬으로 사람을 단련하느니라"(27:21). "여호와의 말씀은 순결함이여 흙 도가니에 일곱 번 단련한 은 같도다"(시 12:6). 사람을 연단하심은 "너를 낮추시며 너를 시험하사 네 마음이 어떠한지 그 명령을 지키는지 지키지 않는지 알려 하심이라"(신 8:2). "여호와여 나를 살피시고 시험하사 내 뜻과 내 양심을 단련하소서"(시 26:2)라 하였다. "주께서 우리를 시험하시되 우리를 단련하시기를 은을 단련함같이 하셨으며"(시 66:10), "보라 내가 너를 연단하였으나 은처럼 하지 아니하고 너를 고난의 풀무에서 택하였노라"(사 48:10). "나 여호와는 심장을 살피며 폐부를 시험하고 각각 그의 행위와 그의 행실대로 보응하나니"(렘 17:10)라 하였고, "그는 금을 연단하는 자의 불과 표백하는 자의 잿물과 같을 것이라 그가 은을 연단하여 깨끗하게 하는 자 같이 앉아서 레위 자손을 깨끗하게 하되 금, 은 같이 그들을 연단하리니"(말 3:2-3)라 하였다. 장인(匠人)에 비유되는 하나님은 사람을 연단하시되 어떤 때는 칭찬으로, 또 어떤 때는 환난과 고통과 슬픔으로 하신다. 그것들은 사람을 단련하는 용광로이다. 야고보서 1장 12절에서 이런 시험을 참고이기는 자에게 생명의 면류관을 주리라 했는데, 여기서도 그 연단을 거친 사람만이 은장색(잠 26:10) 곧 여호와 하나님의 뜻에 적합한 그릇으로 쓰일 수 있다는 것이다. "장인이 온갖 것을 다 만들지라도 미련한자(즉 찌꺼기가 그대로 있는 자)를 고용하는 것은 지나가는 행인을 고용함과 같으니라"(잠 26:10) 하였다.

하나님의 단련을 잘 참아내는 자가 바른 삶을 살 수 있는 것이고 그런 사람만이 여호와 하나님의 뜻을 담아 드릴 수 있는 그릇이 될 수 있다. 생물학 용어 중에 '공생'(共生)과 '기생'(寄生)이란 말이 있다. 기생이란 '스스로 양분을 섭취하지 못해서, 다른 생물에게서 양분을 뺏으며 살아가는 것'이다. 그러나 세상에는 기생 생물만 있는 것이 아니다. 두 가지 서로 다른 생물이 더불어 살아가는 '공생'도 있다. 그리고 이 공생에는 편리(片利) 공생과 상리(相利) 공생이 있다. 편리 공생이란 '한 쪽은 도움을 받지만, 한 쪽은 피해도 이익도 받지 못하는 경우'다. 그리고 상리 공생이란 '양쪽 다 서로 도움을 받는 경우'를 말한다.

인간은 혼자서 살아갈 수 없는 존재다. 존재한다고 하는 것은 곧 관계 아래 있다는 말이다. 우리는 하나님 없이 존재할 수 없으며 창조주와 피조물로서의 바른 관계가 끊어지면 영적인 침체에 빠지게 되고 신앙생활의 생명력을 잃게 된다. 하나님과의 바른 관계를 갖는 사람은 다른 사람과의 관계도 바르게 이어갈 수가 있다. 그런 사람은 참으로 행복한 사람이라 할 수 있고 지혜로운 삶(공생)을 사는 사람이라 할 수가 있다.

최근 미국의 컬럼비아 대학에서 "성공하는 사람의 비결에 관한 설문 조사"가 있었다. 조사 결과에 의하면, 성공하기까지 "기술과 능력은 불과 15% 미만이 작용했고, 무려 85%는 원만한 인간관계와 공감 능력에 있다"고 답했다. 뿐만 아니라, "직장을 잃은 사람들의 해고 원인 중 95% 이상이 업무 능력 부족이 아니라 인간관계의 부족에 있었다"고 보고하고 있다. 상리 공생하지 못하면 서로 불행해진다. 우리가 하나님과의 바른 관계를 끊고 하나님의 영광을 가리고 살면 하나님은 매우 슬퍼하신다. 가장 지혜로운 삶은 바로 하나님과의 관계를 바르게 갖는 것이다.

3) 교양 있는 삶

지혜로운 삶을 살아가기 위해서 우리 인간이 하여야 할 다른 일은 교양을 쌓는 일이다. "교양이란 세상에서 알려지고 생각된 가장 좋은 것을 아는 것, 배우는 것, 또한 널리 펴려는 노력"[103]이라고 매슈 아놀드는 말하였다. 아놀드에 따르면 세상에 알려진 최선의 것을 배우거나 연구하거나 몸에 익히는 것을 목적삼고 있는 일 등을 교양이라고 본다. 한 마디로 말해서 교양은 인간으로서 사는데 필요한 기본적인 '앎'과 가장 좋은 것을 배워서 널리 펴려는 노력을 뜻한다.

넓게 많은 것을 알고 있어서 손해가 될 것은 전혀 없다. 그러나 그것이 남들 앞에서 자기의 무지몽매함과 어리석음을 드러내지 않는 효용 차원에만 머문다면 그것은 단지 허영심을 만족시키는 것에 불과하게 된다. 넓게 많은 것을 알고 있다는 것은 남의 눈을 의식하거나 남의 평가에 마음 쓰기보다도 제 자신에게 있어서 소중한 것이어야 한다. 그런 뜻에서 참다운 교양이란 자기의 주체를 인식하고 개발하는 힘을 말한다고 할 수 있다. 보다 넓게 보다 많이 안다고 하는 것은 외면적인 부피나 범위를 가리키는 것이 아니다. 그것은 좀 더 내면적이고 정신적인 가치를 뚜렷이 인식하고 영혼의 세계를 지향하는 것이 될 때 참다운 교양이 될 수 있다.

가령 잠언 29장 24절에서 "도적과 짝하는 자는 자기의 영혼을 미워하는 자라 그는 맹세함을 들어도 직고하지 아니하느니라"고 했을 때, 여기서 요구하는 것은 도덕적 가치에 대한 뚜렷한 인식이다. 즉 '도적과 짝하는 자는' 범죄에 연루되어 자신을 해롭게 하게 된다는 도덕적 가치를 깊이 인식하고 힘써 도적과 짝하지 않도록(범죄에 연루되지 않도록) 몸에 익히는 것을 곧 교양이라 할 수 있다. 이런 의미에서 교양이란 사회적인 분별력이라 할 수 있다. 세상에서 일어나는 일의 옳고 그름을 따지고 그 뜻과 관계를 파악하는 능력이 바로 교양이라는 말이다.

잠언 11장 22절에서 "아름다운 여인이 삼가지 아니하는 것은 마치 돼지 코에 금고리 같으니라"한 것은 심미적 가치에 대한 인식을 촉구한 것이다. '돼지 코에 금고리'는 맞지 아니한 것이니 아무리 아름다운 여인이라고 하나 슬기롭지 못한 여인은 이와 같다는 말이다. 그러므로 참다운 아름다움은 외적인 장식이 아니라 마음의 단장인(벧전 3:3-4) 것을 깨달아 그 일에 힘쓰는 것이 곧 교양이다.

또한 잠언 15장 33절에서 "여호와를 경외하는 것은 지혜의 훈계라 겸손은 존귀의 앞잡이니라"고 말했는데, 이때의 '여호와 경외'는 정신적 가치의 소중함을 언급한 것이다. '여호와 경외'는 지식의 근본일 뿐 아니라 지혜를 가르친다. 사람은 여호와를 경외함으로써 지혜를 배우게 되고 겸손하게 되어 존귀를 얻게 된다는 것이다. 그것을 뚜렷하게 인식하고 그것을 개발하고 몸에 익히는 것이 곧 교양이다.

그것은 단순히 배우는 것만으로 이루어지는 것이 아니고 그것을 이루어갈 여러 가지 요건을 갖추어야만 가능하다. 첫째 그것을 이루는 데는 우선 예리한(날카로운) 눈이 필요하다. 잠언 17장 24절에서는 "지혜는 명철한 자의 앞에 있거늘 미련한 자는 눈을 땅 끝에 두느니라"고 하였다. 여호와께서 우리에게 주신 "보는 눈"(잠20:12)을 가지고 분명한 곳에서 지혜를 찾을 수 있다.

둘째 그것을 이루는 데는 무한한 노력이 요구된다. 잠언 15장 14절에서는 "명철한 자의 마음은 지식을 요구하고 미련한 자의 입은 미련한 것을 즐기느니라"고 하였다. 여기서 "많은 지식을 요구한다"고 하는 것은 명철한 자는 지식 즉 교양을 소중히 여기고 이것을 추구하는 일에 전심전력을 다한다는 뜻이다.

다음으로 그것을 이루는 데는 엄격한 훈계가 필요하다. 잠언 22장 6절에서는 "마땅히 행할 길을 아이에게 가르치라 그리하면 늙어도 그것을 떠나지 아니하리라"고 하였다. 그 영혼을 음부에서 구해내는 엄격한 훈계로써 교양은 이루어지는 것이지 결코 상품과 같이 돈으로 살 수 있는 것이 아니다(잠 17:16).

4) 덕성을 갖춘 삶

우리 영혼은 진리를 욕구하는 것과 같이 또한 선을 욕구하도록 조성되어 있다. 그래서 모든 사람은 선을 추구하고, 인간 본성은 선을 사랑한다. 이는 선이 무한히 사랑스런 것이기 때문이다. 그뿐 아니라 사람은 선을 사랑하지 않으면 안 된다. 사람의 눈이 온전하면 태양을 안 볼 수 없는 것 같이, 영혼은 그 본성에 따라 선을 사랑하지 않고서는 못 견딘다. 선을 인식하고 사랑한다고 하는 것은 어느 때 어느 곳에서나, 항상 선을 행하라는 명령과 불가분의 관계에 있다. 우리 마음에 부르짖는 이 소리는 양심의 명령이라 할 수 있는데, 이것은 우리를 끊임없이 향상시키며, 인간 본성의 동적 성격을 밝혀준다. 이 양심이 우리에게 늘 명령하는 것은 다름아닌 바로 선을 행하고 악을 피하라는 것이다.

이렇게 본다면 선이란 사람이 추구할 가치가 있는 일체의 귀중한 것을 뜻한다고 할 수 있다. 이런 선을 전제로 하면 덕이라는 것의 뜻도 쉽게 이해된다. 덕은 이 선을 영혼이 실현하기 위한 그 모든 능력을 말하는 것이다. 사람이 선을 추구하는 소질을 가진 것과 같이 모든 덕의 싹은 사람에게 나면서부터 갖추어져 있다. 그러나 죄로 인하여 타락된 인간성은 악으로 기울어지는 성향도 가지고 있다. 그러므로 악의 싹을 무찌르고 덕의 소질을 육성시키는 것이 긴요하다. 선으로 나아가는 소질과 능력이 효과를 내고, 또 행위로써 실증되어야만 덕이라고 할 수 있기 때문이다. 덕은 노력이 필요하고 매일매일 꾸준하게 함양하여야 한다. 이것이 바로 지혜로운 삶의 수련이라 할 수 있다.

다시 말하자면 지혜로운 삶을 살아가기 위해서 우리 인간이 하여야할 일은 덕성을 함양해야 한다고 하는 것이다. 이를테면 효도(잠 10:1), 겸손(잠 11:2), 각종 자제(잠 14:17), 친절(잠 11:17), 성실(잠 12:22), 관후(잠 11:25), 근면(잠 15:19), 정직(잠 21:15), 충성(잠 25:13) 같은 덕성을 높이 쌓아 올리는 일이 바로 지혜로운 삶을 살아가는 비법이 되는 것이다. 이런 덕성에 대해서는 따로 취급할 것이기 때문에 여기서는 이 정도로 줄이고, 다만 성실과 관후에 대해서만 다소 언급하겠다.

잠언 20장 17절의 "속이고 취한 식물은 맛이 좋은 듯하나 후에는 그 입에 모래가 가득하게 되리라"는 말씀은 성실하지 못하면 결국은 쓴 맛을 보게 된다는 말이다. 성실하지 못하다는 말과 부정직하다는 말은 거의 비슷한 뜻으로 쓰인다. 부정직하게 취한 음식의 맛은, "도적한 물이 달고 몰래 먹는 떡이 맛이 있듯이"(잠 9:17), 처음에는 달지만 결국은 모래를 씹는 것처럼 괴롭게 되기 마련이다. 성실의 덕을 함양하지 못하면 죄악의 매력과 인력에 끌려 결국은 파멸하게 된다는 것이다.

잠언 22장 9절에는 "선한 눈을 가진 자는 복을 받으리니 이는 양식을 가난한 자에게 줌이니라"는 말씀이 나오는데, 여기서 "선한 눈"을 가졌다는 것은 관대한 성품을 뜻한다. 이 "선한 눈"은 23장 6절에 나오는 "악한 눈"과 극단적인 대조를 이루는 표현이다. "악한 눈"은 인색한 것을 말하지만 "선한 눈"은 양식을 즐겨 나눈다는 후속되는 말을 볼 때 관후한 성품을 뜻한다. 그는 늘 남을 돕고자 하는 바램에서 그들을 살피는 것이지 이득을 얻고자 함에서 그러는 것이 아니다. 늘 남을 돌보고 나누고자 하는 사람은 실로 관대함의 덕성이 잘 함양된 사람이라 할 수 있다.

하나님을 경외하며 범사에 그를 인정하며 선한 길을 따라 살아가는 그런 삶을 지혜롭다고 할 수 있다. 이렇게 선한 길을 따라 살 때 은장색의 요긴하고 가치 있는 용기가 될 수 있다. 금 그릇이 왜 질그릇으로 또는 용변을 담는 천한 그릇으로 끝나고 마는가 하는 것은 바로 바른 삶의 교훈을 받아 드려서 살지 않기 때문이다.

5) 바른 선택의 삶

하나님께서 인간에게 부여한 선물이 많지만 그 중에서 가장 고귀한 것은 '선택할 수 있는 능력'이라고 생각한다. 선택의 기로에서 고민하고 망설일 때도 많지만, 그러나 바른 선택을 할 수 있는 능력 때문에 인간은 인간다울 수 있다. 만약 우리가 그 능력을 상실해 버린다면 우리는 짐승이나 다를 바가 없을 것이다. 그 선택의 능력이 얼마나 본질적인 것인지 극적으로 체험했던 사람이 바로 빅터 프랭클이라는 심리학자다. 그는 나치 치하에서 유대인이라는 이유로 죽음의 포로수용소로 끌려갔었다. 그곳은 인간이 인간으로서 지닐 수 있는 것은 아무 것도 없는 곳이었다. 소지품은 물론이고, 이빨사이에 있는 금마저 뽑아갔다. 사회적인 지위나 학식, 명성 같은 것도 그곳에는 아무런 의미가 없었다. 심지어 이름도 박탈당하고 단순히 숫자로 불리었다. 그들에게 남아있는 것이라곤 아무 것도 없는 것처럼 보였다. 이처럼 철저하게 인간성이 유린당하는 상황에서 심리학자였던 빅터 프랭클은 사람들의 반응을 관찰하고 틈틈이 메모해 나가던 중 놀라운 사실을 발견했던 것이다. 그런 절망적인 상황 속에서도 사람들은 여전히 선택할 수 있는 것이 있었고, 그 선택 여하에 따라 그들의 운명이 결정된다는 사실이었다. 죽음의 포로수용소에서 선택할 수 있는 것이 죽음밖에 무엇이 있겠느냐고 생각하고, 환경에 짓눌려 산 사람들은, 결국 아무리 건장한 사람도 얼마 못가서 죽어갔다. 그러나 살아남아서 나치의 만행과 자신들이 겪었던 고통을 온 세상에 알려야 한다는 결심을 한 사람들은 끈질기게 살아남는 것이었다. 빅터 프랭클은 이러한 그의 경험을 석방 후 한권의 책으로 써냈는데『죽음의 포로수용소에서』라는 책이다.

오늘의 나는 어제 내가 내린 크고 작은 모든 선택의 결과이고 내일의 나는 오늘 내가 무엇을 선택하는가 하는데 달려있다는 사실을 인정하는 지혜를 가져야 하겠다. 그러므로 우리들의 삶에 있어서 바른 선택보다 중요한 것은 없다. 오늘의 바른 선택이 내일을 좌우하게 되는 것이다.

지금으로 부터 오래 전에, 미국 시카고의 어느 골목길을 전전긍긍하는 두 사람이 있었다. 그 이름은 클리브랜드와 그의 친구 조지였다. 두 사람은 골목길 끝에 있는 교회 앞을 지나다가 교회입구에 붙어 있는 포스터에 눈이 멈추었다. 포스터에는 큰 글씨로 "죄의 삯은 사망"이라고 쓰여 있었다. 클리블랜드는 이 포스터를 보고는 발이 얼어붙는 것 같았다. 그리고는 곧장 교회 안으로 들어갔다.

그때부터 교회에 다니는 클리블랜드를 향해 그의 친구 조지는 '너는 바보 얼간이야'라고 비웃었다. 오랜 세월이 흘렀다. 교회에서 신앙교육을 받으며 성장한 클리블랜드는 미국의 유명한 프린스턴 신학교의 교장이 되었고, 후일에는 국회의원이 되었다가 마침내 미합중국의 22대 대통령이 되었다. 그리고 그 후에 다시 24대 대통령으로 재선되기도 하였다.

클리블랜드가 대통령이 되자 각 신문은 당연히 새 대통령의 사진을 담아 각지에 배포되었다. 이 신문은 시골구석 구석까지 가게 되었고 마침내 조그마한 감방에도 전해졌다. 시골 초라한 감방 2층 끝 방에는 얼굴에 흉측한 칼자국이 있는 사형수가 있었다. 간수가 이 죄수에게 신문을 건네주자, 이 신문을 받아든 사형수는 두 눈이 휘둥그레졌다. 그리고는 땅을 치며 통곡하며 "내가 그때에 올바른 선택을 하였더라면 좋았을 것을!"라고 외쳐댔다. 그 사형수는 클리블랜드를 조롱하던 조지였다. 조지의 후회는 소용이 없었다. 이렇듯 한 사람이 한 순간에 바른 선택을 하는 것은 하나님을 기쁘시게 할 뿐만 아니라, 이 땅에서도 축복가운데 살아가게 된다.

잠언 8장 12-21절에 따르면 지혜의 소유자는 명철과 지식과 근신을 갖게 됨으로써, 악(잠 3:7, 14:16, 16:6)과 교만과 거만과 악한 행실과 패역한 말을 미워하게 될 것이라는 것이다. 또한 그는 도략과 참지식과 명철과 능력(잠 8:14)도 가질 수 있게 되는데, 도략은 세상의 악한 흉계들을 극복할 수 있는 참된 지식과 묘책을 뜻하고 능력은 용기를 뜻한다. 훌륭하게 다스리는 왕, 방백, 재상, 존귀한 자들은 이런 하나님의 지혜를 힘입어 그렇게 하며 공의를 세우게 되는 것이다.

이처럼 지혜는 악한 행실을 미워하고 도략과 명철과 능력을 갖게 하는 분별력 곧 가치 판단의 능력으로 작용한다. 그래서 위에서 보는 바와 같이 아버지는 사랑하는 아들의 장래를 생각하며 삶의 바른 선택을 명령하는 것이다. 즉 아버지는 아들이 쉽게 노출될 수 있는 유혹을 경계하라고 권고한다.

이 유혹에는 첫째 피를 흘리는 일(잔인한 일)을 하자는 제안이 포함된다(잠 1:11-12). 1장 11절에서 우리는 "피를 흘리자"는 유혹의 손길을 볼 수 있다. 피를 흘리되 떳떳하게 나서서 하자는 것이 아니라 비겁하게 그러나 교묘하게 위장과 계책을 세워서 하자는 것이다. 그런 의도가 "가만히 엎드렸다가" 라던가 또는 "숨어 기다리다가" 라는 말 속에 잘 나타난다. 그것도 비겁한 것은 그 방법만이 아니고 피 흘림의 대상을 선정하는 데도 나타난다. 왜냐하면 죄 없는 사람을 골라 피 흘려주자는 것이기 때문이다. 죄 없는 사람을 피 흘리게 하는 것은 악이다. 그러므로 아버지는 아들에게 그런 악한 행실을 미워하고 보다 선하고 명예로운 삶을 살아가라고 명하는 것이다.

둘째 유혹은 아주 쉽게 부자가 되자고 하는 꾐이다(잠 1:13-14). 우리 인간의 기본적인 탐욕을 건드리는 말이다. 탐욕을 채우기 위해서는 강도 및 강탈의 방법을 사용해도 좋다는 것이다. 1장 14절에 나오는 "우리와 함께 제비를 뽑고"라는 말은 "행동을 함께 하자"는 뜻으로 죄악에의 동참을 촉구하는 말이다. 그리고 "우리 함께 전대 하나만을 두자"라는 말은 '재산을 공유하자'라는 말이다. 여기서 재산이란 노획물을 가리키므로 이 말은 죄를 공유하자는 말이나 다름이 없다. 이것은 다른 말로 말하면 부정을 획책하는 자기들 편에 개입하라는 강한 압력이라 할 수 있다. 죄인들의 이런 유혹은 무력감과 가난과 고독을 단번에 씻어 줄 것처럼 보이지만 모든 것을 파멸로 이끌고 만다. 탐욕 그 자체도 죄지만 그것을 채우기 위하여 더더구나 불법적인 술수와 방법을 동원하는 것은 옳지 못한 용서받을 수 없는 죄악이라 할 수 있다. 그러므로 아버지는 아들에게 그 길을 피하라고 사랑의 충고를 한다.

아버지는 죄의 자멸성을 매우 재미있는 비유로 사랑하는 아들에게 말하고 있다. 사냥꾼도 자기가 잡으려고 하는 새 앞에 그물을 치지는 않는다는 것이다. 왜냐하면 새가 그것을 보면 새도 그 그물을 피해버리기 때문이다. 그런데 어리석게도 사람은 자기의 생명 앞에 덫을 놓는다(잠 1:17-19). 폭력을 쓰는 사람은 그 폭력으로 망하는 것이니까 제 생명 잡는 그물이 되는 것이다. 그러므로 바른 선택의 삶이 중요하다. 바른 선택의 삶이 곧 지혜로운 삶이라 할 수 있다.

결론적으로 말한다면, 지혜로운 삶이란 한 마디로 말해서 영원한 생명을 추구하는 것이다. 영원한 생명을 추구한다고 하는 것은 바로 지혜 본체이신 하나님을 추구하는 것에 지나지 않는다. 끊임없이 하나님을 찾을 때 부수적으로 주어지는 것이 바로 교양을 갖춘 덕스러운 바른 관계와 바른 선택의 삶이다. 이 길 말고 참 지혜를 얻을 수 있는 다른 길은 없다. 지혜 그 자체이신 하나님에 대한 탐구를 가로막는 것이 바로 무지와 탐욕, 그리고 교만이다.

하나님을 찾아 경외하며 살아갈 때 비로소 무지와 탐욕, 그리고 교만의 먹구름은 걷히고 햇살처럼 찬란한 무욕과 순수, 그리고 겸손을 바탕으로 하는 지혜로운 삶이 나타나게 된다. 지혜로운 사람들은 본능으로 행동하는 동물과 달리 인격적인 존재로서 무슨 일을 행동으로 옮기기 전에 먼저 생각을 하게 된다. 그 일이 옳은 일인지 그른 일인지, 그 일을 어디서부터 시작하는 것이 좋을지를 생각한 후 행동에 옮기게 된다. 우리 인간이 하는 생각과 행동의 옳고 그름을 잘 판단하고 분별해서 사는 생활을 지혜로운 삶이라 할 수 있다.

불필요한 것들에 대해서는 자제할 줄 알고, 보지 않아도 될 것은 보지 않고, 듣지 않아도 될 소리는 듣지 않으며, 먹지 않아도 될 것은 먹지 않고, 읽지 않아도 될 글은 읽지 않고 살아가는 것이 선택적인 삶이라 할 수 있다. 우리는 매 순간 끝없이 선택적으로 살아가면서 자기를 형성하여 가는 과정에 있다. 그러므로 바른 판단력과 분별력이 필요하다. 그러나 우리들의 판단력과 분별력은 너무나 제한적이기 때문에 무한하고 전능하신 하나님이 내려주시는 지혜의 영을 힘입지 않으면 안 된다. 이렇게 맑고 투명하게 판단력과 분별력을 단련시켜 잘 행사하며 살아가는 삶이 곧 지혜로운 삶인 것이다.

9. 생명과 죽음

하나님께서 사람들로 하여금 선악과를 따 먹지 못하게 하신 근본 이유는, 선과 악이 함께 공생 공존 할 수 없는 천적이기 때문이다. 그리고 선에 속한 생명과 악에 속한 죽음도 결코 공생 공존 할 수 없는 천적이다. 모든 존재들은 함께 공존하여 살아갈 수 있는 것들이 있고, 결코 공존하여 함께 살아갈 수 없는 것들이 있다. 생명과 죽음 같이 원천적으로 상극이 되어 싸우는 이런 일들을 사람들은 대개 천적이라고 한다. 세상에서 가장 큰 천적은 생명과 죽음이며, 이들을 지휘하는 사령관은 하나님과 그의 적대자 사탄 마귀다. 생명과 죽음은 속성상 함께 공존할 수 없어서 만나면 서로 삼키려고 한다. 영과 육이 공존할 수 없고, 의와 불의가 공존할 수 없으며, 정직과 거짓이 공존할 수가 없다. 자면서 동시에 깰 수가 없고, 비방하면서 동시에 칭찬할 수가 없으며, 울면서 동시에 웃을 수가 없는 것과 마찬가지다.

모든 사람은 생명의 속성 즉 하나님의 자녀로 태어났기 때문에 삶 자체가 죽음과의 투쟁이라 할 수 있다. 그러나 사람은 이미 에덴동산에서 사망의 권세인 사탄에게 삼킨바 되어, 지금의 사람들은 대부분 죽음의 왕 사탄과 싸우는 생명의 용사가 아니라, 죽음의 병기들이 되어 생명에 도전하고 대항하고 있다.

우즈베키스탄에 '부하라' 라는 역사적인 도시가 있다. 이곳은 실크로드의 중심지로 사막 한가운데 건설된 도시이다. 이 도시로 들어서면서 첫 눈에 띄는 것은 아주 멀리 떨어져 있는 곳에 세워져 있는 첨탑이라고 한다. 그 첨탑의 이름은 '칼럔 미나레트' 인데, '칼럔' 은 페르시아어로 '크다' 는 뜻이고, '미나레트' 는 '첨탑' 이라는 뜻이다. 46m 높이의 첨탑은 중앙아시아 최대의 탑이라고 한다. 1127년 카라한 왕조 시대에 만들어진 이 첨탑은, 기하학적 무늬의 외부가 아름답게 치장되어 사막의 여행자를 황홀하게 하고 있다고 한다.

이 탑의 본래 목적은 대상들의 길잡이였다고 한다. 사막은 바다와 같아서 대상들이 방향을 잡기가 매우 힘들므로, 모스크 곧 회교사원에서는 그들을 위해 바다의 등대와 같은 첨탑을 세우고, 그 위에 역시 등대와 같이 불을 켜서 밤중의 여행자들이 길을 잃지 않게 했던 것이다. 그래서 이 미나레트들은 '사막의 등대' 라는 별명이 붙어있다. 즉 이는 생명의 탑이었던 것이다.

그런데 이러한 생명의 탑이, 18-19세기의 부하라한국 시대에는 죄인을 주머니에 넣어 집어던지는 '죽음의 탑' 으로 사용되었다고 한다. 46m 나 되는 높은 탑에서 가죽 주머니에 넣어 땅으로 집어던지면, 살아날 수 있는 사람은 하나도 없다. 뿐만 아니라 모든 시민이 볼 수 있는 곳이니, 공개 처형의 자리로는 안성맞춤이었다.

이 이야기에서 보는 바와 같이, 생명과 죽음의 차이는 한발도 안 되는 것 같다. 생명을 위해 사용되던 도구도, 죽음을 위해 사용되기도 하고, 어떤 이는 그것을 통해 생명을 얻고, 어떤 이는 그것을 통해 죽음을 얻기도 한다. 선택 여하에 따라 생명이 될 수도 있고 죽음이 될 수도 있다. 성경은 복음도 그러하다고 말하고 있다. 우리에게 주어진 '복음'과 '하나님의 말씀', 그리고 '하나님의 은혜'가 선과 생명을 위해 사용될지, 아니면 헛되이 그 효능을 다하지 못하고 죽음을 위해 사용될지는 결국 우리의 선택이 아닐까 한다.

생명에 대한 약속과 죽음에 대한 경고가 잠언 가운데 많이 나오지만, 어떤 것은 잠언 4장 10절 "내 아들아 들으라 내 말을 받으라 그리하면 네 생명의 해가 길리라"라는 말씀 속에서 보는 바와 같이, 선행은 사람의 날을 길게 해주고 악행은 단축시켜 준다는 아주 좁은 의미로 쓰이기도 했다. 그러나 생명과 죽음이라는 말은 좀 더 내질적으로 여러 수준에서 이해되어야 한다.

1) 생명

잠언 16장 15절 "왕의 희색(喜色)은 생명을 뜻하나니 그의 은택이 늦은 비를 내리는 구름과 같으니라"는 말씀에 있어서, '생명'은 3-4월에 내리는 늦은 비가 수확에 큰 도움을 주듯이 왕의 얼굴을 빛나게 하는 환한 미소는 백성들을 편하고 행복하게 해주고 사람들의 사업을 번창하도록 해주는 늦은 비와 같은 은택이 된다는 것이다. 잠언 15장 27절 "이익을 탐하는 자는 자기 집을 해롭게 하나 뇌물을 싫어하는 자는 살게 되느니라"에서 '산다'는 것은 조화로운 가정생활을 누리게 된다는 말이다. 왜냐하면 그 반대가 '그는 죽으리라'가 아니고 '자기 집을 해롭게 한다'로 표현되었기 때문이다.

잠언 3장 22절에 나타나는 지혜와 근신은 "네 영혼의 생명이 되며 네 목에 장식이 된다"고 하였다. '목에 장식'이라는 표현이 사람의 겉에 드러나는 태도를 지시하는 것이라면, '영혼의 생명'이란 곧 전인(全人)의 생명력이나 활력과 원기를 암시하는 것이다. 분명 잠언 14장 30절 "평온한 마음은 육신의 생명이나 시기는 뼈를 썩게 하느니라"에서 생명은 그런 뜻을 갖는다. 곧 '마음의 화평'은 육체의 생명이 되지만 시기는 뼈의 썩음이 된다는 것이다. 건강한 마음에서 건강한 몸이 생긴다는 뜻이다. 그러나 남이 가진 것을 나도 가지고 남이 이룬 것은 나도 이루고야 말겠다고 하는 시기가 가득하고 격렬하며 충동적인 욕망은 육체에 나쁜 결과를 가져온다는 것이다.

잠언 여러 곳에 등장하는 생명은 "하나님과의 친교"[104]를 뜻한다고 해도 과언이 아니다. 잠언 10장 16절 "의인의 수고는 생명에 이르고 악인의 소득은 죄에 이르느니라"는 말씀을 보아서 알 수 있다. 악인의 소득은 '죽음'이라 하지 않고 '죄'라고 한 것이 곧 그 단서가 된다. 또 다른 곳에서는 지혜 그 자체가 생명의 동의어로 쓰이고 있음을 볼 수 있다. 8장 35절 "대저 나를 얻는 자는 생명을 얻고 여호와께 은총을 얻을 것임이니라"는 말씀에서 확인할 수 있다. 9장 6절에서는 '어리석음'을 버리는 것이 생명이라 했다. 곧 명철을 얻는 것이 곧 생명을 얻는 것이라는 말이다. 19장 23절에서는 "여호와를 경외하는 것은 사람으로 생명에 이르게 하는 것이라" 하였다.

생명에 대한 보다 깊은 이해를 위해서는 '생명나무'(tree of life)와 '생명의 샘'(foundation of life), 그리고 '생명의 길'(way of life)과 같은 표현들에 대해 분명한 해석을 내리는 것이 중요하다. '생명나무'와 '생명샘'은 육신적이든 혹은 정신적이든 간에 모든 갱신(更新) 또는 회복의 근원은 여호와 하나님이시라는 것을 보여주는 말씀들이다. 사람에게 용기와 원기를 불어넣어주는 말(잠 15:4), 실제로 이루어지는 소원(잠

13:12), 그 성품(잠 11:30)과 말(잠 10:11)에 의해 이루어지는 의의 열매는 사람들의 마음을 사로잡게 되고 그것이 곧 '생명의 근원'(4:23)이 된다. 좀 더 깊이 들어가 보면 이 나무나 샘은 하나님과의 바른 관계에서 오는 축복을 상징하는 것을 알 수 있다. 잠언 3장 18절에서는 "지혜는 그 얻은 자에게 생명나무라 지혜를 가진 자는 복 되도다"라 하였다. 생명나무[105]가 삶의 한 근원이었듯이(창 2:9), 지혜도 삶의 한 근원이라는 것이다. 또한 지혜로운 사람의 가르침을 받아들이고 주의하는 것은 생명의 샘[106]과 같이 신선하고 생명을 유지시킨다고 한다. 곧 죽음을 막아 주는 생명나무와 같은 역할을 하는 것이 '생명의 샘'이다. 그래서 잠언 13장 14절에서는 "지혜 있는 자의 교훈은 생명의 샘이라 사람으로 사망의 그물에서 벗어나게 하느니라" 하였다.

'생명 길'은 아래 있는 음부(죽음)의 세계로 내려가는 길과 대조가 되는 "위로 향한 생명 길"(잠 15:24)이다. 잠언 6장 23절에서는 "대저 명령은 등불이요 법은 빛이요 훈계의 책망은 곧 생명의 길이라"고 하였다. 교훈은 인도하고 보호하며(잠 2:11) 상담한다(잠 6:22). 하나님의 말씀처럼 부모의 명령도 사람의 행위를 인도하는 등불과 빛이므로 그 가르침은 사람으로 하여금 바른 길을 걷게 하고 사람을 '생명의 길'로 인도한다는 것이다. 죽음의 길은 아래로 내려가는 넓은 길이지만 생명의 길은 위로 향하는 좁은 길이다.

세계 최대의 갑부 록펠러는 33세 때 세계 최초의 백만장자가 되었고 43세 때는 세계 최대의 석유회사의 주인이 되었다. 그렇지만 53세가 되었을 때 그는 혼자 서 있기도 힘들 정도로 병약해 있었다. 아무리 돈이 많아도 건강만큼은 돈을 주고 살수가 없었던 모양이다. 그런 그가 98세까지 살았다. 어떻게 그것이 가능 했을까?

록펠러는 돈을 버는 것 외에는 아무 것도 할 줄 모르는 사람이었기 때문에 어쩌다 돈을 벌지 못하고 손해를 보면 분노에 겨워 생병을 앓을 정도였다. 그렇게 많은 돈을 벌면서도 그는 항상 불안해했던 것이다. 그런

스트레스는 병으로 나타났고 급기야 '돈과 생명' 중에 하나를 선택하라는 주치의의 통고를 받았다. 오랜 고민 끝에 그가 선택한 것은 생명이었고 그 때부터 그는 자신이 벌었던 돈을 쓰기 시작한다. 가난한 이웃을 위해 기부도하고, 페니실린 개발 등에 연구 지원도 하고, 장학재단도 설립하고, 인도주의적 사업에 지원도 한다. 좋은 선택, 바른 선택은 그 사람의 운명을 바꿔 놓는 계기가 된다는 것이다. 록펠러는 죽음 앞에서 생명의 길을 선택함으로써 98세까지 살 수가 있었다. 여기서 보는 바와 같이 남을 돕고 돌보는 것이 곧 생명이라는 것을 알 수 있다.

2) 죽음

배추벌레 한 마리가 있었다. 어느 날 놀라운 광경을 목격했다. 자기보다 먼저 태어난 애벌레가 번데기가 되어 죽은 것처럼 움직이지 않았다. 죽음을 생각한 애벌레는 아무 것도 먹질 않고 슬퍼하고 있었다. 그 때 아름다운 나비가 날아왔다. 눈이 부셨다. 넋을 잃고 바라보았다. 그때 나비가 말했다. "슬퍼하지마. 너도 나처럼 아름다운 나비가 될거야." 애벌레가 움직이지 않는 번데기를 보고 죽은 줄로 알고 슬퍼하듯이 일반적으로 사람들은 죽음을 두려워한다.

그래서 그런지는 몰라도 잠언에는 '죽음' 또는 '죽는다' 는 말이 20회 내지 30회 가량이나 나온다. 더욱 열 번 이상의 곳에서 스올(음부)[107], 아바돈(유명, 파멸 abaddon),[108] 함정(무덤, pit),[109] 레파임(그늘진 곳, 음부 Rephaim)[110]에 대해 언급하고 있다. 죽음 하면 대개는 육체적 죽음을 생각하지만, 죽음의 영역은 매우 넓고 사실상은 신비롭기까지 하다. 죽음에는 육체적인 것도 있고, 도덕적인 것도 있으며, 영적인 것도 있고, 영원한 죽음도 있다. 영원한 죽음은 죄인들이 가서 받는 영원한 저주와 형벌을 가리킨다.

잠언 15장 11절에서는 "스올(음부)와 아바돈(유명)도 여호와의 앞에 드러나거든 하물며 사람의 마음이리요"라고 하였다. 하나님은 무덤 속의 죽은 자도 아시므로 산 자의 마음(잠 15:3), 즉 동기, 사상, 욕구를 분명히 아시는 것이다. 열길 물길 속은 알 수 있어도 한 길 사람 마음속은 알 수 없다는 말이 있다. 사람의 마음이 깊다고 하지만 죽은 자의 거처인 음부나 유명보다는 깊지 못하다. 가장 깊고 신비의 베일에 싸인 음부와 유명을 아시는 하나님께서 사람의 마음을 못 헤아릴 수가 없다는 것이다.

이 깊은 음부로 내려가는 사람은 곧 미련한 사람이요 훈계를 미워하는 사람인 것이다(잠 5:23). 그 죽음의 구렁으로부터 자식을 구원해 낼 수 있는 길은 채찍을 드는 일 뿐이다. 마찬가지로 영적으로 죽어가는 사람이 그 죽음에서 구원받으려면 하나님의 징계를 겸손하게 받아들이는 것이다(잠 23:13-14). 그래서 잠언 8장 36절에서는 "나(훈계)를 미워하는 자는 사망을 사랑하느니라" 하였다. 그러나 미련한 자들은 자기들이 "스올 깊은 곳에 있는 것을 알지 못한다"(잠 9:18). 음부의 깊은 곳에 영원히 머무는 것이 영원한 죽음이다. 이 영원한 죽음으로부터 건져낼 수 있는 길은 지혜뿐이다.

벤진이라는 나무가 있는데, 이 나무는 열대성 식물로서, 옆으로 큰 가지를 낼 뿐 아니라, 그 뻗어난 가지로부터 뿌리를 내리기도 한다. 옆으로 계속해서 가지가 뻗어나가 결국 큰 나무가 된다. 그래서 새들이나 동물들이 와서 쉬기도 하지만, 이 나무 밑이나 주변에는 단 한 포기의 풀도 생기지 않는다. 그 큰 나무가 영양분을 모두 빨아올리기 때문이다.

반대로 생명을 주는 나무도 있다. 그것이 바나나나무인데, 이 나무는 육 개월이 되면 옆에 한 싹을 내고 다른 나무가 옆에서 자라도록 도와준다. 또한 일 년이 되면 열매를 맺는다. 이렇게 바나나나무는 계속해서 새싹을 만들고, 다른 나무들이 자라도록 뒷받침을 해주어서, 자기가 죽을 때에 무수한 다른 나무를 만들어낸다.

위에서 든 나무 이야기에서 알 수 있는 바와 같이, 죽음을 주는 나무와 생명을 주는 나무가 있는 것과 마찬가지로, 예수의 십자가와 부활에서 우리는 '생명과 죽음의 싸움'을 보게 된다. 물론 죽음의 주관자는 사탄이지만(요 8:44), 예수께서는 길이요 진리요 생명이시다(요 1:4). 그런데 놀랍게도 이 죽음과 생명이 부딪혔다. 갈보리산 위의 십자가와 아리마대 요셉가의 무덤에서였다.

생명이신 예수께서 죽음의 주관자 사탄과 싸워 멋지게 이기셨는데, 그것은 아주 오래전부터 하나님의 계획안에 있었던 일이었다(사 53:, 시 16:10). 그렇다. 하나님께서 예수와 사탄 사이의 '생명과 죽음의 싸움'을 계획하셨다. 그리고 예수께서 이 싸움에서 승리하실 것도 아셨다. 오직 예수의 생명만이 죽음을 이길 수 있다. 예수만이 죽음을 멸하고 부활하심으로 영원한 승자가 되신다. 예수의 그 놀라운 사랑만이 죽음을 이기는 것이다.

10. 파멸의 불길: 일곱 가지 대죄

인간의 삶을 위협하는 일곱 가지 대죄(Seven deadly sins), 즉 교만, 탐욕, 색욕, 분노, 탐식, 질투, 나태 등은 어리석음과 더불어 인생을 파멸의 길로 이끌어가는 요소들이다. 인간의 삶을 위협하는 이런 분노와 색욕, 그리고 나태와 교만 및 탐욕 등은 우리를 삼키려는 불길과 같다고 할 수 있다. 참으로 이 불길은 그 행악자(行惡者) 한 사람만 태우는 것이 아니라 다른 사람에게도 괴로움과 상해를 입히게 되는 것이다.

그러므로 이 불길을 끌 수 있는 힘을 키워야 한다. 그것을 우리는 자제(self-control)라 한다. 자제를 하는 것은 기독교의 미덕중 가장 아름다운 덕목이라 할 수 있다. 자기를 통제하고 관리할 능력이 있다는 것은 그만큼 인격이 성숙되었음을 보여주는 것이다. 우리에게는 자제하지 아니하면 안 될 만한 것들이 많이 있는데, 이미 위에서 언급한 일곱 가지 원죄, 즉 교만, 탐욕, 음욕, 분노, 탐식, 질투, 나태 등이 그러한 것들이다. 그런데 이런 것들을 성령을 힘입어서 자제하지 못하고 그것들에 끌려가게 되면 우리는 파멸하게 된다. 우리가 이런 파멸로부터 벗어나기 위해서는 우선 이 일곱 가지 대죄에 대해 잘 알아야만 한다. 적을 알면 백전백승을 이룰 수 있지만, 그렇지 못하면 우리가 적에게 당할 수도 있다. 그래서 먼저 이 일곱 가지 대죄에 대해서 자세하게 살펴보겠다.

1) 교만

교만(pride)은 모든 죄악의 뿌리요 기독교의 최대의 악이다. 이 교만 때문에 최고의 찬란했던 천사는 타락하여 마귀가 된다. 일반적으로 교만은 '근거 없는 우월감을 가슴에 품고 언제나 모든 일에 자기 자신이 중심이 아니고서는 만족하지 못하는 마음'을 가리키는 데, 성경에서 말하는 교만은 한 걸음 더 나아가 하나님의 주권을 침해하고 자기 자신의 위치와 분수를 모르고 방종하게 행하는 것을 말한다. 그래서 시편 10편 4절에서는 "악인은 그 교만한 얼굴로 말하기를 여호와께서 이를 감찰치 아니하신다 하며 그의 모든 사상에 하나님이 없다 하나이다"라고 하였다. 만일 인간이 교만하면 그만큼 마귀는 우리 앞에서 개가를 부르게 되고, 그 마귀가 던지는 독 묻은 화살에 우리들의 영혼은 맞아서 죽게 될 것이다.

우리의 구원이란 바로 자아중심의 자만에서 구원되어야 하는 것을 말한다. 자만에 가득찬 자아는 타락한 인간의 모든 죄악의 뿌리요, 가지요, 나무 그 자체다. 타락한 천사들과 범죄한 인간들의 죄악의 모든 근원은 자기 교만이다. 자아에 대하여 죽는 일 혹은 그 권세에서 벗어 나오는 일은 혈육의 힘으로 되는 것이 아니고, 하나님을 찾는 열정과 갈망의 욕구가 우리 중심에서 불타오를 때 비로소 이루어질 수가 있다.

교만에서 벗어나지 못하면 결국 인간은 파멸하게 된다. 교만은 인간을 파멸로 이끄는 가장 무서운 독소인 것이다. 그러므로 교만한 자는 하나님의 비웃음을 받게 된다. 잠언 3장 34절에서는 "진실로 그는 거만한 자를 비웃으시며 겸손한 자에게 은혜를 베푸시나니"라고 하였다. 11장 2절 "교만이 오면 욕도 오거니와 겸손한 자에게는 지혜가 있느니라"라는 말씀에서 보듯이, 사람이 교만하게 되면 다툼만 일으키게 되고(잠 13:10), 결국은 낮아져(잠 29:23) 패망하게 된다(잠 18:12). 그래서 잠언 16장 18절에서는 "교만은 패망의 선봉이요 거만한 마음은 넘어짐의 앞잡이니라"고 하였다. 하나님은 교만을 미워하시나니(잠 6:17), 이는 교만이 사람으로 하나님을 떠나 살게 하기 때문이다. 교만한 자는 늘 무례함을 일삼는(잠 21:24) 망령된 자로서 늘 행악한다. 그러므로 자신이 남보다 우월하다고 생각하는 사람은 멸망할 수밖에 없다.

C. S. 루이스가 말하기를 "교만한 자는 자기 밑을 보기에만 급급해서 자기 위에 있는 사람을 보지 못하는 사람"이라고 했다. 그러나 자신이 가장 자랑하는 바로 그것이 자신의 가장 치명적인 아킬레스건이 될 수 있음을 왜 모르는 것일까? 아테네는 무적이라고 자부했던 해전에서 졌고, 1차 대전 때 프랑스는 마지노선만 믿다가 무너졌으며, 자동차 왕 헨리 포드도 T 모델만을 고집하다가 GM에게 업계의 패권을 빼앗겨 버렸다. 그 GM도 자만하다가 일본의 토요타 자동차에게 세계 자동차 업계 1위 자리를 내주고 말았다. 약해서 망한 게 아니었다. 한때 성공했던 그 추억에 대한 미련이 너무 강했기 때문이다. 자신도 질 수 있다는, 자신도 망할 수 있다는 사실을 꿈에서라도 인정하고 싶지 않았기 때문이다.

교만은 틀린 것을 알면서도 그것을 인정하지 못하게 만들어 누군가를 파멸로 이끈다. 1945년 초반, 이미 일본은 전쟁의 대세가 기운 것을 직감했음에도 끝까지 항복하지 않다가 결국은 원자폭탄 투하로 히로시마와 나가사키의 엄청난 인명을 희생시키는 결과를 낳고 말았다. 미국은 밑도 끝도 없는 월남전에 개입해, 5명의 대통령이 지나도록 그 전쟁에서 빠져나오질 못했다. 역사학자들은 그 원인으로 대통령들의 교만을 꼽았다. 미국 대통령들은 하나같이 "내 재임 시에 이 나라가 전쟁에서 이기지 못하고 물러났다는 말을 들을 수 없다"고 했던 것이다. 결과적으로, 5만 명이 넘는 미국의 꽃 같은 젊은이들과 그 수십 배가 넘는 숫자의 월남인들, 그리고 수천 명에 달하는 한국군들이 목숨을 잃었다. 겸손한 붙들음 만이 파멸에서 나를 구할 수가 있다.

2) 탐욕

탐욕(greed)이 생기는 것은 지나친 만족을 추구하고자 하는 그릇된 생각에서 일어난다. 탐욕은 마치 불의 열기와 같다. 어떤 사람이라도 이 열병에 걸리면 아무리 넓고 아름다운 방에 누워 있어도 그 열에 못 이겨 괴로움에 시달리지 않을 수 없게 된다. 이 탐욕의 번뇌가 없는 사람은 추운 겨울밤에 나뭇잎을 깐 땅바닥에서도 편히 잘 수 있고, 무더운 여름밤에 좁은 방에서도 고통 없이 편안히 잠을 잘 수 있다. 이 탐욕의 번뇌는 노여움과 더불어 이 세상의 슬픔과 괴로움의 근원이 된다. 이 슬픔과 괴로움의 근원을 끊기 위해서 사람들은 예수를 믿고 말씀을 따라 순종하며 살아야 하고 고통의 단련으로 마음을 갈고 닦아서 욕심을 절제하여야 하며 충만한 성령의 능력을 받아야 한다.

한 부자가 인생이라는 해변에 서 있었다. 건너편은 천국이었다. 그때 한 천사가 나타나 바다를 건너 천국에 무사히 당도하려면 건너편까지 허름한 뗏목을 저어가야 한다고 말했다. 부자가 쓸 뗏목을 천사가 보여주자, 그는 자기 재산을 그 뗏목에 싣기 시작하였다. 이 광경을 본 천사가 주의를 주었다. "이 뗏목은 몹시 낡았소. 짐을 너무 많이 싫으면 가라앉고 말거요. 그러면 건너편에 못 건너갈 것이오"라고 하였지만 그 부자는 그 말을 귀담아 듣질 않았다. 그는 계속해서 뗏목에 짐을 실었다. 금궤, 돈 자루, 보속 자루, 골동품, 미술품, 옷과 맛있는 음식 꾸러미들, 짐을 모두 실은 부자는 뗏목을 타고 바다를 가로지르기 시작했다. 그러나 얼마 가지 않아서 큰 파도가 뗏목을 덮쳐 뗏목은 가라앉고 부자는 익사하고 말았다. 이처럼 탐욕은 영혼에 너무 무거운 짐을 지운다. 꿀은 맛있고 몸에도 좋다. 그런데 입에 달고 좋다고 해서 지나치게 먹으면 오히려 해가 된다. 이와 마찬가지로 아무리 좋은 것이라도 과도하면 해로워진다. 무엇이든지 적당하게 해야지 좋은 것인데 욕심을 내서 과하게 하면 해롭게 되고 만다. 그래서 잠언의 기자는 "욕심이 많은 자는 다툼을 일으키나 여호와를 의지하는 자는 풍족하게 되느니라"(잠 28:25)고 하였고, 또 "부모의 물건을 도둑질하고서도 죄가 아니라고 하는 자는 멸망 받게 하는 자의 동류니라"(잠 28:24) 하였다.

사람이 품는 욕심의 끝은 어딘지 알 수가 없다. 원하는 것을 얻게 되면 잠시 만족할 뿐 다시 더 나은 것을 얻어 새로운 만족을 채우려고 애를 쓴다. 하지만 만족을 향한 목마름은 해결될 수 없음을 발견한다. 우리는 미련하게도 그 사실을 알면서도 계속해서 만족을 향해 끝없는 항해를 하고 있다. 하나님은 우리가 자족하기를 원하신다. 만족이 없으면 불평과 원망을 하게 되며 감사가 사라져 버린다. 자족할 때 자족의 근원을 깨닫게 되며 감사하게 된다.

이렇게 끝이 없는 인간의 탐욕을 억제하고 관리할 수 있는 자는 인간들 중에는 없고 오직 예수밖에 없다. 예수께서는 사탄에게 끝없는 유혹을 받지만 당당하게 물리쳤다. 우리 마음에 예수의 말씀과 모습이 각인되어 있다면 탐욕과 욕심은 제어할 수가 있다. 우리는 때로는 탐욕의 늪에서 빠져나오려고 안간힘을 쓰며 그 늪에서 빠져 나온 것으로 생각하지만 결국 또 탐욕의 늪으로 서서히 빠져들어 가고 있음을 본다. 우리를 둘러싸고 있는 천국 진리의 장벽에 약간의 틈만 나더라도 바로 탐욕과 욕심의 죄가 바로 흘러들어와 장벽을 무너뜨리고 만다. 그러므로 한순간도 경계를 늦추거나 게을리 해서는 안 된다.

"네가 어찌 허무한 것에 주목하겠느냐 정녕히 재물은 스스로 날개를 내어 하늘을 나는 독수리처럼 날아가리라"(잠 23:5). "불의의 재물은 무익하여도 공의는 죽음에서 건지느니라"(잠 10:2). 여기서 보는 바와 같이, 부정하게 모은 재물이나 만족을 모르고 끝없이 추구하는 탐욕은 결국엔 무익하고 독수리처럼 스스로 날개를 내어 날아가고 말 것이다. 이처럼 재물과 탐욕은 매우 무상한 것이다.

3) 색욕

인간의 정욕에는 끝이 없다. 그것은 마치 소금물을 마신 사람이 오히려 더 갈증을 느끼는 것과 같다. 그 사람은 언제까지라도 만족함이 없이 점점 거센 갈증에 신음하게 된다. 사람은 그 정욕을 채우려고 하지만 불만만이 쌓여져서 괴로워한다. 굶주린 개에게 피가 묻은 뼈다귀를 던져주면 개는 그것을 뜯지만, 그러나 다만 피곤하고 괴로울 뿐 입에 들어가는 것은 아무것도 없다. 이와 같이 정욕에 사로잡힌 사람들은 피가 묻은 뼈다귀를 빠는 개처럼 한 없이 그것을 쫓아다니지만 얻는 것은 없고 피곤하고 괴로울 뿐이다. 그들은 자신들이 걸릴 줄 뻔히 알면서도 자기들의 발 앞에다 덫을 놓는 사냥꾼과도 같다.

음녀(淫女)에게 있어서 그 행동은 밥을 먹는 것이나 마찬가지로 자연스러운 것이다. 잠언 30장 20절에서는 "음녀의 자취도 그러하니라 그가 먹고 그 입을 씻음같이 말하기를 내가 악을 행치 아니하였다 하느니라"고 하였다. 음녀들은 아무런 생각없이 죄의 길에 들어서서 남자들을 고기 먹듯이 쉽게 다루고서는 간음이 뭐 나쁜 것이냐고 주장한다. 그러나 그런 여자는 부모의 물건을 도적질하고도 죄가 아니라고 하는 자와 동류(잠 28:24)라 할 수 있다.

그러나 그녀의 남편은 그녀와는 전혀 다른 입장에 처해 있게 되기 때문에, 아무리 많은 돈이 있다 할지라도 그의 복수심을 충족시키지는 못할 것이다. 그래서 잠언 6장 34-35절에서는 "그 남편이 투기로 분노하여 원수 갚는 날에 용서하지 아니하고 어떤 보상도 받지 아니하며 많은 선물을 줄지라도 듣지 아니하리라"고 하였다. 이처럼 음녀의 유혹에 걸려든 젊은이는 능욕(凌辱)과 부끄러움을 당하게 된다. 그리고 그들의 행위를 알아챈 그녀의 남편은 투기와 분노의 앙갚음을 유혹에 걸려든 젊은이에게 가하게 된다. 그런 남편의 화는 뇌물이 아무리 훌륭해도 그것으로 가라앉힐 수 없다.

젊은이들이 마주치는 가장 큰 위험은 의심의 여지없이 다른 사람의 아내인 음녀들의 유혹에 걸려드는 것이라 할 수 있다. 결국 그들은 지각 없는 젊은이들을 방탕한 길로 인도하여 함정에 빠지게 한다. 그래서 잠언 6장 26절에서는 창기와의 성관계가 간음에 비교하면 가벼운 죄에 해당된다고 보지만, 사실상 음녀는 "깊은 구렁이요 … 좁은 함정"(잠 23:27)과 같다고 하였다. 부도덕한 여자들은 그 안에 남자들을 가두고 붙잡는 깊은 구렁이나 함정 같다는 것이다.

물론 성 그 자체는 하나님의 창조적 선물로서(창 1:27) 자연스럽고(고전 7:3-4) 아름다우며(창 39:7, 9) 신성한 것이다. 그러나 하나님께서는 이를 가정과 사회의 보존을 위해 세우신 순결한 결혼 관계 안에서만 허락한 것이다. 그런데 이를 쾌락의 도구로 이용하므로 애정관계, 가정, 사회제도의 파괴가 무시로 일어나고 있다. 그러므로 색욕은 버리고(잠 5:20-23) 부부간의 순결은 지켜야 하며(잠 5:17-19) 성은 승화시켜야 한다(고전 7:33-34).

위에서 이미 언급한 바와 같이, 대개 색욕(lust)이란 즐거움은 적고 괴로움은 많다. 그것은 마치 미련한 사람이 바람을 거슬러 횃불을 잡고 놓지 않다가 마침내 데이는 것과 같다. 마치 그것은 빚과 같아서 반드시 돌려주어야 하고, 마치 그것은 옴과 같아서 불을 향해 긁으면 더욱 가렵고 목마른 사람이 짠 물을 마시는 것과 같아서 갈증을 더욱 심하게 느끼게 한다. 또한 맛을 탐하던 짐승이 한없이 쫓아가다가 죽게 되는 것처럼, 부질없는 색을 탐하는 자는 이루 말할 수 없는 재화(災禍)를 당하게 된다.

보기에 아름답고 먹음직한 사과를 풍성히 맺는 한그루의 사과나무가 있었다. 그런데 어떤 사람이 가만히 지켜보니 그 나무에 열린 사과를 따

먹은 사람이 잠시 후 죽는 것이었다. 그렇게 두 사람 세 사람이 차례로 죽었다. 이에 그 사람은 그 나무에 열린 것들이 독 사과임을 알았다. 그러므로 그는 그 나무에 열린 독 사과들을 모두다 따버렸다. 그러나 잠시 후 또다시 독 사과가 맺혔으니 그의 수고는 헛된 것이 되어 버렸다. 이번에는 두 번째 사람이 동일한 것을 보고는 그 나무의 모든 가지들을 다 잘라버렸다. 그러나 그 다음 해에 새로운 가지들이 나왔으며 그곳에 또다시 독 사과가 맺혔다. 그러므로 그의 수고도 헛된 것이 되어버렸다. 그러나 세 번째 사람은 그 나무 주위에 땅을 파고는 아예 그 나무의 뿌리를 뽑아버렸다. 그러므로 그 나무에서는 독 사과가 다시는 열리지 않았다.

이와 같이 사람의 모든 불의함과 허물들은 마음에서부터 생기는 것이니 색욕이나 탐내는 것이나 미워하는 것이나 거짓말 하는 것이나 오직 그 마음에서부터 나오는 것이다. 아버지께서는 사람의 마음에 선함과 의로움만을 주셨으나 원수는 반대로 그 선악과의 뿌리를 사람의 마음에 심어놓았다.

그러므로 사람이 그 자신의 마음속에 있는 이 죄악의 뿌리를 뽑아내지 아니하면 다시 거기서 죄의 싹은 살아나 트게 되는 것이다. 그런데 사람이 제 힘만 가지고서는 그 색욕과 악의 뿌리를 뽑아 낼 수가 없다. 그래서 우리는 예수를 믿는다. 예수를 믿고 오직 의롭거나 거룩하게 살고자하는 마음만을 가지고 그리스도를 따르면 누구나 그 죄의 뿌리를 뽑아낼 수가 있다. 그렇게 되면 그는 마음과 생각과 육체와 입술로 거룩한 열매들을 풍성히 맺게 되는데, 그것이 아버지께는 기쁨이 되고 사람들에게는 선을 행할 수 있는 동기와 기폭제가 되는 것이다.

4) 분노

우리 마음속에 불처럼 치밀어 오르는 감정을 우리는 '화가 난다'고 하며, 이런 감정이 밖으로 발산되지 못하고 속에 억제되어 울체(鬱滯)된 상태로 있을 때 울화(鬱火)라고 하고, 이렇게 속에 쌓였던 화가 발산될 때 '울화통이 터졌다'는 말도 한다. 우리 몸의 오감은 그 강도를 높이면 다 통증으로 변한다. 햇빛이 너무 강하면 눈이 아프고, 소리가 너무 크면 귀가 아프고, 냄새가 너무 강하면 코를 찌르고, 온도도 너무 차면 아프게 되고 너무 뜨거워도 아픈 법이다. 이처럼 감정도 그 정도가 심해지면 다 화로 되거나 악화시킨다.

우리 인간을 파멸로 이끌어가는 것들 중에서 제일 먼저 억제하지 않으면 안 될 것이 바로 위에서 말한 이런 울화와 분노(wrath)의 감정이다. 조급하고 성급한 성격, 곧 분노는 인격적 결함과 미숙함을 알리는 징표가 되고, 우행(愚行)을 저지를 수 있는 잠재력도 됨으로 반드시 관리제거하여야 하고 가능한 한 자제하여야 한다. 그래서 잠언 14장 17절에서는 "노하기를 속히 하는 자는 어리석은 일을 행하고 악한 계교를 꾀하는 자는 미움을 받느니라"고 하였다. "노하기를 속히 하는 자는" 어리석은 일을 행하게 된다는 것이다(잠 14:29).

미련한 자는 흔히 분노를 참질 못하고 쉽게 그 감정을 드러내는 수가 많다. 이와 같이, 자신의 조급한 성질을 참지 못하는 자들은 대체적으로 쉽사리 성을 내게 되고 미련한 짓을 하거나 어리석은 말을 하게 된다. 그래서 잠언 16장 32절에서는 끝까지 인내하며 성질을 조절하는 사람은 병사보다 낫고 마음을 다스리는 자는 성을 빼앗는 자보다 낫다고 하였다(잠 16:32). 인내는 슬기로부터 나오며 그것은 지혜와 근신의 증표가 된다(잠 19:11). 혈기를 부리고 인내하지 못하는 자는 마치 "성읍이 무너지고 성벽이 없는 것과 같다."[1111]

조급한 마음이나 억누를 수 없는 성격 및 노기와 솟구치는 감정 따위는 하등의 이득이 되지 않을 뿐 아니라 악덕이라 할 수 있으므로 억제하고 다스리는 것이 중요하다. 성경에서는 분노를 무조건 금한 것으로 생각하기 쉬우나(시 37:8; 마 5:22), 사실상 성경이 금하고 있는 노는 모든 형태의 노가 아니라 개인적인 불만과 불안, 그리고 경솔하고 부당한 성급한 객기적인 노나 자기 자신에게 상해가 될 만한 분노다(시 37:8; 엡 4:26). 오히려 성경은 불의에 대해서 갖는 분노는 의롭고 거룩한 것으로 평가하고 있는 반면에 불의에 대해 무감각한 양심을 질책하고 있다. 그러나 어떠한 형태의 분노든지 간에 하루해가 다 가도록 까지 오래 품는 것은 해로운 것이다(엡 4:26).

성냄은 오만에서 비롯되며 정신적인 억압과 속박이 된다. 흔들리는 수레를 조심스럽게 다루듯이 끓어오르는 화를 삭이는 온화한 마음을 갖는 것이 중요하다. 마음의 노여움을 막고 마음을 억제하면 마음으로써 선행을 행하게 된다. 탐욕보다 더한 불길은 없고, 노여움보다 더한 포박자도 없으며, 어리석음보다 더한 그물은 물론 욕망보다 더한 물결은 없다. 제멋대로 날뛰는 감정은 불명예와 파멸을 가져올 뿐이다. 어리석은 자들은 감정 즉 성냄을 억제하지 못하는 자들이다. 분노의 감정에 사로잡힌 자는 어리석은 자들의 선봉장이라 할 수 있지만, 분노가 치밀어 오를 때에도 자신의 감정을 억제할 줄 아는 사람은 교양 있고 합리적인 지혜를 가져다주는 유익한 존재라 할 수가 있다.

누구나 자신의 생각을 부정적이고 자기 파괴적인 형태에서 긍정적이고 삶에 활력을 주는 형태로 전환시킬 수 있다. 정말 피할 수 없는 상황이라 하더라도 잠시 동안 생각을 멈추고 사고의 방향을 전환할 필요가 있다. 화가 날 때에도 잠깐 동안 아름다운 추억이나 선한 일에 관심을 집중하다 보면 마음의 평정을 되찾을 수 있다. 또한 화가 날 때 방에 페인트칠을 하거나 정원에 나가 꽃을 심는 것도 좋다. 이는 육체적 활동에도 분노를 흡수하는 기능이 있기 때문이다. 또한 분노를 촉발시키는 상황에 처했을 때, 그 분노의 에너지나 남아도는 아드레날린 같은 것을 연주나 스포츠 같은 자신에게 도움이 되는 어떤 일에 투입해도 좋다. 이렇게 해서 분노를 해결하는 방법을 체득한 사람들은 자신의 위력을 실감할 수 있고, 항상 좋은 기분으로 살아갈 수 있다.

분노는 오만하여 생기기 때문에, 겸허한 사람은 분노할 수 없다. 분노가 관리되지 않으면 자기 자신은 존재할 수 없다. 왜냐하면 분을 자주 내느냐 안 내느냐에 따라 그 인격은 좌우되기 때문이다. 그러나 분노관리는 자신과 이웃, 나아가 사회 전체가 협력과 협동을 통해 이뤄질 수 있는 '인과관계망' 이라는 것을 알아야 한다.

5) 탐식

지나치게 많이 먹고 마시고 싶은 욕구를 탐식이라고 한다. 먹고 마신다는 것은 인생에 있어서 가장 기본적인 삶의 조건이지만, 과식하거나 폭식(gluttony)을 하고 이성을 잃을 정도로 취하는 것은 큰 죄악이라 아니 할 수 없다. 술을 지혜롭게 사용할 경우에는 약이 될 수도 있고, 비린 맛을 없이해 주고 고기를 연하게 해주는 첨가제로 사용될 수도 있으며 삶의 활력과 에너지를 증진시켜줄 수도 있지만,[112] 다른 많은 선한 것들과 마찬가지로 술을 지나치게 많이 마시는 것은 신세를 망치게 하고 영혼을 파멸시킬 수가 있다. 우리가 경계하여야 할 탐식 중에는 여러 가지가 있겠지만, 그 중에서도 가장 피해를 많이 주고 위험한 것이 술에 취하는 것이다.

과도한 술 취함은 우선 사람을 오만방자하고 거만하게 하며 소란을 떨도록 만든다. 그래서 잠언 20장 1절에서는 "포도주는 거만케 하는 것이요 독주는 떠들게 하는 것이라 무릇 이에 미혹되는 자마다 지혜가 없느니라"고 하였다. 포도주와 독주를 타락한 성품의 사람, 즉 거만 자와 말다툼하는 자로 인격화한 것이다(잠 19:25, 29 참조). 이것은 포도주가 그것을 마시는 사람을 조롱하며 독주가 그를 공격적으로 만든다는 것을 말한다.

또한 술 취함은 시간과 정력 및 돈의 낭비를 가져오게 한다. 잠언 21장 17절에서는 "연락을 좋아하는 자는 가난하게 되고 술과 기름을 좋아하는 자는 부하게 되지 못하느니라"고 하였고, 23장 20절에서는 "술을 즐겨하는 자들과 고기를 탐하는 자들과도 더불어 사귀지 말라"고 하였다. 연락을 사랑하면 결국은 쾌락에 빠지게 되고 유흥에 도취되어 흥청망청 지내게 됨으로써 돌아온 탕자처럼 가난하게 될 수밖에 없다는 것이다.

그리고 술 취함은 우리들의 판단을 흐려지게 한다. 그래서 잠언 23장 31-35절에서는 "포도주는 붉고 잔에서 번쩍이며 순하게 내려가나니 너는 그것을 보지도 말지어다 그것이 마침내 뱀 같이 물것이요 독사 같이 쏠 것이며 또 네 눈에는 괴이한 것이 보일 것이요 네 마음은 구부러진 말을 발할 것이며 너는 바다 가운데에 누운 자 같을 것이요 돛대 위에 누운 자 같을 것이며 네가 스스로 말하기를 사람이 나를 때려도 나는 아프지 아니하고 나를 상하게 하여도 내게 감각이 없도다 내가 언제나 깰까 다시 술을 찾겠다 하리라"고 하였다.

포도주는 빛깔과 맛에서 매혹적이지만, 마침내 그것은 뱀이 무는 것 같이 유독하며 생명의 해로움과 고통마저 갖게 해준다는 것이다. 처음에는 음녀의 입술만큼 매끄럽지만 나중에는 쑥 같이 쓰고 두 날 가진 칼 같이 날카로운(잠 5:4) 것이 된다. 술 취함은 또한 정신적 문제도 일으키는데 추한 환각과 망령된 것들을 상상하게 만든다는 것이다. 여기서 '괴이한 것들'이란 창기와 여러 가지 해괴망측한 망상이나 유흥 등을 뜻하며 '망령된 것'이란 허언과 고성방가 또는 소란피우기와 말다툼기와 같은 것을 말한다.

술고래는 신체적으로도 망가져 민망스럽고 창피스럽게 된다고 한다. 혼수상태에서 그는 자기 자신이 배의 돛대 위에서 흔들리고 있는 항해자같이 움직이고 있다고 생각할지도 모른다. 그가 무감각 상태임을 깨닫고 나서도 여전히 다시 술로 도피하고 싶어 한다. 이런 자는 술의 노예요 알코올 중독자라 할 수 있다. 알코올 중독은 마약 중독이나 마찬가지로 인간의 영혼을 황폐화시키고 나아가서는 육체를 망가지게 한다.

술 취함의 가장 큰 문제는 온전한 사람으로 하여금 정의감을 잃어버리게 한다는 것이다. 그래서 잠언 31장 4-5절에서는 "르무엘아 포도주를 마시는 것이 왕들에게 마땅하지 아니하고 왕들에게 마땅하지 아니하며 독주를 찾는 것이 주권자들에게 마땅하지 않도다 술을 마시다가 법을 잊어버리고 모든 간곤한 자들의 송사를 굽게 할까 두려워하노라"고 하였다. 이 말은 알코올 중독의 위험성을 경고한 것이다. 술 취함은 왕에게 특별히 위험한 것으로서 기억과 판단을 흐리게 하여 간곤한 백성에게 불의를 행하게 될 수도 있다는 것이다. 그러므로 술에 취하는 것은 옳지 못하다고 경고한다.

잠언 이외의 다른 곳에서도 술 취함의 폐해를 여러 가지로 이야기하고 있다. 술 취함은 다른 사람으로 범죄 하게 하고(합 2:15-16), 항상 깨어있는 생활을 할 수 없게 하며(호 4:11, 마 24:48-51), 성도의 품위를 잃어버리게 하고(9:21- 22), 하나님 나라에서 제외되게 하며(고전 6:9-10, 갈 5:19-21), 성령의 전인 몸을 해치게 한다(고전 6: 15, 19). 그러므로 술을 절제하여야 한다는 것이다.

물론 포도주가 좋은 징표로 쓰이는 경우도 있기는 하다. 구약의 여러 곳을 보면 포도주를 축복의 표지로 언급하고 있다(잠 3:10). 떡과 포도주는 고기와 우유와 더불어 인생의 주식으로 나오고, 잠언 9장 2절과 5절에서는 값없이 주시는 하나님의 은혜를 포도주와 우유에 비유하기도 하였다. 또한 주의 마지막 만찬에서의 포도주는 성취의 표상으로 쓰이기도 하였다.

그러나 포도주는 사람의 능력을 약화시켜 폭력으로 이끄는 무서운 파멸의 지름길이 되기도 한다(잠 4:17). 명철한 판단이 요구되는 왕에게 있어서 포도주는 마땅치가 않다(잠 31:1-9). 이런 탐식을 다스리지 못하면 그 탐식으로 인해 자신을 무너뜨릴 수 있다. 재물을 너무 탐하지 말아야 한다. 술과 고기를 먹고 방탕한 자들과 어울리는 것은 하나님의 뜻을 이룰 수 있는 하나님의 사랑하는 자가 아니라는 것을 증명해준다. 신자는 하나님과 뭇사람들에게 기쁨을 줄 수 있는 아름다운 모습으로 살아가야 한다는 것이다(잠31:5).
그러므로 누가복음 21장 34절에서는 "너희는 스스로 조심하라 그렇지 않으면 방탕함과 술 취함과 생활의 염려로 마음이 둔하여지고 뜻밖에 그날이 덫과 같이 너희에게 임하리라"고 하였다. 어두운 덫에 걸려 사는 인생이 되어서는 안 된다. 왜냐하면 우리 모든 성도들은 하나님으로부터 선택받은 구별된 거룩한 백성들이기 때문이다. 세상에서 하나님의 법을 모르고 악한 마귀의 꾐에 빠져서 세상향락에 취해 사는 불쌍한 영혼들과는 구별되게 살아가라는 말이다. 그러므로 주님의 뜻이 무엇인가 이해하여 성령의 술에 취하여 하나님 나라의 지혜와 지식으로 참다운 삶이 무엇인가 깨달아 세상 술에 취해 사는 불쌍한 영혼들을 위하여 기도하며 구원에 반열에 설 수 있도록 전도자의 삶을 살아야 할 것이다(엡5:15-18).
술 말고도 음식을 탐하는 자의 폐해를 잠언 23장에서 많이 말하고 있다. 23장 2-3절에서는 "네가 만일 음식을 탐하는 자이거든 네 목에 칼을 둘 것이니라 그의 맛있는 음식을 탐하지 말라 그것은 속이는 음식이니라"고 하였고, 23장 6절에서는 "악한 눈이 있는 자의 음식을 먹지 말며 그의 맛있는 음식을 탐하지 말지어다"라고 하였다.
특히 관리들, 즉 권력자들과 정치인들과 식사를 할 때에는 무엇보다 음식을 탐내지 말아야 한다는 것이다. "네 목에 칼을 둘 것이니라"는 표현이 보여주듯이 철저히 탐욕으로 이어지는 탐식을 금해야 한다. 또 하나 그 식사의 이면에는 간사함, 즉 음흉한 계획이 숨어 있을 수 있으므로 조심하여야 한다는 것이다. 겉으로는 호의를 베푼 것처럼 보이지만, 사람을 매수하거나 이용하려는 목적이 담겨져 있는 경우가 많을 수가 있다.
철학자이자 수학자였던 피타고라스는 말하기를 "우리의 욕심을 섬기는 것은 폭군을 섬기는 것보다 더 힘들 다"라고 하였다. 미국에서는 상원 의원과 하원 의원들이 지역 구민들이나 일반인들에게 일체의 식사

대접을 받지 못하도록 입법화했다고 한다. 하다못해 차 한 잔도 뇌물로 간주한다. 이유 없는 식사 초대나 호의는 다시 한 번 고려해보야 할 것이다. 아무튼 탐욕과 탐식은 명예를 추하게 하고(잠 25:27), 그의 아버지, 즉 그의 가문을 욕되게 하는 결과를 가져올 수 있으므로 조심하여 한다(잠 28:7). 이와 같이 술과 음식을 탐하는 것은 좋지 않으며 불행을 초래하는 경우가 많다.

6) 질투

질투(envy)란 행복한 사람을 보면 기분이 상하는 현상을 말하기도 하고, 아니면 남들이 잘 되는 것을 도저히 두고 볼 수 없는 심정이나 또는 자신은 모든 것을 차지하고 즐기면서도 다른 사람들이 즐기는 꼴은 용납하지 못하는 심리를 일컫기도 한다. 질투에 사로잡힌 사람들은 도저히 손에 넣을 수 없는 것들을 대개 바란다. 이런 사람들에게는 남의 손에 든 떡이 더 커 보이고, 남의 논에 핀 벼가 더 튼실해 보이는 법이다. 빼앗고 싶은 욕망과 남들이 누리는 삶을 훼방 놓고 싶은 심정은 모두 다 질투라고 하는 죄의 뿌리에서 싹터 나오는 것들이라 할 수 있다.

현대인들에게 많이 찾아오는 우울증은 누군가를 미워하거나 질투하는 마음을 가질 때 생기는 질병이다. 잠언 14장 30절을 보면 "마음의 화평은 육신의 생명이나 시기는 뼈의 썩음이니라"고 말씀하고 있다. 또한 잠언 17장 22절에는 "마음의 즐거움은 양약이라도 심령의 근심은 뼈로 마르게 하느니라"고 기록되어 있다. 여기서 시기는 뼈를 썩게 한다고 했는데, 그것은 사실인가? 의학 상식을 빌려다가 살펴보면 상당한 근거가 있는 말이라는 것을 알 수 있다.

뼈는 피를 만들어 내는 곳이다. 그런데 만일 뼈가 마르면 조혈작용을 할 수 없게 된다. 곧 사람의 생명은 피에 있으므로 뼈가 썩으면 생명이 끊어지는 것과 같아진다. 그래서 그렇게 표현한 것이다. 아무튼 이렇게 미움과 질투는 신경에도 나쁜 영향을 미친다. 의학적 용어를 사용해서 설명하면 자신의 의지대로 할 수 없는 신경을 자율신경이라 하고 자신의 의지와 통제에 따라 움직이는 신경을 운동신경이라고 한다.

이 자율신경은 또 다시 교감신경과 부교감신경으로 나누어진다. 그리고 이들이 조화를 이루어 신체조직과 활동을 조절한다. 그러나 이들 신경이 조화를 이루지 못하고 불안, 공포, 초조, 긴장, 분노, 질투 등의 감정을 느끼게 되면 교감신경이 망가져서 위와 심장 그 외 모든 장기관은 제 기능을 발휘하지 못하게 된다. 한편 부교감 신경을 활성화하면 건강해진다. 사랑을 느끼거나 감사하고 용서하며 부부관계가 원만해지면 그 결과로 대변도 잘 나오고 침도 원활하게 분비가 된다고 한다.

갈라디아서 5장에 보면 사랑, 희락, 화평, 오래 참음, 자비, 양선, 충성, 온유, 절제라는 성령의 9가지 열매가 나온다. 이런 성령의 열매를 맺게 되면, 그것이 부교감신경을 건강하게 만들어 줌으로써, 남이 잘 되는 것을 보아도 시기하거나 질투하는 것이 아니라 오히려 기뻐하고 격려해주게 된다는 것이다. 그러나 시기하고 질투하면 뼈가 썩는 것과 같이 건강을 해치고 결국에는 암이라는 무서운 질병까지도 유발할 수 있다고 한다.

그러므로 뼈를 썩는 어려움을 당하기 전에 시기질투를 버려야만 한다. 그러기 위해서는 마음 깊숙한 곳에서 순간순간 일어나는 시기와 질투, 이것이 얼마나 추악하고 무서운 것인지를 깨닫는 것이 중요하다. 그러고 나서 남을 미워하고 시기 질투하던 마음을 사랑의 마음으로 변화시켜야 한다. 그것이 내 힘으로 잘 안 되기 때문에 예수를 믿고 성령의 도움을 받게 되는 것이다.

이런 시기와 질투는 대체적으로 열등감에서 기인되는 것을 알 수 있다. 내가 남보다 낫거나 우월하면 절대로 이런 마음은 안 생긴다. 그런데 내가 남보다 열등하다는 생각이 들면 나도 모르게 내속으로 파고드는 것이 시기와 질투다. 우리들은 모두가 사람들이기 때문에 시기와 질투가 안 생길 수가 없지만, 이 시기와 질투를 이기지 못하면 내가 무너지게 된다.

그렇게 되지 않으려면 열등감을 벗어버려야 한다. 남들이 내가 못하는 믿음의 행위를 하고, 봉사도 하고, 하나님께서 기뻐하는 일을 하면 진심으로 축복하고 그를 적극적으로 더 사랑하고 가까이 해야 한다. 만약 그렇지 못하고 열등의식에 사로잡혀 시기질투하게 되면 내 영이 파괴된다. 내 속에서 평안이 사라지고 두려움이 밀려오게 되면, 나도 모르는 사이에 내가 무너져 버리게 되는 것이다. 그렇게 되면 정상적인 판단을 못하게 되고, 그것이 곧 우리를 파멸로 몰아가게 되는 것이다. 사탄의 영이 우리 속에 침투하면 자신도 모르는 사이에 온전한 판단이 흐려지게 된다. 정상적인 판단이 흐려지게 되면 모든 사람을 적으로 대하기도 하고 시기하고 질투하여 해를 끼치려 하기도 하게 된다.

시기와 질투에는 그 특징이 있는데, 그것은 먼데 있는 사람, 잘 모르는 사람과는 느끼지 못하는 그런 감정이라는 것이다. 그러므로 이 감정은 나와 가까운 사람, 동일업종의 사람, 그리고 사랑하는 사람, 나와 친하게 지내는 사람이 더 잘 되면 생겨나게 된다는 것이다. 그래서 사촌이 땅을 사면 배가 아프다고 한다. 나보다 못한 친구가 부잣집에 시집가 떵떵거리는 모습을 보면 잠을 못자는 것이다. 질투는 사람을 초라하게 만들고 영적인 침체에 빠지게 한다. 그 시기와 질투의 피해는 부메랑이 되어서 나에게로 다시 돌아오는 것이다. 시기와 질투의 최대의 피해자는 남이 아니라 항상 자신임을 알아야 한다. 그러므로 우리는 마음을 비우고 내려놓음으로써 시기와 질투의 피해에서 벗어나도록 하여야 한다.

7) 나태

일반적으로 나태(sloth)란 무슨 일을 하고자 하는 에너지가 고갈되거나 잃어버린 상태 또는 의욕이 고갈되어 마음과 감정과 정신이 가라앉아 있거나 마비되어 있는 상태를 일컫는다. 일찍 일어나는 새가 모이를 더 많이 먹는다는 말도 있다. 남보다 앞서서 행하는 사람, 그리고 그 일을 꾸준히 적극적으로 하는 사람이 더 많은 것을 얻을 수도 있고 유익한 일을 할 수도 있다. 사실상 게으르고 나태해서 어려움을 당하거나 손해를 보는 사람들이 생각보다 많이 있다. 우리의 실패와 곤궁(困窮)의 원인이 나태 때문이라면 빨리 반성하고 살펴서 치유를 받아야만 한다.

그리고 영적인 유익 앞에서 슬퍼하거나 불안해하며 감사는커녕 짜증만내거나 싫증만내는 상태, 또는 영적인 기쁨과 희망 같은 것과는 등을 돌린 채 모든 일에 부주의하거나 소홀히 여기는 상태 같은 것도 영적인 나태라 할 수 있다. 이렇게 영적으로 나태한 사람은 아무것도 믿지 않으며, 그 어떤 것에도 관심조차 갖지 않고, 아무것도 알고자 노력도 하지 않으며, 그 어떤 것에도 관여하지 않고, 아무것도 즐거워하지 않으며, 그 어떤 것도 사랑하거나 미워하지도 않고, 그 무엇에도 목적의식을 갖지 않는다. 이런 사람은 그 어떤 것을 위해 살 의욕도 없이 단지 위해서 죽을만한 것이 없어서 살아갈 뿐이다.

이런 나태한 사람들에 대한 비난과 그들에게 임할 비참한 운명에 대해서 한 말씀이 성경에는 많이 나오는데, 그 중에서도 잠언에 가장 많이 들어 있다. 그런 많은 잠언들 중에는 게으른 자가 침상에 몸을 던져서 뒹굴며 빈둥거리는 모습을 돌쩌귀에 매달려서 돌아가는 문에다 비유한 그런 이야기도 있다(잠 26:14). 돌쩌귀에 매달려 돌아가는 문과 같이 한가롭고 할 일 없는 사람이 얻을 수 있는 것이 무엇이겠는가? 그런 사람이 얻을 수 있는 것은 배고픔과 궁핍함과 같은 그런 것들뿐일 것이다. 이런 나태한 사람들의 공통된 성격이 있다. 그 성격을 가장 잘 보여주는 성경 구절이 잠언 6장 7-11절이다.

"개미는 두령도 없고 감독자도 없고 통치자도 없으되 먹을 것을 여름 동안에 예비하며 추수 때에 양식을 모으느니라 게으른 자여 네가 어느 때까지 누어있겠느냐 네가 어느 때에 잠이 깨어 일어나겠느냐 좀 더 자자, 좀 더 졸자, 손을 모으고 좀 더 눕자 하면 네 빈궁이 강도 같이 오며 네 곤핍이 군사 같이 이르리라."

여기서 보는 바와 같이 나태자의 첫 번째 성격은 일을 시작하지 않는다는 것이다. "게으른 자여 네가 어느 때까지 누워있겠느냐 네가 어느 때에 잠이 깨어 일어나겠느냐"(잠 6:9)라고 하는 물음을 던졌을 때, 그가 하는 그의 대답 속에 그의 성격은 뚜렷이 드러난다. 게으른 자는 모든 재촉과 독촉을 한 귀로 흘려버리고 "좀 더 자자, 좀 더 졸자, 손을 모으고 좀 더 눕자"(잠 6:10)라고 그의 일을 시작하지 않고 연기한다. 그는 "좀 더 …좀 더 … 좀더 …."라고 일을 시작하지 않고 지연하다가 그만 기회를 놓쳐버리고 만다. 여기에 '좀 더'라는 말이 세 번이나 나온다. 이것은 무엇이 부족해서 하는 말이 아니라 게을러서 하는 말이다. 많이도 말고 '좀 더 자고 좀 더 눕고 좀 더 졸자'는 것은 게으름에 젖어 있는 사람의 상투적인 일종의 말버릇이라 할 수 있고, 아무것도 하기가 싫어서 게으름을 피울 만한 구실과 그럴듯한 핑계를 잡아보려는 미끼 던짐이라 할 수 있다. 사실상 그것이 게으름이라는 사탄이 던지는 낚시 밥 같은 것이기도 하다.

나태자의 두 번째 성격은 일을 과감하게 마주 대하지 못한다는 것이다. 잠언 12장 27절에서는 "게으른 자는 그 잡을 것도 사냥하지 아니하나니 사람의 부귀는 부지런한 것이니라"고 하였다. 위의 인용문에서 보는 바와 같이 게으른 자는 식물을 얻으려고도 하지 않거니와 너무 게을러서 얻은 것조차도 요리해 먹으려 않는다는 것이다. 부지런한 사람은 사냥꾼으로부터 얻은 것을 유용하게 쓰지만 게으른 자는 그가 가지고 있는 것도 가치 있게 사용하지 못한다. 나태한 사람은 과감하게 일을 하려 하지 않는 것이 특징들 중의 하나라 할 수 있다.

나태자의 세 번째 성격은 일의 마무리를 짓지 않는다는 것이다. 잠언 12장 27절에서는 "게으른 자는 그 잡을 것도 사냥하지 아니하나니"라고 하였고, 19장 24절에서는 "게으른 자는 그 손을 그릇에 넣고도 입으로 올리기를 괴로워 하느니라"고 하였다. 손을 그릇에 넣기까지는 하였는데, 거기서 입으로 올리는 것을 귀찮게 생각하고 먹는 수고를 하지 않는 것이다. 그러므로 먹는 마무리가 이루어지지가 않는다. 시작부터 끝까지 일을 진행시켜 마무리를 지을 수가 있어야 하는데 게으른 자는 그것을 하지 못한다.

나태자의 네 번째 성격은 자기 정당화를 입버릇처럼 한다는 것이다. 잠언 20장 4절에서는 "게으른 자는 가을에 밭 갈지 아니하나니 그러므로 거둘 때에는 구걸할지라도 얻지 못하리라"고 하였고, 26장 16절에서는 "게으른 자는 사리에 맞기에 대답하는 사람 일곱보다 자기를 지혜롭게 여기느니라"고 하였다. 중동에서는 겨울이 우기이므로 그 때에 밭을 갈고 식물을 심는다. 나태한 사람은 하기 싫은 일은 막무가내로 하질 않는 버릇이 있어서 추울 때에는 진흙투성이가 된 밭을 갈지 않는다. 그리하여 그는 추수 때에 곡식을 얻으려고 밭으로 나가지만 아무 것도 얻질 못한다. 수고 없이 무엇을 얻으려고 하는 것은 어리석은 일이다. 그러면서도 나태한 사람은 자기는 게으르면서도 먹고 사는 것을 자랑스럽게 생각한다. 그래서 그것이 자기의 지혜 탓인 것처럼 떠벌려 되는 것이다.

나태자의 다섯 번째 성격은 핑계를 잘 댄다는 것이다. 잠언 26장 13절에서는 "게으른 자는 말하기를 사자가 길에 사자가 있다 거리에 사자가 있다 하느니라"고 하였다. 게으른 자는 이 핑계 저 핑계만 대면서 일을 하지 않는다. 이스라엘의 그 넓고 환한 거리에 사자가 있을 리 없지만 게으른 자는 거리에 사자가 있어서 갈기갈기 찢기지 아니할 가해서 밖에 나갈 수 없다고 꽁무니를 빼는 것이다. 이것이 나태자의 속성이요 성격이라 할 수 있다. 나태자는 비겁하고, 자신의 게으름을 변호하기 위해 천박한 변명까지도 마다하지 않는다. 이를테면 사자가 밖에 숨어 있을지 모르기 때문에 집에 머물러 있겠다는 식의 변명은 참으로 비겁한 행위로서 조롱을 받아 마땅하다. 나태자들은 자기 밭을 갈고 농작물을 심는데 실패한 까닭에 마침내는 굶주림을 면할 수 없다.

이와 같이 나태한 사람은 "마음으로 원하여도 얻지 못하고"(잠 13:4), 그 손으로 일하기를 싫어하는 "게으른 자의 정욕이 그를 죽인다"(잠 21:25). 또한 "게으른 자의 길은 가시 울타리 같다"(잠 15:19). '길이 가시 울타리 같다'는 것은 그의 삶에 원하는 바를 못하게 하는 장애물이 있다는 것이다. 게으른 자는 개미보다도 못한 존재로 취급을 받게 되며(잠 6:6-7), 마침내는 패가망신하게 된다는 것이다(잠 18:9). 부지런히 일하며 시간을 선용하는 것은 생명의 길이지만 손 놀리기를 싫어하고 문이 돌쩌귀에 매달려 돌아가듯이 침상에 몸을 던지고 아무것도 하지 않는 나태자의 말로는 비참하고 불행하다고 한다. 정확히 말해서 하나님은 게으른 자들에게 하나님의 귀중한 일들을 허락하지 않고 맡기시지도 않는다.

하나님에 대한 열심을 갖는데 있어서 가장 큰 걸림돌이 되는 것들 중의 하나가 영적인 나태다. 영적으로 나태하고 게으른 사람은 비록 교회를 다녀도 하나님과의 교제를 기쁘게 여기며 하나님이 원하시는 대로 삶을 살아가려고 어떤 믿음의 노력도 하지 않는다. 이런 사람들은 영적으로 도전받고도, 행하여야할 부분을 미루거나 실천에 옮기려 하지도 않는다. 그렇기 때문에 이런 사람에게서는 믿음의 성장과 성숙을 기대할 수 없다.

나태한 사람들은 영적으로도 깊이 잠 들어 있는 상태이기 때문에 아무리 하나님의 진리의 말씀을 전하여도 깨닫지 못하고 우물 안 개구리처럼 자기 안에 갇혀 있게 된다. 하나님과의 교제를 등한시하거나 경시할수록, 영적인 나태함과 게으름은 더욱 깊어지고 오랫동안 자기 속에 머무르며 지속될 뿐이다. 영적으로 나태하고 게을러질수록 하나님과의 교제보다 세상적인 관심과 일을 더 우선시하고 중요하게 생각한다. 그렇기 때문에 세상적인 부분들은 시간을 내서라도 반드시 행하고자 하지만 신앙적인 부분들은 대수롭지 않게 여기며 해도 그만 안 해도 그만 아니 내동댕이쳐 버리며 귀찮게 여기기까지 한다. 즉, 무관심의 상태로 내

버려두게 된다. 하나님에 대한 열심이 성령 하나님이 허락하시는 존귀한 선물이라면 영적인 나태함과 게으름은 어둠의 영 사탄이 가져다주는 비천한 어둠의 산물이라 할 수 있다.

시간이 흐를수록 하나님의 은혜로 말미암아 치유되고 회복되지 않는 한 영적인 나태함과 게으름은 깊이와 골을 더할 뿐만 아니라 신앙생활을 더욱 더 어둠속으로 몰고 가게 된다. 영적인 나태함과 게으름으로 말미암아 하나님과의 관계가 차단되고 그로 인해 하나님께서 허락하시는 은혜와 축복과 생명을 받을 수 없게 되는 것이다. 나태는 생활습관일 수도 있고, 몸의 질병 때문일 수도 있으며, 혹은 자신감이 없어서 그럴 수도 있다. 어떤 경우에는 다른 사람에 대한 불신감 때문에 생길 수도 있다. 어떤 경우이든 게으름은 자신과 남을 위해 좋지 않다. 그러므로 우리는 게으름에서 자유함을 받아야 하고 치유 받아야만 한다.

11. 행복의 비결: 일곱 가지 미덕

세상 사람들이 누구나 그토록 추구하고 그토록 갖고 싶어 하는 것이 있다면 그것은 행복일 것이다. 그러나 대부분의 사람들은 자신들이 원하는 바를 얻지 못했기 때문에 행복하지 않다고 생각한다. 건강이 좋지 못하고 돈이 부족하기 때문에 불행하다고 여기는 것이다. 그러나 돈이 많으면 행복할까? 그렇다면 정몽헌 회장은 왜 자살을 했을까?

돈, 명예, 권력은 잡으면 잡을수록 더 많은 것을 잡고 싶어지는 법이다. 물론 건강하지 못하거나 직장이 없어서 경제적 고통이 심각할 수는 있지만, 그것 때문에 불행해지지는 않는다. 행복이 결코 소유에 달려 있지 않다는 것이다. 그럼에도 불구하고 많은 사람들은 소유를 행복의 척도로 생각한다. 그래서 더 많이 소유하기 위해서 자기 인생의 시간과 젊음을 다 낭비하고 만다. 우리가 잡으려는 행복은 아침 해가 뜨는 순간 새벽안개와 같이 사라져버리고 만다. 행복은 잡으려 하면 파랑새처럼 멀리 달아나버리고 만다. 혼신의 힘을 다해 잡고 보면 별것 아닌 것 같아서 오히려 허무해지기도 한다.

우리가 추구하는 인생 최대의 행복은 사실상 소유에 있는 것이 아니라 마음의 즐거움을 누리며 자기가 할 일을 충실하게 감당하는 데 있다. 그래서 잠언 15장 13절에서는 "마음의 즐거움은 얼굴을 빛나게 하여도 마음의 근심은 심령을 상하게 하느니라"고 하였다. 마음의 즐거움과 상쾌함은 그 얼굴에 행복감을 드러내 보여준다. 또한 잠언 15장 15절에서 "고난 받는 자는 그 날이 다 험악하나 마음이 즐거운 자는 항상 잔치니라"고 한 말씀도 같은 뜻이라 할 수 있다. 행복한 사람은 안식하는 마음을 갖고 있기에 늘 기뻐할 수 있다. 이런 사람은 모든 염려를 주께 맡긴 사람으로서 자신의 모든 문제를 그분의 손에 의탁하게 된다. 그러므로 즐거운 마음과 빛나는 얼굴을 소유할 수가 있다.

행복은 구한다고 얻어지는 것이 아니라 항상 기쁜 마음을 가지고 살아갈 때 찾아오는 것이다. 불행은 피한다고 해서 피해지는 것이 아니라 항상 남의 마음을 상하지 않도록 노력할 때 멀리 떠나가 버리는 것이다. 이와 같이 행복은 억지로 구해서 얻어지는 것이 아니고 즐거운 마음으로 불러들일 때 찾아오는 것이다.

우울하고 낙담한 사람에게는 모든 날이 다 근심스럽고 참담하게 보이는 것들로 가득 차게 한다. 그러나 마음이 즐거운 자에게는 모든 날이 밝기만 하며 거룩한 잔치와 같은 기쁨을 맛보게 된다. 기후가 따듯하면 만물이 생육하듯이 온화한 기질과 따뜻한 마음을 갖게 되면 자연스럽게 행복도 싹트고 자라게 되는 것이다. 하박국 선지자는 이런 기쁨 속으로 깊이 들어가 있는 선지자였다(합 3:17-18). 종국적으로는 좋은 기별(잠 15:30) 즉 복된 기쁨의 소식인 복음을 듣고 믿는 사람들만이 마음의 기쁨을 누릴 수가 있다. 그러므로 믿음은 좋은 기별을 듣는 데에서 나며 그 들음은 그리스도의 말씀으로 말미암는다(롬 1:17). 이 놀라운 기별은 마치 암흑 속에서 더듬거리는 사람의 눈에 밝은 빛이 비추인 것처럼 매우 귀중하다고 아니 할 수 없다.

복음에 눈을 뜨면 마음에 복음의 본질인 기쁨이 솟아난다. 그래서 잠언 16장 24절에서는 "선한 말은 꿀 송이 같아서 마음에 달고 뼈에 양약이 되느니라" 하였다. 그리고 15장 26절에서는 선한 말은 "정결하니라"고 하였다. '꿀 송이' 같이 달다는 것은 복음의 단 맛을 일컫는 말이다. "내 아들아 꿀을 먹으라 이것이 좋으니라 송이 꿀을 먹으라 이것이 네 입에 다니라"(잠 24: 13-14)는 말씀 속에서 그 사실을 확인할 수 있다. 또한 시편의 시인도 하나님의 말씀을 "꿀과 송이 꿀보다 더 달도다"(잠 19:10)고 하였고, "주의 말씀의 맛이 어찌 그리 단지요, 내 입에 꿀보다 더하니이다"(시 119:103)라고 하였다.

하나님의 말씀은 마음에는 포도당과 같은 영양제가 되고, 또 뼈에는 윤택하도록 하는 양약이 된다. 이와 같이 마음의 평화는 무엇보다 우리를 서 있지 아니하고 움직여 나가게 하는 에너지가 되며 뼈를 윤택케 하는 양약과 같은 윤활유가 된다. 마음의 즐거움은 곧 우리 인간으로 하여금 행복을 맛보게 하는 깊은 샘과 같은 것이라 할 수 있다. 이런 마음의 즐거움을 갖는 것이 인생의 최대 행복이라 할 수 있는데, 그것을 갖게 해 주는 수도관과 같은 것이 바로 일곱 가지 미덕, 즉 겸손, 관용, 순결, 인내, 절제, 친절, 근면 등이라 할 수 있다.

일단 우리 속에 둥지를 틀고 우리를 번잡하게 하는 7대 대죄(Seven Deadly Sins)를 몰아내고 위에서 열거한 7대 미덕(Seven Heavenly Virtues)을 그 대신 그 자리로 불러들일 때, 즉 우리들의 교만이 겸손으로, 탐욕이 관용으로, 색욕이 순결로, 분노가 인내로, 탐식이 절제로, 질투가 친절로, 그리고 나태가 근면으로 전격적으로 전환될 때, 비로소 마음의 평안과 행복은 우리들의 둥지로 찾아오게 된다. 이것은 행복한 변화요 놀랍고 아름다운 성숙이라 할 수 있다. 행복의 비결인 일곱 가지 미덕에 대해 구체적으로 고찰해 보겠다.

1) 겸손

성경에서 말하는 겸손(humility)이라고 하는 것은 근본적으로는 자신의 참 존재를 깨달아(왕상 9:6-14; 눅 18:13-14), 삶의 주권이 자기에게 있는 것이 아니라 하나님께 있다는 것을 인정하고 그를 경외하는 마음을 일컫는다. 우리 인간은 하나님의 피조물로서 하나님께 대하여 언제나 의존적인 관계에 서 있다. 진실로 하나님께서는 옛날이나 지금이나 변함없는 그 능력의 말씀으로써 순간마다 우리를 붙드시는 것이다.

우리 피조물은 존재의 근원과 시작을 늘 돌이켜 보아야 할 뿐만 아니라 전적으로 하나님을 의존하지 않으면 살 수 없는 그런 존재임을 알아야 한다. 그것을 아는 것이 바로 겸손이라 할 수 있다. 그러니까 겸손은 전적으로 하나님께 의존하는 마음인 것이다. 이런 마음을 가진 겸손한 자에게 고결한 생각과 높은 덕행과 아울러 참 행복이 주어지며 또한 힘과 살아갈 의욕이 주어지게 된다. 그것은 의사들이 인식하고 있는 것처럼 병을 이겨내게 할 수 있다. "겸손은 존귀의 앞잡이"(잠 18:12)가 되며, "마음이 겸손하면 영예를 얻게 된다"(잠 29:23). 겸손과 여호와 경외는 항상 함께 따라다닌다. 잠언 15장 33절에서는 "여호와를 경외하는 것은 지혜의 훈계라 겸손은 존귀의 앞잡이니라"고 하였다. 하나님을 경외하지 않는 사람은 동시에 자만심으로 가득 찬 사람이다. 하나님을 경외하는 사람은 곧 겸손한 사람이며 그는 재물과 영광과 생명을 얻게 된다. 사람이 재물과 영광과 생명을 풍성하게 얻게 되면 행복하다 아니 할 수 없다. 겸손이야말로 하나님의 은혜가 뿌리박을 수 있는 유일한 심전(心田)이다. 행복한 삶의 비결은 곧 겸손에 있다.

선교사이자 의사였던 위대한 슈바이처 박사가 아프리카 선교를 마치고 고향으로 돌아올 때 있었던 일화다. 슈바이처 박사가 돌아온다는 소식을 듣고 많은 사람들이 그가 도착할 기차역 앞에서 기다렸다. 마침내 기차가 도착하고 사람들은 1등 칸 앞에서 기다렸다. 그러나 손님이 다

내릴 때까지 슈바이처 박사의 모습은 보이지 않았다. 혹시 2등 칸을 타고 왔나 생각해서 다시 2등 칸 쪽으로 몰려갔다. 역시 거기에도 슈바이처 박사는 없었다. 그래서 사람들은 설마 하는 마음으로 3등 칸 쪽으로 갔다. 그리고 3등 칸의 맨 끝에서 슈바이처 박사가 네리는 것을 발견하였다. "박사님처럼 위대하신 분이 왜 3등 칸을 타고 오셨습니까? 1등 칸을 타고 오실 수 있었을 텐데요." 그러자 슈바이처 박사가 이렇게 말했다. "4등 칸이 없었기 때문입니다."

이와 같이 겸손은 사람을 위대하게 한다. 사람이 겸손하면 그의 생의 앞길에는 존귀함이 기다리지만, 교만하면 그 길에는 패망이 있을 뿐이다. 교만한 사람의 성공은 단 한 번으로 끝난다. 자신의 성공을 과시하며 우쭐대는 사람은 반드시 넘어지게 되어 있다. 겸손한 마음을 가진 사람들은 성공을 오래 누릴 수 있고 무엇보다 마음의 평안과 행복을 오래오래 가질 수가 있다.

그런데 그 겸손은 하루아침에 이루어지는 것이 아니고 날마다 내가 이 우주에서 아무것도 아니라는 사실을 인정하고 시시 때때로 분초마다 머리를 숙이는 훈련을 쌓을 때 비로소 몸에 배게 된다. C. S. 루이스도 겸손해지고자 하는 사람은 먼저 누구나 다 교만하다는 사실을 먼저 깨달아야 한다고 했다. 그런 깨달음이 선행되지 않으면 아무런 내적인 변화도 일어날 수가 없다.

겸손을 잃어버리는 것 그 자체가 모든 죄악의 근원이 되는 것이다. 만일 겸손이 없다면 하나님을 모실 수도 없고 하나님의 은총도, 성령의 힘도 체험할 수가 없다. 이 겸손이 없다면 신앙도 있을 수 없고 사랑도, 기쁨도, 힘도 있을 수 없다. 겸손의 결핍, 이것으로 모든 불만과 실패의 근원을 충분히 설명할 수 있다. 그래서 아우구스티누스도 "모든 덕이 다 필요하지만 그 중에서도 가장 필요한 것은 첫째도 겸손이요, 둘째도 겸손이요, 셋째도 겸손이다" 하였고, 또 어떤 설교에서는 "우리의 완전성, 그것은 겸손이다"라고까지 하였다.[113]

"자기의 마음을 믿는"(잠 28:26) 것은 미련한 것이지만 여호와를 경외하는 것은 지혜로운 행동으로서 구원을 얻게 한다는 것이다(잠 28:26). 범죄한 인간에게는 그가 하나님의 자비와 능력 앞에 나와서 인내와 겸손으로 순종하며, 자기 자신을 죽이기 전에는 그의 속에 하나님의 사랑의 영이 임하지 않는다. 하나님의 어린 양의 공로를 의지하고 그를 앙모함으로서만 우리의 구원은 성취된다. 겸손은 비굴해지는 것이 아니라 자기의 실력을 드러내 보이는 것이다. 왜냐하면 실력 있는 자만이 겸손할 자격을 얻게 되기 때문이다. 『목적이 이끄는 삶』에서 릭 워렌이 "겸손이란 자기 자신을 낮추는 것이 아니라 자신을 덜 생각하고 남을 더 생각하는 것이다"라고 한 바와 같이, 자신보다는 남을 먼저 좀 더 생각하고, 잘난 체 하지 않고 하나님을 경외하고 그에게 순종하며 사는 것이 곧 겸손이다. 그렇게 살면 자연스럽게 행복의 파랑새는 우리의 마음으로 날아오게 된다.

2) 관용

관용(寬容, charity)이란 글자가 이루어진 획을 풀이해 볼 때, 그것은 움집 밑에서 햇빛을 보지 못하고 연약하고 가련하게 자라나는 풀을 보듯이 불쌍히 여기는 마음가짐으로 상대방의 약점이나 허물을 들추어서 매도하거나 질책하지 말고 덮어주고 용서하라는 의미라는 것을 알 수 있다. 결국 이 '관용'이라는 두 글자가 합친 의미는 원망하고 증오하던 사람을 너그러운 마음으로 허물이나 오류를 용서해 버리면, 마음이 편안해지고 기분이 살아나기 때문에 병이 자연히 낫게 된다는 것이다. 용서하지 않고서는 질병적인 감정에서 벗어날 수 없음으로 용서야 말로 최선의 치료법인 것이다.

이미 위에서 글자의 획 풀이에서 본 바와 같이, 좀 더 적극적으로 살펴보면 관용의 본질은 긍휼과 남을 돕고 베풀고자 하는 인자한 마음에 있다. 불쌍히 여기는 마음이 있을 때 비로소 널리 품게 되는 것이다. 우리가 다른 사람을 넓은 마음으로 품으려면 그 사람을 불쌍히 여기는 마음이 밑바닥에 또한 있어야만 한다. 그 사람의 처지로 내려가서 그 사람의 입장을 이해하는 마음가짐이 있을 때 관용할 수 있는데, 그것이 긍휼이다.

남의 허물을 덮어주고 용서하며 품어주는 도량을 또한 우리는 관용이라 하는 것이다. 마음이 어질면서도 결단력이 있으며, 통찰력이 있으면서도 남의 결점을 들추어내지 않고, 고지식하면서도 따지려고 덤비지 않는 사람이 관용이 있는 사람이다. 이러한 인물을 두고 '꿀을 사용했어도 지나치게 달지 않고, 소금을 사용했어도 지나치게 짜지 않다'고 한다. 이것이 아름다운 덕이라 할 수 있다.

예수께서는 관용의 극치를 십자가에 못 박히실 때 나타내셨다. 주께서 십자가에 못 박히고 끔찍한 고통과 씨름을 할 때, 예수를 죽이라고 소리 지르는 폭도들을 향해 하신 말씀은 "저들이 하는 짓을 저들이 알지 못하나이다"라 였다. 이 말은 불쌍히 여긴다는 말이다. 그 다음에 주께서는 그들의 죄를 사하여 달라고 기도했다. 이것이 예수께서 보이신 관용이라 할 수 있다. 머리에 하나님의 긍휼로 관을 만들어서 씌워주시고, 우리의 허물을 허물대로 갚지 아니하시고, 법대로 우리를 다루지 아니하시고, 아버지가 자식을 불쌍히 여김 같이 우리를 불쌍히 여기셔서 우리의 죄를 용서하시고 우리를 그의 자녀로 받아들였다. 이것이 하나님께서 우리에게 보여주신 관용이다.

이런 관용을 보여주셨기 때문에 하나님도 우리보고 형제에게 관용하라고 하는 것이다. 모든 사람을 너그럽게 품으라고 하신다. 숨은 자리에서 포용하지 말고, 가정에서만 포용하지 말고, 세상 사람들이 우리를 보고 "야, 그 마음이 넓다. 정말 대단하다. 하나님의 마음이구나!" 하고 감탄할 정도로 모든 사람을 품으라는 말이다. 그래서 하나님 앞에 영광을 돌릴 수 있도록 하라는 것이다.

이 세상에서 사는 이상 우리는 마음을 넓혀야 한다. 관용하지 않으면 불쌍히 여기는 마음이 안 생긴다. 이런 마음이 없으면 불쌍한 사람들을 향하여 마음을 열수가 없다. 그래서 잠언 14장 31절에서는 "가난한 사람을 학대하는 자는 그를 지으신 이를 멸시하는 자요 궁핍한 사람을 불쌍히 여기는 자는 주를 공경하는 자니라"고 까지 하였다. 남을 불쌍히 여기는 마음을 갖게 되면 돕는 마음이 생기게 되고 돕는 마음을 가지면 마음이 열리게 된다는 것이다. 그렇게 되지 않으면 행복해 질 수가 없다.

마음이 자꾸 좁아질 때마다 주님을 바라보는 믿음의 눈이 활짝 열릴 수 있기를 바란다. 그러면 당장 눈앞에 크게 보이는 일도 조그마한 일로 보일 것이다. 이렇게 될 때 우리는 세상 사람들 앞에 관용을 보여줄 수가 있다. 그때 우리는 행복해질 수가 있다. 이것이 행복의 비결이다.

"내 아들아 지혜를 얻고 내 마음을 기쁘게 하라 그리하면 나를 비방하는 자에게 내가 대답할 수 있으리라"(잠 27:11) 하였다. 우리가 다른 사람에게 줄 수 있는 가장 좋은 선물은 무엇일까? 이에 대해 영국의 정치가요 저술가였던 밸푸어(1848-1930)는 이렇게 말했다.

"그대의 원수에게는 용서를, 그대의 적대자에게는 관용을, 그대의 친구에게는 자신의 마음을, 그대의 아들에게는 모범을, 그대의 아버지에게는 효도를, 그대의 어머니에게는 어머니가 그대를 자랑할 일을 행하라. 그대 자신에게는 존경을, 모든 사람에게는 인애를 주는 것이 가장 좋은 선물이다."

잠언 3장 27절에서 잠언의 기자가 "네 손이 선을 베풀 힘이 있거든 마땅히 받을 자에게 베풀기를 아끼지 말며"라고 말한 것처럼, 베풀 힘이 있으면 아끼지 말고 베푸는 것이 곧 관용이라 할 수 있다. 또한 잠언 3장 28절에서 "네게 있거든 이웃에게 이르기를 갔다가 다시 오라 내일 주겠노라 하지 말며"라고 말 한 것처럼 갚을 돈이 있으면 내일로 미루지 말고 오늘 갚아주는 것이 배려이고 그것이 관용이라는 것이다. 이와 같이 관용은 다른 사람을 먼저 배려하는 관대한 마음을 가리킨다.

아브라함이 너그러운 사람, 관대한 사람, 관용을 베푸는 사람이라는 이미지를 만들어 준 것은 창세기 13장, 조카 롯에게 좋은 땅을 양보하는 사건을 통해서이다. 그를 통해서 배우게 되는 것은 관용이란 다른 사람이 잘 되도록 배려하는 것이라는 것을 알 수 있다. 관용은 관계적인 성품인 것이다. 다른 사람과의 관계를 통해 드러나는 성품이라 할 수 있다. 아브라함은 갈대아 우르를 떠나 가나안 땅으로 갈 때 조카 롯을 데리고 갔었다. 그리고 롯이 잘 되도록 늘 배려해 주었다. 아브라함은 자신이 받은 복을 자신만 누리는 것이 아니라 동행하는 롯에게도 누리게 배려했었다. "아브람의 일행 롯도 양과 소와 장막이 있으므로 . . . . 그 소유가 많아서 동거할 수 없었음이라(창13:5-6). 하나님은 관용을 베풀 줄 아는 사람을 축복하신다.

선한 일에 아낌없이 쓰면 하나님께서 축복해주신다는 것을 알 수 있다. 그래서 잠언 11장 24-25절에서는 이렇게 말했다. "흩어 구제하여도 더욱 부하게 되는 일이 있나니 과도히 아껴도 가난하게 될 뿐이라 구제를 좋아하는 자는 풍족하여 질 것이요 남을 윤택하게 하는 자는 자기도 윤택하여지리라." 남을 배려하고 아낌없이 베푸는 관대한 마음을 가진 사람을 하나님께서는 축복하신다는 것이다.

3) 순결

순결(純潔)이란 사전적으로는 '순진하고 깨끗한 것, 다른 것이 섞이지 않아 깨끗한 것' 이라고 풀이된다. 이 순결 또는 정결의 본질은 자연적인 성의 힘을 질서 있게 사용하는데 있다. 본래 사람의 육체나 육체의 모든 힘은 하나님께서 주신 것이고 따라서 선하다고 할 수 있다. 그러나 사람이 그 힘을 사용하는데 있어서는 하나님께서 정하신 질서를 지켜야 한다. 질서를 지키는데 덕이 있는 것과 같이, 죄라는 것은 질서를 파괴하는 데서 생긴다. 우리 인류의 죄가 그렇게 해서 세상에 들어오게 되는 것이다.

　이 원리는 특히 순결 또는 정결에 관하여서도 타당한 말이다. 성 토머스 아퀴나스가 역설한 것과 같이, 정덕(淨德)을 거스르는 모든 죄에는 하나님의 최고형상인 이성(理性)의 질서에 대한 모독이 포함되어 있다. 그런데, 이성의 질서는 하나님의 뜻, 즉 하나님의 섭리의 영원한 계획에 기초를 두고 있다. 그러므로 정결의 덕을 완전히 실천하려면, 하나님의 계획을 충분히 이해하고, 이에 진심으로 승복하여 그 실현을 위하여 전력을 기울이는 것이 긴요하다.[114]

　하나님의 계획에 포함되어 있는 위대한 사상은, 한 마디로 말해서 생명의 전달과 인류의 번식이다(창 1:27-28). 이 하나님의 뜻과 계획을 항상 외경(畏敬)으로 받아야 한다. 그렇게 받아들이면 생명의 전달 방법도 참으로 신비로울 수밖에 없다. 성문제를 외경으로 바라볼 때 성을 창조적으로 사용하는 고귀한 사람이 될 수 있다. 그렇지만, 그렇지 못할 때는 호색한이 될 수도 있다.

　모든 질서의 요체는 어떤 목적을 추구하는데 있다. 인간의 육체가 그와 같이 완전한 질서를 보이고 있는 것은 육체의 각 부분이나 모든 힘과 충동이 생의 보존 내지 생의 완전한 전개라는 유일한 목적에로 향하고 있는 까닭이다. 그런데 이런 생, 즉 건강하고 강력한 생은 기쁨과 연결될 수밖에 없고, 또한 생의 모든 기능도 역시 기쁨과 연결된다. 이렇게 볼 때 성을 충족시킬 때 쾌락이 따르는 것은 당연한 일이지만, 성의 질서는 쾌락이 목적이 되어서는 안 되고 생의 전달이 목적이 되어야 한다. 그것도 하나님께서 허락하신 결혼제도 안에서 성이 충족되고 생의 전달이 이루어져야지 그렇지 않으면 죄가 된다.

　잠언 7장 26절에 "대저 그가 많은 사람을 상하여 엎드러지게 하였나니 그에게 죽은 자가 허다하니라"(잠 7:26)는 경고가 나온다. 여기서 경고의 대상이 되는 '그' 여자는 남편이 있는 여인으로서 소위 성적 경험도 미숙한 젊은이를 유혹하여 성족 만족을 채우려는 음녀를 가리킨다.

이 여자의 음란한 행위는 파멸을 가져오는 죄가 된다. 그 죄의 값은 사망이다. 그래서 잠언 2장 19절에서는 "누구든지 그에게로 가는 자는 돌아오지 못하며 또 생명의 길을 얻지 못하느니라"고 하였다.

이와 같이, 음녀의 집은 사망의 집이다. 자신만 사망의 길로 나아갈 뿐 아니라, 그 집에 드나드는 모든 사람들로 하여금 사망의 구렁텅이에 빠지게 한다. 그녀가 거하는 곳은 죽음의 땅이며, 그녀는 영원히 죽을 운명에 처해 있다. 그녀가 가는 길 역시 이미 오래 전부터 하나님의 진노하심으로 말미암아 음부로 기울어져 있다. 그러므로 음녀에게 나아가는 자는 거의 대부분 돌아오질 못한다. 그러나 음녀의 집에 드나드는 젊은이들은 그녀의 실체에 대해 잘 모른다. 잠언을 기록한 솔로몬은 전도서에 말하기를 그 여인을 "마음은 올무와 그물 같고 손은 포승 같은 여인"(전 7:26)이라고 하면서 사망보다 더 쓰다고 하였다. 하나님을 기쁘게 하는 자들은 그 여인을 피하겠지만 죄인들은 그 여인에게 붙잡혀 사망의 집으로 끌려내려 가게 된다는 것이다.

사람은 누구나 외적인 행위에 있어서와 마찬가지로 내적인 원욕(願慾)에 있어서도 질서를 지켜야 할 의무가 있다. 그런데 현대사회가 되면서 이 질서가 무너지는 경우가 너무나 많아졌다. 사실로 사람이 혼인의 법칙을 어기는 때는 항상 정결과 절제의 덕을 범할 뿐 아니라, 사회적 정의에 대해서도 죄를 범하는 것이다. 고의적으로 호색하는 자와 정열을 못이기는 의지박약한 자를 구별할 수 있다 하더라도 호색으로 인한 순결의 상실은 지탄받아 마땅하다. 아무리 격정적인 정욕일지라도, 아무리 의지가 박약할지라도 순결의 덕을 범하였으면 항상 이를 죄로 탄핵받게 된다. 더구나 그 죄 되는 행위가 습성이 되어 자기의 죄를 즐거워하게 된다면 추악하다 아니 할 수 없고 생명의 길을 잃게 될 수밖에 없다.

이 여자는 오늘날까지도 쾌락을 미끼로 하여 순진한 사람들을 함정에 빠뜨리고 있다. 그녀는 남자라면 노소(老少)를 가리질 않고 수많은 그들의 영혼들을 배신하여 파멸 시켰고, 오늘도 계속 파멸시키고 있는 것이다. 역사를 통하여 그녀는 의로운 자들을 무력하게 만들고 있으므로, 성경은 "그의 집은 스올(음부)의 길이라 사망의 방으로 내려가느니라"(잠 7:27)고 하였다.

음녀를 따라가는 젊은이의 비참한 말로를 잠언 7장 22-23절에서는 이렇게 묘사하였다. "젊은이가 곧 그를 따랐으니 소가 도수장으로 가는 것 같고 미련한 자가 벌을 받으려고 쇠사슬에 매이려 가는 것과 같도다 필경은 화살이 그 간을 뚫게 되리라 새가 빨리 그물로 들어가되 그의 생명을 잃어버릴 줄을 알지 못함과 같으니라."

잠언에 등장하는 그런 음녀의 꾐에 넘어가지 않을 남자는 거의 없다. 여기 나오는 젊은이는 합리적인 사고 작용에 의한 것이 아니라, 주체할 수 없는 욕정에 이끌려서 불쌍하게도 함정에 빠져드는 것이다. 죽을 줄도 모르고 새가 빨리 그물로 날아들 듯이 그의 발은 "빨리 악으로 달려가는 발"(잠 6:18)이었다. 그가 가는 음란의 길은 결국 사망이었다. 이성 없는 짐승인 소가 자기가 죽을 줄도 모르고 도살장으로 들어가듯이 쾌락에 빠지는 자도 생명을 잃어버리기까지 향락의 늪에서 헤어 나올 수가 없다. 결국 그의 간에는 치명적인 화살이 꽂히게 된다. 여기서 말하는 간은 심장을 말하니까 심장에 독 묻은 화살이 꽂히면 생명을 부지할 수가 없다. 이처럼 음행으로 말미암아 자신의 육체와 함께 영혼을 파멸로 몰아가게 되는 것이다.

우리 전통 사회에서는 여성이 순결을 잃는 것을 용납하지 않았다. 그러나 오늘날에는 순결은 여성만이 지켜야 하는 것이 아니라 남녀 모두가 평등한 입장에서 지켜야 하는 것이다. 나아가서 순결의 정신적인 면이 보다 강조되고 있다. 순결은 육체 이전에 정신적인 것이다. 어쩌다 강제적으로 육체의 순결을 잃었다 할지라도 정신적인 순결을 잃지 않았다면 아무도 그를 탓할 수 없다.

순결성은 신자의 생명이다. 우리가 신앙생활을 하다가 핍박이나 손해가 따를 때 순수 복음 신앙을 저버리고 현실(세속주의)과 타협해 버린다면 거룩하신 하나님의 영이 함께 하실 수 없고, 맛 잃은 소금과 같이 쓸모없는 자가 된다. 신자의 영향력은 세상과 타협하지 않고 신앙의 순결성을 지키는데 있다. 그래서 잠언 3장 5-6절에서 "너는 마음을 다하여 여호와를 신뢰하고 네 명철을 의지하지 말라 너는 범사에 그를 인정하라 그리하면 네 길을 지도하시리라" 하였다. 리빙스턴이 바로 그런 신앙의 순결성을 잘 지켰던 대표적인 사람이라 할 수 있다.

리빙스턴처럼 복음을 위해 가족과 편안한 생활을 등지고 다른 나라로 가는 사람들을 지탱해주는 힘은 무엇인가? 리빙스턴 자신이 그 물음에 대한 답을 해 주었다. 아프리카에서 16년을 섬긴 후 스코틀랜드로 돌아온 그는 글레스고우 대학에서 강의를 해달라는 부탁을 받았다. 그때 그의 팔 하나는 사자의 공격을 받아 이미 쓸 수 없게 된 상태였다. 그리고 스물일곱 번 열대병을 앓은 그의 몸에는 고통의 흔적이 역력했다. 전혀 도움이 되지 않았던 노예상들과 터키인들과의 싸움으로 인해 고달픈 삶을 살아온 그의 얼굴은 햇빛에 그을리고 깊은 주름이 패여 있었다.

그의 이야기를 들으며 그가 평범한 사람이 아니라는 것을 감지한 학생들은 침묵에 사로잡혔다. "내 나그네의 삶이 가져다 준 외로움과 고통과 어려움 속에서 나를 붙들어 준 힘이 무엇인지 아십니까?"라는 질문으로 강연을 시작한 그는 스스로 대답했다. "그것은 약속이었습니다. 가장 고결한 영광을 지닌 귀하신 분의 '보아라, 내가 세상 끝날까지 항상 너희와 함께 있을 것이'라는 바로 그 약속이었습니다."

그가 세상을 떠났을 때, 그는 침대 옆에 기대어 무릎을 꿇고 기도하는 모습으로 발견되었다고 한다. 그리고 그의 옆에는 마태복음 28장이 펼쳐져 있는 손때 묻은 작은 신약성경이 놓여 있었고, 20절 옆의 여백에는 '존귀하신 분의 말씀'이라는 메모가 적혀 있었다고 한다. 리빙스턴의 일생은 존귀하신 분의 약속의 말씀만을 붙잡고 영적인 간음을 통하여 신앙의 정결을 잃지 않기 위해 희생한 고귀한 생명이었다.

4) 인내

기쁨을 누리며 살도록 창조된 인간이지만, 타락한 인생은 생의 길을 걸어가는 중에 여러 가지 어렵고 싫은 일과 부딪히게 된다. 그렇게 되면 이제까지 가슴에 행복감이 꽉 차서 인생을 구가하던 사람의 마음에는 자기도 모르게 혐오와 권태와 불만이 생기게 된다. 여러 가지로 꿈꾸던 아름다운 희망은 무참하게도 깨어지고, 갈망하던 행복 대신에 눈앞에 나타나는 것은 고통과 오뇌뿐으로, 저주하는 말까지 입에 오르게 된다. 이때 행복을 가져다주는데 필요한 덕이 바로 인내(patience)라 할 수 있다.

대부분의 경우 우리들은 인내가 실패를 고상하게 견뎌내는데 도움을 주는 힘으로 생각하지만, 사실은 성경 말씀에 따르면, 인내가 우리를 성공의 길로 인도해 준다. 그러므로 인내와 변함없는 일관성은 믿음에서 생기는 또 다른 하나의 힘이라 할 수 있다. 즉 믿음과 인내는 합하여 우리가 살아가는 데 있어서 하나님의 약속이 이루어지게 한다.

이와 같이 믿음은 우리가 하나님의 약속을 받을 수 있도록 문을 열어 줄 뿐 아니라, 그 약속이 성취될 때까지 열린 문의 상태를 닫히지 않게 해준다. 따라서 우리는 믿음의 시각을 하나님의 약속에 맞추고 최선을 다 하며 그 약속이 이루어 질 때까지 참고 기다려야 한다. 그 응답이 지연된다고 해서 절대로 낙담해서는 안 된다. 이와 같이, 인내를 작동시키면, 하나님의 약속은 반드시 이루어지게 되는 것이다.

인내가 얼마나 중요한지를 나타내주는 말로서 '인내는 쓰나 그 열매는 달다'는 격언이 있다. 어떤 일에서건 좀 더 나은 미래를 얻기 위해서 참아야할 것들이 많다. 고통을 참고, 유혹을 참고, 포기하고 싶은 마음을 참고, 분노를 참고, 무분별하게 달아오르는 격정을 참아야 한다. 이렇게 잘 참을 수 있는 사람이 성공할 확률이 높은 것은 엄연한 사실인 것이다.

대체적으로 훌륭한 사람들은 성공과 더불어 성장하고, 실패와 더불어 성숙한다는 말이 있다. 그리고 대부분의 성공자들은 극심한 시련 중에서도 굴하지 않고 그것을 이겨낸 인내의 사람들인 것이다. 에이브러햄 링컨의 생애는 사실 실패의 연속이었다. 한때 그는 신경 쇠약증에 시달렸었고, 우울증으로 고통을 받았다. 그러나 그는 그 고통 중에 실패를 딛고 일어섰다. 실패를 거듭하면서도 51세에 미국의 대통령이 될 수 있었던 것은 그 실패에 굴하지 않고 참아내는 인내력이 있었기 때문이다.

어떤 사람이 링컨 대통령에게 이렇게 물었다고 한다. "당신이 놀라운 성공을 거두고 존경을 받게 된 비결은 도대체 무엇입니까?" 이에 링컨은 이렇게 대답하였다고 한다. "그것은 간단합니다. 저는 실패를 많이 경험했기 때문입니다."

링컨의 일평생을 지배했던 성경말씀이 있는데, 그것이 "우리가 알거니와 하나님을 사랑하는 자 곧 그 뜻대로 부르심을 입은 자들에게는 모든 것이 합력하여 선을 이루느니라"(롬 8:28)이다. 에이브러햄 링컨은 실패와 절망, 질병, 모든 것이 하나님 안에서 합력하여 선을 이룬다는 사실을 믿었다. 그것이 그를 이기게 했고 고통 중에서도 참고 실패를 딛고 일어서게 했던 것이다.

이런 인내의 덕은 세 가지 근본적 확신에 기초를 두고 있다. 먼저 들어야 할 것은 고난에는 높은 가치가 있다는 확신이다. 고통은 생활이나 즐거움을 막는 장애물도 아니고, 무의미한 번뇌나 재화(災禍)도 아니다. 오히려 그것은 개인생활이나 사회생활에 있어서 큰 가치를 가지고 있다. 참으로 훌륭한 인격자라고 할 만한 사람 치고, 고통을 받음으로써 정화되고 완전한 인격을 이루지 않은 사람은 없다. 이런 의미에서 고통은 무의미한 것이 아니라 가치가 있다는 확신을 갖는 것이 인내의 제일보가 될 수 있다.

그러나 그것이 개인의 생활 위에 똑똑히 구체적인 형체로 나타나지 않는 한 이런 일반적인 인식도 아무런 효과가 없고 무력하게 될 것이다. 우리는 이 고통이 자기에게 가치가 있는 것이라고 확신해야 한다. 이 확신을 얻기에 제일 좋은 길은 말할 것 없이 신앙이다. 즉 이 고통은 하나님의 사랑에 의해서 주어지는 시련이라는 것을 확신할 때 참고 기다리게 된다.

제삼의 확신은 한층 더 깊이 실생활 속에 박혀, 어떠한 고통의 시련에 있어서도 자기가 참을 수 있다고 하는 신앙의 용기를 갖는 것이다. 하늘의 계신 아버지 하나님께서 주시는 괴로움은 어떤 것이든 다 참을 수 있다는 확신을 가질 수 있을 때 우리는 참고 기다리며 인내하게 된다.

성공하는 사람들은 '미래에 대한 긍정적인 목표를 세우고 어떤 고난과 역경이 닥쳐도 그것이 언젠가는 실현될 것'이라는 믿음을 잃지 않는다. 우리가 어렵다고 생각하는 대부분의 일은 '정말 못하는 것이 아니라 안 하니까 못하는 것'이다. 성공한 사람들은 거의가 예외 없이 뚜렷한 목표를 세우고 고난과 좌절을 뛰어 넘어 그것을 향해 인내와 끈기로 분투했던 사람들이다.

미국이 경제 대공황을 겪고 있던 당시, 레나 벨 로빈슨(Lenna Belle Robinson)은 젊은 의사였다. 레나 벨은 자신의 소박하고 단순한 생활 방식을 언제 어떤 상황에서든지 하나님의 일을 하기 위한 훈련으로 받아드렸다. 그녀는 61세의 나이에 루이지애나에서의 의사 생활을 접고 선교를 위해 한국에 왔다. 큰 기독병원에서 몇 년 동안의 선교 사역을 시작했을 때 사람들은 그녀에게 나이가 너무 많다고 했다. 다른 선교사들은 고향에 돌아가 쉬는 것이 좋겠다고 했다.

한편 레나 벨은 환자들을 치료하다가 간질병에 대한 치료가 전혀 이루어지고 있지 않음을 알게 되었다. 당시 서구에서는 이미 이런 병이 진행되는 것을 막고 정상적인 생활을 할 수 있도록 돕는 치료 방법과 약품이 사용되고 있었다. 재정적 · 정신적 후원도 없이 그녀는 불가능한 시도에 도전했다. 매일 묵상과 기도를 한 후에는 일주일에 닷새 동안 하루 종일 한국 전역을 다니며 간질환자들을 돌본 것이다. 그리고 80대가 되어서도 그 일을 멈추지 않았다. 또한 간질환자들을 치료하는 공동체인

'장미클럽'(Rose Club)을 한국 전역에 세웠다. 그녀가 한국에서 받을 수 있는 최고의 영예인 대통령 훈장을 받았을 때 얼마나 겸손했던지 그녀는 모든 영광을 하나님께 돌렸다. 그녀가 이런 명예를 차지하게 된 것은 나이가 많다고 집으로 돌아가 쉬라는 수모적인 말을 듣고도 참아내고 한국에 남아서 아무런 재정적인 또는 정신적인 후원도 받지 않고 장미클럽을 세울 만큼 불굴의 용기와 견인력을 갖고 있었기 때문이다.

인생길에서 순탄한 길만을 걸어온 사람은 거의 없을 것이다. 하지만 낙심하고, 좌절하고, 어려움이 닥칠 때 얼마나 인내력을 발휘하여 끈기 있게 노력했느냐에 따라서 그 사람의 성공여부는 결정되는 것 같다. 인내는 쓰나, 그 열매는 매우 단 이치와 똑같은 것이라 할 수 있다.

성공과 실패의 갈림길을 결정짓는 것은 바로 끈기가 있느냐 없느냐의 차이다. 성공하는 사람들은 어려운 문제를 만나도 될 수 있는 방법을 모색하면서 끈기 있게 파고들며 해결해 나가는 타입이다. 인내심만 키운다면 세상에서 얻지 못할 게 없다. 대개 성공하는 사람들은 가능한 목표에 불가능해 보이는 목표를 더한 원대한 꿈을 갖고 한계를 의식하지 않으며 인내와 끈기로 목표를 향해 매진한다. 세상에서 가장 중요한 일들은 대개 이루어질 가망이 전혀 없어 보인다. 그러나 끝까지 노력을 기울이는 사람들에 의해 세상의 가장 중요한 이런 일들은 이루어졌다.

'미래가 현재의 활동을 이끈다!'고 보았던 빌 게이츠는 도스(DOS)라 불리는 소형 컴퓨터 프로그램에서 미래를 보았고, 컴퓨터 의사 안철수는 브레인(Brain) 바이러스에서 백신 프로그램의 미래를 그렸다. 대표적 백만장자인 이들은 모두 원하는 곳으로 자신을 이끌어 줄 목표를 세웠고 오늘도 자신의 꿈을 달성하기 위해 끈질기게 노력하고 있다. 그렇다. 매사에 집요하고 끈질긴 성격은 성공의 보증수표가 된다. 권력과 돈은 인내심이 강하고 집념이 있는 사람을 좋아한다. 진정 흥미 있는 도전은 최고가 되기 위해 스스로 동기부여하고, 인내와 끈기를 갖고 최선을 다하는 것이다.

잠언에서는 인내가 분노와 관계되어 나오는 덕목이라는 것을 지시해 준다. 즉 잠언 14장 29절에서는 "노하기를 더디 하는 자는 크게 명철하여도 마음이 조급한 자는 어리석음을 나타내느니라"고 하였고, 12장 16절에서는 "미련한 자는 당장 분노를 나타내거니와 슬기로운 자는 수욕을 참느니라"고 하였다. 또 15장 18절에서는 "분을 쉽게 내는 자는 다툼을 일으켜도 노하기를 더디 하는 자는 시비를 그치게 하느니라" 하였으며, 19장 19절에서는 "노하기를 맹렬히 하는 자는 벌을 받을 것이라…"고 하였다.

인생을 살다보면 화가 치밀어 올라 이성을 잃을만한 일들이 생긴다. 그런 때에 지혜로운 사람과 미련한 사람의 모습은 극명하게 드러난다. 어떤 일이건 일단은 참으면서 상황을 파악하여 대처해도 늦지 않다. 그래야 주변 사람들에게도 폐를 끼치지도 않고, 행복을 창출하게 된다.

5) 절제

절제(temperance)란 '정도를 넘지 아니하도록 알맞게 조절하여 제한함 또는 방종하지 아니하도록 자기의 욕망을 이성으로써 제어함'을 의미한다. 우리의 삶에 있어서 절제가 주는 의미는 매우 가치가 크다고 말할 수 있다. 절제의 삶이란 자기관리의 큰 틀로써 생각과 행동을 이성적으로 제어하며 살아가는 것이라고 말할 수가 있다. 세상의 모든 만물을 아끼고 소중히 여기는 마음과 자세가 절제의 미학이라고 말하는 사람도 있다. 이처럼 자신의 욕구를 하나님의 뜻에 맞게 잘 다스릴 때, 내속에 있는 모든 기능들이 조화와 균형을 이루어 성숙한 인격이 되는 것이다. 모든 재물은 물론이고 자신의 건강을 위해 몸과 마음, 그리고 말과 시간까지도 절제 하여야 한다. 절제는 인내보다도 한 차원 더 높은 가치를 추구하여야 하는 덕목이다. 또한 절제의 개념에는 중용(中庸)의 뜻도 포함되어 있다. 지나치지 않게 또는 모자라지도 않게 조화와 균형을 이루어야 한다는 의미이다. 하나님은 인간에게 자유의지를 주어 선택할 수 있게 하였다. 그러나 불행하게도 인간은 절제하지 못하여 마귀의 유혹에 넘어가 선악과를 따 먹음으로 인격이 욕망의 지배를 받게 된 것이다. 특히 기도교인에게 있어서 절제의 의미는 내게 있는 시간, 건강, 재능, 물질, 은사, 감정, 언어까지도 하나님의 기쁘신 뜻대로 잘 조절하고 제어하며 사용하여야 한다는 것을 뜻한다.

성경에 따르면 절제는 성령의 열매라 하였다. 즉 절제는 인간에게 가장 필요한 성품이지만 인간 스스로가 가질 수 있는 것은 아니라는 것이다. 갈라디아서 5장 22-23절에 따르면, 성령의 열매는 "사랑과 희락과 화평과 오래 참음과 자비와 양선과 충성과 온유와 절제"인데, 그 중에서 바울이 최고의 덕으로 추천한 것은 절제다. 여기서 보는 바와 마찬가지로, 절제는 인간의 의지로 그냥 얻어지는 것이 아니라 성령의 열매로서 주어지는 것이다.

이와 같이, 하나님께서 도와주셔야 절제의 열매를 맺고 성령의 사람으로 살아갈 수 있다. 절제는 신앙의 성숙성을 징표 하는 것이므로. 우리에게 무엇보다 가장 필요한 것은 믿음이라 할 수 있다. 우리는 믿음으로 구원을 얻지만, 이미 믿음 있는 자들에게는 믿음에 덕을, 덕에 지식을, 지식에 절제를, 절제에 인내를, 인내에 경건을, 경건에 형제우애를, 형제우애에 사랑을 더하면 더 중요하다. 절제는 믿음이 없는 사람들에게 필요한 것이 아니라 구원을 얻은 사람들에게 더 절대적으로 필요한 덕목이라 할 수 있다.

사람들이 자신들의 본능을 적절히 사용하면 선물이 되지만 지나치면 인간은 파멸하게 되고 인간성은 파괴되어 동물적으로 살아가게 되고 만다. 그러므로 인간은 모든 면에서 절제해야 한다. 칼 프린스(Carl J. Prints)는 오랫동안 스웨덴과 캐나다 오가며 행정관으로서 명성을 떨친 인물이다. 그는 99세 생일을 맞이하는 날 텔레비전과 인터뷰를 가졌다. 사회자가 "그렇게 오래 사는 비결이 무엇입니까?"라고 물었을 때에, 그는 "한 가지 절대적인 진리가 있는데 그것은 절제입니다. 그리고 또 한 가지 덧붙일 것은 마음과 생명을 다 바쳐 하나님을 사랑하는 것입니다" 라고 대답하였다.

잠언에서도 이 절제를 다른 덕목들보다 더 강조하고 있다. 특히 잠언 25장부터 31장까지에서 절제에 대하여 강조하고 있는데, 성숙한 삶과 성숙한 사회생활에 필요한 절제의 삶으로서 잠언의 기자는 다음과 같은 것을 들었다.

첫째로 성숙한 삶을 원하는 사람들에게 필요한 절제의 덕은 마음을 절제하는 것이다. 그래서 잠언 16장32절에서는 "노하기를 더디하는 자는 용사보다 낫고 자기의 마음을 다스리는 자는 성을 빼앗는 자보다 나으니라" 하였다. 여기서 잠언의 기자는 '절제'의 중요성을 강조하기 위해서 '전쟁'의 이미지를 사용하였는데, 군대의 선봉에 서서 대적의 성을 정복한 용맹한 용사보다, 노하기를 더디하고 자기 마음을 다스릴 줄 아는 사람이 더 낫다고 하였다. 대적의 강한 성을 정복하는 일은 매우 어려운 일이다. 이러한 성을 점령하기 위해서는 물러설 줄 모르는 불굴의 용맹과 뛰어난 지략이 필요하고, 또한 많은 생명을 희생시켜만 한다. 대적의 성을 얻는 것이 이렇게 어렵기 때문에, 우리는 성을 정복한 용사를 크게 기리고 환영한다.

그런데 이런 용사보다 더 나은 사람이 자신의 마음을 다스릴 줄 아는 사람이라는 것이다. 용사에게 자신을 다스리는 절제력이 있다면 더할 나위 없이 좋을 것이고, 이런 사람은 정말로 위대한 영웅이 될 수도 있다. 그러나 용맹한 장수라고 해도 절제력이 없으면 언젠가 패망하게 될 것이다. 실제로 역사책을 읽어보면 전쟁에서 승리한 용사들이 자기감정을 제어하지 못하다가, 패망한 경우를 종종 읽어볼 수 있다.

자기 마음을 다스리는 것이 마음의 절제인데, 그런 사람만이 진정한 승리자가 될 수 있다는 것이다. 우리의 마음에는 욕망이라는 것이 있다. 선한 마음만 있는 것이 아니라 악한 마음도 있고, 미운 마음만 있는 것이 아니라 교만한 마음도 있다. 우리의 마음에는 좋지 못한 것들이 가득 차 있으므로, 우리는 마음을 악에게 빼앗기지 않고 죄에게 붙들리지 않도록 더욱 힘쓰고 애써야 한다.

순간순간 일어나는 욕심과 교만과 미움과 원망의 마음을 잘 다스리는 자는 진정한 승리의 기쁨을 얻을 수 있지만 그 마음을 잘 다스리지 못하면 인생의 실패자가 되고 모든 삶이 깨어지는 고통을 얻게 될 것이다. 그러므로 잠언 23장 17-18절에서는 "네 마음으로 죄인의 형통을 부러워하지 말고 항상 여호와를 경외하라 정녕히 네 장래가 있겠고 네 소망이 끊어지지 아니하리라"고 가르치셨다.

항상 하나님을 경외하는 것이 마음의 절제를 가능하게 하는 것이다. 하나님을 경외함으로 청결함 마음, 온유와 겸손, 가난한 심령을 소유하고, 마음의 절제를 열매로 맺으므로 승리의 기쁨을 누릴 수가 있다.

둘째로 성숙한 삶을 원하는 사람들에게 필요한 절제의 덕은 생각을 절제하는 것이다. 하나님이 주시는 지혜를 가지고 생각의 절제를 열매로 맺으면 장래가 밝아지고 소망이 끊어지지 않게 된다. 그래서 잠언 24장 14절에서는 "지혜가 네 영혼에게 이와 같은 줄로 알라 이것을 얻으면 정녕히 네 장래가 있겠고 네 소망이 끊어지지 아니하리라"고 하였다.

건강한 생각과 바른 생각의 가치관을 갖도록 힘써야 한다. 독일의 나치즘을 이끌었던 히틀러는 잘못된 생각의 가치관을 가짐으로 유대인들을 학살하는 만행을 저질렀다. 생각의 절제는 하나님의 지혜를 얻을 때에만 가능하다. 그러므로 성도는 하나님의 지혜를 구하며 악한 생각을 버리고 하나님의 지혜로서 선하고 바른 생각을 가져야 한다.

또한 내 생각을 버리고 하나님의 뜻을 분별하여 따르는 자세를 가질 때 생각의 절제는 가능해진다. 그래서 사도 바울은 이렇게 권면하였다. "너희는 이 세대를 본받지 말고 오직 마음을 새롭게 함으로 변화를 받아 하나님의 선하시고 기뻐하시고 온전하신 뜻이 무엇인지 분별하도록 하라"(롬 12:2).

셋째로 성숙한 삶을 원하는 사람들에게 필요한 절제의 덕은 입술과 말을 절제하는 것이다. 잠언 12장 6절에서는 "악인의 말은 사람을 엿보아 피를 흘리자하는 것이어니와 정직한자의 입은 사람을 구원하느니라" 하였고, 17절에서는 "진리를 말하는 자는 의를 나타내어도 거짓 증인은 궤휼을 말하느니라" 하였으며, 19절에서는 "진실한 입술은 영원히 보존되거니와 거짓 혀는 눈 깜짝일 동안만 있을 뿐이니라" 하였다. 절제하지 못한 말로 인해 상처를 주고 서로를 파괴하는 결과를 낳게 된다.

잠언 13장 2절에서 사람은 입의 열매로 복록을 누리게 된다고도 하였다. "입을 지키는 자는 생명을 보존하나 입술을 크게 벌리는 자에게는 멸망이 오느니라." 입술을 크게 벌린다는 것은 함부로 말한다는 것이다. 함부로 말하지 말아야만 성숙한 믿음 생활을 할 수가 있다.

넷째로 성숙한 삶을 원하는 사람들에게 필요한 절제의 덕은 행동을 절제하는 것이다. 잠언 16장 7절에서는 "사람의 행위가 하나님을 기쁘시게 하면 그 사람의 원수라도 그로 더불어 화목하게 하느니라" 하였는데, 참으로 놀라운 축복이라 아니 할 수 없다. 하나님을 기쁘시게 하는 행동을 하고, 사랑의 행위를 가지며, 온유하고 겸손한 행동을 하는 대신, 미움의 행위를 버리고 다툼과 무절제의 행위를 멀리하는 것이 행복의 길이다. "여간 채소를 먹으며 서로 사랑하는 것이 살진 소를 먹으며 서로 미워하는 것 보다 나으니라"(잠 15:17).

절제는 성도를 성도답게 한다. 진실한 성도의 온전한 삶은 절제의 열매를 맺음으로 온전히 이루어지는 것이다. 마음의 절제, 생각의 절제, 입술의 절제, 행동의 절제를 나타내면 우리는 그것을 통하여 하나님의 영광을 이루고 하나님을 기쁘게 하며 행복을 받아 누리게 된다.

위대한 알렉산드로스 대왕을 파멸로 몰아넣은 것은 바로 이런 절제와 온유의 결핍 때문이었다. 술에 만취해서 억제할 수 없는 홧김에 가장 사랑하던 친구 클리투스에게 창을 던져 그를 벽에 박았던 것이다. 그러므로 진정으로 온유하고 절제력이 있는 자란 차고 넘치는 능력이 있으면도 능력을 맘대로 쓰질 않고 가장 필요한 때에 쓸 있는 능력을 가진 자라 할 수 있다. 그런 능력을 자제된 능력이라 한다. 그 능력은 자동적으로 생기는 것이 아니고 끊임없는 단련과 덕성 훈련을 통해서 이루어진다.

6) 친절

친절(kindness)은 사전적인 의미로는 "남을 대하는 정성스럽고 정다운 태도"를 일컫는다. 즉 정성스러운 마음으로 상대방의 처지를 잘 이해하고, 필요한 도움을 주며, 따뜻한 관심과 배려 속에 명랑한 얼굴로 진심으로 행하는 행동을 말한다. 이런 친절한 행동을 하면 친절을 받는 사람뿐만 아니라 친절을 베푸는 사람 자신도 기쁨과 보람을 함께 누리게 되고 상호 신뢰감을 형성할 수 있게 된다. 그러나 친절한 행동을 하지 않거나 냉랭하게 사람을 대하게 되면 마음이 불편해지고 괴로움만 늘어나게 된다.

소를 잘 부리는 사람을 보면 소와 호흡을 잘 맞춰 사람도 소도 힘들지 않게 논밭을 간다. 소와 사람이 호흡을 잘 맞출 수 있는 것은 평소에 소를 돌보고 아껴주는 배려와 먹을 것을 챙겨주고 잠자리를 보살펴주는 친절한 베풀음이 있었기 때문이다. 그렇지 않고서는 소 부리는 사람과 소가 호흡을 잘 맞출 수가 없다.

인간관계도 마음이 맞지 않으면 서로에게 상처를 입히지만 마음만 맞으면 어떤 어려운 일도 함께 서로 돕고 협력하여 성공시키게 된다. 친절한 배려와 인자한 베풀음을 통하여 우리는 서로 친근하게 되어 마음을 쉽게 맞출 수가 있다. 이처럼 우리가 인간관계를 맺을 때는 춤을 추듯이 리듬을 타고 상대를 배려해야 한다. 상대의 스텝에 자신을 맞출 때 우리의 인간관계는 원활하게 잘 이루어질 수가 있고, 상대에 대한 존중과 배려를 통하여 그 관계를 훌륭하게 유지할 수가 있다. 이런 친밀한 인간관계는 참으로 아름다운 것이다.

톨스토이도 '이 세상을 아름답게 하고 모든 비난을 해결하고 얽힌 것을 풀어 헤치며 어려운 일을 수월하게 만들고 암담한 것을 즐거움으로 바꾸는 것이 있다면 그것은 바로 친절'이라고 하였다. 이런 친절은 소극적인 행동이 아니라 적극적인 행동이다. 성공한 사람들은 모든 면에서 적극성을 갖고 있다. 따라서 성공하고 싶다면 친절의 분량을 계속해서 늘려나가야 한다.

결국 다른 사람에게 관심을 갖고 자비를 베풀고 은혜를 주면 그것이 우리의 삶을 따뜻하게 하고 서로 협력하며 행복을 나누게 한다. 그래서 잠언 11장 17절에서는 "인자한 사람은 자기의 영혼을 이롭게 하고 잔인한 사람은 자기의 몸을 해롭게 하느니라"고 하였고, 11장 25절에서는 "구제를 좋아하는 자는 풍족하여질 것이요 남을 윤택하게 하는 자는 자기도 윤택하여지리라"고 하였다.

친절은 친절을 불러일으키고 그런 친밀한 선행에 의해 행복이 증대될 것이다. 공리주의자인 벤담은 이렇게 말하였다. "친절한 말을 하는데 드는 힘이나 불친절한 말을 하는 데 드는 힘이나 같다. 친절한 말은 그 말을 하는 사람뿐 아니라 듣는 사람에게도 친절한 행동을 불러일으킨다. 그리고 이것은 우발적이 아니라 습관적인 것으로, 연상주의 원칙에 따른 것이다. ··· 자선 행위가 상대에게 이익을 주지 못할 수도 있다. 하지만 자선을 베푼 이에게는 틀림없이 이익이 될 것이다. 선행과 친절을 베풀었음에도 불구하고 그에 상응하는 감사나 보답을 못 받을 수도 있다. 그러나 자선을 받은 사람이 감사하지 않는다고 자선을 베푼 사람이 느낄 자기만족이 반감되는 것은 아니다. 우리는 비용을 들이지 않고도 친절과 호의의 씨를 뿌릴 수 있다. 그 가운데 일부는 좋은 토양 위에 떨어져 다른 사람들의 마음속에 자비로운 마음으로 싹을 틔울 것이다. 그리고 그것들 모두가 행복의 열매를 맺을 것이다. 선행을 베푼 자는 반드시 축복을 받는다. 때로는 자신이 베푼 선행의 두 배의 축복을 받기도 한다."[115]

이와 같이 친절은 커다란 힘을 갖고 있다는 것을 알 수 있다. 그래서 리 헌트는 이렇게 말했다. "힘 자체가 갖고 있는 힘은 친절함이 갖고 있는 힘의 절반에도 못 미친다."[116] 그렇다고 친절은 물질적인 것을 선사하는 것이 아니라 너그럽고 따뜻한 마음을 베푸는 것이다. 친절을 베푸는 마음을 연약함이나 어리석음과 혼동해서는 안 된다. 단순히 부탁하는 것을 들어주는 수동적인 친절보다는 무엇을 도울 수 있는지 자발적으로 찾아 도와주는 적극적인 친절이 진정한 친절이다. 진정한 친절은 다른 사람에게 결코 무관심하지 않고, 그들과 공감대를 형성하려고 적극적으로 노력한다.

대부분 자세하게 살펴보면, 친절한 성품을 지닌 사람들은 활동적이다. 반면 자신을 제외하고서는 아무도 사랑하지 않는 이기적이고 회의적인 사람들은 게으르다. 선량하고 고결하며 관대한 마음을 갖고 잊지 못해도, 그 나름대로 자선과 친절을 베풀고 살면 한없이 행복하게 된다. 그래서 잠언 28장 27절에서는 "가난한 자를 구제하는 자는 궁핍하지 아니하려니와 못 본 체하는 자에게는 저주가 크리라"고 하였다.

친절에 있어서 빼놓을 수 없는 항목이 바로 미소이다. 친절하면서 웃지 않는 사람은 없을 것이다. 어린이에게 미소를 가르쳐 주라는 것이 니체의 말이다. 미소가 흐르는 얼굴은 자신 있게 보이며 미소가 흐르는 표정은 용기 있어 보이기까지 한다. 인도의 간디는 비록 몸은 왜소했을지라도 그의 얼굴에는 항상 미소가 흘렀기 때문에 인도의 지도자로 존경을 받았다. 일찍이 도산 안창호 선생도 우리 민족에게 미소가 필요함을 주장했다. 그는 화내지 않고 웃으면서 사는 민족이 강한 나라를 만든다며 미소를 거듭 강조 했다.

친절과 배려 및 환한 미소는 사람의 관계를 밀착되게 해준다고 생각한다. 친절과 미소를 통하여 인화가 잘 이루어지는 사회는 훈훈한 방안과 같고, 인화가 안 되는 사회는 냉랭한 방안과 같다. 우리는 훈훈한 방안에 들어가면 마음이 즐겁고 일할 의욕과 기운이 솟구친다. 그러나 냉랭한 방안에 들어가면 심신이 불편하고 일할 기분과 의욕이 생기지 않는다. 결국 친절과 미소가 있는 곳에 행복이 있고 의욕과 생기가 넘친다.

7) 근면

근면(diligence)이란 힘찬 모습으로 자기 체력의 한계 내에서 열심히 일하는 것이며 일할 때에는 일하고 쉴 때는 쉬는 것을 말한다. 아무리 기계와 과학문명이 발달되었다 하더라도 근면은 예나 지금이나 똑같이 유가치한 덕목이라 할 수 있다. 게으른 사람을 좋아하는 사람은 어디에도 없다. 게으른 사람은 시간과 재능을 낭비하고 기회를 상실할 뿐만 아니라 건강을 상실하기 쉽고 요절하는 경우가 많다. 또한 게으른 사람은 공짜를 좋아하고 유혹 앞에 쉽게 굴복하는 경우도 많다. 그리고 게으른 사람에게는 자기도 모르는 사이에 가난이 군사처럼 몰려올 수도 있다.

미국 최초의 철학자였으며, 정치인이었고, 과학자였으며 최초의 미국 대사였던 벤자민 프랭클린은 성실과 부지런함으로 큰 업적을 이룬 사람이다. 그는 독실한 청교도 가정에서 태어났으나 학교라고는 고작 1년밖에 다니지 않았다. 그러나 그는 누구보다 해박한 지식을 갖고 있었을 뿐 아니라 독서를 통해서 많은 정보를 얻었던 사람이다. 그에게는 두 사람의 훌륭한 스승이 있었는데, 그들은 어머니와 담임목사였다. 어머니는 자녀에게 매일 잠언 22장 29절을 들려주었다. "네가 자기의 일에 능숙한(근실한) 사람을 보았느냐 이러한 사람은 왕 앞에 설 것이요 천한 자 앞에 서지 아니하리라."

프랭클린이 만약 게을렀다면 아마도 어마어마한 다음과 같은 업적들을 남겨놓은 사람이 되지는 못했을 것이다. 그는 하모니카와 가로등을 발명한 사람이었으며, 그는 최초의 정치 만화가인 동시에 당대의 최고 수영선수였다. 또한 그는 이동 순회도서관을 처음으로 제도화 한 사람이고, 걸프 해류와 피뢰침을 발명한 사람이었다. 그리고 그는 최초로 썸머 타임을 도입한 사람이었으며, 펜실베이니아 주지사를 4번이나 역임했던 사람이다. 그는 우편을 통한 신문 배달 제도를 처음으로 도입했으며, 미동북부 지역 태풍 경로를 처음으로 그려내기도 하였다. 그는 거리를 깨끗하게 청소하고 관리하는 청소과를 처음으로 창설한 진실로 부지런한 사람이었다. 이렇게 그는 부지런하게 탐구하고 열심히 일을 해서 성공한 대표적인 케이스의 사람이라 할 수 있다.

부지런히 일하지 않고 게으름을 피우며 재물을 탕진하는 사람에게는 재물이 붙어 있을 수가 없다. 그리하여 가난과 궁핍을 면치 못하게 된다. 그러나 부지런하고 성실하게 생업에 힘쓰는 사람은 생활이 안정되고 재물도 모이게 된다. 사람들에게 진정으로 필요한 것 중의 하나가 바로 땀 흘려 일하는 것이다. 근로의 소중함을 알고 성실하고 정직하고 충성스럽게 일하고, 그 땀의 대가를 받고 사는 것이 진정으로 건강한 삶이요, 풍요로운 삶이다. 근면과 끈기는 성공의 열쇠다. 그러나 그것은 목적과 방법이 좋아야 빛을 발하게 되는 것이다. 가치 없는 일을 열심히 한다거나 잘못된 방식으로 열심히 하는 것은 손해와 후회만을 안겨주게 된다. 따라서 현명하게 근면해야 한다는 결론을 내리게 되는 것이다.

"성공은 아침에 일찍 일어나는 '종달새 형'의 생활습관을 가진 근면한 사람에게 미소 짓는다"라는 말이 있다. 근면한 남자는 재물을 모으게 된다는 말씀이 성경에도 나온다. 잠언 11장 16절에서는 "유덕한 여자는 존영을 얻고 근면한 남자는 재물을 얻느니라" 하였고, 19장 15절에서는 "게으름이 사람으로 깊이 잠들게 하나니 태만한 사람은 주릴 것이니라" 하였으며, 12장 27절에서는 "게으른 자는 그 잡을 것도 사냥하지 아니하나니 사람의 부귀는 부지런한 것이니라" 하였다.

게으름은 인생을 부식시키는 독소라 할 수 있다. 사실상 톨스토이가 말한 대로 "게으른 자의 머릿속은 악마가 집을 짓기에 알맞은 장소"다. 게으른 사람은 마음에 원하고 바라는 것이 많을지라도 결과적으로 그것을 이루어내질 못하는 것을 볼 수 있다. 그러나 부지런한 사람은 마치 집을 반석 위에 지은 지혜로운 사람 같아서 모든 일에 최선을 다하며 어떻게 해서든지 이루어내는 것을 보게 된다. 그래서 잠언 13장 4절에서는 "게으른 자는 마음으로 원하여도 얻지 못하나 부지런한 자의 마음은 풍족함을 얻느니라" 하였다. 사람들에게 진정으로 필요한 것 중의 하나가 바로 땀 흘려 일하는 것이다. 근로의 소중함을 알고 성실하고 정직하고 충성스럽게 일하고, 그 땀의 대가를 받고 사는 것이 진정으로 건강한 삶이요, 풍요로운 삶이다.

늦가을에 가장 분주한 동물은 다람쥐다. 다람쥐는 겨우살이를 위해 땅에 구멍을 파고 구멍 하나에 도토리 1개를 저장한다. 커다랗게 구멍을 파서 수십 개의 도토리를 묻어두는 법이 없다. 그것은 먹이를 한꺼번에 도난당하는 것을 막기 위해서다. 다람쥐는 앞발로 땅에 구멍을 파고 거기에 도토리를 집어넣는다. 그리고 흙으로 덮고 나뭇잎을 뿌려 위장한다. 다람쥐 한 마리가 마련하는 구멍은 한 해 평균 2000개 정도라고 한다. 다람쥐는 이렇게 월동식량을 마련해놓고 즐겁게 겨울을 맞는다. 근면하면 부요해지고 겨울도 안심하고 편안하게 보낼 수 있으며 평생 행복도 누릴 수가 있게 된다.

12. 사회적인 윤리

사회의 가장 작은 기본 단위가 가정이다. 가정에는 가정윤리가 있고, 학교에는 학교윤리가 있다. 어느 사회에나 사람들이 있는 곳엔 윤리가 없을 수 없다. 인간은 사회적 존재요, 협동의 존재다. 여럿이 모여서 사회 공동생활을 할 때 가장 중요한 것이 덕성이요 윤리다. 덕은 인간관계를 원만하게 이루는 능력이요 남과 화목하게 지낼 수 있는 지혜다. 윤리가 질서를 의미하는 것이라면, 모든 덕이 인간 생활을 절서 있게 만든다고 사려 된다. 좀 더 높은 관점에서 볼 때, 잠언에서 발견되는 다섯 가지 덕목인 충성, 공의, 정직, 용기, 화목 같은 것들은 사회생활을 질서 있게 만드는 기본원리요 요체라 할 수 있다.

그런데 이런 덕들은 그저 공짜로 주어지는 것이 아니라 공부로써 얻는 것이다. 다시 말하면 덕은 후천적 노력에 의해서 획득하는 것이다. 그래서 선철(先哲)들은 심전경작(心田耕作)을 강조했다. 마음의 밭을 갈라는 뜻이다. 논밭에 김을 안 매고 내어버려 두면 잡초가 무성하고 독충이 들끓는다. 우리의 마음도 마찬가지다. 우리는 마음의 밭을 열심히 갈아야 한다. 그런 의미에서 이 사회적인 덕목들의 구체적이고 실제적인 유효성을 찾아서 살펴보는 것은 대단히 중요하고 생각한다.

1) 충성

'충성'이라는 말을 사전에서는 '진정에서 우러나는 정성'으로 풀이한다. 한자로 충(忠)은 가운데 중(中)과 마음 심(心)이 합쳐진 글자다. 곧 그 마음이 중심에 서서 흩어지지 않고 변함없이 지키고 섬기는 것이 충성이라는 뜻이다. 그리고 '충성'이라는 히브리어 '에무나'의 의미는 그 어원상으로 볼 때 '믿음'이라는 단어와 같은 어원에서 나왔다. 즉 '충성'은 '순종하다'라는 뜻을 가질 뿐 아니라 '신뢰하다', '의지하다', '위탁하다'의 뜻도 함축하고 있다. 결국은 성경에서 말하는 충성은 인간이 하나님께 성실하게 지켜야 할 신앙의 모습을 말한다. 성실이나 신실이나 충성은 내가 충성해야 할 대상에 대해 변치 않고 꾸준한 마음을 가지는 것을 일컫는다. 목적이 분명하고 변치 않으며 자기 자신을 던져서 그 삶을 사는 것이 곧 충성이요 성실이다. 그러므로 충성과 성실은 동의어거나 유사어(類似語)라 할 수 있다.

하나님께서 우리에게 달란트를 맡기시며 바라시는 것은 마태복음 25장에서 보는 바와 같이 충성이요 성실이라는 것을 알 수 있다. 결국은 충성되고 성실한 자가 복되고 행복하게 된다. 그래서 잠언 28장 20절에서도 "충성된 자는 복이 많아도 속히 부하고자 하는 자는 형벌을 면치 못하리라"고 하였다. 이와 같이, 복을 받아 행복해지고 부자가 되는 것은 충성되게 행하는데서 오는 것이지 졸속하게 애를 쓴다고 해서 이루어지는 것이 아니다. 부하고자 하는 욕망에서 부정한 방법을 사용하게 되면 결국은 벌을 받게 되고 가난하게 되며 따라서 불행하게 된다.

수년을 '아프리카'에서 사역한 선교사가 있었다. 선교사는 여러 해 동안 자신의 모든 열정을 쏟았음에도 불구하고 선교의 열매를 거두지 못했다. 선교사는 그 곳에서 사랑하는 부인과 두 아들을 모두 잃었다. 허탈한 마음으로 고향으로 돌아가는 배에 몸을 실었다. 그런데 그 배에는 휴가를 얻어 아프리카에서 사냥을 하고 돌아오는 미국의 대통령이 타고 있었다.

배가 '샌프란시스코' 항에 도착했을 때, 부두에는 은은하게 울리는 군악대의 연주와 예포소리, 수많은 환영 인파가 대통령을 맞이하고 있었다. 그리고 하선하는 계단에서부터 전용차까지 붉은 주단이 깔렸고 좌우로 각료들과 시민들이 대통령을 맞이했다. 대통령이 배에서 내려 전용차에 오르자 붉은 주단은 걷히고 군악대의 나팔소리도 멎었다. 그 뒤를 선교사가 홀로 내려오고 있었다.

선교사는, "사냥을 갔다 오는 대통령은 저렇게 환영을 받는데, 선교 현장에서 두 아들과 사랑하는 아내마저 잃고 돌아오는 나를 맞이하는 환영객은 아무도 없구나"라는 생각이 들어 더욱 깊은 좌절감을 느끼면서 정신없이 거리를 걷고 있을 때였다. 그때 한 음성이 들려왔다.

"내 아들아! 너는 아직 고향에 돌아오지 않았다. 네가 고향에 돌아오는 날 군악대의 나팔 소리가 문제가 아니라, 하늘의 천군 천사의 나팔 소리와 함께 내가 맞이해 주마. 붉은 주단이 문제가 아니라, 황금의 유리 길을 깔고 내가 친히 너를 마중 나가마. 사랑하는 아들아 끝까지 충성하라!"

선교사는 정신이 번쩍 들었다. 자신이 그동안 진리를 깨닫지 못하고 충성을 다하지 못했던 죄를 회개하고 다시 아프리카로 돌아갔다. 그리고 생명이 다할 때까지 죽도록 충성하는 신실한 일군이 되었다. 충성! 생명을 다하는 충성! 이것은 보냄을 받은 사람이 보낸 분에게 드릴 수 있는 최상의 시원함이다. 그래서 잠언 25장 13절에서는 "충성된 사자는 그를 보낸 이에게 마치 추수하는 날에 얼음냉수 같아서 능히 그 주인의 마음을 시원하게 하느니라"고 하였다. 그리고 잠언 28장 10절에서는 "정직한 자를 악한 길로 유인하는 자는 스스로 자기 함정에 빠져도 성실한 자는 복을 받느니라" 하였고, 28장 18절에서는 "성실하게 행하는 자는 구원을 받을 것이나 굽은 길로 행하는 자는 곧 넘어지리라"고 하였으며, 28장 20절에는 "충성된 자는 복이 많아도 속히 부하고자 하는 자는 형벌을 면하지 못하리라"고도 하였다.

진정한 충성은 마음에서 우러나오는 정성과 성실을 다해서 하나님을 섬기는 것이라 할 수 있다. 우리는 하나님이 맡겨주신 일에 성실해야 하고 그의 뜻을 전적으로 따르고 신실해야 한다. 이런 신실한 사람은 다른 사람에게 인자를 베풀면서 스스로 자랑하지 않는다. 그래서 잠언 20장 6절에서는 "많은 사람은 각기 자기의 인자함을 자랑하나니 충성된 자를 누가 만날 수 있으랴"고 하였다.

사람들에게 자비를 행하면서 그것을 스스로 자랑하는 경향을 가지고 있는 사람은 신실하고 견고한 인격을 소유할 수가 없다. 분명한 사실 가운데 하나는 하나님 앞에서 신실하여 그 믿음이 흔들리지 않는 경건함과 자기의 인자함을 자랑하는 경향은 서로 공존하기 어려운 성품인 것이다. 이런 사실을 생각할 때, 자기의 인자함과 선행을 자랑하는 사람들은 하나님의 신실한 언약된 백성으로서 삶을 올바르게 살고 있지 못하다는 결론에 이르게 된다. 신실한 사람들은 하나님만 자랑하는데, 그것은 하나님 앞에서 자기가 얼마나 아무 것도 아닌지를 알기 때문이다.

이미 위에서 말한 바와 같이, 성실이라는 단어의 동의어가 '신실,' '충성' 이라는 말인데, '신실' 은 믿을 수 있다는 데 강조점이 있고, '성실' 이나 '충성' 은 열심히 책임을 이행하는 일에 강조점이 있다 할 수 있다. 결국 강조점은 달라도 진실, 성실, 신실, 충성이라는 말은 거의 비슷한 말인 것이다. 그래서 '성실한 사람' 또는 '신실한 사람' 이라는 말은 '믿을 수 있는 사람,' '믿음이 가는 사람' 그리고 '믿고 어떤 일도 맡길 수 있는 사람' 이라는 뜻이다. 이 신실한 사람은 믿고 신뢰할 수 있고, 어떤 일을 맡겨도 믿음이 간다. 그런 사람은 모든 대인관계에서도 신임을 받는다.

18세기 초 영국의 유명한 건축가 크리스코퍼 우렌 경은 성 바울 대사원을 건축한 사람인데, 그가 평복을 갈아입고 사원의 공사가 한참 진행 중이던 어느 날 하루는 돌을 다듬는 일을 수백 명이 하고 있는 현장엘 나가 보았다. 석공들은 똑 같이 돌 깎는 일을 하고 있었다. 이곳저곳을 돌아보는 중에 한 석공에게 우렌 경이 물었다. "당신은 지금 무엇을 하고 있습니까?" 그랬더니 묻는 사람의 얼굴은 쳐다볼 생각도 안하고 아무런 표정도 없이 "아침부터 저녁까지 여섯 자 길이 석자 폭의 돌이나 깎고 있습니다." 이렇게 간단하게 대답하였다.

또 다른 곳으로 가서 같은 일을 하고 있는 다른 석공에게 같은 질문을 하였다. "당신은 지금 무엇을 하고 있습니까?" 그 때 그 석공은 아니꼽다는 눈치로 우렌 경을 힐끗 쳐다보더니 "입에 풀칠하기 위해서 이 짓을 하지요"하며 투덜댔다. 그래서 또 다른 한 곳으로 가서 같은 일을 하는 석공에게 똑같은 질문을 하였다. "당신은 지금 무엇을 하고 있습니까?" 그 때 그 석공은 하던 일을 잠깐 멈추며 웃는 낯으로 낯모를 신사 우렌 경을 바라보면서 "선생님께서 보시는 대로 이렇게 부족한 사람이 세계적으로 유명하신 우렌 경의 지휘 밑에서 이루어지고 있는 우리나라의 자랑인 장엄한 성 바울 대사원을 건축하는데 한 몫을 맡아 지난 2년 남짓 여기서 돌 다듬는 일을 하고 있습니다" 하고는 정성스레 하던 일을 다시 계속 하더라는 것이다.

같은 돌 깎는 일을 하면서도 마음의 자세 여하에 따라서 어떤 이에게는 무미건조한 돌 깎는 일이 될 수도 있고, 어떤 이에게는 의식주 해결을 위한 지루한 움직임이 될 수도 있다. 그러나 마음의 바른 자세를 가질 때 똑 같은 일을 하지마는 거룩한 대사원의 건립의 값있는 직분을 맡아 감당하는 보람된 일이 될 수도 있다. 세 석공 중 맨 마지막 사람은 진실로 성실한 마음을 가진 사람이었다. 이 세 석공에게 주어지는 행복은 그들의 마음가짐에 정비례하게 될 것이다.

하나님께서는 각 사람에게 향하신 기대와 소원이 계셔서 그의 뜻 하시는 대로 우리를 이 모양 저 모양으로 인도하신다. 그러므로 우리가 어떠한 처지와 환경에 있든지 하나님께서 뜻이 계셔서 나를 그 곳에 보내주셨다고 믿을 때 거기서 충성하게 되며 하나님의 뜻을 이루기 위해서 최선을 다하게 되는 것이다. 이런 성실한 사람을 하나님께서는 인도해 주신다. 그래서 잠언 11장 3절에서는 "정직한 자의 성실은 자기를 인도하거니와 사악한 자의 패역은 자기를 망하게 하느니라"고 하였다.

이 말씀은 우리가 하나님의 인도하심을 받을 수 있는 비결을 알게 해 준다. 이 말씀에 따르면 정직한 자의 성실 그 자체가 인도자가 된다고 하였다. 이미 위에서 누차 말한 바와 같이, '성실'이란 하나님의 말씀과 믿음 위에 굳게 서서 환경이나 세태의 변화에 조금도 흔들리지 않는 정직하고 충성스러운 삶의 태도를 말한다. 하나님께 대하여 성실한 사람은 평안할 때나 고난 중에나, 부요할 때나 가난할 때나, 건강할 때나 병들었을 때나 할 것 없이 언제나 신실하게 하나님을 신뢰하고 순종한다. 이처럼 우리가 항상 모든 일에 성실한 자세로 임할 때, 하나님께서는 우리의 성실함을 통해서 우리의 삶을 성공으로 인도해 주시는 것이다.

평북 정주의 한 동네에 아주 똑똑하지만 남의 집 머슴살이를 하는 청년이 있었다. 비록 집안이 가난해서 머슴살이를 하게 되었지만 그 청년은 자신의 처지를 비관하거나 부끄러워하지 않고 열심히 일하였는데, 매일 주인의 요강을 깨끗이 닦아놓았다고 한다. 이런 머슴의 성실한 자세와 성품을 보고 주인은 학자금을 대주며 평양에 있는 숭실학교에 보내 공부를 시켰다. 그 청년은 숭실학교를 우수한 성적으로 졸업하고 고향으로 돌아와서 오산학교 선생이 되었다. 바로 그가 독립운동가로 유명한 조만식 선생이시다. 그는 항상 제자들이 인생의 성공 비결을 물을 때마다 이렇게 일러주었다고 한다. "여러분이 사회에 나가거든 요강을 닦는 사람이 되십시오."

자기가 맡은 일에 불성실한 사람은 스스로 불행하게 될 뿐 아니라 남에게도 무거운 짐을 짊어지게 한다. 성실한 사람은 작은 일에도 충성스럽다. 달란트의 비유에서도 착하고 충성된 자는 작은 일에 충성된 자들인 것을 알 수가 있다. 잠시 잠간 동안의 충성은 가룟 유다도 했다. 시종여일 성실함으로 맡겨진 사명에 충성하는 것이 사회의 기강이 되고 삶의 원리가 될 때 부와 축복이 찾아오게 되는 것이다.

잠언 22장 29절에 "네가 자기 사업에 근실한 사람을 보았느냐 이러한 사람은 왕 앞에 설 것이요 천한 자 앞에 서지 아니하리라"는 말씀이 있는데, 여기서 '근실하다'는 말은 성실하고 최선을 다하고, 능숙한 것을 말한다. 가나안 농군학교를 이루신 김용기 장로께서는 참으로 성실하신 분이었다. 그가 생전에 생도들에게 한 수없는 말씀이 있지만, 그 중에서도 가히 잊어버릴 수 없는 말은 "땀을 많이 흘린 사람은 눈물을 적게 흘린다"라는 것이다. 젊어서 열심히 일하여 땀을 흘리면 늙어서는 눈물을 흘리지 않게 된다는 뜻이다. 이런 생활을 성실한 삶이라 할 수 있다.

성실은 모든 덕의 근본이요, 인간의 정신적 가치 중에서 가장 중요하다. 우리는 인생을 성실하게 살아야 한다. 우리의 사언행(思言行)이 성실의 원리로 일관되어야 한다. 인생을 허망하게 살지 않는 것이 성실이다. 나의 정성을 다하고, 나의 노력을 다하고, 나의 지혜를 다하고, 나의 능력을 다해서 열심히 일하고 정성스럽게 살아가는 것이 곧 충성이요 성실이다. 그러므로 충성과 성실은 사회 윤리의 으뜸이 되는 덕목이라 할 수 있다.

2) 공의

구약신학을 대표하는 구약학자들 중의 하나라 할 수 있는 독일의 게하르트 폰 리드는 '공의'를 가리키는 히브리어 '세다카'란 '우리 인간이 하나님과의 관계와 사람과의 관계에서 뿐 아니라, 동물을 대하고 더 나아가 자연을 대하는 척도'라고 말하였다. 다시 말해서 사회의 모든 관계를 엮어가는 공평하고 의로운 사회 구성 원리가 곧 공의라는 말이다. 그렇다면 '공의'라는 말은 '사회를 구성하고 유지하기 위한 도리 또는 실현되어야 하는 질서'를 뜻하는 '정의'라는 말과 거의 동일한 뜻을 갖는다고 말할 수 있다. 공의라는 말이 부담이 된다면 깨끗하고 정결하고 의롭게 사는 것, 과연 사람이 사람답게 사는 것으로 이해하면 될 것이다.

인간 사회는 서로 관계없는 개인들의 단순한 집합체가 아니라, 서로 관련을 가진 한 유기체인 것이다. 이 유기체에는 상하의 여러 관계와 가족적, 민족적 유대가 있다. 그러므로 이 관계를 존중하고 잘 유지해가도록 요청하는 것이 곧 정의요 공의인 것이다. 성 아우구스티누스가 말한 대로 "참된 정의가 없으면 국가도 국민도 없다. 다만 한 집단에 불과하다."[117] 좀 더 엄밀히 말하면, 정의가 없으면 모든 국가는 강도의 집단과도 같이 되고 말 것이다.

이와 같이, 공의나 정의는 사회생활의 기초요 사회를 질서 있게 만드는 기본 원리가 된다. 사회의 혼란, 정신적 타락, 경제적 파탄도 다 무신론적 부도덕한 근대사회가 범한 과도한 부정의의 결과라 할 수 있다. 서로 정의를 존중해주면 이 땅위에는 모든 사람에게 충분한 장소가 있고, 서로 행복하고 평화롭게 생활 할 수 있다. 사실상 지혜와 능력이 충만하신 하나님께서는 이 세상에도 모든 것이 부족함이 없도록 만드셨는데, 우리 중에 가난이 있게 되는 것은 우리 이기적인 인간들의 욕심과 부정 때문인 것이다. 그러므로 정의가 이 세상을 다스리게 되면, 우리는 모두 공평하게 잘 살 수 있다.

1992년 4월, 미국에서 있었던 로드니 킹 사건이 무죄 판결됨에 따라 시민들은 공평의 원칙을 지키기 위하여 로스앤젤레스 시의 거리로 나섰다. 그러나 그 과정에서 공평의 원칙은 완전히 무시되었다. 인종간의 증오가 폭등과 약탈, 그리고 무분별 살인으로 분출되었다. 죄 없는 많은 사람들이 고통을 당했으며, 반면에 죄지은 대부분의 사람들은 전혀 기소조차 되지 않았던 것이다. 인간의 공평이 하나님의 공평에서 멀어졌을 때 어떤 상황이 벌어질 수 있는가를 보여 준 사건이었다. 부정한 사회에서는 양심은 어두워지고 사악해지며, 공평의 추는 무너져 없어지고 정의의 눈은 감겨져 보이질 않게 된다. 여기서 보는 바와 같이, 공평은 사회 정의를 실현해 가는데 대한 기준이 되는 동시에 목표가 되기도 하고 척도가 되기도 한다는 것을 알 수가 있다.

정의가 이 세상을 지배하여야 된다는 것은 인간이 뼈에 사무치도록 잘 알고 있기 때문에, 우리는 사회의 부정(不正)을 참을 수가 없다. 어린 아이들까지도 공정하게 취급 받을 때에만 즐거이 가르침을 받고 명령에 복종하고 벌을 달게 받는다. 그러나 교육자가 불공평하게 학생들을 취급한다는 것을 알면 교육은 벌써 다 틀린 것이다. 이는 인간사의 모든 분야에 다 해당된다. 모든 사람에게 부담이 공정하게 부과되는 한 아무리 어렵더라도 그 괴로움을 참는다. 그러나 불공평하면 이를 참을 수 없기 때문에 이에 대해서는 예민하게 반응하게 되는 것이다.

일반적으로 성경에서 말하는 '공의'란 하나님께서 정해 놓으신 법칙에 따라 정확하게 집행하는 것을 의미한다. 하나님이 정해 놓으신 그 법칙이 예레미야 22장 3절에 잘 나타나 있는데, 그것은 "여호와께서 이렇게 말씀하시되 너희가 정의와 공의를 행하여 탈취 당한 자를 압박하는 자의 손에서 건지고 이방인과 고아와 과부를 압제하거나 학대하지 말며 이곳에서 무죄한 피를 흘리지 말라"는 것이다.

여기에 기록되어 있는 법칙의 초점은 언제나 힘없고, 가난하고, 소외된 사람들에 대한 권력의 배려에 맞춰져 있다는 것을 알 수가 있다. 하나님이 국가에 권력을 주시고 권력자인 왕을 세우신 것은, 탈취당한 자를 압박하는 자의 손에서 건지는 것, 다시 말해서 힘없는 자를 힘 있는 자들로부터 보호하기 위한 것이다. 뿐만 아니라, 그 약자들로 하여금 사회 속에서 자립하여 살 수 있도록 돕는데 국가의 권력을 사용하라고 하는 것이다. 그래서 잠언 29장 7절에서는 "의인은 가난한 자의 사정을 알아주나 악인은 알아 줄 지식이 없느니라"고 하였다. 가난한 자의 사정을 알아주는 사람은 언제나 탐욕하질 않고 아낌없이 베풀게 된다는 것이다(잠 21:26). 이처럼 가난한 자를 보호하고 돌보며 아낌없이 그들에게 베풀어주는 것이 정의라 할 수 있다.

17세기에 영국의 헌팅턴이라는 작은 마을에 아버지를 비교적 일찍 여인 한 사람이 살고 있었다. 그는 늘 하나님께 이렇게 기도했다. "이 나라를 위해 인물을 보내주세요. 위대한 지도자를 보내 주세요. 선한 사람을 보내 주세요." 이런 기도를 드리는 중에 그는 "강하고, 선한 인물이 바로 너다"라는 하나님의 음성을 듣게 된다. 그래서 그는 "나는 농부에 불과합니다. 감히 내가 어떻게…"라고 말하며 성경을 읽고 있었는데, 빌립보서 4장 13절에 나오는 말씀, 곧 "내게 능력 주시는 자 안에서 내가 모든 것을 할 수 있느니라"는 말씀이 그의 가슴에 불을 질렀다. 이후 그는 하나님 앞에 늘 감사하며, "바울의 그리스도가 나의 그리스도가 되어주세요. 그리고 하나님께서 역사 하시면 내가 무엇이든 할 수 있나이다"라고 간구하였다고 한다. 바로 그가 청교도의 지도자 올리버 크롬웰(Oliver Cromwell)이다.

올리버 크롬웰 장군은 1648년 의회군을 이끌고 왕당파를 물리친 후 공화국을 세웠다. 그는 많은 사람들에게 존경받는 정치가였으며 군인이었으나, 그 무엇보다 경건한 신앙을 생활에 실천하려고 노력한 청교도였다. 그는 식사 때마다 이렇게 기도해서 사람들에게 감동을 주었다. "사람들 중에는 먹을 것이 있어도 식욕이 없는 이가 있습니다. 또한 식욕이 있어도 먹을 것이 없는 이가 있습니다. 저희에게는 먹을 것과 식욕을 함께 주신 하나님께 감사합니다."

이렇게 감사생활을 늘 하던 그가 1653년에 군대를 배경으로 나라를 보호하고 모든 정권을 다 장악하는 호국경(護國卿)이 되었다. 그는 호국경이 된 후부터 영국인들이 즐겨왔던 경마, 연극 등을 금지 시켰고 일요일에는 누구나 집에서 성경을 읽도록 했다. 만약 일요일에 식료품을 팔거나 경기시합을 하거나 선술집 등이 문을 열거나 과도하게 음주에 취하거나 하면 굉장히 무거운 벌금을 물게 했다.

이처럼 크롬웰이 강요한 금욕적인 생활과 그의 오랜 독재정치가 실시되면서, 그를 원칙과 자유의 옹호자며 종교적 관용의 투사로 보는 반면, 어떤 이는 고집스런 독재자와 살인자로 평가하게 되었다. 또한 그를 독재자로 보기도 하지만, 내란 이후에 정치적 안정을 회복시키고 입헌주의 정부체제의 발전과 종교적 관용에 공헌한 애국적 지도자로 평가하기도 한다.

1653년부터 죽을 때까지 호국경이 되어 권력을 장악하고 나서 안으로는 정의에 바탕을 둔 관용적 지배를 베풀면서 지방 유력자들의 지지를 규합, 동의에 바탕을 둔 지배를 실시하려 하였다. 그는 진정한 정의와 공평으로 나라를 지키고 다스렸던 정치지도자였다.

이와 같이, 성경에서는 왕에게만이 아니라 재판관들에게도 하나님께서 주신 권한을 책임 있게 사용하라고 명하고 있다. 만일 재판관들이 자기의 권한을 바르게 사용하여 공의를 세우고 약자들이 억울한 일을 당하지 않도록 보호해 준다면, 그들은 하나님에게 축복을 받고 백성들로부터 존경을 받게 될 것이다. 그러나 재판관이 자기 권한을 남용하거나 뇌물을 받거나 권력자의 눈치를 보기 위해서 그릇된 판결을 하면, 그는 그 권한을 주신 하나님으로부터 엄한 심판을 받을 것이며, 또한 사람들에게 외면을 당하고 그 자리에서 쫓겨나게 될 것이다.

잠언 17장 15절을 보면, "악인을 의롭다고 하고 의인을 악하다고 하는 이 두 사람은 다 여호와의 미움을 받느니라"고 경고하고 있다. 악인에게 무죄를 선언하고, 의인에게 유죄를 선언하는 일은 진실을 파괴하는 행위로서, 하나님께서 가장 혐오하시는 행위 중에 하나라는 것이다. 뿐만 아니라 잠언 17장 26정에서는 "의인을 벌하는 것과 귀인을 정직하다고 때리는 것은 선하지 못하니라"고 하였고, 18장 5절에서는 "악인을 두둔하는 것과 재판할 때에 의인을 억울하게 하는 것이 선하지 아니하니라"고도 하였다. 또한 잠언 24장 24절에서는 "악인에게 네가 옳다고 하는 자는 백성에게 저주를 받을 것이요 국민에게 미움을 받으려니와"라고 하였다.

그리고 잠언 15장 25절에서는 "여호와는 교만한 자의 집을 허시며 과부의 지계를 정하시느니라"고 하였는데, 이것은 과부의 지계(地界)를 침범하는 교만한 자의 가정을 멸망시키겠다는 것이다. 22장 28절에서는 "네 선조가 세운 옛 지계석을 옮기지 말지니라"고도 하였는데, 이것은 힘 있는 자들이 땅에 대한 탐심 때문에 가난한 이웃의 토지의 권한을 짓밟고 가난한 이웃의 땅을 강탈하는, 지계표(地界表)를 옮기는 죄악을 범치 말라고 경고하신 말씀인 것이다. 만민의 평등한 토지의 권한을 보장하고 특히 가난한 사람의 토지의 권한을 보호하기 위한 하나님의 사랑과 공의가 담겨져 있다.

그리고 23장 10-11절에서는 "옛 지계석을 옮기지 말며 고아의 밭을 침범하지 말지어다 대저 그들의 구속자는 강하시니 그가 너를 대적하여 그들의 원한을 풀어주시리라"라고 하였다. 여기서는 하나님을 고아의 구속자로 묘사하였다. 즉 이 잠언은 고아의 근족(近族)으로서, 토지를 잃은 고아를 대신하여 값을 치르고, 고아의 잃어버린 토지의 권한을 되찾아주는 구속자(무르는 자)가 바로 하나님이심을 명시하고 있는 것이다.

지금까지 살펴본 바와 같이, 현실적으로 인간의 모든 불행은 불의와 악에 그 뿌리를 두고 있지만, 의에 대한 목마름 그 자체는 사람 마음속에 행복감을 싹트게 한다. 이렇게 해서 싹튼 의로운 생각과 마음은 더욱 풍부한 결실을 맺게 되는데, 그것이 불쌍한 사람에게 자비를 베푸는 긍휼과 곤고한 자를 돕는 자선과 힘이 없는 사람을 돕는 섬김 등으로 나타난다. 이처럼 이웃을 사랑하고 돌보는 것과 친구간의 우의와 상부상조하는 것 자체가 사회적인 공의가 되는 것이다.

다시 말하면, 공의 또는 정의는 먼저 자기보다는 타인의 사정을 생각하도록 노력하는 것을 뜻한다. 우리가 하는 행동은 아주 작은 것이라 할지라도 전부 타인에 대한 관계를 가지고 있으므로, 잠시라도 그런 관계를 잊어버리거나 소홀히 해서는 안 된다. 정의를 찾아야 하는 까닭이 바로 여기에 있는 것이다.

3) 정직

우리 가정과 사회와 나라의 번영과 발전을 위해 가장 필요한 공통의 보편적인 가치가 있다면 그것은 단연코 '정직'일 것이다. '정직'은 공동체의 기초라 할 수 있다. 그러니까 '정직'은 있으면 좋고 없어도 괜찮은 그런 장식품이라 할 수는 없다. '정직'은 하나의 공동체가 형성되고 유지 발전되기 위해 꼭 갖추어야 할 토대와 같은 덕목인 것이다. 가정, 교회, 사회, 나라에 정직의 기초가 튼튼하면 그 공동체는 행복한 공동체로 발전하지만 정직의 기초가 흔들리면 그 공동체는 무너질 수밖에 없다.

오늘날 우리 가정과 사회가 흔들리고 혼돈에 빠지는 것은 '정직'이라는 기초가 흔들리고 있기 때문이다. 부부와 가족들이 서로에게 정직하지 못하면 그 가정은 기초가 흔들리는 건물과 같아서 끝내는 이혼과 가정해체의 파국을 맞이하게 된다. 사주(社主)와 고용인이 서로에게 정직하지 못한 기업은 결국에 가서는 망할 수밖에 없다. 그래서 잠언 2장 21-22절에서는 "대저 정직한 자는 땅에 거하며 완전한 자는 땅에 남아 있으리라 그러나 악인은 땅에서 끊어지겠고 간사한 자는 땅에서 뽑히리라"고 하였다.

영국 런던에 많은 사람들에게 존경을 받고 있는 목사가 있었는데, 그가 어느 월요일 아침 일찍 집을 나와 런던 시내의 중심가에 있는 교회를 가기 위해 버스를 탔다. 운전사에게 차비를 내면서도 그 목사는 교회 일 생각에 골몰해 있었다. 자리에 앉아서야 그 운전사가 거스름돈을 더 준 것을 알 수 있었으며 시간이 흐를수록 자꾸만 불편한 생각이 들고 양심이 괴로웠다. 드디어 교회 근처에 이르러 차에서 내리려고 문 앞까지 걸어 나온 이 목사는 운전사에게 조용히 이렇게 말하였다. "아까 기사 양반이 잘못해서 내게 거스름돈을 더 주었더군요." 이때 운전사는 쓴웃음을 지으면서 하는 말이 "잘못 거슬러 드린 것이 아니라 사실은 어제 목사님 교회에 가서 정직에 관한 설교를 들었습니다. 그래서 한번 시험해 보려고 그랬습니다. 죄송합니다. 목사님." 이 말을 들은 목사님께서는 순간 등에 식은땀이 흐르는 것을 느꼈다고 고백하고 있다.

　이 이야기에서처럼 성도의 삶에는 때때로 불신자나 사탄으로부터 시험을 받을 때가 있다. 그러므로 우리는 언제나 어떤 경우에서건 정직하여야 한다. 우리들은 다 같이 하나님의 자녀들이다. 하나님께서는 자신의 것을 그의 자녀들인 우리들에게 맡겨 관리하도록 하셨다. 물론 맡겨진 달란트는 사람마다 다르다. 그러나 하나님의 것을 맡아 관리하도록 세워진 청지기라면 누구나 소유하는데 급급해서 딴 데다 한 눈 팔지 말고 정직하게 맡은 책무를 다해야 한다. 청지기는 하나님께서 맡기신 것을 잘 관리해서 어떻게 하면 영광을 돌릴 수 있을 것인가만 늘 생각하며 살아야만 한다. 우리가 칭찬과 상급을 주인으로부터 받는 것은 맡겨진 달란트의 많고 적음에 있는 것이 아니라 얼마만큼 정직하게 하나님의 것을 잘 관리하며 열심을 다하여 부지런하게 책무를 다 했는가 하는데 달려 있는 것이다.

　정직한 사람들이 손해를 보는 경우가 악한 사람들보다 더 많다고 생각하는 사람들이 있을 수 있지만, 사실상 정직한 사람들은 물질의 손해는 좀 더 볼는지 몰라도 그들의 명예와 자랑은 부정직한 사람들보다 훨씬 더 견고하게 보존되는 것이다. 그래서 잠언 10장 29절에서는 "여호와는 정직한 사람을 보호하시고 악인들을 멸망시키신다"라 하였고, 11장 3절에서는 "정직한 사람의 성실은 그를 인도하지만 신실하지 못한 사람은 정직하지 못한 것 때문에 망하고 만다"라고 하였으며, 11장 6절에서는 "정직한 사람은 의로움으로 구원을 받지만 정직하지 못한 사람은 자기 악에 사로잡히고 만다"라 하였다. 성경이 증거 하는 진리는 정직하면 흥하고, 거짓이 많으면 망한다는 것이다.

신앙생활이란 내 유익을 추구하는 것이 아니라 신의 부르심에 정직하게 순종하여 사는 행위라 할 수 있다. 거짓과 불의가 세상을 뒤덮는다 해도 사회 곳곳에 있는 그리스도인들이 정직한 삶을 산다면 이 사회 이 나라는 정말 살기 좋은 나라가 될 것이다. 정직한 삶을 살려면 희생을 감수해야만 하지만, 그 희생은 행복한 세상을 위한 고귀한 밑거름이 된다. 우리 그리스도인 한 사람 한 사람의 정직한 삶은 행복한 가정 행복한 기업 행복한 사회를 만들어 가는 기초가 되는 것이다.

부정직함은 여러 가지 다른 형태로 표출될 수 있다. 예를 들면, 침묵이나 과장, 가장이나 은폐, 다른 사람의 의견에 동조하는 척하는 것도 부정직한 것이다. 거짓으로 동의하는 태도를 취하는 것, 실행할 마음도 없으면서 약속을 하는 것, 그리고 진실을 말해야 할 의무가 있음에도 불구하고 진실을 말하지 않는 것은 부정직한 것이다. 상대에 따라 태도를 바꾸는 사람들, 말과 행동이 다른 사람들은 기본적으로 불성실하여 신뢰감을 불러일으키지 못하고 결국에는 낙오자가 되고 다른 사람들에게 해를 끼치고 만다. 그래서 잠언 12장 6절에서는 "악인의 말은 사람을 엿보아 피를 흘리흘리자 하는 것이거니와 정직한 자의 입은 사람을 구원하느니라"고 하였다. 악인, 즉 거짓된 사람은 자신도 죽이고 남도 죽이지만 정직한 사람은 자신도 살리고 남도 살린다는 것이다.

근대 교육의 아버지 페스탈로찌는 "변함없는 행복은 정직에 있다"고 말했으며 독일의 물리학자 리히텐베르크는 "정직에는 지속적인 행복이 있다"고 말했다. 15세기 이탈리아의 베네치아라는 도시국가의 재상 보르자는 10년의 재임기간 중 베네치아를 유럽 최고의 문화와 경제 중심지로 도약시킨 명재상이다. 그러던 그가 어느 날 친구에게서 우리 돈으로 5만원 상당의 향응을 받은 혐의로 체포되어 재판에 회부되었는데 11명의 재판관 중 10명이 그의 면책을 주장했다. 그러나 한 명의 재판관이 이에 반대하며 말했다. "만약 그를 처벌하지 않는다면 다시는 그와 같은 영웅은 나오지 않을 것입니다." 공직자의 조그만 티끌이라도 후세의 귀감을 위해 용납해서는 안 된다는 이 정신을 우리는 높여야 한다. 미국에서는 공직자가 직무와 관련해 뇌물이나 선물을 받으면 공직이 박탈되고 받은 금액의 3배 이하를 배상하거나 15년 이하의 징역에 처해질 수 있다고 한다. 바늘도둑이 소도둑 된다는 평범한 이치를 사람들은 잊고 있는 것이다.

야고보는 행함 없는 믿음이 죽은 믿음이라고 말했지만 아직까지 상당수의 교인들은 '믿음'의 이해에 있어서 '행함'이라는 요소를 배제하고 있다. 행함의 표현 중 하나로서 정직은 인간사회에서 보편적으로 추구하는 가치라 할 수 있다. 인간의 보편적 가치로서 우리 기독교인들이 되찾아야 할 것 또한 '노블리스 오블라주'(Noblesse oblige)다. '노블레스 오블리주'란 프랑스어로 "귀족의 의무"를 의미한다. 보통 부와 권력, 명성은 사회에 대한 책임과 함께 해야 한다는 의미로 쓰인다. 즉, 노블레스 오블리주는 사회지도층에게 사회에 대한 책임이나 국민의 의무를 모범적으로 실천하는 높은 도덕성을 요구하는 단어이다. 하지만 이 말은 사회지도층들이 국민의 의무를 실천하지 않는 문제를 비판하는 부정적인 의미로 쓰이기도 한다. 기독교인은 전부가 다 사회지도층이라 할 수 있다. 그러므로 노블리스 오블라주의 가치를 목숨처럼 소중하게 여겨야 한다.

경건한 삶의 영성은 신앙인들의 윤리성으로 나타난다. 그 윤리성 가운데 가장 중요한 것이 바로 언행일치와 정직, 그리고 성실감과 책임감이라 할 수 있다. 사람이 각자 그 자신의 신분에 걸 맞는 도덕적 책임과 의무를 다할 때 존경을 받을 수 있을 것이다.

4) 용기

'용기'를 뜻하는 영어단어 '커리지'(courage)는 심장이라는 뜻의 라틴어 '코에우르'(Coeur)에서 유래했다. 사람의 몸에는 눈, 귀, 코, 손과 발 같은 지체들이 있는데, 그것들이 아무리 온전해도 심장에서 피를 펌프질 해주지 않으면 활발하게 작용할 수가 없다. 심장이 펑펑 펌프질을 제대로 해줘야 이 기능들이 살아나는 것이다. 그래야 눈도 밝고, 귀도 밝고, 손과 발도 움직이게 된다. 아무리 소중하고 중요한 손과 발이라 하더라도 펌프가 고장 나면 제대로 작동할 수가 없다. 이와 마찬가지로 용기가 없으면 그 모든 지식과 모든 덕은 아무런 힘을 발휘하지 못하게 된다. 이런 의미에서 어원적으로 볼 때 용기란 마치 펌프질에 따라 돌아가는 피와 같이 위험 앞에서 드러내는 힘찬 정신적인 힘 곧 강인함과 씩씩함, 그리고 인내력 등을 뜻한다고 할 수 있다.

학자들의 말에 의하면 일반적으로 용기하면 '신체적 용기', '도덕적 용기', '사회적 용기' 같은 것들이 있다. 우선은 건강해야 용기가 있을 수 있다. 건강을 잃어버리고 나면 그만 용기가 꺾이고 만다. 또 도덕적 용기란 죄가 없을 때 생기는 용기를 말한다. 죄가 있으면 용기는커녕 도망갈 구멍만 찾게 됨으로 비겁해질 수밖에 없다. 그리고 사회적으로 지지를 받지 못하거나 사회적인 성원을 받지 못하면 용기를 가질 수가 없다. 사회적으로 많은 사람이 그를 지지해 줄 때 그는 용기를 얻을 수 있다.

신학자 폴 틸리히는 그의 『존재에로의 용기』(Courage to be)라는 책에서 신앙을 정의할 때 이렇게 말하고 있는 것을 볼 수 있다. '그럼에도 불구하고'(in spite of)라고 하는 진리를 받아들이게 될 때 비로소 용기가 생기게 된다는 것이다. '그럼에도 불구하고'라는 신앙에서 생겨나는 용기야말로 참다운 살아 있는 용기라 할 수 있다. 그것을 우리는 신앙적 용기라고 한다. 병들었음에도 불구하고 갖는 그런 용기가 참된 용기다. 모든 일에서 '그럼에도 불구하고' 하는 그 신앙적 메시지를 받아들이고 그다음에는 주저앉는 것이 아니라 다시 일어나 미래의 세계로 자기를 밀고 나가는 것이 곧 참다운 용기라는 것이다.

그래서 잠언 24장 5-6절에서는 "지혜 있는 자는 강하고 지식 있는 자는 힘을 더하나니 너는 전략으로 싸우라 승리는 지략이 많음에 있느니라"고 하였고, 같은 장 10절에서는 "네가 만일 환난 날에 낙담하면 네 힘이 미약함을 보임이라"고 하였으며, 또한 16절에서는 "대저 의인은 일곱 번 넘어질지라도 다시 일어나려니와 악인은 재앙으로 말미암아 엎드러지느니라"고 하였다. 용기가 있으면 하나님을 의지하는 자는 넘어져도 다시 일어난다. 결코 낙심하지 않고 의기충천해서 앞으로 호시탐탐(虎視耽耽) 나가는 것이다. 그것은 하나님이 우리와 함께 하신다는 임재감을 갖고 있기 때문이다. 거기서 힘이 솟아오르는 것이다.

진정한 용기는 하나님을 신뢰하는 믿음, 곧 하나님의 임재를 확신하는 믿음에서 나오는 것이다. 즉 참된 용기는 우리의 형편과 처지를 아시는 하나님이 반드시 우리를 도와주신다는 확신에서 나온다는 말이다. 또한 용기는 두려움을 이겨내는 훈련을 통해 나온다. 마크 트웨인은 "용기는 두려움이 없는 상태가 아니다. 두려움을 다스리고 이겨내는 것이다"고 말했다. 용기는 두려움을 다스리는 내적 훈련의 열매라 할 수 있다. 외부의 영향에서 강해지려면 두려움을 다스릴 줄 알아야 한다.

윈스턴 처칠은 20세기의 가장 뛰어난 정치가중의 한 사람이었다. 그런 그가 중학교 때 3년이나 진급을 못했었다. 영어에 늘 낙제점을 받았기 때문이었다. 육군사관학교에도 들어가지 못하고 포병학교에, 그것도 명문의 자제라는 특전 때문에 입학이 되었다. 그런 그가 먼 훗날 옥스퍼드대학의 졸업식에서 축사를 하게 되었다. 처칠은 우레 같은 박수를 받아가며 위엄 있게 연단에 걸어 나와서 천천히 모자를 벗어놓고 청중을 바라보았다. 청중은 숨소리를 죽이며 그의 말을 기다렸다. '포기하지 말라'(Don't Give Up), 이것이 그의 첫마디였다. 그러고는 처칠은 천천히 청중석을 둘러보았다. 사람들은 조용히 그의 다음 말을 기다렸다. 처칠은 목청을 가다듬고 다시 이렇게 소리쳤다. '포기하지 말라!' 그러고는 그는 위엄으로 가득 찬 동작으로 연단을 걸어 나갔다. 윈스턴 처칠의 용기 있는 말과 행동은 영국 국민을 2차 대전의 포화 속에서 일어나게 했다. 좋은 환경이 힘을 북돋우는 것은 아니라, 용기가 힘을 북돋워 주는 것이다. 그래서 용기 있는 곳에는 내일이 있다 할 수 있다.

이 용기가 아무리 인생에 있어서 소중한 것이라 할지라도 어떤 목표나 꿈이 없으면 별로 소용이 없다. 이처럼 용기는 원대하고 용이치 않은 계획이 있을 때 필요하기도 하고 단련되기도 한다. 많은 사람은 몽상과 이상을 혼동하여, 이상이라고 하는 것은 실현할 수 없는 것이라고 생각하며 단념한다. 물론 젊은 사람의 공중누각은 안개 같이 사라지겠지만, 참된 이상은 비록 손댈 수 없을 만큼 높게 보이더라도 실현될 수 있기 때문에 있는 것이다. 사람이 도달할 수 없는 것은 사람의 마음을 끌 수는 있으나 실행을 고무할 수 있는 힘은 없다.

참된 이상은 실현 가능이라고 하는 본질적 특징을 가지고 있다. 그러나 위대하고 고상한 일의 실현 여부는 각 사람의 내적 힘에 오직 달려 있다. 그 내적인 힘이 용기인 것이다. 이 용기는 사람이 가지고 있는 가능성의 범위를 넓혀준다. 그리고 곤란한 계획도 성취할 수 있는 것이라고 믿게 한다. 높은 목적을 우러러 보고 위대한 행위를 착수하는 것은 용기 있는 자들만이 할 수 있는 것이다. 그래서 잠언 29장 25절에서는 "사람을 두려워하면 올무에 거리게 되거니와 여호와를 의지하는 자는 안전하리라" 하였다.

가능한 것을 단연 시작하는 것이나 어려운 계획을 감행하는 것은 용맹한 사람이 할 수 있는 실행이다. 평야를 유유히 흐르는 강이 산간에서 격렬하게 낙하하는 계류(溪流)보다 더 큰 힘을 발휘하여 기선이나 화물선을 싣는 것 같이 일을 지속적으로 끈기 있게 행하는 용기는 처음 결단하던 때의 용기보다 몇 갑절 크다. 어떤 일을 시작하는 용기보다도 이를 꾸준하게 하여 중도에 포기하지 않는 끈기 있는 용기가 더 필요하다. 곤란한 사업을 용기 있게 시작하는 사람은 많으나 그 곤란을 무릅쓰고 하루하루 조금씩 전진해 나가는 기력이 있는 사람은 드물다. 무엇보다 시작이 어렵지만 시작한 것을 포기하지 않고 지속하는 용기는 더욱 귀하다.

용기 중에서도 최고의 용기는 자기를 극복하는 용기다. 자기를 극복시키는 것을 소홀히 하면, 외적인 노력은 다 별 효과가 없다. 극기가 없이는, 일시적 기분이나 정열의 노예가 되고 말기 때문에, 우리를 둘러싼 환경의 희롱물이 되고 만다. 비록 세상이 우리에게 찬사를 던지더라도 그는 용기 있는 사람, 즉 영웅이라고는 할 수 없다. 이 세상의 많은 불행이나 부도덕이 나약함과 우유부단함 탓이다.

다시 말해, 용기가 부족하여 발생하는 것이다. 사람들은 무엇이 옳은지 알아도 그것을 실행할 용기를 내지 못한다. 그들은 자신이 해야 할 의무를 알아도 그것을 수행할 결심을 하지 못한다. 자제력이 부족하고 나약한 사람은 갖가지 유혹에 흔들린다. 그들은 유혹을 뿌리칠 용기가 없다. 그래서 유혹 앞에 무릎을 꿇는 경우가 많다. 용기에 열정과 인내심까지 겸비하고 있다면 이겨낼 수 없을 것 같은 난관도 극복할 수 있다. 용기는 노력하는 마음과 힘을 북돋우며 포기를 용납하지 않는다.

용감한 사람이라고 부드럽지 못한 것은 아니다. 반대로 부드러움과 관대함은 여성들보다 용감한 남성들의 특징임을 알 수 있다. 가장 관대해질 여유가 있는 사람은 바로 용감한 사람이다. 아니, 어쩌면 관대함은 용감한 사람의 본성일지도 모른다. 젊은 철학자 비오(Biot)가 프랑스 학술원에서 자신의 논문 "차수 방정식에 관하여"를 발표할 때 라플라스가 그에게 보여준 행동은 지극히 신사적인 것이었다. 그 자리에 모인 석학들은 발표가 끝나자 논문 발표자의 독창적인 견해에 찬사를 보냈다. 몽주(Monge)는 그의 성공을 기뻐했다. 라플라스 역시 그의 명료한 설명을 칭찬했다.

어느 날 라플라스는 비오를 집으로 초대했다. 집에 도착하자마자 라플라스는 서재에 있는 벽장에서 논문을 한 권 꺼냈다. 오래되어 노랗게 빛이 바래어 있었다. 그는 그것을 젊은 철학자에게 건넸다. 놀랍게도 그 속에는 방금 박수갈채를 받은 문제의 해결책들이 담겨 있었다. 모두가 다 효과적인 해결책들이었다. 지극히 넓은 아량으로 라플라스는 비오가 프랑스 학술원에서 명성을 얻을 때까지 그 문제의 관련된 어떤 지식도 발표하지 않았다. 그리고 비오에게도 비밀을 지키도록 하였다. 그로부터 50년 후 비오가 그 사실을 발표했다. 만약 그가 그 사실을 밝히지 않았다면 아마 그 일은 영원히 비밀로 남았을 것이다.[118] 라플라스는 실로 관대한 아량을 가진 사람이었다. 그것이 참다운 용기인 것이다.

서상한 바와 같이, 용기란 성취가 아니라 계속 시도하는 것이다. 참 용기는 삶을 움직이게 하는 에너지인 동시에, 인생의 삶에 활기의 불을 지펴주는 에너지가 바로 '용기' 다. 용기가 곧 승리이고, 두려움을 정복하고, 공포감을 정복한다. 하나님은 자녀들을 통해 이 용기가 공급되기를 원하고 계신다.

5) 화목

화목(peace)은 이 지상에서 가장 자랑스럽고 아름다우며 소중한 덕목 중의 하나이다. 그것이 가장 근본적인 행복의 요건 중의 하나라는 것은 더 설명할 필요조차 없다. 화평과 화목을 창출하는 사람의 마음속에는 행복감이 가득 차게 될 것이다. 그러므로 행복한 사람이 되기 원하는 사람은 평화의 건축사가 되어야 한다. 그것이 행복에 이르는 가장 빠른 지름길이기 때문이다. 그래서 잠언 12장 20절에서는 "악을 꾀하는 자의 마음에는 궤휼이 있고 화평을 논하는 자에게는 희락이 있느니라" 하였다. 궤휼은 악인의 특성이지만, 희락은 남의 화평을 원하고 그것을 위해 일하는 사람의 특성인 것이다. 화평을 도모하는 사람이 가장 큰 행복을 누릴 수 있다.

화평을 만들어내고자 애쓰는 사람의 마음은 늘 고요한 호수와 같다. 늘 고요한 호수와 같은 마음의 상태를 우리는 마음의 평화로움이라 한다. 마음의 평화가 없으면 물질이 많고 지위가 높고 명예가 하늘 끝까지 닿는다 해도 아무런 유익이 될 수 없다. 화목을 도모하는 사람은 시간이 갈수록 넓어진다. 하나님은 넓게 만드시는 반면 마귀는 좁게 만든다는 것을 기억하여야 한다. 마음을 넓게 하는 길은 반대와 적대감정까지도 포용하는 것이다. 포용하면 할수록 더 강해지고 마음이 고요해지며 자신감이 넘치게 된다.

미국의 재벌 록펠러는 이미 33세 때 백만장자가 되었고, 43세가 되었을 때는 세계에서 가장 큰 회사를 가졌으며, 53세 때는 세계 최고의 부자가 되었다. 그 당시에는 억만장자가 록펠러 한 사람뿐이었다. 록펠러는 이미 50대에 소원하던 꿈을 다 이루었다. 더 이상 바랄 것이 없었다. 일주일 수입이 무려 1백만 달러였다. 정말 엄청난 액수였다.

그러던 그가 악성 피부병에 걸리게 되었다. 머리카락과 눈썹이 빠지고 속눈썹마저 빠져버렸다. 몸이 점점 이상해졌다. 식사도 비스킷과 우유만 먹어야 했다. 또한 펜실베이니아에는 그를 미워하는 사람이 많았기에 그를 경호하는 사람들이 밤낮으로 그를 지켰다. 록펠러는 불면증으로 밤잠을 설쳐야 했고 점차 웃음을 잃어갔으며 사는 재미도 없었다.

최고의 의사들이 그를 돌보면서 록펠러가 앞으로 1년 이상 살기 힘들 것이라는 비관적인 결론을 내렸다. 록펠러는 깊은 절망에 빠졌다. 그런데 순간 "만약 내가 이렇게 죽는다면 나의 이 많은 재산 중에 단 하나도 갖고 갈 수 없지 않은가"라는 생각이 들었다. 결국 그날 그는 엄청난 사실을 깨닫게 되었다.

'일생에 있어서 돈보다 더 중요한 것이 있다. 돈이 일생의 전부가 아니다.' 그 동안 돈이 전부라고 생각한 자기가 얼마나 어리석었는지를 깨달은 순간 그의 마음이 평안해졌다. 그러면서 그를 미워하던 사람들을 용서할 마음을 갖게 되었다. 이때부터 록펠러는 완전히 다른 사람이 되었다. 그는 결심한대로 막대한 재산을 교회를 위해 사용했다. 수천 대의 풍금이 교회로 배달되었고, 가난한 사람들에게 그의 손길이 전해졌다.

마침내 그는 록펠러 재단을 설립하였고 의학을 개발하여 병든 자를 고치는 일에 앞장섰으며, 수많은 자선 사업을 벌였다. 그런데 이상한 일은 록펠러가 이런 일을 시작하면서 사는 재미를 느끼게 되었고 그토록 시달리던 불면증에서 해방되었다는 것이다. 또한 그의 마음속에서는 미움까지도 아침의 안개처럼 사라졌으며 웃음도 다시 찾을 수가 있었다. 약으로도 고칠 수 없었던 병이 깨끗이 낫는 기적과 같은 일이 일어났다. 의사의 진단은 완전히 빗나갔고 98세까지 그는 살았다. 마음의 평안은 양약이 되는 것이다. 그것은 우울증과 절망감을 몰아내고 그 자리에 평안을 싹트게 한다.

사랑과 화평이 없으면 아무리 부자라도 아무것도 아니다(잠 15:16-17). 결혼 생활에서 마음의 평화를 얻고 행복을 누리려면 남편은 아내를 사랑하고 평생의 협력자이자 마음의 친구로 만들어야 한다. 하지만 그렇다고 여성이 단순히 남성과 비슷해야 하는 것은 아니다. 여성이 남편이 여성스럽기를 바라지 않는 것처럼, 남성은 아내가 남자 같길 바라지 않는다. 여성의 최고의 품성은 지성에 있는 것이 아니라 사랑하는 마음과 부드럽고 평화로운 심성에 있다. 여성은 지식이 아니라 사랑하는 마음과 화목지심(和睦之心)을 통하여 기운을 북돋운다. 머리가 좋은 여자는 마음이 화평하고 아름다운 여자만큼 흥미를 돋우지 못한다. 그렇다고 여성들이 일부러 지식을 쌓는 일에 게을리 한다면 여성의 매력이 오래가질 못한다. 아무리 성격적인 차이가 있다하더라도 지성과 감성이 조화를 이루면 그 가정은 행복하고 화평할 수가 있다. 서로 조력자가 되면 가정과 사회가 편안해진다.

그래서 잠언 17장 1절에서는 "마른 떡 한 조각만 있고도 화목 하는 것이 제육이 집에 가득하고도 다투는 것보다 나으니라"하였다. 또 "다투는 여인과 함께 큰 집에서 사는 것보다 움막에서 사는 것이 나으니라"(잠 21:9)고도 하였다. 이 세상에서 가장 불행하고 불쌍한 사람은 불화(不和)의 불씨를 일으키는 사람과 함께 동거하는 사람이라 할 수 있다. 그런 딱한 사정을 잠언 27장 15절에서는 "다투는 여자는 비 오는 날에 이어 떨어지는 물방울이라"고 해학적인 말로 표현하기도 하였다. 다투기를 좋아하는 아내는 비오는 날에 떨어지는 물과 같이 다툼을 멈추지 않는다는 것이다.

우리는 모두다 가정이 행복하기를 바라고 있다. 가정의 행복은 한 마디로 말해서 가족들 간의 화목에서 연유한다. 화목은 돈으로 살 수 없는 값진 재산이요 그 어떤 다른 귀한 것 하고도 바꿀 수 없는 자산인 것이다. 이런 화목이 없으면 가정은 절대로 행복할 수 없다. 그런데도 화목하지 못해서 불행해지는 가정들이 많이 있다. 그것은 한 마디로 대화의 빈곤과 단절 때문에 오는 비극이요 불행인 것이다. 대화는 말을 주고받는 것만이 아니라 마음을 주는 것이며 사랑의 표현인 것이다. 또한 깊은 관심이며 무거운 짐을 나눠지는 애정이라 할 수 있다. 어떤 경우에는 말을 하지 않고 같이 앉아주는 것도 대화이다. 이런 대화를 우리가 함으로써 가정이 화목해지고 행복을 맛볼 수 있게 된다. 대화를 통해 다툼 속에 평화를 심을 수 있고, 오해가 있는 곳에 용서를 베풀 수가 있게 된다.

서로 가정에 불행이 닥치고 부부 사이에 금이 가는 어려운 시련이 올지 모르지만 진정한 사랑의 대화가 있는 이상 불행이 그 가정에 뿌리를 내리지 못할 것이다. 사랑의 대화는 가난을 이기고 고난을 극복할 수 있으며 마음의 병을 치료해준다. 이와 같이 가정의 화목은 음과 양으로 결합한 부부가 서로를 사랑하며 부모를 공경하고 자녀들을 돌보며 우애와 화기(和氣)가 넘치는 가정을 이루는 것을 가리킨다. 그런데 이 세상에는 화목하지 못한 가정이 뜻밖에도 너무나 많다고 한다. 일찍이 공자께서도 수신제가치국평천하(修身齊家治國平天下)라 하여 몸을 닦고 다음에 가정을 가지런히 하며, 그 다음에 나라를 다스리고, 그 다음에 천하를 평정하라고 충고 했다. 성경도 가정의 행복을 곳곳에서 강조하고 있다.

때로는 우리의 삶 속에 화나는 일이 일어날 수 있지만, 그것을 잘 참는 자는 화목을 이룰 수가 있다. 그 가장 좋은 방법은 하나님을 잘 경외하는 것이다. 그래서 잠언 16장 7절에서는 "사람의 행위가 여호와를 기쁘시게 하면 그 사람의 원수라도 그로 더불어 화목하게 하시느니라"고 하였다.

하나님을 믿는 사람이라면 누구나 사람과 더불어 화평함을 좇아야 한다. 나를 사랑하는 사람들뿐 아니라 애매하게 나를 미워하고 괴롭히는 사람들과도 화평해야 한다. 그럴 때 비로소 하나님의 참 자녀로서 영적 권세를 누리고 하늘에서도 존귀한 자가 될 수 있다. 그래서 히브리서 12장 14절에서는 "모든 사람으로 더불어 화평함과 거룩함을 따르라 이것이 없이는 아무도 주를 보지 못하리라"고 하였다.

그리고 모든 사람과 화평하려면 무엇보다 자기를 희생해야 한다. 이러한 화평을 온전히 이루기 위해서는 상대를 위해 자신을 희생하되 생명까지 내어줄 수 있어야 한다. 다음으로, 자기 의와 틀을 주장하지 말아야 한다. 사람마다 타고난 환경이 다르고 믿음의 분량도 다르듯이, 옳고 그름의 가치 판단의 기준도 다르기 때문에 자기 입장만 주장해서는 화평할 수 없다. 상대 입장에서 생각하며 섬길 때라야 화평이 이루어진다. 또한 형제와 화평하려면 다른 사람의 말을 하지 말아야 한다. 그래서 잠언 18장 6절에서는 "미련한 자의 입술은 다툼을 일으키고 그의 입은 매를 자청하느니라"고 했다. 그러므로 우리는 남의 말을 하기 좋아하는 사람들과 교제하는 일은 깊이 삼가야 하는 것이다. 나도 그와 함께 다툼을 일으키는 장본인이 될 수도 있기 때문이다.

이렇게 사람과 사람 사이에 인화 즉 화목이 잘 이루어지면 사기가 앙양되고 인화가 안 되면 사기가 떨어진다. 사기는 일하고 싶은 의욕이요, 일에 대한 열심이다. 사기충천(士氣沖天)한 사회, 가정, 조직이 바람직한 공동체라 할 수 있다. 다른 사람들과 평화롭게 지내고 싶다면, 그리고 그들로부터 존경을 받고 싶다면, 그들의 개성과 인격을 존중해주어야 한다. 사람마다 생김새와 외모가 다르듯, 태도와 성격과 감정이 각기 다르다. 다른 사람들이 인내심을 갖고 우리를 대하길 바라듯, 우리 역시 인내심을 갖고 나의 성격과 감정을 잘 처리 조절하여야 한다. 그렇게 할 때 우리는 화평을 유지할 수 있다.

각주)

68) 오토 잭클러 편저,『잠언』, 배영철 역 (서울: 백합출판사, 1981), 10.

69) 위 책, 10에서 재인용.

70) 짐 윌호이트. 래런드 라이켄 지음,『성경을 효과적으로 가르치는 비결』, 박미라 외 옮김 (서울: 도서출판 프리셉트, 2003), 256에서 재인용.

71) 잭클러, 11에서 재인용.

72) 시드 부젤 지음,『잠언』, 김태훈 옮김 (서울: 두란노, 1983), 7.

73) 토마스 롱 지음,『성서의 문학유형과 설교』, 박영미 옮김 (서울: 대한기독교서회, 1995), 101.

74) 잭클러, 10.

75) 부젤, 8.

76) 두자체는 acrostics을 번역한 것이다. 문장의 첫머리 글자를 모았을 때 알파벳이 되거나 아니면 단어가 되거나 하는 시의 기법을 두자체라 한다.

77) 부젤, 8.

78) 위 책, 8.

79) Thomas Kelly Cheyne, *Job and Solomon* (London: Darton, Longman & Todd, 18885), 131.

80) 롱, 102.

81) 위 책, 105에서 재인용.
82) 크랜쇼, 92.
83) 그레엄 골즈워디 지음,『복음과 지혜』, 김영철 옮김 (서울: 성서유니온, 1989), 88.
84) Robert Alter, *The Art of Biblical Poetry* (New York: Basic Books, 1985), 169.
85) '하렘'은 이슬람 국가들의 집에서 여자들이 분리되어 기거하던 곳을 가리킨다.
86) 보에 괸 물, 또는 거기서 흘러내리는 물을 가리킨다.
87) 릭 워렌 지음,『목적이 이끄는 삶』, 고성삼 옮김 (서울: 도서출판 디모데, 2003), 21.
88) 잠언 11:10, 14, 28 참조.
89) 워렌, 22.
90) 김기원,『지혜롭게 살아라』(서울: 기독신보출판사, 1990), 52.
91) 위 책, 59-60.
92) 아가페문화사 편찬위원회 지음,『칭송받는 구역』(서울: 아가페문화사, 2008), 92.
93) The Rev. Derek Kidner, *The Proverbs* (London: The Tyndale Press, 1972), 50.
94) 잠언에서는 양육하는 일이 가르치는 일(22:6), 훈련(계)하는 일(22:6), 다스리는 일(19:18), 징계하는 일(13:24, 19:18, 22:15, 23:13) 등으로 나타난다.
95) 제임스 L. 크랜쇼 지음,『구약 지혜문학의 이해』, 강성열 옮김 (서울: 한국장로교출판사, 1993), 110.
96) 스마일즈, 372.
97) 위 책, 450.
98) 크랜쇼, 111.
99) 김인자 지음,『부모들이여/ 잘 양육합시다』(서울: 나침반사, 1990), 74.
100) 위 책, p. 88.
101) 스마일즈, 408.
102) 조신권,『삶의 슬기샘: 잠언강해』(서울: 평산출판사, 1996), 108 참조하

기 바란다.

103) 武田友壽 지음,『문학과 인생』, 이석현 옮김 (서울: 성바오로출판사, 1984), 133에서 재인용.

104) Kinder, 53.

105) 생명나무에 대한 언급은 잠언 11:30, 13:12, 15:4 참조하라.

106) 생명의 샘에 대한 언급은 잠언 10:11, 14:27, 16:22 참조하라.

107) 스올(음부)에 대한 언급은 잠언 1:12, 5:5, 7:27, 9:18, 15:11, 24, 23:14, 27:20, 30:16을 참조하기 바란다.

108) 아바돈(유명)에 대한 언급은 잠언 15:11, 27:20을 참조하기 바란다.

109) 함정에 대한 언급은 잠언 1:12, 28:17을 참조하기 바란다.

110) 레파임(그늘진 곳, 음부)에 대한 언급은 잠언 2:18, 9:18, 21:16을 참조하기 바란다.

111) 잠언 14:29, 15:18, 19:19, 22:24, 29:22 참조.

112) 쿠랜쇼, 118.

113) 하인리히 듀몰린 저,『온전한 사람』, 한송열 역 (서울: 성 바오로여자출판사, 1963), 223.

114) 위 책, 184.

115) 스마일즈, 238에서 재인용.

116) 위 책, 239에서 재인용.

117) 듀몰린, 151에서 재인용.

118) 스마일즈, 131-132.

제3장 전도서 : 누리는 삶의 기술

전도서를 영어로는 '이클리지애스티즈'(Ecclesiastes)라고 하는데, 이는 헬라어로 '집회를 소집하는 자'를 뜻하는 '에클레시아스테스'(ekklesiastes)라는 명칭을 그대로 음역(音譯)한 것이다. 히브리어로는 본서를 '코헬렛'(Koheleth)이라고 부르는데, 이 말은 본서 1장 1절 "다윗의 아들 예루살렘 왕 전도자(코헬렛)의 말씀이라"고 말한 데서 나온 제목이다. 독일의 종교개혁자 마르틴 루터(Martin Luther)는 전도서의 히브리어 명칭인 '코헬렛'이라는 말에 담긴 의미를 충분히 고려해서 자신의 독일어 번역 성경에서 전도서를 '전도자'(Der Predoger=the prediger)라고 표기하였다.[119]

구약성경 중에서도 전도서만큼 많은 사상가들의 마음을 매혹시킨 작품도 없다. 전도서에 깊은 공명과 영향을 받은 작가로는 하인리히 하이네(Heinrich Heine), 에른스트 르낭(Ernest Renan), 토머스 하디(Thomas Hardy), 어네스트 헤밍웨이(Ernest Hemingway) 같은 인물들을 들 수 있다. 이처럼 많은 문인들과 깊은 생각을 하는 사람들에게 큰 영향을 미친 전도서는 도대체 어떤 책인가?

첫째로 전도서는 인생의 참된 의미를 찾아가는데 도움을 주는 삶의 지침서라 할 수 있다. 전도서로 말하자면, 널리 읽힐 뿐 아니라 많은 영향도 주지만, 신실한 신자들에게는 거부감을 안겨 주기도 한다. 왜냐하면 이 책의 겉만을 얼핏 보면 그 표면에 나타나는 것은 삶의 허무와 무의미이기 때문이다. 전도서의 겉으로 드러나는 이런 생의 허무와 무의미는 우리가 흔히 추구하며 기대하는 성경의 적극적인 인생관과 고상하고 청결한 도덕적 수준에 어울리지 않는다. 그래서 신실하고 경건한 신자들은 전도서를 거부하게 되는 경우가 있다.

그러나 표층 구조만을 보지 말고 그 안에 들어 있는 상징과 이미지 같은 것으로 이루어지는 심층구조를 잘 살피면서 그 알맹이를 씹고 씹어 보면 전도서는 인생의 참된 가치와 의미가 무엇인가를 찾아가며 회의하기도 하고 마치 넋두리처럼 속에 있는 말을 마구 털어놓기도 하지만, 사실은 그것으로 멈추지 않고 끝없이 도전하고 반응하며 마지막 궁극적인 가치의 지표를 향해 나가고 있는 심오한 명상록이라는 것을 알 수 있다.

"무엇이든지 전에 기록한 바는 우리의 교훈을 위하여 기록된 것이니 우리로 하여금 인내로 또는 성경의 위로로 소망을 가지게 함이니라"(롬 15:4.)는 바울의 고백처럼, 전도서는 단순히 페르시아의 시인 오마 카얌 (Omar Khayyam)의 시 『루바야트』(The Rubaiyat)와 같은 허무의 탄식이거나 고뇌의 노래가 아니라 그 허무와 무의미성을 뛰어 넘어서 좀 더 적극적으로 삶의 의미를 탐구해 가는 소망의 찬가요 "인생 전체가 (어떻게 하면) 의미 있는 삶을 이룰 수 있는가 하는 점"[120]을 지시해주는 진실 되고 진지하게 살고자 하는 인생의 생활 지침서라 할 수 있다.

다른 의미에서 전도서는 삶의 참된 의미를 진지하게 찾아가는 인생 탐구서다. 사실상 해 아래에서 생존하는 존재들 중에서 오직 인간만이 삶의 의미를 찾고 추구한다. 길가의 돌멩이는 '왜 내가 여기에 돌로 존재하는가?'라고 묻는 법이 없다. 짐승의 정신적 세계와 질서가 어떠한지 짐작하기 어렵다지만 일반적으로 동물은 그저 본능에 따라 행할 뿐이요, 비록 무엇을 알고 느끼며 판단하는 심적(心的) 기능을 가지고는 있다하여도 사람처럼 삶의 의미와 가치를 의식하거나 찾지는 않는 것으로 보인다. 따라서 유독 인간만이 '왜, 무엇 때문에, 무엇을 위하여?'라는 질문을 끊임없이 던지는 것이다. 삶의 의미와 가치와 목적을 구하고 찾으며 이것이 그의 삶을 지탱해주는 그런 존재인 것이다. 사실 '허무'라는 말 자체가 '가치'나 '의미'라는 말을 뒤집어놓은 것이라면, 그리고 허무의 감정을 느끼는 것이 가치와 의미를 발견하지 못한 데서 생겨나는 것이라면, 허무감이 깊으면 깊을수록 역으로 의미와 가치에 대한 관심 역시 그만큼 깊고 절실하다는 것을 알리는 것에 지나지 않다. 삶에서 의미를 찾지 않는 사람은 허무를 느끼지도 않을 것이다. 전도서는 이런 뜻에서 삶과 역사의 의미와 가치를 가장 절실하고 집요하게, 그리고 가장 진지하고 철저하게 찾으려고 하는 탐구서라고 할 수 있다.

둘째로 전도서는 두 목소리의 혼성(混聲)으로 이루어지는 인생교향곡이라 할 수 있다. 다시 말하자면 전도서는 겉으로는 삶의 허무와 무의미 및 부조리를 흐르게 하고 속으로는 참된 희망과 기대가 흘러가며 소리를 내도록 해놓은 인생론적인 교향시인 것이다. 영국 19세기 빅토리아 시인들 중의 대표적인 시인이라 할 수 있는 알프레드 테니슨(Alfred Tennyson)이 "두 목소리"(*The Two voices*)라는 시에서 듣는 그런 문답과도 일맥상통하는 그런 두 목소리를 갖고 있다.

> 한 조용하고 작은 소리가 나에게 말하였다,
> "그대 불행으로 가득 차 있다면,
> 죽는 것이 더 낫지 않겠는가?"
> 그때 나는 조용하고 작은 소리에게,
> "기이하게 창조된 나를
> 끝없는 그늘 속에 던지지 말라"고 하였다.

테니슨이 들은 한 조용하고 작은 소리는 인생 그 자체의 내면에서 들려오는 목소리인 것이다. 그 내면의 목소리는 변증법적으로 하나로 통합되기까지는 서로 상충하는 두 가락이 교차하면서 진행된다. 그 하나는 '인생이란 결국 불행하고 허무한 것이니 죽는 것이 더 낫지 않겠는가?' 하는 것이고, 다른 하나는 하나님의 형상대로 '기이하게 창조된 인간을 끊임없는 그늘 속에 던지지 말라'고 하는 것이다. 전자의 어두운 부정적인 목소리와 후자의 밝고 긍정적인 목소리가 겹치면서 슬픔을 자아내기도 하고 기쁨을 자아내기도 하는데, 그것은 바로 인생 내면의 보편적인 세계를 반영한 것이라 할 수 있다. 인생은 슬픔과 비극만도 아니고 그렇다고 기쁨과 희극만도 아니다. 슬픔과 기쁨이 믿음의 세계로 통합되면 언제나 밝고 기쁜 가락만을 띠게 된다.

시편 119편 105절에서 "주의 말씀은 내 발에 등이요 내 길에 빛이니이다"라고 시인이 말한 것처럼, 전도서는 삶의 궁극적인 목적을 향해 어두운 길을 가는 인생에게 있어서 등불과도 같다. 등불을 들고 어두운 길을 가는 사람은 한 발자국 앞만 볼 수 있다. 그가 한걸음을 떼어 놓으면 등불도 앞으로 움직여서 또 한 발자국을 쉽게 내디디게 된다. 결국에는 그 등불을 든 사람은 어둠 속을 한 번도 걷지 않고 안전하게 목적지에 도달하게 된다. 그 사람은 전체의 길을 밝게 걸어 왔지만 한 번에 한걸음씩만 빛이 비추었던 것이다. 전도서의 시인이 인생의 참된 의미를 찾아 나가는 방법도 마찬가지다.

셋째로 전도서는 간결하면서도 진솔한 지혜문학이라 할 수 있다. 히브리어로 된 구약 원전의 분류에 따르면 제1은 '율법'(토라)이고, 제2는 '예언서'(네비임)이고, 제3은 '잡서'(케스비임)라고 하는데, 이 잡서에는 시편, 잠언, 전도서, 아가, 애가와 같은 시가와 교훈이 들어 있고, 그 이외에 역대서, 에스더서, 에스라서, 느헤미야서, 룻기, 에스더서와 같은 역사 혹은 설화와 다니엘서와 같은 예언서가 포함되어 있다.

전도서는 이 잡서 중에 들어 있는 개인적인 삶의 체험을 극적인 대화의 형태로 간결하게 진술한 일종의 격언과 같은 짧은 지혜문학이다. 격언이란 "모든 사람들이 참이라고 알고 있는 공동 여론"[121]을 간결하면서도 진솔하게 다룬 보편적 진리라 하면 틀림이 없다.

다른 말로 표현한다면, 전도서는 인생 경험 세계에 대한 탐사 여행기라 해도 과언이 아니다.[122] 이 탐사 여행은 사람들이 추구하는 것들 가운데 가장 유망한 것인 지혜에서부터 시작한다. 그러나 이 어지러운 세상에서 '지식을 더하는 것은' 통찰력만 또렷하게 일깨워줄 뿐 사실상은 그의 "근심을 더하게"(전 1:18) 하는 것에 불과하다. 그리고 지혜가 사람에게 무엇이든지 다 해줄 수 있다고 해도 인생의 마지막에 가서는 아무것도 해줄 수 없음을 발견하게 된다. 그 위기에 있어서는 지혜자도 우매자와 마찬가지로 벌거벗은 것처럼 어쩔 수가 없다(전 2:15-17). 그래서 전도자는 영생의 주관자이신 하나님을 경외하는 것이 인생의 본분이라고 하는 것이다. 이것이 지혜문학의 핵심이라 할 수 있다. 이처럼 전도서는 이방인들 즉 자연인들에게 그들의 생각, 행동, 가치관을 바로 잡지 않으면 슬기롭고 숭고한 삶을 살 수 없다는 것을 가르쳐 주는 욥기와 자매간이라 할 만한 지혜문학인 것이다.

I. 전도서의 문학적인 탐구

1. 저자와 저작 년대

전도서의 저자는 자신을 "다윗의 아들 예루살렘 왕 전도자(코헬렛)"(전 1:1)라고 소개하고 있다. 그는 스스로를 솔로몬이라고 부르지 않는다. 잠언과 아가서에서는 드러내놓고 솔로몬이라는 이름을 써서 그 책들의 저자가 솔로몬 자신임을 밝히고 있지만, 전도서에서는 솔로몬이라는 이름을 나타내지 않았다. 전도서에서 저자는 자기 자신을 코헬렛으로 가장하고 있지만, 모든 문맥을 면밀히 살펴보면 이 말씀 자체가 솔로몬의 저작권을 뒷받침해 주는 것이라는 것을 알 수 있다. 그래서 전도서 1장 1절을 좀 더 자세하게 살펴서 솔로몬의 저작권을 입증하려 한다.

1) 다윗의 아들로서의 코헬렛

다윗은 잘 알다시피 이스라엘의 제2대 왕으로 하나님께서 뽑아서 세운 인물이다. 사도행전 13장 21-23절을 보면 이새의 아들 다윗은 하나님의 마음에 합한 자였다고 기록되어 있다. 또한 하나님은 그를 세워 그의 '뜻'을 이루게 하였다. 즉 하나님께서는 그의 약속 그대로 다윗의 씨에서 이스라엘을 위하여 구주를 세웠던 것이다. 그런데 다윗의 아들은 한 두 명이 아니라 아주 많이 있었던 것을 알 수 있다. 사무엘 하 3장 1-5절과 역대기 상 3:5-9절을 참고해 보면, 소실을 제외한 다윗의 아내는 8명이었는데, 다윗은 왕이 된 후 헤브론에서 7년 6개월, 예루살렘에서 33년, 총 40년 6개월 간 통치하면서, 헤브론에서는 아들 6명, 예루살렘에서는 13명, 총합 19명을 8명의 아내를 통하여 얻었다.[123] 이처럼 19명의 아들들을 두었다고 하는 것은 아주 놀라운 일이지만, 그 중에서 왕이 될 만한 인물은 암논, 압살롬, 아도니야, 그리고 솔로몬뿐이었다. 그런데 암논은 맏아들이지만 그의 이복누이(half-sister) 다말(Tamar)을 강탈하여 다말의 친오빠인 압살롬의 분노를 사서 2년 후에 그에게 살해되었다.

압살롬(Absalom)은 다윗의 셋째 아들이다. 압살롬은 용모와 예의범절이 뛰어나고 매우 매력적인 인물이었다(삼하 14:25-26). 아버지 다윗의 진노가 두려워서 그술 왕 암미홀의 아들 달매에게 피신하여 3년을 거기에 머물렀다. 암논이 죽었으므로 은근히 자기에게 부왕 다윗의 왕권이 양위되기를 기대하며 예루살렘으로 돌아왔다. 그러나 다윗 왕 앞에 바로 나타나질 않고 숨어서 지내다가 왕위 이양의 기미가 보이지 않자 다윗의 모사 아히도벨(Ahithophel)을 청하여 그와 더불어 반역을 모의하였다(삼하 13-15장). 반역을 일으켰으나 밀고 쫓기는 싸움을 계속하다가 결국 다윗의 군대 지휘관 요압에 의해 에브라임 전투에서 살해된다(삼하 17-18장).

아도니야(Adonijah)는 다윗의 넷째 아들이다. 압살롬은 제외하고서는 다윗이 가장 총애했던 아들이다. 용모가 심히 준수(왕상 1:6)하였다. 그는 솔로몬을 왕으로 세우려고 한다는 정보를 입수하고 스루야의 아들 요압과 제사장 아비아달과 왕위 찬탈을 모의한다(왕상 1:7). 그러나 제사장 사독과 선지자 나단은 이에 가담하지 않았다(왕상 1:8). 다윗이 나이가 늙어 솔로몬을 왕위에 앉히려 했을 때 왕위찬탈을 시도했다(왕상 1:5-13). 그러나 나단의 도움으로 솔로몬이 왕이 된다(왕상 1:11-53). 다윗의 19명의 아들 중에서 출중한 아들들은 못된 행실로 살해되거나 아버지에게 반역을 도모하다가 다 거세되고 결국은 솔로몬이 이스라엘의 3대 왕이 되었다.

또한 다윗의 아들들이 많이 있었지만, 솔로몬만큼 지혜로운 사람은 없었다. 코헬렛과 다윗의 아들을 동격으로 놓았는데, 다윗의 아들로서의 코헬렛은 솔로몬 말고는 다른 아들이 있을 수 없었다. 그런 의미에서 전도서의 저자는 솔로몬이라 할 수 있다. 솔로몬은 큰 죄를 범한 다윗의 아들이지만, 하나님께서는 그를 택해서 왕으로 세웠고 또한 많은 노래와 지혜를 수집하고 기록하게 하였다(열왕기상 4:32, 10:14).

2) 이스라엘 왕으로서의 코헬렛

'예루살렘'은 이스라엘 나라의 수도다. 거기에는 성전이 있고 왕궁이 있다. 전도서의 저자는 자기 자신을 "예루살렘 왕"(전 1:1, 12)이라고 언급하였다. 예루살렘의 왕이란 바로 이스라엘의 제3대 왕인 솔로몬을 가리키는 것이다. 솔로몬이 왕이 되면서부터 그는 유명해지기 시작했는데, 특히 그의 지혜는 널리 남방에 있는 나라 시바에까지 알려질 정도였다. 그는 그의 나라와 백성을 지혜로 다스렸다(왕상 3:1-12). 그는 지혜도 풍성했지만 그 이외에 부와 영화도 풍성했다. 은과 금을 돌처럼 사용할 수 있었고, 여자도 일 천 명 이상이나 거느리고 살았으며 부귀영화를 몽땅 누려본 인물이다. 그 뿐 아니라 다윗이 평생 소원하였던 성전을 건축하여 봉헌한 것이 바로 솔로몬이다. 전도서의 내용으로 보아서(전 2:4-8) '예루살렘 왕'은 바로 이스라엘의 제3대 왕인 솔로몬을 가리키는 것이 틀림없다.

또한 전도서에는 12번이나 저자 자기 자신이 '왕'이라고 언급하였고, "관료주의 문제"[124]를 언급하였다(전 4:1-3, 5:8, 8:11, 10:6-7). 솔로몬이 얼마나 큰 군대를 가졌으며, 얼마나 넓은 영토를 소유했는지, 얼마나 큰 나라를 다스렸는지 모를 정도로 유명하다.[125] 그는 사치스러운 건물을 많이 지었고, 궁정에서 호화롭게 살았다(왕상 9:10-28, 10:1). 왕이 나라를 아주 사치스럽게 경영하는 반면 백성들은 이를 감당하기 위해 온갖 노고를 다 지불해야 했었다. 이 모든 점들도 전도서의 자전적인 내용과 일치한다.

3) 지혜자로서의 코헬렛

전도서의 저자는 자기 자신을 '코헬렛'이라 했다. 코헬렛이라는 말은 일곱 번이나 사용되었는데, 처음 부분에서 세 번(전 1:1, 2, 12), 마지막 부분에서 세 번(전 12:8, 9, 10), 그리고 중간 부분에서 한 번(전 7:27) 채용되었다. 코헬렛이라는 말은 '부르다' 혹은 '모으다', '회집하다', '소집하다'라고 하는 뜻을 가진 히브리어 동사 카할(qahal)의 능동태 분사 여성형이다. 카할은 특히 영적인 목적을 위해서 백성을 회집하는 자를 지칭할 때 사용된 것으로 보는 것이 가장 바람직하다. 따라서 코헬렛은 전도자 또는 설교자를 가리키는 동시에 지혜자 또는 교사를 지칭하는 말이다. 솔로몬 이상의 지혜를 소유한 사람은 없었다. 전도서 12장 13-14절에서 그가 누구보다 지혜로운 사람이었다는 것이 드러난다. "일의 결국을 다 들었으니 하나님을 경외하고 그의 명령을 지킬지어다 이것이 사람의 본분이니라 하나님은 모든 행위와 모든 은밀한 일을 선악 간에 심판하시리라." 하나님을 경외하고 그 명령을 지키는 것이 사람의 본분이라는 것을 아는 참 지혜자(전도자)만이 전도서 같은 지혜문학을 기록할 수가 있다.

더욱 전도서의 자전적인 부분(전 1:12-2:26)에서, 그는 자신이 이전에 예루살렘을 통치했던 그 누구보다도 더 현명했으며(전 1:16), 거대한 공사를 이룩했으며(전 2:4-6), 수많은 노예들과 수많은 양과 소떼(전 2:7), 그 큰 부(전 2:8), 그리고 많은 처첩들을 두었다고 말하였다. 간단히 말하면 자기 자신이 예루살렘에 살았던 그 누구보다도 더 훌륭하다고 주장한 것이다(전 2:9). 이러한 표현들 때문에 많은 주석가들은 이 책의 저자를 솔로몬으로 보고 있다. 그러나 현대에 와서 많은 주석가들은 전도서에 나타나는 사상과 언어 및 정치 사회적 배경(예: 압제; 전 4:1, 8:9, 부정; 전 5:8, 부패한 정부; 전 5:8-9, 10:16-20) 등을 미루어 볼 때 확정적으로 이 책의 저자를 솔로몬이라고 단정 지을 수 없다고 주장한다.[126] 그럼에도 불구하고 솔로몬의 저작설을 부인하는 증거들의 유효성을 확실하게 믿을 만 하지도 않기 때문에 솔로몬이 저자였다는 전통적인 견해를 받아들인다. 긴스부르크(C. D. Ginsburg) 같은 학자는 "이 위대한 군주의 생애에 대한 언급이 본서 전체를 통해서 명백하게 나타났기 때문에 솔로몬의 저작권 문제는 충분히 증명되었다"[127]라고 하였다.

그렇게 본다면 솔로몬이 모든 인생 경험을 다 겪고 난 말년 즉 주전 935년경에 기록했다고 보아야 할 것이다. 아마도 본서는 솔로몬이 그의 생애 중 우상 숭배를 행하고 일부 일처제의 원리를 위반함으로써 하나님에 대한 그의 사랑을 상실하였을 때 기록했다고 보는 것이 가장 타당할 것이다.

"솔로몬 왕이 왕국의 보좌에 올랐을 때 그의 마음은 부로 인하여 의기양양 해졌으며, 그 결과 그는 하나님의 말씀의 계명을 범하였고, 많은 집들과 병거와 마병을 끌어 모았으며 또한 많은 금과 은을 축적하였고 이방 나라 출신의 여인들과 결혼했다. 여호와의 진노가 그를 향해 불같이 일어나 여호와께서는 그의 잘못을 책망하고 그가 탄식하고 세상에서 방황하도록 하기 위해서 그에게 귀신들의 왕인 아쉬모다이(Ashmodai)를 보내어 그를 왕국의 보좌에서 쫓아냈으며 그의 손에서 왕홀을 빼앗았다. 그러자 그는 이스라엘의 여러 지방과 도시들을 돌아다니면서 울고 탄식하며 다음과 같이 말했다. '나는 이전에 예루살렘에서 이스라엘을 다스리던 왕, 곧 솔로몬이라고 불리던 코헬렛이다.'"[128]

물론 귀신들의 왕인 아쉬모다이와 폐위시기에 대한 소개는 성경에서 벗어나는 것으로서 더 이상의 논평이 필요 없는 것이다. 그러나 적어도 죄로 인한 솔로몬의 타락과 전도서의 기록과의 관계성만큼은 주목할 만하다. 전도서 12장 1-6절에 묘사된 노년기의 모습은 자서전적인 증거를 함축하고 있다고 말할 수 있을 것이다.

출생 시 솔로몬은 여호와로부터 여디디야, 곧 "여호와의 사랑을 받은 자"(삼하 12:24-25)라고 하는 다른 이름을 부여받았다. 실제로 그는 하나님의 아들이라는 개인적인 양자됨과 자비를 약속받았다(삼하 7:14-15). 하지만 여호와께서는 "솔로몬이 마음을 돌려 이스라엘의 하나님 여호와를 떠나므로" 그의 아들에게 진노하였다(왕상 11:9). 그러므로 여호와께서는 "두 번이나 그에게 나타나셨다"(왕상 11:9). 그 다음에 "그에게 대적들을 일으키셨으며"(왕상 11:14, 23, 26) 솔로몬의 타락을 방지하기 위해서 그들을 고통의 막대기로 사용하였다. 이런 징계는 유효하여 그 후 솔로몬은 회개와 겸손의 분위기로 돌아서게 되었다. 역대 하 11장 17절을 보면, 다윗과 솔로몬의 '길' 즉 그들의 생활 방식은 모방할 가치가 있는 것으로 생각되었다. 심지어 솔로몬의 남은 생애 동안의 지혜도 언급되어 있다(왕상 11:41). 타락했다가 하나님의 징계를 통해 회개하고 겸손해지면서 신생의 생활 모델로서 전도서를 쓴 것이라고 생각된다.

2. 전도서의 주제와 구조

1) 주제

전도서의 주제는 코헬렛이 인생의 모든 가치를 "헛되고 헛되며 헛되고 헛되니 모든 것이 헛되다"(전 1:2)라고 단정한 진술 속에 나타난다. 이 말은 전도서의 끝(전 12:8)에도 나타나며, 이 책 전체 속에 자주 반향되어 메아리친다(전 1:14, 2:11, 17, 26). 코헬렛은 '모든 것'이 무의미하고(meaningless-NIV), 헛된 것임(vanity-KJV, RSV)을 극명하게 표현하고 있다. 전도서에서 말하는 '헛되다'는 말의 뜻은 손으로 잡을 수 없고 거의 없는 것이나 다름없는 한 가닥 연기, 한 차례 부는 바람, 가느다란 숨 같은 것이다.[129]

이 헛된 것 속에는 수고(전 1:14, 2:11,17, 4:4, 7-8)도, 지혜(전 2:15)도, 의(전 8:14)도, 부(전 2:26, 5:10, 6:2)도, 권세(전 4:16)도, 낙(전 2:1-2)도, 어릴 때와 청년의 때(전 11:9)도, 평생(전 6:12, 7:15, 9:9)도, 장래일(죽음 전 11:8)까지도 포함된다.

이 텅 빈 무의미가 세상사의 표면에서 깜박이다 없어지는 덧없는 것으로 보이지 않고 도리어 확실한 매력을 지닌 것으로 보이게 되면, 인생에 대한 이러한 비관적인 해석이 도리어 짜증나는 것으로 여겨질 것이다. 그런 사람은 그 텅 빈 것을 자신의 모든 것으로 여기게 된다는 것이다.

여기서 코헬렛이 말하는 '모든 것'이란 말은 무슨 뜻인가? 그 속에 경건과 하나님까지도 포함되는가? 아니면 유한한 이 땅 위의 모든 것만을 뜻하는가? 이 대답의 열쇠는 전도서 1장 3절에 나오는 '해 아래'(under the sun)라는 말이다. 이 말은 12장밖에 안 되는 짧은 전도서에 거의 30번이나 되풀이 되어 나타나는 말로서 전도서의 밑거름 노릇을 하는 말이다.[130] 이 말이 그저 습관적으로 쓴 것이 아니라면 이 말은 지은이의 마음속에 있는 무대가 오로지 우리가 눈으로 볼 수 있는 세상이며, 우리가 관찰하는 지점이 이 땅이라는 사실을 분명히 밝혀 준다. 따라서 코헬렛이 주장하는 삶의 허무와 무의미 및 덧없음 등은 겉에 드러나는 주제일 뿐이라는 것을 알 수 있다.

전도서의 마지막에 가면 저자는 사람들이 자신의 수고와 능력과 의에 대해 갖는 신뢰를 무너뜨리고 그들을 '해 아래'서 이루어지는 삶에 의미와 가치를 부여할 수 있는 유일한 기반인 하나님에 대한 신앙으로 향하게 하고자 하는 신앙인으로 드러나게 된다. 즉 그는 하나님과 초자연적 가치를 믿지 않고 세상적이고 인간적인 가치에 따라 사는 삶은 의미가 없고 헛된 것이라고 말하고 있는 것이다. 솔로몬은 그 당시에 퍼져가는 종교의 세속화에 대항하기 위하여 이 글을 썼지만, 한편으로는 현대의 세속적 인본주의를 비판하는 자료도 된다.

삶은 실로 짧고 수많은 수수께끼와 부조리로 가득 차 있지만, 인간은 그 본래의 목적이 무엇인가에 대해서 알고자 하는 열망과 영원(올람)을 사모하는 마음을 또한 가지고 있다. 그러나 하나님 자신의 계시 없이는 하나님의 일을 측량할 수 없으며 인생 그 자체의 정체와 그 의미를 바로 알 수가 없다. 하나님께서 주신 온갖 좋은 선물들을 지닌 하나님의 선한 세계도 그것이 단편적으로 사용되어지면 그것의 바른 의미와 기쁨을 전달할 수 없게 된다. 그러므로 지상적(세속적) 가치로만 따지다 보면 수고하고 애쓰는 모든 것이 헛되고 무익하게 보인다. 그러나 인간이 하나님을 경외하며 그의 계명을 준수하며 살면 즉 여호와 하나님을 믿고 의지하고 전인적으로 헌신하며 사는 경외심(신앙)이 있다면 참된 인생의 목적과 의미 및 가치를 알 수 있다는 것이다(전 11:7-12:14). 왜냐하면 하나님께서는 인간의 모든 일을 그 선악 간에 심판하시기 때문이다. 그러므로 이러한 이해가 배제될 경우, 현재의 모든 현상들은 바르게 이해되어질 수 없다.

이렇게 전개되는 변증적인 과정을 헨드리는 아주 훌륭한 논리로 이렇게 묘사하여 주고 있다.

전도자는 보이지 않는 전제들을 가지고 글을 쓰고 있기 때문에, 사실상 전도서는 일종의 변증론이라고 할 수 있다…. 전도서에 세속적인 경향이 두드러지게 나타나는 것은 전도서의 목적 때문에 그렇다. 전도자는 보통 사람들, 즉 그들의 관점이 이 세상이라는 한계에 묶여 있는 사람들에게 말하고 있는 것이다. 그는 그들의 입장에서 그들을 대하면서 이 세상이 본질적으로 허무하다는 것을 납득시키려 한다. 이러한 점은 그의 특징적인 표현인 '해아래'라는 것을 보면 더 잘 알 수 있다. 그는 '해아래'라는 말을 가지고 신약 성경이 '이 세상'이라고 부르는 것을 묘

사하는 것이다…. 사실상 전도서는 세속주의와 세속화된 종교에 대한 비평이다.[131]

전도서의 저자는 이처럼 '해 아래'서 경험할 수 있는 모든 일을 다 경험하고 난 이후, 삶을 전체적으로 조망할 수 있는 시점이 되어서야 비로소 해아래 있는 것이 무익함을 알게 되었던 것이다. 그리고 해 위에 무엇이 있다는 사실도 알게 된다. 사람들은 해 위에 있는 것을 고려할 때, 해 아래 있는 것들을 올바르게 이해할 수 있다.[132] 이것이 전도서의 메시지요 주제다.

2) 구조

전도서는 총 12장 222절로 이루어진 일종의 설교집이라 할 수 있다. 이 설교집은 짧은 서론(전 1:1-11)으로 시작된다. 이 서론의 주된 요점은 '모든 것이 헛되도다'는 것인데 이것은 코헬렛의 인간적 관점에서 본 진술인 것이다. 이 허무적인 사상은 전도서의 종결부인 결론의 문턱에 이를 때까지 계속되는 것을 볼 수 있다(전 12:8).

서론 다음으로는 본론(전 1:12-12:7)이 나오는데 네 개의 설교로 이루어져 있다. 첫 번째 설교는 전도서 1장 12절-3장 15절이고, 두 번째 설교는 전도서 3장 16절-5장 20절이며, 세 번째 설교는 전도서 6장 1절-8장 13절이고, 네 번째 설교는 전도서 8장 14절-12장 7절이다. 각 설교마다 삶의 허무와 소망이라는 두 개의 주제가 반복해서 강조되고 있다. 마지막은 결론 부분(전 12:8-14)으로 서론과 마찬가지로 아주 짧다. 이 결론 부분에서는 지금까지 진술한 것들의 요약이라 할 수 있다.

내용 구성을 보면 변증법적인 성격이 매우 짙다는 것을 알 수 있다. 젊음과 나이(늙음), 지혜와 어리석음, 기대와 실망, 고생과 즐거움, 하늘과 땅, 변화와 영속성 등이 이 작품의 조직에서 일어나는 긴장(갈등 또는 상충)의 본보기다. 이렇게 인생은 긍정적인 것과 부정적인 것이 서로 긴장하고 부딪히고 갈등하면서 진리의 통합이 이루어진다. 전도서의 진리는 이 세상의 삶이란 무의미하므로 하나님을 경외하며 하나님 중심의 삶을 살아야한다는 것이다. 이 진리를 대조법을 통하여 변증법적으로 이끌어 가며 작품에 통일성을 준다.

3. 전도서의 문학적 특질

지식이 어떤 사물이나 상황을 분석할 수 있는 능력이라고 한다면, 지혜는 그 분석한 것을 다시 종합해서 우리의 실생활에 적용시키는 삶의 방식과 태도 등을 일컫는다. 여기서 말하는 지혜는 세상적인 지혜가 아니고 천상적인 신적 지혜(divine wisdom)를 말한다. 세상적인 지혜는 한마디로 말해서 경험의 축적이라 할 수 있지만 천상적인 지혜는 경험만 쌓는다고 얻어지는 것이 아니라 그 경험에 영성을 더해줄 성령의 힘을 통해서 이루어진다.

조금 더 자세하게 말씀 드리면, 그런 지혜는 하나님의 말씀 곧 성경을 통해서 얻을 수 있다. 성경은 우리에게 구원의 지혜를 줄 뿐 아니라(딤후 3:15) 그 지혜는 우리의 인격과 삶을 채워준다. 또한 기도를 통해서 얻을 수 있다. 기도를 통해서 하나님과 교통하고 그 교통을 통해서 지혜를 소유하며 그리스도를 닮은 인격으로 성숙하게 된다. 그리고 깊은 생활체험과 영성훈련 및 성숙을 위한 인내를 통해서 그런 지혜를 얻을 수 있다.

이렇게 해서 얻은 인생의 깊은 지혜 체험을 전도서의 기자는 재치 있는 문학적 기교와 수사적인 기법을 활용하여 우수한 철학적인 지혜가 담긴 불멸의 작품을 만들어냈다. 그런 과정을 통하여 보여주는 문학적 특질을 항목별로 나누어서 살펴보겠다.

1) 간결한 진리의 전달수단으로서 격언 활용

수필이나 또는 수상을 쓰는 작가들은 대체적으로 자기의 생각을 설득력 있게 표현하기 위하여 '격언'이나 '금언'의 형태를 취하는 경우가 있고, 적절한 격언이나 금언을 끌어다가 이용하는 경우도 있으며, 실생활의 주변에서 얻은 실화들을 끌어다가 이용하는 경우도 있다. 전도서의 기자도 다른 일반 수필가나 설교자들처럼 잠언의 기본 형태인 '격언'을 많이 수집해서 자신의 의도를 나타내는데 적절하게 이용하였다. 그런 예를 몇 개만 들어 보겠다.

"구부러진 것도 곧게 할 수 없고 모자란 것도 셀 수 없도다."(전 1:15)

"명령을 지키는 자는 불행을 알지 못하리라 지혜자의 마음은 때와 판단을 분변하느니."(전 8:5)

이런 격언의 형태를 변형해서 그 자신의 독특한 통찰력을 표현하기도 하였다. 이런 점이 솔로몬의 기지요 뛰어난 상상력의 힘이라 할 수 있다.

"하나님께서 굽게 하신 것을 누가 능히 곧게 하겠느냐"(전 7:13).

이런 격언을 많이 사용함으로써 오히려 독창성이 떨어질 수도 있으나 솔로몬은 그와는 정반대로 그가 전달하고자 하는 의도를 아주 잘 나타냈다. 즉 이런 격언들을 이용하여 솔로몬은 이미 이루어진 하나님의 섭리와 작정을 바꿀 수도 없으며 고칠 수도 없다는 것을 명확하게 표현하였다. 전도서와 같은 지혜문학에 있어서는 그 지혜를 집약적으로 전달해줄 수 있는 안성맞춤인 형태가 바로 격언이라 할 수 있다.

2) 함축적인 의미의 전달수단으로서 수사적 의문문 활용

수사적인 질문은 대체적으로 기독교 작가들이 많이 사용하는 수사법 중의 일종인데, 그것은 무지하거나 실제적인 의문 때문에 질문을 던지는 것이 아니고 문제의식을 고취시키고자 하거나 자기가 하는 말의 뜻을 좀 더 강화 강조하고 강하게 인식시키기 위하여 취하는 질문인 것이다. 다시 말하자면 작가들은 함축적인 뜻을 전달하기 위해 그 수단으로 자주 수사적 질문을 사용하고 있다. 그 예로서 전도서 1장 3절, 3장 9절, 5장 6절, 16-17절, 6장 8절, 12절, 12장 1절 같은 구절들을 들 수 있다.

이 질문은 그 대답이 하나밖에 없는 특수한 의문형이다. 또 대답도 명백한 것이어서 저자가 구태여 이를 언급할 필요조차 없다. 전도서 3장 9절에서 "일하는 자가 그의 수고로 말미암아 무슨 이익이 있으랴"는 질문을 독자들에게 던지는데, 이것은 어떤 시비를 가리기 위한 것도 아니고, 그 어떤 변론을 위한 것도 아니다. 그러므로 이 질문에 대해 '가타부타' 할 필요가 없다. 이 질문에 대한 대답은 오직 하나뿐인데, 그것이 인생의 수고로 말미암아 얻는 이익은 '아무것도 없다' 는 것이다.

이런 수사적인 의문문은 여러 가지 목적으로 사용될 수 있다. 때로는 어떤 사물에 관심을 집중케 하고, 때로는 어떤 주제를 소개하고자 할 때 사용한다. 가령 시편 8장 4절 "사람이 무엇이기에 주께서 저를 생각하시며"라는 수사적 의문문은 여호와 하나님의 관심이 집중되어 있는 '인간'에게 초점을 맞추도록 하기 위한 질문이라 할 수 있고, 예레미야 23장 29절 "내 말이 불같지 아니하냐"와 같은 의문문은 불같이 뜨거운 열정적인 언변 곧 말을 소개하고자 하는데 목적이 있다 할 수 있다. 이 의문문의 표현은 해석상 큰 문제가 없다. 다만 질문을 둘러싼 본문의 문맥을 잘 살펴보면 그 뜻을 쉽게 알 수 있다. 이런 수사적인 질문은 의식의 각성을 촉구하거나 문제의식을 제기할 때 또는 관심을 집중시키고자 할 때 많이 쓰는 화법이다.

3) 화자의 의도를 밝히기 위한 수단으로서 불멸의 시 활용

수사란 설득을 위한 수단을 말한다. 말을 할 때 또는 글을 쓸 때 말하는 사람이나 쓰는 사람은 그것을 듣거나 읽는 사람들에게 공감과 설득을 주기 위한 것을 목적으로 한다. 그러기 위하여 작가들은 여러 가지 수사적인 장치를 하게 되는데, 그 중의 하나가 불멸의 시를 끌어다가 활용하는 것이다.

> 날 때가 있고 죽을 때가 있으며
> 심을 때가 있고 심은 것을 뽑을 때가 있으며
> 죽일 때가 있고 치료할 때가 있으며
> 헐 때가 있고 세울 때가 있으며
> 울 때가 있고 웃을 때가 있으며
> 슬퍼할 때가 있고 춤출 때가 있으며
> 돌을 던져 버릴 때가 있고 돌을 거둘 때가 있으며
> 안을 때가 있고 안는 일을 멀리 할 때가 있으며
> 찾을 때가 있고 잃을 때가 있으며
> 지킬 때가 있고 버릴 때가 있으며
> 찢을 때가 있고 꿰맬 때가 있으며
> 잠잠할 때가 있고 말할 때가 있으며
> 사랑할 때가 있고 미워할 때가 있으며
> 전쟁할 때가 있고 평화할 때가 있느니라. (전 3:2-8)

범사에 기한이 있고 때가 있다는 주장을 입증하기 위하여 솔로몬은 이에 걸 맞는 적절한 시를 삽입하였던 것이다. 다시 말해서 모든 일은 하나님의 섭리 안에서 이루어진다는 것을 나타내 보이기 위하여 그 당시 사람이라면 누구나 다 잘 아는 금자탑과도 같은 불멸의 시를 끌어다 삽입하여 넣었다. 마치 설교자가 자기가 전달하려는 메시지의 내용을 공감하도록 설득하기 위해 아주 적절한 예화를 끌어다 설명하는 경우와 똑같다. 그러나 여기서 사용한 시가 어느 나라 누구의 시인지는 알 수가 없다.

4) 절묘한 묘사를 위해 다양한 이미저리 구사

전도서에 절묘한 묘사들이 많이 있지만 아마도 12장 1-7절 이상 가는 것은 없을 것이다. 이것은 노년을 비유적으로 묘사한 것이다. "해와 빛과 달과 별들이 어둡기 전"이라는 이미지는 시력이 약화되고 기쁨이 쇠퇴하고 일상적인 모든 일에 둔감해 지는 것을 말하며, "비뒤에 구름이 다시 일어나기 전"이라는 이미지는 늙은이의 눈물이나 무력함을 암시하고 있다. "집을 지키는 자들이 떨린다"는 것은 인간을 집에다 비유하여 그것을 떠받치고 있는 팔다리가 흔들리는 것을 말하고, "힘 있는 자들이 구부러진다"는 것은 굽은 어깨를 말하며, "맷돌질하는 자들이 적으므로 그친다"는 것은 이가 빠져 없어지는 것을 말한다. "창틀로 내다보는 자들이 어두어진다"는 것은 시력이 약화되는 것을 말하고, "길거리 문들이 닫혀진다"는 것은 청력이 약화되는 것을 말하며, "맷돌질 소리가 적어진다"는 것은 말 수가 적어지는 것을 말한다. 일찍 일어나는 것을 "새의 소리를 들으며 일어난다"했고, 노래 소리가 적어지는 것을 "음악하는 여자들도 다 쇠하여진다"고 했다. 그래서 높은 곳이나 걷는 것을 두려워하게 된다는 것이다. 그렇게 되면 "살구나무에 꽃이 피듯" 머리가 희어지고 정력이 떨어지며, "메뚜기도 짐이 될 정도"로 원기가 떨어져 활보할 수 없게 된다는 것이다. 이렇게 힘이 떨어지면 사람은 "영원한 집" 곧 죽음의 나라로 돌아가게 된다. "은 줄," "금 그릇" "항아리" "바퀴" 따위가 부서지고 깨어진다는 것은 육체의 기능이 소멸되는 것을 비유한 것으로 보인다(잠 12:1-7). 이와 같이 노년을 절묘하게 묘사하였다.

이 이미지들은 엄밀한 의미에서 상징들이라고 하는 것이 옳을 것이다. 상징이란 보편적인 의미에 추가된 어떤 의미를 암시하거나 대표하는 일체의 것들을 가리킨다. 상징은 진리를 나타내거나 혹은 감추기 위하여 사용된다. 상징적인 의미를 이해하지 못하고 자연적인 것만 보면 상징 속에 담긴 진리는 감추어지게 된다. 성경의 상징은 흔히 독자로 하여금 그것을 찾도록 한다. 예를 들면 "이것이 내 몸이니라···나의 피, 곧 언약의 피니라"(막 14:22, 24)에서 우리는 그 상징성을 쉽게 알아볼 수 있다. 즉 떡은 그리스도의 몸을, 포도주는 그의 피를 상징한다는 것을 금방 알 수 있다. 이것을 문자 그대로 이해하여 그의 살과 피를 먹고 마시는 것으로(요 6:53) 받아들인다면, 예수님은 우리에게 사람을 잡아먹는 행위 곧 죄악적인 행위를 요구하신다는 결과가 된다. 상징은 동일한 주제를 가지고 두 가지를 표현하기도 한다. 가령 주홍색(붉은 색)은 일반적으로는 그리스도의 피를 상징하고 그의 대속을 뜻하는 것으로 생각되지만 그와는 정반대로 심판으로(사 63:2), 죄로(삿 1:18), 포도주로(잠 23:31), 하늘로(마 16:2), 용사들의 방패로(홈 2:3) 각각 상징되어 있기도 하다.

5) 개인적 경험의 고백적 표현을 위해 제1인칭 자주 사용

사람은 누구나 감각을 통하여 여러 가지 경험을 하면서 살아간다. 경험을 할 수 없는 사람은 감각이 파괴되었기 때문일 것이다. 만일 그렇지 않다면 인생의 일거수일투족이 다 경험을 이루는 것이다. 그 경험의 주체는 바로 '나'다. 내가 한 개인적인 경험이나 일반적 관찰을 좀 더 신앙적으로 표현할 때 가장 적절한 주체는 자기 곧 제1인칭 대명사일 수밖에 없다. 전도서는 솔로몬이 한 말년의 인생체험을 솔직하게 고백적으로 기술한 책이다. 그러므로 거기에 가장 잘 어울리는 표현 주체는 자기 곧 제일인칭 대명사였을 것이다. 그래서 전도서에는 자주 제일인칭 대명사

'나'가 나온다. 그 좋은 예들로서 전도서 1장 16절, 2장 1절, 3장 17절, 4장 1절, 4절, 7절, 5장 13절, 18절, 6장 1절, 7장 15절, 8장 10절, 17절, 9장 11절, 13절 등을 들 수 있다. 이 중에서 두 개만 예로 들어 보겠다.

"내가 마음 가운데 말하여 이르기를 내가 큰 지혜를 많이 얻었으므로 나보다 먼저 예루살렘에 있던 자보다 낫다 하였나니 곧 내 마음이 지혜와 지식을 많이 만나 보았음이로다."(전 1:16)

이 한절에 네 번이나 '나'라는 말이 나온다. 이것은 예루살렘에 살았던 어떤 자들보다도 자신이 훨씬 더 지혜와 지식 및 경험이 풍부하다는 것을 강조하는 내적인 고백인 것이다.

"나는 내 마음에 이르기를 자 내가 시험 삼아 너를 즐겁게 하리니 너는 낙을 누리라 하였으나 보라 이것도 헛되도다."(전 2:1)

여기서도 내적인 고백을 위하여 제1인칭 대명사를 사용하고 있다. 그 내적인 고백인즉 시험 삼아서 자기의 마음에 이르기를 마음을 즐겁게 하고 낙을 누리자고 일렀으나 사실은 그 모든 것이 헛되다는 것이다. 이런 개인적인 경험을 통해서 얻은 일반적 관찰을 신앙고백 형식으로 발표할 때 제1인칭을 자주 쓰게 된다. 이것은 마치 간증하는 사람이 자기의 내면적세계를 제일인칭 대명사를 사용하여 드러내 보이는 경우와 같다고 할 수 있다.

6) 개인적인 독백을 위해서 스토리 활용

바로 위에서도 말한 것처럼 사람은 누구나 살아가면서 개인적인 체험을 하게 된다. 그리고 고백할 거리도 생긴다. 이럴 때 직설적으로 간증

할 때처럼 개인적인 고백의 형태가 아니라 간접적으로 이야기하는 것이 자연스럽고 좀 더 솔직하게 말할 수 있을 때가 있다. 이때 자주 활용하는 수단이 할 개인적인 스토리다. 그 예로서 전도서 5장 13-15절, 6장 2-3절, 그리고 9장 14-15절 등을 들 수 있다.

"어떤 사람은 그의 영혼이 바라는 모든 소원에 부족함이 없어 재물과 부요와 존귀를 하나님께 받았으나 하나님께서 그가 그것을 누리도록 허락하지 아니하였으므로 다른 사람이 누리나니 이것도 헛되어 악한 병이로다. 사람이 비록 일백 자녀를 낳고 또 장수하여 사는 날이 많을지라도 그의 영혼은 그러한 행복으로 만족하지 못하고 또 그가 안장되지 못하면 나는 이르기를 낙태된 자가 그보다는 낫다 하나니"(전 6:2-3).

이 스토리는 장수하여 사는 날이 많을지라도 그의 마음에 평안과 기쁨이 없다면 그 삶은 헛된 것일 뿐이라는 독백이다. 자기의 이야기를 어떤 사람의 이야기로 바꾸어서 고백적으로 말하는 것이다. 자기 이야기를 직접 하기보다는 남의 이야기처럼 하면 좀 더 하기가 용이하고 자연스러울 때가 있다. 이때 사용하는 것이 다른 사람의 이야기를 끌어다가 고백하는 것이다.

7) 많은 직유 사용

많은 비유 중에서도 가장 흔하게 사용하는 비유가 직유와 은유다. 직유는 은유와 흡사하나 차이라면 '~처럼', 또는 '~와 같다', '~듯하다' 따위의 비교구문을 사용한다는 것이다. "나는 벌레다"(시편 22:6)는 은유로서 드러내 놓지 않고 은근슬쩍 '나' 곧 '자기'를 '벌레'에다 비유하고 있다. 그러나 "그 마음이 돌 같이 단단하니"(욥기 41:24)라는 표현은 직유인 것이다. 여기서 돌과 마음이 비사되었는데, '~과 같다'는 비교구문으로써 두 사물을 겉으로 뚜렷이 드러나도록 비유하였다. 이 비유에서 굳은 마음, 즉 고집이 세고 의지가 강경한 상태를 '돌'에다 비교해서 아주 뚜렷하게 드러나도록 표현되었다.

"이것도 바람을 잡으려는 것인 줄을 깨달았도다."(1:17)

'이것'이란 바로 그 위에서 말한 "미친 것과 미련한 것을 알고자 하는 마음"을 가리킨다. 여기서 말하는 '미친 것과 미련한 것'은 눈으로 볼 수 없는 신비하고 괴상한 문제들을 가리킨다. 현실 문제를 깊이 연구해 보고 나서 신비롭고 괴상한 것들을 추구해 보았으나 그것도 바람을 잡는 것처럼 무익하다는 것이다. 공중으로 손을 내밀어 바람을 잡으려 하지만 바람 잡히질 않는 것처럼 하나님 없이 무엇을 하던 모두가 다 허무하고 공허하다는 것이다. 이러한 비유가 더 직설적인 표현보다는 마음을 더욱 찡하게 하고 허전하게 만든다. 그저 '허무하다'는 표현보다는 '바람을 잡으려는 것' 처럼 무익하다는 표현이 훨씬 더 가슴 저리게 하는 효과를 거둘 수 있다.

문학은 미를 추구하고 종교는 진리를 추구하는 것이다. 그래서 서로 상충되는 것으로 여겨서 종교인들이 문학을 거부하고 경시하는 경우가 있지만 실은 그런 태도는 미숙한 생각 탓이라 할 수 없다. 성숙된 사람에게 있어서 진리와 미는 겉과 안과 같은 것이다.

II. 전도서의 실존론적 탐구

이미 앞에서 언급한 바와 같이, 전도서의 관점은 두 가지다. 하나는 세상과 인생을 세상적인 불신앙의 눈을 가지고 기계적으로 바라보는 것이고, 다른 하나는 신앙의 눈을 가지고 유기체적으로 바라보는 것이다. 네 개의 설교로 구성된 전도서는 어김없이 이 두 관점으로 세상을 바라보면서 인생의 의미를 추구하다가 변증법적으로 통합을 이루는 구조로 이루어져 있다. 이 네 편의 설교 가운데 매 설교의 전반부는 대체적으로 세상적인 눈으로 바라다보는 허무주의적인 세계를 드러내 보이고, 후반부에서는 신앙적인 눈으로 바라다보는 밝은 희망의 세계를 보여준다. 이렇게 상충되는 두 시각으로 인생의 의미를 추구하다가 결론부에서 하나님 경외 신앙 속에 상충되고 모순되는 인생문제를 통합해서 합일의 세계를 이루게 한다. 전도서를 한 절 한 절 주경 신학적으로 해석하는 것도 중요하겠지만 전체적인 맥락을 따라서 통합적으로 다루는 것도 못지않게 의미가 있다고 생각하기 때문에 여기서는 후자의 방법으로 접근하겠다.

1. 부조리한 기계적 세상

기계는 규칙과 질서는 있지만 생명은 없다. 생명이 없으면 감동이 없고 흥분이 일어나질 않는다. 생명이 있으면 약동감과 생동감이 넘치게 된다. 그러나 살아 있기는 하지만 마치 기계처럼 그저 돌아가기만 하면 따분하고 권태로울 수밖에 없다. 네 편의 설교 전반부에서 관찰한 세상은 바로 그런 기계적으로 순환되는 부조리한 세상이다. 이런 기계적인 세상에서 탈출해서 생명의 세계로 나아가야 한다는 것이 전도서의 참된 주제다. 네 편의 설교 전반부에서 전개되는 부조리한 기계적인 세상부터 통전적으로 살펴보겠다.

1) 해 아래 세상

우리는 우주를 '해 위 세상'과 '해 아래 세상'으로 크게 구분할 수가 있다. 해 위 세상이 하늘나라를 가리키는 것이라면 '해 아래' 세상은 어디를 가리키는가? 그것은 한 마디로 말해서 이 세상을 가리키는 말이다. 이것을 밤을 기준으로 한다면 아마도 '달 아래 세상'이라고 하였을 것이다. 아무튼 해 아래 세상은 현재 우리가 숨 쉬며 서로 사랑하고 싸우며 살아가는 한계적인 세상을 가리킨다. 이 세상은 우리들의 감각적인 체험이 이루어지는 유한한 현실세계요 악과 선이 공존하며 영적인 전투가 벌어지고 있는 현장이다. 또한 해 아래에 있는 것들은 모두가 불투명하고 불확실하다. 즉 이 세상은 시시각각 닥치는 눈앞의 문제들이 어떻게 풀릴지도 모르며 또 미래가 어떻게 진행될지조차 전혀 모르는 불확실한 곳이다. 이런 해 아래 세상은 전도서에 나타난 대로 세 가지 특징으로 규정지을 수가 있다.

(1) 아무것도 남는 것이 없는 세상

이 세상에서 솔로몬만큼 하고 싶은 일을 마음대로 다 해본 사람도 드물 것이다. 그러나 그도 노년에 이르러서는 이렇게 고백하였다. 인생의 모든 것이 "헛되고 헛되며 헛되고 헛되니 모든 것이 헛되도다"(전 1:2)라는 것이었다. 여기서 솔로몬이 말한 '헛되다'라는 말을 히브리어로 '헤벨'(hevel)이라고 하는데, 그것은 '기운, 바람, 안개, 증기'(vapor, 잠 21:6; 사 57:13) 또는 '숨'(breath)을 지칭하는 데 사용되는 말이다. 이 말은 전도서 전체에서 38번이나 사용되었고, 다른 몇 곳에서는 "바람을 잡으려는 것"(전 1:14, 2:11, 17, 26, 4:4, 16, 6:9), "~보다 뛰어남이 없음"(전 3:19, 5:11, 6:8), "~가 무익한 것"(전 2:11, 2:22, 3:9, 5:16, 6:11) 등으로 표현되었다.

그러므로 '헤벨'이라는 단어는 '실제적이 아니거나 실질적인 가치가 없는 것'을 은유적으로 나타낸 말이다. 경우에 따라서는 바람이나 안개의 특성을 지닌 어떤 것, 즉 '덧없는 것'이나 '일시적인 것'(전 6:12, 3:19, 7:15, 9:9, 11:10), 수수께끼처럼 '불가해한 것'(전 6:2, 8:10,14) 또는 '보이지 않고 희미한 것' (전 11:8) 등을 의미하기도 한다. 한 마디로 말하자면, 그것은 우리가 추운 겨울에 숨을 내쉴 때 금방 보였다가 없어지는 입김과 같은 어떤 것을 가리킨다. 또 '헤벨'은 비눗방울을 터뜨리고 난 후의 상태를 일컫는 말이기도 하다.[133] 그래서 키드너는 '헛되다'는 말의 뜻을 "손으로 잡을 수 없고 거의 없는 것이나 다름없는 한 가닥 연기, 한 차례 부는 바람, 가느다란 숨 같은 것이다"라고 하였다.[134]

그러나 여기서 전도자가 사용한 말은 '삶은 쓸모없고 전적으로 공허한 것'이라는 염세적인 의미로 쓰인 것이라기보다는 '무엇이 유익한가'라고 하는 3절과 특히 연결 지어 볼 때, 오히려 이 지상의 것들이 얼마나 덧없는 것인지, 얼마나 빨리 지나가 버리는 것인지, 그리고 사람이 세상 것을 소유하고 있는 동안에 그것들이 그에게 제공하는 것이 얼마나 작은 것인지를 강조하고 있는 말이라 할 수 있다. 그 강조는 특히 "헛되고 헛되니"(vanity of vanities)라는 최상급의 표현 속에 나타난다. 그런 의미에서 화자의 참 말뜻을 되씹어 보면 '이 세상 모든 것은 참으로 일순간이라'는 것이다. 곧 아침의 안개 같고 한 순간의 호흡 같고 베틀의 북과 같다는 뜻이다. 달리 말하자면 제행무상(諸行無常)이라는 말로 표현할 수 있을 것 같다.

전도자는 이 허무한 기분을 "해 아래서 수고하는 모든 수고가 사람에게 무엇이 유익한고"(전 1:3)라고 표현하였다. 여기 '해 아래서'라는 말은 우주를 언급한 것이라기보다는 '여기 낮은 땅' 즉 이 세상을 지칭하는 말이다. 이 말도 다시 2절과 연관 지어 정리해 보면 어떤 사람이 땅의 가치에만 정신이 팔려 살게 되면 결국 그가 마지막에 얻는 것은 실질적으로 아무 유익이 없다는 것이다. '유익'이란 말의 히브리어 '이트론'(yitron)은 상업적인 용어인데, 문자적으로는 '남은 것'을, 혹은 은유적으로는 '우월하거나 이로운 것'을 지칭한다. 순전히 지상적인 것은 일시적이요 끊임없이 변천하므로 덧없으며 이로운 것이 전혀 없다는 뜻이다. 사람들은 더 살기 좋은 곳으로 만들려고 애를 쓰거나 수고를 아끼지 않는다. 더욱 태어나서 무엇인가 남겨 주고자 온갖 수고를 다 한다. 그러나 하루살이처럼 또는 물거품처럼 잠깐 있다가 사라지는 인생으로서 무엇인가를 남겨놓으려고 애를 쓰고 수고하는 그 수고가 무슨 유익과 이득이 있는가 하는 것이다.

인생은 영원성 앞에 조명하여 보면 잠깐 보이다 없어지는 '안개' 같고 '하루살이' 같으며 '풀의 꽃과 같고' '그림자와 같다'. 에드워드 영(Edward Young)이라는 신학자는 "시간의 급류 위에 떠오르는 물거품 같은 인생이여!"라고 하였으며, 셰익스피어(Shakespeare)는 "잠깐 있다 없어지는 너 그림자여!"라 하였다. 욥기 9장 25절-26절에서는 "나의 날이 경주자보다 빨리 사라져 버리니 복을 볼 수 없구나. 그 지나가는 것이 빠른 배 같고 먹이에 날아 내리는 독수리와도 같구나"라 하였다. 여기서 사용된 '보인다'는 헬라어 단어의 뜻은 '잠깐 빛난다'는 것이다. 인생은 잠시 반짝이다 사라지는 것이다. 어느 그리스의 철인이 사랑하는 제자에게 질문을 받았다. "선생님, 인생은 도대체 이 짧고 허무한 세상에 왜 태어났을까요?" 그러자 철인은 "그것은 영원의 가치를 알기 위해서다"라고 말하였다고 한다. 우리는 시간의 허무를 통해서 비로소 영원의 의미를 배우게 되는 것이다. 이런 배움과 깨달음으로써 기계적인 세계관을 극복하여야 한다.

수고하여 얻는데 남는 것이 없다고 하는 이유가 무엇인가? 첫째, 인생이 유한하기 때문이다. 사람들은 수고하여 땅을 넓히고 부와 업적과 명성을 쌓으려고 애를 쓴다. 사람과 싸워서 권력과 영화를 얻기도 한다. 하지만 사람은 반드시 죽는다. 죽으면 아무 것도 남는 것이 없게 되는 것이다. 죽음과 함께 수고하여 얻은 것을 놓아야 한다. 생전에 쌓아놓은 것은 다른 사람의 손으로 넘어가고, 모두 다 사라지고 만다.

둘째, 세상은 변하지 않기 때문이다. 사람들이 수고할 때는 변화를 기대한다. 변화를 기대하면서 무력을 사용하고 글을 쓰고 말을 하며, 역사를 연구하고 지혜를 찾는다. 사람의 수고로 세상은 움직이고 변화하는 것 같지만, 실상은 가만히 보면 본질적인 변화나 발전은 전혀 없다(전 1: 5-8). 사람의 본성이나 삶도 변화하지 않고 역사는 반복될 뿐이다. 이미 있던 것이 후에 다시 있고 이미 한 일을 후에 다시 한다. 새 것이라고 하지만 옛 것을 포장한 것에 불과하고, 주기적인 반복일 뿐이다. 해 아래에는 새 것이 없다. 이것이 세상과 역사의 본질이며, 해 아래에서 살아가는 인생의 한계이다.

모든 것을 헛된 세상에 소망을 두고 살아가는 것은 어리석고 부질없는 일이다. 세상의 헛됨을 부인하거나 외면하면서 스스로 어떤 의미와 가치를 부여하며 애쓴다고 해서 그의 삶이 의미 있게 되는 것도 아니다. 스스로 부여한 의미와 가치는 결국에는 허망한 것으로 드러나게 된다. 사람이 세상의 헛됨과 인간의 한계를 알 때 겸손해질 수가 있다. 그때 비로소 그의 눈을 영원한 하나님과 천성을 향해 들 수 있게 된다. 영원하신 하나님 안에서만 참된 의미와 가치를 발견할 수 있다. 영원하신 하나님 안에서 나를 발견하고, 내 모든 수고를 재정의 할 때 내 삶은 허망하지 않다.

(2) 끝없는 순환과 변함이 없는 세상

사람은 누구나 끝없는 반복과 순환 속에서 자신의 삶을 영위해 나간다. 전도서 기자는 이것을 다음과 같이 말한다. "해는 뜨고 해는 지되 그 떴던 곳으로 빨리 돌아가고 바람은 남으로 불다가 북으로 돌아가며 이리 돌며 저리 돌아 바람은 그 불던 곳으로 돌아가고 모든 강물은 다 바다로 흐르되 바다를 채우지 못하며 강물은 어느 곳으로 흐르든지 그리로 연하여 흐르느니라"(전 1:5-7).

다양한 민족과 문화 속에서 살아왔던 지혜를 지닌 사람들은 대부분 인간의 삶을 '순환'과 '반복'으로 파악하려고 하였다. 마찬가지로 솔로몬도 시간(역사)과 인생 그리고 자연을 순환과 반복으로 보았다. 삶과 역사가 순환과 반복이라는 것을 솔로몬은 "한 세대는 가고 한 세대는 오되 땅은 영원히 있도다"(전 1:4)라고 표현하였다. 여기서 솔로몬은 과학자의 입장에서[135] '자연의 순환 바퀴'를 조사하고 있다. 즉 우주의 4대 원소인 땅, 해, 바람, 물[136]에 대해 조사하고 있다. 그는 사람의 세대는 가고 오나, 자연은 그대로 있다는 사실과 대면하게 되었다. 주위의 모든 것이 변화하는 것 같으나 실제로는 변화하지 않는다. 즉 변화(change)와 순환(circle)은 구분되어야 한다는 것이다. 모든 것은 '자연의 순환 바퀴'에 따라 돌아갈 뿐이고 다만 사람의 삶은 단조로움만 더한다고 한다. 솔로몬은 실제로 아무것도 변하지 않는다는 것을 증명하기 위해 네 가지 요소를 제시하고 있다.

첫 번째 요소는 '땅'(earth, 전 1:4)이다. 인간의 견지에서 볼 때 우리가 살고 있는 이 땅보다도 더 영속적이고 지속적인 것은 없다. 자연은 영원하나 인간은 잠시 잠간 동안 머물다 갈 뿐이며 번개처럼 번적 치고 살아지는 찰나적인 존재로서 땅의 순례자에 불과할 뿐이다. 그의 잠시 동안의 순례가 끝나면 그는 땅으로 돌아가야 한다. 개인과 가족이 왔다가 가고 민족과 제국도 흥왕성쇠 한다. 그러나 아무것도 변하지 않는다. 세상은 여전히 동일하기 때문이다.

두 번째 요소는 해(sun)이다. 전도서 기자는 "태양은 또다시 떠오른다"(전 1:5)라 하였다. 자연의 삼라만상은 오늘도 내일도 여전히 유전(流轉)하며 회귀(回歸)의 법칙에 의하여 생명을 보존하는 것이다. "해는 뜨고 해는 지되 그 떴던 곳으로 빨리 돌아가고"라는 말에서도 보듯이 태양도 온전히 회귀의 법칙에 지배를 받는다는 것을 알 수 있다. 코헬렛은 해가 동쪽에서 솟아올라 하늘을 가로질러 서쪽 지평선으로 사라지는 광경을 그리고 있다. 세상은 변화하지 않는다는 말은 곧 낮과 밤의 움직임을 변화하지 않고 계속된다는 뜻이다. 이렇게 변화 없이 기계적으로 반복되는 해의 순환을 신앙 없이 바라다보며 코헬렛은 덧없음을 느낀다. 해는 그 경로를 따라 떠오르고 진다. 그 과정에서 마라톤의 장거리를 주행하다 힘들어서 헐떡거리는 주자처럼 해도 '헐떡이는 것'처럼 보인다. 왜냐하면 가야할 길이 심히 먼 것처럼 보이기 때문이다. 이러한 동작의 반복은 해가 비치는 영역의 만물의 존재 형식을 나타내는 것이다. 해가 끊임없이 몸부림치는 동작을 기계적으로 반복하듯이 인간의 생활도 그러하다는 것이다. 이렇게만 보면 우리의 달리고 또 달리는 수고가 얼마나 무익하고 무의미하게 보이는지 알 수 없다. 그러나 이런 순환 운동이 한 치의 오차도 없이 이루어지고 있기 때문에 질서가 유지되고 생명이 존속 보존 되는 것이 아닌가?

세 번째 요소는 바람(wind)이다. "바람은 남으로 불다가 북으로 돌이키며 이리 돌며 저리 돌아 바람은 그 불던 곳으로 돌아가고"(전 1:6)라는 표현도 같은 사상을 표현한 것이다. 바람은 끊임없이 불고 방향도 쉼 없이 변하지만 그것은 여전히 바람이다. 또한 여기 단지 남쪽과 북쪽만이 언급되고 있지만, 나침반이 그 중간 지점들 곧 동쪽과 서쪽을 내포하고 있듯이, 바람도 항상 그 순회 경로로 돌아가거나 그것을 위해 계획되어 있는 경로를 빙빙 돈다는 것이다. 바람은 늘 돈이 도는 것처럼 이리 돌고 저리 돈다. 그러나 이러한 과정은 변함이 없는 것이다. 이러한 지루한 반복은 지상의 모든 존재의 양식을 대표하고 상징하고 있다. 해는 동에서 서로 돌아가고 인생은 세상에 태어났다가 다시 하나님께로 돌아가는 것 같이, 바람도 세상 모든 곳 사방팔방(四方八方)으로 불어 돌아다니다가 한 곳으로 돌아가는 것이다. 그러나 바람이 한 곳에만 머물지 아니하고 이리 저리 돌아다니기 때문에 만물의 썩음(부패)와 퇴락의 현상이 방지되고 생명의 파멸을 막는 것이 아닌가? 사람들은 오고 가지만 바람은 변함없이 영원히 분다. 만물의 동력적인 반복원리가 단순 논리나 기계적인 순환 논리로 보면 모든 것이 헛되고 헛되다.

네 번째 요소는 바다(sea, 전 1:7)이다. 솔로몬은 이 땅의 삶에 꼭 필요한 물의 순환에 대해 설명한다. 해와 바람의 공동 작용에 의해서 습기의 증발과 이동이 가능하게 되고 늘 물의 순환이 유지된다. 그러나 바다는 변하지 않는다. 강과 비가 바다에 물을 쏟아 부어도 바다는 변함없이 동일하다.

따라서 우리들이 땅과 하늘, 바람과 물의 현상을 지켜보며 내릴 수 있는 결론이 있다면, 그것은 다름 아닌 자연은 변하지 않는다는 것이다. 순환적 움직임이 있을 뿐이지 변화가 있는 것은 아니다. 이런 자연의 반복적인 순환도 지루하고 따분하지만 미래 역사의 불확실성도 한없이 불안한 것이다. 그래서 야고보 사도는 야고보서 4장 14절에서 "내일 일을 저희가 알지 못하는도다 너희 생명이 무엇이냐 너희는 잠깐 보이다가 없어지는 안개니라"라 하였다. 또한 잠언 기자는 "너는 내일 일을 자랑하지 말라 하루 동안에 무슨 일이 날는지 네가 알 수 없음이니라"(잠 27:1)고 하였다. 세네카(Seneca)는 "내일 일을 우리가 알 수 없는데 일생의 계획은 얼마나 어려운가"라고 하였다. 내일 일을 예측할 수 없기 때문에 인생은 근본적으로 불안하고 허무한 것이다.

만일 하나님을 배제한 채 단순히 "해 아래 있는" 삶을 살펴본다면 전도서의 기자가 관찰한 이 모든 것은 사실이다. 그리하여 세상에는 일정하고 예측가능하며 전혀 변화 없는 닫힌 체계(closed system)와 질서의 고착화만 있게 된다. 그렇게 되면 삶의 신비도 신바람도 다 사라지고 만다. 똑같은 삶이라도 그것을 어떻게 보느냐에 따라 삶의 내용이 달라진다. 이를테면 반복과 순환을 한없이 권태롭고 지루한 것으로 여기는 사람과 그 반대로 반복과 순환을 날마다 새로운 것으로 받아들이는 사람의 경우가 그러하다. 전자(前者)의 경우 삶은 정말이지 도무지 살맛이 안 나는 것으로 여겨진다. 만사가 귀찮고 헛될 뿐이다. 자신도 모르게 허무주의와 염세주의에 빠져들게 된다. 이러한 삶에는 발전이 있을 수 없다. 기껏해야 제자리걸음이요, 못하면 뒷걸음질만 있을 따름이다.

그러나 매번 똑같이 반복되는 삶에서도 흥미와 감동을 느끼면서 사는 사람은 다르다. 그는 날마다 새로워지는(日新又日新) 사람이다. 그에게는 항상 새로운 깨달음이 있고 남이 알지 못하는 즐거움이 있다. 남들은 똑같은 일 속에서 권태로움을 느끼는 데도, 그는 반복과 끝없는 순환 속에서 늘 새롭게 세상을 바라본다. 남들이 지치고 피곤해 있을 때에도 그는 지치지 않고 열심히 신바람 나는 삶을 누린다. 그에게 있어 삶은 정말 살맛이 나는 것이 아닐 수 없다.

(3) 아무런 새것이 없는 세상

만일 아무것도 변하지 않는다면 추론적으로 이 세상 안에 새로운 것은 아무것도 없다는 결론을 내릴 수 있을 것이다. 그래서 코헬렛은 '해 아래'는 새것이 없으므로(전 1:9), 이미 있었던 것이 다시 있을 뿐이라고 한다(전 1:10). 시카고 무디 교회에서 오랫동안 목회를 했던 아이런사이드(Ironside) 박사는 자주 이런 말을 하였다고 한다. "만일 어떤 것이 새롭다면 그것은 사실적인 것이 아니며, 어떤 것이 사실적인 것이라면 그것은 새로운 것이 아니다."[137] 새로운 어떤 것이 있다면 그것은 옛 것을 재결합한 것일 뿐이다. 인간은 창조주가 아니라 피조물이므로 새로운 것을 창조해 낼 수 없다.

엄격하게 말하자면 해 아래 세상엔 새로운 것이 전혀 있을 수가 없다. 그런데도 왜 우리는 새로운 것이 있다고 생각하게 되는가? 그것은 다만 사람들이 행한 이전의 활동이나 사건 혹은 성취한 일을 기억하지 못하기 때문이다(전 1:11, 2:16, 4:16, 9:5 참조). 고대인들도 우리가 지금 하고 있는 생각들을 이미 했었고, 이것은 실망스럽지만 사실이라는 것이다. 스토아 철학자 마르쿠스 아우렐리우스(Marcus Aurelius)는 이렇게 말하였다. "우리 뒤에 올 세대는 새로운 것은 어떤 것도 보지 못할 것이다. 그리고 우리 이전의 세대도 우리가 지금 보고 있는 것을 동일한 것을 보았다."[138] 새로운 무엇을 경험했다고 하는 사람이 있으나 사실상 그의 경험이 제한되어 있고, 혹은 사물의 표면만을 보았기 때문에 그렇게 생각하는 것이다.

우리가 거듭나지 못한 신앙 없는 사람의 시선으로 보면 해 아래에는 새로운 것이 없다. 그러나 해도 이 자연의 만상을 성장시키고 존속시키면서 그의 선을 나타내고 있다는 생각을 하면 모든 것이 또한 새로운 의미로 다가 올 수 있다. 인생도 그럴 수 있는 것이다. 창조의 질서는 영원하기 때문이다.

해 아래 세상에는 새 것도 없고 전진도 없다. 해도, 바람도, 강물도 계속 변하는 것 같지만 늘 제자리걸음뿐이고, 삶의 방향도 예측할 수 없고 목적도 발견할 수 없어 늘 헤매는 것이 인생이다. 큰 야심을 가진 사람이 자신의 인생을 자랑해보지만 순환하는 자연계의 진행과(전 1: 5-7) 반복되는 역사의 흐름(전 1: 9-10) 가운데서 한 세대 밖에 못사는 것이 인생이다. 만물 안에 있는 모든 것은 서로에게 의미나 행로를 제시하지 못하고 잊혀 질 뿐이다(전 1: 11). 그런데도 나는 이 세상에서 영원히 살 것처럼 욕심 가운데 살고(전 1: 8), 또 이름이나 업적을 남기려고 애를 쓴다(전 1: 11). 새 것이 없는 이 세상은 소망이 없다. 그러나 사람이 신앙을 가지면 새로운 의미의 세계와 소망의 문이 열린다. 전도자는 이 지혜를 알기에 먼저 해 아래 세상의 헛됨을 외치면서도 소망 중에 하나님을 바라보는 것이다. 세상을 기계적으로만 바라다보면 따분할 뿐이므로, 허무와 무상함을 넘어서려면 바라다보는 시각과 생각부터 신앙적으로 바꾸어야만 한다. 그때 새로운 전망이 열릴 것이다.

2) 덧없는 세상 가치들

전도서의 소위 첫 번째 설교라고 하는 1장 12절로부터 3장 15절까지에서 코헬렛은 자신의 마음을 다하고 지혜를 총동원하여 이 세상에서 일어나고 이루어지는 모든 일을 궁구하여 보았다. 이스라엘 왕으로서 또한 지혜자로서 그는 우리의 삶을 뜻있게 하는 것이 무엇인지를 알아보기 위해 여러 가지 방식으로 그것을 실험해 보았다. 그러나 그가 발견한 것은 하나님 없는 모든 것은 일체가 헛되고 무의미하며 우리 인생의 만족을 채워줄 수 없다는 것이었다. 그러면 우리의 삶을 뜻있게 해주는 것은 무엇인가? 그것을 살피기 전에 먼저 우리의 삶을 덧없게 하는 것부터 알아봐야겠다.

(1) 신앙이 결여된 지식

솔로몬은 지식을 끝없이 추구해 보았으나(전 1:12-18), 그것이 근본적으로 인생의 문제를 푸는 열쇠가 못된다고 고백한다. 솔로몬은 그의 다른 업적으로 받았던 영광보다도 그의 지혜 때문에 더 많은 영광을 누렸다. 그는 지혜로 시바(Sheba)의 여왕을 자신의 궁정으로 끌어들일 수 있었고 어떤 문제든 잘 가려낼 수 있는 분별력을 가지고 통치하고 재판을 하여 많은 존경과 영광을 누렸다. 이런 솔로몬이 코헬렛으로 분장(persona=mask)을 하는 것이다(전 1:12). 그리고 나서 그는 "마음을 다하며 … 살핀즉"(전 1:13)이라 하여 지혜를 얻기 위해 고상한 노력을 다 들여서 탐구했다는 사실을 말하고 있다. 하지만 이러한 탐구는 '괴로운 것' 즉 '넌덜머리나는 일'(Sorry task)이요, '고약한 일'(ill business)이었다.[139] 이런 진리를 발견하기 위한 깊은 충동 또는 내적 충동은 하나님께서 주신 것이지만(전 1:13), 그것을 탐구하는 일은 힘들고 어려웠으며 보답 또한 쉽게 주어지는 것이 아니었다.

우리는 좀 더 나은 목적을 얻기 위해서 애를 쓰지만 그 탐구는 결국 만족스러운 결과를 주지 못할 때가 많다. 그렇게 탐구해도 얻지 못하는 아픔을 코헬렛은 "바람을 잡으려는 것"(전 1:14)과 같다고 하였다. 그는 위대한 사람이 되는데 성공했고, 다른 모든 사람들보다 월등하게 많은 지혜를 가지고 있기는 하였지만(전 1:16), 그런 지식을 가지고서는 구부러진 것을 곧게 할 수도 없고 모자란 것도 셀 수 없었다(전 1:15). 이와 같이 그는 그의 지식이 극히 제한적이라는 것을 알게 되었고, 또한 그의 뛰어난 지혜와 광범위한 경험도 자세히 살펴보니 그것이 미친 것과 우매함보다 실재로 더 나은 것이 없었다(전 1:17). 이러한 추구는 바람을 잡으려는 것처럼 무익(無益)한 것이었고, 그 결과는 정신적 고통과 슬픈 심정을 더하게 할 뿐이었다(전 1:18). 지혜가 많으면 번뇌도 많다는 것이다. 왜냐하면 지식이 늘어남으로 인해서 이 사악하고 과오가 많은 세상 것들을 볼 수 있는 안목을 갖게 되기 때문이다.

그러나 무지한 자가 복되다는 말은 아니다. 독일의 속담 가운데 많은 지식은 두통을 만든다는 것이 있는데, 이 말이 솔로몬의 의중을 잘 표현해 주고 있다고 하겠다. 지식이 많다고 반드시 행복한 것은 아니다. 물론 지식은 힘이 될 수 있다. 자신의 재능과 지혜를 이해하고 있는 사람들 가운데 훌륭해지지 않은 사람들이 없고, 자신의 재능과 지혜를 제대로 이해하지 못한 사람들 가운데 훌륭하게 된 사람들이 드물다. 아는 것이 힘이다. 배우면 편리하게 살 수 있고 자신감도 가질 수 있다. 그러나 그것이 자기 혼자만을 위한 것이라면 궁극적인 만족을 주지는 못하며 인생의 근본문제를 해결해 주지도 못한다. 그래서 신앙이 없는 지식은 우리의 삶을 덧없게 하는 것이다.

세상 지식을 가지고서는 인생의 의미와 행복을 털끝만큼도 더 할 수가 없다. 세상 지식에 신앙의 인격과 덕을 더 쌓아서 그것을 하나님의 영광과 다른 사람들의 행복을 보태는데 쓸 수 있을 때 비로소 의미 있는 것이 될 수 있다.

(2) 세상적인 쾌락

인간의 쾌락 곧 감각적이며 세상적인 즐거움이 인생의 문제를 푸는 열쇠가 될 수 없음을 말하고 있다(전 2:1-3). 감각적인 즐거움으로 말미암아 어떤 만족을 얻을 수 있는지를 코헬렛은 시험을 해보기로 결심을 하였다(전 2:1). 시험적으로 자기를 즐겁게 하고 육신을 즐겁게 하려고 많은 것을 먹고 마셔보았으나 그것도 헛되었다. 그가 이러한 실험을 통해 많은 즐거움을 누려 본 것이 틀림없지만, 결국 그것도 모두 "헛되고 헛된"(전 2:1) 것이었다. 이 말의 상징적인 뜻은 '나는 이러한 시도 가운데서 영속적인 가치를 전혀 발견하지 못했다'는 것이다. 쾌락에 빠져보지 못한 사람들은 호기심에 끌려서 그것의 매력과 욕망에 사로잡히는 수가 있지만 일단 빠져보면 그것은 일종의 환상으로서 후회만 남게 된다는 것이다.

전도서 2장 2절에 따르면 코헬렛은 실험의 일부로서 유쾌한 기분 즉 "웃음"을 웃고 단순한 기쁨인 희락을 추구했지만 그것도 "미친 것이요" 또한 "이것이 무슨 소용이 있는가?"(전 2:2)라는 질문만을 자아낼 뿐이었다. 그렇게 사는 것이 정상적인 삶이 아니라는 말이다. 그러나 그는 할 수 있는 가능한 쾌락의 방법을 다 찾아보고 마치 깊은 학문을 탐구하듯이 연구하여 보았다.

그는 희락을 가져다주는 하나로서 술을 신중하게 사용하여 되도록이면 최고도의 즐거움을 얻어 보려고 하였다(전 2:3). 식도락(食道樂)이라는 말이 있다. 먹고 마시는 일은 즐거운 일이다. 그러나 지나친 탐욕 탐식 탐음은 죄다. 그것으로 인생이 만족할 수 없다. 사람은 빵만으로는 살 수가 없다.

그는 다음으로 "어리석음"(전 2:3)을 취하여 즐거움을 누려보려고 이를 시도했다. 여기 '어리석음'이란 다 알려져 있는 시시한 일 가운데 해가 되지 않고 즐거움을 줄 수 있는 모든 형태들을 다 포함한다고 생각한다. 다시 말하면 여러 가지 눈요기나 도박, 및 희롱 같은 것들을 말한다. 이런 것들이 우리 인생의 근본문제를 해결해 줄 수 없다. 그런 것은 아무리 취하여도 만족할 수 없고 다만 우리를 덧없게 해줄 뿐이다.

노래방에 가서 노래하는 것도 좋다. 그러나 매일 자고 깨면 노래방이고 먹고 마시는 것으로 세월을 보낸다면 그것은 미친 짓이요 비정상적인 한심한 일이다. 사람이 쾌락에 빠지면 나르시스처럼 쾌락으로 망하고 돈에 미치면 돈으로 망한다. 마약과 도박에 미친 사람들은 결국 그것으로 폐인이 되는 것을 수없이 보았다. 예수에 미치는 것은 사는 길이지만 세상적인 쾌락에 미치는 것은 그 영혼이 죽는 길이다. 술이나 마약과 같은 것으로는 인생의 근본적인 즐거움의 문제를 해결할 수 없다. 그것은 밑 빠진 독에다 물 붓기에 지나지 않는다. 그것은 헛되고 헛될 뿐이다. 그러므로 믿는 신자는 나누고 베푸는 삶을 통해서 주안에서 즐거움을 누리는 것을 최고의 낙으로 삼아야 한다.

(3) 무모한 큰일

솔로몬은 큰 사업을 일으키고 온갖 일을 다 해보았지만(전 2:4-11), 그것이 근본적으로 인생의 문제를 해결해 주지 못한다는 것을 말하고 있다. 그는 앞에서 이미 언급한 바와 같이, 지식과 세상 쾌락을 다 누려보았는데, 그것 모두가 헛되고 헛되다는 것을 깨달았다. 그래서 그는 새로운 환락을 찾기 위해 모든 시간을 바쳤고, 큰 일 곧 대 기획(great projects)을 세워서 그것을 통해 낙을 누려보려 했다.

사람들의 욕심은 끝이 없다. 또한 사람은 돈 없이 살 수가 없다. 그러나 돈만으로도 살 수는 없다. 사람이 빵만으로는 살 수 없는 것과 같은 이치다. 처음에는 소일거리나 일용할 양식을 위해 사업을 시작하지만 그런대로 그 사업이 잘 되다보면 욕심이 더 생기게 된다. 그래서 사업을 확장하고 돈을 끌어다가 투자해서 사업을 확장한다. 그런데 그것이 그렇게 마음먹은 대로 잘 되면 좋겠는데 그렇지가 않다. 그래서 빚만 잔뜩 짊어지고 인생의 무거운 길을 가는 경우가 허다하다. 사람이 제 분수를 아는 것이 지혜다. 지혜롭지 못한 사람은 돈만을 위해서 살아간다. 참으로 불행한 일이라 아니 할 수 없다.

"내가 나를 위하여 집들을 짓고"(전 2:4)라 하였는데, 그가 세운 큰 계획 중의 하나가 큰 집을 짓는 일이었다. 인생살이의 필수요건이 의식주라는 것은 삼척동자(三尺童子)도 다 안다. 문제는 생활을 하는데 필요한 정도의 집을 마련하는 것이 아니고 사치성 호화주택을 마련하려고 온갖 방법과 심혈을 기울여 투기하고 사기까지 치는데 있다. 집이 없으면 한 곳에 머물지 아니하고 떠돌아다니는 부랑자가 되기 쉽다. 그것도 하나님이 원하시는 일이 아니다. 그러나 분수를 모르는 것은 더욱 문제다.

그가 세운 큰 계획 중의 또 다른 하나는 "포도원을 일구며 여러 동산과 과원을 만들고 그 가운데 각종 과목을 심는"(전 2:4-5) 것이었다. 하나님은 천지 창조를 하실 때 동산을 만들고 각종 과수를 두어 각종 먹을 수 있는 실과를 주었다. 일용할 양식으로는 부족한 것이 전혀 없었다. 그러나 아담과 하와는 금단의 열매를 따먹었다. 그것은 과욕이다. 아니 허욕이다. 그것은 일종의 쾌락을 위하여 한 짓이므로 죄가 된다. 우리가 먹고 살기 위하여 최선의 일터를 마련하고 애써 노력하는 것은 아름다운 일이요 복된 일이다. 그러나 그것도 너무 지나치거나 하나님께서 원하시는 것이 아닌 목적을 위해서 욕심을 부리면 죄가 되는 것이다.

그리고 "수목을 기르는 삼림에 물을 주기 위하여 못들"(전 2:6)도 팠다. 아름다운 정원(park), 넓은 저수지와 나무를 심고 물을 주기 위해서 필요한 연못을 파는 것은 그 자체가 잘못이라 할 수는 없다. 문제는 필요 이상으로 도에 넘치는 과욕을 부리는 것이다. 솔로몬이 연못을 판 것은 꼭 필요에 의한 것이기도 하였지만 사실상은 매일 그것을 들여다보는 재미를 누리기 위해서였다. 그것이 문제였다.

또한 과수원 일과 수목을 가꾸고 정원에 물을 주는 일을 위하여 "남녀 노비들을 사기도 하였고 집에서 나를 위하여 집에서 종들을 낳기도 하였다"(전 2:7). 옛날의 노비는 재산이요 생산도구였다. 그러나 인간을 사고팔고 손발처럼 부려 자기 유익을 구하고 재미를 보는 것은 죄악이다. 사람을 노예로 부리는 것은 부리는 입장에서는 편하고 좋을지 모르나 부림을 당하는 편에서는 그것은 압박이요 구속이다. 그보다는 우리가 하여야 할 것은 인류애의 도장을 만드는 것이다.

일을 하여야 먹고 사는 것은 물론이지만 그것 말고도 사람이 일을 하지 않으면 사람의 본분을 망각하게 되고 우리의 마음에 녹이 쓸게 된다. 그러나 분수에 넘치는 큰 사업이나 그를 위해서 남을 학대하고 부자유케 한다면 그것은 미친 짓이요 건강치 못한 삶이라 할 수밖에 없다. 적어도 믿는 크리스천들이 그래서는 안 된다.

(4) 부질없는 과욕

코헬렛은 한때 부질없는 과다한 소유와 과욕에 사로잡혀 있었다(전 2:7-11). 코헬렛은 재산만 많이 소유한 것이 아니라 금 은 보화와 노래하는 가수와 처첩들을 셀 수 없을 정도로 많이 소유하고 있었다. 많은 재산과 금 은 보화는 잘 쓰면 유용하지만, 부정하게 벌고 부정하게 쓰면 독약과 같다. 더구나 돈에 끌려 다니는 노예가 되면 꼴이 형편없이 된다. 돈이 행복을 주는 것이 아니다. 돈과 권력과 쾌락이 사람을 세워주고 존경스럽게 만들어 주는 것 같으나 실은 그렇지가 않다. 오히려 타락과 파멸과 죽음을 가져다준다.

개인으로서 집안에 남녀 가수와 각종 악기를 둔 것은 너무나 사치스럽다. 돈 많은 사람들이 보다 더 즐겁게 살기 위한 수단으로 노래하는 남녀 가수들을 집안에 두고 마음껏 즐기며 흥겹게 살아보려 하지만, 희망과 생명이 없는 노래는 허무할 뿐이다. 세상적인 노래들을 보면 대부분 눈물과 비련이 많다. 마음을 텅 비게 하고 가슴에 구멍을 뻥 뚫리게 한다.

또한 그는 인생의 기쁨을 제공하는 처첩들을 많이 두고 살았다(전 2:8). 열왕기상 11장 1-4절을 보면 솔로몬은 많은 여자를 거느리고 살았던 것을 알 수 있다. "솔로몬 왕이 바로의 딸 이외에 이방의 많은 여인을 사랑하였으니 곧 모압과 암몬과 에돔과 시돈과 헷 여인이라 여호와께서 일찍이 이 여러 백성에 대하여 이스라엘 자손에게 말씀하시기를 너희는 그들과 서로 통혼하지 말라 그들이 반드시 너희의 마음을 돌려 그들의 신들을 따르게 하리라 하셨으나 솔로몬이 그들을 사랑하였더라. 왕은 후궁이 칠백 명이요 첩이 삼백 명이라 그의 여인들이 왕의 마음을 돌아서게 하였더라 솔로몬의 나이가 많을 때에 그의 여인들이 그의 마음을 돌려 다른 신들을 따르게 하였으므로 왕의 마음이 그의 아버지 다윗의 마음과 같지 아니하여 그의 하나님 여호와 앞에 온전하지 못하였으니" 하였다. 여자 때문에 하나님의 명령을 거역하고 불순종하였다. 그래서 나라가 분단되는 것이다.

그는 "무엇이든지 내 눈이 원하는 것을 내가 금하지 아니하며 무엇이든지 내 마음이 즐거워하는 것을 내가 막지 아니하였으니 이는 나의 모든 수고를 내 마음이 기뻐하였음으라 이것이 나의 모든 수고로 말미암아 얻은 몫이로다"(전 2:10)라고 말할 정도로 해보고 싶은 것을 다 하고, 수고해서 얻은 것을 마음껏 즐겼다. 수고하여 받는 몫이 있기는 있다. 전도서 2장 9절 "내가 이같이 창성하여 나보다 먼저 예루살렘에 있던 모든 자들보다 더 창성하니 내 지혜도 내게 여전하도다"라고 한 구절을 보면, 그는 누구보다도 창성하게 되었다고 했고, 전도서 2장 10절에 보면 원하는 선을 행할 수 있는 복을 받았으며 기뻐할 수 있는 복을 다 받았다. 그러나 그가 진실로 구하는 것은 얻을 수가 없었다. 그래서 그는 그 모든 것이 헛되어 "바람을 잡는 것"(전 2:11)같다고 하였다. 해 아래서 유익한 것이 전혀 없다는 것이다.

인류 역사를 통해서 이제까지 생존했던 인물 중에서 나폴레옹은 가장 뛰어난 최고의 군사적 천재였다고 할 수 있다. 이 나폴레옹이 러시아를 침략하기로 계획을 세웠을 때 그와 가까운 군인 한 사람이 이런 충고를 하였다. "제발, 이번만은 러시아 침략을 취소하면 좋겠습니다. 이만하면 족하지 않습니까?" 그러나 나폴레옹이 그의 말을 듣지 않았다. 그러자 마지막으로 그 신하는 "폐하시여! 사람이 계획을 하지만 하나님이 그 일을 성취하십니다"(잠 16:1, 33)라고 하였다. 이 말을 들은 나폴레옹은 "나는 계획도 하고, 성취도 한다"고 장담하였다. 그러나 우리가 잘 아는 바와 같이, 러시아 정복이 나폴레옹 생애에서 몰락의 시작이 되었다. 그는 마침내 세인트 헬레나의 고독한 섬에서 자신의 한계성을 비로소 느끼면서 최후를 마쳤다.

하나님 없이 자기의 삶을 계획하는 일은 매우 어리석고 허탄하다. 칼뱅의 위대한 삶의 모토는 "하나님 앞에서"였다. 하나님 앞에서 사는 삶은 귀한 것이고, 하나님과 함께 하는 생활은 매우 소중한 것이다. 하나님과 더불어 웃으면 양약이 되지만 하나님 없는 쾌락은 인생을 몰락시키고 만다. 미국의 성직자인 리처드 풀러는 "대개 세속적이고 관능적인 쾌락은 짧고, 거짓되며, 기만적일 뿐 아니라 마치 술 취함 같아서 한 시간의 미칠 듯한 기쁨이 슬픈 후회의 시간들을 낳게 한다. 일생을 유흥으로 보낸 자는 마치 아무 것도 입지 않고 옷술만 걸치며, 양념만 먹고 산 사람과 같다"라 하였다. 미국의 설교가 헨리 비쳐(Henry Ward Beecher)는 "성공이란 그것을 이루기까지는 많은 약속을 주나 그것은 결국 새가 보금자리를 찾듯 죽음이라는 보금자리로 귀착이 되는 것이다"[140]라고 말했다. 암브로스 비어스(Ambrose Beerce)는 성취를 "노력의 죽음이요 삶에 대한 싫증의 시작"이라고 하였다.[141] 부질없는 소유와 과욕은 패망의 앞잡이가 된다.

(5) 죽음으로 사장되는 뛰어남

전도서 2장 12-17절에서 솔로몬은 자기 자신이 인생의 모든 영역에서 다른 사람들보다 뛰어나고 성공했다는 사실을 말해주고 있다. 그의 뒤에 오는 왕들 곧 그의 후계자들이 혹시 그와 어깨를 겨룰 수는 있을지라도 그를 앞서 갈 수 없을 것이라고 한다(전 2:12). 이처럼 솔로몬은 다른 어떤 왕들이나 큰 사람들보다도 자기가 뛰어나며 성공한 사람이라는 자부심을 가지고 있었다. 더 더욱 그는 이 세상에는 지혜도 있지만 망령(미친)된 것과 어리석은 것도 있다는 것을 알았을 뿐 아니라(전 2:12), 지혜가 어리석음 보다 훨씬 낫다는 것도 알았던 분별력과 통찰력이 매우 뛰어난 사람이었다(전 2:13). 솔로몬의 뛰어남은 마치 빛이 어두움보다 뛰어난 것과 같다 할 수 있었다. 이처럼 솔로몬은 지혜에 있어서도 남들보다 뛰어났기 때문에 영적인 통찰력과 선별력을 가지고 그 자신의 행로를 바르게 선택할 수가 있었다. 그러므로 그는 불필요한 고통을 피할 수 있었고 보다 행복하게 살 수 있었던 것이다. 이런 점에서 그는 누구보다 멋지게 성공한 자라고 할 수 있다.

하지만 지혜로운 자와 어리석은 자는 결국은 똑같은 운명 즉 죽음을 면할 수 없다는 것이다(2:14). 죽음이라는 극한상황을 뛰어넘을 수 있는 사람은 세상엔 아무도 없다. 그렇다면 잘난 사람이 되고 남보다 탁월한 사람이 되려고 애쓸 필요가 무엇이겠는가? 무엇 때문에 그렇게 치열한 인생을 살며 피투성이 되도록 싸우고 경쟁하여야 하는가? 그것은 어리석은 짓에 불과하다(전 2:15)고 할 수도 있을 것이다. 지혜로운 사람도 어리석은 사람과 함께 다 죽게 되고 조만간 사람들의 기억에서 사라지게 된다(전 2:16). 이 사실은 솔로몬으로 하여금 인생에 대한 염증과 따분함을 느끼게 하였다(전 2:17). 그의 모든 탁월하게 되려는 노력은 무의미하고 결국 시간 낭비에 지나지 않는다는 생각까지 하게 되었다. 이 세상에서 제아무리 잘났다고 해 본들 영원히 얻는 것은 없다는 것이다. 어떤 면에서 그것은 옳은 말이다. 이런 진리가 사람을 허무하게 만들 수 있다. 그러나 솔로몬의 이런 결론은 사실상 그의 확실한 단정적인 표현이라기보다는 변증법적인 긍정을 위한 역설적 표현이라 할 수 있다.

흔히들 죽으면 그뿐이고 뛰어나건 모자라건 죽으면 그것으로 끝나는 것을 무엇 때문에 목숨을 걸고 애쓸 필요가 어디 있겠느냐고 하는 회의적인 말을 내뱉을 수도 있다. 그러나 그런 생각에 사로잡혀서 아무런 노력도 안하고 탐구도 하지 않는 사람이 있다면, 그런 사람은 패배주의자임에 틀림없다. 비록 죽음으로 끝나는 것이라 할지라도 진보 발전은 하나님께서 원하시는 것이고 신앙인들의 뛰어남과 성공을 통하여 인류 사회에 큰 혜택을 주시려 하는 것이 하나님의 놀라운 섭리의 일면인 것이다. 신앙이 결여된 출세와 성공, 그리고 탁월성은 죽음을 이길 수가 없다. 그러나 하나님의 은혜 안에서 이루어지는 성공과 뛰어나고자 하는 노력은 매우 귀중하고 높이 살만한 가치라 할 수 있다. 솔로몬도 역설적으로 바로 그런 것을 주장했던 것이다.

(6) 허리를 굽게 하는 각고의 노고

전도서 2장 18-19절에는 '수고' 라는 말이 8회나 나온다. 사람에게 일이 있다고 하는 것은 인생의 최고의 축복들 가운데 하나로 간주할 만하다. 할 일이 없는 것처럼 비참하고 서글픈 일이 없다. 그러나 이러한 일이 단순히 지상적인 것을 추구하고 야망을 좇는 것일 때, 혹은 영적인 천상의 가치가 배제된 것일 때, 그것은 헛된 것이라 아니 할 수 없다. 그리고 우리가 얻는 것은 누구에겐가 물려주어야 하는데, 그 수고의 결과를 물려받을 사람이 어떤 부류의 사람일지 확실히 알 수 없다는 것도 허무한 것이 아닐 수 없다. 솔로몬이 자기의 수고를 돌이켜 볼 때, 그것은 참으로 이런 여러 가지 이유로 해서 실망스러울 뿐이었다. 더구나 자신이 이루어 놓은 일이 자기의 뒤를 이은 무능한 사람의 손아래에서 망쳐지게 될 것을 예측해보게 된다면 확실히 그것은 무익하다고 할 수밖에 없다. 우리들은 많은 것을 궁리하고 계획하고 힘써 일하지만, 대개의 경우 우리들이 얻는 노력의 열매들은 엉뚱한 사람들에게 넘어가는 수가 많다. 그런 자들은 노력 없이 받은 것이므로 소중하게 생각도 아니 하고 낭비해 버리고 만다(전 2:21). 평생 동안 슬픔을 가지며 수고하지만 슬픔뿐이어서 밤에도 마음을 평안히 쉴 수 없었다(전 2:23). 그렇다면 살아갈 만한 가치가 있고 보람이 있는 삶은 도대체 무엇이란 말인가? 이에 대한 해답은 첫 번째 설교의 하반부(전 2:24-3:15)에서 찾을 수 있다. 이에 대해서는 후에 다시 자세하게 다루겠다.

오스왈드 쌘더스는 그의 저서『고독에 직면해서』라는 책에서 다음과 같이 말하였다.[142] "한때의 쾌락이나 부의 축적은 끊임없는 고통으로부터 벗어나기 위한 헛수고일 뿐이다…. 흔히 백만장자는 외롭기 마련이고, 희극배우는 때로는 청중들보다 더 불행하다."

성공하는 것만으로는 만족하지 못하다고 쌘더스는 강조한다. 그 예로 저명한 학자인 헨리 마틴의 경우를 들고 있다. 약관 20세의 나이에서 마틴은 캠브리지 대학 재학시절 수학 분야에서 그가 이룩한 업적으로 명예학생이 되었다. 사실 그는 그 분야에서는 최고의 인정을 받고 있었다. 그러나 마음의 공허감은 여전했다. 그는 그가 이룬 업적에서 성취감을 느끼는 대신 "겨우 그림자만 붙잡은 것 같다"고 고백했다.

그 후 인생의 목표를 검토한 후, 마틴은 스물 네 살의 나이에 선교사가 되어 인도를 향해 떠났다. 도착해서 곧 "주님을 위해 마지막까지 기력을 다하게 해 달라"고 기도드렸다. 그리하여 죽기 전 7년 동안 신약 성경을 동방의 어려운 3개 국어로 번역하는 데 몸을 바쳤다. 이러한 업적들은 분명 지나가는 "그림자"와 같은 것이 아니었다. 전적으로 주님을 위해 사는 삶만이 진실로 만족한 삶이라는 것을 입증해 준다. 바울은 고린도전서 15장 58절에서 "너희 수고가 주안에서 헛되지 않은 줄 앎이라"고 하였다. 수고라고 다 무익하고 허무한 것은 아니다. 하나님의 영광을 위해 바치는 노고는 무엇보다 가치 있고 유익하다고 할 수 있다.

프랑스의 작가이자 실존주의 철학가인 알베르 카뮈가 쓴『시지프스의 신화』라는 책이 있다. 이 책을 보면 시지프스는 형벌로 산꼭대기에 큰 돌을 올려놓아야만 했다. 그래서 열심히 애써 산꼭대기에 올려놓았다. 그런데 그만 그 돌이 아래로 굴러가는 것이다. 다시 마음을 잡고 애써 돌을 올려놓는다. 그런데 이번에도 그만 돌이 굴러 내려간다. 이러기를 평생 동안 하는 것이다. 카뮈는 이 책을 통해 존재의 이유에 대한 답을 '인생은 헛수고'라는 역설로 말하고 있다. 그러나 카뮈의 대답은 무신론적인 사유의 귀결에 지나지 않을 뿐이다.

3) 부조리한 세상

전도서의 두 번째 설교는 3장 16절로부터 5장 20절까지이다. 3장 16절로부터 4장 16절까지는 불신앙적인 눈으로 관찰할 때 보이는 부조리 현상을 묘사한 것이고 4장 17절부터 5장 20절까지는 신앙적인 눈으로 관찰한 것이다. 두 노래의 토운은 각기 다르다. 하나는 어둡고 침통하지만 다른 하나는 밝고 기쁨이 넘친다. 여기서는 솔로몬이 관찰한, 이 세상 여러 곳에서 일어나고 있는 다양한 부조리와 불공평한 현상만 먼저 살펴보겠다.

(1) 법정의 부조리

솔로몬은 전도서 3장 16-22절에서 해 아래서 이루어지는 세상의 현상을 관찰해 보는 중에 자신이 통치하고 있는 나라의 가장 공의가 살아 있어야 할 곳을 찾아가 보았다. 그곳이 바로 법정이었다. 그곳엔 공의만 있어야 하는데 실상은 많은 악도 함께 있었다. 이 세상이 너무나 부조리하다는 것을 솔로몬은 깨닫고 슬픔을 금할 수 없었다.

원래 이스라엘 민족은 정당한 재판 체계를 가지고 있었고(출 18:13-27; 신 17, 19장), 이 체계는 하나님의 법(divine law)에 기초된 것이었다. 그러나 그것도 다른 가치체계들처럼 부패할 수 있는 것이었다(전 5:8). 모세는 재판관에게 정직과 공의로 재판할 것을 경고했고(레 19:15; 신 1:17), 시편 기자와 예언자들은 사회적 불의를 통렬히 규탄하고 있다(시 82편; 사 56:1; 암 1-2장). 솔로몬은 지혜롭고 공정한 왕이었다(왕상 3:16-28). 그러나 그의 정권 안에있는 모든 관원(공무원)들을 공의로 통합하는 것은 불가능했다.

　나라의 공복들이 정직하고 공의로워야 사회가 밝고 질서가 튼튼하게 설 수 있다. 그 중에서도 4대 성직 중의 하나라고 하는 법관들이 양심을 잃지 않고 정의로워야 재판이 산다. 재판이 살아야 나라의 기강이 무너지지 않는다. 우선 솔로몬은 소송을 보기 위해 법정으로 갔었다. 그는 거기서 공의로운 재판이 이루어질 것을 기대하면서 법정을 관찰하여 보았다(전 3:16). 그러나 솔로몬은 기대와는 달리 법정에서 부정과 악덕을 발견하였다. 즉 거기에서 그는 무고한 백성들이 권력에 굶주린 관원들로부터 압제받는 것을 보았다. 피해자의 울음과 눈물의 호소도 아무 소용이 없었다. 압제자가 모든 권력을 가졌고 피해자는 저항하기도 하고 보상을 요구하기도 했으나 아무 소용이 없는 일이었다. 미국 연설가 다니엘 웹스터(Daniel Webster)는 정의를 "교양 있는 사람, 무식한 사람 등 모든 민족 구성원을 통일적으로 결합시키는 끈" 이라고 부르고 있다.

　이상 국가는 반드시 한 나라의 근본이 되는 자리 곧 정(正)의 질서 위에 서야하고 만일 비뚤어진 나라는 곧 정의 자리로 돌아가지 않으면 무너지고 만다. 그래서 아리스토텔레스는 그의 『윤리학』이라는 책에서 "정의는 사회생활의 기본 원리"라고 하였다. 그런데 솔로몬이 찾아가 본 법정은 서 있어야 할 바른 자리에 서 있질 않았다.

　솔로몬 시대 정치 조직체는 대체적으로 붕괴되어 가고 있었다. 공의가 있어야 할 곳에서 오히려 도덕적 가치가 배척되고 있는 것을 보았던 것이다. 그런 법정을 어떻게 그냥 넘어갈 수 있단 말인가? 그런 질문을 던지면서 솔로몬이 생각한 것은 하나님의 미래의 심판이었다(전 3:17). 분명 악이 벌을 받지 않고 영원히 건재하지는 못할 것이기 때문이다.

　이렇게 불의가 법정에서까지 행해지고 있는 것을 보면 인간에게 지성이 있다고 하지만 짐승들과 조금도 다를 바가 없다는 생각이 들었다. 결국 사람이나 짐승이나 죽으면 흙으로 돌아간다(전 3:19-20). 그들이 가는 곳은 마찬가지다. 인간이라고 다른 점이 있다고 증명할 사람은 아무도 없다는 것이다(전 3:21). 이렇게 생각할 때 사람으로서 할 수 있는 최선의 길은 인생을 즐기는 것이었다(전 3:22). 인간을 일컬어 그러므로 영원의 존재니 미래적 존재니 기투적(企投的) 존재니 하는 것 자체가 공허하고 무의미한 것이었다. 그러나 이것은 비신앙적인 관점으로 볼 때 이를 수 있는 귀결에 불과하다. 사필귀정(事必歸正)의 자리로 돌아가야 나라가 살고 법정이 산다.

(2) 사회의 부조리

솔로몬은 서로 더불어 웃으며 손에 손을 잡고 살아가는 공동체 사회를 보기를 기대하면서 법정으로부터 눈을 돌려 이 사회를 살펴보았다(전 4:1-3). 그의 눈에 비친 이 사회는 계급사회로서 억누르는 자와 억눌림을 당하는 자로 분리되어 있었다. 권력은 억압자들 편에 서 있었다. 억눌림을 당하는 사람들은 서러워 흐느껴도 그들의 편을 들어 줄 사람이 아무도 없었다. 그들의 눈에서는 하염없이 눈물이 흘러내려도 위로해 주는 사람이 없다(전 4:1). 이 세상에는 너무도 억압과 학대가 많다. 『로마 제국의 쇠퇴와 몰락』(The Decline and Fall of the Roman Empire)의 저자 에드워드 기본(Edward Gibbon)은 정치적 부패는 "헌법적 자유의 가장 분명한 증상이다"고 말하고 있다.[143] 아마 그의 말이 옳을 것이다. 왜냐하면 복종할 자유가 있는 곳에는 불복종할 자유도 있기 때문이다.

솔로몬의 관원 중 얼마는 그들이 법 위에 있다는 태도로 무고한 사람들을 고통당하게 했다. 그래서 행복한 자들은 죽은 자들뿐이라고 하였다(전 4:2). 한 걸음 더 나아가 가장 행복하고 축복받은 사람은 아직 태어나 보지도 않은 사람이라고 덧붙인다(전 4:3). 이렇게 생각할 때 삶이란 암울하고 절망으로 가득 찰뿐이었다. 이것이 사회에서 볼 수 있었던 부조리였다.

사회가 이상 사회가 되려면 청천백일(靑天白日)처럼 광명정대(光明正大)하고 도의와 공평함과 온기와 화기가 살아 있어야만 한다. 정상적인 사회는 공의와 사랑이 함께 하는 질서 사회라 할 수 있다. 약육강식의 논리만 판치고 억누름과 박탈의 생리가 도도히 흐르고 있으면 그 사회는 어둡고 살맛 안 나는 맛 잃은 소금 사회가 되고 만다. 솔로몬이 본 그의 사회가 그러했다. 웃음이 있으면서도 사람들이 서야할 자리에 각자 알아서 서고 지켜야할 법도를 지키며 자유와 공정을 생명처럼 여기는 사람들이 많은 사회는 생명이 넘치는 사회다. 그렇지 않은 사회는 죽은 사회로서 온기와 정기가 없다. 온기와 정기가 같이 흐르지 않는 사회에는 빛이 있을 수 없다. 솔로몬은 자기가 통치하는 사회가 너무 어두워진 것을 보고 개탄하며 발걸음을 시장으로 돌렸다.

(3) 시장의 부조리

법정과 사회에서 본 부조리와 불공평 때문에 혐오스러워진 솔로몬은 여러 일꾼들과 노동자들을 관찰하기 위해 시장으로 내려갔다(전 4:4-6). 시장으로 내려가 보면 인간의 보편적인 삶의 모습을 볼 수 있다. 솔로몬이 시장으로 내려가서 먼저 만난 사람은 열심히 일하는 부지런한 사람들이었다. 열심히 일하는 사람(수고하는 사람)의 수완과 기술(교묘한 일)은 뛰어났다. 그러나 그들의 마음을 살필 때 역시 솔로몬은 실망하지 않을 수 없었다. 이 부지런한 사람들이 그들의 기술을 철저하게 연마하고 그 일에 열심을 쏟는 것은 단순히 이웃과의 경쟁에서 이겨내고 남들보다 더 많은 돈(이득)만을 벌기 위한 것이었다. 그들의 노동 목적은 아름답고 유용한 산물을 생산하거나 사람을 돕기 위한 것이 아니라 경쟁에서 이기고 삶을 위한 전쟁에서 살아남기 위한 것일 뿐이었다. 욕심과 경쟁심 및 시기심은 모두 같은 것이라 할 수 있다. 시장에서 부지런하게 일하는 사람들의 마음에서 의기(義氣)란 조금도 찾아볼 수 없었다.

우리의 마음에는 의기가 충만해야 한다. 우리의 가슴에 정기(正氣)가 넘쳐야 한다. 우리는 먼저 강건하여야 하지만, 강건하기만 하여도 안 된다. 우리는 참되고 의로워야 하고, 우리의 정신에는 의기가 있어야 한다. 의기란 무엇인가? 올바른 정신이요, 바른 마음이요, 정의감에서 생기는 용감한 기상이요, 거짓을 미워하고 참과 의를 사랑하는 정신이라 할 수 있다. 이런 의기가 넘치면 이(利)를 위해도 정당하며 바르고 떳떳하게 할 수 있다. 시장의 생리가 장사판이라 하더라도 거기에도 도가 있어야 하고 바른 자리가 있어야만 한다. 너도 나도 경쟁의 상대로만 보아서 속이고 미워하고 넘어뜨리려는 악심리만 자리 잡고 있으면 시장의 기강은 무너진다. 솔로몬이 본 시장의 현상은 너무나 부조리 한 것이 많았다.

인간이 이 세상에서 무엇을 성취하더라도 그 동기가 자기 이웃에 대한 시기심과 그릇된 경쟁심에서 유발된 것이라면, 노동에 이기적인 요소가 개재된 것이라 아니 할 수 없다. 하나님은 그것을 좋아하시지 않으신다. 이런 경쟁심과 시기심은 발전에 전혀 도움이 되지 않는 데, 부지런한 사람들을 자세히 관찰해 보면 부지런한 것은 아름다워도 결국 그 행동의 동기는 대부분 경쟁심에서 오는 것이기 때문에 부질없다는 것이다. 경쟁심에 사로잡힐 때 우리의 삶은 전쟁의 연속이 되고 만다.

사람이 성취적인 인생관을 가지고 성취적인 생활을 영위하는 것은 바람직한 일이다. 그러나 성취인이 가져야 할 특색이 있는데, 그것이 바로 정당하고 높은 이상과 목표를 가지고 움직여야 한다는 것이다. 그렇지 않으면 아무리 집념을 가지고 밀어붙이고 실천한다고 할지라도 그것은 이(利)에 치우친 소인배의 경쟁 심리에서 발생한 사도(邪道)밖에 안 된다. 부지런함을 일상도의 지표로 삼는 것은 권장할 만하다. 그러나 단순히 그것이 자기의 이기적인 욕망 충족을 위한 것이라면 바람직하지 못하다.

한편 일하지 않는 게으른 사람을 보았다. 그는 그 자신을 죽이는 자인 것이다. 왜냐하면 사람이 먹지 않고서야 살 수 없기 때문이다(전 4:4-5). 전도서 4장 5절의 은유적 표현은 일하지 않는 자는 자신이 가진 모든 자원을 다 써버리기 때문에 자기 몸 이외에는 먹을 것이 없게 된다는 뜻이다. 그리고 4장 6절의 말씀은 보다 나은 것은 고생과 영의 근심으로 가득 찬 두 손을 가지는 것보다 평온함을 가진 한 손이라는 것이다. 엄청난 수익을 올리려고 번뇌와 번잡한 문제로 근심하며 시달리느니보다는 적당히 벌고 쉴 수 있는 마음이 더 바람직하다는 말이다. 다만 욕심과 경쟁 심리에서 나온 과도한 수고는 마치 바람을 잡으려는 것과 같다 할 것이다. 너무 욕심 부리지도 말고 너무 게을러서 자기 자신을 파괴시키지도 말고 수고와 여유의 균형을 이룬 삶이 바람직하다. 인생을 여유 있게 즐기되 푹 빠져들면 안 된다. 푹 빠져서 오랫동안 거기에 머물면 쉬거나 썩고 만다. 그러므로 언제나 부지런하게 공정의 윤리를 유지하며 무엇을 하던 하여야 한다.

(4) 거리의 부조리

돈 많은 사람이 더 후덕하고 자선도 많이 할 것 같지만 오히려 그 반대의 경우가 많다(전 4:7-12). 돈이 오히려 사람을 더 인색하게 만들고 타인과의 접촉을 꺼리게 하는 경우가 많은 것이다. 전도서 4장 8절에 나오는 인물은 탐욕의 줄에 매여 다른 어떤 사람들과도 자신의 이익을 나눌 생각을 않고 혼자 억척스럽게 일만하는 구두쇠이다. 그는 친구도 조력자도 없이 정신 없이 일하며 돈을 끌어 모으는 데 혈안이 되어 있는 사람이다. 너무 일에만 골몰해서 사귐도 나눔도 가질 겨를이 없다고 한다. 그러나 그는 자기의 재산을 누구에게도 남겨줄 수 없다. 그에게 재산을 상속시켜 줄 후계자가 없기 때문이다. 그러면서도 내가 누구를 위하여 이렇게 바빠지게 일하는고 하며 탄식을 하지만 부질없는 일일 뿐이다. 이런 사람은 현재의 부로 만족하는 법을 배워야 한다(전 4:7-8). 이런 사람은 커다란 축복 중의 하나인 친구(아내 포함)를 잃게 된다.

솔로몬은 "친구 없는 사람은 오른 손을 잃은 왼손과 같다"는 유대인의 잠언을 회상했을지도 모르겠다. 아마 그는 거리에서 순례자들을 보며 "둘은 하나보다 좋다"는 결론을 얻었는지도 모를 일이다. 둘이라면 더 많은 일을 할 수 있기 때문에 확실히 둘은 하나보다 낫다(전 4:9). 길을 갈 때에도 둘이서 가면 더 좋다(전 4:10). 팔레스타인의 도로와 산길은 평탄하지 않고 포장도 안 되어 있고 돌도 많이 박혀 있다. 길을 가다 넘어지거나 비틀거리거나 뼈를 다칠 때 도와 줄 친구가 있다는 것이 얼마나 좋은 일인지 모른다.

또한 둘이 있으면 따뜻하기 때문에 혼자보다 낫다(전 4:11). 팔레스타인은 두 여행자가 야영을 하거나 심지어 어떤 여관 뒤뜰에서 지내게 되는데, 밤 날씨는 추워 편하게 지내기 위해서는 서로가 따뜻하게 해주는 것이 필요할 때가 많다고 한다. 마지막으로 둘은 보초를 설 때 하나보다 낫다(전 4:12). 특히 밤에는 그렇다. 그래서 "한 사람이면 패하겠거니와 두 사람이면 능히 당하나니"라 했다. 밤이나 낮이나 혼자 여행하면 위험하기에 대부분 사람들은 친교와 안전을 위해 모여서 여행한다. 솔로몬은 하나보다는 두 친구와 교분을 갖는 것이 더 낫다고 보았다. 그렇다면 세 친구와의 우의는 삼 겹줄만큼 튼튼한 것이다. 둘보다는 셋이 낫다는 뜻인 데, 그것은 단순히 숫자적인 의미가 아니라 그 삼겹 줄 속에 내포되어 있는 단결력 때문인 것이다.[144] 그런데도 거리에 내려가 보니 혼자 여행하는 사람들이 더 많은 것을 보고 솔로몬은 놀라웠고 모순을 강하게 느끼지 않을 수 없었다.

(5) 궁정의 부조리

사람들이 세속적인 가치로 가장 많이 추구하는 것 중의 하나가 인기와 명예다. 그러나 다른 사람들의 박수갈채를 받고 싶어 하는 자들은 참된 만족을 누릴 수 없다. 왜냐하면 인기란 사람들의 변덕에 의존된 것이기 때문이다. 화자는 이 점을 증명하기 위하여 한 가난한 소년이 나중에 성공하여 왕이 되는 가상의 인물을 내세운다(전 4:13-16). 이 왕은 오랫동안 많은 백성들의 인기를 받아왔다. 그러나 이제는 자신의 한계를 인정하는 미덕도 잃었고 현명한 자문을 구하는 일마저도 잃은 눈먼 한 늙은이로 전락하고 말았다. 화자에 따르면, 눈 먼 늙은 왕은 지금보다는 차라리 가난한 소년이었을 때가 더 나았다고 한다. 적어도 그 왕이 나이 어렸을 적에는 배우려는 마음이 있었다. 그러나 나이가 들고 경험이 쌓이자 배우는 자의 자세도 상실되고 말았고 누구의 간언도 잘 들으려 하지 않았다.

이 사람은 원래 감옥에 갇혀 있던 신세였는데, 나중에 당시의 왕을 밀어내고 자기가 대신 왕좌에 앉았었다(전 4:14). 그러나 화자는 이렇게 말한다. "내가 본즉 해 아래서 다니는 인생들이 왕의 버금으로 대신하여 일어난 소년과 함께 있으매"(전 4:15). 다시 말하면 옛 왕은 대중의 인기 선호가 예측하기 어렵고 불확정적이라는 것을 인식하지 못했다는 것이다. 민심은 왕위를 대신 차지하려는 젊은 후보자의 계획을 돕고 새 왕을 지지할 준비가 되어 있었던 것이다. 사람들은 자기들이 원하는 것을 얻기 위해서 어떤 왕이라도 끌어내릴 수 있다. 대중의 갈채와 환호는 변덕스럽고 찰나적이다. 대중은 방향성이 없다. 그래서 올리버 크롬웰(Oliver Cromwell)은 한 친구에게 "대중의 환호를 신뢰하지 말게. 그들은 너와 나를 교수형에 처해야 한다고 소리치던 사람들이야"라고 말했다고 한다.[145]

그러므로 새 왕(지도자)이 올라서기가 무섭게 반대자들이 생기고 그들은 또 다른 왕을 내세울 준비(음모)를 한다(전 4:1). 인기의 정상으로 올랐다가 바닥으로 떨어지는 자의 수는 날로 늘어나고 있다. 사람에게는 인정받고 출세하고 싶은 명예욕이 있다. 특히 가난하고 억압받으면서 성장한 사람의 경우 남달리 명예욕을 키우는 예가 적지 않다.

그리하여 천신만고 끝에 높은 지위에 올라 이전의 자신의 처지를 잊고 폭력을 행사하는 어리석은 자도 볼 수 있다. 인기를 받음으로써 만족을 채우려는 일은 바람을 잡듯 헛된 것이다(전 4:16). 인기와 세상 영광은 늙으면 소용이 없고(전 4:13), 이변이 일어나면 최악의 경우를 맞을 수도 있으며(전 4:14), 배척당할 수도 있기 때문이다(전 4:16). 그러므로 이것도 헛되고 헛되다고 솔로몬은 결론을 내린다.

대중의 변덕스러움 때문에 스타의 날은 길지가 않다. 사실상 스타들의 인기는 시시각각으로 변하는 것이다. 그러므로 무상하기 짝이 없는 것이라 아니 할 수 없다. 마리안 프레밍어(Marian Preminger)라고 하면 한 때 저 헝가리에서는 모르는 사람이 없을 만큼 인기 있는 여배우였다. 우리나라에는 프레밍거라고 알려져 있으나 프레밍어가 더 정확하다. 헝가리 귀족의 딸로서, 젊은 시절에는 미모가 뛰어나고 악기라고 하면 거의 다 완벽하게 연주할 수 있을 정도로 재능이 있었다.

결혼은 두 번 했다. 첫 남편은 현재는 잘 알려지지 않은 의사였으며, 두 번째의 남편이 헐리우드 영화감독 오토 프레밍어였다. 주로 비엔나에서 음악과 연예 활동을 했었는데, 아름다움과 재능으로 인기가 하늘 높은 줄 모르도록 치솟았다. 그러나 그녀는 더 많은 명예, 더 높은 인기를 바라며 모든 노력을 다 쏟았다. 그런데 그녀의 심정에는 참된 만족과 행복을 느낄 수 없었다.

그녀가 세계를 순방하던 어느 날 아프리카의 람바레네를 방문하게 되었다. 그곳은 세기의 성자 슈바이처가 흑인들을 위한 교회와 병원과 학교를 운영하는 곳이다. 거기서 그녀는 슈바이처가 교회에서 파이프 오르간으로 찬송가를 연주하는 소리를 듣게 되었다. 그 선율은 무엇이라고 말 할 수 없는 평안과 위로를 느끼게 되었다. 그리고 슈바이처의 흑인들을 위한 삶의 철학을 알게 되었다.

그녀는 지금까지의 자기의 바람이 바람에 나는 겨와 같은 것으로 생각 되었다. 그 뒤로 그녀는 간호학을 공부하고 다시 아프리카의 람바레

네로 슈바이처 박사를 찾아갔다. 그리하여 20년간 그의 병원에서 몸 바쳐 일하다가 세상을 떠났다. 그녀가 최후로 남긴 말은 다음과 같았다. "나의 지난날은 실체가 없는 허상(虛像)일 뿐이었다. 이웃을 위하여 봉사하는 것이 이렇게 행복한 것을!" 프레밍어는 실로 인기의 무상함을 깨닫고 슈바이처 박사를 도와 그의 병원에서 몸 바쳐 일하다가 인기의 무익함과 무상함을 극복하고 세상을 떠난 귀한 성녀와 같은 그런 존재였다. 하나님이 없는 인기와 명예는 다만 허무하고 바람을 잡는 것처럼 무익한 것이다.

4) 불성실한 성전생활

솔로몬은 이상과 같이, 법정, 사회, 시장, 거리, 궁전을 찾아가 보았다. 이 다섯 곳 중 어느 한 곳에도 선하고 정의로우며 조리가 있는 곳이 없었다. 예외 없이 모든 곳에 악과 부조리가 있었다. 그래서 솔로몬은 행여나 하는 마음으로 가장 거룩한 곳인 하나님의 성전을 찾아가 보았다. 예루살렘 성전 곧 솔로몬 성전은 그가 직접 감독을 해서 지은 거대한 건축물이었다. 이곳에서는 이스라엘 성인들이 규례대로 올라와 희생 제사를 엄숙하게 드리고 있었다. 성전 예배와 제사는 정기적으로 전례를 따라서 드려지고 있었으나, 그들의 행동은 한결같이 기능적이거나 기계적일 뿐 아니라 아주 불성실하고 가식적이었다.[146] 이런 불성실하고 가식적인 그릇된 점을 솔로몬은 전도서 5장 1-7절에서 지적하고 나서 하나님의 전에 들어가는 자들의 바른 행동지침을 다음과 같이 제시하였다.

(1) 삼가야 할 발

성전에 들어가는 자가 취하여야 할 첫 번째 행동지침은 '발을 삼가라'는 것이었다. 전도서 5장 1절에서 화자는 "너는 하나님의 집에 들어갈 때에 네 발을 삼갈지어다"라고 하였는데, 이것은 성전에 자주 드나들지 말라는 권고로 한 말은 아니었다. 만일 솔로몬이 그런 뜻으로 이 말을 했다면 규례를 어기는 범법적인 행위를 권장한 것이 된다. 신명기 16장 16절에 따르면 이스라엘 성인남자들은 1년에 세 번, 즉 유월절, 칠칠절, 초막절에 예루살렘 성전에 올라가도록 전례로 규정 되어 있다(시 122:4). 물론 평소에는 지방에 있는 회당에서 모여서 성경 강론도 듣고 교육도 받다가 1년에 세 번은 '전례대로' 성전에 올라가 제사를 드려야 했다. 전례대로 성전에 올라갔다고 하는 것은 정기적으로 올라갔다는 뜻이다. 이것은 목숨처럼 소중한 행사요 전례로서, 절대로 어겨서는 안 되는 법이었다. 그러므로 솔로몬이 '발을 삼가라'고 한 것은 그런 법을 어기라는 뜻으로 한 말은 아니었다.

이미 다 아는 바와 같이, 규례는 매우 소중하고 반드시 준수하여야만 한다. 그렇지 않으면 율법 사회에서는 율법을 지키지 않는 것으로서 가장 큰 죄가 되는 것이다. 그렇다면 솔로몬이 '발을 삼가라'고 한 말의 진의는 무엇인가? 그것은 한 마디로 말해서 그 제사를 드리는 행위 자체가 너무 의무적이고 형식적인 것을 두고 한 말이었다. 제사 곧 예배를 드릴 때는 신령과 진정으로 하는 것이 바른 예전이라 할 수 있는데, 솔로몬이 볼 때 이스라엘 사람들의 정기적인 제사에는 그런 진정성이 결여되어 있었다.

성전은 만민의 기도하는 집이요 하나님께 예배드리는 장소이므로 어떤 곳보다 거룩하여야 한다. 그런데 요한복음 2장 13-22절을 보면 사람들은 만민이 기도하고 예배드려야할 성전을 시장터로 만든 것을 볼 수 있다. 이것이 예수님 당시의 성전의 현상이었다. 절기 때마다 수많은 유대인들이 예루살렘 성전으로 올라온다. 이들은 소나·양이나 비둘기를 가지고 와서 제사를 드렸다. 하나님께 드리는 제물은 흠과 티가 없고 온몸이 깨끗한 제물이어야 했기 때문에 이 제물을 검사하는 임무를 맡은 자는 제사장이 있었다. 아무리 깨끗한 제물이라도 제사장이 불합격이라고 판정하면 다시 바꾸어야 했다. 그러면 그 제물을 가지고 나가 팔아서 또 다시 좋은 것을 사가지고 와야 했는데, 그러니 얼마나 힘이 들어겠는가? 이것을 이용해서 성전 가까이에는 장사꾼들이 모여들기 시작했다. 그러다가 타락한 제사장과 결탁을 한 장사꾼들은 아예 성전 안에 들어와서 장사를 하게 되었다. 악한 제사장들은 이 장사꾼으로부터 사온 제물이 아니면 받지도 않고 트집을 잡았으며 이 장사꾼들에게서 사온 것이라면 좋지 않은 것이라도 받아들였다. 결국 이 장사꾼들의 것만 사서 제사를 드리도록 만들었다. 이 장사꾼들은 값을 몇 배나 비싸게 받아 폭리를 취해서 제사장과 이익을 나누었다고 한다.

구약시대에도, 엘리의 성전에서 일어났던 비리들을 고려해 볼 때, 예수 당시의 비리와 꼭 같지는 않지만 비슷한 성전의 부조리와 비리는 있었던 것 같다. 이런 제사장들의 위선적인 자세와 제사 드리는 사람들의 형식적인 행위를 솔로몬은 성전에서 목격했던 것이다. 물론 이스라엘 백성들은 절기에 따라 하나님께 풍족하게 드렸으므로, 하나님께서도 그 제물을 인하여는 책망하지 않겠다고 하셨다. 그들은 소와 염소와 새를 잡아 피와 고기를 드렸다. 이스라엘 백성들은 제물을 드리는 것이 자신들의 당연한 의무이며 하나님이 기뻐하시는 것으로 알았지만 정작 하나님은 그러한 것으로 만족하지 않으셨고 기뻐하지도 않으셨다.

그래서 이사야를 통하여 "너희의 무수한 제물이 내게 무엇이 유익하뇨. 나는 숫양의 번제와 살진 짐승의 기름에 배불렀고 나는 수송아지나 어린 양이나 숫염소의 피를 기뻐하지 아니하노라 너희가 내 앞에 보이러 오니 그것을 누가 너희에게 요구하였느냐 내 마당만 밟을 뿐이니라 헛된 제물을 다시 가져오지 말라 분향은 나의 가증히 여기는 바요 월삭과 안식일과 대회로 모이는 것도 그러하니 성회와 아울러 악을 행하는 것을 내가 견디지 못하겠노라"(사1:11-13)라고 하였다. 하나님은 형식적이고 위선적인 제사를 원치 않으신다는 뜻이다.

다윗도 시편 51편 17절에서도 "하나님께서 구하시는 제사는 상한 심령이라" 하였는데, 솔로몬이 성전을 방문하여 목격한 바로는 바로 그런 심령이 그들의 제사 속에는 들어있질 않았다. 형식적이고 위선적인 데가 너무 많았다. 상한 심령으로 제사를 드리는 것을 하나님께서는 더 기뻐하신다는 사실을 망각하고 형식화된 예배를 드린다면 그것은 성전의 부조리로서 마땅히 삼가야 할 일이다. 이러한 행위는 바리새적인 형식주의와 비교될 수 있다. 이 경고는 자신의 예배 행위가 어떠한 것인지 충분히 의식하면서 사려 깊고 신중하게 하나님께 대한 경외심을 갖고 나아가야 한다는 말이다.

발은 걷는 수단으로 사용하는 지체인데, 이 발을 잘못 사용하면 문제가 되는 것이다. 하나님께서는 "빨리 악으로 달려가는 발"(잠 6:18)을 싫어하신다. 그러므로 발을 삼가라는 말은 빨리 악을 달려가지 말고 회개할 바는 철저히 회개한 후 신령과 진리로 예배할 마음을 가지고 하나님의 전에 나아가야만 한다는 뜻으로 볼 수도 있다. 하나님의 백성으로서 공적 예배에 참석하는 자는 거만한 자세보다는 순종하는 겸손하고 자기 자신을 철저하게 부인하는 자세를 갖고 주의 전에 올라가야 한다는 것이다.

하나님이 기뻐하시는 예배는 '감사로 제사를 드리며, 지극히 높으신 자에게 서원을 갚으며, 환난 날에 하나님의 도우심을 바라며 부르는 것'이다. 감사로 제사를 드리는 것은 모든 것의 주인이 하나님이심을 인정하는 것이며, 서원을 갚는다고 하는 것은 하나님과의 엄숙한 약속을 이행하는 것을 의미하며, 하나님을 부르라고 하는 것은 하나님의 전능하심을 믿으라는 뜻이다. 하나님이 요구하시는 예배는 형식적인 것이 아니라 마음을 다하고 성품을 다하고 뜻을 다한 온전한 것이어야 한다. 이러한 예배자들을 하나님께서는 죄와 함정에서 건져내시고 영화롭게 해 주신다.

올림픽에 출전하는 선수들은 4년간 담금질에 가까운 준비를 한다. 얼마나 준비를 잘 하느냐에 따라 성적이 좌우된다. 예배가 하나님을 만나는 것이라면 우리는 철저히 준비를 해야 한다. 준비 없는 예배는 성공하기가 매우 어렵다. 어쩌다 은혜를 경험하는 일은 있을 수 있을지라도 매번 행운을 기대하는 것은 옳지 않다. 잘 준비하여 하나님이 받으시는 예배를 드려야 할 것이다. 다시 말하자면, 무의미한 의식(儀式)이나 형식적 예배 행위에 빠져서는 안 될 것이다. 특히, 우리의 마음은 다른 데 가 있으면서도 예배를 드리려고 할 때 이런 형식주의에 빠지기 쉽다. 참으로 가장 경계하여야 할 것이 발을 삼가는 것이다.

(2) 제사보다 더 나은 말씀

성전에 들어가는 자가 취하여야 할 두 번째 행동지침은 제사 보다 나은 말씀을 "가까이 하여 들으라"(전 5:1)는 것이었다. 신령과 진리로 예배하는 자는 말씀이 선포되는 곳에서 말씀을 들어야 한다. 그것이 예배자의 의무이다. 말씀을 듣는다는 말은 순종한다는 말과 동일시 할 수 있다. 종교적 행위가 우매자의 수준으로 떨어지면 형식적으로 제사 드리는 것으로 그치고 만다. 그런 형식적인 종교적 행위는 악을 행하는 행위와 다를 바 없다. 그러면서도 형식주의자들의 우매성은 자기들이 하는 일이 악이라는 것을 모른다는 것이다. 기도는 영적 생활의 호흡이고 독경(讀經) 또는 경청(敬聽)은 식사와도 같다.

"주의 율례를 즐거워하며 주의 말씀을 잊지 아니 하리이다"(시편 119:16)라고 한대로 주의 말씀을 늘 경청하고 그 말씀대로 따라 살면 변화와 하나님의 자녀 되는 축복이 임하게 된다. 윌리엄 윌버포스(1759-1833)는 명석한 논쟁가였고 빈틈없는 정치가였으며 인기 있는 명사였다. 그는 영국이 도덕적으로나 영적으로 아주 퇴보하고 있던 시기에 21세의 나이에 하원의원이 되었다. 부자는 사회악과 결탁하고, 가난한 사람들은 심한 억압을 받고, 노예장사가 한창일 때였다. 한동안 윌버포스는 오직 자기 개인의 야망만을 생각하면서 이러한 사회악과 같이 어울렸다. 그러나 그의 나이 25세였을 때 그의 옛날 스승이었던 아이삭 밀러 씨와 함께 프랑스를 여행한 일이 있었다. 이 여행 중에 윌버포스는 밀러 선생님과 함께 성경을 읽고 성경공부를 했다. 얼마 되지 않아서 윌버포스는 그리스도 앞에 자기의 모든 삶을 바치게 되었고 새 사람이 되었다. 가난한 사람들의 비참한 모습이 그를 괴롭혔다. 그는 곧 이어서 주로 그의 노력에 의해서 1833년에 영국에서 폐지된, 노예제도에 반대 투쟁 하는 사회운동의 지도자가 되었다. 윌버포스는 성경을 읽고 그 말씀에 복종하였기에 그런 변화가 일어났고 하나님의 자녀가 되어 큰일을 할 수가 있었다.

미국 필라델피아의 시청 앞에 한 기업인의 동상이 세워져있다. 백화점 왕으로 알려진 워너메이커(John Wanamaker 1838-1922)의 동상이다. 그는 가난한 벽돌공의 아들로 태어나 초등학교 2학년의 학력이었으나 기업인으로 대성하여 백화점 왕이 되었고 체신부 장관까지 역임한 사람이다. 열 살의 어린나이에 벽돌공장에서 노동하여 모은 돈으로 성경책을 구입, 그 성경을 평생토록 가까이 했다.

그는 21세에 교회학교 교사로 시작하여 65년간을 교사직을 계속하였던 사람으로 유명하다. 그가 체신부 장관직을 수락할 때에도 주일에는 자신이 섬기는 교회로 가서 교사직을 담당하는 조건으로 수락하였으며 장관직을 수행하는 기간 동안에도 주일이면 반드시 성수주일을 하고 교회에서 맡긴 교회학교 교사직을 충실히 감당하였다. 수도 워싱턴에서 필라델피아까지 내왕하며 주일을 지키고 교회학교 부장직을 감당하였다고 한다. 그는 "장관직은 부업이고 주업은 교회학교 교사다"라고 했다.

그의 그런 헌신으로 인하여 그가 섬긴 교회학교가 세계에서 가장 큰 교회학교로 성장하였다. 워너메이커를 일컬어 '성경이 만든 사람' 이라 부른다. 성경을 읽고 공부하고 묵상하며 용기를 얻고 사업에 필요한 아이디어를 받았으며 비전을 얻을 수 있었다고 한다. "맡은 자들에게 구할 것은 충성이니라"(고전 4:2). 성경은 사람을 변화시켜 주기 때문에 무엇보다 먼저 들어야 하고 듣는 일을 가장 소중하게 생각하여야 한다. 그것이 성전을 들어가는 자가 마땅히 하여야 할 일들 중의 하나인 것이다.

(3) 삼가야 할 말

성전에 들어가는 자가 취하여야 할 세 번째 행동지침은 기도 행위에 대한 경고이다(5:2-3). 우리는 기도를 하면서 말을 잘하고 많이 하는 것으로 만족하는 경우가 많다. 그것은 하나의 공허한 의식이 될 뿐이다. 드리는 기도가 공허하다는 것을 느낄 때 사람들은 양을 늘려서 질의 부족을 채우려고 시도하는 때가 너무나 많다. 그래서 화자는 "함부로 입을 열지 말며"(5:2)라 하였다. 네 입술로 경솔하게 되는대로 가볍게 말하지 말라는 말이다.

또한 "급한 마음으로 말을 내지 말라"(전 5:2) 즉 생각 없이 말하지 말라고 하였다. 왜냐하면 하나님은 하늘에 계시고 우리 인생은 땅에 있는 피조물의 존재이기 때문에 피조물이 창조주를 경배할 때 말을 함부로 해서도 안 되고 중언부언(마 6:7) 해서도 안 되며 재잘거려도 안 된다는 것이다. 오히려 진실 되고 성의 있는 몇 마디가 더 바람직하다(전 5:2). 화자는 자신의 조언을 뒷받침하기 위하여서 "걱정이 많으면 꿈이 생기고 말이 많으면 우매한 자의 소리가 나타나느니라"는 옛 속담을 인용한다(전 5:3). 일에 많이 몰두하면 밤에 꿈이 많듯이 어리석은 소리는 예배 때에 불필요한 말들을 늘어놓기 때문에 나오는 것이다. 탈무드에는 "입을 다물 줄을 모르는 사람은 문이 닫히지 않는 집과 다를 바가 없다"라 하였다. 속담에는 "밀가루는 치면 칠수록 고아지고 말은 할수록 거칠어진다"는 말이 있다. 말을 많이 하면 허물을 면키 어렵다(잠 10:19).

처음 만난 사이에는 침묵의 순간들이 어색하지만, 오랜 세월이 지나 친밀한 관계가 되면 별로 문제가 되지 않는다. 다윗과 하나님의 관계는 마치 아주 친밀한 친구나 부부의 관계와 같았다. 광야에서 반역한 자기 아들 압살롬의 군대로부터 도망 다닐 때 "내 입술이 주를 찬양할 것이라"(시 63:3)고 주님께 말했지만, 그는 또한 하나님을 기억하며 그를 묵상하며 주의 날개 그늘에서 즐거이 부르리라고 하였다(시 63:6-8). 우리들이 하나님과의 교제가 친밀해지면, 때때로 대화하고, 때때로 묵상하고, 때때로 넘치는 감사를 통해 다윗이 경험했던 것과 똑같은 친밀감을 맛볼 수가 있다. 친밀감은 많은 표현을 통해서 비로소 이루어지는 것은 아니다. 말수는 적어도 신뢰가 이루어지면 더욱 가까워지게 되는 것이다.

충전 없이 계속 사용하면 완전히 방전되듯이 우리의 에너지가 고갈되고 그러면 권세는 사라지게 되는 것이다. 말을 삼가야 한다. 꼭 필요한 말을 하여야 한다. 말은 에너지이며 이 에너지는 아껴서 꼭 쓸 데만 써야 한다는 사실을 알아두어야 한다. 우리의 말에는 하나님의 인격이 깃들어 있음도 알아야 한다. 그 인격을 얼마나 잘 드러내느냐는 우리의 책임이며 이를 통해서 능력이 나타난다. 말의 권세가 있음을 알게 되면 자신의 말에서 어떤 힘이 나가는 것을 느끼게 된다. 평상시 하는 말과 달리 어떤 말은 자신의 내부에서 강한 힘이 솟아나면서 그 힘이 말에 실려 나가는 것을 느끼게 되는 것이다. 이 에너지의 흐름을 느낄 수 있어야만 비로소 진정한 하나님의 사람이 되었다고 할 수 있을 것이다. 이러한 힘의 흐름을 느낄 수 있어야 적절한 통제를 할 수 있게 되고 말을 삼가야 하는 의미를 실감할 수 있게 된다. 말은 절제된 사용을 통해서 능력이 나타난다는 사실을 잊지 말아야 한다.

말을 많이 하다 보면 실수도 있고 부덕한 일도 생기게 된다. 그러므로 말을 삼가는 것은 무엇보다 귀한 덕이 되는 것이다. 말이 많으면 부조리하고 경건성이 떨어질 수가 있다. 말에 온전함이 있으면 그는 인격자라 할 수 있다. 교회에서 일어나는 모든 불미스러운 사건은 대개 말로 인해서 생긴다.

(4) 남용되지 말아야 할 서원

성전에 들어가는 자가 취하여야 할 네 번째 행동지침은 '서원'을 남용하지 말라는것이었다. '서원' 이란 하나님의 율법이 요구하지 않는 것을 내가 하겠다고 하나님께 약속하는 행위를 말한다. 그래서 서원은 어떤 것이든 자발적이 아닌 것이 없다. 사람들이 자기가 원하는 것을 얻기 위해 목적 의식을 가지고 서원을 한다면 하나님은 그런 서원을 원하시지 않는다. 그러므로 서원을 가볍게 여기고 함부로 생각해서는 안된다. 서원은 하나님의 인도하심을 느끼고 나서 무엇을 해야겠다고 자신의 헌신을 표현하는 한 기회인 것이다(민 30장; 신 23:21-23; 행 18:18 참조).

우리들이 일단 서원했으면 그 약속한 것을 지켜야 할 의무가 있다. 이 의무를 지키지 못할 바에는 경솔하게 서원을 안 하는 것이 낫다(전 5:4-5). 지킬 의향도 없으면서 서원하는 것은 하나님께 거짓말하는 것이다. 아나니아와 삽비라는 거짓말을 하여 하나님의 심판을 받았다(행 5:1-11). 그들이 전혀 맹세하지 않았거나 땅의 일부만을 약속했더라면 좋았을 텐데 그들은 초대 교회의 신자들 가운데서 더 큰 존경을 받고자 하는 기대감으로 하나님을 희롱했던 것이 틀림없다. 솔로몬은 "네 입으로 네 육체를 범죄케 말라" 그리고 예배를 집전하는 제사장에게 "내가 서원한 것이 실수라고 말하지 말라" 또는 "왜 하나님을 불필요하게 노하시게 하겠느냐?"(전 5:6)라고 하였다. 여기서 말하고 있는 것은 쓸데없이 경솔하게 서원했다가 그 약속을 못지킴으로써 네 육체(몸)를 징계로 이끌어가지 말라는 것이다. 전도서 5장 7절의 말씀은 세상살이에 너무 신경을 쓰면 꿈자리가 뒤숭숭하듯 예배 때에 말이 많으면 성급한 약속을 하여 하나님의 심판을 자초하게 된다는 것이다. 성급한 약속은 조심해야만 한다. 그리고 약속을 했으면 반드시 지켜야 한다.

사람들은 종교적인 꿈의 세계에 살기 때문에 헛된 서원을 하기도 한다. 그들은 말한 것이 실천한 것이라고 이 둘을 동일시한다(전 4:7). 그들의 예배 자세도 엄숙하지 못하고, 따라서 그들의 말도 믿음직스럽지 못하다. 그들은 하나님 앞에 약속을 할 때 오는 자기 만족감을 즐기나 이것이 그들을 좋게 하기보다는 오히려 해치는 것이다. 그들은 자신의 서원을 성취하는 것을 꿈꾸고자 하나 실제로 이를 실천하지는 않는다. 그들은 하나님을 영광스럽게 하지도 않고 그리스도인의 덕목도 쌓지 않으면서 믿는 척하는 종교적 가식을 실행하고 있는 것이다. 이런 종교적 가식을 솔로몬은 경계한다.

사사기 11장 30절 이하에 보면 잘못된 서원을 드린 사람의 예가 있다. 사사 입다는 암몬 자손이 쳐들어왔을 때에 비장한 각오를 가지고 전장에 나간다. 그는 "주께서 과연 암몬 자손을 내 손에 넘겨주시면 내가 암몬 자손에게서 평안히 돌아올 때에 누구든지 내 집 문에서 나와서 나를 영접하는 그를 여호와께 돌릴 것이니 내가 그를 번제물로 드리겠나이다 하니라"라고 한다. 그런데 정말 운명의 장난이 그가 대승을 거두고 돌아올 때에 그의 '무남독녀 외동딸' 이 마중을 나와서 소고를 치며 춤을 추면서 그를 맞이하였다. 입다는 정말 자신의 잘못된 서원을 생각하지도 않고 그 딸을 원망한다. 그러나 입다는 애곡 기간을 가지게 한 후에 그 딸을 제물로 드린다.

서원을 하고도 그것을 지키지 않는 것은 일종의 부조리로서 경계하여야 할 대상인 것이다. 경솔한 언동과 서원은 삼가야만 한다. 서원한 것은 어렵다할지라도 지키면 축복의 통로로 사용될 수도 있다.

5) 강탈의 병리와 부에 대한 신화적 환상

공의와 정의를 불법으로 이용해서 무엇이든 억지로 빼앗는 것을 강탈이라고 한다. 강탈은 성경의 원리에서 벗어나는 것이고 불법적이므로 죄가 된다. 인생을 현실주의적인 관점에서 바라보는 사색과 행보가 계속됨에 따라 전도자는 이제 가치 평가의 눈길을 관료 제도쪽으로 돌린다. 이 솔로몬이 관찰한 그림이 세상 어느 곳에나 다 들어맞는 것은 아니라고 해도, 아주 눈에 익은 그림인 것만은 틀림없는 사실이다. 전도서 5장 8-17절까지에 그려져 있는 이 익숙한 그림을 함께 살펴보며 강탈의 병리현상과 부에 대한 신화적 환상에 대해 고찰해보겠다.

(1) 강탈의 병리

첫째로 타자의 것을 탐하거나 무모하게 강탈하는 것은 어리석고 부조리한 병리현상으로서 바른 진단과 처방을 통하여 고쳐나가지 않으면 안되는 그런 질병과 같은 것이다. "너는 어느 지방에서든지 빈민을 학대하는 것과 정의와 공의를 짓밟는 것을 볼지라도 그것을 이상히 여기지 말라. 높은 자는 더 높은 자가 감찰하고 또 그들보다 더 높은 자들이 있음이니라. 땅의 소산물은 모든 사람을 위하여 있나니 왕도 밭의 소산을 받느니라"(전 5:8-9).

솔로몬은 이미 앞에서 살펴본 바와 같이, 성전에서 벌어지는 가식과 불의를 살펴 본 후 그곳을 떠나 부패한 관리들이 가난한 자를 압제하는 것을 이미 목격했던(전 3:16-17, 4:1-3) 도시를 다시 찾아간다. 거기서 그는 정부 관원들이 사람들에게 봉사하기보다는 자신의 이익을 위해 그들의 권력을 남용하고 법을 파괴하고 있는 것을 보았다. "빈민을 학대하는 것"은 곧 "정의와 공의를 짓밟는 것"으로 이어져 나타나게 된다. 여기서 말하는 '짓밟는 것'이라는 말은 곧 '약탈' 또는 '강탈'을 뜻하기도 한다. 좀 더 직설적으로 말하자면 정부 관리들이 자기의 치부를 위해 권력을 남용해서 부당한 세금을 징수함으로써 힘이 없는 백성들이 많은 세금을 내야만하는 참담한 현실을 두고 한 말이라 할 수 있다.

레위기 19장 9-33절이나 출애굽기 22장 22-27절 또는 23장 9절 등과 같은 성경구절에서는 과부와 고아 그리고 가난한 사람을 천대하는 것을 철저하게 금지하고 있다. 기독교가 잃어버린 미덕중의 하나는 이렇게 가난한 사람들도 하나님의 자녀인 까닭에 똑같은 인격자로 대우하고 재산의 유무 혹은 권력의 유무에 의해 차별대우를 하지 말라고 가르친 교훈을 내버린 것이라 할 수 있다.

"정의와 공의를 짓밟는 것을 볼지라도 그것을 이상히 여기지 말라"는 말을 솔로몬이 하였는데, 그것은 뇌물을 받고 부당한 처리를 하는 일이 비일비재하므로, 그 일로 인해 놀라거나 실망하지 말라는 뜻이다. 그렇다고 그가 이런 불법적인 관행에 찬성한다는 뜻으로 말한 것은 물론 아니다. 그것은 높은 지위에 있는 자가 있으면 그보다 더 높은 지위가 이익을 챙기는 부패한 이스라엘의 관료주의 아래서 일어날 수 있는 일반적인 관행의 악순환이 강탈이라는 것을 지시하고 있다. 전도서 5장 8절에서는 가난한 사람들이 정당하게 발언을 하지만, 그 제기된 문제가 까다로운 절차와 형식적 관료주의 속에 묻혀버리기 일쑤라는 것을 말하고 있다. 이렇게 여러 관원들이 무고하고 가난한 사람에게 돌아가야 할 돈을 챙기는 사회이고 보면, 뼈 빠지게 애쓰고 수고해도 아무 소용이 없다는 것이다.

관료마다 눈 꼬리를 치켜뜨고 서열상 바로 아랫자리에 있는 사람을 감시하는 것이다. 델리츠쉬(Delitzsch)는 이런 구조적인 악을 다음과 같이 말하고 있다. "지방 장관은 지방 관료들의 꼭대기에 앉아 있다. 그는 자신을 살찌우려고 갖가지 방법으로 그 지역을 옭아 먹는다. 그러나 지방 장관 위에는 시찰관들이 앉아 있다. 그들은 걸핏하면 목이 날아나게 하겠다는 위협을 하여 재산을 긁어모은다. 그리고 맨 위에는 왕이나 왕실이 앉아 있다. 왕실에는 신하들과 왕실의 여자들 사이에 음모의 암투가 있다."[147]

여기 나오는 관료들의 모습을 얼핏 보면, 자신들의 권리를 요구하는 백성들을 좌절시킨다는 점에서 카프카의 『성』이라는 작품에 나오는 관리들의 책임회피와 능숙한 솜씨로 백성들의 요구를 피해가며 착취하는 악랄한 강탈 행위를 생각하게 된다.[148] 정부 관리(공무원)들이 부정부패를 일삼고 타락하는 그것이 나라가 망하는 출발점이 된다. 자라나는 젊은이들이 이런 부패에 물들어 퇴폐적이고 악랄하고 어리석은 강탈의 병리에 시달리고 있는 것을 보면 마음이 몹시 아프다.

전도서 5장 9절에 "땅의 소산물"이라는 말이 나오는 데, 그것이 모든 사람을 위한 것이라고 생각하는 국가는 참으로 복된 국가라 할 수 있고 또한 통치자와 백성들은 그들이 경작한 땅들에 의해서 골고루 분배받는다면, 그 나라는 복되다 아니 할 수 없다. 그러나 그러한 이상적인 국가 또는 관료 체제는 그리 많지가 않다. 그래서 솔로몬은 악을 행하는 자들보다 더 높은 법정이 존재한다는 사실에 호소하게 되는 것이다. 빈민을 학대하는 사람들이나 공의를 짓밟는 사람들을 공의로우시고 전능하신 여호와 하나님께서는 정확하게 관찰하시고 계시기 때문에 필연적으로 악한 자는 처벌하시고 올바른 사람은 복을 주실 것이라고 교훈하고 있다.

아무리 지위가 높다 할지라도 빈민의 것을 억지로 즉 불법으로 빼앗는 것은 강탈이 되므로 용서받을 수 없는 죄가 되는 것이다. 오늘날 권력을 이용해서 얼마나 많은 불법을 자행하고 있으며 약자의 돈, 성, 생명 등을 마구 빼앗는 불법이 난무하는지 모른다. 지금은 정말 악하고 패역한 세대다. 그러나 주님은 우리에게 이런 강탈을 금하고 있다.

둘째로 자기 자신이 누릴 수 있는 만족을 억지로 물욕에 사로잡혀서 강탈해서는 안 된다는 것이다. "은을 사랑하는 자는 은으로 만족하지 못하고 풍요를 사랑하는 자는 소득으로 만족하지 아니하나니 이것도 헛되도다. 재산이 많아지면 먹는 자들도 많아지나니 그 소유주들은 눈으로 보는 외에 무엇이 유익하랴. 노동자는 먹는 것이 많든지 적든지 잠을 달게 자거니와 부자는 그 부요함 때문에 자지 못하느니라. 내가 해 아래서 큰 폐단 되는 일이 있는 것을 보았나니 곧 소유주가 재물을 자기에게 해가 되도록 소유하는 것이라. 그 재물이 재난을 당할 때 없어지나니 비록 아들은 낳았으나 그 손에 아무것도 없느니라. 그가 모태에서 벌거벗고 나왔은즉 그가 나온 대로 돌아가고 수고하여 얻은 것을 아무것도 자기 손에 가지고 가지 못하리니 이것도 불행이라. 어떻게 왔든지 그대로 가리니 바람을 잡는 수고가 그에게 무엇이 유익하랴. 일평생을 어두운데서 먹으며 많은 근심과 질병과 분노가 그에게 있느니라."(전 5:10-17).

물욕에는 한이 없어서 가지고 또 가져도 끝이 없고 만족하지 못하는 것이 물욕이라는 병이다. 돈에 대한 사랑은 그것이 채워질수록 더욱더 커지기 마련이다. 재산이 많아지면(전 5:11) 그 만큼 씀씀이도 많아지고 많은 고용인들을 먹여 살려야 하기 때문에 고달픈 일일 뿐이지 그것으로 더욱 즐거움을 줄 수 있는 것도 아니다. 노동을 많이 하는 노동자는 음식을 많이 먹어도 노동으로 에너지를 소비하기 때문에 달게 잠을 잘 수 있고 또 잠을 잘 자고 나면 그것이 건강에 도움이 되어 다음날 다시 부지런하게 일을 할 수가 있다. 그러나 부자는 가만히 앉아서 많이 먹기 때문에 너무나 잘 먹어서 생기는 여러 가지 병에 걸려 잠도 제대로 자질 못하게 된다(전 5:12).

그러므로 부자가 되려고 혈안이 되어 오늘 내가 누릴 행복과 평안을 내게서 빼앗아 버린다면, 그것은 행복의 시작이 아니라 파국의 시작이요 불행의 출발점이 될 것이다. 자기에게서 자기만족을 강탈하는 행위는 불행 바이러스를 자기 생활 속에 투입하는 결과가 되며 하나님의 궁극적인 축복의 문을 닫아버리는 비극을 초래하게 되는 것이다.

(2) 부에 대한 신화적 환상

솔로몬은 이미 전도서 2장 1-11절에서 '부의 무익성'을 말한 일이 있었는데, 5장에 와서 또 다시 그런 생각의 일부를 언급하고 있다. 그는 사람들이 가지고 있는 몇 가지 부에 대한 신화적 환상을 목격했다. 그런데 그런 환상에 사람들이 사로잡혀 있으면, 하나님께서 그들을 위해 준비하신 축복을 버리고 자신의 만복과 평강을 강탈하는 불행을 일삼게 된다는 것이다. 여기서는 사람들이 흔히 빠지게 되는 부에 관한 신화적 환상을 간단하게 생각해 보겠다.

사람들이 흔히 갖는 첫 번째 신화적 환상은 부가 만족을 준다는 것이다(전 5:10). 어떤 사람은 돈을 마치 신을 모시듯이 취급한다. 그들은 그것을 사랑하고 그것을 위해 제사를 드리고 그것이 무엇이든 할 수 있다고 믿고 있다. 그들의 마음은 온통 돈 모으는 생각으로 가득 차 있다. 돈이 있으면 든든하고 안정감을 느끼게 된다. 그리스도인들이 주님을 믿듯이 그들은 돈을 믿는다.

그러나 많은 소유가 있어도 만족할 수 없기 때문에 허무한 것이다. 그래서 솔로몬은 "은을 사랑하는 자는 은으로 만족하지 못하고 풍요를 사랑하는 자는 소득으로 만족하지 아니하나니 이것도 헛되도다"라 하였다. 탐욕과 자족은 서로 반대되는 것이다. 재산을 사랑하는 자는 충분하다고 느끼는 일이 없다. 그는 항상 더 많은 것을 원한다. 탐심은 불행의 원인이 된다(전 5:10). 그래서 바울 사도는 "돈을 사랑함이 일만 악의 뿌리가 되나니"(딤전 6:10)라고 경고 하였다. 돈만 있으면 행복할 것 같지만, 사실상 그렇지가 않다. 돈이 행복을 가져다준다고 생각하는 사람에게는 돈이 곧 불행도 가져다줄 것이다.

사람들이 흔히 갖는 두 번째 신화적 환상은 돈이 모든 문제를 해결해 준다는 것이다(전 5:11). 이 세상에서 살아가기 위해 일정 양의 돈이 필요하다는 것은 피할 수 없는 사실이다. 그러나 돈 자체가 모든 문제를 해결해 줄 수 있는 마법적인 치료제가 될 수는 없다. 사실 부가 늘어갈수록 이전에는 있을 것이라고 생각지도 않았던 새로운 문제가 발생한다. 그래서 솔로몬은 "재산이 많아지면 먹는 자들도 많아지나니 그 소유주들은 눈으로 보는 외에 무엇이 유익하랴"고 하였다. 재산이 더하면 친지나 친구들이 더 자주 찾아와서 먹고 가게 된다는 것이다. 이런 식으로 다른 사람이 우리의 부를 소모하게 되고 우리는 그저 아무 말도 못하고 지켜볼 뿐이다. 그러므로 돈이 모든 문제를 해결해 준다고 하는 것은 신화적 환상일 뿐이라는 것이다. 이런 환상에 사로잡혀 자기 자신의 영혼과 마음의 평화 같은 것을 강제로 빼앗는 것은 어리석은 일이라고 솔로몬은 말하고 있다. 돈이 모든 문제를 해결해 줄 것이라고 하는 믿음은 한낱 신화적 환상에 불과하다. 하나님 없는 물질은 아무것도 아니요 허무 그 자체일 뿐이다.

사람들이 흔히 갖는 세 번째 신화적 환상은 부가 마음의 평화를 가져다준다는 것이다(전 5:12). 돈이 마음의 평화를 가져다준다고 믿는 사람이 현대 사회에는 너무나 많다. 그러나 솔로몬은 부를 많이 소유한다고 해서 그것이 마음을 안정되게 하거나 편안한 잠을 자게 할 수는 없다고 말하고 있다. 열심히 일한 사람은 많이 먹든 적게 먹든 상관없이 단잠을 자지만 부자는 불안 때문에 걱정하고 고통당한다.

많은 설교자들이 부 때문에 거의 파멸당할 뻔했던 사람의 대표적인 본보기로 존 록펠러(John Rockfeller)를 언급하고 있다. 53세 때 록펠러는 당시 세계에서 유일한 억만장자가 되었고 일주일에 거의 백만 달러를 벌고 있었다. 그러나 그는 크래커와 우유를 먹고 살아야만 하는 병들은 창백한 사람이었고 걱정으로 잠을 이룰 수가 없었다. 그러다가 그가 돈을 나누어 주기 시작하자 그의 건강은 급속히 회복되었고 98세의 생일잔치를 할 만큼 장수했다. 그렇다. 돈으로 살 수 없는 값진 것이 있는데 이런 것을 잃지 않고 돈을 번다면 좋은 일이다. 그런데 대개의 경우 돈에 대한 절대적 믿음 때문에 그것에 목숨을 거는 사람들이 많이 있다. 그래서 그 자신의 생명을 강탈하는 수가 많다. 이것은 죄이다.

사람들이 흔히 갖는 네 번째 신화적 환상은 부가 안전을 제공한다(전 5:13-17)는 것이다. 한 부자가 있었는데 그는 그의 모든 부를 쌓아 두고 구두쇠가 되어 그것을 단지 지키기만 하다가 스스로를 파멸에 이르게 한다. 재산은 많이 모았지만 주님께서 그의 영혼을 오늘 부른다면 무슨 소용이 있겠는가? 재산이란 영구적인 것이 못되기 때문에 허무하다는 것이다. 돈을 많이 벌었어도 한번 잘못하면 하루아침에 무너지고 마는 것이다. 그렇게 되면 자식에게 물려줄 것이 아무 것도 없게 된다(5:13-14). 또한 사람은 누구나 빈손으로 왔다가 빈손으로 간다. 죽을 때에 가져갈 수 있는 것은 아무 것도 없다. 다만 남는 것은 선(善) 뿐이다. 그 뿐 아니라 재산을 모으기 위해 보낸 세월들은 슬픔과 분노와 질병과 고생으로 채워진다. 부자라고 불의의 사고가 안나는 것이 아니고 질병이 없는 것도 아니며 번뇌에서 해방되는 것도 아니다. 그런 슬픔과 번뇌와 질병의 상황에서는 그 재산을 누릴 수도 없다(전 5:17). 물질적인 풍요에 만족을 찾는다는 것은 일종의 바람을 잡으려는 것과 다를 바 없다.

　재산은 있으면 좋지만 없어도 그리 큰 문제가 되는 것이 아니고 이런 것이 다 폐단이고 바람을 잡으려는 것과 같은 것이다. 솔로몬이 "일평생을 어두운데서 먹으며 많은 근심과 질병과 분노가 그에게 있느니라"(전 5:17)라고 한 말을 기억할 필요가 있다. 일평생을 어두운 데서 먹는다는 말이 주전 1000년경 유목민들에게 있어서는 불행스러운 사람을 나타내는 뜻이었다. 지금도 아랍 사람들이 어두운 방에서 잔다고 하는 것은 불행스러운 사람을 표현하는 말이라고 한다. 너무나 일이 많아서 정신없이 돌아다니다가 해가 다 진 뒤에 집에 와서 음식에 무엇이 붙었는지 곰팡이가 났는지도 보지 못하고 배가 고프니까 허겁지겁 급하게 먹는다는 뜻이다. 돈이 많아도 이렇게 살면 불행한 것이다.

　일부러 자기의 욕심을 채우기 위하여 남의 것을 빼앗는 것도 악종 불행 바이러스에 전염된 것이라 할 수 있지만 돈과 물욕 때문에 자기 자신에게 주어지는 평안이나 만족을 강탈하는 것은 더욱 나쁜 전염병에 걸린 것이나 다름없다. 돈에 대한 신화적 환상을 깨고 강탈의 병리에서 벗어나서 새로운 가치관과 자족관(自足觀)을 가지고 하나님의 은총에 순응해서 살면 행복하게 될 것이다.

6) 누림이 없는 세상

세 번째 설교는 6장 1절로부터 8장 13절까지로 구성된다. 그 중 6장에서, 솔로몬은 인간의 불가해한 삶에 대해 이야기하고 있다. 삶에는 실로 우리가 헤아릴 수 없는 수많은 불가사의와 풀 수 없는 혼돈스러움이 있다고 한다. 이 문제를 솔로몬은 네 가지로 나누어 이야기하고 있는데, 첫째 누리지 못하는 부요(전 6:1-2), 둘째 의미 없는 인생(전 6:3-6), 셋째 만족을 얻지 못하는 수고(6:7-9), 넷째 그림자 같이 사라지는 일평생(전 6:10-12) 등이다. 이에 대해서 좀 더 자세하게 살펴보겠다.

(1) 누리지 못하는 재물과 부요

사람이 살면서 무엇인가 성취해 보려고 하지만 그것이 잘 되지 않으면 번뇌가 생겨 고민하고, 그 고민이 쌓여서 정신적인 질환과 육신적인 질환을 일으키고, 마침내는 그것이 분노로 폭발되어 다른 사람에게까지 나쁜 영향을 미치게 된다(전 5:17). 이런 일들은 대개 자기가 소원하는 것이 얻어지지 않거나 성취되지 아니할 때 발생하는 병이라 할 수 있다. 그런데 정작 사람들의 소원이 성취될 수 없는 것은 무엇보다도 자신의 분수를 모르고 지나치게 과욕을 가지기 때문이라고 한다.[149]

그러나 실생활에 있어서, 사람들이 하나님께로부터 그들의 "영혼이 바라는 모든 소원에 부족함이 없이 재물과 부요와 존귀를 하나님께 받았으나"(전 6:2), 하나님이 허락이 없어서 그 풍성한 축복을 누릴 수 없게 되는 경우가 허다하다. 이런 경우 자신의 분수와는 아무런 상관없이 그 축복을 누리지 못하게 되는 것이므로 인간 편에서 본다면 아주 부조리하고 허망 된 일이라 할 수 있다. 이 문제는 심각하게 따지자면 하나님의 섭리와 관계되는 것이지만, 여기서는 더 이상 깊이 들어가지 아니하고 단순화해서 생각해보겠다.

여기서 언급된 '재물'이라는 말은 어원적으로 볼 때, 은행에 저축한 돈 같은 것을 말하는 것이 아니라, '완전하고 곧바르다'는 뜻이다. 예를 들면 한 해에 농사를 짓는데 비가 와야 할 때 비가 오고 비가 와서는 안 되는 추수할 시기에는 비가 안 오는 등 모든 것이 제 때에 착착 들어맞아 완전하게 진행되어 많은 수확을 얻을 수 있게 되는 것을 말한다. 목축을 할 때도 정상적으로 때가 되면 암놈은 새끼를 낳고 젖을 짜서 우유가 풍부해서 남는 것으로 치즈 같은 것을 만들고 제 때 털을 깎아서 많은 수입을 얻을 수 있는 등 모든 것이 정확하게 계획대로 착착 진행되는 것을 가리켜 '재물'이라고 번역했던 것이다.

특별히 여기서 '재물'을 하나님께 받았다고 하는 것은 아무것도 안하고 나무 그늘 밑에서 낮잠만 잤는데 저절로 들어온 소득을 말하는 것이 아니라 농사를 짓든지 목축을 하든지 과실나무를 심고 가꾸는 등 열심히 일할 때 일 년 사시절 적당한 시기에 적당한 분량의 비를 주어서 정상적으로 한 해가 지난 후에 많은 수확을 거두어들여 곡간에 모아들인 상태를 말한다. 따라서 자신이 정직하게 노력해서 정당한 대가를 받은 상황을 '재물'이라고 말하는 것이지, 일도 하지 않고 먹고자 한다든지 노력도 하지 않고 부자가 되려고 생각하거나 자기가 피땀을 흘려 벌지도 않고 남의 재산을 강탈해서 자기 것을 만드는 것을 재물이라고 하지는 않는다.[150]

또 '부요'라는 말은 부모들에게 물려받은 재산이나 집이나 금은보화 등 쌓아 둔 재산을 말한다. 우리나라에서는 흔히 볼 수 있는 일이 아니지만, 중동지방에서는 흔히 볼 수 있는 일이 양떼 같은 것을 도둑 맞는 일이라 한다. 즉 중동지방의 유목민족들은 양떼를 끌고 목초를 따라 여기저기 옮겨 다니면서 풀이 있는 곳을 발견하면 거기 임시 천막을 쳐놓고 사는데, 그런 때 무장을 갖춘 강도떼들이 말을 타고 달려와 사람을 전부 죽여 버리고 양떼들을 다 몰고 흔적도 없이 사라져 버리게 되면 아무도 없는 광야에서는 그것으로 끝이었다. 이렇게 살인강도가 심했기 때문에 부모들에게 물려받은 유산을 대대로 유지하고 산다는 것은 극히 힘든 일이었다. 따라서 여기서도 '부유'를 하나님으로부터 받게 된다고 하는 것은 아무런 노력도 없이 횡재할 것을 약속하시는 것이 아니라 하나님께서 초자연적인 능력으로 도적이나 강도들로부터 보호해주셔서 피땀 흘려 모은 재산을 남에게 뺏기지 않고 잘 유지 하면서 살 수 있게 해준다는 뜻이다.[151]

그리고 '존귀'는 명예와 영광 및 존중함을 다 포함한 말인데, 용감하게 잘 싸워서 얻는 경우도 있지만, 그렇지 않은데도 사람들에게 존경을 받는 경우가 덜어 있다. 이런 경우에는 강요에 의해서 사람들이 존경하는 것이 아니라 정상적이고 안정된 생활을 하기 때문에 인격자로 존경을 받게 되는 것이다. 이것도 저절로 되는 것이 아니라 하나님께서 존경을 받도록 계속해서 인격을 유지해주고 여건을 만들어 주셔야만 가능하다.

많이 가진 부자가 아무것도 가지지 아니한 가난한 사람처럼 사는 사람이 있고 아무것도 없는 가난한 사람이 부자보다도 풍요롭게 사는 사람이 있다. 왜 그와 같이 불합리한 생활을 살 수 있을까? 그것은 첫째 만족을 모르기 때문이고(전 6:2), 둘째는 모든 것을 하나님께 받은 것을 모르기 때문이며, 셋째는 받은 것을 지키지 못하고 다른 사람에게 빼앗기기 때문이다(전 6:2). 하나님이 주신 "재물과 부요와 존귀"를 다 갖고도 실상은 누리지 못하는 사람이 있다면 그 사람은 실로 불행한 사람이라 아니 할 수 없다.

재물과 부요와 존귀는 하나님께서 주시지만, 그렇다고 반드시 이 모든 것을 다 누릴 수 있는 것은 아니다. 부요와 존귀를 누릴 수 있는 축복은 받는 것과는 별개로 주어지는 것이다. 돈을 열심히 모으는 것도 하나님께서 허락하시니까 가능하고, 돈을 효과적으로 쓰는 것도 역시 하나님께서 허락하시니까 가능한 것이다. 어떤 사람이 재물과 부요와 존귀를 하나님께로부터 받았으나 능히 누리지 못한다면 이유 불문하고 허무하게 느껴질 수도 있다.

그러나 재물과 부요 및 존귀를 누리고 못 누리고 하는 것이 자신의 능력에 달려 있는 것이 아니라 하나님의 놀라운 은총에 달려 있다는 것을 안다면 자기의 느낌을 앞세울 것이 아니라 하나님의 뜻을 먼저 살펴야 할 것이다. 풍성한 하나님의 축복을 받고서도 신앙이 없어서 하나님의 저주 아래 놓이게 되어 누리지 못한다면 참으로 불행한 일이라 아니 할 수 없다. 그러므로 그것을 부조리하고 허망하다고 원망만 할 것이 아니라 자신이 살아온 길을 돌이켜 보고 회개하는 것이 마땅한 도리요 축복을 받아 누리는 첩경이 될 것이다. 아무리 재물과 부요와 존귀가 주어졌다 하더라도 그것을 누리지 못하면 허탈할 뿐이다.

(2) 의미 없는 인생

사람이 보통 자녀들을 많이 두고 오래 살면 그 사람은 행복한 사람이라고 말한다. 그러나 솔로몬은 "사람이 비록 백 명의 자녀를 낳고 또 장수하여 사는 날이 많을지라도 그의 영혼은 그러한 행복으로 만족하지 못하고 또 그가 안장되지 못하면 나는 이르기를 낙태된 자가 그보다는 낫다 하나니"(전 6:3)라고 하였다. 이 말씀은 사람들이 일반적으로 행복의 표준으로 생각하는 그것이 행복의 기준이 되지 못한다는 것을 뜻하는 말씀이다.

먼저 사람이 자녀를 많이 둔 것이 행복이라는 생각은 잘못이다. 부모님의 참된 기쁨은 자녀의 숫자보다도 형제가 서로 돕고 사랑하는 데 있다. 자식이 만족을 주기를 바라지만 그렇지 못할 때 이 얼마나 불행한 일인지 모른다(전 6:3-6). 부모의 행복은 자녀의 숫자에 있는 것이 아니라 속을 썩이는 자녀가 없을 뿐 아니라 늘 그들을 기쁘게 해줄 때 오는 것이다.

사람이 장수하는 것을 축복으로 생각하는 경우도, 아무런 의미도 없이 시간을 길게 끄는 것만으로 행복한 것은 아니다. 가령 어떤 사람이 자식을 백 명이나 둘 정도로 장수하였다 하더라도, 이것이 반드시 인생에게 즐거움을 줄 수 있으리라고 믿는 것은 잘못이다(전 6:3). 사람이 영원히 산다고 하더라도 인생을 마음껏 즐기지 못한다면 차라리 태어나지 않음만 못한 것이다(전 6:3). 낙태된 아이는 빛도 못보고, 인생의 경험도 없이 이름 한 자 남기지 못한 채 그냥 왔다가 사라지지만 장수하면서 많은 아이를 갖고도 인생의 즐거움을 누리지 못하는 사람보다 낫다고 한다(전 6:3-5). 사람이 천 년의 갑절을 살더라도 결국은 낙태된 아이가 간 곳으로 가기 때문이다(전 6:6). 결국 영혼의 낙이 없으면 허전하고 허무할 수밖에 없다. 아무리 자식이 많고 오래 살아도 그것을 누리지 못하면 무의미한 것이다.

이런 어느 우화를 읽은 일이 있다. 이 우화에 따르면 어느 마을에 늘 이상향을 동경하고 힘든 현실로부터 해방되기를 꿈꾸는 사람이 있었다고 한다. 그는 그 행복한 세계를 찾기 위해 길을 떠났다. 며칠 동안 여행을 하고 잠을 자는데, 장난꾸러기 요정이 몰래 그의 신발코를 반대 방향으로 돌려놓고, 그의 꿈속에 나타나 앞으로 계속가면 네가 찾는 곳이 나온다고 말해 주었다. 며칠 동안 여행을 한 그 사람은 드디어 자신이 동경하던 이상향을 찾고 행복하게 살았다. 그런데 사실 그가 이상향이라고 믿은 그곳은 자신이 떠나온 바로 그곳이었다. 그러므로 우리가 찾으려고만 하면 '푸른 꽃'은 바로 우리 곁에 있는지도 모른다. 그리고 믿고 포기하지 않는 자만이 그것을 찾을 수 있는 것이다.

인생이 무의미하다고 믿는 사람은 무의미한 인생을 살고 가게 되는 것이다. 하나님을 믿는 신앙 안에서 그 생각을 바꾸어야 인생의 의미가 새로워지게 된다. 아무리 자녀가 많고 오래 산다고 하여도 심령의 낙이 없으면 행복할 수 없고 인생을 부정적으로 보아서 늘 무의하다고 느끼면 아무리 좋은 조건을 가진다고 해도 불행할 수밖에 없다. 하나님이 주신 인생은 어느 인생도 허무하거나 부조리한 것이 없다.

(3) 만족을 얻지 못하는 수고

우리가 먹고 살아가기 위해서는 노동을 해야 한다. 그러나 사람의 수고가 단지 먹고 살아가기 위한 것이라면, 우리는 식욕이라는 본능에 의해 지배받고 있는 것이며, 그것은 우리를 동물과 같은 수준에 머물게 하는 것이 된다. 사람이 평생을 입속에 음식을 넣느라고 그 힘을 다 소진하지만, 결코 인생의 끝없는 식욕을 만족시킬 수는 없다. 그래서 화자는 전도서 6장 7절에서 "사람의 수고는 다 자기의 입을 위함이나 그 식욕은 채울 수 없느니라"라고 하였다. 만일 우리 모두가 자신의 식욕을 만족시키기 위해서 살고 있다면, 지혜로운 사람이 어리석고 우매한 자보다 나을 것이 전혀 없으며, 가난한 자가 자신의 상황을 좋게 하고자 하고 부유하고자 하는 것도 아무런 유익이 없는 일이다(전 6:8). 평생을 만족할 수 없는 것들을 갈망하면서 세월을 보내는 것보다 가진 것으로 만족하는 편이 훨씬 낫다고 한다. 지나치게 만족과 욕구를 채우려는 일은 바람을 잡으려는 것과 같은 것이다(전 6:9).

솔로몬이 인생에 있어서 큰 꿈을 꾸거나 어떤 것을 성취하기 위해 힘찬 야망을 품는 것을 잘못된 것으로 본 것은 아니다. 그러나 우리는 하나님의 영광을 위해서가 아니라 인간 자신의 욕심에 의해서 생긴 야심은 조심하고 경계하여야 한다. 우리 자신을 증진시키기 보다는 다른 사람을 섬기기 원할 때 만족이 속으로부터 솟아나게 된다. 사람이 빵만으로는 만족할 수 없다. 그 식욕을 채우려고 일평생 애쓰고 수고하나 그것만으로는 만족할 수 없는 것이다.

사글세방에 사는 사람은 마음에 소원이 있다. '전세방이라도 하나 있으면 좋겠는데.' 전세방을 가지기 전에는 마음에 만족이 없다. 손에 쥐지 못했기 때문에 늘 마음에 전세방을 그리면서 공상을 한다. 그것을 그리면서 수고하고, 고생도 한다. 그렇게 해서 전세방을 손에 쥐게 되고 눈으로 보게 되었다. 그러나 그것으로 행복되질 않는다. 전세방을 얻은 만족도 잠시 잠깐일 뿐, 또 다시 마음에 새로운 공상이 생긴다. '열세 평짜리 아파트라도 좋다, 내 것이 있으면 좋겠다.' 그러면서 또 고생하고 또 수고한다.

그것을 얻기까지는 행복이 없다. 드디어 열세 평짜리 아파트가 손에 쥐어졌다. 그러나 그것으로 만족할 수가 없다. '좀 더 큰 평수, 화장실 두 개짜리 아파트'를 갖고 싶다. 이렇게 만족은 완전히 채워질 수 없기 때문에, 이것은 바람을 잡으려는 것처럼 헛될 뿐이다. 바람은 아무리 쥐려고 해도 손에 잡히지 않다. 인간의 욕구도 아무리 애쓰고 충족하려고 해도 차지 않다. 늘 마음에 불만족이 쌓여 있으면 인생 자체가 짜증스럽고 무의미하게 느껴지게 되는 것이다.

(4) 그림자 같이 사라지는 일평생

우리 인생은 어제보다는 오늘의 상황이 더 나아지기를 바라지만 그렇지 못하기 때문에 허무하게 느끼게 된다(전 6:10-12). 흔히 말하기를 세월이 약이다. 또는 쥐구멍에도 볕들 날 이 있다 하지만, 인생살이의 기본 틀은 옛날이나 오늘이나 다름없는 것이다. 해 아래 새로운 것은 아무 것도 없다. 태어난 자는 반드시 죽게 되는 것이고, 땅 위의 존재로서 죽음을 이길 자는 아무도 없다. 그래서 화자는 전도서 6장 10절에서 "이미 있는 것은 무엇이든지 오래 전부터 그의 이름이 이미 불린 바 되었으며 사람이 무엇인지도 이미 안 바 되었나니 자기보다 강한 자와는 능히 다툴 수 없느니라"고 하였다. 여기서 말한 "자기보다 강한 자"가 곧 죽음인 것이다. 그렇기 때문에 영속적인 만족을 찾으려는 노력은 모두 실망으로 끝나고 만다(전 6:11).

그림자 같이 보내는 일평생에 무엇이 낙인지 사람은 알 수 없으며, 인생이 다 끝난 뒤에 일어날 일이 또한 무엇인지도 알 수 없다. 어제나 오늘이나 극한 상황은 조금도 변하질 않는다. 그래서 전도자는 6장 12절에서 "헛된 생명의 모든 날을 그림자 같이 보내는 일평생에 사람에게 무엇이 낙인지 누가 알며 그 후에 해 아래에서 무슨 일이 있을 것을 누가 능히 그에게 고하리요"라고 하였다.

오늘날 우리들은 물질적으로는 옛날 보다 더 많은 것을 소유했는지는 모르지만 욕망은 더욱 증대되었고, 반면 욕구는 더 채워지지 않기 때문에 전보다는 욕구불만을 더욱 많이 느끼며 살아가고 있다. 그러나 삶의 자세가 바뀌면 그 문제는 해소될 수도 있다고 생각한다. 우리 인간의 장래는 하나님의 손 안에 있으며 인생은 하나님의 뜻을 전혀 벗어날 수가 없다. 그러므로 우리가 우리의 삶 가운데서 늘 하나님과 함께 한다면, 우리의 삶에는 새로운 보람과 의미가 충만하게 될 수 있을 것이다. 하나님의 축복과 선물을 온전히 받아들이고, 누릴 수 있는 한 누리는 것이 행복이라 할 수 있다면, 그렇지 못한 것이 불행이라 할 수 있을 것이다.

인생이 그림자 같이 사라진다는 것은 누구나 느끼는 바이다. 또한 인생은 너무나 짧고 무상하다고 누구나 생각한다. 그러나 우리가 우리 자신만 바라보던 시선과 자세를 하나님께로 전환시키기 만하면 우리 인생 속에 새롭고 다채로운 삶의 의미와 가치의 빛이 스며들게 된다는 것은 대체적으로 모른다. 세상을 바꾸려고 하지 말고 세상을 바라다보는 나의 시선을 신앙의 눈으로 바꾸기만 하면 삶의 주변이 달라질 수가 있다는 것을 깨달아야 한다. 그것이 그림자 같이 사라지는 일평생을 조금은 바꾸어놓을 수 있는 한 방법이 될 것이다.

7) 인간의 한계상황

네 번째 설교는 8장 14절로부터 12장 7절까지이고, 12장 8절로부터 14절까지는 에필로그라 할 수 있다. 이 네 번째 설교의 첫째 부분, 즉 8장 14절로부터 9장 18절까지는 만물의 영장이라고 하는 우리 인간들이 얼마나 무력하고 무능하며 알지 못하는 것이 많은가 하는 것을 다루어 주고 있다. 인간은 하나님의 형상대로 지음 받은 신을 가장 가깝게 닮은 존재이기는 하지만 아는 데 있어서나 생각하는 데 있어서 인간은 유한한 존재다. 그러므로 우리는 알지 못하는 것이 많고 피할 수 없는 것이 또한 많다.

아무리 인간의 머리가 좋아도 북극에서 남극까지 지구 전체를 한꺼번에 내려다보면서 살피고 연구할 수는 없다. 인간들의 과학이 아무리 발달됐다 하더라도 지금까지 유인인공위성은 지구에서 제일 가까운 달에까지밖에 못 갔다. 달은 지구에서 제일 가깝게 있는 유성이어서 태양계라는 차원에서만 봐도 벼룩이가 한 번 팔짝 뛰었던 정도밖에 안 되는 것이다. 이 우주 안에 은하계와 같은 성계가 몇 개나 있는가 하는 것은 아무도 모른다.

하나님께서 우주 만물을 창조하셨다는 뜻은 한과 끝이 없는 모든 성계를 다 창조하셨다는 것이고 자연의 질서를 유지한다고 하는 것은 우주 안의 모든 성계의 질서를 다 유지하고 계시다는 뜻이다. 하나님이 하시는 일은 개인의 소소한 일을 초월해서 방대한 우주 전체와 인류 전체를 공정하게 대하시기 때문에 사람이 하나님의 하시는 일을 다 알 수 없는 것이다. 하나님께서 해 아래서 하시는 일을 전부 깨달아 알았다고 주장할 수 있는 사람은 천하에 하나도 없다. 또한 죽음과 죽음 뒤에 오는 세상일에 대해서도 인간은 알 수가 없다. 뿐만 아니라 우리 인간들의 미래적인 삶을 예측할 수 있는 사람은 아무도 없다. 이것이 인간의 한계인 것이다. 여기서는 이런 인간의 한계상황을 살펴보고자 한다.

(1) 알 수 없는 하나님의 섭리

첫 번째 우리 인간의 한계상황은 하나님의 뜻 곧 섭리와 지혜를 알 수 없다는 것이다(전 8:14-17). 모든 것에 대해 알려고 하는 사람, 또는 모든 것을 안다고 생각하는 사람에게 이 세상은 실망만을 안겨줄 수 있다. 많은 고통스러운 날들과 잠들지 못하는 밤을 지내면서, 전도자는 삶의 불가사의한 것들에 온 힘을 기울여 보았다. 결국 그가 도달한 결론은 이러했다. "내가 마음을 다하여 지혜를 알고자 하며 세상에서 행해지는 일을 보았는데 밤낮으로 자지 못하는 자도 있도다. 또 내가 하나님의 모든 행사를 살펴보니 해 아래에서 행해지는 일을 사람이 능히 알아낼 수 없도다. 사람이 아무리 애써 알아보려고 할지라도 능히 알지 못하나니 비록 지혜자가 아노라 할지라도 능히 알아내지 못하리로다"(전 8:16-17). 우리는 아마도 여기저기에 있는 수수께끼를 해결할 수 있을지는 몰라도, 사물의 이치나 하나님의 역사적 섭리는 알 수 없으며, 하나님이 하시는 일과 지혜를 알아낼 수는 없다.

역사가 듀란트(Will Durant)는 『문명 이야기』(Story of Civilization)라는 책에서, "우리가 알면 알수록 무지라는 사막은 확장되어 가고, 지식이란 신기루는 점차 희미하게 뒤로 멀어져 간다"[152]고 하였다. 물론 이 사실이 무지와 우매함을 정당화하는 구실이 되거나 핑계로 사용되어서는 안 된다. "감추어진 일은 우리 하나님 여호와께 속하였거니와 나타난 일은 영원히 우리와 우리 자손에게 속하였나니 이는 우리에게 이 율법의 모든 말씀을 행하게 하심이니라"(신 29:29). 하나님은 우리가 알 수 없는 것을 알기를 기대하지 않으신다. 그분은 우리가 배울 수 있는 한 배우되 그분이 가르쳐 주신 것을 순종하기를 원하신다. 사실 우리가 순종하면 할수록 그분은 우리에게 더 많은 것을 가르쳐 주실 것이다(요 7:17).

세상에 불가사의 한 일이 많이 있는데, 의인이 악인 취급을 받고 악인이 의인 취급을 받는 것은 도무지 이해할 수 없는 일이라고 솔로몬은 말하고 있다(전 8:14). 보통 사람들의 상식과 기대는 악인은 악인대로의 보상을 받고, 의인은 의인대로의 보상을 받을 수 있는 공평한 사회가 실현되는 것이다. 그런데 사람들의 눈앞에 전개되는 현실은 이런 소박한 상식적인 기대마저도 무참히 짓밟히는 일들을 많이 볼 수 있는 데, 그것은 악인이 의인의 보상을 받고 의인이 악인의 받을 보상을 받는다는 놀라운 사실이다.

불의한 세상 속에 살아가는 인생이 세상에서 하는 노고의 의미를 이해하기 위하여 아무리 수고를 하여도 도저히 이해할 수 없는 일이 너무나 많이 있다. "하나님의 모든 행사를 살펴보니 해 아래에서 행해지는 일을 사람이 능히 알아낼 수 없도다"(전 8:17)라고 한 전도자의 말은 인간 지식의 한계성을 인정한 것이다.

그래서 솔로몬은 수고의 열매로 누릴 수 있는 기쁨을 향유하라고 한다(전 8:15). 그러나 기억할 것은 이 훈계가 "먹고, 마시고, 즐기자"라는 불신앙적 쾌락주의자의 철학이 아니라는 것이다. 오히려 그것은 삶을 하나님의 선물로 받아들이고 하나님이 우리에게 "누리도록 모든 것을 후히 주시는 분이다"(딤전 6:17)는 것을 알고, 하나님의 자녀로서 적극적인 신앙관을 가지라는 말이다. 모르는 것에 대해 알려고 애쓰지 말고 아는 것과 가지고 있는 것에 대해 감사하면서 그것을 누려야 하는 것이 최선의 길이다. 하나님께만 속한 오묘한 것을 알고자 하지만, 사람은 그것을 알 수가 없다. 그것이 인간의 한계인 것이다.

시인이며 소설가인 세르반테스는 학교의 정규교육을 조금도 받지 못했다. 이탈리아에서 추기경의 하인으로 시중드는 일을 했다. 1517년에 레반트 해전에서 부상당하여 팔 하나를 잃어버려 불구가 되었다. 귀국 도중에 흑인에게 붙잡혀 알제리에서 5년간 노예생활을 했다. 그는 시인으로서 극작가로서 또 소설가로서 57세까지 활동했지만 별로 세상에서 빛을 보지 못했다. 그러다가 58세 때 『돈키호테』를 출간하면서 일약 인기작가가 되어 명성을 누렸다. 사실 인간의 앞날을 알 수 있는 사람은 아무도 없다.

좋은 일을 하면서도 사람에게 인정받지 못하는 일이 많이 있다. 좋은 작품 가운데 세인들에게 인정받지 못하는 작품이 많다. 인정받는 것만이 좋은 것이라는 생각은 잘못이다. 어떤 것은 죽은 후에야 비로소 인정받는 작품과 사람이 있다. 중요한 것은 꾸준히 자기에게 주어진 일에 만족하면서 진실을 향해 달려가는 것이다. 그 자체로 만족하면 그 사람이 행복한 사람이다.

진실은 때가 되면 알려질 것이고 드러날 것이다. 혹시 드러나지 않는다 할지라도 그것으로 슬퍼할 이유는 없다. 만일 선한 일을 하다가 그것으로 이 세상에서 영광 한 번 받아보지 못한다고 그것이 불행한 삶은 결코 아니다. 만약 땅에서 상이 없으면 영원한 하늘에서 상이 분명히 있을 것이다. 이 땅의 영광을 한 번도 보지 못하고 의를 위하여 살다가 죽어간 순교자들이나 순국자들을 보면 우리가 의를 위하여 살다가 핍박을 받고 어렵게 살더라도 불평불만 속에 살지는 않을 것이다. 하나님의 섭리는 예측할 수 있는 것이 아니므로 고요히 순종하면서 사는 것이 가장 행복한 삶이라 할 수 있다.

(2) 피할 수 없는 죽음

온갖 인생들이 삶이라는 무대 위에서 달리기를 하고 있다. 어떤 사람은 하나님을 기쁘시게 하고 어떤 사람은 노엽게 한다. 그러나 누구도 그것을 알 수 없다(전 9:1). 인생은 그들 자신의 생사화복(生死禍福)도 미래도 알 수 없다. 생사는 하나님의 손에 달려 있다. 그리고 단지 우리의 미래가 축복될지 또는 고통스러울는지는 그분만이 아신다.

우리들이 어떤 식으로 살든지 결국 우리들의 운명은 동일하다. 우리 인간은 모두 무덤으로 가는 신세인 것이다. 그래서 전도자는 9장 2-3절에서 이렇게 말하였다. "모든 사람에게 임하는 모든 것이 일반이라. 의인과 악인, 선한 자와 깨끗한 자와 깨끗하지 않은 자, 제사를 드리는 자와 제사를 드리지 아니하는 자에게 일어나는 일들이 모두 일반이니, 선인과 죄인, 맹세하는 자와 맹세하기를 무서워하는 자가 일반이로다. 모든 사람의 결국은 일반이라 이 일 중에 해 아래에서 행해지는 모든 일

중의 악한 것이니 곧 인생의 마음에 악이 가득하여 그들의 평생에 미친 마음을 품고 있다가 후에는 죽은 자들에게로 돌아가는 것이라." 인생이 태어나고 죽는 것 자체는 누구에게나 일반인이다. 그러나 아무리 사는 것이 어렵고 장애물이 많다 하더라도 죽는 것보다 살아 있는 편이 낫다. 그래서 전도자는 9장 4절에서 "산개가 죽은 사자보다 낫기 때문이니라"라고 말하였다. 산 사람은 의식이 있고 소망이 있지만 그래서 회개도 하고 죽음에 대한 준비도 하지만, 죽은 자는 잊혀지고 만다(전 9:5). 죽은 자들은 그들이 좋은 사람이었던 나쁜 사람이었던 아무 상관이 없다. 그들은 이미 가버린 자들이다. 그들은 다시는 해 아래에서 일어나는 일들에 참여할 수 없다(전 9:6). 즉 그들은 땅 위에 무슨 일이 생기고 있는지 알지 못한다. 하지만 살아 있는 사람은 그것을 알며 그에 반응한다. 산 자와는 반대로 죽은 자는 자신이 받을 대가나 자신의 평판에 아무것도 더할 수가 없다. 그러나 산 자는 할 수 있다. 죽은 자는 땅 위의 사람들을 사랑하거나 미워하거나 시기할 수 없지만, 산 자는 할 수 있다. 사람의 고결한 인격은 죽어서도 많은 사람에게 훌륭한 교훈과 영향을 남기기도 하지만, 역시 역사는 산 자의 역사이다. 아무리 미천한 존재일지라도 사람은 누구라도 문화적인 역사 창조의 일원이라는 사실을 부인하지 못한다.

죽음은 이 땅으로부터 사람들이 가질 수 있는 기회를 앗아갈 것이기 때문에, 솔로몬은 미래에 더 좋아질 것이라는 맹목적인 희망보다는 우리가 살아 있는 동안 우리가 가진 삶의 기회들을 놓치지 않을 것을 강조하고 있다. 그러니 살아 있는 동안 먹고 마시고 사치하고 호사하며(전 9:8) 결혼하며 인생을 즐기자는 것(전 9:9)이다.

이스라엘 가정의 생활은 보통 어렵다고 하지만, 특별한 날들에는 흰 예복(기쁨의 상징)을 입고, 보통 사용하던 감람유 대신에 비싼 향수를 뿌린다고 한다. 그런데 솔로몬은 사람들에게 흰 예복을 항상 입고, 비싼 향수를 항상 뿌리라고 충고했다. 그 말은 모든 경우를, 그것이 평범하고 판에 박힌 경우라 할지라도, 특별한 경우와 같이 만들라는 이야기인 것이다. 다시 말해서 우리는 단지 축하해야 할 특별한 사건이 있을 때에만 감사와 기쁨을 표현하는 것이 보통이지만, 솔로몬은 우리의 일상사를 특별하게 만듦으로써 늘 기뻐하며 누려야 한다고 충고하는 것이다.

우리는 죽음을 피할 수 없고 그 때도 알 수 없다. 그런 알 수 없는 것에 대해서 노심초사 하며 인생을 비관하며 악한 생활을 할 것이 아니라 살아 있는 자에게만 주어지는 일에 최선을 다하며 살아가는 것이 현명하다는 것이다. 우리가 하나님을 경외하고 믿음으로 그분을 따른다면, 우리는 삶을 회피하거나 참을 필요가 없다. 우리는 삶을 주님이 주신 선물로 기쁘게 받아들이고 그것을 누리는 것이 더 옳다. 죽음은 인생으로서는 피할 수 없는 것이고 또한 초월할 수 없는 인간의 극한 상황인 것이다. 그런데도 솔로몬이 "사람들의 마음은 악으로 가득 차 있다"라고 말했듯이 사람들은 죽음이라는 실재로부터 벗어나기 위하여 회개 커녕 더 나쁜 일만을 골라 한다는 것이다.

(3) 예측할 수 없는 삶

보통 사람들은 우리들의 삶을 예측해 보려고 애를 쓰지만, 삶에 무슨 일이 일어날지 보증할 수가 없고 예측은 물론 할 수 없다. 이 세상에서는 누가 이기고 누가 질런지 모른다. 그래서 전도자는 9장 11절에서 "내가 다시 해 아래에서 보니 빠른 경주자들이라고 선착하는 것이 아니며 용사들이라고 전쟁에 승리하는 것이 아니며 지혜자들이라고 음식물을 얻는 것이 아니며 명철자들이라고 재물을 얻는 것도 아니며 지식인들이라고 은총을 입는 것이 아니니 이는 시기와 기회는 그들 모두에게 임함이니라"고 하였다.

사람들은 자기들이 기대하거나 구하는 것을 항상 손에 쥐는 것은 아니다. 일반적으로는 가장 빠른 주자가 달리기에서 이기는 것, 가장 강한 전사가 싸움에서 이기는 것, 그리고 가장 영리하고 훌륭한 기술을 가진 노동자가 가장 좋은 직업에서 성공하는 것 등은 사실이다. 그러나 이와 같이 재능 있는 사람들이 자신의 능력을 벗어난 그 밖의 다른 요소들에 의해서 비참하게 실패하게 되는 것 또한 사실이다. 성공한 사람들은 "때와 판단"(전 8:5)을 최대한 이용하는 방법을 알고 있지만, 그것은 오직 주님만이 조정하고 계신 것이다.

솔로몬은 이미, 하나님께서 모든 것의 시기와 그 시기에 성취될 목적(전 8:6)과 종국에 그로부터 생겨날 아름다운 어떤 것을 가지고 계심을 확언했다. 어떤 의미에서 우리 인생은 모두가 시간과 찬스의 희생자들(전 9:11)이라고 할 수 있다. 기대하지 못하고 있던 때에 물고기는 그물에 걸리고 새는 올무에 걸리듯이, 사람들도 자신의 능력을 벗어난 갑작스러운 사건 즉 죽음을 맞이하게 되는 경우가 있다(전 9:12). 사람은 자기의 때를 알지 못한다. 한 가난한 사람이 적에게 에워싸인 성읍을 자기의 슬기로 건졌는데도 아무런 공로를 인정받지 못한 경우를 놓고 보면 인간 세상에서는 포상이 제대로 이루어지질 않는다(전 9:13-16).

어떤 할아버지가 일곱 살 된 손자를 아랫동네 큰 할아버지 댁에 심부름을 보냈다. 아이는 심부름을 가다가 풍선 장사가 예쁜 풍선을 팔고 있는 것을 한참 동안 넋을 잃고 바라보았다. 다시 길을 가다가 동내 친구를 만나 같이 구슬치기를 하며 재미있게 놀았다. 한참이나 지난 후 아이는 다시 길을 갔고 운이 없게도 돌부리에 걸려 넘어져 무릎이 깨졌다. 소매로 피를 닦고 조금 쉬었다가 일어났다. 그렇게 시간이 지나 해질녘이 다 되어서야 큰 할아버지 댁에 무사히 도착했다.

큰 할아버지는 아이를 보고 무척 반가운 듯 말했다. "아니, 네가 어떻게 먼 길을 이렇게 혼자서 왔니?" "할아버지 심부름 왔어요." "그래, 무슨 심부름이니?" "···"

어떻게 된 일인지 아이는 아무리 생각해보아도 자기가 무슨 심부름으로 여기까지 왔는지 전혀 생각이 나지 않았다. 먼 길을 오는 사이 그만 잊어버린 것이었다. 아이는 이내 울상이 되었다. 그 모습을 본 큰 할아버지는 고개를 끄덕이더니 아이의 어깨를 다독거려주며 말했다. "얘야, 나는 너보다 더 먼 길을 걸어왔는데도 왜 여기까지 왔는지 아직도 정확하게 모르고 있단다."

사람은 자기가 걸어가는 인생길을 정확하게 알 수가 없다. 이와 같이 죽음은 피할 수 없고 삶은 예측할 수 없는 것이기 때문에, 우리가 가야 할 안전한 길은 하나님의 손 안에 우리를 맡기고 그분의 말씀에 따라 믿음으로 살아가는 것이다. 믿음으로 살아가는 사람은 그분 안에 살고 있기 때문에, 삶에 안주하거나 "헛되고 헛되니 모든 것이 헛되도다"고 한탄하지 않는다.

8) 위험한 우매자들

솔로몬은 9장 마지막 부분으로부터 10장 20절까지에서 우매(愚昧)한 일과 지혜로운 일을 비교하면서, 지혜로운 행동이 가져다 줄 수 있는 최고의 유익과 우매함이 가져다 줄 수 있는 위험성이 무엇인지를 보여주고 있다. 부조리한 세상에서는 지혜로운 사람들보다 오히려 위험한 어리석은 사람들이 더 행세하는 것을 볼 수 있다. 작은 악취가 많은 향 기름 전체를 악취 나게 하듯이, 한 작은 우매(愚昧)와 어리석음이 지혜와 존귀를 난처하게 하며, 한 사람의 죄가 전 인류를 죽게 하기도 한다. 이러한 세상은 무익하고 부조리할 것이다. 여기서는 이런 무익하고 부조리한 우매의 위험성에 대해서만 살펴보겠다.

(1) 우매한 주권자

가장 지혜를 필요로 하는 사람은 다름 아닌 바로 한 나라의 통치자라 할 수 있다. 그래서 솔로몬은 왕이 되었을 때 무엇보다 먼저 하나님께 지혜를 달라고 요구한 일이 있다. 통치자가 지혜를 버리고 교만하면 어리석은 일을 말하고 행하게 되며 신하들의 존경을 잃게 될 것이다(전 9:4). 여기서 묘사하고 있는 왕의 어리석음은 쉽게 화를 내고 주위에 있는 신하들에게 분노를 일으키는 것이다. 이렇게 자기 자신조차 통제하지 못하는 사람이 주변 사람들을 지혜롭게 다스리고 유익을 가져다 줄 수 없다. 그렇다고 왕의 어리석음을 따라 덩달아 신하들까지 어리석게 행동을 하는 것은 큰 잘못이라 아니 할 수 없다. 그래서 솔로몬은 전도서 8장 3절에서 "왕 앞에서 물러가기를 급하게 하지 말며 악한 것을 일삼지 말라 왕은 자기가 하고자 하는 짓을 다 행함이니라"고 하였다.

또한 통치자가 결단력 없이 너무 우유부단하다면 이것도 어리석은 것이라 할 수밖에 없다(전 9:5-7). 이런 어리석은 자들이 우글거리는 사회는 불행한 사회다. 무엇 하나 순리대로 되는 것이 없고 법과 질서가 파괴되며 부정과 부패가 난무하고 악이 성행하여 선량하고 정직한 사람들이 살기 힘든 사회가 된다면, 그 사회는 정녕 불행하고 부조리한 사회라 아니 할 수 없다. 이 사회에서는 어리석은 자가 높은 지위에 있고, 부자가 낮은 지위에 앉으며, 종들이 말을 타고 다니고 주인들은 걸어 다니게 된다. 그래서 전도자는 10장 6-7절에서 "우매한 자가 크게 높은 지위들을 얻고 부자들이 낮은 지위에 앉는도다 또 내가 보았노니 종들은 말을 타고 고관들은 종처럼 땅에 걸어 다니는도다"라고 하였다. 통치자에게 간언해야 할 자들이 무능한 자들뿐이라면 그 나라가 지혜롭게 다스려지리라고는 거의 상상할 수 없는 일이다. 그러므로 이런 우매한 통치자가 다스리는 나라는 암흑 세상과도 같을 것이다.

솔로몬의 아들 르호보암은 지혜로운 충신들의 간언을 따르지 않고 자신의 젊은 친구들의 말에만 귀를 기울였다가 결국 나라가 분열을 초래하게 된다. 현명한 통치자라면 교만하지 말고 겸손하여야 하고 어리석은 말보다는 지혜로운 말에 늘 귀를 기울어야 하며 인정이 있으면서도 결단력이 있는 사람이어야 한다. 만일 통치자가 어리석으면 나라가 망하게 되고 사회 기강이 풀어지며 질서가 깨지게 되어 결국 그 통치자의 지배를 받는 백성들은 불행하게 되고 말 것이다. 아주 격분 잘 하는 용렬하고 우매한 통치자가 바로 여기에 나오는 왕이었다. 그런 사람이 통치자가 되면 그 나라와 그 백성은 불행하게 되는 것이다.

(2) 우매한 일군들

함정을 파는 자, 담을 허는 자, 주술을 베푸는 자들과 같은 사람들이 모두 우매한 일군들이었는데, 그들은 그들 스스로 상해를 자초하였다(전 10:8-9). 특히 전도서 10장 10절에서 전도자가 "철 연장이 무디어졌는데도 날을 갈지 아니하면 힘이 더 드느니라 오직 지혜는 성공하기에 유익하니라"고 말했듯이, 지혜로운 사람은 철 연장이 무디어지면 바로 가는 것처럼 자기 일을 근면과 성실의 자세로 임하지만, 어리석은 자는 딴청만 부리고 전혀 성의 없이 자기 일에 임하는 것을 알 수 있다(전 10:2). 이미 위에서 언급한 대로, 여러 유형의 어리석은 일군들이 여기에 등장하는 것을 볼 수 있다.

어떤 사람은 아마도 우물이나 곡식을 저장하고자 땅을 파서 구덩이를 만들었는데, 분별력과 세심한 주의가 부족해서 그만 그 구덩이에 자신이 빠지고 마는 것이다. 또 어떤 사람은 아마도 집을 고치려고 담이나 울타리를 헐다가 뱀에게 물리기도 하였다. 뱀은 대개 몸을 숨기고 갈라진 돌담 틈이나 구석으로 잘 다닌다. 담을 허는 사람은 좀 더 세심한 주의가 필요했는데, 너무나 자기 자신을 과신했던 것 같다. 그래서 담을 헐다가 뱀에게 물린 것이다. 또 어떤 일군들은 채석장이나 벌목장에서 주의하지 않고 전혀 삼가는 조심성도 없이 돌을 파내고 나무를 쪼개다가 상처를 입기도 하였다. 그리고 전도서 10장 10절에 따르면, 솜씨는 좋은 듯하나 무딘 도끼를 가지고 힘들게 나무를 쪼개려고 하는 어리석은 사람도 등장한다.

또한 솔로몬은 뱀을 부리는 주술 곧 기회도 갖기 전에 뱀에 물린 마법사도 그리고 있다. 그는 자신이 뱀을 아주 잘 부릴 수 있다고 생각하여 서둘러 그렇게 하다가 사람들의 비웃음을 사기도 하고 돈도 벌지 못하고 바보 취급만 받기도 하였다. 그래서 솔로몬은 "주술을 베풀기 전에 뱀에게 물렸으면 술객은 소용이 없느니라"(전 10:11) 하였다. 뱀 다루는 사람이 뱀 다루는 기술을 익히지 아니하고 뱀을 다루면 성공을 거두지 못한다는 것이다.

어리석은 자는 가는 곳마다 자신의 우매를 드러내고 다니지만, 지혜로운 자는 성급한 행동의 무익성 뿐 아니라 침착한 처신하는 것이 얼마나 유익한 것인가도 아주 잘 알고 있었다(전 10:4). 슬기로운 자와 어리석은 자의 차이점은 머리를 쓰고 안 쓰는 데 있다. 슬기로운 자는 항상 위험한 상황을 염두에 두고 사려 깊게 접근하고, 어떻게 하는 것이 성과를 거둘 수 있는 지를 생각해 가면서 착실히 준비해 가지고 나간다(전 10:8-10). 또한 그는 어떤 때 자신의 기술을 발휘해야 하는지를 알고 있다. 그러나 어떤 사람은 뱀을 홀릴 줄 알면서도 물리기 전에 손을 쓰지 못한다면 아무 소용이 없는 것이다(전 10:11). 일군들은 신중하게 준비할 것은 준비하고 기술을 연마할 것은 연마하고 단련할 것은 단련해서 손을 쓸 때에 유용하게 하지 않으면 안 된다. 그러나 우매한 일군들은 그렇지 못한 경우가 많다.

한평생 시계만을 만들어온 사람이 있었다. 그리고 그는 늙어 있었다. 그는 자신의 일생에 마지막 작업으로 온 정성을 기울여 시계 하나를 만들었다. 자신의 경험을 쏟아 부은 눈부신 작업이었다. 그리고 그 완성된 시계를 아들에게 주었다. 아들이 시계를 받아보니 이상스러운 것이 있었다. 초침은 금으로, 분침은 은으로, 시침은 구리로 되어 있었다.

"아버지, 초침보다 시침이 금으로 되어야 하지 않을까요?" 아들의 질문은 당연한 것이었다. 그러나 아버지의 대답은 아들을 감동시켰다. "초침이 없는 시간이 어디에 있겠느냐. 작은 것이 바로 되어 있어야 큰 것이 바로 가지 않겠느냐. 초침의 길이야말로 황금 길이란다." 그리고 아버지는 아들의 손목에 시계를 걸어주면서 말했다. "1초 1초를 아껴 살아라. 1초가 세상을 변화시킨단다."

어리석은 일군들 사이에는 공통된 점이 있다. 그들은 자신이 하는 일을 너무 과신하며, 작은 것은 무시하고 신중하게 훈련을 쌓거나 준비를 하지 않는다는 것이다. 위에서 든 예화를 보면 1초가 세상을 변화시킨다는 교훈을 아들에게 주기 위해 평생의 작업으로써 이상한 시계를 만들었다. 그러나 그것이 아들에게 감동을 주었고 아들로 하여금 1초를 아끼며 창조적인 삶을 살 수 있게 하였다. 시계를 만든 아버지는 우매한 일군이 아니라 참으로 지혜로운 일군으로서 인류 사회에 큰 기여를 하였다. 우매한 일군은 창조적인 일을 할 수가 없다. 자기가 함정을 파고 거기에 빠지는 사람처럼 어리석기 짝이 없다.

(3) 우매한 수다꾼들

지혜로운 사람은 늘 은혜로운 말을 하지만 어리석은 자들은 끊임없이 허탄한 말을 지껄이고 있음을 말하고 있다(전 10:12-15). 지혜야말로 인생의 온갖 우여 곡절 속에서도 즐겁게 인생을 살아가게 하는 유일한 길잡이가 된다. 지혜는 우리의 행동을 자제시키고 보호해 주며 인도해 준다. 이 지혜가 사용되는 도구는 지혜자의 혀, 즉 말일 것이다. 그의 말은 내용에 있어서는 은혜롭고, 그 생각에 있어서는 쾌활하며 호소력이 있어서 남의 눈을 끄는 힘이 있으며, 그 어조는 상냥하면서도 붙임성이 있다.

한 편 어리석은 자의 말은 자신을 파멸의 구렁텅이로 몰아넣는다. 솔로몬은 그것을 "자신을 삼키나니"(전 10:12)라고 표현하였다. 어리석은 자는 바로 자신이 최대의 적이다. 그의 말은 일종의 단계를 밟아가게 되는데, 처음에는 단지 어리석거나 터무니없는 말을 하는 데 지나지 않다가 다음으로 넘어가게 되면 극단으로 치닫고 만다. 그 무엇으로 그의 말을 조절하거나 지도할 수 없다. 그의 우매한 말은 미친 것처럼 되고 분별력이 없어지고 만다(전 10:13). 마침내 그는 말을 많이 하게 되고(전 10:14), 그 자신에 대한 자랑으로 일관하게 된다. 그것이 곧 어리석음의 강을 형성하게 된다.

불쌍하게도 어리석은 자는 지금 자신이 무슨 말을 하고 있는지조차 모르며 장래가 어찌 될는지 알지 못한다. 그는 미래의 심판이 있음을 믿지 않을 뿐더러 있다는 생각조차 하지 않으므로, 마침내 그의 삶이 심판되어질 그날에 불쌍히 여김을 받을 경건하고 지혜로운 사람과 비교해 볼 때, 굉장히 불리한 위치에 놓이게 될 것이다.

그 이후 솔로몬은 재미있는 이야기 하나를 하고 있다. 한 우매한 자가 자신의 미래에 대한 계획을 자랑하며 사람들을 지루하게 한다. 그런데 그는 성읍으로 가는 길조차도 모르는 사람이다. 그 당시에 성읍으로 가는 길은 잘 표시되어 있어서 어떤 여행자라도 길을 찾을 수 있었다. 그런데도 이 우매한 자는 자신의 미래에 대해 이야기하느라 정신이 없어서 현재의 자기 길도 잃어버린 것이다. 그러니 그의 말을 어떻게 신뢰할 수 있겠는가? 어리석은 자의 아무런 의미 없는 지껄임은 아무런 의미가 없는 소음에 불과하다. 어리석은 자는 말만 수다스럽고 아무 이루는 일이 없이 지쳐서 쓰러질 때까지 허둥대기만 한다(전 10:14). 우매한 자는 너무도 쉬운 길도 찾지 못하고 늘 목표에서 벗어난다(전 10:15)는 것이다. 슬기로운 사람의 말은 은혜롭고 마음이 끌리지만 어리석은 자의 말은 자만하고 악해서 아무런 도움도 주지 못한다.

산속의 바위틈에서 솟아나는 한 줄기 실 날 같은 샘물은 나무 잎사귀 하나를 떠내 보낼 힘이 없지만, 이적은 샘물줄기가 수 없이 한 방향에 집중이 되면 바위를 부수는 큰 폭포수가 되고, 커다란 배가 오락가락 하는 일대 장강을 이루는 것이다. 마찬가지로 지혜로운 사람의 말 한 마디는 처음에는 아무런 영향도 없지만 그것이 마음으로 흘러들어가 깊이 박히면 태산과 같은 꿈을 형성하여 대단한 영향력을 발휘하게 된다. 우매한 수다꾼들은 많은 아무런 도움도 안 되고 의미도 없는 말을 늘어놓지만 신뢰할 만한 말이 전혀 없어서 위험하기까지 하다. 수다스러운 목표도 잃어버린 말보다는 단 한 마디 비수 같은 말이 정곡을 찌르는 것이다.

(4) 우매한 지도자들

어린 왕과 아침에 연락하는 관원들을 솔로몬은 '우매자들'로 묘사하고 있다(전 10:16-20). 여기서 '어리다'는 것은 나이가 어린 것을 말하는 것이 아니라 '미숙하다'는 뜻이다. 미숙한 통치자가 권력을 쥐고 있으면 그 나라는 망하고 불행해진다. 왜냐하면 높은 지위에 앉아서 앞을 내다보며 목적을 정하여야 하는데도 그 책임의 막중함조차 모르기 때문이다. 우매함의 두 번째 경우는 그들의 미숙함을 여실히 보여주는 방탕함이다. "대신들은 아침부터 잔치하는 나라여"(전 10:16)한 구절을 보면 그들이 얼마나 방탕한 생활을 일삼았는가를 알 수 있다. 여기서 "아침부터 잔치하는"라는 말은 일상적인 아침 식사를 말하는 것이 아니고 아침 일찍 부터 작정한 연회를 베풀고 만취하는 것을 일컫는다. 전심전력을 다해 나라를 걱정해야 하여야 할 시기에 모든 생각의 중심이 연회에 빠져 있으면 그 나라는 어떻게 되겠는가? 만일 연락을 좋아하는 신하들로 가득 찬 나라가 있다면 그 나라는 불행하다.

'기품'이 있는 왕과 덕망 있고 선량한 신하들이 다스리는 나라는 복이 있다고 한다(전 10:17). 그러나 왕이 게으르고 손을 놓으면 그 집 곧 그 나라의 서까래는 내려앉고 지붕은 새게 된다(전 10:18). 잔치는 웃음을 위해서, 포도주는 마시고 기뻐하기 위해서 있다. 그러나 돈이 없으면 잔치도 베풀지 못하고 포도주도 마련하지 못한다(전 10:19). 그런데 여기서 말하는 왕 곧 지도자는 사치와 게으름과 연락을 일삼으며 자기들에게 맡겨진 재정을 탕진시키는 어리석은 자들이다. 그래도 지배자들에 대한 비판은 침실에서나 심지어 마음으로도 조심하여야 한다고 한다(전 10:20). 왜냐하면 그 권위를 그들에게 주신 것은 사람들이 아니라 절대적 권위자이신 하나님이기 때문이다. 그러므로 하나님 없이 사는 사람들은 어떤 경우에도 우매하고, 그들의 인생철학은 결국은 절망덩어리에 불과한 것이다. 이런 우매한 관원들이 많은 나라는 불행해질 수밖에 없다.

지도자는 남에게 영향을 주고 변화를 일으키어 조직사회, 다시 말하면 집이나 국가의 목적을 달성하는 자를 가리킨다. 남을 변화시킨다는 것은 결코 쉬운 일이 아니다. 남의 행동이나 태도나 인생관에 변화를 일으킨다는 것은 가장 어려운 일이다. 남을 변화시키고 남에게 영향을 주려면 권위가 있어야 한다. 교수가 학생에게 권위를 가질 때 교수는 강한 영향력을 발휘할 수 있다. 교수가 권위를 상실하면 학생들에게 지도력을 발휘하기가 힘들다. 사장은 사원에게, 아버지는 아들에게, 지도자는 국민에게, 권위를 가질 때 많은 지도력과 영향력을 발휘할 수 있다. 그런데 여기 나오는 왕은 지도자로서 이미 그 자리 값(사회적 권위)을 잃어버렸기 때문에 권위를 상실하였다. 그런 왕이 다스리는 나라가 온전할 수가 없다. 그래서 아침부터 왕과 대신들이 모여 정사는 논하지 않고 잔치를 버리며 연락하니 제대로 나라가 설 수가 없다. 그런 나라의 지붕은 새기 마련이어서 국고가 바닥나고 서까래가 퇴락하듯이 일로 나라의 정사(政事)는 주저앉게 되는 것이다. 그러다가 결국은 나라는 망하게 된다.

2. 누림이 있는 인생

세상만사는 근본(根本)이 중요하다. 모든 일은 먼저 뿌리가 튼튼해야 한다. 뿌리가 약하면 나무는 비바람에 쓰러지고 만다. 뿌리가 깊은 나무는 아무리 바람이 불어도 요지부동이다. 그래서 공자의 수제자의 한 사람인 유약(有若)은 논어에서 "본립도생"(本立道生)이라고 갈파하였다. 즉 근본이 확립되면 길과 방법은 저절로 생긴다는 뜻이다. 인생에 있어서 가장 중요한 것은 근본이 확립되는 것이다. 튼튼한 집을 지으려면 먼저 기초를 튼튼히 해야 한다. 이 세상에서 근본을 튼튼하게 하는 일처럼 중요한 것이 없다. 근본이 바로서면 길과 방법은 저절로 생긴다는 것은 만고불변의 철리다.

누림이 있는 인생이 되려면 그 근본이 향유(享有)의 도에 맞게 바로 세워져야 한다. 여기서 말하는 향유의 도는 누림은 누림이지만 물질적인 것들을 차지하고 즐기는 그런 속된 쾌락의 길을 뜻하는 것이 아니라 인생의 근본에 잘 어울리는 좀 더 고차적인 누림의 길을 뜻한다. '인생의 근본에 잘 어울리는 좀 더 고차적인 누림의 길'이라 하였을 때, 그 인생의 근본은 무엇인가? 그것은 다름 아니라 인간이란 하나님의 형상대로 지음 받은 존귀한 영적인 존재라는 것이다. 인간의 근본을 이렇게 보는 신앙은 영적인 것을 가장 소중한 가치의 근간으로 하는 미래 지향적인 세계관을 우리들에게 제공해주기 때문에, 아무리 어려운 난관이 닥쳐도 결코 육체적인 욕망에 이끌려 주저앉거나 향락에 취해 비틀거리지 않고 내일의 태양을 향해 전진하게 할 것이다. 이런 밝은 내일에 대한 소망은 인내를 낳고 인내는 다시 연단을 낳게 됨으로써 결국 인생은 불행으로 끝나지 아니하고 행복을 누리는 길로 나아가게 되는 것이다. 여기서는 이런 신앙의 눈으로 인생을 바라다볼 때 발견되는 새롭고 다채로운 삶의 의미와 가치 및 참된 행복에 대해 살펴보겠다.

1) 참 행복의 길

해 아래서 살아가는 인생은 누구나 불행하기보다는 행복하게 살기를 원한다. 그리고 이 행복이라는 걸 얻기 위해 남보다 더 많은 재산을 차지하고 남보다 더 큰 권력 한번 잡아보겠다고 세상은 늘 시끌벅적하다. 솔로몬도 지상의 만족을 누리기 위하여 지식과 쾌락, 사업과 돈, 명예를 찾아다니며 온갖 수고와 노력을 다 기울인 것을 알 수 있다. 그러나 그런 것들은 단지 순간적이고 찰나적일 뿐이어서 모두가 바람을 잡으려는 것 같이 공허하고 덧없다. 이런 지식과 쾌락, 사업과 돈, 그리고 권력과 명예 등은 모두 다 우리 인생들에게는 반드시 필요한 것들이고 또한 즐거움과 재미를 주기도 하지만, 보람과 뜻을 제공해 주지는 못한다. 그래서 솔로몬은 "헛되고 헛되며 모든 것이 헛되도다"라는 탄식을 하였다.

현대인들 중에는 오늘날의 과학문명이 인류에게 궁극적인 구원과 행복을 갖다 주리라고 믿는 사람들이 꽤 있다. 물론 과학문명은 인류를 질병과 기아, 그리고 육체적 고통과 노동에서 상당 부분 벗어나게 해주었고 생활 향상을 가져다주었다. 하지만 어느 누구도 과학이 참된 행복을 준다고 확신하지는 않는다. 사실상 이 과학이 현대 생활에 편리함과 물질적인 이로움을 제공해 주는 것이 사실이긴 하지만, 그러나 그것이 인류의 본질적 과제인 죄의 문제를 해결 줄 수가 없으며, 궁극적인 자유와 구원을 가져다 줄 수도 없고, 더더구나 참 행복을 제시하거나 가져다주지도 못한다. 참된 행복은 이런 세상적인 묘책이나 과학적인 방법으로 주어지는 것이 아니라 종교적인 신앙을 통해서만 어느 정도 추구될 수가 있다.

신앙이란 곧 인간과 신을 맺어주는 관계라 할 수 있으므로, 참된 행복은 하나님을 떠나서는 생각해 볼 수 없다. 하나님과 우리 인간과의 관계에 대한 신앙을 통한 다음과 같은 인식이 이루어질 때 참된 행복과 감사 생활은 이루어지게 된다.

(1) 만사는 하나님의 가장 소중한 선물

인간은 삶의 의미를 갖고 살도록 창조되었다. 그렇기 때문에 사람들은 점성술이나 심령술 또는 주술(呪術)이나 무술(巫術) 같은 아주 미신적이며 원시적인 방법을 통해서도 삶의 의미를 찾으려고 한다. 삶의 의미가 있다면 인간은 거의 모든 것을 견딜 수 있지만, 반대로 삶의 의미가 없으면 그 어떤 것도 참을 수 없다. 그런데 삶의 의미는 뚜렷한 삶의 목적을 발견할 때 비로소 시작되는 것이다.

하나님이 없다면 삶에는 어떤 목적도 있을 수 없고, 목적이 없는 삶은 의미도 없다. 그리고 의미가 없다면 삶의 소중함이나 소망도 없다. 소망은 우리의 삶에 공기와 물만큼 중요하다. 삶의 역경을 극복해내기 위해서는 소망이 필요하다.[153] 그러므로 하나님을 경외하며 하늘에 소망을 두고 사는 사람들은 결코 인생 그 자체를 헛되다고 생각지 않는다. 왜냐하면 주 안에서 마음의 기쁨을 누리며 살기 때문이고(전 2:24), 주 안에서 감사하는 마음으로 먹고 마시기 때문이며(전 2:25), 주께서 주시는 지혜와 지식과 희락을 마음껏 누릴 수 있기 때문이다(전 2:26).

달리 말한다면, 인생에 있어서 최고의 행복은 우리가 사랑 받고 있다는 확신을 갖게 될 때 찾아온다. 그것도 가장 지고하신 하나님께서 우리를 끊임없이 사랑해주신다는 자신을 갖게 될 때 그런 행복감을 갖게 된다. 그때 깊은 감사의 마음은 폭포수처럼 솟구치게 되고, 환희의 송가도 감격의 선율을 타고 흘러나와 온 누리에 울려 퍼지게 될 것이다.

하나님은 우리를 항상 사랑하시는데, 그는 그 사랑을 가장 소중한 가시적인 선물로써 표현하신다. 그러니까 선물은 그것이 누구의 것이던 사랑의 징표요 소중한 마음의 물체적인 표현이라 할 수 있다. 하나님께서 우리에게 사랑의 징표로서 주시는 선물들 중의 최고의 것은 구원이 겠지만 여기에 나타나는 것은 매일 먹고 마시는 일용할 것들과 자기가 하는 일에서 기쁨을 누리는 마음의 낙이나 이 세상에서 가장 좋은 것들을 마음껏 누리도록 해주시는 은총과 같은 것들이다.

먹고 마시는 것이 요즈음은 최선의 상태라는 것이 실감나지 않지만, 주전 1000여 년 경 이스라엘은 먹을 것이 귀했기 때문에 항상 배가 고팠다. 우리 땅은 어디를 가나 우물을 파면 물이 나오기 때문에 걱정하지 않지만, 중동지방은 사막이기 때문에 물이 없을 때는 양젖을 짜서 갈증을 해소하거나 포도주를 마시는 등 물을 마음대로 마실 수 없었다. 그래서 물은 물론이고 양젖이든 포도주든 갈증이 날 때 마음껏 마실 수 있는 것도 굉장한 축복으로 생각했다. 이 모든 것보다 더 중요한 것이 마음의 기쁨 즉 자기가 하는 일에서 즐거움을 느끼는 것이다. 다시 말해서 억지로 일을 하는 것이 아니라 자기의 직업이나 자기가 하는 일에서 또는 먹는 것, 마시는 것에서 즐거움을 느끼는 것 등과 같은 마음의 기쁨이 무엇보다 중요하다는 것이다.

우리 인간들은 대체적으로 먹고 마시는 인간조건을 해결하기 위하여 힘을 기울여 일하고 싸우는 것이다. 자연이나 사람과 싸우지 않으면 살아갈 수 없다. 추위나 더위나 질병에 패배하면 우리는 건강을 잃고 살아갈 수가 없다. 또한 개인이 살아남기 위하여 우리는 서로 경쟁하고 나라와 나라 사이에도 상호 이해관계에 얽혀서 물고 뜯는 싸움을 계속하는 것이다. 우리는 개인으로나 민족적으로나 생존 경쟁의 낙오자가 되지 않으려고 치열하게 투쟁을 벌이는 것이다. 그렇게 해서 우리는 먹을 것과 마실 것, 또는 부귀와 강력한 힘을 얻는다. 그러나 그런 것들을 많이 가졌다고 해서 마음의 기쁨과 만족이 저절로 생겨나는 것은 아니다. 약육강식, 우승열패(優勝劣敗), 적자생존의 무신론적인 유물법칙이 지배하는 냉정한 사회에서는 싸움이 그칠 날이 없고 화평과 마음의 낙이 있을 수가 없다. 먹고 마시는 것이 충분히 있어도 이러한 사회에서는 그것으로써 만족을 채울 수가 없다. 이들에게는 하나님이 없기 때문에, 감사하고 즐거운 마음으로 먹고 마시는 것은 바보들이나 하는 일로 여기게 된다. 그러나 이런 인식이나 판단은 축복이 아니라 저주다. 마음으로 즐거움을 느끼면서 먹고 마시는 은총과 축복은 하나님을 믿는 참다운 신자들에게만 내려지는 하나님의 가장 소중한 선물인 것이다. 뿐만 아니라 하나님께서는 자기가 기뻐하시는 자들에게는 지혜와 지식과 희락까지도 더하여 주신다.

이 세상의 온갖 것을 다 소유하고 다 누려 본 이후에야 비로소 그는 하나님이 없으면 만족할 수 없다(전 2:24-26)는 것을 깨달았다. 이런 앎과 깨달음에 이르는 것이 은혜요 지혜다. 이런 앎을 통하여 참된 만족과 삶의 의미는 사람 자신의 능력에 의해서 얻어지는 것이 아니라 하나님께서 주시는 은사라는 것과 "먹고 마시며" 마음의 기쁨을 누리는 것(전 2:24) 마저도 하나님을 떠나서는 가능하지가 않다는 것을 알았다.

하나님만이 참된 복락의 근원이시기 때문에 그분을 의지하지 않고서는 뜻있는 삶을 살 수가 없다. 인생의 참된 의미와 가치를 느끼며 살아가려면 먼저 하나님을 만나야 하고 우리의 가장 좋은 것들이 다 하나님의 손에 달려 있다는 것을 깨달아야만 한다. 즉 이 세상에서 누릴 수 있는 가장 좋은 것들은 대부분 하나님께서 사랑의 징표로서 우리에게 주시는 가장 소중한 선물이라는 것을 인식할 때 참 행복의 길은 열리는 것이다.

(2) 하나님의 세심한 설계

집을 지을 때 가장 중요한 것이 설계도다. 설계도 없이 집을 짓는 것은 모래 위에다 집을 세우는 것과 같다. 그것도 건축에 능숙한 지식과 기술을 가진 설계의 달인이 설계한 것이면 더더욱 멋진 집을 지을 수가 있다. 인생도 집을 짓는 것과 같다. 서머세트 모음(William Somerset Maugham)이라는 20세기 영국의 소설가가 쓴 그의 자전적 소설 『써밍업』(Summing Up)을 읽어 보면, 그가 버트란드 러셀(Bertrand Russell)을 자기 인생의 가장 훌륭한 길잡이로 생각하고 인생의 집을 짓는데 필요한 설계도를 만들어 달라고 요청 하였다는 얘기를 대할 수가 있다. 모음은 이 소설에서 그 사실을 이렇게 기술하고 있다.

"나는 그를 내가 찾던 안내자로 매우 기꺼이 맞아들였다. 그러나 나는 나중에 그가 길을 잘 알지 못하는 안내자라는 것을 알았다. 그의 마음은 침착하지 못했다. 그는 마치 사람이 거주할 집을 구할 때, 벽돌로 집을 지으라고 권하고, 그 다음엔 돌로 지어야만 한다는 그럴싸한 이유를 내놓고는 그 말에 동의하고 나면 사용할 유일한 재료는 철근 콘크리트라고 입증하는 훌륭한 이유를 산출해 내는 건축가와도 같았다. 그러는 동안에 머리를 덮을 지붕도 없는 것이다. 나는 브래들리의 철학체계처럼, 한쪽이 필연적으로 다른 쪽에 연결되어 하나라도 바뀌면 전체의 구조가 산산조각이 나는 조리가 서 있고 완전무결한 철학체계를 찾고 있는 중이었다. 버트란드 러셀은 나에게 이러한 것을 줄 수가 없었다."

범신론자인 버트란드 러셀에게서 무슨 그럴싸하고 완전무결한 인생 설계도가 나올 수가 있었겠는가? 건축물의 설계도라면 몰라도 인생의 설계도는 아무나 만들 수 있는 것이 아니다. 모음도 무신론에 가까운 범신론의 차원을 넘지 못한 작가였기 때문에 고작 버트란드 러셀과 같은 철학자에게 그런 요청을 했었을 것이다. 인생의 본질적인 내밀한 영혼의 설계도를 인간치고 누가 감히 만들 수가 있겠는가? 그것은 아무리 훌륭하고 완벽한 철학자라고 해도 그도 인간이기 때문에 만들 수가 없다. 오로지 그런 것은 인생을 만드시고 그에 대해 샅샅이 잘 알고 있는 전능하시고 전지하신 하나님께서만이 가능한 것이다. 솔로몬은 그것을 너무나 명확하게 알고 있었다. 그 증거가 전도서 3장 1-8절에 잘 묘사되어 있다.

그에 따르면, 범사에 기한이 있고 천하만사에 다 때가 있는 것이다. 날 때가 있고 죽을 때가 있으며, 심을 때가 있고 심은 것을 뽑을 때가 있으며, 죽일 때가 있고 치료할 때가 있으며, 헐 때가 있고 세울 때가 있으며, 울 때가 있고 웃을 때가 있으며, 슬퍼할 때가 있고 춤출 때가 있으며, 돌을 던져 버릴 때가 있고 돌을 거둘 있으며, 안을 때가 있고 안는 일을 멀리 할 때가 있으며, 찾을 때가 있고 잃을 때가 있으며, 지킬 때가 있고 버릴 때가 있으며, 찢을 때가 있고 꿰맬 때가 있으며, 잠잠할 때가 있고 말할 때가 있으며, 사랑할 때가 있고 미워할 때가 있으며, 전쟁할 때가 있고 평화할 때가 있다는 것을 부인할 사람은 아무도 없다.

이 묘사들을 잘 보면 완전히 대립되는 두 개의 상황들을 한 쌍으로 엮어나가고 있다는 것을 알 수 있다. 각 쌍마다 '때' 라는 말로 소개되는데, 원어의 뜻은 '예정된 사건'이라는 의미이다. 이 말씀을 불신앙적인 관점에서만 본다면 모든 것이 기계적으로 순환되고 되풀이 되며 모든 일이 일체 시간과 역사의 지배를 받는다고 하는 허무주의적인 해석을 할 수가 있다.

그러나 신앙적인 관점에서 보면, 모든 인생은 섭리의 기한에 따라서 출생과 죽음, 심음과 거둠, 기쁨과 슬픔, 획득과 상실, 외침과 침묵, 사랑과 미움, 전쟁과 평화의 때는 연출된다는 것이다. 다시 말하면 만물에는 하나님이 정하신 때가 있기 때문에 인간의 수고 그 자체로써 사건의 시기나 환경 등을 통제하거나 변경시킬 수 없다. 다만 이 모든 것을 섭리하신 하나님께서 그의 영원하고 완전한 설계와 디자인에 따라 움직여 가시기 때문에, 인간은 다만 그 섭리의 한계 안에서만 활동할 수 있으며 그 역사의 주인이 아니라 역사의 성취를 이루어나가는 조연(助演)이라 할 수 있다. 그러나 우리는 그 섭리의 꼭두각시가 되어 조종되는 인형과 같은 무의미한 존재가 아니라, 놀라운 하나님의 섭리에 참여해서 그 역사를 움직여 가는 지상의 대리자인 것이다. 이렇게 생각할 때 우리는 사는 목적을 갖게 되고 대단한 의미도 가질 수 있다.

인간은 원초적으로 더렵혀지고 깨어진 존재들이다. 그럼에도 불구하고 인간을 만드신 조물주께서는 모든 인간을 위한 세심한 계획과 의미를 변경하시지 않고 그들이 다시 돌아올 때를 기다리며 유보하고 계신다. 그렇기 때문에 회개하고 하나님께로 돌아와 변화만 받으면 그는 일그러진 인간들을 버리지 아니하고 다시 고쳐 사용해서 결실을 맺게 하신다. 믿는 신자들은 하나님의 이런 웅대하고 세심한 계획을 그들의 임무 또는 의무로 받아들여서 선하게 아름답게 이루도록 하여야 한다. 그것이 바로 하나님의 역사에 참여하는 행위로서 인생의 궁극적인 목적이 되고 새로운 의미와 가치를 갖게 할 것이다.

하늘 아래에서 현실적으로 물질적으로 역사적으로 일어나는 모든 사건들은 무의미한 것들처럼 보이지만 그 배후에는 하나님이 계셔서 모든 만물을 지배하신다. 겨울이 지나면 반드시 봄이 온다는 사실을 알고 봄을 기다리는 것처럼 인간의 모든 일도 하나님의 섭리로 성취된다는 것을 믿고 기다리는 지혜와 믿음이 필요하다. 아무리 인간들이 계획하고 그것을 이루려고 노력을 하여도 하나님의 법도를 떠났을 때, 그것은 전부 물거품처럼 수포로 돌아가고 말게 된다. 오직 하나님의 뜻에 합당한 일을 도모할 때 그것이 하나님을 기쁘시게 하고 필연적인 성공을 거둘 수가 있다. 그것이 참 행복으로 나가는 길이 될 것이다.

(3) 자연의 절묘한 아름다움

현대의 오염과 공해문제를 취급하는 학자들이 '질의 저하' 또는 '붕괴'를 뜻하는 '엔트로피' (entropy)라는 이론을 전개하고 있다. 그 이론에 따르면 자연은 진화되어 더 좋아지는 것이 아니라 점차적으로 퇴화되고 있는데 충분한 시간적인 간격이 지난 후에는 모든 우주 전체는 생명의 존속이 불가능한 황무지로 변한다는 것이다.

그 예로 고고학적인 발굴 작업을 통해 사하라 사막 일대가 비옥한 초원이었고 상당히 발전했던 문명의 흔적을 발견할 수 있는데 현재 사하라 사막은 점점 남쪽으로 번져나가 일 년에 수만 평씩 사막화되어가고 있다고 한다. 몽고의 고비 사막은 모래가 아닌 지질로 이루어진 사막인데 거기에서 화석이 된 공룡의 알들이 발굴되고 있다. 이렇게 공룡이 살 수 있고 알을 낳고 새끼를 칠 수 있었다는 것은 이곳이 늪지대였고 주변에 수림이 우거진 살기 좋은 곳이었다는 것을 증명한다.

시간이 경과되면서 이 고비 사막이 내몽고 지방으로 점차 확대됨으로 한때 중공에서 해마다 사방공사를 했으나 전체적인 차원에서 볼 때 퇴화되어 가고 있는 자연을 막을 수는 없을 것이다.[154] 이런 자연의 퇴화 또는 붕괴현상은 진화론의 주장을 입장해주는 현상이 아니라 인간의 극악한 죄의 결과로 오는 하나님의 저주와 심판의 한 현상인 것이다. 그러므로 하나님의 진노가 풀리면 자연은 다시 새롭고 아름답게 회복될 수가 있다.

인간의 오염과 죄악으로 말미암아 옥토가 황폐화된 곳도 있을 수 있지만, 하나님께서는 원칙상 사계절의 변화를 통해서 자연을 소생시키며 때를 따라 만물을 새롭고 또 아름답게 하실 뿐 아니라 보존하신다. 실로 하나님은 무한하고 위대하실 뿐 아니라 모든 것 위에 뛰어나시며 선하시고 아름다우신 생명의 근원이 되시는 분이시다. 그래서 선지자 스가랴는 스가랴 9장 17절에서 "그의 형통함(선하심)과 그의 아름다움이 어찌 그리 큰지요!"라 하여 하나님을 아름다운 생명의 근원자로 보았다. 시편 90편 17절에 따르면, 그 하나님의 아름다운 속성은 그가 창조한 하늘과 땅에 차고 넘친다는 것이다. 그래서 시편 기자는 8편 1절에서 "여호와 우리 주여 주의 이름이 온 땅에 어찌 그리 아름다운지요. 주의 영광이 하늘을 덮었나이다"라 했고, 또한 솔로몬도 전도서 3장 11절에서 "하나님이 모든 것을 지으시되 때를 따라 아름답게 하셨고"라고 하였다.

하나님의 손에 의해 창조된 자연의 세계는 모든 미의 근원되시는 하나님의 솜씨를 보여주는 예술작품이며 하나님을 비춰주는 거울과도 같다. 실로 자연의 삼라만상은 신비롭고 아름답고 조화롭기가 그지없다. 생명의 모태인 자연은 그 신비로움으로 인해서 경외의 대상이 되며, 그 아름다움으로 인해서 예술의 대상이 되고, 그 조화로움으로 인해서 과학의 대상이 된다. 이런 자연의 질서와 신비로움 속에는 인간의 이성과 능력으로는 도저히 다가설 수 없는 자연의 법칙과 조화체계가 있음을 어렵지 않게 알 수가 있다.

자연의 존재, 보존, 질서, 아름다움 등으로 엮어 짜진 삼라만상은 하나하나가 하나님을 드러내 보이고 있는데, 이렇게 자연을 통해 드러내시는 하나님의 모습을 자연계시라고 한다. 밤하늘의 별들을 보고 있노라면 한 치의 오차도 없이 뜨고 지고 그렇게도 수가 많은데도 그 어느 하나 궤도를 벗어나지 아니하고 돌아가며 내는 밤의 소리를 들으면 장엄한 우주음악을 지휘하고 계시는 하나님의 놀라운 지휘 솜씨와 자태를 감지할 수가 있다. 그 천체음악 가운데 나타나는 드러나는 질서와 조화 및 리듬 속에서 창조미의 극치를 발견할 수가 있다.

아름다움의 기본은 조화와 리듬에 있다 하겠다. 조화란 긴 것과 짧은 것, 먼 것과 가까운 것, 빠른 것과 느린 것, 강한 것과 약한 것, 밝은 것과 어두운 것, 잘 난 것과 못난 것, 선한 것과 악한 것과 같은 대극적인 것들이 서로 어긋나거나 충돌하지 않고 서로 다르면서도 화합하여 하나의 아름다움을 만드는 것을 말한다. 그리고 리듬이란 이런 이질적인 것들이 조화를 이루면서 주기적으로 반복되는 것을 말한다. 변화와 통합, 쇠퇴와 생성, 교체와 배합 등이 반복되며 조화를 이루어가는 자연의 세계를 보면 감격과 흥분을 금할 수가 없다.

계절에 따라 오고 가는 모든 것들의 질서 있는 교체와 새로 태어나는 생명의 환희와 하늘과 땅과 바다 속에 가득 차 있는 생물들의 풍성함과 충만함 등은 감동을 자아내는 우주의 쇼라 할 수 있다. 이런 모든 것들의 아름다움 속에서 우리는 하나님의 놀라운 설계솜씨를 발견할 수 있다.

이런 자연의 삼라만상 속에 계시되는 그 아름다움을 감상하며 감동하고 감격 감사 하는 사람은 참으로 행복한 사람이라 할 수 있다. 하나님께서는 누구에게나 보편적인 은사로서 이런 아름다움을 누리며 살아가도록 축복하셨다. 오늘날 그렇지 못한 것은 하나님의 책임이 아니라 인간들이 너무 세속적인 욕심과 죄악에 물들어 우리 영혼의 심미안을 망쳐 놓았기 때문이다. 자연과 마주하는 순간 자연스럽게 감정의 소통이 이루어지는 사람이 있다면 그 사람은 참으로 순수하고 축복 받은 사람이라 아니 할 수 없다.

사람이 조금만 여유와 한가로움, 그리고 순수함을 가지면 그만큼 자연과 삶을 관조할 수 있는 깨달음을 갖게 된다. 신선한 공기의 한 모금,

부드러운 햇빛의 한 줌, 뽀송한 땅의 한 자락이면 거뜬하다. 더없이 높은 하늘이 흐리든 맑든 크게 상관할 바가 아니다. 그저 눈앞에 펼쳐진 오늘의 날씨를 마음껏 느껴보는 것만으로도 신비로운 자연은 우리의 삶에 활기를 불어넣어 주고, 꽉꽉했던 마음을 어루만져 주며, 억눌렸던 정신을 고요하게 가라앉혀준다.

아무리 값나가는 보석이라고 해도 그것을 가려볼 줄 아는 사람에게나 가치가 있는 것이다. 우리네 인생도 그렇다. 나이가 많든 적든, 경험 여하를 따지지 않고 자신을 소중히 여기는 사람일수록 가치 있는 인생을 살 수 있다. 그런 바람을 가지고 살면 단 하루를 살아도 삶의 흔적이 다르고, 삶의 빛깔이 달라진다. 다람쥐 쳇바퀴 돌 듯한 생활에서 벗어나 잠시 주변에 관심을 두면 이제까지 그냥 지나쳤던 사물들이 하나둘 새롭게 다가든다. 똑같은 모습을 하고 있는 것 같지만, 자세히 들여다보면 나무들의 이파리 빛깔이 다르고, 아이들의 시새워 자라는 어깨가 다르다.

그뿐만이 아니다. 보잘것없는 풀꽃나무 하나, 하찮은 푸성귀 하나에도 분명 어제와 다른 의미가 담겨 있다. 이는 무엇이든 제 나름에 맞은 삶을 치열하게 살고 있다는 증거이다. 하나님이 계시다는 사실을 망각하고 숙명이 지배한다고 보면 만사는 공허할 뿐이지만, 하나님의 계시의 빛을 가지고 이 세계를 바라보면 아름답고 소망이 넘치게 되는 것이다. 이렇게 아름다운 것을 아름답게 보며 삶의 감동을 안고 살아가는 사람은 참으로 행복한 사람이라 할 수 있다.

(4) 영원을 사모하는 마음

어떤 동물들은 신체적 기능과 감각기관, 그리고 힘에 있어서 인간의 능력을 훨씬 능가한다. 사람은 힘으로는 맹수를 당해낼 수 없으며, 밤에는 사람의 눈이 올빼미의 눈만 못하고, 냄새 맡는 데는 사람의 후각이 개의 후각만 못하고, 달리기는 말을 따를 수 없고, 나무에 오르내리기는 원숭이만 못하고, 민첩하기는 다람쥐만 못하고, 하늘에서는 새만 못하고, 물 속에서는 물고기만 못하다. 또한 인간의 육체는 어느 동물보다 고도로 조직화되어 있고 복잡해서 고장이 잘 나고 병도 잘 걸린다.

그렇다고 인간에게 맹수의 이빨이나 발톱과 같은 공격무기가 있는 것도 아니고, 고슴도치의 바늘 같은 방어무기가 있는 것도 아니다. 심지어 어떤 동물은 예견력도 있는데, 배가 침몰할 것이라든지, 장마가 오겠다든지, 혹은 지진이 일어날 것을 미리 알고 대피한다는 동물의 얘기를 우리는 알고 있다. 하지만 동물들이 육체적으로 이렇게 탁월한 능력을 가지고 있다고 해서 그것들이 인간보다 위대하다고 말하는 사람은 아무도 없다. 파스칼은 '인간은 생각하는 갈대'라고 말하고 '사고만이 인간을 위대하게 하며, 인간의 존엄성은 사고'에 있다고 강조하였다.

매우 큰 코끼리가 조그마한 소년의 인도에 따라 끌려가고 있는 모습을 볼 수 있는데, 이것은 정신능력이 육체의 능력이나 힘을 지배하고 있음을 단적으로 보여 준 예라 하겠다. 인간은 동물의 육체적 힘이나 능력보다도 훨씬 우월한 정신적 능력을 갖고 있기 때문에 위대한 존재인 것이다.[155]

인간이 다른 동물들보다 위대하고 존엄하다는 것을 정신적인 면에서도 찾을 수 있지만 사실은 그보다 더 현저한 차이는 인간이 하나님의 형상대로 창조되었다는 것이다. 하나님의 형상대로 창조된 인간들에게는 육체는 물론 동물들에겐 없는 영혼이 있다. 그것이 다른 동물들보다 뛰어난 인간의 우월성이라 할 수 있다. 그것을 솔로몬은 "영원을 사모하는 마음"(전 3:11)이라는 말로써 표현 하였다. 인간은 영적인 동물이기 때문에 인간에게는 영원을 사모하는 마음 곧 양심과 종교심, 그리고 미래에 대한 꿈과 소망 같은 것이 있는데, 이런 것들이 다 다른 동물과 우리를 구별되게 하는 탁월성이다.

양심은 숭고한 정신과 올바른 행동과 사고 및 믿음의 지배자라 할 수 있다. 이 양심이 지배력을 발휘할 때만 하나님의 행사를 종잡을 수 있고 그 뜻이 널리 펼쳐나가게 할 수가 있다. 만일 하나님의 뜻에 순응하는 양심이 없다면 하나님의 행사는 종잡을 수가 없다. 그래서 전도자는 타락한 인간이 아무리 그의 이성을 가지고 생각도 해보고 문제를 분석도 해보지만 하나님의 행사를 종잡을 수 없다(전 3:11)고 하였다.

우리들이 행하는 것들은 곧 사라지고 하나님이 하시는 일들은 영원하다. 그것은 우리의 모든 일들이란 시간 안에 매여 있고 하나님의 경륜은 영원 안에 있기 때문이다. 하나님은 시간을 초월한 무시간성 곧 영원이라 할 수 있다. 그러므로 영원을 사모하는 마음을 가졌다고 하는 것은 곧 하나님을 그리워하고 하나님과 늘 함께 하며 그와 소통하기를 바라는 종교성 혹은 신앙심을 가졌다는 말과 동일하다. 그러므로 영원의 빛으로 모든 것을 보면 모든 일들이 끝없는 주기처럼 계속해서 돌아가지만(전 3:15) 만사가 무의미하지는 않다.

사람들에게 하나님께서 영원을 사모하는 마음 곧 종교성을 주셨기 때문에, 피조물인 인간은 참된 하나님을 찾기까지 항상 무엇인가 진리를 추구하는 노력을 계속할 것이다. 만일 하나님을 찾지 못하면 그 사람의 마음은 비어 있기 때문에 항상 초조하고 불안해서 하다못해 돌이나 나무를 깎아서라도 거기에서 영생을 추구해보려고 노력하는 것이다.

고적을 발굴해 보면 원시인들이 죽은 사람이 쓰던 활이나 칼 혹은 돌도끼 등을 시체 옆에 묻어줄 뿐 아니라 그 사람이 먹고 마시던 식기까지 함께 묻어준 것을 발견하게 되는데, 이것은 원시인들도 미래에 대한 소망이 있었기 때문에 사랑하는 부모 혹은 남편이나 아내가 죽은 후에 영원의 세계를 여행할 때 쓰라고 이런 물건들을 무덤에 함께 묻어 주었던 것이다. 할트숀이 주장했던 것처럼 인간들은 이렇게 미개한 상태에서도 역시 영원에 대한 생각을 가지고 있었고 영원히 살기를 원했기 때문에 각종 종교 행사를 행했던 것이다. 한편 고도로 발달된 과학문명을 가진 21세기 현재도 지구촌 구석구석 어디를 가나 다양한 형태의 종교가 있음을 발견한다. 이런 사실들을 볼 때 하나님이 주신 영원을 사모하는 마음이 있는 것이 틀림없다. 따라서 사람은 종교 없이는 살 수가 없다. 진정한 신앙심을 갖고 살아가는 사람은 참 행복을 누리는 사람이라 할 수 있다.[156]

그리고 대개 이런 사람들은 미래를 구성하는 꿈, 비전, 기대, 희망 같은 것을 품고 산 사람이라 할 수 있다. 미국의 16대 대통령이었던 링컨과 같은 사람이 그런 사람이었다. 그는 세상의 역사를 영원의 빛 아래서 내다보면서 미래를 위해 무언가를 간절히 원했던 사람들이었다. 사실상 그의 이런 노예 해방의 꿈을 통하여 영원을 사모하는 마음이 현실화된 것을 볼 수 있고, 현재의 미국 대통령 오바마가 그 산 증거가 된다. 참으로 간절히 원하는 소망이 있으면 그것이 이루어지도록 하나님께서는 도와주신다. 우리는 영원 곧 영원하신 하나님을 늘 사모하는 마음을 갖고 살아가는 사람들이다. 그렇기 때문에 우리는 참된 행복을 누리는 사람이라 할 수 있다.

2) 자기 몫을 누리는 삶

하나님은 사랑이시다. 그러므로 하나님은 외아들 예수 그리스도까지 우리를 위해 희생케 하셨다. 하나님은 사랑이시기 때문에 우리가 어려울 때 다가오셔서 손 내밀어 위로하시고 도와주신다. 우리의 신음 소리도 들으시고 가까이 다가와 괴로움을 해결해 주시며 우리 같이 못난 자식들에게 값도 받지 않고 가장 좋은 것들을 주시기를 좋아하신다.

이솝우화에 욕심 많은 개에 관한 이야기가 나온다. "어느 날 주인공 욕심 많은 개가 우연히 큰 고기를 얻게 되었다. 그는 다른 개들에게 빼앗길까봐 집으로 가져가서 먹어야겠다고 생각했다. 그런데 입에 고기를 물고 가다가 개울물을 들여다보았는데, 어떤 개가 자기 보다 더 큰 고기를 물고 있었다. 그는 자신의 것으로 만족하지 못하고 욕심을 부리다가 있던 고기 조각마저 잃게 되었다."

자신에게 주어진 것 곧 자기 몫으로 자족하지 못하고, 욕심 많은 개처럼 끝없이 탐욕을 추구하는 삶처럼 비참한 것은 없다. 이러한 삶은 그 마음에 희락이 없는 삶이다. 자기 몫을 마음껏 누리는 삶이 가장 행복한 삶이라 할 수 있다. 솔로몬은 전도서 5장을 마감하면서, 우리 인간에게 주어진 상황을 거부하거나 못 마땅하게 생각하지 말고 주어진 그대로 받아들이고 사랑의 하나님께서 주시는 은혜와 축복을 받아 누리는 것이 중요하다는 것을 강조하고 있다(전 5:18-20).

『길』이라고 하는 영화를 보면 바보 같은 순진한 처녀 젤소미나가 주인공으로 등장한다. 물론 영화 자체도 감명 깊었지만 특히 다음과 같은 유명한 대사 한 마디로 가슴을 촉촉이 적셔주기에 충분했다. 그녀가 자기는 아무 쓸모없는 사람이라고 주위의 망나니에게 한탄을 하자 그 망나니는 이렇게 대답했던 것이다. "저 길가에 있는 돌맹이 하나도 다 제각기 쓸모가 있답니다." 망나니가 한 말치고는 너무나 심오하고 정말로 심금을 울리는 금언 같은 말이라 아니 할 수 없다.

이 세상엔 망나니의 말처럼 아무 쓸모도 없이 만들어진 것은 하나도 없으며 저마다 크든 작든 자기의 몫을 안 가진 것은 하나도 없다. 그러나 누리고 못 누리는 것은 별개의 문제다. 아무리 작은 것이라 할지라도 하나님의 법도를 떠나면 자기의 몫을 누릴 수가 없다. 전도서 5장에서는 아주 소박하지만 매우 중요한 누림의 생활 원리 또는 철학을 제시해 주고 있다. 이 누림의 원리를 세 항목으로 나누어서 고찰하겠다.

(1) 수고의 낙을 누리는 삶

일과 수고는 생존 법칙이다. 즉 인간과 국가를 발전시키는 생활 원칙인 것이다. 사람들이 살려면 육체노동이든 정신노동이든 일하여야 하는 것은 필연적이다. 또한 삶을 즐기고 보람 있게 하고 싶다면 누구나 어떤 식으로든 일을 해야 한다. 노동이 짐이 될 수도 있지만, 명예이고 영광일 수도 있다. 노동의 수고가 없으면 아무것도 이루어질 수가 없다. 사람들이 이루어낸 위대한 것들은 모두 노동과 각고의 노력을 통해 완성된 것이다.

일도 안 하고 수고도 하지 않고 얻을 수 있는 것이라면 그것은 소유할 가치가 없는 것이다. 쟁기질을 하지 않으면 밀을 거둘 수 없는 것처럼, 노력 없이는 인간의 마음에 지식을 심을 수가 없고 즐거움을 거둘 수가 없다. 그러나 농부가 뿌린 것은 다른 사람이 거두어들일 수 있지만, 자기 스스로 마음에 뿌려 열린 수확은 누구도 빼앗을 수가 없다. 그러므로 가장 귀한 것은 스스로 수고하고 노력해서 얻은 기쁨이 최고의 낙이요 아무도 빼앗을 수 없는 보석과도 같은 것이다.

인생에서 봄을 소홀히 한다면 여름은 한심하고 무익할 것이며 가을에 수확할 것이라고는 왕겨밖에 없게 될 것이다. 그리고 겨울, 즉 말년은 처량하고 불행질 것이다. 수고의 씨를 열심히 뿌려야 가을에 거두어들이는 낙을 누리게 된다. 심지도 않고 거두기를 바라는 것은 불한당의 심보인 것이다. 심지 않고 거둘 것이 없는 것처럼 노고 없이 마음의 낙을 누리고자 하는 것은 어리석은 바람이다. 물론 노력하고 수고하고도 하나님의 도움 없이는 마음의 낙은 얻지 못하는 경우가 더 많다.

사람이 자신의 재물을 모으기 위하여 피나는 수고를 하여도 그것을 자신을 위하여서도 제대로 써보지 못하고 그 후손에게도 제대로 전해주지도 못하고 "번뇌와 병과 분노" 속에서 한평생을 보내고 빈 손 들고 가게 되는 자신의 모습을 볼 수 있는 것은 비참한 일이 아닐 수 없다. 사람이 이런 수고를 하면서도 아무런 인생의 의미를 찾지 못한다면 더욱 더 비참할 수 밖에 없다. 그러므로 사람이 살아가는 동안에 자기가 힘써 수고하는 그 수고 자체에서 인생의 의미를 찾아야 한다.

그래서 솔로몬은 "사람이 하나님께서 그에게 주신 바 그 일평생에 먹고 마시며 해 아래에서 하는 모든 수고 중에서 낙을 보는 것이 선하고 아름다움을 내가 보았나니 이것이 그의 몫이로다"(전 5:18)라고 하였다.

여기서 분명한 것은 사람이 자기가 짊어져야 할 짐은 반드시 져야 하고 부딪히는 수고를 외면하거나 회피할 것이 아니라, 그 수고 자체를 감당하면서 그 수고 자체 속에서 어떤 하나님의 섭리하시고 자신을 향하여 계획하시는 의미를 찾아야 한다는 것이다. 즉 하나님은 이 수고를 통하여 우리에게 낙을 주시기로 약속하셨다는 것을 아는 것이 중요하다. 수고 없이는 먹고 마실 수가 없으며 일하기 싫거든 먹지도 말라고 하였다.

땀과 눈물 없이는 낙이 있을 수 없다. 수고의 낙은 우리 스스로 일해서 얻는 것이 아니라 하나님께서 삶의 원리로써 주신 것이다. 사람이 자기가 하는 일의 결과가 비록 재물을 축적하는 일과는 관계가 없을지라도 그 수고하는 일에서 의미와 보람을 찾는다면 "사람이 자기 일에 즐거워하는 것보다 나은 것"(전 3:22)이 없을 것이다. 믿음으로 일하고 삶의 좋은 것을 누리고 그 모든 것을 하나님이 주신 은혜로 여기고 받아들이는 것이 선하고 아름다운 일이다.

자기 몫에 태인 십자가도 벗어 던져서는 안 되지만, 자기 몫에 태인 낙도 거부해서는 안 된다. 왜냐하면 그것은 하나님께서 삶의 원리로서 주신 자기 몫이기 때문이다. 자기 몫을 버리거나 거부하는 것은 일종의 직무 유기요 사명을 포기하는 것이나 다름없다. 우리에게 맡겨주시는 사명은 아무리 감당하기 힘들어도 짊어져야 할 짐인 것이다. 그때 수고의 낙이 주어지는 것이다. 그 낙은 천만금을 주고도 어디서 살 수도 없는 그런 낙이다. 하나님께서 주시는 낙을 받아 누리지 않는 것은 하나님의 뜻을 고의적으로 저버리는 불신행위가 된다.

일평생에 먹고 마시며 해 아래서 수고하는 모든 수고 중에서 낙을 누리는 것이 가장 선한 것이다. 즉 전혀 나무랄 것이 없는 것이라는 말이다. 그럴 뿐 아니라 아름다운 것이라 했는데 히브리어로는 '아름답다' 는 말은 '합당하다' 또는 '당연하다' 는 뜻이다. 또한 이것이 그이 몫이라고 한 것은 자기에게 해당되는 분량의 즐거움만 누려야 한다는 뜻이다. 다시 말하자면 자기가 편하다고 해서 다른 사람에게 피해를 입힌다든지 자기가 즐겁다고 해서 다른 사람에게 방해가 되도록 즐기면 안 된다는 말이다. 또 이것은 하나님께서 주시는 자기 몫만 누려야지 남에게 돌아갈 몫까지 욕심을 내서는 안 된다는 뜻이기도 하다. 자기의 몫 이상의 것을 욕심내는 것은 죄가 되는 것이다.

(2) 부요의 제몫을 누리는 삶

두 번째로 생각해 봐야 할 것은 하나님께서 주시는 모든 선물은 거부하지 말고 받아 누리며 사는 것이 가장 인생의 즐거움이 된다는 것이다. "또한 어떤 사람에게든지 하나님이 재물과 부요를 주사 능히 누리게 하시며 제 몫을 받아 수고함으로 즐거워하게 하신 것은 하나님의 선물이라"(전 5:19)고 한 말씀 속에 그 철학이 들어 있다. 하나님께서는 정도의 차이는 있어도 누구에게나 재물과 부요를 주사 능히 누리게 하셨다는 것이다. 그러나 어떤 사람은 다섯 달란트와 두 달란트를 받았던 사람처럼 그것을 지키며 누리는 사람이 있고, 어떤 사람은 그것을 한 달란트를 받았던 사람처럼 지키지도 못하고 누리지도 못하는 사람이 있다.

다시 말하면 재부와 그 축복을 누리는 능력도 하나님으로부터 온 선물이라는 것이다. 젊어서부터 열심히 노력을 해서 조금 재산을 모아 살 만해지니까 병이 들어 죽는다든지 피할 수 없는 없는 재난을 당해 망하는 사람들이 얼마든지 있다. 어떤 때 하나님께서 일반 상식으로는 전혀 돈 벌 전망이 안 보이는 나이 많은 사람에게도 지혜와 힘을 주셔서 갑작스럽게 큰 부자가 되게 하신다. 그 좋은 예가 캔터키 프라이드치킨을 개발한 커넬 샌더스이다.

샌더스라는 노인이 오랫동안 해오던 요식업에서 완전히 실패하여 빈 털터리가 되었다. 그동안 수고하여 가꾸어놓은 사업은 하루아침에 흔적 없이 사라졌고 생각지도 않은 어려운 일을 당하게 되었다. 65년의 생애가 한순간에 물거품이 되는 순간이었다. 그에게 남은 것이라고는 집 한

채와 낡은 자동차, 은퇴 보장금인 105불이 전부였다.

그러나 노인에게는 한 가지 꿈이 있었다. 비록 나이가 65세로 인생의 황혼기에 들어섰지만 여생을 그냥 빈둥대면서 보내고 싶지는 않았다. 죽는 순간까지 열정적인 인생을 살고 싶었다. 그는 이렇게 스스로에게 다짐했다. '나는 녹이 슬어 사라지기보다는 다 닳아 빠진 후에 없어지리라!'

그는 이미 닭튀김으로 유명한 식당을 경영한 전력이 있기 때문에 그 경험을 살려 캔터키 주에 있는 집에서 다시 새로운 사업을 시작했다. 사람들이 보기에는 '노년에 무슨 사업이냐? 할지 모르지만 노인에게는 꿈이 있었다.

그가 새로 시작한 사업은 닭튀김 장사였다. 그만이 갖고 있는 프라이드치킨 제조의 노하우를 특허로 내고, '캔터키 프라이드치킨' 이라는 상표의 사용과 기술을 이전하는 대가로 사용료를 받았다. 그러나 사람들은 닭튀김에 별로 관심을 갖지 않았다. 그럼에도 불구하고 그는 계속 노력하였고, 점차 그가 만든 닭튀김 체인업을 인디애나 주, 미주리 주, 그리고 캔자스 주에 열게 되었다.

그는 꿈을 잃지 않고 계속 노력하였다. 얼마 안 되어 미국 전 지역에 수백 개의 체인점이 생겼고 결국에는 세계 각처로 확장하게 되었다. 이것이 바로 세계적으로 유명한 '캔터키 프라이드치킨' (KFC)이고, 그 노인이 바로 커넬 샌더스다. 샌더스는 65세의 나이에 닭을 부드럽고 맛있게 튀기는 기술을 개발해서 전세계 사람을 먹일 뿐 아니라 큰 부자가 되었다. 역시 작은 부자는 자신의 노력으로 가능하지만 큰 부자는 하나님의 축복하셔야 되는 것이다.

따라서 부자가 되어 많은 재산을 가지고 있을 때 자기가 잘나서 부자가 됐다고 생각하는 것은 착각이고 그 돈을 자기 혼자만 쓰려고 생각하는 것은 죄이고 필요할 때 사회에 환원하지 않는 것은 더 큰 죄다. 또한 아무리 내가 많이 받았다 할지라도 그것을 귀하게 여기지 아니하고 허비하고 낭비하면 쉽게 무너져버리는 것이다. 낙과 행복이 부서져 버리는 것이다. 즉 아무리 많은 재산을 가져도 그 재산을 지키지 못하고 다 허비하게 만드시는 것도 하나님이시라는 것을 알아야 한다.

사람이 자기가 하는 일에 대하여 자신과 보람을 갖게 하신 하나님께 감사하고 자신이 하는 일의 결과에 대하여서도 감사하며 즐거워 할 수 있는 것이 하나님의 축복이며 인생의 행복인 것이다. 솔로몬은 삶의 축복을 열심히 일하며 그 일을 하나님의 은혜로 받아들이는 사람에게 주신 선물로 여기고 있다. 지금 내가 받은 재물과 부요가 하나님의 선물로서 자기만을 위해서 주신 것이 아니라고 생각하면 안 되고 하나님께서 필요하시다고 생각할 때는 기쁘고 즐거운 마음으로 쓸 수 있는 사람이 참으로 복되게 재물과 부용의 자기 몫을 누리는 것이 된다.

(3) 마음의 기쁨을 누리는 삶

세 번째로 생각해 봐야 할 것은 생명의 날을 깊이 착념하지 않고 삶을 하나님의 선물로 여기고 받아 누리라는 것이다(전 5:20). 그래서 솔로몬은 "그는 자기의 생명의 날을 깊이 생각하지 아니하리니 이는 하나님이 그의 마음에 기뻐하는 것으로 응답하심이니라"고 하였다. 연수가 오래고 나이가 들어갈수록 사람이 늙어간다는 것은 피할 수 없는 사실이다. 그러나 만약 그들이 늙어가고 있다고 불평만 계속하고 산다면 그들이 즐길 수 있는 삶은 상대적으로 적어지는 것이다. 하나님께 감사하는 사람은 지난 시간에 대해서 그렇게 심하게 집착하지 않는다. 그들은 매일매일을 주님께 봉사하기 위해 사용하려고 할 것이다.

하나님을 위해서 사는 사람들은 이 세상의 축복들을 단순히 자기 노동의 대가로 보지 않고 하나님으로부터 내려진 선물로 알고 감사하며 그것을 누린다. 음식, 마실 것, 생명, 재물, 건강, 즐기고 기뻐할 수 있는 능력 등 모두가 하나님께서 우리에게 주셔서 즐기게 한다고 보는 것이다. 그런 것들 속에서 하나님의 사랑과 약속의 섭리를 느끼기 때문에 하늘의 선물들을 향유할 수 있다(전 5:18-19). 그래서 마음은 즐겁고 경건한 기쁨에 쌓일 수가 있다(전 5:20). 그렇기 때문에 하나님을 떠나서는 인생은 존재할 수 없으며 존재한다 해도 전혀 살만한 가치가 없다.

참된 삶의 의미는 우리의 육신만을 위해 단순히 먹고 마시면서 사는 것이 아니고 옛 성현들이 강조한 도(道)를 깨달아 그대로 살아가는 것이라 할 수 있다. 옛 성현들은 "아침에 도를 들어 깨달으면 저녁에 죽어도 여한이 없다"(朝聞道 夕死可矣-論語)라고까지 하였다. 이 말은 내가 걸어야 할 참 길을 깨달아 걸어가야 한다는 뜻이다. 그렇게 되면 오늘 목숨을 잃어도 좋다는 말이다. 옛 성현들은 인생이 따라야 할 참된 길을 '도'(道)라 하였지만, 우리는 우리가 깨달아 따라야 할 참된 길은 하나님의 법도(섭리)라고 말하고 싶다.

세상 모든 것은 절대 불변의 원리 곧 하나님의 법도를 따라 운행된다. 그러기에 봄, 여름, 가을, 겨울 사철의 순환이나 생로병사의 인생여정 등 그 어느 것 하나 이 법도에서 벗어난 일이 없다. 이 이치를 깨달아 그 법도에서 이탈하지 아니하고 그 궤도를 따라 질서를 지키며 살아가는 것이 무엇보다 중요하다. 그 법도에서 벗어나는 것은 추락과 불행의 시초가 된다.

하나님의 이 법도를 우리는 나침반에 비교할 수 있다. 나침반의 남북은 자성이 있는 한 변할 수 없다. 그러므로 그 일정한 방향과 그 길을 따라 가고 오는 것은 지극히 당연한 것이다. 나침반의 자성이 가리키는 대로 우리마음의 방향을 잡아 나가면 된다. 그 마음의 방향 여하에 따라서 우리는 선으로 향할 수도 있고 악으로 달려갈 수도 있다. 그런 의미에서 무엇보다 중요한 것은 나침반의 자성에 비교되는 하나님의 법도이고, 그 다음으로는 그 법도에 우리마음을 맞추는 것이다. 주파수를 하나님께 맞추고 살아가면 참된 삶을 유지할 수가 있다.

확실히 우리의 마음을 하나님의 법도에 맞추지 아니하면 주위의 여건과 환경에 따라 우리마음은 수시로 변할 수가 있다. 그리고 생명의 날과 욕망에 사로 잡혀 늘 그 일에 착념하고 깊이 집착해서 살 수가 있다. 그러면 마음의 기쁨을 누릴 수가 없다.

3) '보다 나은' 삶의 원리

솔로몬은 7장 1절에서부터 8장 13절까지에서 역설적인 진리를 보여주고 있다. 비록 표현법에 있어서는 "보다 낫다"는 비교급을 썼지만, 사실 그 내용은 절대적인 진리를 말하고 있다.

풍선 장사가 선전용으로 빨강, 노랑, 초록 풍선에 수소를 넣어 띄웠다. 아이들이 몰려와 하나 둘씩 사기기 시작했다. 옆에서 물끄러미 지켜보기만 하던 한 흑인 소년이 "아저씨, 까만 풍선도 저렇게 하늘 높이 올라갈 수 있어요?"라고 물었다. 풍선 장사가 대답했다. "물론이지, 꼬마야. 풍선이 뜨는 이유는 풍선의 색깔 때문이 아니라 풍선 속의 내용물, 즉 수소 때문이란다." 사물의 껍데기는 자기를 보호하고 감추는 기능은 있지만 속의 진실은 껍데기와 관계가 없다. 껍데기보다 더 중요한 것은 그 사람의 마음속에 들어 있는 눈에 보이지 않는 내용물인 것이다.

껍데기는 현상이고 내용물은 본질이다. 육체보다 더 중요한 것이 영혼인 것과 같다. 이 말은 육체가 중요하지 않다는 말이 아니라 영혼보다는 덜 중요하다는 것이다. 여기서 제시하는 지혜는 두 가지 비교되는 내용물 가운데서도 보다 나은 것이 있는데, 그것을 '보다 나은' 삶의 가치로 여기고 살면 더욱 보람 있는 삶을 누릴 수 있다는 것이다. 이것은 우리 모두가 가져야 할 삶의 원리이며 고귀한 가치관이라 할 수 있다. 솔로몬은 열 가지 "보다 나은" 삶의 원리인 지혜를 전도자의 안목을 통하여 제시하고 있다.

(1) 호화로움보다 나은 좋은 평판

　전도서 7장 1절 "좋은 이름이 좋은 기름보다 낫고 죽는 날이 출생하는 날보다 나으며"라는 말에서 보듯이 보다 나은 삶의 가치관으로 맨 먼저 제시하는 것이 많은 재산을 흥청망청 누리며 사치스럽고 호사스럽게 사는 것보다 훨씬 가치 있는 것이 있는데 그것이 이름이라는 것이다.
　여기서 "좋은 이름"이란 '좋은 평판(good reputation)' '명성'을 뜻하고, "좋은 기름"이란 '땅의 재산' 또는 '사치, 호사' 및 '감각적인 즐거움' 등을 뜻한다. 향유는 값비싼 것으로(마 26:9) 몸에 바르는 화장용인데, 특히 중동지방과 같이 더운 지방에서 뜨거운 햇빛에 피부가 타지 않기 위하여 그 기름을 발랐다고 한다. 이렇게 값비싼 향유와 아름다운 이름은 다 같이 귀한 것이 사실이다. 그러나 사람이 자기의 희생적인 덕을 쌓아서 그 많은 수고의 결과로 아름다운 이름을 얻게 되기 때문에 모든 사람들이 그 사람의 덕을 기리는 아름다운 이름을 소유할 수 있게 된다. 많은 부(좋은 기름)의 즐거움보다도 훌륭한 명성은 죽은 뒤에도 오래오래 남게 되며 지속적인 영향력(좋은 기름)을 갖게 된다. 왜냐하면 사람이 본이 될 만한 훌륭한 공적을 남기면, 죽은 뒤에라도 그 삶은 하나의 본보기로서 제시될 수 있기 때문이다. 값비싼 향유를 소유하고 부자라는 말을 듣는 것보다도 그 아름다운 이름을 얻어서 모든 사람의 칭송을 듣는 것이 더 낫다는 것이다. 이 진리를 깨닫고 그렇게 살아가고자 하는 지혜가 우리의 삶을 보다 보람 있게 만든다. 삶은 끝나지만 평판은 오래오래 남기 때문이다.
　세상에 영향력을 행사하여 존경받는 훌륭한 사람들은 대개 겉에 보이는 삶 자체가 부유하고 호화롭고 사치스러운 것이 아니라 좋은 이름에 걸 맞는 행동을 남긴 것을 볼 수 있다. 마하트마 간디는 죽으면서 남긴 것은 오직 샌들 한 켤레, 옷 한 벌, 지팡이 하나, 방적기 하나, 안경 그리고 기도서 한 권뿐이었다. 그러나 간디는 인도의 영웅이요 무저항 운동으로 인도의 독립을 쟁취한 위대한 정신이요 '마하트마' 즉 위대한 영혼이었다. 그런 간디에게 수없는 부동산과 알려지지 않은 재산과 실내에 무도장 같은 것이 있어서 사치스럽고 말할 수 없는 호화판 생활을 한 흔적이 남아 있다면 지금과 같은 존경을 받을 수 없을 것이다.

출생보다는 죽는 날이 더 낫다는 진리에도 성도는 유의하여야 한다(전 7:1). 이 세상에 태어난다고 하는 것은 고난을 받으러 오는 것과도 같다. 그래서 러시아 작가인 레오 N. 톨스토이는 "이 세상에 출생할 때에 그대는 울었으나 주위에 많은 사람은 모두 기뻐했을 것이고 이 세상을 떠날 때에는 많은 사람은 슬피 울 것이나 그대는 미소를 띄우리라" 하였고, 영국의 물리학자인 올리버 로지 경은 "죽음은 원수가 아니라 피할 수 없는 모험이다" 하였으며, 영국의 시인 에드윈 아놀드 경은 "세상의 끝은 사망이고 사망의 끝은 출생이다"라는 의미 있는 말을 하였다. 왜 죽는 날이 출생하는 날보다 더 나은가? 그것은 죽는 날은 우리의 삶의 염려와 수고가 끝나기 때문이다. 또한 그 날은 그것으로 끝나지 아니 하고 안식과 기쁨과 영원한 안식의 세계로 들어서게 되기 때문이다. 죽음은 끝이 아니라 영생의 시작이라는 점에서 고통 많은 세상에 태어남보다 훨씬 더 낫다고 할 수 있다.

(2) 웃음보다 나은 울음

"초상집에 가는 것이 잔칫집에 가는 것보다 나으니 모든 사람의 끝이 이와 같이 됨이라. 산 자는 이것을 그의 마음에 둘지어다. 슬픔이 웃음보다 나음은 얼굴에 근심하는 것이 마음에 유익하기 때문이니라"(전 7:2-4). 이 세상에는 울음과 웃음이 공존하고 심각한 것과 경박한 것이 함께 한다. 오늘의 우리들은 대부분 가볍고 짜릿하고 웃음이 깃든 것을 더 좋아한다. 웃음보다는 울음이 더 낫고 경박한 것보다는 심각한 것이 더 낫다는 것은 받아들이기 어려운 역설적인 표현이라 아니 할 수 없다.

그러나 매사를 신중하게 생각하는 사람(지혜자)은 경박한 쾌락보다도 인생의 더 신중한 면을 생각하므로 슬픔이나 시련 등을 통하여 단련시키시고, 성장시켜서, 성숙하게 하시는 하나님의 뜻을 이해할 수 있기 때문에 잔칫집보다는 초상집에 더 마음을 두게 된다. 어리석은 사람은 웃음거리나 소일거리 또는 농담거리만 찾아다니며 실로 천박하게 살아가는 경우가 많다. 그러나 지혜로운 사람은 죽음이 엄연한 현실이라는 것을 알기 때문에 그것을 항상 생각하며 인생을 바라본다(전 7:4). 어리석은 자는 속된 일에만 관심을 두고 그 일이 잘 되면 좋아서 웃지만, 지혜로운 자는 하나님 앞에서 통회하는 심정으로 살아가며 그분이 주시는 위로를 앉고 살아간다. 통회하는 심정이 그 심령을 새롭게 하며 그의 신앙도 성장케 하여 하나님의 축복을 받아 누릴 수 있다.

우리는 병이 들면 아무것도 못한다고 생각하여 자포자기하기 쉽다. 그러나 고통스러운 병상에서도 얼마든지 위대한 작품이 만들어질 수 있다. 실패와 좌절 속에서도 얼마든지 감동적인 성과를 이루어낼 수 있다. 고통과 시련이 오히려 감동적인 일을 할 수 있게 만드는 원동력이 된다면 무엇보다 다행스럽고 행복한 일이기 때문에 건강이나 안락함보다 고통과 시련이 더 낫다. 고통 중에 많은 예술가들은 아주 훌륭한 작품들을 만들어낸다.

러시아 대문호인 톨스토이의 『전쟁과 평화』는 그가 젊었을 때 매독과 임질에 걸려 고통을 받으면서 완성한 작품이다. 프랑스의 화가 고흐가 그린 인상파의 유명한 작품들은 간질병과 우울증 속에서 완성한 작품이다. 한때 세계를 정복하여 명성을 떨친 시저와 나폴레옹은 인생 초기부터 간질병으로 고생하였다. 종교개혁에 앞장섰고 『기독교 강요』 등 다수의 저술로 유명한 칼뱅은 '살아 있는 병동'이라고 불릴 만큼 평생 온갖 병에 시달렸다. 바이런의 주옥같은 시들은 간질병에 걸려 선천적인 호르몬 불순환으로 고통을 받는 가운데 만들어진 작품이다. 세기의 위대한 피아니스트이며 작곡가인 쇼팽이 쓴 "24 전주곡"은 그가 결핵에 걸려 신음하고 있을 때 쓴 것이다. 모차르트의 불후의 오페라는 그가 불치의 병으로 희망을 잃어버렸을 때 작곡한 것이다.

겉으로 드러난 위대한 것들을 알고 보면 모두 고통과 실패 및 울음과 아픔 속에서 피어난 것들이다. 아무리 위대한 인물들도 한결같이 10개월이라고 하는 기간 동안 어머니의 자궁 안에 있어야 하고, 어머니가 생사를 건 산고를 겪고서야 태어난다는 단 한 가지 사실 만으로도 웃음보다는 울음이 더 낫다는 교훈을 얻게 된다.

(3) 노래보다 나은 책망

"사람이 지혜자의 책망을 듣는 것이 우매자의 노래를 듣는 것보다 나으니라. 우매자의 웃음 소리는 솥 밑에서 가시나무 타는 소리 같으니 이것도 헛되도다"(전 7:5-6). 여기서 보는 바와 같이, 솔로몬 왕은 우매자의 노래 즉 웃음을 솥 밑에서 타는 가시나무 소리에 비유했다. '솥 밑에서 가시나무의 타는 소리'는 소리만 요란스럽고 솥은 쉽게 뜨겁게 만들지만, 그 대신에 불꽃이 쉽게 사그러지고 솥도 지속적으로 뜨겁게 하지 못한다. 그와 마찬가지로 우매자의 노래 소리는 요란스럽고 쉽게 자극하고 마음을 들뜨게 만들기는 하지만 오래가지 못할 뿐만 아니라 전혀 우리의 삶에 유익함을 가져다주지 못한다는 것을 비유한 것이다.

성경적으로 볼 때 우매자는 어떤 사람을 가리키는가? 성경에서는 하나님이 없다고 하는 자들(시 14:1; 53:1), 죄를 심상히 여기는 자들(잠 14:9), 참소하는 자(잠 10:18), 다툼을 좋아하는 자(잠 18:6), 자기를 믿는 자(잠 28:26), 정직하지 못한 자(렘 17:11), 위선적인 사람들(눅 11:39-40) 등을 말한다. 이런 자들의 노래는 저속한 마귀의 근성을 가진 사람들의 아첨하는 말이나 음탕한 말과 노래 등을 말한다. 타락하고 방탕한 노래는 일시적으로는 감미롭고 쾌감을 주는 것 같지만 얼마 안가서 또 다시 갈증을 느끼게 하여 다시 그 자리에 빠지게 한다. 그러므로 미련한 사람만이 우매자의 노래를 듣는다.

많은 뱃사람들이 사이렌(Siren) 섬을 지나던 중 감미로운 노래 소리에 빠져 들어서 불행하게 되었지만, 황금의 양털을 찾아 나섰던 오르페우스는 그녀들의 노래 소리에 대항하여 더 좋은 노래를 연주했기 때문에 무사히 그곳을 통과했다고 한다. 우매자들의 노래 소리는 마치 사이렌 섬의 마녀들의 노래 같아서 많은 사람들을 파멸로 몰아넣는다. 그러므로 우리는 지혜자의 책망과 교훈을 듣고 따르는 것이 훨씬 더 나은 생활을 하게 만든다는 것을 알아야 한다.

사진작가들은 셔터를 눌러야 하는 순간을 놓치면 아무리 멋있는 장면이라도 다시 찍을 수 없기 때문에 항상 긴장된 상태로 준비하고 있어야 한다. 어떤 일에 대해 신경을 집중시키는 것은 힘들겠지만 항상 대비하고 준비하는 그런 긴장이 우리 인생 안에 숨어 있는 가능성을 놓치지 않게 해주는 것이다. 조금이라도 긴장의 고리를 늦추거나 타이밍이 맞지 않아서도 공을 놓쳐버리고 마는 것이 야구의 생태다. 그런데 우리로 하여금 늘 긴장하게 하고 준비하여 대비시키는 것은 우매한 사람들의 경망한 노래나 농담이나 웃음이 아니라 지혜자의 책망과 권면인 것이다.

캐나다 당국이 토론토라는 지역에 거대한 수족관을 세워서 태평양 연안의 물고기들을 전시할 계획을 세웠다. 그런데 태평양 연안의 물고기들을 어떻게 옮길까, 궁리를 하다가 자동차로 옮길 계획을 세웠다. 태평양의 물을 그대로 사용하고 온도와 햇빛도 똑같이 조절하여 차에 실었다. 차에 싣고 이 주일이 걸려 도착해 차를 열어보았다. 그런데 물고기는 모조리 죽어 있었다. 똑같은 방법을 몇 번이나 시도해봤지만 결과는 마찬가지였다. 이 일을 계획하고 물고기들을 옮겨 전시하려던 계획이 거의 수포로 돌아가게 되자 정부 고위 책임자는 그 일을 추진하던 사람들에게 책임을 묻는 것으로 책망을 대신하였다. 이런 책망을 받은 계획자들은 수족관에 관한 저명한 학자들을 모아서 물고기들을 옮기는 일을 오래 동안 연구하게 되었다. 그 결과 그 물고기들 사이에 바다의 악동들인 문어새끼, 상어새끼 등을 넣었다. 그렇게 해서 이 주일 후에 도착해 보니 모두가 살아 있었다. 가장 안락한 조건에서 편안하게 산 이 주일동안 고기를 수송해 왔을 때는 죽었지만, 짓궂은 악동들과 같이 올 때는 살아 난 것을 본 과학자들은 결국 이런 결론을 내렸다. "조류의 물살을 거슬러 오르려는 의지와 수많은 문제에서 벗어나려는 긴장의 의지가 살아나가는 힘과 지혜를 준 것이다."

풀어진 긴장으로 인해 실패하는 경우가 많은 것처럼 경망한 농담이나 노래는 사람을 긴장을 풀리게 하나 책망은 물고기들을 긴장시켰던 악어새끼들처럼 우리를 긴장시켜서 무력감을 떨쳐버리게 한다. 그러므로 노래보다는 책망이 더 낫다. 책망은 우리에게 일어나게 하는 힘을 주기 때문이다.

(4) 성급함보다 나은 자제

"탐욕이 지혜자를 우매하게 하고 뇌물이 사람의 명철을 망케 하느니라. 일의 끝이 시작보다 낫고 참는 마음이 교만한 마음보다 나으니 급한 마음으로 노를 발하지 말라. 노는 우매자의 품에 머무름이니라. 옛날이 오늘보다 나은 것이 어찜이냐 하지 말라. 이렇게 묻는 것이 지혜가 아니니라"(전 7:7-10). 여기서 보는 바와 같이 지혜와 우매, 시작과 끝, 참는 마음과 교만한 마음, 노를 발하지 않는 자제와 성급함은 언제나 공존하는 것을 알 수 있다. 그러나 그 가치들이 동일한 것은 아니다. 어리석은 인생이 살펴보면 뇌물은 무언가를 얻게 되는 **빠른 길**인 것처럼 생각하게 하지만(전 7:7), 그러나 그것은 단지 지혜로운 자를 우매하게 할 뿐이며, 인간의 마음속에 있는 타락의 심리를 부추길 뿐이다.

뇌물(탐욕)이 곧 사람을 망친다는 것은 누구나 다 알고 있는 사실이다(전 7:9). 뇌물은 자기의 이익을 위하여 몰래 주는 정당치 못한 재물을 말하는데, 이것은 사람의 인격을 저하시킨다. 그런데도 사람들이 쉽게 걸려서 넘어지는 것이 뇌물이다. 안창호 선생은 "인격은 덕을 기초로 해야 하나 신앙은 인격의 면류관이다" 하였고, 독일의 철학자인 노발리스는 "인격은 완전하게 교육된 의지이다" 하였다. 교육도 필요한 것이 사실이 지만 성령의 충만한 역사만이 인격을 세워주는 중요한 역할을 한다. 우리가 화를 내거나 우리 길을 고집하는 것보다는 하나님께서 그의 뜻을 펼치실 때까지 인내하며 겸손히 기다리는 것이 훨씬 낫다(전 7:8).

내가 나를 이기는 것을 극기라고 한다. 헬라의 철학자 플라톤은 이렇게 말했다. "인간 최대의 승리는 내가 나를 이기는 것이다." 그렇다. 위대한 자기가 비열한 자기를 이겨야 한다. 만일 그와 반대로 비열한 자기가 위대한 자기를 이길 때 우리는 추물(醜物)이나 속물(俗物)의 존재로 전락하고 만다. 그래서 공자는 '극기복례'(克己復禮)를 강조했다. 내가 나를 이기고 인간의 도리를 다하는 것이 인(仁)의 근본이라 했다. 내가 나를 이기는 것이 극기다. 극기인이 되려면 자제와 용기가 필요하다.

이 세상에 성공자와 승리자는 모두 자기 자신과 싸워 이긴 사람이다. 인생의 승리자는 남에게 이기기 전에 먼저 자기 자신을 이겨야 한다. 주자(朱子)와 더불어 중국 근대 유학의 쌍벽을 이루는 명나라의 거유(巨儒) 왕양명은 "산중의 도둑은 물리치기가 쉽지만 내 마음속의 도둑은 물리치기 어렵다"고 갈파하였다. 산속에서 만나는 도둑은 이기기가 용이하지만, 내 마음에 일어나는 도둑은 이기기가 힘들다. 우리의 마음속에는 이기심, 악의, 게으름, 열등감, 비겁, 나약, 무책임, 패배, 무사안일, 분노 같은 도둑이 생기기 쉽다. 이것들이 마음속의 적들이다. 이것들과 싸워 이기려면 커다란 용기와 지구력 있는 자제가 필요하다. 성냄을 빨리 하는 사람은 적과 싸워서 이기기가 쉽지 않다. 그러므로 성급함과 성냄보다 나은 것이 자제요 극기다.

"일의 끝이 시작보다 낫고"는 말은 우리가 하나님의 지혜에 따라 생활할 때 적용되는 말이다. 이것은 용두사미(龍頭蛇尾)라는 말이 있듯이 시작은 화려하지만 끝은 초라해서는 안 된다는 말이다. 독일의 격언에

"새 비는 쓸기 편하다. 새로 들인 고용인은 일을 열심히 한다"라는 말이 있다. 그러나 문제는 비는 계속 쓰면 끝은 못쓰게 된다는데 있다. 일군도 처음에는 열심히 하지만 대부분의 일군은 가면 갈수록 나태해지고 꾀를 부리게 되는 것이 상례이다. 죄 가운데서 화려하게 출발하는 시작은 무서운 종말인 죽음으로 이끌 뿐이다. 그렇지만 하나님께서 우리가 하는 일의 시작에 함께 하시면, 그분은 우리가 성공적으로 일을 끝마치도록 돌보실 것이다. 탕자는 행복하고 부유하게 출발했으나 나중에 고통 받고 가난한 자가 되었고 요셉은 노예로 시작했으나 결국 총리가 되었다. 어떤 생활이 더 나은가? 이런 점에서 보면 시작도 중요하지만 끝은 더욱 중요하다는 것을 알 수 있다. 처음과 끝이 같도록 노력하는 것도 자제의 덕 안에서만 가능하다.

말이란 신중을 기하는 것이 현명하다. 인내가 교만보다 더 낫다는 말이다. 그러므로 나중에 후회하지 않도록 성급하게 화를 내지 않는 것이 좋다. 어리석은 자만이 성질을 급하게 쓴다(전 7:9). 우리들은 입을 열기 전에 말하려는 것을 항상 먼저 생각해 보아야 한다. 러시아 신비주의자인 스베친 부인은 "중요한 목적을 성취하는 데는 두 가지 방법이 있는데 권력과 인내이다. 권력은 오직 특권을 가진 소수의 사람들이 누릴 수 있는 행운이다. 그러나 엄격하고 지속적인 인내는 대다수의 보잘 것 없는 사람들의 것이다. 시간이 흐름에 따라 말없는 힘이 점점 자라 난다"라 하였다. 인내는 곧 겸손의 표현이라는 말이다.

삶이 어려울 때 그리고 몹시 변화를 바랄 때, 우리는 과거에 더 나았던 '좋았던 옛 시절'을 갈망하기 쉽다. 무조건 과거가 좋았다고 말하기 전에, 우리는 그때를 다시 재고해 보는 것이 좋다(전 7:10). 아무리 과거가 좋았어도 그것이 현재 자신이 처한 처지에서의 발전과 성장에 아무런 영향도 미치지 못하고 장래에 대한 소망도 주지 못한다면 아무런 소용도 없다. 차라리 진보적인 삶을 살려면, 지나간 과거에 집착하여 사는 것보다는 미래를 계획하는 것이 생산적이고 발전적이라 할 수 있다. "주를 향하여 이 소망을 가진 자마다 그의 깨끗하심과 같이 자기를 깨끗하게 하느니라"(요일 3:3)라는 말씀을 명심하면 좋을 것이다. 그러나 자신이 현실에 생존해 있다는 사실에서 "모든 산 자 중에 참여한 자가 소망이 있음"(전 9:4)을 확인하는 것이 중요하다. 그때 비로소 오늘이 옛날보다 더 낫다고 할 수 있다.

(5) 많은 유산보다 나은 지혜

"지혜는 유산같이 아름답고 햇빛을 보는 자에게 유익이 되도다. 지혜의 그늘 아래에 있음은 돈의 그늘 아래 있음과 같으나, 지혜에 관한 지식이 더 유익함은 지혜가 그 지혜 있는 자를 살리기 때문이니라"(전 7:11-12). 여기서 보는 바와 같이, 지혜가 많은 양의 유산보다도 낫다는 것이다. 재물이란 그 가치를 잃을 수도 있고 도둑을 맞을 수도 있다. 하지만 참된 지혜는 우리가 일부러 바보가 되거나 그것을 포기하지 않는다면 그 가치는 언제나 유지되며 없어지지 않는다. 부자이지만 지혜가 결여된 사람은 그의 재산을 단지 낭비할 뿐이다. 그러나 지혜 있는 자는 부를 얻고, 그 사용하는 방법도 잘 안다.

사람이 살아가는 데 재물이 중요하고, 그 자신의 생활과 보존을 위한 돈의 힘이 또한 막강한 것이 사실이다. 그러나 이 막강한 그 재물이 자신의 활동에 크게 힘이 되게하고 생활의 향상에는 크게 도움이 될 수 있겠지만, 돈이 만능이 될 수 없고 자신의 생명을 보존해 주는 역할도 하지 못한다. 우리의 영적인 생명을 "살리는 것은 영"(요 6:63)인 것이다. 바로 위로부터 내리시는 성령께서 하나님의 말씀으로 "구원에 이르는 지혜가 있게"(딤후 3:15) 한다.

물론 지혜와 부는 서로 대립되는 것은 아니다. 이 세상에서 이 두 가지를 공유할 수 있다면, 그 이상 축복은 없을 것이다. 또한 사람이 지혜와 돈을 함께 가질 수 있다면 매우 유익한(전 7:11) 것도 사실이다. 왜냐하면 이 둘은 서로 견제 역할을 해주기 때문이다(전 7:12). 그러나 이 둘이 동일한 가치를 지녔다고 생각하는 것은 잘못이다. 부는 이 세상이 제공할 수 있는 좋은 것들을 갖게 하지만, 지혜는 그것을 가진 사람들에게 생명을 주기 때문에 더 나은 것이다(전 7:12).

전도서에서 생명이란 살 가치가 있는 삶을 의미한다. 오직 지혜만이 생명의 삶을 누리게 한다. 우리가 하나님의 지혜를 가지고 있다면, 우리는 변화하는 삶의 경험들을 잘 받아들이고 처리해 나갈 수 있을 것이다. 따라서 좀 더 삶의 성숙도를 드러낼 수 있게 된다.

(6) 반항보다 나은 복종

"하나님께서 행하시는 일을 보라. 하나님께서 굽게 하신 것을 누가 능히 곧게 하겠느냐. 형통한 날에는 기뻐하고 곤고한 날에는 되돌아보라. 이 두 가지를 하나님이 병행하게 하사 사람이 그의 장래 일을 능히 헤아려 알지 못하게 하셨느니라"(전 7:13-14). 하나님이 엮으신 우리들의 삶의 모양을 우리 힘으로 변경할 수 없다(전 7:13). 즉 하나님께서 어떤 것을 구부리셨다면 그분께서 그것을 곧게 하실 수는 있지만, 우리 사람으로서는 그것을 바꾸어 놓을 수 없는 것이다. 혹 하나님께서는 우리에게 구부러진 일을 곧게 하는 것에 동참할 것을 요구하실 수는 있다. 그러나 그분이 구부러진 것을 그대로 두시기를 원하신다면, 우리가 그것을 곧게 하려고 애를 쓴다 하더라도 아무 소용이 없다. 왜냐하면 우리는 하나님께서 행하시는 모든 일에 대하여 결코 알지 못하기 때문이다(전 11:5). 다만 우리는 "하나님이 모든 것을 지으시되 때를 따라 아름답게 하셨다"(전 3:11)는 사실만을 알 수 있을 뿐이다. 심지어 우리가 생각하기에 꼬이고 추한 것도 하나님께서는 때를 따라 아름답게 하신다.

위의 말씀에서 보는 바와 같이, 또한 번영과 역경의 날들이 다 하나님에 의해 짜여있음을 드러내 주고 있다. 번영의 때에는 마음껏 기뻐하는 것은 가하나 교만하지 않도록 하여야 하고 역경의 때에는 좌절하거나 불평 또는 반항해서는 안 된다고 한다. 오히려 우리에게 어려움이 올 때에는 발을 멈추고 생각해 보아야한다. 성공도 실패도 다 하나님의 섭리에 달려 있기 때문이다.

하나님은 우리의 삶에 지켜 나갈 수 있을 만큼의 행복과 견뎌나갈 수 있을 만큼의 짐을 주심으로 균형을 유지시키신다. 만약 우리 모두가 축복 가운데만 있다면, 우리는 교만하여질 것이다. 그래서 주께서는 우리에게 무거운 등짐을 지워 주심으로 그 축복에 균형을 맞추시는 것이다. 그리고 그것은 우리가 견실해지도록 돕는다. 우리가 하나님께 복종하기만 한다면, 그분은 그 짐을 다시 축복으로 바꾸어 놓을 수조차 있으시다.

사람은 어떤 것이 다음 차례가 될 것인지 알 수가 없다. "그래서, 사람으로 그 장래 일을 능히 헤아려 알지 못하게 하는 것이다"(전 7:14). 하나님께서는 형통과 곤고를 함께 주사 장래 일을 능히 헤아려 알지 못하게 하셨다. 그러기 때문에 하나님께 모든 것을 맡긴 사람이라면 낙망하지 말고 찾으면 보화를 찾을 수가 있다. 아무리 어렵고 곤고해도 원망하거나 반항만 하지만 말고 하나님의 법도를 떠나지 아니하고 순리에 복종하다 보면 길이 열리는 것이다. 그러므로 사람은 하나님의 섭리에 반항하느니 보다는 복종하는 것이 훨씬 낫다. 왜냐하면 하나님은 자기의 기뻐하시는 뜻대로 행하시기 때문이다. 하나님은 우리 인생에게 괴로움과 즐거움(苦樂)을 병행케 하셨다. 더욱 우리는 장래 일을 알 수가 없다. 그런 까닭으로 해서 참고 기다리며 주의 뜻에 복종하는 것이 더 낫다.

(7) 지나침보다 나은 분별력

솔로몬은 이 세상의 무엇보다 나은 것은 지나치지 않는 것이라고 한다. 그는 전도서 7장 17절에서 이렇게 말했다. "지나치게 의인이 되지도 말며 지나치게 지혜자도 되지 말라 어찌하여 스스로 패망하게 하겠느냐." 삶에 있어서 성숙한 식견을 요구하는 하나의 질문이 있다면, 그것은 '왜 의인은 고통 받고 악인은 번성하는가?' 하는 것이다. 의인은 일찍 죽고 악인은 오랫동안 삶을 즐기는 것은 하나님의 말씀과 정의에 반하는 것처럼 보인다. 하나님을 순종하는 자는 장수할 것이요(출 20:12; 신 4:40), 불순종하는 자는 벌하신다고 하시지 않았던가?(신 4:25-26; 시 55:23). 그러나 의인이라고 해서 반드시 악인보다 오래 살거나 번영하는 것도 아니다. 오히려 악인이 의인보다 더 장수하는 경우도 허다하다. 그래서 솔로몬은 착한 젊은 사람이 단명하지 않도록 지나치게 의롭지 않는 것이 좋고 파렴치하게 악인이 되지 않는 것이 좋다고 한다(전 7:16). 왜냐하면 하나님이 개입하셔서 목숨을 일찍 앗아갈 가능성도 있기 때문이다(전 7:17). 또한 악인이 번성하듯이 보이는 것은 단지 단기적 시각에서만 그러하다는 것을 인식하는 것이 중요하다.

그렇기 때문에 사람이 지나치게 자기의 의를 고집하여 내세우는 일이나, 자신의 지혜를 지나치게 앞세우는 일들은 지혜로운 일이 되지 못한다는 것이다. 언제나 극단을 달리는 사람에게는 자신과 상대가 되어 교제할 수 있는 사람들을 잃어버리게 되어 고독하게 되고, 자신의 극단적인 주장 때문에 대적이 생기게 되고, 이로 인하여 조롱과 핍박을 받게 되어 필경에는 '스스로 패망' 하게 된다는 말씀이다. 그러니 '너무 의롭다고 주장 말고 지혜롭다고 주장하지도 말라'고 솔로몬은 주장한다. 다른 말로 바꾸어 말하면, 솔로몬은 우리가 어떤 경지에 도달했고 모든 것을 알았다고 생각하게 될 때 생겨나는 자기 의와 교만에 대하여 사람들에게 경고하고 있는 것이다.

그리고 전도서 7장 18절에서는 이런 경고에 대해 균형을 제공한다. "너는 이것도 잡으며 저것에서도 네 손을 놓지 아니 하는 것이 좋으니 하나님을 경외하는 자는 이 모든 일에서 벗어날 것임이니라"고 하였다. 즉 우리는 참 된 의로움을 취해야만 하며, 참된 지혜를 놓쳐서는 안 된다. 그리고 이것은 하나님을 경외하며 나아가는 길 가운데 존재한다. 사람이 삶의 표준을 자기와 같은 성정을 가진 사람에게 둘 때에는 그 실망이 크기 마련이므로 영원한 하나님의 말씀에 두어야만 하는 것이다. 좋게 말해서 중용의 도라 할 수 있는 길을 가면서 줄타기를 하는 사람처럼 떨어 질까봐 조마조마한 심정으로 안간힘을 쓰지만 하나님을 경외하는 자세로 살면 즉 영적인 분별력을 가지고 살면 그런 곡예 같은 삶에서 해방될 수 있다(전 7:18).

마치 우리 인생은 어두운 밤길을 가는 장님 나그네와 같다. 이 나그네의 앞길을 밝혀줄 등불이필요하다. 그 등불이 진위(眞僞), 선악, 미추, 성속, 정사(正邪), 경중, 선후, 정오(正誤), 본말, 공사(公私) 등을 분별하는 힘 곧 지혜인 것이다. 그런 지혜(분별력)는 사람에게 큰 힘(능력)이 된다. 그래서 솔로몬은 "지혜가 지혜자를 성읍 가운데에 있는 열 명의 권력자들보다 능력이 있게 하느니라"(전 7:19) 하였다.

지혜로운 자는 그밖에 어느 누구도, 어느 무엇도 두려워하지 않는다(시 112편). 그는 주님과 함께 걸으며, 전쟁을 포함하여 불가피한 삶의 도전들을 적절하게 대응한다(전 9:13-18 참조). 그러나 지혜가 사람을 완전하게 만드는 것은 아니다(전 7:20). 이 말씀은 지혜는 자신의 부족을 알려주는 유익을 제공한다는 뜻이다. 그러니까 남의 비판에 너무 신경을 쓰지 않는 것이 좋다. 다른 사람이 무엇이라고 할까 하고 너무 신경을 쓰다보면 듣지 않았으면 좋을 말들을 듣게 된다(전 7:21). 그런데 그런 비판의 말들을 들었을 때는 너무 마음에 두지 않는 것이 좋다. 나도 남을 자주 저주하고 비판하는 경우가 있기 때문이다(전 7:22). 즉 지혜가 있으면 저주도 감당할 수 있는 유익이 주어지게 된다는 것이다.

(8) 이성보다 나은 계시

전도자 솔로몬은 자기 자신의 노력으로 지혜로워지려고 힘써 보았지만 헛수고였다. 그래서 그는 전도서 7장 23-24절에서 "내가 이 모든 것을 지혜로 시험하며 스스로 이르기를 내가 지혜자가 되리라 하였으나 지혜가 나를 멀리 하였도다. 이미 있는 것은 멀고 또 깊고 깊도다 누가 능히 통달하랴"라고 하였다. 심지어 하나님께서 주신 지혜를 가진 솔로몬조차도 존재하는 모든 것들에 대하여 하나님이 그것을 어떻게 다루시는지, 하나님이 생각하고 계신 목적이 어떤 것인지 알 수가 없었다. 그는 모든 사물의 이치와 체계를 탐구했지만, 그가 가진 의문의 최종적인 답변을 가질 수가 없었다. 그 지혜는 손에 닿을 수 없는 거리에 있었다. 그는 스스로 지혜로운 자가 될 수 없음을 깨달았다. 인생의 모든 문제의 해결은 인간의 연구와 그 자신의 삶의 경험만을 가지고서는 불가능한 것이다. 그는 지혜가 무엇인지 알려고 최선의 노력을 기울였고, 어리석고 미련하게 하는 행위가 또한 무엇인지를 정의해 보려고 애썼다(전 7:25).

솔로몬이 지혜를 추구하면서 한 가지 터득한 것은 이 세상에서 남자들을 유혹하여 죽음으로 이끈 사특한 여자(음녀)처럼 나쁘고 위험한 것은 없다는 것이다(전 7:26). 솔로몬 자신도 주님을 멀리하고 이방신들을 숭배하도록 이끈 많은 여인들의 유혹에 빠졌었다(왕상 11:3-8). 하나님의 은총을 즐거움으로 받는 사람은 그런 여인의 올무를 벗어날 수 있지만 자기들의 죄를 사랑하는 자는 항상 걸려들기 마련이다.

프랑스 작가인 빅토르 위고는 "남자는 여자의 놀이게이고 여자는 악마의 놀이게이다"라 하였고, 영국의 작가인 월터 새비지 랜더는 "가정 내의 행복은 여성의 신앙 덕택이다"라고 하였으며, 영국의 철학자인 에드워드 허버트경은 "남자를 낙원에서 끌어낸 것이 여자라면, 남자를 다시 낙원으로 인도할 수 있는 자도 여자다"라 하였다. 여자가 최초의 타락의 주범이기도 하지만 또한 낙원으로 회복시킬 책임자이기도 하다. 여자 할 탓이다. 그러나 남자가 죄가 없다는 뜻도 아니고 남자에게 책임이 없다는 것도 아니다. 솔로몬은 지혜를 추구해 보았지만 인생의 많은 수수께끼들을 풀 수가 없었다(전 7:27-28). 어쩌다 한 번씩 지혜로운 남자를 만나는 일은 있지만 지혜로운 여자는 전혀 찾아 볼 수가 없다고 한다(전 7:28). 솔로몬이 여성을 덜 현명하다고 평가한 것으로 생각해서는 안 된다.

솔로몬은 "내가 깨달은 것이 오직 이것이라. 곧 하나님이 사람을 정직하게 지으셨으나 사람이 많은 꾀를 낸 것이니라"(전 7:29)는 결론을 지었다. 하나님은 사람을 정직한 존재로 만드셨다. 그런데 인류의 시조 아담은 하나님께 불순종하고 타락했다. 지금 모든 인간은 그럴듯한 많은 고안물들(꾀)을 내놓으면서 계속해서 죄를 짓고 있다. 하나님의 형상대로 창조된 인간들은 하나님이 자연에 부여하신 힘을 이해하고 이용하는 능력을 가지고 있다.

그러나 창조하실 때 하나님께서 베풀어주신 이 우주의 신비들과 놀라운 일들을 하나님의 지혜 즉 계시의 도움이 없이는 예측할 수도 없고 극복할 수도 없다. 하나님의 지혜는 우리의 삶을 더욱 낫고 좋게 해주고, 분명하게 해주며, 더 강하게 해준다. 각성되지 않은 이성만으로는 하나님이 하시는 일을 완전히 이해할 수가 없다. 우리는 이 세상에서 하나의 중요한 악의 근원이 타락한 인간과 그의 '많은 고안물들' 이라는 것을 잊어서는 안 된다.

(9) 불복종보다 나은 충성

솔로몬은 궁정 안에서 군주의 명령을 수행해야 했던 어떤 관원을 전도서 8장에서 묘사해 주고 있다. 세상에 지혜로운 자는 매우 드문 데, 이 관원은 보기 드문 지혜로운 자였다. 이 세상에 풀 수 없는 수수께끼가 많이 있지만, 그래도 인생의 의미와 사물의 이치를 설명할 수 있는 사람은 지혜로운 자 뿐이다. 지혜는 사람에게 기쁨의 한 원천이기도 하다. 그래서 지혜로운 자의 얼굴은 "그의 얼굴에 광채가 나게 하나니"(8:1)라고 하였다. 어떤 사람의 얼굴이 빛나는 것은 기쁨의 표지이다. 기쁨은 얼굴을 빛나게 한다(시 19:8 참조). 지혜가 어떤 사람에게 제공하는 영적인 통찰력은 그의 얼굴이 내적인 기쁨과 만족으로 빛을 내도록 만든다. 그리고 "그 얼굴의 사나운 것이 변하니라"(전 8:1) 하였다. '그 얼굴의 사나운 것'(신 28:50; 단 8:23 참조)은 '사나운 용모'를 가리킨다. 따라서 그것은 죄의 정욕에 의해 야기된 굳은 표정 혹은 악마와 같은 얼굴을 가리킨다. 지혜가 밝고 기쁜 빛으로 마음을 비추는 곳에 죄의 거친 영향력 곧 어둠은 사라지고 변화의 증거가 외적으로 분명하게 나타나게 된다.

이런 지혜로 밝혀진 문제는 왕에게는 순종하고 충성을 다하는 것이 매우 중요하다는 것이다(8:2-5). "왕의 명령을 지키라"(전 8:2)는 구절은 히브리어로는 '왕의 입을 주목하라'(Observe the mouth of the king)로 읽힐 수 있다. 이것을 제유로 생각하면 입은 곧 '명령'으로 번역될 수 있다. 우리는 모두 하나님과 언약의 관계에 있다. 즉 그분의 명령(계명)을 신실히 지키면 축복을 받겠지만 그렇지 않으면 저주를 받으리라는 것이다. 그러므로 여기서 '왕'은 세상의 임금이 아니라 천상의 왕 하나님을 가리킨다고 볼 수 있다.

하나님께 대한 충성의 맹세는 가볍게 처리되어서는 안 된다. "왕 앞에서 물러가기를 급하게 하지 말며"(전 8:3)라는 구절은 하나님으로부터 이탈하지 말라는 뜻이다. 충성심을 급히 내던지는 것은 배신으로 악한 것을 일삼는 것이 된다. 죄 중에서 가장 무거운 죄는 배신의 죄다. 그리고 "악한 것을 일삼지 말라"(전 8:3)고 충고한다. 이 말은 "왕을 전복하려는 계획에 연루되지 말라"는 뜻으로 해석될 수 있다. 관원이 왕으로부터 탈주하면 왕에 반대하는 무리를 만날 것이요, 그들과 왕에 대항하는 계획을 세우기 십상이다. 베드로는 "사람보다 하나님께 순종하는 것이 마땅하니라"(행 5:29) 하였다. 그리고 나서 "왕은 자기가 하고자하는 것을 다 행함이라"(전 8:3)라는 말로 이 권면의 끝을 맺는다.

하나님께서는 자신이 기뻐하시는 것을 행하신다는 것이다. 하나님의 뜻을 내 뜻에 맞추려고 해서는 안 된다. 이것은 다른 말로 말하면 하나님의 신적 통치는 우리의 생각을 초월하신다는 것이다. 하나님의 확실한 주권이 있는데 "왕께서 무엇을 하시나이까?"(전 8:4)라고 도전하는 것은 분별력이 없는 일이요 무례라는 것이다. 만사에 적절한 때와 절차가 있는데 이를 무시해서는 안 된다. 그것이 무례로서 어리석은 처사라 할 수 있고 그 결과 해를 받을 수 있다(전 8:5-6). 인간은 앞으로 무슨 일이 있을지 모른다(전 8:7). 그러나 한 가지 확실한 사실은 죽음이다(전 8:8). 아무리 간교하고 사특한 머리가 있어도 이 죽음만은 피하지 못한다. 인간은 생명을 좌우할 수도 없고 죽음을 피할 수도 없으며 재앙도 물리칠 수 없다는 점에서 전적으로 무능하다고 할 수 있다.

일생 동안 단 하나의 일을 한다고 해도 그 일이 하나님께서 소명으로 맡긴 것이라고 한다면 목숨을 걸고 그 뜻을 받들어 충성하면서 열정을 다해 해볼 만할 것이다. 가난하고 어렵다고 해서 불평불만으로 세월을 허송할 것이 아니라 하나님의 뜻을 찾아 그에 순종하며 살면 하나님께서 길을 열어주시는 것을 체험할 수 있다. 불복종보다는 순종과 충성이 백배 나 더 낫다.

(10) 악행보다 나은 경외

전도자 솔로몬은 전도서 8장 10절에서 그가 참관했던 장례식에 관해 이렇게 쓰고 있다. "그런 후에 내가 본즉 악인들은 장사 지낸바 되어 거룩한 곳을 떠나 그들이 그렇게 행한 성읍 안에서 잊어버린바 되었으니 이것도 헛되도다." 여기에 기록된 대로 고인은 생전에 자주 성전을 방문했으며, 사람들로부터 많은 칭찬을 받았던 사람이었다. 그러나 그는 신앙심이 깊은 삶을 산 사람은 아니었다. 그렇지만 그 도시에서 진실로 신앙심이 깊은 사람들은 무시되어 잊혀진 반면, 그에게는 유려한 송덕문을 곁들인 장대한 장례식이 거행되었다. 그러나 하나님은 죄인에 대하여 오래 참으시나 결국은 회개하지 않으면 심판하신다(벧후 3:1-12).

인생의 문제 중 가장 어려운 난제는 죽음이다. 죽음 이외의 영역에서 우리는 머리를 써서 성공할 수 있다. 우리는 머리를 써서 지배할 수도 있고 돈을 벌수도 있다. 그러나 지배자도 부자도 때가 되면 망한다(전 8:9). 또한 악도 종국에는 땅에 묻히고 만다. 살아서는 악을 감출 수도 있고 위장할 수도 있으나 결국은 그 죄를 저질렀던 그 땅에 묻히게 되는 것이다. 그 같은 삶이 얼마나 무용한가?(전 8:10).

그런데도 왜 사람들이 악한 삶을 살게 되는 것일까? 그것은 죄를 지어도 당장 벌을 받지 않기 때문이다(전 8:11). 악한 죄인이 장수한다고 해서 경건한 사람보다 더 나으냐하면 그렇지가 않다(전 8:12). 사실은 그와 정반대이다. 하나님을 경외하는 사람이 긴 안목으로 볼 때 더 낫다. 궁극적인 혜택을 입게 될 자들은 경건한 사람들이다. 악인은 현재 잘 되는 것 같아도 언젠가는 악인의 무대에도 막이 내리게 된다(전 8:12-13). 물론 경건한 삶도 죽는다. 그러나 그는 죽어도 자기가 위해서 살아온 것을 계속 지니고 있다. 그것은 곧 하나님이다. 이 사실 때문에 경건한 삶이 더 낫다고 하는 것이다. 그러므로 경건하고 지혜롭게 살아야 한다. 악인은 결국 심판을 면치 못하나 하나님을 경외하며 사는 자는 영원히 잘 된다. 경외하며 산다고 하는 것은 영원불변하신 하나님을 믿고 그를 의지하며 어떤 경우에도 전인적으로 헌신하며 살아가는 삶을 말한다. 현재를 뛰어 넘어 미래를 갈망하여 우리 자신을 계획하기보다 우리는 한 번에 한 걸음씩 나가야 한다는 것이다. 이 충고를 바로 하나님을 경외하는 사람의 삶의 자세로 추천할 수 있다.

4) 참다운 삶

인생이 불확실한 것만은 사실이다. 먼 장래는 고사하고 내일 혹은 다음 순간에 대해서도 확실한 보장이 없으므로 구태여 정직하고 부지런하게 살려고 노력할 것 없이 아무렇게나 되는대로 살다가 일생을 마치면 제일 편하다고 생각하는 허무주의자가 될 수 있다. 그러나 전도자는 세상에서 일어나는 모든 상황이 불확실하기 짝이 없는 것은 하나님을 믿지 않는 입장에서 보기 때문이라는 점을 지적하면서 궁극적으로 하나님께 의지할 때 비로소 참된 진리를 발견할 수 있고 인생의 의미를 발견할 수 있으므로 부지런히 일하고 성실하게 시작한 일을 끝맺으라는 지극히 건전한 교훈을 하고 있다.[157] 이렇게 사는 삶을 참된 삶이라 할 수 있다.

(1) 믿음으로 사는 삶

솔로몬은 참다운 삶이란 믿음 안에 살며 예기치 않은 것들을 기대하며 살아가는 삶이라고 생각하였다. 그 논점을 예증하기 위하여 솔로몬은 두 사람의 행동을 사례로 들고 있다. 하나는 자신의 배를 내보내는 상인이고(전 11:1-2), 다른 하나는 씨앗을 뿌리는 농부이다(전 11:3-6). 이 두 사람의 행동은 모두 대단한 믿음을 요구하는 것이다. 왜냐하면 상인이나 농부 어느 누구도 자신들의 주위 환경을 통제할 수 없기 때문이다. 배들이 귀중한 짐들을 싣고 되돌아오기까지는 여러 달이 걸릴지도 모른다. 그러므로 배안에 곡물을 실어 보내는 것은 당연하다. 그래서 솔로몬은 "너는 네 떡을 물 위에 던지라"고 하였다. 배들은 바다에서 좌초될 수도 있고, 폭풍우를 만날 수도 있으며, 해적들의 공격을 받아 뱃짐들을 잃게 될 수도 있다. 미래의 일을 알지 못하기 때문에 그들은 계획하고 실행하는 것을 보다 주의 깊게 해야 한다. 그러므로 한 배에다 식물을 다 싣지 말고 여러 배에 나누어 싣는 것이 좋다고 한다. 일곱이나 여덟 개의 배에 짐을 나누어 실어라. 그러면 그들 중에 몇몇은 확실하게 돌아올 것이기 때문이다. 배가 되돌아오기까지는 여러 달이 걸릴 수도 있고 온갖 위험을 당할 수도 있다. 미래의 일이 두려워 상인이 배를 안 내보낼 수는 없는 것이다. 믿음을 가지고 배를 내보내고 인내하면 보상을 받게 된다.

이것을 영적으로 해석하면 또 다른 면에서 은혜로운 말씀이 된다. "배 위에 귀중한 물건을 싣고 물 위로 항해의 모험을 시도하는 것처럼 자신의 떡(돈)을 감히 이웃에게 나눠 주면"(전 11:1), 물질이 낭비되는 것 같지만 언젠가는 우리에게 되돌아 와서 덕을 보게 된다는 것이다. "일곱에게나 여덟에게 나눠 줄지어다 무슨 재앙이 땅에 임할지 네가 알지 못함이니라"(전 11:2)는 말씀은 곧 우리는 물질을 남에게 후하게 나누어 주어야 한다는 것을 강조한 것이다. 왜냐하면 그럴 수 있는 기회가 항상 있다는 보장이 없기 때문이다.

유대의 농부들은 돌밭을 경작해야 했으며, 씨앗이 잘 자라게 하기 위해서는 적절한 비에 의존해야 했다. 어느 누구도 날씨를 예측하거나 조절할 수 없다. 농부는 자연의 비를 바랄 뿐이다. 3절에서는 구름과 나무가 대조되고 있다. 구름의 유용성은 무엇인가? 전도자는 "구름에 비가 가득하면 땅에 쏟아지며 나무가 남으로나 북으로나 쓰러지면 그 쓰러진 곳에 그냥 있으리라"(전 11:3) 했다. 즉 구름의 유용성은 비가 되어 자신을 비우는데 있다. 그러므로 농부는 현실을 직시하면서 대응해 나가야 하고, 또 옳은 일을 하기 위해서는 이상적인 조건이 갖추어 지기만을 기다려서도 안 된다는 것이다. 바람은 결코 씨뿌리기에 적당하게 불지 않으며, 구름은 결코 적절하게 비를 뿌리지 않는다. 그러나 농사짓는 사람이 아무것도 하지 않고 날씨 때문이라고 변명만을 한다면 농사는 망치고 만다.

우리들이 만사를 완벽한 조건에 맞추어 완전무결하게 처리하려고 때를 기다리면 아무것도 성취할 수 없다. 그래서 전도자는 "풍세를 살펴보는 자는 파종하지 아니할 것이요 구름을 바라보는 자는 거두지 아니하리라"(전 11:4)고 하였다. 이 세상에는 우리들이 모르는 일이 너무도 많다. "바람의 길이 어떠함과 아이 밴 자의 태에서 뼈가 어떻게 자라는지를 네가 알지 못함과 같이 만사를 성취하시는 하나님의 일을 네가 알지 못하느니라"(전 11:5). 여기서는 우리가 알지 못하는 것을 세 가지 들고 있다. 첫째는 바람의 출처고, 둘째는 뼈의 자람이요, 셋째는 하나님의 섭리라고 한다. 그러나 우리가 확실하게 아는 것이 하나 있다. 그것은 씨를 뿌리지 않으면 거둘 수 없다는 것이다. 후하게 주는 행위가 없으면 이루는 일도 없다(전 11:6). 전도자는 "너는 아침에 씨를 뿌리고 저녁에도 손을 놓지 말라. 이것이 잘 될는지, 저것이 잘 될는지, 혹 둘이 다 잘 될는지 알지 못함이니라"(전 11:6)라는 말로써 아침 저녁 불문하고 최선을 다하여야 할 것을 권한다. 일할 때는 지금이다. 우리는 움직일 수 있을 때 믿음을 가지고 일해야 한다. 참다운 삶은 미래를 예측할 수 없다 하더라도 최선을 다해 앞으로 앞으로 전진하는 것이라 할 수 있다.

강철 왕 카네기가 철강 최고의 부호가 되고 난 후에 신문기자들이 이렇게 물었다고 한다. "회장님! 만약에 회사가 지금 망한다면 어떻게 하시겠습니까?" 그러자 카네기는 또박또박하게 간단히 이야기했다고 한다. "내가 할 수 있는 최선을 다해서 다시 시작할 것입니다." 프랑스의 스탕달은 눈을 감기 전에 마지막으로 이런 말을 남겼다고 한다. "열심히 살았다. 마음껏 썼다. 열렬히 사랑했다."

우리의 삶이 자동차 타이어처럼 스페어가 있는 것이라면 별 문제가 없겠지만, 강물이 흘러가면 또다시 그 자리로 되돌아갈 수 없는 것처럼 삶 또한 재방송이란 있을 수 없는 것이다. 훗날 자신의 묘비명에 '최선을 다했노라' 고 자신 있게 새겨놓을 수 있도록 삶 자체가 불확실하지만 비전을 안고 최선을 다 하는 삶을 살아야 할 것이다.

(2) 청년의 때를 가치 있게 누리는 삶

전도서 11장 9-12장 8절까지의 말씀은 우리가 선물로써 삶을 받아들여 하나님과 함께 모든 것을 누리는 법을 배우라는 솔로몬의 마지막 가르침이다. 이것을 실제로 행하기 위해서 우리는 세 가지 교훈을 따라야 한다. 마음에 기뻐하는 것(전 11:7-9), 근심을 물리치는 것(전 11:10), 그리고 창조주를 기억하는 것(전 12:1-8)이 그것이다.

매일 새로운 날들을 하나님이 주신 풍성한 선물로 받아들이는 것은 참으로 기쁜 일이라 아니 할 수 없다. 솔로몬은 인생 체험이 적은 젊은 청년들에게 "빛은 실로 아름다운 것이라 눈으로 해를 보는 것이 즐거운 일이로다"(전 11:7)고 우정 어린 충고를 한다. "사람이 여러 해를 살면 항상 즐거워 할지로다"(전 11:8)고 한 것은 매일 아침 깰 때마다 그 아침을 하나님께서 새로운 선물로 허락하셨다는 감사와 누림이 없다면 아무리 장수하여도 헛될 뿐이라는 뜻이다. 솔로몬은 특별히 "곤고한 날"(전 12:1)이 이르기 전에 자신의 젊음의 날들을 잘 이용할 것을 가르치고 있다. 나이가 들어감에 따라 인생의 문제들이 더욱 복잡하게 얽혀들기 마련이므로, 젊음의 시절을 좀더 값지고 보람 있게 누리라는 것이다. "마음의 원하는 길로 행하라"(전 11:9)는 말도 젊은 시절의 방탕을 계속하고 마음속의 죄의 욕구를 만족시키라고 부추기는 말이 아니라, 이것은 다시 올 수 없는 젊음의 특권을 즐기며 누리라는 말이라 할 수 있다. 하나님께서는 우리에게 "풍부히 누릴 모든 것"(딤전 6:17)을 주셨다. 그러나 죄악의 즐거움을 누리는 것은 항상 잘못된 것이다. 하나님 뜻 안에서 삶을 누리는 젊은이들은 하나님의 심판을 두려워할 필요가 없다.

청년의 때는 순수하고 꿈도 많지만 또한 혈기방장하고 정욕이 샘솟듯 솟구치는 때다. 그러므로 정욕을 잘 통제하고 젊을 때 그 힘을 가지고 주를 섬기라고 한다. 왜냐하면 그 젊음은 오래 가지 않기 때문이다. 또한 젊은 시절을 어떻게 보냈는지에 대해 하나님이 심판하시기 때문이다(전 11:9-10).

두 번째로 솔로몬은 참다운 삶을 위해서 물리칠 것을 물리쳐야 한다고 충고한다. 즉 초조, 내적 고통, 불안과 같은 '근심'과 '악'을 물리치라고 한다. 어릴 때와 청년의 때를 근심과 악으로 장식한다면 다 헛된 것이 되고 만다. 미국의 시인인 나다나엘 파커 윌리스는 "젊은 시절을 낭비하며 허송세월하는 자는, 마침내 냉혹한 채주인 병과 빈궁에게 자신을 저당 잡혀 그의 소유 모두를 분명히 압류당할 것이다. 젊음은 아름답다. 그의 우정은 말할 수 없이 귀하다. 서로 사귀는 것은, 지치고 멍든 어려운 노년의 삶에서 놓임 받게 하는 좋은 활력소이다"라 하였다.
 "어릴 때와 검은 머리의 시절이 다 헛되니라"(전 11:10)는 구절은 이 시절이 중요하지 않다는 말이 아니라 이때에 좋은 출발을 하지 않으면 헛된 삶을 지내게 된다는 경고의 말인 것이다. 그러나 우리가 그것을 알기도 전에 해는 지기 시작한다. 그러므로 "새벽의 시기"에 최선을 다해야 한다. 왜냐하면 지나간 새벽 곧 젊음은 다시 올 수 없기 때문이다. 젊음의 때에 최선을 다해서 삶을 사는 것이 삶을 누리는 방법 중의 하나라 할 수 있다.
 청년의 때 곧 '곤고한 날'(악한 날)이 이르기 전에 창조주를 기억하여야 한다고 솔로몬은 말하고 있다. 인생의 황혼에 들어서기 전에 노년의 불편을 참으면서 살아야 하는 때가 오기 전에, 아직도 인생을 즐길 수 있는 청춘의 때인 지금 영적인 기초를 쌓는 것이 좋다는 것이다(전 12:1). 불현듯 폭풍과 먹구름이 당신이 현재 누리고 있는 청춘의 밝은 정오를 어둠으로 휘덮을 것이다. 그러면 발랄한 젊음의 힘과 무한한 즐거움의 때가 끝나고 만다(전 12:2). 손과 팔은 떨리기 시작하고("집을 지키는 자들이 떨 것이며"), 다리, 무릎, 어깨는 쇠하고 힘에 부쳐 휘어지며("힘 있는 자들이 구부러질 것이며"), 이가 빠져 점점 수효가 줄어들고("맷돌질 하는 자들이 적으므로"), 눈도 침침해 질 것이다("창들로 내어다 보는 자가 어두워질 것이며"-전 12:3). 당신의 귀는 들리지 않게 되고("길거리 문들이 닫혀질 것이며"), 치아는 더 이상 씹을 수 없게 될 것("맷돌질 소리가 적어질 것이며")이다. 당신은 잠을 이룰 수 없어 새벽이면 일어나게 되며 음성도 약해져서 노래할 수도 없게 될 것이다("새의 소리를 인하여 일어날 것이며 음악하는 여자들은 다 쇠하여질 것이다"(전 12:4).
 때가 되면 언덕을 오르는 일을 무서워할 것이며 집 밖으로 나가는 일조차 두려워 할 것이다("그런 자들은 높은 곳을 두려워 할 것이며 길에서는 놀랄 것이며"). 당신은 백발이 성성한 노인이 되니("살구나무가 꽃이 필 것이며") 너무도 허약해져서 몸조차 제대로 가누지 못할 것이다

("메뚜기도 짐이 될 것이며 원욕이 그치리니"(전 12:5). 5절에서 언급한 살구나무 꽃은 성욕을 자극시킨다고 하는 일종의 최음제이다. 거동이 힘들고 정욕도 사라지면 마침내 당신은 영원한 본향으로 간다. 그 때에 조객들의 애곡 소리가 길거리에서 들려올 것이다("조문객들이 거리로 왕래하게 됨이라"-- 12:5). 조만간 천정에 매달아 둔 은줄이 끊어지고 금 등잔이 바닥에 떨어져 부서질 것이다. 등잔의 기름이 엎질러지면 당신의 빛은 사라지고 만다.

솔로몬은 전도서 12장 6절에서 물을 가득 담은 항아리를 들어 올리는 도르래가 설치된 우물(샘)을 묘사하고 있다. 어느 날 바퀴는 부서지고 항아리는 깨지며 종말이 임한다. 우물은 삶에 대한 고대의 비유였다(시 36:8-9, 계 21:6). 생명의 동력이 멈추었을 때, 생명수는 흘러넘치지 않게 된다. 심장은 박동을 멈추고 피는 순환을 멈추고 그리하여 죽음이 온다. 영혼은 육체를 떠나 결국 흙으로 돌아간다(전 12:7). 그러나 우리의 영(신)은 그것을 주신 하나님께로 돌아가게 되는 것이다. 이 모든 것들은 불을 본 듯이 너무나 분명한 일이다. 그러므로 아직 기력이 있을 때에 하나님을 섬기라는 것이다. 몸의 기능이 제대로 움직일 때 하나님을 섬기라 한다(전 12:1). 하나님을 섬기며 삶을 누리는 사람이 행복한 사람이라는 것이다.

(3) 배우는 삶

"전도자가 지혜로움으로 여전히 백성에게 지식을 가르쳤고 또 묵상하고 궁구하여 잠언을 많이 지었으며, 전도자가 힘써 아름다운 말을 구하였나니 기록한 것은 정직하여 진리의 말씀이니라. 지혜자의 말씀은 찌르는 채찍 같고 회중의 스승의 말씀은 잘 박힌 못 같으니 다 한 목자의 주신 바니라. 내 아들아 또 징계를 받으라. 여러 책을 짓는 것은 끝이 없고 많이 공부하는 것은 몸을 피곤케 하느니라"(12:9-12).

여기서 보는 바와 같이, 솔로몬은 삶을 학교와 같다고 말한다. 사람들은 때때로 시험에 실패하고 나서야 비로소 교훈이 무엇인지 깨닫는다. 솔로몬 왕은 많은 주제에 관하여 연구했고 조사했으며, 그가 얻은 몇몇 결론들은 잠언을 통해 기록했다. 전도서에서도 그가 연구하고 조사한 결론들을 신중히 선별하여 순서에 맞게 배열하고 잘 기억될 수 있도록 잘 구상하여 책을 지었다.

솔로몬(지혜자)의 가르침은 지혜롭고 질서 정연하였다(전 12:9). 그리고 그는 그의 가르침에 있어 신중하려고 노력하였다. 그래서 그는 독자들이 수용 가능한 말들을 사용했다. 의도적으로 독자와 청중의 주의와 흥미를 끌 수 있는 호감 가는 또는 은혜로운 말들을 선택하려고 최선을 다했지만, 어떤 경우에도 정직과 진리를 희석시키기를 원치 않았다(전 12:10).

이 지혜자의 말씀은 '찌르는 채찍 같다'고 하였다. 이는 하나님의 말씀의 성격을 단적으로 표현한 것이다. 성경은 사람의 마음을 찔러 쪼개기 때문에 듣는 사람의 마음에 변화가 생기는 것이다. 그래서 히브리서 저자는 "하나님의 말씀은 살았고 운동력이 있어 좌우에 날선 어떤 검보다도 예리하여 혼과 영과 및 관절과 골수를 쪼개기까지 하며 또 마음의 생각과 뜻을 아시느니라"(히 4:12) 하였다. 하나님의 말씀은 회개를 촉구하는 말씀으로써 찌르고 교육과 가르치는 말씀으로써 마음에 박히고 양육하는 말씀으로 살찐 꼴이 되는 것이다.

또한 '스승의 말씀은 잘 박힌 못 같으니' 하였다. 못은 두 물체를 연결시키는 역할을 하고 있다. 그리고 벽이나 나무에 박아 못을 걸거나 물건을 걸어두는 역할을 한다. 말씀이 못과 같은 역할을 한다고 하는 것은 그로 인하여 하나님과 인간이 연결된다는 것과 아울러 말씀이 마음에 깊이 박히면 영생의 열매를 맺게 된다는 것을 말해주고 있다(롬 10:17).

그 원천은 모두 "한 목자"(전 12:11)에게서 나온 것이라고 한다. 여기 한 목자는 이스라엘의 목자이신(시 80:1) 여호와와 관련된다. 그분은 항상 배불리 먹일 수 있는 말씀의 꼴을 자기 백성에게 먹이시는 목자이시다. 한 목자에게서 나오는 말씀은 우리 인생을 늘 배불리게 한다. 그렇기 때문에 솔로몬은 우리들이 그의 말에 귀를 기울이도록 다정하게 권고한다.

전도서 12장 12절은 배움에 대한 부정적인 표현 같지만 인생의 신비를 밝히려고 무익한 책들을 과도하게 읽으며 피로한 연구에 정력을 낭비하지 말라고 경고하는 말이다. 즉 인간의 책이 하나님의 지혜를 강탈하도록 내버려 두어서는 안 된다는 것이다. 우리의 삶은 학교라 할 수 있다. 우리는 겸손해야 하고 가능한 한 모든 것을 배워야 하며, 성경은 우리의 교과서이고, 성령은 우리의 스승이시다(요 14:26, 15:26, 16:12-15). 모든 것들이 다 배울 것들이지만 그 중에서도 가장 우리가 소중하게 받들고 생명의 양식으로 배워야 할 것이 바로 성경 말씀이다. 성경 말씀에 대한 사랑은 결국 개인을 살리고 나라를 굳게 세워주는 원동력이 된다.

5) 허무를 넘어서는 신앙

전도서의 첫 번째 키워드는 '허무' 라는 말이다. 허무라는 말의 히브리어 '헤벨'은 '입김'(breath)을 뜻한다. 모든 것이 입김이나 또는 증기와 같다는 것이다. 입김과 증기가 우리에게 주는 느낌이 무엇인가? 아무런 단단한 속이 없고 기본적인 본질조차도 없는 그런 어떤 것을 의미하는 동시에 둥지에서 새가 홀홀 날아가 버린 것 같이 허전한 느낌이다. 즉 모든 것이 덧없고, 찰나적이며, 잠정적이어서, 순간적으로 있다가 한순간에 사라져버린 듯한 느낌이다. 이런 감정은 신앙인에게 있어서는 당연히 극복되어야 할 그런 것이다. 솔로몬도 반드시 넘어서지 않으면 안 되고 꼭 극복되어야 할 그런 감정으로서 허무감을 첫 번째 키워드로 내세웠던 것 같다. 그것은 결론 부분에서 더욱 명백해질 뿐 아니라 하나님 경외 신앙에 의해서 극복되어질 수 있다고 강조되어 있다. 그러나 끝까지 모든 것은 헛되고 헛되다고 하는 감정을 떨쳐버릴 수는 없었던 모양이다.

특히 한 겨울의 입김처럼 사라져가는 세대의 흐름을 바라다보면서 전도자는 허무의 감정을 더욱 느꼈다. 그래서 솔로몬은 전도서 1장 4절에서 "한 세대는 가고 한 세대는 오되 땅은 영원히 있도다"라고 하였다. 여기서 말하는 '한 세대'는 보통 지칭되는 30년이라는 기간을 말하는 것이 아니라 인생의 한 주기를 나타내는 말이다. 여러 대의 세대의 교체를 비교해보아도 태어나고 죽는 기본적인 틀은 세대마다 같다는 것이다. 여기서 우리가 느끼는 것은 만사의 반복과 순환이다. 한 세대가 가면 한세대가 온다고 하는 표현 속에는 기계적으로 반복되는 현상을 보면서 느끼는 무상한 감정이 숨겨져 있다고 할 수 있다. 사실상 덧없이 왔다가 가고 오는 변화를 보거나 기계적으로 무의미하게 반복되는 것을 볼 때 우리는 따분하고 허무하게 느끼게 된다.

무쌍한 변화나 기계적인 반복은 우리들에게 무상함과 허무함을 느끼게 하는 것이 사실이지만, 조금만 돌이켜 생각해보면 오고 가는 모든 것이 근본적으로는 비슷한 것 같으면서도 같지가 않다는 것을 알게 될 것이다. 세대의 흐름도 그러하고, 역사의 진행도 그러하며, 또한 4계절의 변화도 동일한 것의 반복은 아닌 것이다. 작년의 봄과 올봄은 다르고, 그것들은 순환하여 돌아오지만 새롭게 생명 에너지를 공급하면서 진행된다. 한 점은 다른 점과 같을 수 없다는 것이 직선적 흐름의 개념이라 할 수 있다. 따라서 이 땅에서 이루어지는 모든 일들과 땅위의 역사는 순환 반복되는 속성을 갖는 동시에 직선적으로 흐르는 성격도 갖고 있다는 것을 알 수 있다. 이렇게 다양하게 변하면서 오고 가는 세대를 역동적으로 체험한다면 덧없다고 생각하는 우리들의 감정을 넘어설 수가 있을 것이다.

시간을 측정하는 기준이 되는 해의 움직임도 마찬가지다. 해도 떴다가 지는 것이 한 주기인데, 떴다가 지며 그 떴던 곳으로 빨리 돌아가는 것으로 끝나버리면 떴다가 지고 마니까 반복이 없는 단회적인 것으로 말할 수 있을 것이다. 그런데 해는 떴다가 지는 것으로 끝나버리는 것이 아니라 그 다음날에 또 다시 떠오르는 것이다. 끊임없이 반복되는 주기적 순환 운동 그것이 천체의 움직임이다. 이런 천체의 움직임을 기계적인 순환과 반복으로만 보면 한없이 덧없고 지루할 뿐이다.

그러나 이런 순환은 한 일을 반복하게 하는 질서, 법칙의 존재를 전제로 해서만이 이루어질 수가 있다. 우리가 자연계에서 찾아내는 모든 법칙의 추론은 반복을 전제로 하고 있다. 다시 말하자면 규칙성을 전제로 하고 있다는 말이다. 같은 것이 반복된다는 것이 전제가 되어야만 법칙이란 말을 사용하고 찾아내게 된다. 이런 법칙과 질서는 자동적으로 진화해서 생겨나는 것이 아니라 태초부터 하나님의 설계에 의한 오묘한 생명 리듬으로 주어진 것이다. 만일 태양이 뜨고 지는 것이 아무런 질서나 규칙도 없이 멋대로 떴다가 진다면 우주 안에 생명체가 존재할 수 없고 존재한다고 해도 생존할 수가 없다. 결국 태양은 반복 순환하면서 생명을 싹트게 하고 성장을 돕고 결실을 맺게 한다. 이런 현상을 신앙의 눈으로 자세하게 관찰한다면 하나님의 놀라운 솜씨와 설계를 알아차리고 감탄을 마지하지 않을 것이다.

그리고 남으로 불다가 북으로 돌이키며 이리 돌며 저리 돌아 불던 곳으로 돌아가는 것이 바람이다(전 1:6). 바람은 한 방향으로 움직이다 순간적으로 방향을 바꾸어 예측 불가능한 방향으로 움직이는 성격을 가지고 있다. 이렇듯 바람은 불던 방향으로 자유분방하게 움직이다가 불현듯이 방향을 전환해서 이리 돌고 저리 돌아 움직이며 반복한다. 이런 운동을 일으키는 것은 힘의 작용이며 에너지의 공급이라 할 수 있다. 정지 상태의 물건이 힘의 작용이나 에너지의 공급 없이 운동 상태로 변해갈 수 없다. 에너지는 이런 운동 속에서 다른 에너지로 전환될 수가 있다. 이런 운동이 없으면 생물체가 생존할 수 없으며 보존될 수도 없다.

그러므로 바람이 이리 불다 저리 불며 돌고 도는 것은 무상한 반복인 것 같지만 그것도 자기 스스로의 힘에 의해서 이루어지는 것이 아니라 그 배후에서 작용하는 다른 힘에 의해서만 가능한 것이다. 이런 것을 볼 때 이 한계 안에서 일어나는 변화와 동력은 자연을 살리는 구실을 하고 있다는 것을 알게 된다. 이런 진리를 인식하게 되면 세상 모든 것이 무의미하게 보일 수가 없고 의미가 충만한 것으로 깨닫게 될 수 있을 것이다.

모든 강물도 다 바다로 흐르되 바다를 채우지 못하며 어느 곳으로 흐르든지 그리로 연하여 흐른다는 것이다(전 1:7). 든든한 지표에서 일정한 방향과 일정한 목표를 향해서 움직인다. 허공에 떠서 움직이는 천체의 움직임과도 다르고 자유분방한 바람의 움직임과도 다르고 바다로 계속 흘러들어가니까 바다가 넘쳐야 하는데 바다는 넘치질 않는다. 이것은 제자리로 되돌아가서 그와 같은 과정을 반복한다는 것을 뜻하는 것이다. 이처럼 한 방향, 한 장소에서 움직이는 단회적인 움직임도 실상은 반복적이요 순환적이라 할 수 있다.

이렇게 바다로 흘러 들어간 물은 수증기가 되어 하늘로 올라갔다가 다시 적절한 때 비가 되거나 눈이 되어 땅으로 내려와 시냇물이 되어 바다로 흐르면서 땅을 적시고 온갖 생명체들에게 생명 에너지를 공급해 주는 것이다. 만일 이 물이 바다로 들어가 흐르지 않고 고여만 있다면 사해(死海)가 되고 말아서 어족의 생존은 불가능해진다. 물은 그 자리 본래의 위치대로 되돌아와서 또 다시 흘러나오는 것이 사실이지만, 사실상 이런 흐름이 없다면 바다의 신비는 모두 사라지고 자연의 삼라만상은 사막화 되어 생명을 잃게 될 것이다. 이렇게 본다면 시냇물이 바다를 향해 계속 해서 흘러들어가는 주기적인 운동이 얼마나 고마운 일인지 모른다.

이런 자연계의 모든 물질은 구성 성분들이 무질서하게 섞여 있는 것이 아니고 조립되어 이루어진 것이며, 일정한 질서를 유지하면서 운동하고 있다. 이러한 조립이나 질서 있는 운동은 자발적으로 이루어질 수 없다. 가령 시계부품들을 용기에 넣어 두었을 때 그 부품들이 자발적으로 조립되어 내부의 규칙적인 운동으로 시계가 작동하겠는가? 시계의 조립은 누군가 사람에 의해 이루어지고 그 시계는 태엽이나 전지의 작용으로 작동하게 된다. 따라서 물질세계의 조립과 운동과 질서는 하나님의 섭리와 설계에 의한 자연법칙에 따라 이루어진다는 것을 알 수 있다. 사실 이런 시각으로 해 아래의 모든 것을 보면 돌고 도는 따분하고 단순한 무용지물(無用之物)과 같은 움직임 하나까지도 새롭고 신나지 않는 것이 없게 되고 전혀 진보 발전 없이 끝나는 운동도 없다는 것을 알 수 있게 된다.

그런데 이런 신비로운 현상을 불신앙의 눈으로 보거나 단순히 기계적인 순환과 반복을 계속하면서 돌고 도는 것으로만 본다면, 사실 돌고 도는 세상만사가 무상하고 부조리하게 보일 뿐이다. 그런 눈으로 만물을 바라볼 때 만물의 피곤함은 사람의 말로는 다 표현할 수 없고 눈은 보아도 족함이 없고 귀는 들어도 차지 않게 된다(전 1:8). 눈으로 보아도 만족함이 없고 귀로 들어도 만족함이 없다는 것이나 만물의 피곤함을 말로 다 할 수 없다는 말은 혹사시키면서 끊임없이 움직이는 사물의 운동 자체가 항상 피곤하고 따분하게 보인다는 뜻이다.

이것은 세상만사가 다 마찬가지다. 세상을 바라다 볼 때 불신앙적인 세속적 눈으로만 보면 세상은 어둡고 재미있는 것이 하나도 없다. 솔로몬은 한 때 그런 눈으로 세상 구석구석을 살펴보았다. 법정을 살펴보았더니 그곳엔 공정한 재판과 정직한 행사가 전혀 없었다. 이것이 솔로몬에게 부조리하고 허무한 감정을 갖게 하였다. 또한 온갖 종류의 사람들로 가득 찬 사회를 살펴보았을 때, 거기에도 억누르는 힘을 가지고 좌지우지하는 사람들만 판을 치고, 약자는 힘없이 당하기만 하고 눈물을 흘려도 닦아주는 사람조차 없었다. 시장을 가보아도 전부 이권적인 경쟁과 시기심과 욕심만 있을 뿐 진정한 베풂이나 돌봄, 그리고 사랑 같은 것은 눈을 씻고도 찾아볼 수 없었으며, 거리에나 궁정에도 조리와 질서 같은 것은 찾아 볼 길이 없고 오직 불신과 부패만 차고 넘쳤다. 이런 인간 세상은 덧없고 무상하며 어떤 삶의 의미도 주질 못한다.
그러나 신앙인의 눈으로 끊임없이 모든 것들이 움직이면서 변화를 시도하고 그런 변화 속에서도 질서를 유지해 가는 그 아름다움을 보면 삶의 의미를 느낄 수 있고, 허무한 감정은 사라지게 될 것이다. 끊임없는 움직임은 끊임없는 새로움의 시도인 것이다. 이런 시도 자체가 얼마나 신나는 충동과 흥분을 불러일으키는지 모른다. 만물이 얼마나 변화와 새로움을 위해 부산하게 끊임없이 움직이고 있는지를 우리가 말로 다 표현할 수 없다.
우주의 만상들은 끊임없이 변화하고 새로움으로 채색되지만 근본적으로 보면 있던 것이 다시 있게 되는 것이므로 새로운 것은 없다고 할 수 있다. 그래서 전도자도 해 아래에는 새로운 것이 없다고 하였다. 바로 이런 점이 해 아래의 모든 것들이 갖고 있는 근본적인 한계이고 그것을 넘어서는 새로움을 시도할 수 없는 존재의 벽이라 할 수 있다. 그것을 극복하는 것은 인간 스스로의 힘만을 가지고서는 불가능하다. 그래서 전도자는 하나님을 경외하는 신앙을 주문하는 것이다.
세속적인 눈으로 현세의 허무적 상황을 바라다보면 덧없고 무익하지만, 신앙의 눈으로 바라다보면 어두운 허무의 그늘 너머로 밝은 태양의 빛이 밝아오는 것을 볼 수 있다. 그것은 허무를 극복할 수 있다는 신호탄으로서 소망이나 다름없다. 세상이 무상한 것은 모든 것이 쉴 틈 없이 변화하기 때문인데, 하나님 경외 신앙을 가지고 그 속을 들여다보면 그 깊은 곳에는 영원히 변하지 않는 하나님의 섭리와 계획 및 법칙과 질서, 그리고 생명 에너지 같은 것들이 항존 하고 있다는 것을 알 수 있다. 우리가 변화하는 것들 속에서 영원히 변하지 않는 초월적 질서를 볼 수 있다면 전혀 허무하거나 무상하지는 않을 것이다. 그것이 바로 허무를 넘어서는 신앙의 의미라 할 수 있다.

각주)────────

119) H. C. 류폴드 지음,『전도서』, 명종남 옮김 (서울: 크리스챤서적, 1992), 15.

120) 월터 C.. 카이저 저,『숭고한 삶』, 정득실 역 (서울: 생명의 말씀사, 1991), 5.

121) 제임즈 L. 크렌쇼 지음,『구약 지혜문학의 이해』, 강성열 옮김 (서울: 한국장로교 출판사, 1993), 28.

122) 데렉 키드너 지음,『전도서 강해』, 박성호 옮김 (서울: 아카페 출판사, 1994), 17.

123) 솔로몬의 아내 이름은 다음과 같다. 아히노암(으시르엘 여인), 아비가일(갈멜 여인), 마아가(그술왕 달매의 딸), 학깃, 아비달, 에글라, 밧수아(바세바의 다른 이름 암미엘 딸). 미갈(사울 왕의 딸)이 첫째 부인이지만(삼상 18:27) 아들을 낳았다는 기록은 찾을 수가 없다. 그 아들들의 이름은 다음과 같다. 헤브론에서(삼상 3:1-5) 얻은 아들들: 1. 아히노암의 아들, 암논 2. 아비가일의 아들, 길르압(대상 3:1: 다니엘) 3. 마아가의 아들, 압살롬 4. 학깃의 아들, 아도니야 5. 아비달의 아들, 스바댜 6. 에글라의 아들, 이드르암. 예루살렘에서(대상 3:5-9) 얻은 아들들: 7. 시므아, 8. 소밥, 9.나단, 10. 솔로몬(바세바의 다른 이름인 밧수아의 4명의 아들들), 11. 입할, 12. 엘리사마, 13. 엘리벨렛, 14. 노가, 15. 네벡, 16. 야비야, 17. 엘리사마, 18. 엘랴다, 19. 엘리벨렛.

124) 키드너, 11.

125) 위 책, 11.

126) Robert Gordis, *Koheleth* (New York: Schocken, 1968), 5.

127) Christian D. Ginsburg, *Coheleth, Commonly Called the Book of Ecclesiastes* (New York: Ktav, 1970), 244.

128) 카이저, 29에서 재인용.

129) 키드너, 27.

130) 위 책, 29.

131) G. S. Hendry, Introduction to article, "Ecclesiastes," in *The New Bible Commentary Revised* (IVP, 1970), 570.

132) 워란 위어스비 지음,『만족하여라』, 김성웅 옮김 (생명의 말씀사, 1996), 14.

133) 위 책, 14.
134) 키드너, 27.
135) 위 책, 25.
136) 이것은 우주를 구성하고 있는 네 원소, 땅, 공기, 불, 물을 연상시킨다.
137) 키드너, 30에서 재인용.
138) 위 책, 31에서 재인용.
139) 류돌프, 60-61.
140) 위어스비, 40.
141) 위 책, 41에서 재인용.
142) 김상복 편, 『오늘의 양식』 (서울:한국오늘의 양식사) 1994년 1월호 43에서 재인용.
143) 위어스비, 63에서 재인용.
144) 위 책, 68쪽.
145) 위 책, 69에서 재인용.
146) 위 책, 72.
147) 가드너, 83-84에서 재인용.
148) 조신권 지음, 『명작속의 크리스천』 (서울: 아가페문화사, 2007), 465-469 참조바람.
149) 정학봉 지음, 『이것이 사람의 본분이니라』 (서울: 요단출판사, 1988), 123.
150) 김기호 저, 『영혼의 일기장-전도서 강해』 (서울: 도서출판 한글, 1998), 162-163.
151) 위 책, 163.
152) 위어스비, 118쪽에서 재인용.
153) 워렌, 39-40 참조.
154) 김호식, 104-105.
155) 김왕기 지음, 『자연과 신앙』 (광주: 전남대학교 출판부, 2001), 84-85.
156) 김호식, 107.
157) 위 책, 261.

제4장 아가서 : 열매 맺는 사랑의 기술

아가서는 흔히 남녀 간에 일어날 수 있는 러브 스토리(love story)다. 그러나 그것은 남녀 간의 사랑으로 한정되지는 않는다. 단순한 남녀 간의 열정적인 사랑을 다룬 것이 아가서라면 반드시 성경 속에 포함시켜야 할 만한 이유가 없다. 아가서를 단순히 세속적인 연애시로 보는 사람들은 아가서의 정경성(正經性)을 의심하는 것이다. 그러나 아가서는 구약의 성록(聖錄) 부분에 본래부터 포함되어 있으며, 유대인의 회당에서 유월절에 봉독되어 왔다.

현대인들 중에서 어떤 사람들이 아가서의 정경성을 의심하는 사람이 있다면, 그것은 아가서의 목적을 오해한 데서 생긴 것이다. 즉 솔로몬과 술람미 여인의 순결하고 진정한 사랑으로써 하나님의 사랑을 비유한 것인데, 그것을 단순히 두 청춘 남녀의 사랑으로 이해하려는 데서 비롯된 것이라 할 수 있다. 성경에는 하나님의 사랑을 부부의 사랑으로 비유한 구절들이 많이 있다. 특히 에베소 5장 22-31절을 보면 확실하게 알 수 있다. 인간의 이상적인 사회관계는 사랑의 관계다.

사랑만큼 많은 노래의 가사에 오르내리는 주제도 없다. 그러면서도 순애적인 사랑은 좀처럼 찾아보기 힘들다. 아가서는 남녀의 사랑으로써 주님과 믿는 신자들의 관계를 비유한 책인 것이다. 한 마디로 말해서 거룩한 영적 교제를 나누며 참 기쁨을 맛보는 순애보(殉愛譜)가 곧 아가서다. 그러므로 이 아가서의 사랑 이야기는 너무나 짜릿하고 누구나 사랑의 지침서로 삼아도 좋을 만한 이야기다.

아가서(The Song of Songs)라는 제목은 히브리어 '쉬르 하쉬림'(Shir hashshrim)을 문자적으로 직역한 것이다. 여기서 복수 소유격으로 명사를 반복한 것은 문법적으로는 최상급과 같은 것으로서, 노래들 가운데 가장 뛰어난 노래를 지칭한다. 즉 '노래들 중의 노래' 라는 말이다. 이 노래를 '맑고 고운 최고의 노래' 즉 '아가' (雅歌)라 부르는 것은 지극히 당연하다고 생각한다. 왜냐하면 남녀가 연합하여 하나를 이루는 것이 무엇보다 아름답고 큰 행복이 되듯이, 믿는 신자가 그리스도와 연합하여 하나를 이루는 것도 큰 행복과 큰 안식이 되기 때문이다. 아가서를 꼭꼭 씹어 가며 끝까지 읽어 보면, 육적인 기쁨과는 비길 데 없는 영적인 즐거움과 만나게 된다. 그것은 주님의 은총만이 줄 수 있는 고귀한 순애적 체험이다.

아가서는 구약의 짧은 다섯 두루마리 책(오축) 중에 속하며, 매절기 때마다 성전에서 낭독되었던 것들이다. 아가서는 매년 유월절 때 낭독되었고, 전도서는 장막절 때 낭독되었으며, 그리고 애가서는 아빕월 때, 룻기서는 오순절 때, 에스더서는 부림절 때 낭독되었다. 전도서의 중심 메시지는 인생이란 하나님을 위해 살지 않으면 살 가치가 없다는 것을 가르쳐 주는 것이지만, 아가서는 주님을 위한 삶은 그분을 사랑하는 것임을 가르쳐 준다.[158]

유대인들에게 있어서 이 아가서는 모든 경전 중에서 가장 거룩한 책이었다. 그들에게 있어서 잠언은 솔로몬성전의 뜰에 해당되고, 전도서는 성소에 버금가며, 아가서는 지성소에 비견되었다.[159] 아가서는 어떤 노래나 시 보다도 더 고상하고 아름답고 그윽한 영적인 교제를 담은 일종의 순애보[160]라 할 수 있다. 아가서를 지성소에 비견한 것은 그리스도와의 연합을 통하여 믿는 신자 자신의 계획과 감정은 사라지고 온전히 하나님께 헌신하고자 하는 영교(靈交)의 체험이 담겨 있기 때문이다. 아가서의 상징적인 비유를 빌리면, 이는 한 믿는 신자의 영혼이 주님과의 황홀한 입맞춤을 통하여 연합과 일치에 이르게 되는 신비체험을 담고 있기 때문이다.

아가서는 중요하지도 않은 문장들을 여기저기서 주워 모아서 엮어 놓은 책이 아니다. 믿는 신자가 눈부실 정도로 영광스러운 주님을 향해 점진적으로 다가 가는 모습을 드러내 보여 주는 책이 바로 아가서다. 이 아가서는 이미 하나님의 성령에 의해서 거듭난 성도들과 그리스도 안에서 더 한층 충만한 경험을 갈망하는 성도들을 위해서 기록된 책이라 할 수 있다. 여기서 강조하는 것은 구원에 관한 교리가 아니라 믿는 신자의 신앙 성장과 성숙된 삶 그 자체다. 따라서 아가서에는 어떻게 사람이 구원을 받을 수 있는지에 대한 언급은 전혀 없고, 다만 주님의 사랑을 더욱 깊이 체험하기 위한 성도들의 갈망만 있다.

아가서의 노래는 입에서 흘러나오는 공허한 울부짖음이 아니라, 마음 깊은 곳에서 솟아나는 기쁨의 표현이며, 입술을 움직여 울리는 단순한 음향이 아니라, 가슴 속에서 우러나오는 환희의 표출이라 할 수 있다. 고금동서의 온갖 시와 노래가 있지만, 아가서를 읽지 않고서 시를 읽었다고 하는 것은 거짓을 일삼는 일이라 할 수 있다..

I. 아가서의 문학적 탐구

1. 저자와 저작 년대

아가서 1장 1절을 보면 "솔로몬의 아가라"(the song of Solomon)라고 기록되어 있다. 이 말은 곧 아가서를 쓴 사람, 아니면 이 책을 헌정한 후원자를 지시하는 것이라 할 수 있다. 많은 학자들은 이 말이 솔로몬을 저자로 지칭 한다기보다는 후원자를 지시하는 말이라고 한다.[161]

그래서 어떤 사람들은 "솔로몬의 노래"라 했을 때, '솔로몬의' 라는 말이 반드시 저자를 가리키는 말이라기보다는 솔로몬이 편집했다는 뜻일 수도 있고, 솔로몬에게 헌정한 것일 수도 있다고 한다. 또 어떤 이들은 솔로몬의 문체를 본받아 썼다는 것을 입증해 주는 말일 수도 있다고 한다. 그러나 랑게(Lange)는 본서가 솔로몬의 저작이라고 자신 있게 주장하였다. 필자도 그의 의견을 지지한다. 그 확실한 증거로써 몇 가지 사례를 들 수 있다.

첫째 이유로 들 수 있는 것은 기록한 시대가 남북으로 갈라지기 전 시대라는 것이다. 그것은 본서에 나오는 지명들 즉 예루살렘, 사론, 갈멜, 레바논, 엔게디 따위는 통일왕국 시대에 사용되었던 이름들이기 때문이다.[162]

둘째 이유는 솔로몬은 비범한 지혜자로서 노래를 일천다섯 수(왕상 4:32)를 지은 일이 있기 때문이다. 노래를 지어본 일이 없는 사람으로서 아가서 같은 아름다운 노래를 짓기란 그리 쉬운 일이 아니다.

셋째 이유는 본서에 솔로몬이라는 이름이 여섯 번(아 1:5, 3:7, 9, 11, 8:11-12)이나 나오고, 왕이라는 이름이 세 번(아 1:4, 12, 7:6)이나 나오기 때문이다.

넷째 이유는 솔로몬이 통치하던 시대의 평화롭고 풍성한 생활상이 묘사되어 있기 때문이다.

다섯째 총 8장 118절로 이루어진 아가서 전체에는 21종의 식물과 15종의 동물이 소개되어 있는 데, 그것은 솔로몬이 "초목에 대하여 말하되 레바논 백향목으로부터 담에 나는 우슬초까지 하고 그가 또 짐승과 새와 기어 다니는 것과 물고기에대하여 말한지라" (왕상 4:33)라고 한 말과 잘 부합되기 때문이다.

이런 여러 이유로 해서 아가서의 저자는 솔로몬이라고 생각한다. 본서의 저자가 솔로몬이라면 아가서는 그가 재위한 기간(주전 1021-983)의 중반 주전 973-933년경에 기록되었다고 추정할 수 있다.

2. 주제와 문학형식

아가서는 남녀의 사랑 이야기를 통하여 영적 사랑을 노래한 일종의 순애보(殉愛譜)다. 이 순애적인 영적 사랑을 형상화하기 위해서 저자는 몇 가지 수사적인 방법과 문학적 장치를 취하였다. 이런 문학적 기교와 장치 등을 간단하게 살펴보면서, 아가서의 형식적인 아름다움과 그 향기를 찾아보겠다.

1) 아가서의 주제

아가서의 총 주제는 그윽한 영적인 사랑과 그 사랑의 누림에서 오는 황홀한 기쁨이라 할 수 있다. 시인 로벗 브라우닝(Robert Browning)은 이런 사랑을 "최상의 사랑"(Love is best)이라 했다. 그것은 단순한 남녀 합일의 사랑이 아니라 영원(하나님 또는 하늘)과 순간(인간 또는 땅)의 만남으로 이루어지는 그런 사랑인 것이다. 이러한 사랑은 불안하고 초조한 사람들에게 안식을, 역풍(逆風) 속에서 떨고 있는 사람들에게 평온함을, 뒤숭숭한 잠자리에서 잠 못 이루고 뒤치락거리는 사람들에게 단잠을 주는 것이다. 이런 사랑의 무르익은 세계가 곧 마음의 낙원(內心樂園, Paradise within)의 세계다.

이 내심낙원에 이르는 길을 흔히 영적 여행(spiritual journey)이라고 한다. '장미원'은 가까운 곳에 있지 아니하고 먼 곳에 있다. 그것은 곧 사랑의 성숙이란 그렇게 빨리 이루어지는 것이 아니라 점진적으로 완결된다는 것을 암시해준다. 이런 영적 사랑의 성숙과 결실은 동적으로 이루어지기 보다는 정적으로 이루어지기 때문에 때로는 따분하고 매력을 느끼지 못 할 수도 있다. 그래서 조급하게 육체적인 것으로 끝내버리는 경우도 많다.

사람은 누구나 변화와 성장을 바라는 자연적 욕구들을 소유하고 있다. 사랑의 경우에 있어서도 마찬가지다. 사랑이 싹트는 발아기에서 꽃을 피우는 개화기를 거쳐 충실한 열매를 맺는 결실기로 전진하고자 하는 것은 너무나 자연스러운 일이다.

그러나 진보는 올바른 방향을 전제로 했을 때에만 가능하다. 만일 올바른 방향을 줄 수 있는 영적 전진기지가 설정되지 않고서는 전진이란 있을 수 없다. 그러면 그 영적 전진기지는 어디에 두어야만 하는가? 단적으로 말해서, 그것은 우리의 주 예수 그리스도에게만 두어야 한다는 것이다.

우리는 사랑의 주로(走路)를 잘 달려가기는 하지만 이미 빗나가 있는 경우도 많다. 그러나 성숙한 사랑이란 언제나 그를 향상시켜 주는 데 있다 할 수 있다.[163] 그윽한 영적 사랑의 내심낙원 세계에 이르는 세 단계적 과정을 우리에게 보여 주는 책이 아가서다.

2) 문학형식

아가서가 시의 형태로 되어 있다는 것을 달리 부인할 사람은 아무도 없다. 서정시의 기본은 시인의 감정을 표현하는 '노래'라 할 수 있다. 본서를 '노래들 중의 노래' 즉 '아가'라고 한 것을 보아서, 아가서를 서정시로 보는 것은 아무런 무리가 없다. 그래서 아가는 각기 크기가 다른 13개의 노래 고리에 비교하기도 한다. 이 13개의 노래 고리를 한 개의 단일 시가로 보아도 좋고 혹은 길이가 다른 13개의 시들이 한 줄에 연결되었다고 생각해도 무방할 것이다. 그렇다고 해서 아가의 개별 시들이 서로 무관하게 인위적으로 묶여져 있다는 말은 아니다.[164]

더구나 이 시는 연애시의 한 종류라 할 수 있는 서정적인 목가(a lyric idyll)의 형식을 취하고 있다. 목가는 일반적으로 인간의 가장 이상적인 관계 즉 양치기와 양치기 소녀와의 사랑의 관계를 노래하는 것으로 이루어진다. 그런데, 누구나 다 아는 바와 같이, 왕과 양치기라는 이중 역할을 겸한 솔로몬과 포도원지기 역할을 함께 하는 시골처녀 술람미 여인과의 사랑을 노래하고 있는 것이 아가서다. 이런 점에서 본서를 목가로 볼 수 있다.

그리고 반복적 표현이 많다는 것도 목가에서 자주 발견되는 기법이라 할 수 있다. 본 아가서에는 비슷한 후렴이 여러 번 나오고(아 2:7; 3:5; 8:4), 같은 인물들이 반복해서 등장하며, 사랑하는 사람을 위한 표제와도 같은 "여인 중에 어여쁜 자"(아 1:8; 5:9; 6:1)라는 구절이 자주 사용되었다. 이러한 모든 문학적 장치들은 본서의 소재들을 유기적으로 통일해

주는 역할을 한다.

한편 술람미 여인은 예루살렘 여자들에게 "사랑이 원하기 전에는 흔들지 말고 깨우지 말찌니라"(아 2:7; 3:5; 8:4)라고 반복적으로 간청한다. 다른 반복으로서는 "포도원"(아 1:6; 2:15; 8:12), "노루와 사슴"(아 2:7, 9, 17; 3:5; 8:14), "어미의 집"(아 3:4; 8:2), "동산"(아 4:12, 15, 16; 5:1; 6:2), 그리고 "양치기"(아 1:7; 2:16) 따위들을 들 수 있다. 이러한 반복적 표현은 서정적인 목가시에다 극적인 효과를 더해준다. 이 극적인 효과는 사랑의 갈등을 풀어가거나 혹은 술람미 여인의 소원을 전하는 역할을 하게 된다. 물론 어떤 시적 표현들은 중동에서 살고 있지 않은 우리들에게는 매우 이상하게 들리기도 한다.[165] 그러나 아가서가 중동문화를 배경으로 한 사랑의 노래라는 데는 누구도 반대하지 않는다.

더욱 영화에서 흔히 볼 수 있는 플래시백(flashback) 기법 같은 것을 가끔 쓰고 있는데, 그것도 서정적인 목가에서 흔히 볼 수 있는 문학적 장치이다. 이 기법은 과거의 장면을 회상하고 있는 동안 지금 진행되고 있는 이야기를 잠깐 멈추는 기법이다. 이 기법에 따르면, 말이나 사건들을 반드시 연대기적 순서에 따라 배열하지 않아도 된다.

1장 2-8절은 솔로몬을 얼마나 사모하였으며 그의 애무와 신체 밀착을 갈망했는가를 술람미 여인이 결혼식 날 돌이켜 보는 회상 장면이라 할 수 있다. 이 회상 장면을 영적으로 해석을 하여도 그리 큰 문제는 없다. 믿는 신자들이 우리 주 예수 그리스도를 만나자 마자 바로 결혼할 수는 없다. 믿음의 어른으로 성숙될 때 비로소 가능하다. 그때 신랑 그리스도의 사랑을 받게 되고 마침내 때가 되면 혼례식을 올리게 된다. 그러나 영적인 갈망 없이는 영적으로 미숙한 아이가 어른으로 성장할 수가 없고, 따라서 결혼에까지 이를 수도 없는 것이다. 그리스도와 믿는 신자가 영적으로 연합하는 순간 벅찬 가슴으로 얼마나 주님을 사모했으며 그와의 영적인 접촉을 원했는가를 회상해 보는 것은 너무나 자연스러운 일이다. 이런 회상이 아가서에는 자주 나온다. 이런 회상 기법을 썼다는 점에서 서정적 목가라 할 수 있다.

또 어떤 이들은 아가서를 일종의 로맨스로 보기도 한다. '놀라움'이 로맨스의 가장 중요한 특색인데, 그런 요소가 아가서에 많이 있다는 것이다. 가령 예를 들어서 솔로몬이 레바논의 백향목으로 침실을 지어 (1:16-17), 술람미 여인을 놀라게 했을 때, 그는 로맨틱한 행동을 한 것이었다. 또 레바논 산지로 여행을 가자는 예기치 못한 제안을 했을 때, 실로 그는 로맨틱했다. 늘 반복되는 것만 하지 말고 새롭고 놀라운 시도를 하는 것이 로맨스의 중요한 요소가 되는 데, 그런 것이 아가서에 많이 나오므로 아가서는 로맨스 문학이라고 한다.

로맨스에는 비실용적인 요소가 보통 포함되는데, 그런 요소가 아가서에 많이 있다. 예를 들어서 왕들은 아내와 함께 레바논 산지의 들과 숲속을 한가하게 돌아다닐 시간적인 여유가 없음에도 불구하고 솔로몬은 술람미 여인과 함께 들로 가서 유숙하며 그 들과 숲을 거닌다는 것이다. 이것은 비현실적이지만 사랑을 화사하게 꽃피우게 하는 데는 꼭 필요하다. 이런 요소들은 아가서를 로맨틱하게 만든다.

또 다른 한 로맨스의 요소는 창의성이다. 창의적이지 못한 사람은 환상적인 침실을 디자인 할 수 없는데 솔로몬은 그런 침실을 디자인하였고(아 1:16-17), 술람미 여인의 미를 시구로 표현하였으며(아 4:1-7), 자잘한 장신구와 보석을 아내에게 선물하기도 하며(아 1:11), 성애적인 표현도 다양하게 시도한다(아 7:1-11). 이런 창의성이 아가서에 많이 들어있다는 점에서 일종의 로맨스인 것이다.[166]

그러나 아가서는 단순한 로맨스라기 보다는 사랑의 신비를 추구하는 책이라는 점에서는 일종의 지혜문학이라 할 수 있다. 특히 창조의 질서 곧 결혼의 질서에 관해 많은 관심을 두고 있다는 점에서 아가서는 지혜문학의 흐름과 매우 유사하다.[167]

3. 해석방법

1) 해석방법

아가서 해석의 원리는 대개 세 가지로 나눌 수 있다. 이 세 가지 해석 방법의 개념과 특징 및 결함을 간단히 설명하면서, 본서를 어떻게 해석하는 것이 가장 올바른 해석 방법인가를 나름대로 살펴보겠다.

(1) 풍유적 해석

아가서를 일종의 풍유(allegory)로 보고 해석하는 방법이다. 로스(Lowth)는 풍유를 정의하여 "말의 문자적인 의미 아래에 이질적이거나 거리가 먼 의미를 은닉한 표상이다"[168]라 하였다. 그리고 페어베언(Fairbairn)은 "알레고리는 하나의 설화(narrative)인데 … (그것은) 문자적인 … 것보다 고차원적인 어떤 진리나 원리들을 묘사하는 목적을 갖는다"[169]라 하였다. 이 방법은 랍비 아키바(Rabbi Akiba)를 비롯한 고대 유대 랍비들 사이에서 널리 사용되었던 것으로 현재의 그리스도 교회에 커다란 영향을 미치고 있다.

그들은 그리스도와 교회의 거룩한 사랑을 비유한 것으로 본서를 보았다. 그러나 중요한 것은 아가서가 솔로몬의 결혼이라는 역사적 사실을 모형(type)으로 한 역사적 실재를 가진 비유냐, 혹은 그렇지 않은 단순한 비유냐 하는 것이다.

그런데 유대인들의 전통적인 해석 방법이라 할 수 있는 이 풍유적 해석방법에 따르면, 아가서의 내용은 이스라엘의 역사 과정에 있어서 그의 택한 백성에 대한 하나님의 사랑을 순전한 비유로 나타낸 것으로 본다. 다시 말하면 그들은 아가서 전체를 출애굽에서 메시아를 맞을 때까지의 역사를 비유한 것으로 본다는 것이다.

이 풍유적 해석자들은 대부분 아가서 가운데는 문자적으로 취급할 것은 하나도 없다고 주장한다. 따라서 본서에 나오는 일체의 암시나 어구들에 영적인 의미가 포함되어 있다고 보는 것이다. 이 해석이 문제가 되는 것은 다음과 같은 이유 때문이다. 첫째 그것은 본서의 저변에 흐르고 있는 진리의 역사성을 부정할 수밖에 없기 때문이고, 둘째 그것은 해석하는 인간의 뜻에 따라 그 진의가 바뀌어질 수 있기 때문이다.

(2) 자연주의적 해석

이 방법을 따르는 학자들은 아가서를 문자적으로 해석하여 아름다운 사랑의 노래로 본다. 이런 점에서 자연주의적 해석은 독일의 낭만파 시인 헤르델(Herder)이 맨처음으로 채용한 서정시적 해석과 거의 동일하다 할 수 있다. 이들의 해석에 따르면 아가서의 의도는 육체적인 아름다움과 성혼(成婚)의 사랑은 그 자체로서 선한 것이므로 천시해서는 안 된다는 것이다. 그들에 따르면 아가서에서는 육체적 사랑이 상스럽거나 음란한 것으로 전혀 간주되지 않는다. 그러나 그들의 자연주의적인 접근은 아가서의 영적인 가치를 떨어뜨린다. 구약 성경 전체 속에서 우리는 그리스도를 찾을 수 있는데, 이 자연적 해석에 따르면, 아가서에서는 예수를 찾을 수가 없다. 이것이 큰 약점이요 허점이라 할 수 있다. 조셉 딜로우의 『아가』라는 책이 그런 해석을 따른 가장 좋은 예가 아닌가 한다.[170] 매우 흥미롭기는 하지만 아가서의 정경성이 부정될 수 있다는 것이 문제다.

(3) 모형적 또는 상징적 해석

모형적 해석을 내세우는 학자들은 아가서의 인물들과 사건들을 영적 진리에 대한 암시로 본다.[171] 그러나 풍유적 해석에서처럼 그런 암시들을 어떤 특정된 영적 진리에 무리하게 끼워맞추지는 않는다. 그래서 캠벨 모간(Campbell Morgan)은 "아가서는 먼저 단순하고 우아한 인간적 애정시로 취급되어야 한다. 그 다음 단계에서 우리들은 본 시가가 인간의 영과 성령의 영, 그리고 궁극적으로 교회와 그리스도 사이의 교제의 기쁨을 노래한 보다 높은 차원의 가치를 드러낸 것으로 승화시켜 이해해야 한다"[172]고 하였다. 이 견해가 가장 정당한 해석인 듯하다. 본 해석을 따르면 우선 아가서의 사실성을 인정하기 때문에 본문을 놓고 갖가지 상상을 할 필요가 없다. 그러면서도 본서에서 그리스도를 볼 수 있기 때문에 풍유나 자연적 해석의 문제점들이 해소되는 것이다.

이 해석에 따르면 솔로몬과 술람미 여인의 결혼이 그리스도와 교회(또는 믿는 신자)의 영적 연합의 모형이 된다. 그리스도 자신이 친히 교회의 신랑인 사실을 말씀하신 바 있다(마 9:15, 25:1). 그가 이 말씀을 하실 때에 설혹 아가서를 염두에 두지 않았다 하더라도 부부의 제도 자체가 그리스도와 교회의 영적 연합에 대한 비유라고, 성경이 밝히 증거해 준다.[173]

사도 바울은 말하기를, "내가 너희를 정결한 처녀로 한 남편인 그리스도께 드리려고 중매함이로다"(고후 11:2)라고 하였고, 또 "그러므로 사람이 부모를 떠나 그의 아내와 합하여 그 둘이 한 육체가 될지니 이 비밀이 크도다. 내가 그리스도와 교회에 대하여 말하노라"(엡 5:31-32)고 하였다. 요한 계시록 19장 7절에서는 교회를 가리켜 그리스도(어린양)의 "아내"라고 하였다. 아가서에 대한 모형적 접근법은 해석의 한계를 벗어나서 하나의 귀한 영적 체험의 길로 우리들을 이끌어 준다.

그러나 믿는 신자들이 아가서를 읽거나 해석하면서 반드시 유의하여야 할 것이 있다. 그것은 다름 아닌 영적 생활과 신자의 소명감을 너무 강조한 나머지 육적인 생활을 죄악시 한다든가 가정을 등한히 해서는 안 된다는 것이다. 부부는 서로를 섬김에 있어서 주께 하듯 하여야 하고 서로를 사랑함에 있어서는 하나님이 교회를 사랑하듯이 하여야 한다.

주를 사랑하는 사람들은 자신들의 귀한 선물로 받은 부부 생활에 문제가 없어야 한다. 그래야 주를 섬기는 데 있어서도 신바람을 느낄 수 있게 된다.

II. 영적 사랑의 세 단계 탐구

자연이 계시하는 생명의 신비 못지않게 경이로운 것이 사랑의 신비다. 사랑이란 자연처럼 신비로운 것이므로, 사람들이 지닌 모든 에너지들을 활성화시키기도 하고 마비시키기도 하며, 또 세워주기도 하고 무너뜨리기도 한다. 이처럼 그 생명 에너지들을 건전하고 건설적인 방향으로 이끌어가거나 아니면 악하고 파괴적인 방향으로 이끌어갈 수 있는 기본적인 힘이 바로 사랑인 것이다.

사랑은 인간의 기본적인 기초능력으로서, 생명과 죽음, 선과 악, 창조와 파괴, 세움과 무너뜨림, 천국과 지옥, 양자 중 그 어느 하나를 고르게 하는 선별의 원동력이 되는 것이다. 그러므로 우리는 그 사랑을 선한 방향으로 이끌어서 풍성한 결실을 맺도록 성장시키고 성숙시켜야만 한다. 이렇게 성숙된 사랑은 그 성격 자체가 영적인 것일 수밖에 없다.

인간의 도덕생활을 먼 곳으로 가는 여행에다 비교할 수 있듯이, 영적인 사랑도 먼 곳으로 가는 장거리 여행에 비교해 볼 수 있다. 이 땅에서 주님과 만난 성도들이 황홀한 사랑의 연합을 누리기 위해서 천국을 향해 나아가는 먼 여행, 그것이 영적 사랑의 여행이다. 그러므로 가장 안전하게 그리고 확실하게 그 사랑의 정상에 도달하려면 가장 가까운 낮은 곳에서부터 출발하여야만 한다. "천리 길도 한 걸음부터"라는 속담도 있지 않는가?

그것은 높은 데로 오르는 고된 산행과도 같다고 할 수 있다. '거룩한 사랑'이라는 에베레스트 산처럼 높은 산의 최고 봉우리에 오르는 것이 그리 쉬운 것은 아니다. 또 쉽사리 오를 수 있는 요행을 기대하거나 원해서도 안 된다. 점진적으로 오르기를 힘쓰면 마침내 정상까지 오를 수가 있다. 그러므로 가장 높은 사랑의 정상에 오르려고 하는 사람은 먼저 일사각오의 결의와 철저한 준비 및 건실한 실력과 뛰어난 기술부터 쌓아가지고 베이스캠프를 부설하는 가장 낮은 단계에서부터 시작하여야 한다.

또한 그 사랑을 "사람이 씨를 땅에 뿌리는 것"(막 4:26)에다 비교해 볼 수도 있다. 사람이 씨를 땅에 뿌리면 처음에는 싹이 나고 다음에는 이삭이 나며 그 다음에는 이삭에 충실한 열매가 맺힌다(막 4:27-28). 마찬가지로 사랑도 아주 단단한 씨알에서 싹이 트는 힘든 과정을 거쳐서 비로소 아름답게 꽃을 피우고 옹골진 열매를 맺을 수 있다.

새로 돋은 싹이 싹 그대로 있으면 어떻게 그 열매를 맺을 수가 있겠는가? 힘든 과정을 거쳐서 사랑이 성장하지 않고 미숙한 상태 그대로 있으면 어떻게 사랑의 결실을 맺을 수가 있겠는가? 그럴 수 없다. 우리의 믿음도 신비롭게 싹이 트고 어려운 단련과 경건에 이르는 훈련을 거치면서 성장하지 않으면, 주님의 사랑이 주는 풍성한 결실을 맺을 수 없다.

이런 사랑의 원리를 가르쳐 주는 지침서가 바로 아가서다. 이 원리를 따라 그 성장으로부터 결실에 이르는 과정을 나누어 보면, 세 단계 즉 영적 사랑이 싹트는 시기, 꽃피는 시기, 및 열매 맺는 시기로 구분할 수 있다. 이 세 단계를 따라 가며 아가서에 나타나는 오묘한 사랑의 신비를 추구해 보겠다.

1. 첫 번째 단계 : 영적 사랑이 싹트는 시기

영적 사랑의 첫 단계는 그 사랑이 싹트는 단계다. 이 현상을 화학적인 용어로는 '승화'(sublimation)라 할 수 있다. '승화'란 고체에 열을 가하면 액체가 되는 일이 없이 직접 기체로 되는 질적인 전환 현상을 일컫는다. 심리학에서도 어릴 때에는 육체적인 것으로 향하던 욕구가 장성하여서는 좀 더 고상한 문화 활동이나 사회 봉사활동으로 미화 또는 순화되는 과정으로 전환하는 것을 승화라 한다.

거듭남의 체험 없이 그저 교회나 왔다 갔다 하던 믿는 신자가 중생의 체험을 하고 주님을 진정으로 사랑하는 신실한 성도로 전환한다면, 그것을 승화라고 할 수 있지 않겠는가? 이 현상을 농업적인 용어로는 '싹틈'이라고 할 수 있을 것이다. '싹 튼다'고 하는 것은 단단한 껍질을 깨고 그 속에 있던 씨알이 새 생명체로 전환되는 것을 의미한다. 그런 의미에서 그것을 '승화' 또는 '싹틈'이라 할 수 있다. 인간에게는 여러 인간적 욕구와 열망이 있다. 그 욕구와 열망 중에는 보다 낮은 것도 있고 보다 높은 것도 있다. 보다 낮은 것은 이 세상과 육적인 욕구라 할 수 있고, 보다 높은 것은 하늘과 영적인 갈망이라 할 수 있다. 물론 그 판단 기준은 가치관의 차이와 변화에 따라 달라질 수 있다.

그러나 우리들의 욕구가 승화되었다고 해서 인간의 지상적인 욕구와 열망이 모두 사라져버리는 것은 아니다. 또 모두 사라져버릴 수도 없다. 그러므로 여기서 승화된다고 하는 것은 육적인 열망을 영적인 갈망에다 예속시키는 것을 뜻한다. 이렇게 인간 본성의 기본적인 열망이 주님께로 무엇보다 먼저 향할 때, 우리는 그것을 영적 갈망이라 한다. 영적인 사랑의 싹은 영적인 갈망에서부터 싹 트기 시작한다.

1) 영적인 갈망

참된 영적 사랑은 주님 자신을 갈망하는 영적 추구(spiritual pursuit)에서부터 시작된다. 신령한 성도의 상징인 술람미 여인이 주님의 모형인 솔로몬에게 쏟는 그 뜨거운 사랑도 이런 갈망으로부터 시작된다. 술람미 여인은 어느 정도로 주님을 사모하며 갈망했는가? 2장 5절에 보면 "내가 사랑하므로 병이 났음이니라"고 할 정도로 흠모하였다. 이것은 거의 미칠 지경의 사랑의 갈망이었다. '미친다' 함은 정신 이상을 일컫는 것이 아니라 한 가지 일에만 전심전력 몰두하는 '거룩한 광기'(divine madness)를 말한다. 이런 영적 갈망을 술람미 여인은 "내게 입 맞추기를 원하니"(아 1:2)라고 육감적으로 표현하였다.

흔히 우리들은 입맞춤을 욕정과 연관시키는 경우가 많다. 조셉 딜로우도 '입 맞추기를 원하니'라는 표현은 솔로몬의 애무와 신체 밀착 욕구를 표출한 것이라 하였다.[174] 물론 문자적으로만 본다면 그런 욕구가 그 속에 표현되어 있다고 말할 수도 있을 것이다.

그러나 성경에서의 '입맞춤'은 주로 순결하고 절실한 사랑의 표출이라 할 수 있다.[175] 그 외에도 '입맞춤'은 일반적인 애정 표시, 평화 약속, 화해의 증거, 환영의 뜻으로 사용되기도 한다. 이처럼 입맞춤의 의미는 다양하지만, 여기서는 주님과 온전히 하나가 되고자 하는 그녀의 강한 영적 갈망의 표현으로 본다. 박윤선 박사는, "이 말씀은 신부로 비유된 교회(신자)가 주님과 연합하기를 원하는 탄원이다. 교회(혹은 신자)의 가장 사모할 만 한 분은 주님 한 분 뿐이시다(시 42:1, 73:25)"[176]라 하였다. 그러니까 '입맞춤'은 주님과의 교제와 연합을 최고의 즐거움으로 아는 열렬하고 거룩한 욕구의 표출이라 할 수 있다.

술람미 여인이 갈망한 '입맞춤'은 결코 욕정의 표출이 아니라, 그리스도와 연합되기를 원하는 신성한 갈망이었다. 그러므로 그 '입맞춤'은 아주 신비롭고 '황홀한 입맞춤'이라고 할 수 있다.

키토는 "입맞춤보다 더욱 다양하며 대조적인 의미를 갖는 행동은 드물다. 그것은 존경은 물론 가장 깊고도 경모하는 부드러운 애정을 의미한다"[177]고 하였다. 입맞춤의 그 깊고도 오묘한 신비는 말로 다 표현할 수가 없다. 그것은 단순한 지식의 문제가 아니라 체험에 속하는 문제다. 신앙과 사랑의 싹틈에서부터 완성에 이르는 길도 신비로운 체험에 속하는 것이다.[178] 실로 주님과 성도가 신비롭게 하나가 되는 것은 지식이나 이론으로서 되는 것이 아니라 입맞춤의 체험으로써만 가능하다. 그리고 그런 체험적인 사랑의 관계만이 합일의 기쁨을 순수하게 누리게 한다.

왜 술람미 여인은 입 맞추기를 그토록 갈망했을까?

첫째로 "네 사랑이 포도주보다 나음이로구나"(아 1:2)라는 말 속에 표현되어 있다. 이것은 사랑과 포도주를 비교한 말씀이다. '포도주'는 달콤하여 사람의 마음을 기쁘게 해주고 사람으로 취하게 하는 세상의 기쁨과 위로를 가리킨다. 히브리 문화에서는 모든 흥겨운 축하잔치를 말할 때 '포도주'라는 말을 늘 사용하였다고 한다.[179] 성경에 있어서 '포도주'는 기쁨(시 104:15)을 주기도 하고, 때로 '포도주'는 약용으로 쓰이기도 하며(딤전 5:23), 정신적 유익을 주기도 한다(잠 31:6-7).

이처럼 마음을 기쁘게 해 주는 '포도주'보다 더 나은 것이 주님과의 연합이라는 것을 신령한 성도의 모형인 술람미 여인은 익히 알고 있었다. 이러한 사랑의 연합은 심신을 상쾌하게 하고, 기분을 유쾌하게 하며, 마음을 맑고 무한히 기쁘게 하고, 영혼을 달고 도취하게 하기 때문이다.

둘째로 "네 기름이 향기로워 아름답고 네 이름이 쏟은 향 기름 같으므로 처녀들이 너를 사랑하는구나"(아 1:3)라는 말씀 속에 입 맞추기를 바라는 갈망의 동기가 잘 표현되어 있다. 보통 성도들을 표징하는 예루살렘의 딸들처럼 술람미 여인도 주님을 사모하며 사랑하고 싶어 한다. 그녀는 주님을 그토록 사랑하고 싶어 하는 것은 우선 "(그의) 기름이 향기롭고 아름답기" 때문이다. 성경에서 기름은 여러 가지 의미로 쓰이고 있지만,[180] 기름이 주는 가장 큰 중요성은 '그리스도'라는 말의 뜻이 '기름부음을 받은 자'라는 데에 있다. "감람기름에 귀한 향품인 몰약, 육계, 창포, 계피가 더해져 관유가 되는데(출 30:23-25), 이 관유는 곧 성령이며 그리스도는 이 관유 곧 성령으로 기름부음 받은 자이다."[181] 시편 133편 2-3절에 "머리에 있는 보배로운 기름이 수염 곧 아론의 수염에 흘러서 그의 옷깃까지 내림 같고 헐몬의 이슬이 시온의 산들에 내림 같도다"라고 기록되어 있는 바와 같이,[182] 주님의 온 몸에는 성령을 뜻하는 기름이 넘쳐흐르고 있다. 그래서 꽃이 아무리 향기를 감추려 하여도 감출 수가 없듯이, 예수님의 온 몸에서는 구원의 향기, 사랑의 향기, 온유의 향기,

겸손의 향기, 용서의 향기가 끊이지 않고 뿜어져 나오고 있다. 중동지방에서는 건강과 아름다움을 위해 공적인 연회석상이나 일상적인 가정생활에서 향기 좋고 값비싼 기름과 향수를 사용했다고 한다.[183] 술람미 여인은 이렇게 중동지방에서 늘 사용하던 향수나 기름의 향기를 추억하며 주님께 대한 무한한 애모심(愛慕心)에 흠뻑 젖어 있는 것이다. 우리가 주님의 사랑을 갈망하는 것도 그 때문이다.

셋째로 그것은 "그 이름이 향기롭기" 때문이다. 이름은 모든 사물의 총체성을 지칭하는 것이다. 사람의 이름은 그 인격을 반영한다. 우리는 사람을 직접 대하지는 못하지만 이름만을 듣고도 그 사람의 품성과 인격을 짐작해 볼 수 있다. 실로 예수라는 이름은 듣기만 해도 쏟은 향 기름 같아서 온 누리에 그 냄새가 향기롭다. 그 향기는 모든 더러운 냄새를 제거하며 썩어져 가는 것을 방지하고 좀이나 벌레가 접근하지 못하게 한다. 더러운 마귀는 예수님의 이름에 놀라서 도망친다. 이와 같이 주님은 의로우시고 거룩하시고 지혜로우시며 향기로우시므로 주님의 이름은 듣기만 해도 가슴을 설레게 한다. 아름다운 인격의 향기는 늘 그것을 느끼고 맡을 수 있는 사람들에게는 그 이상 더 매력적인 것은 없다.

넷째로 그것은 "왕이 그의 방으로" 그녀를 인도해 주기를 바라기 때문이다(아 1:4). 왕의 방이란 그의 잠자리를 말한다. 왕의 잠자리에는 아무나 들어갈 수가 없다. 왜냐하면 그 자리에는 지극히 높으신 분(왕)이 계시기 때문이다. '왕의 방'은 영적으로는 솔로몬 성전의 지성소에 비교될 수 있다. 즉 영교의 밀실을 뜻한다. 진정으로 주님을 사랑하는 사람들의 마지막 갈망은 무엇인가? 그것은 한 마디로 말해서 왕의 밀실로 들어가 영교를 나누는 것이다. 보통 성도들을 지칭하는 예루살렘 딸들도 '왕의 방'에 들어가고 싶어 하지만, 거기엔 들어가지 못하고 다만 왕을 따라 다니면서 섬길 뿐이다. 그러나 신령한 성도의 모형인 술람미 여인은 왕의 방 곧 영적 깊은 세계까지 들어가서 거기서 예수를 만나고 예수와 더불어 교통하는 생활을 한다. 주를 사랑하는 성도들은 누구나 '왕의 방'에 들어가고 싶어 한다. 그곳에 들어가기만 하면 그곳에서 주님과 만나 영교를 나눌 수 있고, 또한 그와 연합하여 많은 결실을 맺을 수가 있기 때문이다.

2) 자기발견

일반적으로 한 가지 일에 집중하고 몰두하다 보면, 누구나 그 일에 눈을 뜨게 된다. 그러면 그 일의 실체를 볼 수 있고, 그 일을 속속들이 알 수 있게 된다. 사랑의 경우도 마찬가지다. 사랑의 대상을 자꾸 바꾸면 그 대상을 잘 알 수가 없다. 일관된 사랑을 통하여 우리는 잘 드러나지 않는 그 사랑의 실체를 알게 되고, 또한 자신의 정체도 확인할 수 있게 된다.

신령한 성도의 상징인 술람미 여인은 주님의 모형인 솔로몬을 진정으로 사랑한다. 처음에는 전원지역에서 흔히 볼 수 있는 목동이라고 생각한 그녀는 두려움 없이 그와 사귀기 시작한다. 그를 만나고 난 이후 그녀는 사무치도록 그를 사모하게 되고 너무나 그리운 나머지 병이 날 정도였다. 그러는 동안 그녀는 자신이 사랑하는 자가 목동이 아니라 왕이라는 사실을 알게 된다.

인격은 거울과 같다. 그래서 그 거울 앞에서면 그 자신의 진정한 모습이 보인다. 왕이라고 하는 높은 '신분의 거울' 앞에 선 그녀는 그 자신 너무나 작아 보이고 초라하게 보였다. 그러나 그녀는 그의 은총만 입으면 왕비로 곧바로 격상될 것이고, 그렇게 되면 비록 지금은 햇빛에 그을려 얼굴이 거무스름할지라도 아름다워지리라고 믿었다. 한편으로는 두려우면서도 다른 한편으로는 기대감으로 저미는 벅찬 가슴을 억누를 수가 없었다. 그 감정을 솔직하게 다음과 같이 토로한다.

"예루살렘 여자들아 내가 비록 검으나 아름다우니 게달의 장막 같을

지라도 솔로몬의 휘장과도 같구나. 내가 햇볕에 쬐어서 거무스름할지라도 흘겨보지 말 것은 내 어머니의 아들들이 나에게 노하여 포도원지기로 삼았음이라. 나의 포도원을 내가 지키지 못하였구나. 내 마음으로 사랑하는 자야 네가 양 치는 곳과 정오에 쉬게 하는 곳을 내게 말하라. 내가 네 친구의 양떼 곁에서 어찌 얼굴을 가린 자 같이 되랴. 여인 중에 어여쁜 자야 네가 알지 못하겠거든 양떼의 발자취를 따라 목자들의 장막 곁에서 너의 염소 새끼를 먹일지니라" (아 1:5-8).

우선 여기서는 내려 쬐이는 햇볕에 그을린 술람미 여인의 외모를 '계달의 장막' 에 비유한다.[184] 계달(Kedar)은 아브라함의 아들 이스마엘의 둘째 아들인데, 그 족속은 아라비아 사막지대에 거주했던 유목민이다 (창 25:13). 활 쏘는 기술이 능한 강대한 부족(사 21:16-17)으로, 그들의 천막은 검정색 염소 가죽으로 만들어졌다고 한다.[185]

계달의 장막에 비유되는 술람미 여인의 피부는 비록 햇볕에 타서 거무스름했지만, 한편으로 그 자신의 내면세계는 전원적인 순결함과 맑고 깨끗한 순수함과 단아함으로 잘 단장되어 있어서 솔로몬의 휘장처럼 화려하고 아름답다는 자신감을 갖고 있었다. 그래서 그녀는 그 자신의 아름다움을 솔로몬 궁전에 걸려있는 우아하고 청색 자주색 주홍색 등 다채로운 색깔의 술이 달려있는 매우 아름답고 위엄 있는 휘장에 비교한다.

왜 술람미 여인의 얼굴은 그렇게 거무스름하게 되었는가? 그것은 자기 '어머니의 아들들' 즉 오빠들의 포도원지기 노릇을 한 때문이었다 (아 1:6). 술람미 여인의 아버지는 그녀가 어릴 때 이미 별세하고, 그 후 그녀는 어머니와 오빠들과 함께 살았던 것 같다. 그것은 아버지가 살아계셨다면 '어머니의 아들들' 이라 하지 않고 '아버지의 아들들' 이라고 했을 것이 틀림없기 때문이다.

아무튼 어머니의 아들들 육신의 근친들과 오빠들의 성화와 강요에 의해 마치 하녀처럼 포도원에 나가 한낮에도 뜨거운 햇빛을 받으며 막일을 한 탓으로 그만 그녀의 피부는 햇볕에 그을려서 거무스름하게 되었던 것이다(아 1:6).

포도원 지키기 일은 고되고도 천한 힘든 일이다. '오빠들의 포도원'은 이 세상 또는 육신의 일을 뜻하고, '나의 포도원'은 교회 또는 신령한 생활을 뜻한다. 오빠들의 포도원지기 노릇을 하느라고 자신의 포도원을 지키지 못한 것은 곧 외적인 환경과 처지에 얽매어 세상일에만 골몰하고 그만 영적인 일에는 등한시한 결과가 된다. 그것은 육신의 근친들이 술람미 여인을 세상의 이용물로 삼아서 세상일에 이용했기 때문이다.

믿는 신자가 주님의 일을 한다고 하면서 '나의 포도원'으로 표상되는 자기 영혼을 돌보지 못하는 일이 많다. 사실 우리들은 무엇을 하느냐 하는 것보다 우리 자신이 먼저 무엇이 되느냐 하는 것이 더 중요하다. 그리스도 안에 거하지 않으면서 맺은 모든 열매들은 육체적인 것이고 생명의 것이 아니다.

술람미 여인이 자신의 삶을 돌이켜 볼 때, 그렇게 살지 못한 것 그 자체가 죄요 부끄러운 점이었다. 주님의 사랑으로 은총을 입은 영혼들은 자신들의 부족함과 의무감에 대해 태만했던 것을 의식하고 죄의식을 갖기 마련이다. 술람미 여인은 자기 자신 얼마나 거룩한 의무와 경건한 열심과 천상의 사랑에 전혀 미치지 못하는 그런 존재인가를 발견하고 부끄러워한다.

감히 주님 앞에 나설 수 없는 부끄러운 '게달의 장막' 같은 존재이기는 하지만, 술람미 여인은 주님이 그리워 저녁때까지 기다릴 수가 없었다. 여기서 솔로몬이 목자로 진술된(아 1:7) 것은 사랑으로 인하여 솔로몬이 왕에서 목자로 낮아진 것을 의미한다. 이처럼 그리스도께서도 그의 백성을 구속하시려고 하늘의 영광 자리를 버리시고 미천한 모습으로 이 세상에 오셨다. 이 목자상은 그가 하나님이시면서 인간으로 낮아지신 처지를 비유한 것이다(빌 2:6-8). 그가 이렇게 낮아짐으로써, 우리는 그와 더불어 접촉할 수 있고, 또 교제할 수 있게 되었다(겔 34:15-16; 마 26:31-32; 요 10:11, 14-16; 히 13:20; 벧전 2:25).

주님을 찾아 나선 술람미 여인은 마음으로 사랑하는 자에게 '양 떼 먹이는 곳과 오정에 쉬게 하는 곳'이 어디냐고 물었다. 교회(또는 신자)가 무엇보다 그 영혼을 살리기 위하여 목자 되는 그리스도가 계신 곳을 알아보는 것은 중요하다. 오늘날도 바른 진리를 가르치는 곳이 어디인가, 또 생명을 살리는 곳이 어디인가를 찾아서 그곳에서 생명의 양식을 먹고 자기 생명이 살아야 한다.

또한 교회가 '정오' 즉 더위가 가장 심한 때 쉴 수 있는 곳이 어디인가, 또 참된 안식을 줄 수 있는 곳이 어디인가를 찾고 묻는 것이 매우 중요하다. '정오'는 우리 인생이 당하는 모진 시련과 시달림을 뜻한다고 할 수 있다. 우리 인생이 괴로운 삶의 길에서 주님의 인도를 받지 않으면 잔잔한 시냇가 시원한 나무 그늘을 찾을 수가 없다. 잔잔한 시냇가는 영적으로 성령의 임재를 뜻하고 푸른 초장은 말씀의 풍성함을 뜻한다. 말씀과 성령을 떠나서는 주님의 그 안식과 풍성한 생명을 받아 누릴 수 없다는 것을 깨달아야 한다.

우리가 주님께로 가는 길을 모른다면 우리들 멋대로 찾아갈 것이 아니라 주님께서 인도해 간 "양 떼들의 발자취를 따라"(아 1:8) 가야한다. 예레미야 6장 16절에 "여호와께서 이와 같이 말씀하시되 너희는 길에 서서 보며 옛적 길 곧 선한 길이 어디인지 알아보고 그리로 가라 너희 심령이 평강을 얻으리라"고 했다. '옛적 길'은 옛날 믿음의 사람들이 바른 진리대로 믿은 길이다. 시대와 사상은 변해도 진리는 변하지 않는다(히 13:8). 옛적 바로 믿던 성도들이 걸어간 발자취를 따라가는 것이 바른 진리와 주님의 안식을 찾는 길이다. 즉 주님만을 바로 따라가 신령한 꼴을 먹고 안식을 누렸던 갔던 성도 곧 순교자나 신앙선진(信仰先進)들의 발자취를 따라 가면 주님을 만날 수 있는 것이다.

그러나 궁극적으로는 '내'가 주님을 사랑한다는 사랑의 징표 없이는 그분을 만날 수가 없다. 그러면 그 사랑의 징표는 무엇인가? 그것은 목자들의 장막 곁에서 '염소 새끼'를 먹이는 것이다. 목자들의 장막이란 양의 우리가 있는 곳 곧 주님의 몸 된 교회를 말한다. 교회를 떠나서는 주님을 만날 수 없다. 그 사랑의 징표는 '염소 새끼' 곧 양의 종류 가운데 들어가지만 말을 잘 듣지 않는 불순종의 자녀들이나 믿음이 어린 신자들을 돌보고 섬기는 충성과 헌신인 것이다. 어린 소자 하나를 돌보는 것이 곧 주님께 대한 사랑과 섬김이 되기 때문이다. 술람미 여인은 주님의 인도 보호 없이는 한 순간도 살 수 없으며 그분에 대한 충성과 헌신이라는 사랑의 징표 없이는 주님을 만날 수가 없다는 것을 깨닫는다. 참으로 존귀한 주님의 은혜를 힘입어 그녀는 놀라운 발견을 하게 된다.

3) 새로운 인식

술람미 여인은 사랑에 신령한 눈을 뜨면서 자신을 보게 되고 더욱 사랑하는 분에 대한 새로운 인식에 이르게 된다. 그녀는 주님을 어떤 분으로 인식하는가?

첫째 그녀는 주님을 "나의 나도 기름의 향기"를 뿜어내게 하는 분으로 인식한다(아 1:12). "왕이 침상에 앉았을 때"란 말은 평화의 왕이신 주님과 성도가 교제하는 시간을 뜻한다. 그 시간은 현대적인 의미로는 '예배하는 시간'일 수도 있고 '기도하는 시간'일 수도 있다. 신령한 성도의 상징인 술람미 여인이 주님의 모형인 솔로몬과 교제할 때는 몸을 깨끗하게 하고 갖은 단장과 향품을 뿌려 향기를 내뿜는 것이 예의다(계 21:2). 그래서 마리아가 아주 값비싼 나도 기름을 가져와 상에 앉은 예수님께 부어 주님께 자신의 헌신을 표시했듯이, 술람미 여인도 연회석(교제의 자리)에 나갈 때 '나도 향유'[186]로 곱게 단장하고 나가 주님께 헌신과 존경을 표현하였던 것이다. '나도 향유'는 존귀한 분을 맞이하려 할 때 사용하는 최고품의 향료이다(요 12:3, 5).

그러나 아무리 값비싼 향료라 하더라도 고결한 분 곁에 있을 때에만 그 향기를 내뿜게 되는 것이다. 그러므로 이 향기는 주님을 향한 그녀의 마음과 뜻과 사랑의 표출이라 할 수 있다. 주님께 대한 우리의 사랑은 우리의 단장과 장식에서 나오는 것이 아니고 바로 주님 자신에게서 자극되어 나오는 것이다. 마치 봄 동산의 꽃들이 태양 빛에 조응해서 그윽한 향기를 가득 채우듯이, 태양 같은 왕 가까이 있게 되면 나도 기름에 비유되는 술람미 여인도 그 빛에 조응해서 사랑의 향기를 내뿜게 된다. 나도 향에 비유되는 믿는 신자들은 태양 빛에 비유되는 주님 없이는 꽃도 피울 수 없고 그 향기도 토할 수가 없다.

둘째 "나의 사랑하는 자는 내 품 가운데 몰약 향주머니요"(아 1:13)에서 보는 바와 같이, 그녀는 주님을 '몰약 향주머니' [187] 같은 분으로 인식한다. 몰약은 남아라비아에서 서식하는 미루나라는 나무에서 취한 것으로 매우 값지고 향기로운 향료 중의 하나다. 그 향나무를 꺾어 다발을 만들면 매우 향기롭고 아름답다고 한다.[188] 그러나 그 나무의 가치는 그 다발에 있는 것이 아니라 몰약액에 있다. 몰약액 만큼 우리 감각에 상쾌한 기쁨을 주는 것은 다시는 없다고 한다.

몰약의 용도는 다양하다. 시체(屍體) 방부제로 사용되기도 하고 악취를 막고 잡충을 방지하는 데도 사용되었다. 또한 왕이나 선지자 또는 제사장의 성별 예식에도 사용되었으며 궁녀(宮女)들의 화장품으로도 사용되었다. 오늘 날까지도 팔레스타인 여인들은 이 향유를 액체 또는 고체 상태로 된 것을 품속에 넣고 다니거나 혹은 잘 때에 품에 품고 자는 풍습이 있다고 한다.

신령한 성도인 술람미 여인은 주님을 자신의 가슴 속에 늘 품고 다니는 몰약 향주머니 같은 것으로 인식 하였다. 몰약 향주머니가 여인들의 가슴에 늘 품어져 있듯이 주님이 우리 안에 늘 계시게 되면, 우리들의 죄로 인해 생긴 죽음의 냄새는 가시게 될 것이고, 모든 죄악의 악취는 사라지게 될 것이며, 썩어질 우리의 심령은 부패하지 아니 하도록 성별되어질 것이다. 그분은 내적으로 아주 달콤한 몰약 향주머니 같으신 분이시다. 그리스도가 믿는 사람 속에 와서 내주할 때에 믿는 사람 속에서는 그리스도를 아는 냄새 곧 그리스도의 향기가 계속해서 나오게 된다. 자기 속에 있는 악취는 없어지고 부패는 제거되며 언행을 통해서 향기가 계속 나타나게 된다. 좋은 일을 당해도 향기가 나오고 환난과 고통과 핍박이 올 때에도 향기가 나타나게 된다.

예수 그리스도를 자기 속에 모시지 못한 성도는 그리스도의 향기가 나오지 못한다. 말 한 마디를 해도 향기가 없는 말을 하게 되고, 마음의 생각도 향기가 없는 더러운 생각만 하게 된다. 그러나 술람미 여인과 같이 예수님을 심령 속에 모시고 그리스도로 말미암아 사는 성도는 여건이 어려워질수록 향기가 더욱 잘 나오게 된다.

셋째 "나의 사랑하는 자는 내게 엔게디 포도원의 고벨화 송이로구나"(아 1:14)에서 보는 바와 같이, 그녀는 주님을 '엔게디 포도원의 고벨화' 같은 분으로 인식한다. 여기서 '고벨화'는 팔레스타인이나 애굽에 많이 나는 식물로서 봉선화 비슷한 꽃인데, 그 크기는 3m쯤 된다고 한다. 엔게디 들과 같은 넓은 들판에 높이 솟아나 피어 있는 고벨화는 모든 사람들의 시선을 끌고 그 모양이 아름답기 짝이 없다. 그 꽃으로 인하여 그 포도원 전체가 아름다워 보인다. 또한 고벨화는 여인들의 몸치장에 흔히 쓰였다고 한다.[189] 매우 아름답고 우아한 꽃들이 사방에 감미로운 향기를 내뿜으면, 그 강력한 향기가 그 동산을 진동시킨다고 한다.

여기서 말하고 있는 '엔게디'는 사해 중앙부 서쪽에 있는 지역(대하 20:2)으로서, 사막 한가운데 자리 잡은 오아시스와도 같은 곳이었다. 주님의 모형인 솔로몬은 술람미 여인에게 오아시스처럼 청량한 존재인 것이다. 또한 이곳에는 종려나무와 포도원이 많고 '고벨화'가 가득히 피어 있다(아 1:14)고 한다. 흔히 교회는 포도원에 비유되고 주님은 그 포도원에 핀 아름답고 향기로운 '고벨화'에 비교된다. 신령한 성도의 상징인 술람미 여인이 주님을 '고벨화'로 인식한 것은 바로 그분은 복음의 향기이기 때문이다. 그 향기 안에 있을 때 믿는 신자의 상징인 벌은 그 향기와 동화되고 그 향기가 주는 평화와 영광의 맛을 누리게 된다. 교회는 예수님이 계셔야 아름다운 교회가 되고, 예수님이 떠나면 사탄의 교회가 되어 더럽고 추한 냄새만 풍기게 된다.

넷째 그녀는 주님을 '사과나무' 같은 분으로 인식한다. "남자들 중에 나의 사랑하는 자는 수풀 가운데 사과나무 같구나. 내가 그늘에 앉아서 심히 기뻐하였고 그 열매는 내 입에 달았도다."(아 2:3) 여기 남자들이란 온 세상 사람들을 가리키는 것이고, 수풀이란 잠시 잠깐 무성하게 자라나다가 마르고 시들어 아궁이의 땔감으로 사라지는 하찮은 존재를 가리킨다(벧전 1:24-25; 사 40:6-8). '사과나무'는 수명이 길고 키가 크며 단 열매를 맺는 나무로서, 예수님을 가리킨다. 예수님은 수풀 가운데 사과나무같이 많은 사람들 위에 뛰어난다. '사과나무'는 수풀과 달리 사람들에게 유익을 주는 열매를 맺으며 그 열매는 아름다운 향기를 내며 좋은 영양소가 된다. 또 그 무성한 잎은 여름에 그늘이 되어 시원하게 해준다. 근동지역에서는 이 '사과나무'가 성적인 사랑을 표상할 때 많이 쓰였다고 한다.

술람미 여인이 주님을 초록의 수풀 가운데 붉은 열매를 맺는 '사과나무'로 인식한 것은, 이 세상 어떤 것과도 바꿀 수 없는 존귀하신 분으로 인식한 것이다. 오로지 주만 사랑하고 그 그늘 아래 있게 되면, 주님은 언제나 우리들의 영혼을 시원케 해주며, 세상에서 지치고 피곤한 우리들의 영혼에 안식과 참된 평안을 제공해 주신다는 것이다. 참으로 주님은 수풀 가운데 사과나무와 같이 위대하고 존귀하신 분이시다.

"내가 그늘에 앉아서 심히 기뻐하였고 그 열매는 내 입에 달았도다"는 것은 술람미 여인이 사과나무로 지칭되는 예수님 아래 앉아서 그의 보호를 받으며 심히 기뻐하는 생활을 하고 그 사과나무 열매를 따먹는 생활을 하였다는 말이다. 예수님의 '그늘' 아래서 위안을 받고 예수님으로부터 공급되는 꿀과 같이 단 생명의 말씀을 먹으며 만족하였다는 것이다.

다섯째 "그가 나를 인도하여 잔칫집에 들어갔으니 그 사랑은 내 위에 깃발이로구나"(아 2:4)에서 보는 바와 같이, 그녀는 주님을 '깃발' 같은 분으로 인식한다. 일반적으로 초상집하고는 달리 즐겁고 만족스러운 분위기로 넘치는 곳이 '잔칫집'이다. '잔칫집'의 원어적인 뜻은 '술의 집'이다. 이렇듯이 인간 생활의 즐거움을 표시하는 것이 '잔칫집'이다. 그래서 천국을 '잔칫집'에 비유한다(마 25:1-13).

옛날 유대 나라에는 잔칫날 지붕 위에 신랑의 성을 쓴 깃발을 내다 거는 풍속이 있었다고 한다.[190] "전쟁에서 승리하여 영토를 확장하면 주권 영역의 표시로 국기를 꽂는다"고 한다.[191] 그러니까 깃발은 국적 또는 소석을 의미하며 승리와 보호를 상징한다.

원래 '깃발'은 '보호'를 뜻한다. 모세가 아말렉에게 승리한 후 제단을 쌓고 '주는 나의 깃발이라'(출 17:15)고 했을 때, 그것은 '보호'의 뜻으로 사용된 것이다. '그 사랑이 깃발'라고 한 것은 그녀 자체가 주님의 '소유'가 되었다는 말이다. 주님의 소유가 될 때 우리는 주님의 보호를 받을 수 있고 그분의 사랑 아래 있게 된다. 그 깃발 아래 있으면 주님께서는 어떠한 경우에도 사랑으로 감싸 주시고 늘 보호해 주시는 것이다. 주님과 연회하며 연락하는 집은 기쁨과 즐거움이 충만한 곳이요, 사랑이 충만히 넘치는 곳이다.

여섯째 그녀는 주님을 '왼팔로 내 머리를 고이고 오른팔로 안아주시는' 분으로 인식한다. "너희는 건포도로 내 힘을 돕고 사과로 나를 시원하게 하라. 내가 사랑하므로 병이 생겼음이니라. 그가 '왼팔'로 내 머리를 고이고 '오른팔'로 나를 안는구나. 예루살렘 여자들아 내가 노루와 들 사슴을 두고 너희에게 부탁한다. 내 사랑이 원하기 전에는 흔들지 말고 깨우지 말지니라"(아 2:5-7).

주님의 '왼팔'은 위안의 팔이요 '오른팔'은 능력과 보호의 팔이다. 예수께서는 그의 위안의 손과 팔로 평안히 성도들의 머리를 고이고 안식하게 해 주시고, 능력과 보호의 팔로 감싸 원수로부터 지켜주시며 성도들을 붙들어 일으켜 주시는 분이라는 것이다. 주님은 성도의 피난처요 안식처가 되신다. 주님께 가까이 나아가는 자는 그 심령에 참된 평안과 위로를 받게 되고 보호와 능력을 받게 된다.

신령한 성도 술람미 여인은 주님의 이런 사랑이 너무도 지극하고 놀라워서 어찌할 바를 몰랐다. 너무도 그 사랑에 흠뻑 빠져서 넋이 나간 듯하였으며 몸이 녹아내리는 듯하였다. 그래서 '건포도'로 힘을 돕고 '사과'로 그녀의 달아오르는 열정을 시원하게 해달라고 한다.

'건포도'는 포도를 말린 것이므로 단단한 식물에 속한다. 단단한 식물에 대한 신령한 뜻은 하나님의 말씀의 깊은 도리를 말한다. 성경 말씀을 초보적으로 가리키는 것은 젖으로 먹이는 것이고, 보다 깊게 가르치는 것은 단단한 식물로 먹이는 것이다(고전 3:1-2). 성도가 초보적인 진리만 먹으면 그 영이 힘을 얻을 수가 없고 단단한 식물을 먹어야 힘을 얻고 장성한다. 사과는 예수님을 가리키는데 그로 말미암아 성도의 심령이 시원함을 얻게 되고 심령의 만족함을 얻게 되는 것이다. 성도들이 예수를 믿는 사람들도 때로는 영적으로 피곤해지고 생명력을 잃어버릴 때가 있다. 그럴 때면 성경의 말씀과 진리이시며 생명 되신 그리스도를 힘입어 힘과 시원함을 얻어야 한다.

사랑의 갈망이 극에 달하면 정신적으로 때로는 육신적으로 병이 될 수 있지만, 여기서의 병이란 육신의 병보다도 일종의 정신의 황홀상태에 몰입됨으로써 정상적인 처신을 할 수 없게 되는 것을 뜻한다. 시편 84편 2절에도 "내 영혼이 여호와의 궁정을 사모하다 쇠약함이여"라는 말씀이 있다. 주님을 사랑하지 않고서는 잠시도 참지 못하는 병, 주님의 이름을 부르지 않고는 도무지 견딜 수 없는 병을 술람미 여인은 앓고 있었던 것이다. 이렇게 애모의 정을 가지고 다가오는 술람미 여인을 주님은 품에 안아 주신다. 이런 접촉을 통하여 그녀는 그 황홀한 기쁨을 온 몸으로 체험한다.

그래서 술람미 여인은 코러스를 이루는 예루살렘 여자들에게 첫 번째 부탁을 이렇게 한다. "내가 노루와 들사슴으로 너희에게 부탁한다. 내 사랑이 원하기 전에는 흔들지 말고 깨우지 말지니라"(아 2:7). 어찌하여 하필이면 노루와 들사슴의 이름으로 부탁을 하는가? 그 뜻은 분명치 않다.[192] 그러나 한 가지 분명한 것은 술람미 여인의 청원이 간곡하다는 것이다. 사실상 노루와 들사슴은 연약하여 맹수들의 위협을 많이 받으며 잘 놀라는 짐승이다. 또한 노루와 들사슴은 도망쳐 산으로 올라가기를 잘 한다. 이와 같이 힘없고 연약하며 겁 많은 동물이지만 걸음은 아주 빠르고 민첩한 순수한 사랑을 상징하는 동물이라고 한다. 술람미 여인은 솔로몬을 사랑하는 자기의 처지나 성격이 너무도 노루나 들사슴과 비슷해서 그 겁 많고 수줍은 사랑의 동물들에 걸어서 간곡한 청원하지 않았는가 한다.

"내 사랑이 원하기 전에는 흔들지 말고 깨우지 말지니라"(아 2:7)에 대해서도 여러 가지 뜻으로 해석된다. 이것은 사랑이라고 하는 것은 자연스러운 것이어서 타인이 끼어들면 손상되기 쉽고 쉽게 상처를 받을 수 있다는 뜻이다. 좀 더 영적으로 생각해 보면 한시라도 주님과 더 있고 싶고 그분과 더불어 안식하고 싶은 간곡한 마음을 간접적으로 표현한 것이라 할 수 있다. 사랑하는 사람들은 누구나 영원히 변치 않는 사랑을 나누며 끝없는 사랑의 기쁨을 맛보기를 원한다. 그러면서도 한편으로서는 혹시라도 어떤 방해적인 요소가 끼어들어 사랑이 끝나지 않나 해서 염려하기도 한다. 술람미 여인도 그랬던 것 같다.

4) 사랑의 시련과 그 소멸

아가서 2장 8-17절은 서로 떨어져 있으면서도 서로가 그리워하는 일종의 사모곡(思慕曲)이라 할 수 있다. 어떤 이들은 실제로 떨어진 것이 아니고 다만 술람미 여인의 상상 속에서 자기의 시골집을 찾아오는 솔로몬을 노래한 것이라고 하지만, 문맥상으로 볼 때 솔로몬과 술람미 여인 사이에는 어떤 틈이 생겼다는 것을 알 수 있다. 즉 "보라, 그가 산에서 달리고 작은 산을 빨리 넘어오는구나"(아 2:8)에서 보는 바와 같이, 그 둘 사이에는 넘어야 할 큰 '산' 과 '작은 산' 들이 있었다(아 2:8).

'산' 은 고난과 장애물 같은 것을 가키는데, 영적으로 볼 때 '(큰) 산' 은 예수님의 십자가 고난을 가리키고, '작은 산' 은 오늘날 교회가 당하는 모든 환난과 시련을 가리킨다. 십자가는 예수를 믿는 사람들에게는 구원의 길이 되지만, 믿음이 연약한 신자들에게는 때로 거침돌이 되기도 한다. 또 오늘날 성도들이 당하는 환난이 넘어야 할 작은 산이 되기도 한다. 주님께서는 교회가 핍박을 당하고 환난과 고난을 당할 때 힘을 주시려고 그 '작은 산' 을 넘어 빨리 달려오신다는 것이다.

'산' 이라는 말이 "우리 벽 뒤에 서서 창으로 들여다보며 창살 틈으로 엿보는구나"(아 2:9)라는 구절에서는 '벽' 이라는 말로 바뀌었지만, 그 뜻은 똑같다고 생각한다. 다시 말하면 사랑하는 사람이 찾아왔으나 둘 사이에는 분명히 벽이 있어서 그녀의 방으로 들어오지 못하고 창살 틈으로 엿보고 있다는 것이다. 성도와 주님 사이의 간격을 만들어 주는 벽은 무엇인가?

첫째로 죄악의 벽 때문이다. 이사야 59장 1-3절을 보면 여호와의 손이 짧아서 구원 못하심도 아니요 귀가 둔하여 듣지 못하심도 아니라 죄악이 우리와 하나님 사이를 내게 하였다고 한다. 우리의 죄악의 담 때문에 예수님은 우리 안에 들어오지 못하신다.

둘째로 의문과 의식과 제도의 벽 때문이다. 로마서 7장 6절을 보면 '우리를 얽매었던 율법과 제도와 같은 것' 을 비롯한 '케케묵은 의문' 같은 것 때문에 주님은 우리의 심령 속으로 자유롭게 출입할 수가 없다는 것을 알 수 있다. 그리스도와 더불어 영적인 생존을 하는데 있어서 이런 것들은 아무런 유익이 없고 도리어 방해가 되고 장애가 되는 것이다.

셋째로 잘못 배우고 잘못 깨달은 것의 벽 때문이다. 로마서 10장 2-3

절을 보면 잘못 배운 것과 그릇된 깨달음 때문에 우리 성도들이 더 깊은 주님과 교제에 들어갈 수가 없고 주님도 우리의 깊은 심령 속으로 들어오시질 못하시는 것을 알 수 있다. 진리에 대하여 잘못 배우면 그것이 옳은 줄 알고 그대로 나가기 때문에 그것이 벽이 된다. 차라리 그것을 몰랐더라면 옳은 것을 가르쳐 줄 때 바로 배울 수 있다. 이런 경우를 식자우환(識字憂患)이라고 한다.

넷째로 완고한 것과 자기가 하겠다고 하는 교만의 벽 때문이다. 사무엘상 15장 23절을 보면 완고한 마음과 교만이 하나님과 우리들 사이에 담장이 되어 예수님이 우리 안에 들어오시지 못하고 우리도 그와 더불어 영적인 깊은 교제 속으로 들어갈 수가 없다.

본문에서는 사랑하는 사람들에게 주님께서 하시는 요구와 주님께 믿는 신자들이 갖는 기대감의 차이가 벽이 되는 것을 볼 수 있다. 즉 주께서는 자기를 따라 오려거든 자기 십자가를 지고 좇으라는 것이고(마 10:38), 믿는 신자들은 대체적으로 십자가는 벗어 놓고 쉽게 따라가며 안식과 평안을 누리고자 하기 때문이다. 이것은 주님께서 요구하시는 희생정신과 믿는 신자들이 기대하는 자기중심적인 이기심 또는 편의주의 사이의 충돌에서 생기는 갈등이라 할 수 있다.

이러한 주님의 요구와 믿는 신자들의 기대 사이에서 생기는 위화감은 주님께서 십자가의 죽으심으로써 더욱 커진다. 그래서 주님이 돌아가신 후 실망한 제자들이 예루살렘을 떠나 자신들의 옛 일터로 다시 돌아갔던 것처럼 믿는 신자들의 모형인 술람미 여인도 자신의 고향 시골집으로 내려와 있었던 것이다.

그러나 부활하신 주님께서는 한시도 지체하지 않으시고, '노루와도 같고 어린 사슴과도 같이' '산'에서 달리고 '작은 산'을 넘어서 그녀에게로 빨리 달려오며 부르신다. 이런 이유로 해서 저자는 부활하신 능력의 주님을 발이 빠른 속력과 애정의 상징 동물인 '노루와 어린 사슴'에다 비유하였다. 주님은 '산과 작은 산'과 같은 장애물에도 불구하고 부활의 그 능력을 갖고 빨리 달려와서 '일어나서 함께 가자'고 사랑의 초대를 한다.

부활하신 주님의 음성을 듣는 것은 무척 기쁜 것이다. 그러나 그와 그녀 사이에는 함께 가는 데 있어서 장애가 되는 어떤 벽이 가로놓여 있다. 이 벽을 사이에 두고 안쪽에는 그녀가 있고 밖앝 쪽에는 주님이 서 계신다. 그는 안으로 들어오지 못하고, '창살 틈으로 엿보며' 벽밖에 서 계신다.

이것은 요한 계시록 3장 20절에서 "내가 문밖에 서서 두드리노니 누구든지 내 음성을 듣고 문을 열면 내가 그에게로 들어가 그와 더불어 먹고 그는 나와 더불어 먹으리라"고 말씀하신 그대로 문 밖에 서서 안을 엿보며 문 열어주기만을 기다리고 계시는 주님의 모습을 예표 한 것이라 할 수 있다.

주님의 목소리를 듣고 그 여인은 너무도 기뻤으나 웬일인지 문을 열 수가 없다. 이런 까닭으로 해서 그는 문밖에 서서 밤새도록 이슬을 맞으며 조용히 문을 두드리고 계신다. 왜 그는 이처럼 문밖에 서서 밤새도록 문을 두드리고 계시는가? 그것은 그녀가 마음을 바꾸어 즉 회개하고 문을 열고 나와 '일어나 함께 가자'고 하는 자신의 요청에 기꺼이 응해주기를 바랬기 때문이다.

우리가 주님을 사랑한다고 하지만 우리는 우리 자신의 방식과 취향대로, 그리고 우리의 마음 내키는 대로, 우리의 목표를 따라서, 주님을 사랑한다. 자기중심주의적인 사랑 그것이 주님과 믿는 신자들 사이를 가로막는 벽이 된다. 오늘 날도 사실상 이런 경우가 너무나 많다.

벽 밖의 세상은 어떻게 되든 아랑곳하지 않고 자신의 만족만을 추구하는 것은 결코 용서받을 수 없는 일이다. 주님을 사랑하는 것은 좋지만, 벽 안에서만 사랑하지 말고, 벽 밖으로 나와서 자기 십자가를 지고 그를 따르는 것으로 애정 표현을 하여야만 한다. 그것이 믿음의 열정 표시라 할 수 있다. 이러한 영적 투쟁을 하지 않고서는 참된 사랑은 지속될 수도 없고 성숙될 수도 없다. 우리는 술람미 여인처럼 너무나 안이하게 사랑하는 사람의 보호만을 원하는 때가 있다. 그것이 사랑의 시련을 가져오는 원인이 될 수 있다.

그러나 주님께서 그 여인을 찾아와 "겨울도 지나고 비도 그쳤고 지면에는 꽃이 피고 새가 노래하는 때가 이르렀으니"(아 2:11-12), 어서 나와 봄 동산으로 함께 가자고 요청하신다. 찬바람이 몰아치던 겨울[193]은 화창한 봄으로 바뀌었고 지루하게 나리던 비도 어느새 그쳤으니[194] 꽃이 피고 새들이 노래하는 봄 동산으로 가자는 것이다.

기후가 차고 흐리며 비 오는 겨울철이란 주님과의 사이에 틈이 생긴 상태를 표현한 것이다. 그런데 이젠 주님 십자가의 죽으심을 상징한다고도 할 수 있는 그런 시련의 때는 지나가고 '지면에는 꽃이 피게' 되었으니, 빨리 일어나 봄 동산으로 함께 가자고 하는 것이다. '꽃이 피게 되었으니' 함께 가자고 하는 것은 하나님의 풍성한 부활의 은혜를 함께 누리기 위해 교회로 가자는 것이다.

봄꽃들이 만발하게 피어서 향기를 발하고 있는 봄 동산을 교회로 비유한다면, 주님은 지금도 우리와 함께 교회라고 하는 영적 영역에서 교제하기를 원하신다. 이 세상에서 가장 아름답고 향기가 드높은 곳에서 말씀을 통하여 신령한 교제를 나누기를 원하시고 계신다는 말이다.

주님은 온갖 방법을 다 동원해서 그녀를 봄 동산으로 인도하고자 한다. 그래서 지면에 핀 꽃은 눈으로 보고, 새[195]의 노래 즉 평화를 상징하는 산비둘기(반구)의 소리는 귀로 듣고, 익은 무화과나무의 푸른 열매[196]는 입으로 맛보며, 꽃이 핀 포도나무의 향기는 코로 맡으면서 봄 동산 즉 생명의 동산으로 가자고 한다(아 2:12-13). 새 생명이 싹트는 부활의 봄 동산으로 주님은 조금이라도 더 빨리 우리를 초대하고자 가능한 모든 방법을 다 동원하신다. 우리의 오감(五感)이 열리고 뚫려야 함께 가자고 하는 길이 보이고 소리가 들리게 된다.

"무화과나무[197]에는 푸른 열매가 익었고 포도나무는 꽃이 피어 향기를 토하는구나"(아 2:13)라는 표현은 믿는 신자가 주님의 사랑의 초대에 반응을 보이기만 하면, 부활하신 주님의 그 풍성한 사랑의 은혜를 입게 된다는 것을 지칭한다. 그 은혜를 입으면 누구나 봄 동산의 꽃향기처럼 새로운 향기를 발산되게 된다는 것이다.

영적으로 좀 더 상고해 보면 '무화과나무' 는 유다 나라를 상징하는데(렘 24:5), '푸른 열매가 익었다' 는 표현으로 미루어 볼 때, 구약교회에서 그리스도가 나시고 그리스도로 말미암아 구원의 역사가 일어날 것을 예시한 것으로 이해할 수 있다. 그리고 '포도나무' 는 교회를 상징하는데, 그 포도나무에 '꽃이 피어 향기를 토한다' 고 하는 표현으로 볼 때, 그리스도의 구속으로 이루어진 교회가 성령으로 말미암아 점점 창성할 것이라는 것을 알게 된다. 주님이 신령한 성도 술람미 여인을 부활의 봄 동산으로 초청하는 것은 문맥으로 볼 때 부활을 기점으로 해서 일어나는 교회의 일원이 되어서 구원 사역에 동참하고 그리스도의 향기를 같이 뿜어내라고 하는 소명이라 할 수 있다.

이 사랑의 초대를 받은 자는 누구인가? 그 사람은 "바위 틈 낭떠러지 은밀한 곳에 있는 나의 비둘기"(아 2:14) 즉 술람미 여인이다. 주님의 모형인 솔로몬은 술람미 여인을 '비둘기' 에 비유한다. '비둘기' 는 순결하고(마 10:16), 또 두려움이 많은(호 11:11) 새인데, 여기서는 순결하게 살아야 되며(마 5:8) 하나님을 두려워해야 할 믿는 신자를 비유하고 있다.

그리고 '바위 틈 낭떠러지 은밀한 곳' 은 고산지대에 자리 잡은 그녀의 집을 비유적으로 일컬은 말이다. 그녀의 집은 세상으로부터 멀리 떨어진 산 중에 있었던 것 같다. '바위 틈' 은 비둘기가 둥지 트는 곳이기도 하며(렘 48:28), 독수리 같은 큰 새들을 피하여 숨는 피난처이기도 하다. 또한 '바위 틈' 은 영적으로 믿는 신자들의 피난처 곧 그리스도를 상징한다(시 11:1 참조).[198]

실제로 산비둘기는 사람의 손에 닿지 못하는 바위틈이나 절벽 사이에 둥지를 만든다고 한다.[199] 산비둘기가 지상으로부터 멀리 떨어져 높은 바위틈에 둥지를 틀어 자기를 보호하듯이, 우리는 세속적인 생활을 멀리하고 은밀한 기도생활을 통하여 주님과 더욱 가까워질 수 있고 또 그의 보호를 받을 수도 있다. 그러나 여기서 우리가 배워야할 것은 우리가 주님을 너무나 사랑하는 나머지, 세상과 인연을 끊은 채 산 속 깊은 곳에 머무는 산비둘기처럼 그렇게 살아가는 것은, 처녀다운 소박함과 순결을 지킬 수 있는 한 길이 될는지는 몰라도, 주님께서 원하시는 길은 아니라는 것이다. 그래서 아가서 2장 14절에서는 이렇게 말하였다. "내가 네 얼굴을 보게 하라 네 목소리를 듣게 하라 네 소리는 부드럽고 네 얼굴은 아름답구나."

벽안에서 주님만 사랑하고 그와 더불어 기쁨을 누리며 그의 보호를 받으려는 마음을 전적으로 나무랄 수는 없지만, 그 바위 틈 은밀한 곳에서 나와서 얼굴을 보이며 그 기쁨을 나누는 것이 더욱 바람직하고 성숙된 모습이라 할 수 있다. 주님의 모형인 솔로몬은 그녀에게 이제는 더 이상 바위 틈 벼랑에 숨어 있지 말고 어서 나와서 그 부드러운 소리를 듣게 하고 아름다운 얼굴[200]을 보게 하라고 한다.

그리고 나서 주님의 모형인 솔로몬은 그녀에게 "우리를 위하여 여우 곧 포도원을 허는 작은 여우를 잡으라"(아 2:15)는 소명을 주신다. 즉 포도원지기였던 그녀가 자기의 경험을 되살려 사랑의 기쁨과 성숙을 방해하는 '작은 여우들'을 잡아 달라는 것이다. 큰 여우들은 포도 열매만 따 먹고 가지만 '작은 여우들'은 기껏해야 15인치(38cm) 정도밖에 되지 않지만, 밭에 구멍을 파고 도랑을 뚫어서 단단한 땅을 푸석푸석 만들기 때문에 포도가 제대로 자라지 않는다. 또한 연한 나무의 밑뿌리나 가지를 부러뜨려 근본적인 피해를 입힌다고 한다.[201]

그러면 그 '작은 여우들'은 무엇을 가리키는가? 이 '작은 여우들'은 "불신과 나태일 수도 있을 것이며, 이기심과 교만일 수도 있을 것이다. 아니면 이웃 간의 불화나 미움일 수도 있다."[202] 박윤선 박사에 따르면, "'포도원'은 성경에서 교회(혹은 하나님의 백성)를 상징하고(시 80:8-

16; 요 15:1), '여우'는 교회를 해롭게 하는 대적을 비유한다(겔 13:4-7; 눅 13:32). 여기에 '작은 여우'라고 하였으니 그것은 신자를 해롭게 하는 모든 작은 죄악을 가리킨다. 죄는 큰 것만이 신자를 망하게 하는 것이 아니라 작은 죄들도 그들의 신앙을 파괴시킨다"고 하였다.[203] 교회에서 자주 행하여지는 불평과 원망, 비방과 수근 대는 것, 그리고 거짓과 속이는 것 등과 같은 작은 죄들이 교회를 크게 손상시키고 교인들의 은혜 생활에 지장을 주는 경우가 너무나 많다.

이런 해로운 '작은 여우들'을 잡아달라고 주님은 신령한 성도의 모형인 술람미 여인에게 부탁한다. 그러면 왜 그 '작은 여우들'을 잡아야만 하는가? 그 이유를 그는 이렇게 말한다. '우리의 포도원에 꽃이 피었음이니라.' 이미 주님과 성도들 사이에 사랑의 꽃이 피기 시작하였다는 것이다. 그런데 여우를 잡지 않고 그대로 놔두면 그 은밀한 사랑의 관계가 파괴될 수도 있다. 그러므로 '작은 여우들'을 반드시 잡아야만 한다.

교회에서 불평하는 자, 원망하는 자, 하나님의 일을 비방하는 자, 수군거리는 자 등이 여우다. 여우를 잡지 않고 가만히 놔두면 포도원을 헐고 진리운동에 손해를 주고, 하나님의 교회에 시험거리가 되고, 모든 교인들이 은혜 받는 데에 막대한 지장을 준다. 그러므로 그 여우를 용납하지 말고 잘 잡아야 교회가 잘 된다. 야우를 잡으면 개인 신앙도 잘 되고 교회도 잘 되어서 교인들의 심령이 자라나고 열매가 많이 맺히는 아름다운 교회가 된다.

그런데도 술람미 여인은 '작은 여우들'은 잡지 않고 다만 자신을 위해서 자신의 느낌대로 주님 안에 머물고 있는 것이다. 그런 신앙의 상태를 단적으로 보여주는 것이 "그가 백합화 가운데서 양떼를 먹이는구나"(아 2:16)라는 말씀이다. '그가 백합화 가운데서 양떼를 먹이는구나'라는 말씀은 주님을 은혜로운 목자에 비유한 것이라 할 수 있다. '백합화'는 은혜를 비유하는데(사 35:1-2), 주님은 '백합화' 같은 은혜의 목장에서 그의 양 떼(신자들)의 영혼을 먹이신다는 것이다.

모든 믿는 신자들에게 동일한 관심을 갖고 '백합화' 곧 풍성한 은혜로 먹이시는 분이 주님이신데, 술람미 여인은 그런 주님을 "내 사랑하는 자는 내게 속하였고 나는 그에게 속하였도다"(아 2:16)라고 한다. 이것은 자만심과 자기중심적인 신앙을 암시적으로 드러낸 말이라 할 수 있다. 이런 신앙은 매우 위험하고 미숙한 것이라 아니 할 수 없다. 바로 이런 자만과 자기중심적인 욕구 만족의 바람이 사랑에 금을 가게 한다.

그녀의 말은 그것으로 끝나지는 않는다. "내 사랑하는 자야 날이 저물고 그림자가 사라지기 전에 돌아와서 베데르 산의 노루와 어린 사슴 같을지라"(아 2:17)라고 한다. '날이 저물고 그림자가 사라지기 전' 곧 사랑을 나눌 수 있는 밤 시간에 돌아와서 베데르 산의 노루와 어린 사슴 같이 되어 달라는 것이다. '베데르'란 낱말의 의미는 '분리' 혹은 '이별'이다. 여기서 '베데르'는 고유명사가 아니다. 말뜻 그대로 이곳저곳을 나누고 갈라놓는 산들을 말한다. 아마도 여기서 이 말은 저녁 때 이 세상의 모든 일들과 다른 여인들의 사랑을 다 끊고 자기만을 위해 노루와 어린 사슴 같이 기쁘고 빠르게 달려와 달라는 요구라 할 수 있다. 이것은 부활의 주님을 혼자 소유하려는 너무도 이기적이고 자기중심적인 요구로서 그분을 벽안에 폐쇄시키려는 큰 잘못이라 할 수 있다.

술람미 여인은 매우 이기적이지만 사랑하므로 병이 날 정도로 사랑하는 자를 애모한다. 그러니 어찌 그에 대한 꿈을 안 꿀 수 있겠는가! 아가서 3장 1-5절을 대부분의 주석가들은 술람미 여인의 꿈을 서술한 것으로 본다. 꿈은 그 존재가 확실치 못한 덧없는 것이 아니라 꿈꾸는 사람의 내적인 정신 현상이 투영된 것이라 할 수 있다. 술람미 여인의 이 꿈은 그녀가 얼마나 주님을 사모하고 그리워하고 있는가를 보여주는 좋은 본보기가 된다. 술람미 여인은 너무나 그리운 나머지 '밤'에 일어나 주님을 찾아 나선다.

믿는 신자의 상징인 술람미 여인은 날이 저물면 바로 사랑하는 자(그리스도)가 오시기를 기다렸으나(아 2:17), 3장에 이르러서는 기다리다

못해 지쳐서 침상에 누워버렸다. 밤이 되면 사랑하는 사람이 그리워지며 잠자리에 들면 사랑하는 사람은 더욱 더 그리워지기 마련이다. 그녀는 '밤'이 되자 쓸쓸함과 외로움을 이기지 못하고 사랑하는 자를 찾게 된다.

영적으로 말하면 '밤'은 주님이 계시지 않는 부재(不在)의 때라 할 수 있다. 이 세상의 빛이신(요 1:4) 주님이 안계시면 얼마나 어두운지 모른다. 이런 시기에는 헛된 꿈일랑 떨쳐버리고 잠깨어 그를 찾아나서야 한다. 믿는 신자들의 '영적 대망(待望)'이 계속되지 못하고 긴장이 풀릴 때에 타락하게 된다.[204] 주님이 안 계실 때 더욱 믿는 신자들은 낙심하지 말고 끊이없이 찾아나서야 한다. 구하는 자가 얻을 수 있고 찾는 자가 만날 수 있는 것이다.

술람미 여인은 어디서 주님을 찾았는가? "내가 밤에 침상에서 마음으로 사랑하는 자를 찾았노라. 찾아도 찾아내지 못하였노라"(아 3:1)라고 한 것을 보면, 첫째는 '침상에서' 주님을 찾은 것이 틀림없다. 원래 '침상'이란 누워 쉬는 곳 또는 편안한 곳을 의미한다. 호세아 7장 14절에서 "성심으로 나를 부르지 아니하였으며 오직 침상에서 슬피 부르짖으며"라고 기록되어 있는 바와 같이, '침상'에서 신랑 되신 주님을 찾는다 함은 안일주의와 세상에 빠진 상태에서 찾는 것을 말한다. 호화롭고 안락한 생활 속에서 주님을 찾아 만나기란 낙타가 바늘구멍으로 들어가는 것만큼이나 어렵다 아니 할 수 없다(암 6:4-6; 잠 6:10-11).

다음으로 그녀는 "이에 내가 일어나서 성 안을 돌아다니며 마음에 사랑하는 자를 거리에서나 큰 길에서나 찾으리라 하고 찾으나 만나지 못하였다"(아 3:2). '성 안'은 예루살렘 도시를 가리킨다. 그 성안의 '거리'나 '큰 길'은 통행이 복잡한 곳이요 많은 사람들이 모이는 곳이다. 사랑하는 사람들은 번화한 거리, 사람이 들끓는 장소보다는 조용한 곳, 한적한 곳에서 만나기를 즐겨한다. 분주하고 시끄러운 곳에서는 좀처럼 주님을 찾아도 만날 수 없다. 믿는 신자들은 일반 대중 속에서 주님을 만나기 어렵다. 그 이유는, 일반 대중은 사랑하는 사람의 지도자 역할을 할 수 없기 때문이다.

그래서 그녀는 성안을 돌아다니며 사랑하는 사람을 찾다가 "성안을 순찰하는 자들을 만나 묻기를 내 마음으로 사랑하는 자를 너희가 보았느냐"(아 3:3)고 하였다. 성안의 순찰자들이란 에스겔서 3장 17절에 있는 말씀과 같이 영적 파수꾼들로서, 어두운 세상에서 양 무리들을 지키는 진리의 파수꾼 또는 말씀을 바로 가르쳐 주는 인도자로 볼 수 있다. 주님을 찾기 위해서는 자기의 열정과 의지도 중요하지만 신앙의 스승이나 은혜의 경험자 또는 종교 지도자들로부터의 도움을 받는 것도 중요하다. 올바른 인도자를 만나서 바로 배우고 바른 깨우침을 받는 것은 하나님의 큰 은혜요 복이다.

하나님의 사자 곧 파수꾼들은 다만 사람들을 주님께로 인도하는 역할만 할 수 있을 뿐이다(히 13:17; 사 42:6; 렘 6:17; 겔 13:17). 그러므로 술람미 여인이 이 순찰자들로부터 바른 가르침을 받은 후 거기에 머물지 않고 곧장 그들이 가르쳐 준 대로 그들을 떠나 나아갔을 때 사랑하는 예수님을 만날 수 있었다. 여기서 '순찰자들을 지나쳤다'는 것은(아 3:4) 곧 예루살렘 성을 벗어났다는 말로 풀이할 수 있다. 예루살렘을 조금 지나면 감람산이 나타난다. 결국 그녀는 번잡한 성안에서는 사랑하는 사람을 만날 수 없었고 순찰자들이 가르쳐 준 바로 한적한 그 감람산에서 사랑하는 주님을 발견하게 되는 것이다. 감람산에는 주님께서 늘 기도하시던 겟세마네가 있다. 사랑하는 주님을 만나기 위해 우리는 늘 기도의 자리 즉 겟세마네로 찾아가야만 한다. 기도란 사랑하는 주님과 우리가 끝없이 은밀하게 대화를 나눌 수 있는 사랑의 밀실이라 할 수 있다.

술람미 여인은 "마음에 사랑하는 자를 만나서 그를 붙잡고 내 어머니 집으로, 나를 잉태한 이의 방으로 가기까지 놓지 아니 하였다"(아 3:4). 여기서 보는 바와 같이, 사랑은 붙잡는 것이요 붙잡았으면 놓을 수가 없는 것이다. 이것은 진실로 주님을 사랑하는 신자가 따라가야 할 행동의 원리요 지표라 할 수 있다. 마태복음 11장 12절에서 말하기를, "천국은 침노를 당하나니 침노하는 자는 빼앗느니라"고 하였다. 성도들이 진리를 배운 다음에는 그 말씀을 꼭꼭 씹어서 새김질해야 되고 거기에 도달하려고 천국을 침노하는 것처럼 애쓰고 노력하여야만 한다.

예수께서 가버나움의 어떤 한 집에 많은 사람들과 함께 많이 모여 있을 때에 중풍 병자를 메고 온 네 사람은 지붕을 뜯고 구멍을 내어 그 병자의 누운 상을 달아내려 고침을 받게 하였다(막 2:1-12). 이것이 주님을 사랑하는 자들이 보여준 강청(强請)하는 신앙의 행동이요 자세였다. 예수님은 제자들에게 기도하는 방법을 가르치시면서 말씀하시기를, "내가 너희에게 말하노니 비록 벗됨으로 인하여서는 일어나서 주지 아니할지라도 그 간청함을 인하여 일어나 그 요구대로 주리라"(눅 11:8)고 하셨다. 만나면 붙잡고 놓지 말아야 사랑은 성장하고 꽃을 피우게 된다. 가장 순수한 사랑은 마음대로 하도록 놔두는 것이 아니라 강권하고 강청하는 것이다.

여기서 '어머니 집'이나 '잉태한 이의 방'이란 말은 하나님의 사랑이 넘치는 주님의 몸 된 교회를 가리킨다. 그녀는 주님을 찾아 만나자 그 재회의 기쁨을 나누기 위하여 음침한 밀실로 가지 않고 진리의 등대인 '어머니 집' 곧 교회로 갔다. 이렇게 해서 사랑의 시련은 끝나고 아름다운 사랑의 관계는 다시 회복되는 것이다.

2. 두 번째 단계 : 영적 사랑이 꽃피는 시기

영적인 사랑이 싹트는 시기를 거쳐서 그 다음 단계에 이르면 아름다운 영적인 사랑의 꽃을 피우게 된다. 이 영적인 사랑의 두 번째 시기는 열매 맺기 위한 준비 과정으로서 꽃을 활짝 피우는 단계다. 꽃이 피지 않고서는 열매를 맺을 수 없다. 이 사랑의 성장 단계를 나비나 풍뎅이 같은 성충이 태어나는 과정에다 비교해 보면 훨씬 더 쉽게 이해할 수가 있다.

수컷으로부터 수정이 되면 거기서 애벌레(유충)가 생기고, 이 애벌레(누에)는 연한 뽕잎을 탐스럽게 먹고 살다가 그 껍질을 벗고 아무것도 전혀 먹지 않고도 실을 토하여 내는 준비를 갖추면 유충은 번데기가 되며, 어느 기간 지나면 그 번데기에서 나비나 풍뎅이 같은 성충이 나오게 되는 것이다.

영적 사랑의 성장 단계도 성충이 태어나는 과정과 같다고 하겠다. 첫 번째 단계는 유충의 단계이고, 두 번째 단계는 번데기의 단계이며, 세 번째 단계는 성충의 단계다. 그것을 필자는 영적 사랑이 싹트는 시기, 꽃피는 시기, 그리고 열매 맺는 시기로 바꾸어 놓았을 뿐이다. 영적 사랑이 싹트는 단계는 유충의 단계와 마찬가지로 연한 뽕잎을 탐스럽게 먹고 사는 누에처럼 움직이는 시기다. 이 시기가 지나 꽃피는 단계가 되면 애벌레는 위에서 말한 것처럼 껍질을 벗고 아무것도 먹지 않고도 실을 토해 내는 번데기의 단계처럼 꽃을 피우기 시작하게 된다.

또한 이 사랑이 싹트는 시기는 어린아이가 자라나는 것과 별 다를 바 없다고 생각한다. 어린아이 때는 어머니가 자기 아이를 자기의 품에 안고 젖을 빨리고, 연하고 맛있는 음식을 먹이며 팔에 안고 쓰다듬어 주고 보담아 주며 귀여워해 준다. 그러나 그 아이가 자라면 그의 어머니는 쓰다듬어 주는 것도 그치고, 젖도 주지 않는가 하면, 심지어 젖꼭지에다 맛이 쓴 침향액(枕香液)을 발라 아예 빨지를 못하게 한다. 더 이상 그의 어머니는 그 아이를 안아주지도 않고, 젖도 주지 않으며, 땅위를 혼자 걷게 하는가 하면, 넘어지고 자빠져도 내버려두어서 어린아이 스스로 자기의 유아적인 버릇을 벗고, 보다 중요하고 실질적인 일에 적응 하도록 한다.

사랑이 싹트는 시기에 있어서 술람미 여인은 보통 어린아이들처럼 매우 불완전하고 미숙하였다. 따라서 어린아이를 어버이가 다루듯이 주님께서는 그녀가 빨리 자라기를 바라면서 그렇게 다루었다. 젖만 빨아 먹는 어린아이의 생각과 바람이 유치한 것처럼 술람미 여인은 하나님 아버지를 잘 몰랐고 알았다고 해도 그 개념이나 인식 자체가 유치하고 아주 감각적이고 좁았으며, 그에 대한 사랑과 바람도 어린아이가 어머니를 독차지하려는 것처럼 소유 본능적이었고 의존적이었다.

그리고 그 당시 술람미 여인의 마음은 어린아이가 젖 먹는 것으로 만족하듯이 아주 이기적이었고, 주님이 그녀에게 쏟아 주신 위안에만 집착하고 있었다. 어린 아이가 자라지 못하고 그대로 있으면 그는 미숙아로서 장애인 취급을 받게 되는 것처럼 영적으로도 마찬가지다. 성장이 없는 곳에 꽃이 필 수 없고 꽃이 피지 않는 곳에 열매가 있을 수 없다. 아이가 자라야 어른이 되고 어른이 되어야 사랑의 길로 나갈 수 있는 것이다. 성숙된 사랑은 품성도 바꾸어주고 마음의 미덕도 앙양시켜준다.

그러나 어린아이가 바로 커서 어른이 되는 것이 아닌 것처럼 영적인 사랑도 단번에 자라서 아무런 사건 하나 없이 이루어지는 것은 아니다. 자라는 중에 병에 걸려 시달리기도 하고 여러 가지 심적인 고통을 당하기도 한다. 이런 성장통(成長痛) 없이 성장이 이루어지는 것을 본 일이 없다. 성장에는 반드시 성장통이라는 것이 따르기 마련이다. 이와 같이, 사랑의 경우에도 성장에 꼭 필요한 성장통이 따를 수가 있다. 사랑할 때에는 가능한 한 헤어짐 같은 것이 없으면 좋겠는데 대개의 경우 헤어지는 일이 일어나고 상처를 입는 일도 생기며 사랑하는 사람들 사이에 틈이 생겨 괴로워 하다가 회복되기도 하고 재결합되기도 한다. 이런 과정을 거치게 되면 그 사랑이 완전히 깨지면 몰라도, 그렇지 않은 경우 사랑은 반드시 성숙하게 된다. 아가서에도 몇 차례 이런 시련이 솔로몬과 술람미 여인 사이에 있는 것을 볼 수 있다.

주님의 모형인 솔로몬은 처음이나 나중이나 동일하였고, 변치 않는 사랑을 그녀에게 쏟아 부었다.[205] 그러니까 솔로몬과 술람미 여인 사이에 벌어진 틈이나 벽은 솔로몬 때문에 생긴 것이 아니라 술람미 여인의 미숙과 변덕에서 기인된 것이었다. 이런 몇 차례의 시련과 단련을 겪은 후 술람미 여인은 열매를 맺을 수 있을 정도로까지 성숙하게 되지만, 완성 단계라고는 할 수는 없고, 그저 꽃이 활짝 피어 열매 맺히기를 기다리고 있는 그런 시기라 할 수 있다.

아직은 때가 차서 열매가 맺히지는 않았지만 수많은 변화가 일어나는 때가 이 시기다. 이런 변화 중의 하나가 외모의 변화라 할 수 있다. 물론 잘 생긴 외모와 아름다움이 중요하지 않은 것이 아니지만, 성격이 뒷받침해주지 않으면 시간이 흐를수록 지겨워진다. 반면 얼굴은 평범하지만 미덕을 갖추고 있다면 언제나 사랑스러워 보이는 것이다. 게다가 그러한 아름다움은 교제가 깊어질수록 아름다움을 더해준다. 시간은 그러한 아름다움을 파괴하는 것이 아니라 한층 성숙시켜 준다. 술람미 여인도 시간이 흐르면서 외모만 아름다워지는 것이 아니라 그 품성과 내면적 미덕도 더 깊어지고 사랑스러워지는 것을 볼 수 있다.

아이 때는 자기밖에 모르는 자기중심적이고 이기적이며 소유 본능적이고, 자기만 생각하고 사랑하던 사람이 술람미 여인이었지만, 꽃이 피는 시기에 들어서면서부터 다른 것에 대한 공감력과 애정이 늘어나고 남을 존중하는 마음과 배려심을 더 갖게 되는데, 이것이 이시기에 일어난 큰 변화라 할 수 있다. 또한 이제까지는 주님을 자기 혼자 독차지하고 그로부터 오는 위로와 사랑을 받기만 하려던 상태로부터 자기가 사랑하는 자가 다른 여인들이 사랑하는 자들보다 월등한 존재인가를 명확하게 알게도 되고 이러한 깨달음을 통하여 주님의 술람미에 대한 사랑도 더 깊어지는 것을 볼 수 있다. 이것이 사랑의 무르익음이라고 할 수 있지 않을까. 아직은 열매가 맺히진 않았지만, 때가 차면 곧 열매로 맺어질 수가 있는 만개의 한계점까지 이른 시기가 바로 이때다. 그러면 이 술람미 여인의 사랑 꽃이 활짝 피어나는 성장단계부터 살펴보겠다.

1) 술람미 여인의 단계적 성장

영적 사랑이 성장되었다고 하는 것을 보여주는데 있어서 가장 중요한 것은 스스로 어른이 되었다고 주장하는 것보다는 다른 사람들로부터 객관적으로 성장됐다고 인정받는 것이다. 더욱 사랑하는 사람으로부터 합일의 사랑을 이룰 수 있을 만큼 성장했다는 인정을 받으면 더 할 나위 없이 좋을 것이다. 그런데 아가서를 보면 주님의 모형인 솔로몬이 술람미 여인의 성장을 분명하게 인정하는 것을 볼 수 있는데, 그것은 그가 술람미 여인을 보면서 '내 사랑아' 또는 '여자들 가운데 어여쁜 자야' 라고 애칭한데서 찾아볼 수 있다. 이 단계에 있어서는 주님의 모형인 솔로몬이 술람미 여인의 성장모습을 어떻게 보고 있으며, 또 신령한 성도의 모형인 술람미 여인이 그녀의 사랑하는 자를 어떻게 보고 있는지를 살펴보는 것이 시급하다. 그래서 그 문제부터 탐색해 보겠다.

(1) 바로의 병거를 끄는 준마

"내 사랑아 내가 너를 바로의 병거의 준마에 비하였구나. 네 두 뺨은 땋은 머리털로, 네 목은 구슬꿰미로 아름답구나. 우리가 너를 위하여 금사슬에 은을 박아 만들리라"(1:9-12). 이 기이한 표현 속에서 볼 수 있듯이, 주님의 모형인 솔로몬은 술람미 여인을 윤기가 흐르고 아주 힘이 센 뛰어난 말에 비유하였다. 바로 왕의 준마(駿馬)는 애굽 왕궁에서 전용되었던 왕의 승마다.

당시 애굽은 병마(兵馬) 산지로 유명했고 솔로몬 왕은 애굽과 교역을 하고 있었을 뿐 아니라 말들을 특히 사랑했기 때문에 거기서 말들을 쉽게 구입할 수가 있었다. 고대에는 물론 현대에도 나귀나 소는 짐을 운반하는데 사용되었으나 모든 면에서 말은 가장 아름답고 가치가 있으며 위풍당당하고 매력 있는 동물로 평가되고 있다.[206] 이와 마찬가지로 당시 동양에서는 지치지 않는 활력과 모든 나쁜 조건을 잘 견뎌내는 힘이 넘치는(시 33:17, 147:10) 우아하고 품위 있는 애인을 '말' 에다 비유하였다.

여기서 신령한 성도의 모형인 술람미 여인을 '말' 에다 비교한 것은 이런 전통을 따른 것이다. 특히 그녀를 '바로의 병거를 끄는 준마'에 비교한 것에 주목할 필요가 있다. 여기서 애굽 왕 '바로'는 이 세상의 힘을 상징한다. 이처럼 그녀를 '바로의 병거를 끄는 준마'에 비교한 것은 그녀가 솔로몬의 말이 되었으면서도 주님의 모형인 솔로몬의 병거를 끄는 것이 아니라 힘센 바로의 병거를 끌고 다닌다는 말이다. 다시 말하자면, 그녀는 주님을 사랑하면서도 자주 세상을 바라보며 그것에 집착하여 그것들을 끌고 다니는 것이다.

장식도 고대에는 전차(병거)를 끌거나 경기를 하는 말들이 그저 타고 다니는 말들보다 더욱 화려하게 꾸며졌다고 한다. 그래서 싸움 말 또는 경기 말의 머리 위에서는 깃털 장식이 흔들거렸고, 기발한 깃 장식들이 나붓거렸다. 목은 화려한 술이나 종(bell)이 달린 수놓은 목도리 비슷한 것으로 장식되었고, 고삐와 말 옷의 많은 장식들은 물론 재갈까지도 금과 귀금속으로 되어 있었다고 한다.

여기서 "네 두 뺨은 땋은 머리털로, 네 목은 구슬꿰미로 아름답구나"라고 한 묘사는 바로 술람미 여인의 아름다운 머리 장식을 가리키는 말이다. 동양 작가들은 대체적으로 왕의 신부가 될 여인의 모습을 묘사할 때 주로 진주 꿰미 같은 것으로써 머리와 목을 장식하고 있는 것으로 표현하였다고 한다. 이와 같이, 솔로몬은 보석 꿰미 또는 사슬로 단장한 그녀의 아름다움을 보고 감동 되어 그녀의 머리에 은이 박힌 금 면류관을 씌워 주겠다는 사랑의 약속을 하는 것이다.

시편 21편 3절에서는 "주의 아름다운 복으로 저를 영접하시고 순금관을 그의 머리에 씌우셨나이다"라 하였다. 이 말에 따르면 주님께서는 모든 성도들을 위해 의의 면류관을 예비하고 계신다는 것을 알 수 있다. 그것은 주께서 그 날에 신령한 성도들에게 주실 것이지만, 아름다운 순종과 행위의 미덕으로 내면의 세계를 장식하지 않는 한 그것을 받아 누릴 수가 없다.

우리가 주님을 영접하고 그를 사랑한다고 하지만 주님의 병거보다는 세상 권세의 상징인 애굽 왕 바로의 병거를 끌고 다닐 때가 많다. 다시 말하면 믿기는 믿으면서도 세상적인 어떤 것에 끌려 다니는 경우가 많다는 말이다. 그것이 반드시 악한 것은 아니라할지라도 바로에게 속한 것은 역시 세상적인 것일 뿐이다. 때로는 그것들이 아주 품위 있고 고귀한 것일 수도 있지만, 그것이 아무리 품위 있고 고귀한 것이라 할지라도 세상에서 나온 것은 어차피 세속적일 수밖에 없다. 주님을 사랑하지만 여전히 세상적인 것을 끌고 다닌다면 바로의 병거를 끄는 준마에 불과하다.

(2) 어여쁜 비둘기의 눈

"내 사랑아 너는 어여쁘고 어여쁘다 네 눈이 비둘기 같구나"(아 1:15) 라고 하는 말 이상으로 가슴을 설레게 하는 말은 없다. 주님의 모형인 솔로몬은 술람미 여인의 아름다움에 반하여 감탄하며, '네 눈은 비둘기 같구나' 라고 말한다. 특히 시리아 지방의 비둘기는 아주 크고 아름다운 눈을 갖고 있다.[207]

사람의 아름다움 중에서도 가장 대표적인 미는 눈의 미라 할 수 있다. 술람미 여인의 눈은 실제로 클 뿐 아니라 맑고 영롱하며 아름다웠던 모양이다. 주님의 모형인 솔로몬은 그녀의 이 명려(明麗)한 눈빛에 반하였던 것 같다. 비둘기는 순수와 순결의 상징이고, 사람의 눈은 흔히 사람의 인격과 그 속에서 느껴지는 모든 것을 반영해 주는 면경(面鏡)과 같은 것이다.

성경에서 비둘기는, 순결한 새로(마 10:16), 두려움이 많은 새로(호 11:11), 제물이 되는 새로(레 1:14- 15), 기쁜 소식을 전해주는 새로(창 8:8-13) 사용된다. 또한 성경에서 비둘기는 성령을 예표 하는(마 3:16) 동시에 순결과 은혜, 온유와 견실, 평화와 사랑 등의 성품을 상징한다.

주님의 모형인 솔로몬이 술람미 여인을 일단 '비둘기' 에 비교한 것은 그녀야말로 여인들 중에서 가장 아름답고 순수한 여자라는 뜻이다. 더욱 그녀의 눈을 '비둘기의 눈'에다 비교한 것은 준마의 상태에서 한 단계 성숙해져서 신령한 통찰력과 평화와 소망의 빛이 많이 늘어났다는 것을 강조한 것이다.

우리가 주를 영접했다고 하면서도 세상적인 관념들을 가지고 있다면 그것은 '준마의 눈'을 갖고 있는 거나 다름없다. 준마의 튀어 나온 눈은 번뜩이는 것이 대단히 격렬한 모습을 보여주기는 하지만 영적인 것은 다소 부족한 것이다. 그러나 우리의 생각과 통찰력이 영적으로 많이 전환 되었다면 그것은 '비둘기의 눈'으로 변한 것이다. '비둘기의 눈'은 끊임없이 주님을 주목하고 우리의 신뢰를 주님께만 두는 것을 말한다. 그렇게 되면 세상에 있지만 하늘에 속한 생각과 영적인 신령한 통찰력을 얻게 되므로 새로운 각도에서 사물을 보는 '비둘기의 눈'을 갖게 된다.

'비둘기의 눈'을 갖는다고 하는 것은 정열에 불타는 애욕의 눈길이나 세상에서 지체 높은 사람들이 취하는 그런 거만한 기색과 교만한 태도, 구두쇠와 같은 이기적인 표정이나 적개심이 가득 찬 욕망가들의 맹렬한 눈길, 그리고 허영심과 과장된 겸손으로 꾸미던 그 모습이 유순함과 순결함 및 온유와 사랑을 표현해 주는 모습으로 변화되는 것을 뜻한다. 이런 눈을 갖게 되면 상대방의 흠과 티를 찾아내지 아니하고 서로를 미워하거나 헐뜯지도 않는다. 반면에 상대방의 장점과 아름다움을 찾아서 칭찬하고 서로 높여 줄 수 있는 사람으로 바뀌게 되는 것이다. 그런 눈을 주님께서는 기쁘시게 받아 주신다.

(3) 가시나무 가운데 백합화

"나의 사랑하는 자야 너는 어여쁘고 화창하다. 우리의 침상은 푸르고 우리 집은 백향목 들보, 잣나무 서까래로구나. 나는 사론의 수선화요 골짜기의 백합화로다"(아 1:16-2:2). 이 장면은 왕궁의 정원 안에 있는 정자나 혹은 여름별장에서 휴식을 취하는 동시에 사랑의 교제를 나누며 솔로몬과 술람미 여인이 서로 주고받는 대화라 할 수 있다.[208]

보통은 도시 밖에 있는 동양식 정원 안에는 넓다한 별장들이 있는데, 그 별장의 주인들은 여름의 뙤약볕을 피하여 그 곳에서 휴식을 취한다. 여기서 말하는 '푸른 침상'은 백향목이 우뚝 솟아 있고 잣나무들이 우거진 숲의 휴식처를 가리킨다. 다시 말해서 두 사람만이 교통하는 사랑의 보금자리 곧 은밀한 처소를 지칭한다.

그들은 백양목이 우뚝 우뚝 솟아 있고 잣나무들이 우거진 숲 속의 잔디와 꽃 침상에 앉아서, 사방에 펼쳐져 있는 향기롭고 아름다운 각양각색의 꽃들을 바라보며 서로의 아름다움을 칭찬하고 있다. 주님의 모형인 솔로몬은 그녀의 모습을 화창(和暢)한 날씨와 같이 온화하고 평온하며 해맑다고 찬미한다. 바로 술람미 여인은 솔로몬의 말을 받아서 나를 '어여쁘고 화창하다'고 하지만, 사실상 '어여쁘고 화창한 것'은 내가 아니고 당신이며, 단지 나는 사론의 들에서 흔히 볼 수 있는 하나의 들꽃, 즉 키도 작고 냄새조차 없는 '사론의 수선화' 아니면 '골짜기의 백합화'에 불과하다고 말한다.

사론은 지중해 해안에 위치한 갈멜의 남쪽에 있는데 매우 비옥한 땅이다. 이곳에서는 색깔이 밝은 꽃들이 많이 자란다. 아랍인들은 그런 화초들을 백합화라고 부른다고 한다. 그리고 그 산골짜기에서는 향기가 아주 강한 수선화도 많이 볼 수 있다. 수선화는 평범한 꽃으로 잎이 없는 초원의 들꽃이다. 또한 여기서 말하는 백합화는 화분에 심어놓은 꽃이 아니라 사람의 눈에 잘 띄지도 않게 골짜기에 외롭게 펴 있는 꽃을 가리킨다. 술람미 여인은 겸손하게 자기 자신을 이런 들이나 골짜기에 핀 보잘 것 없는 들꽃에 불과하다고 말한다.

그러나 주님의 모형인 솔로몬은, 누구 한 사람 보아주지 않아도 홀로 피어서 외롭게 향기를 내뿜고 있는 그 수수한 꽃을 사랑한다. 비록 그 꽃이 눈에 잘 띄지 않는 들꽃이긴 하지만, 그는 그녀를 가리켜 '가시나무 가운데 백합화 같도다' 라는 의미심장한 말을 하였다.

성경에 있어서 '가시나무' 는 교회나 믿는 사람들을 핍박하는 악한 세력들(창 3:18; 삿 9:15; 마 13:7; 히 6:8)을 흔히 표상하고, '백합화' 는 참된 신자나 또는 교회를 가리킬 때 사용된다. 마태복음 6장 28-30절에서는 "들의 백합화가 어떻게 자라는가 생각하여 보라. 수고도 아니 하고 길쌈도 아니 하느니라. 그러나 내가 너희에게 말하노니 솔로몬의 모든 영광으로도 입은 것이 이 꽃 하나만 같지 못하였느니라. 오늘 있다가 내일 아궁이에 던져지는 들풀도 하나님이 이렇게 입히시거든 하물며 너희일까보냐 믿음이 작은 자들아" 라 하였다. 이 말씀에 따르면 '백합화' 는 솔로몬의 영광보다도 더 화려하고 아름답고 향기로운 꽃이라는 것을 알 수 있다.

이는 술람미 여인은 악한 세상에 둘러 싸여서 죄 많은 삶을 살아가고 있는 백합화와 같은 존재이지만 가시나무 가운데 있는 '백합' 가 그 가시에 찔려 상처와 아픔을 크게 당하면 더욱 그 향기를 발하듯이 환난과 박해의 바람이 불 때 더욱 믿음의 아름다움과 향기를 더 멀리 퍼뜨리는 그런 성도라는 것이다.

다시 말해서 환란을 당할 때 참된 신자는 믿음의 향기를 더욱 짙게 내뿜을 수가 있으며, '백합화' 가 '가시나무' 보다 월등하듯이 그녀의 영적인 아름다움도 또한 다른 여자들의 아름다움보다 뛰어나다는 말이다. 환난을 당할 때 더욱 그리스도의 향기를 널리 퍼뜨리는 성도를 일컬어 '가시나무 가운데 백합화' 같다고 할 수 있다.

(4) 바위 틈 은밀한 곳에 있는 나의 비둘기

"바위 틈 낭떠러지 은밀한 곳에 있는 나의 비둘기야 내가 네 얼굴을 보게 하라. 네 소리를 듣게 하라. 네 소리는 부드럽고 네 얼굴은 아름답구나"(아 2:14). 주님의 모형인 솔로몬은 술람미 여인을 '나의 비둘기'라고 부른다. 이 비둘기는 산비둘기로서 높은 낭떠러지 바위틈이나 깊은 골짜기의 틈 사이에 둥지를 틀고 살아가는 습성이 있다. 솔로몬은 이처럼 세상으로부터 멀리 떨어져서 자신을 감추고 사는 오염되지 않은 그녀의 얼굴을 보고 싶어 한다. 여기서 '바위 틈' 이란 서너 가지 영적인 상징성을 갖는다. 첫째는 세상에서 멀리 떨어진 위험하고 고독한 곳(사 26:20)을, 둘째는 주님의 품(시 11:1; 출 33:21-22; 고전 10:4)을, 셋째는 진리의 교회(출 17:6; 고전 10:1-4)를 상징한다. 그러므로 '바위 틈 낭떠러지에 있는 나의 비둘기' 란 곧 세속적인 것으로부터 멀리 떨어져 그리스도 안에 늘 거하는 또는 진리의 교회 안에 늘 머물기를 좋아하는 아름답고 순결하며 유순한 십자가의 체험을 한 성도를 가리킨다.

따라서 '바위 틈' 은 십자가를 예표 한다고 할 수 있다. 그리스도는 우리를 위해 매 맞고 갈라진 '바위 틈' 이시기 때문이다(출 17:6; 고전 10:4). 주님과 함께 십자가에 못 박히는 것이 곧 바위틈에 있는 것이다. 그리고 '낭떠러지 은밀한 곳에 머문다' 는 것은 곧 보통 사람들은 이를 수 없는 부활하신 그리스도의 생명 안에 깊숙이 들어가는 것을 뜻한다.

시편 91편 1절을 보면 "지존자의 은밀한 곳에 거주하며 전능자의 그늘 아래에 사는 자여"라고 한 것이 바로 그런 의미이다. 그것은 하나님의 임재 안에 있는 것, 또는 부활하신 주님의 생명 안에 있는 것을 뜻한다. 이것은 생명의 변화로서 놀라운 역사라 아니 할 수 없다. 그러나 그런 생명에 동참한 성도는 그 기쁨과 신비를 홀로 누릴 것이 아니라 다른 여인들에게 나누어 주어야 한다. 아직 '낭떠러지 은밀한 곳에 머무는 비둘기' 는 그 단계까지는 성장하지 못한 상태다.

(5) 그분의 향기

"몰약과 유향과 상인의 여러 가지 향품으로 향내 풍기며 연기 기둥처럼 거친 들에서 오는 자가 누구인가." 여기서 보는 바와 같이, 예루살렘 딸들은 높은 성벽 위에서 혼인식이 벌어질 예루살렘을 향해 광야를 지나 올라오는 장엄한 결혼 행렬을 지켜보았는데, 마치 그 행렬의 수많은 가마와 마차들의 움직임은 거대한 진영이 진군하는 듯하였다. 그 행렬의 전방에서는 '연기 기둥' 이 치솟고 있었다. 여기서 '연기 기둥' 이란 먼지 구름을 가리킨다고 말하는 사람들도 있지만,[209] 사실은 중요한 행렬이 지나갈 때 마다 그 행렬의 앞과 뒤를 표시하기 위해 향불을 피워서 기둥처럼 피어오르게 했던 향 기둥을 가리키는 것이다.

동양에서는 결혼식 때 각종 향품들을 다량으로 사용하였다고 한다.[210] 옷에서도 몰약, 침향, 계피 등의 냄새들이 배어나도록 만들어졌었다. 신랑 신부가 궁궐에서 나올 때, 사람들은 은박을 입힌 향 단지들을 가지고 나와 열을 지어 그 뒤를 따라 나가는 것이 보통이었다고 한다. 행렬이 지나가는 거리의 양편에 있는 모든 집의 창문에서는 향을 살랐는데, 그러면 그 향내가 온통 그 근처에 진동하였다고 한다. 마치 제물과 같이 이 향들을 아낌없이 태워져서, 기둥처럼 되어 피어올라가게 하였던 모양이다.

본 절은 이런 결혼 풍습을 반영하고 있다. 본 행렬의 앞과 뒤에서 피워 올리는 향들은 동방에서 구할 수 있는 '몰약' 과 '유향' 과 같은 최고품의 각종 향품(香品)들이었다. 여기서는 신랑이 될 솔로몬은 몰약과 유향 같은 최고품의 각종 향품들에 비유되었고, 신부가 될 술람미 여인은 그 향품들에서 나는 향기에 비유되었다.

이런 결혼의 풍습을 영적으로 해석해 보면 좀 더 큰 은혜가 될 것이다. 결혼식 행렬이 오고 있는 '거친 들' 은 무엇을 상징하는가? 그것은 광야와 같은 이 세상을 표상한다. 그리고 '거친 들에서 오는 자' 는 세상에 있는 많은 것들을 떨쳐버리고 하나님께서 주시기로 약속하신 가나안 땅 곧 천성을 향하여 행진하는 신령한 성도들을 가리킨다.

여기서 피어오르는 '몰약' 과 '유향' 은 영적으로 그리스도를 가리키고 그 향내는 신령한 성도를 가리킨다. 다시 말하자면, '몰약' 은 예수님의 고난과 죽음을 뜻하고 '유향'은 그분의 달콤하고 향기로운 부활의 향기를 가리킨다. 우리를 위해 죽으셨다 다시 사신 그리스도의 향기로운 죽음과 부활을 함빡 적셔질 정도로 내적으로 체험한 성도의 몸에서는 그리스도의 향내가 넘쳐나게 된다는 말이다.

그리고 '상인의 여러 가지 향품'이라는 구절에 나오는 '상인' (merchant)은 곧 그리스도를 가리키고, 그 상인의 각종 향품은 우리 믿는 신실한 성도들을 가리킨다. 아무리 좋은 향품이라 할지라도 태우지 않으면 향내가 나지 않는다. 불이 탄 후에 나오는 것이 연기이고 그것들이 뭉쳐서 올라갈 때 마치 기둥처럼 보이기 때문에 '연기 기둥'이라는 표현을 사용하였다. 여기서 '연기 기둥'은 신령한 성도의 모형인 술람미 여인을 가리킨다.

그리스도의 신부인 우리가 가장 아름다울 때는 그리스도의 향내를 연기 기둥처럼 뭉쳐서 많이 풍길 때라고 할 수 있다. 그래서 바울도 '그리스도의 향기'라는 표현을 썼다. 그런 아름다운 그리스도의 향기가 되려면 우리 자신을 태워 드리지 않으면 안 된다. 레위기 1장 9절에 "그 내장과 정강이를 물로 씻을 것이요 제사장은 그 전부를 제단 위에 불살라 번제를 드릴지니 이는 화제(火祭)라 여호와께 향기로운 냄새니라"고 기록되어 있는 것처럼, 몸을 태워 드리는 희생과 헌신이 없이는 주님께 향기로운 냄새가 될 수 없다. 신령한 성도의 모형인 술람미 여인은 이제 신부가 될 만큼 성장했다. 그것은 그녀가 이제는 향기로운 희생과 헌신의 냄새를 풍길 수 있기 때문이다.

(6) 그분의 가마

"볼지어다 솔로몬의 가마라 이스라엘 용사 중 육십 명이 둘러쌌는데, 다 칼을 잡고 싸움에 익숙한 사람들이라. 밤의 두려움으로 말미암아 각기 허리에 칼을 찼느니라. 솔로몬 왕이 레바논 나무로 자기의 가마를 만들었는데, 그 기둥은 은이요 바닥은 금이요 자리는 자색 깔개라. 그 안에는 예루살렘 딸들의 사랑이 엮어져 있구나"(아 3:7-10).

여기서 말하는 가마란 솔로몬이 그의 결혼 행렬에서 신부를 태우기 위해서 만든 침상 모양의 물건을 가리킨다. 주님의 모형인 솔로몬과 함께 가마에 탄 신부는 교회 혹은 신령한 성도를 가리킨다. 솔로몬의 가마를 솔로몬이 만들었듯이 그리스도께서 성도들의 공동체인 교회를 친히 이루셨다. 그는 그들의 영적 생명도 지으셨고(시 100:3; 엡 2:10), 그들의 의로운 행실까지도 친히 이루어 주신다(엡 2:10; 계 19:8).

그 주위에는 육십 명의 용사들이 지키고 있었는데, 그 용사들은 '다 칼을 잡고 있었고 싸움에 익숙한 사람들' 이었다. 북 팔레스타인에서 예루살렘까지는 약 50마일 거리였기 때문에 도중에 하룻밤 야영을 하여야만 한다. 따라서 호위병들은 밤에 나타나곤 하는 맹수나 또는 산 도적들의 위험에 대비해서 허리에 칼을 차고 있었다. 예루살렘까지 멀리 여행을 하지 않으면 안 되는 사랑하는 신부를 안전하게 보호하려는 신랑의 배려라 할 수 있다.

'가마' 로 상징되는 교회 또는 성도들을 옹위하는 용사들은 전부 '칼'을 잡고 있는데, 그 '칼' 은 '말씀' (히 4:12; 엡 6:17)을 가리키며, '싸움에 익숙한 사람들' 이란 말씀으로 잘 훈련된 정병을 가리킨다. 이처럼 주님은 교회와 성도들을 조금도 부족함이 없이 완벽하게 보호해 주고 계신다(행 5:19-20, 12:7-10). 뿐만 아니라 사탄의 공격으로부터 교회를 보호하고 지킬 수 있는 유일한 무기는 오늘 날도 살아 계셔서 날째고 강하게 역사하시는 하나님의 말씀이라는 것을 암시해 주고 있다. 그리고 칼이 있다 하더라도 칼을 쓸 줄 아는 싸움에 익숙한 정병들이 없으면 그 무기는 아무 쓸모가 없게 된다. 이 싸움에 익숙한 정병이란 곧 말씀으로써 잘 단련 되고 고도로 훈련된 신앙용사들을 가리킨다.

신령한 성도의 모형인 술람미 여인은 솔로몬이 밤에 편히 쉴 수 있는 침상일 뿐 아니라 또한 그가 타고 움직일 수 있는 '가마' 다. 참된 성도는 밤에는 우리 주님의 침상이 되고 낮에는 그가 타고 움직이는 가마가 되어야 한다. 그것은 곧 밤낮 가리지 않고 주님께서는 내 안(가마)에서 사신다는 것을 뜻한다(갈 2:20).

백향목 나무로 만든 '솔로몬의 가마'의 기둥은 은이요 바닥은 금이요 자리는 자색 깔개고, 그 안에는 예루살렘 딸들의 사랑이 엮어져 있다고 (아 3:9-10) 하였다. 가마를 만든 나무는 주님의 거룩하고 고귀한 인성을 상징하는 레바논 백향목이다. 흰 석회암과 연 중 언제나 흰 눈이 덮고 있는 레바논 산에는 백향목들이 많이 나는데, 이 눈 속에서 자란 심산(深山)의 백향나무는 질이 아주 우수하다. 백향목은 발육이 잘되고 결실과 진액이 풍부하며 빛이 늘 청청한 나무로서 내구성이 강하여 잘 썩지 아니하고 좀도 먹지 아니하며 오래 갈수록 윤택이 나며 향기도 유난히 좋은(시 92:12-14) 최상의 나무라 한다. 그래서 솔로몬은 이 나무로써 성전도 법궤도 만들었고(왕상 7:2) 왕궁도 그렇게 하였다(왕상 10:17, 21; 대하 9:16, 20). 이는 주님을 늘 모시고 다니면 우리 성도들도 주님 같이 온유하고 인자하고 죄인을 용서할 수 있는 사람이 된다는 것을 말해주고 있다.

이 '가마'의 '기둥'은 순결(시 12:6)을 상징하는 '은'으로 되어 있는데, 출애굽기 30장 13절을 보면 구속의 값으로 '은'을 드리라고 하였다. 여기서 보듯 그리스도의 구속을 의미하는 것이 '은'이므로, 교회를 떠받치고 있는 기둥은 그리스도의 구속이라 할 수 있다. 다른 말로 말하면 교회란 오로지 구속의 은혜를 확실히 받은 사람들이 기둥 역할을 하여야 한다는 뜻이다. 즉 이것은 주님께서 흠 없으신 자신의 몸을 드려 피 흘리시고 그 값으로 산 것이 교회라는 것을 가리킨다.

가마의 '바닥'은 '금'이라 했는데, 그것은 밑바닥의 기초가 금으로 되어 있다는 뜻이다. 구약 성소의 바닥(내전 마루)은 금으로 되어 있는데 (왕상 6:30), 그것은 불변의 생명과 거룩한 본성을 상징한다. 즉 교회와 성도들의 바탕은 하나님의 거룩하고 변함이 없으신 그 본성이 되어야 한다는 것이다.

'자리는 자색 깔개라'고 했는데, 그 자리는 방석을 가리킨다(삿 5:10; 암 3:12). '자색'은 귀족과 왕궁에 장식용으로 사용되는 '왕색'으로서 그 화려함과 엄위함이 매우 뛰어난 것이 그 특색이다. 그러므로 자리가 '자색 깔개'라는 것은 그리스도의 보혈의 피 색깔로 되어 있다는 것을 뜻한다. '예루살렘 딸들'은 보통 성도들을 가리키는데, 그들이 방석에 섬김과 나눔을 가리키는 사랑의 수를 놓았다고 한다. 이는 우리 믿는 사람들이 주님을 위해 우리의 마음과 뜻과 정성과 힘을 모두 바쳐야만 한다는 것이다.

이 세상에서 가장 복되고 아름다운 교회는 사랑이 넘치는 교회이다. 우리가 하나의 거룩한 성전으로 세워지는 것은 우리의 힘에 의해서가 아니라 삼위일체 하나님의 공동 사역으로 이루어진다. 우리는 다만 예루살렘 딸들처럼 그 안을 사랑으로 장식하기만 하면 된다. 우리 자신의 내면이 사랑으로 장식될 때 비로소 우리는 주님 그분의 가마(연)이 될 수 있다.

(7) 그분의 면류관

"시온의 딸들아 나와서 솔로몬 왕을 보라. 혼인날 마음이 기쁠 때에 그의 어머니가 씌운 왕관이 그 머리에 있구나"(아 3:11). 당시의 결혼 풍습에 따르면 신랑은 값진 관(冠)을 머리에 쓰고 혼인 예식을 올렸다고 한다.[211] 이 관은 보통 왕의 결혼식 날 왕후 되는 그의 어머니가 만들어 씌워 주게 되는데, 그것은 지배와 통치의 표상으로서 하는 것이 아니라, 아름다운 사랑의 연합을 진심으로 축복하는 표상으로서 그렇게 하였다고 한다.

여기서 말하는 어머니는 영적으로 말하자면 모교회(母敎會)를 가리킨다. 그러니까 어머니가 관을 만들어 씌워 준다고 하는 것은 어머니 교회가 잘 양육하여 믿음과 사랑으로써 아름답게 단장시킨 신령한 성도를 신랑 되시는 주님께 영광스럽고 자랑스럽게 사랑의 관을 씌워 주는 것처럼 신부로 세워준다는 뜻이다. 이때부터 주님께서는 이렇게 선택된 신령한 성도와의 연합을 이루고 자랑스럽고 기쁜 마음으로 늘 그 어머니가 만들어 준 사랑의 관을 쓰고 결혼의 삶을 누리게 된다.

요한 계시록 19장 6-9절에 보면, 마지막 날에는 어린양의 화려한 혼인 잔치가 있다. 이 성경구절 속에 표현된 대로 혼인 기약의 때가 이르게 되면, 깨끗한 세마포 옷을 입은 신부를 어린 양 되시는 주님께서 취하며 기뻐하고 즐거워하신다. 이처럼 아름답게 단장된 신부는 신랑에게 자랑스러운 존재가 되는 데, 그것을 가리켜 그분의 면류관이라 하였다. 신령한 성도의 상징인 술람미 여인은 이젠 주님의 모형인 솔로몬의 면류관으로 자랑스럽고 존귀하게 여겨질 정도로 크고 아름답게 성장하였다.

(8) 그분의 동산

아가서 4장 12절로부터 5장 1절까지의 노래는 신랑과 그가 '누이'[212]라고 부르는 신부와 함께 신혼 여행길에 주고받은 화답송이라 할 수 있다. 주님의 모형인 솔로몬은 신령한 성도의 모형인 술람미 여인 즉 신부를 그의 동산으로 비유하고 있다(아 4:16). 일반적으로 극치(極致)의 사랑을 표현할 때 대부분 '동산'[213](garden)의 이미지를 사용한다. 신랑 솔로몬이 그리고 있는 동산은 어떤 동산인가?

첫째로 '우물'과 '샘'이 있는 동산이다. "내 누이, 내 신부는 잠근 동산이요 덮은 우물이요 봉한 샘이로구나"(아 4:12). 그가 말하는 동산은 '잠근 동산'으로서, '덮은 우물'과 '봉한 샘'이 있는 즉 아무도 함부로 드나들 수 없는 깨끗한 비원(secret garden)이다. '잠근 동산'이란 그 둘레에 울타리가 쳐져 있고 그 문에 자물쇠를 달아 잠가 놓아두는 것이 그 특색이다. 울타리를 치지 않고 그냥 내버려 두면, 들짐승이나 거지들이

와서 해치고 더럽힐 우려가 있기 때문에 그렇게 하는 것이다. 비원은 아무나 무상으로 출입할 수 있는 곳이 아니라 관계자만이 출입할 수 있는 곳이다. 성도의 심령을 상징하는 동산은 잡다한 것들이 들어오지 못하게 하고 다만 예수님만 들어와서 즐거워하는 동산이 되어야 한다는 것이다.

그런 면에서 그 다음에 이어지는 '덮은 우물' 이나 '봉한 샘' 도 마찬가지다. '덮은 우물' 이란 자물쇠로 채워 간수한 항상 물이 고여 있는 깨끗한 우물로 특수한 사람만이 사용할 수 있다. 여기서 물은 생명의 역사를 가리킨다. 주님이 내주하는 성도 속에서는 언제나 진리와 영감으로 인한 생명의 역사가 흘러나온다.

'봉한 샘' 은 활천(活泉)으로서 넘쳐흐르지만 덮어 놓아 깨끗이 보존한 물이다. 한 마디로 '잠근 동산', '덮은 우물', '봉한 샘' 은 깨끗하다는 것이 특색이다. 그리고 깨끗하다는 것은 아직 터뜨리지 않은 향주머니처럼 오직 주님 홀로 사용하실 수 있도록 예비해 둔 성도의 순결성을 가리켜 칭찬한 표현이라 할 수 있다.

사실상 이 '동산' 은 주님을 위해 죄 많은 이 세상의 오염으로부터 떨어져 있는 순결한 성도를 가리킨다. 이 '동산' 의 샘물은 특수한 사람만이 마실 수 있다. 샘이 봉하여 졌듯이 성도의 영혼은 이 세상에 대해서는 그 문이 닫혀 있는 사랑의 샘이라 할 수 있다. 이 샘은 오직 자기 피로 우리를 구속하신 주님만을 위한 것이므로 그분만이 홀로 들어와서 그 맑고 깨끗한 물을 마시며 누려야 한다. 그 청정한 생수는 곧 영혼 안에 계시는 성령이요(요 4:14, 7:38) 진리의 말씀이요 소망인 것이다. 그것을 간직한 마음과 더불어 주님은 만족해하며 마음껏 누리신다는 뜻이다.

둘째로 이 동산은 샘물과 더불어 새싹들이 움돋아나는 풍요로운 동산이다. "네게서 나는 것은 석류나무와 각종 아름다운 과수와 고벨화와 나도풀과 나도와 번홍화와 창포와 계수와 각종 유향목과 몰약과 침향과 모든 귀한 향품이요"(아 4:13-14) 솔로몬은 그의 신부를 정원의 여러 종류의 향기로운 식물들에 비유했다. 사랑을 식물, 꽃, 열매 등에 비유해서 말하는 것은 성경에서 흔히 볼 수 있는 비유법이다. 이것은 또한 인류의 공통된 사상이기도 하다. 이런 전통을 따라서 주님의 모형인 솔로몬은 자기의 신부 술람미 여인을 이제 막 움돋아나는 동산에다 비유하였다. 거기서 무엇이 움돋아나는 것인가?

첫 번째로 움돋아 나는 것은 석류나무인데, 이 석류는 알맹이 즉 씨가 많아 풍성하기 때문에 풍부한 결실과 생명의 활력과 삶의 소망을 상징한다. 즉 신부의 마음에서 맨 처음 움돋아 나오는 것은 활력과 소망이라는 말이다. 그 다음에 움돋아 나오는 것이 각종 아름다운 열매인데, 이 열매는 사랑과 희락과 화평과 오래 참음과 자비와 양선과 충성과 온유와 절제 등과 같은 성령의 열매(갈 5:22)를 가리킨다. 매우 고귀한 열매들이 생산되는 동산이라고 한다.

세 번째로 움돋아 나는 것은 각종 식물과 꽃들이다. 그 중에서 제일 먼저 들 수 있는 것이 고벨화인데, 이는 매우 아름답고 향기가 매우 좋은 적황색 꽃으로서 평화와 사랑을 상징한다. 이로써 솔로몬은 신부의 마음에서 싹트듯이 돋아 나오는 사랑과 평화를 지칭했다. 그리고 나도는 좋은 향기를 풍기는 아주 값진 향료인데(요 12:1-3; 막 14:3-5; 눅 7:36-50), 이것은 믿는 사람들의 고귀한 감사와 헌신 및 선행을 상징한다.

번홍화의 노란 꽃으로 만든 향수는 고귀한 것으로 화목을 상징하는데, 이는 그리스도의 신부인 교회는 화목이 생산되는 곳이라는 말이다. 값진 제사용 향유로서(출 30: 23-29) 사용되는 창포는 성별을 상징하는데, 이는 성별을 생명으로 하는 곳이 교회라는 뜻이다. 계수는 벌레나 잡충이 잘 침입치 못하는 강한 향목으로서, 그것은 내구력을 상징한다. 각종 유향목이란 원래 백색이라는 뜻으로, 주님의 보혈로 죄 씻음 받은 성도의 순결 또는 성결을 상징하며, 그 뜻은 성결한 무리가 모인 곳이 교회라는 것이다.

몰약은 부인들의 화장용으로 쓰였을 뿐 아니라 또한 방부제로도 사용된다(요 19:39). 이는 주로 부패를 막는 것이기 때문에 불멸의 신앙을 가리킨다. 침향은 십자가의 고난에 동참하는 고난 신앙을 상징하고, '모든 귀한 향품'이란 가장 으뜸가는 향품이라는 뜻으로, 아가페적인 사랑을 가리킨다.

여기에 열거된 각종 실과나무와 꽃과 향품은 신령한 성도들의 심령에 맺혀져야 할 할 거룩한 은혜를 비유한 것이다. 주님의 모형인 솔로몬의 신부 술람미 여인의 마음에 이와 같은 아름다운 것들이 자라나고 있었다. 그것은 우리 자신이 심은 것이 아니라 주님께서 파종하여 주신 것이다. 성도들은 우리 주님과 함께 하면 신령한 성도인 술람미 여인처럼 영적으로 크게 성장하여 향기를 풍길 수 있다.

셋째로 솔로몬은 그의 신부를 일컬어 "너는 동산의 샘이요 생수의 우물이요 레바논에서부터 흐르는 시내로구나"(아 4:15) 하였는데, 이는 생수가 흐르는 동산이라는 말이다. '동산의 샘'이란 동산의 수목들에게 수분을 공급하는 샘을 말하고, '생수의 우물'이란 마르지 않고 끊임없이 뿜어내는 신선한 수천(水泉)을 말하는데, 이런 생수가 있기 때문에 동산의 모든 잔디와 꽃과 나무들이 성장하는 것이다.

'레바논에서부터 흐르는 시내'란 언제나 눈이 쌓여 있는 레바논의 눈이 녹아내리는 물을 말한다. 이는 레바논에서 흐르는 물이 고여 있지 않고 끊임없이 넘쳐흐르듯이, 다함이 없고, 끊임없이 늘 새롭게 솟구치는 은혜의 생명력을 비유한 것이다.

주님의 모형인 솔로몬은 자신의 신부가 생수로 넘쳐흐르는 샘이나 시내라고 생각했는데, 그것은 그녀가 모든 진정한 기쁨의 원천이라는 뜻이다. 그는 자신의 신부를 생각할 때마다 새 힘을 얻었던 것 같다. 즉 주님의 모형인 솔로몬의 신부는 마치 동산의 샘처럼, 생수의 우물처럼, 레바논에서 흐르는 시원한 시내처럼 생명이 충만한 성숙된 성도였다.

이처럼 새 힘이 되고 기쁨의 원천이 되는 성숙된 성도를 이사야는 "너는 물 댄 동산 같겠고 물이 끊어지지 아니하는 샘 같을 것이라"(사

58:11) 하였고, 예레미야도 "그 심령은 물 댄 동산 같겠고"(렘 31:12) 하였다. 성도의 성결은 그 영혼을 온갖 화려한 꽃들을 지닌 동산처럼 만든다.

이 동산에서 자라고 있는 것은 무엇이나 다 주님을 위한 것이요 그분이 누리도록 그녀가 자라게 한 것이다. 이렇게 성숙된 그녀는 "북풍아 일어나라 남풍아 오라. 나의 동산에 불어서 향기를 날리라. 나의 사랑하는 자가 그 동산에 들어가서 그 아름다운 열매 먹기를 원하노라"(아 4:16)는 말로써 그를 초대한다.

팔레스타인 땅에는 '북풍'이 불면 차갑고 '남풍'이 불면 뜨거웠다. 이 차가운 북풍과 뜨거운 남풍이 알맞게 때맞추어 불면 식물의 성장에 좋다. 따뜻한 기운을 몰고 오는 남풍은 순경(順境)을 뜻하고 북풍의 찬 바람은 역경을 뜻한다. 하나님은 여름에 남풍으로 자연계의 식물들을 자라게 하고 가을에 싸늘한 북풍으로 성장한 열매들을 여물게 한다. 하나님은 순경과 역경을 골고루 섞어가면서 그것을 통해 인생 특히 성도들을 성도답게 다듬어 가신다.

신부 술람미 여인은 자신의 동산으로 신랑을 초대한다. 그 초대에 응하여 신랑이 오시는 경우라면 북풍이 불던 남풍이 불던 두려울 것이 없으며 아무 상관이 없다는 것이다. 오히려 이 바람에 의해 그녀의 향기가 더욱 멀리, 그리고 더욱 널리 퍼져나가게 될 것이라고 믿었다. 이처럼 모든 일에 자족하는 자립적인 성도의 모습을 그녀는 보여주고 있다.

딜로우는 북풍과 남풍은 솔로몬 왕을 비유한 것이라고 하지만,[214] 바람은 늘 성령의 상징으로 쓰인다. 성령의 충만한 은혜 속에서는 어떠한 환경도 겁날 것이 없다는 뜻으로 풀이할 수 있다. 그녀의 처음 소원은 이런 성령의 바람이 불어와 자신의 동산에서 생명과 성장과 결실이 증대되기를 바라는 것이다.

그녀의 두 번째 소원은 사랑하는 자가 '나의 동산'에 들어와서 '아름다운 열매' 먹기를 바라는 것이다. '그 동산'이란 바로 그녀 자신을 가리키는 것이므로, 이것은 그가 사랑하는 자 곧 솔로몬의 소유임을 은유하고 있다. "그 아름다운 열매 먹기를 원하노라"는 말은, 딜로우가 말한 것처럼 "성적인 즐거움"[215]을 가리키는 것이 아니라 가장 친밀한 교제(코이노니아)의 세계에 들어가기를 바라는 소원을 표현한 것이다.

사랑에는 응답이 있기 마련이다. 응답이 없는 세계는 죽음의 세계이다. 그녀의 동산에 맺힌 열매는 일체가 주님의 모형인 솔로몬의 것이다. 만일 과수원에서 그 주인의 추수가 없다면 그것은 과수원일 수 없다. 그녀는 사랑하는 자가 그 동산에 와서 추수할 수 있는 온갖 열매가 있다 하였고, 그는 그녀를 '내 동산'이라 인정하고, 그 동산을 찾아와 먹고 마시겠다고 화답한다. '먹고 마시는 것'은 곧 깊은 친교의 즐거운 체험의 표현인 것이다.

이는 마치 제물이 열납 되기를 원하는 제사장처럼 그 열매를 드리고자 하는 열망이라 할 수 있다. 이에 대해 신랑은 "내 누이, 내 신부야 내가 내 동산에 들어와서 나의 몰약과 향 재료를 거두고 나의 꿀송이와 꿀을 먹고 내 포도주와 내 유유를 마셨으니 나의 친구들아 먹으라. 나의 사랑하는 사람들아 많이 마시라"(아 5:1)라고 화답한다. 신랑도 신부를 동산으로 인정하고 거기서 나는 온갖 향기 즉 미덕을 받아 누리겠다는 것이다. 정녕 그분은 거기에서 무엇을 누리셨는가?

첫째로 그가 누리신 것은 '몰약과 향 재료'이다. 몰약은 생명을 상징하는데, 성도에게 있어서 생명은 기도이다. 그러므로 '향'은 성도의 기도를 상징하고, '향 재료'는 신부의 아름다운 덕행을 상징한다. 주님은 성도의 기도와 덕행을 만족해하시며 그것을 누리신다는 것이다.

다음으로 그가 누리신 것은 '꿀과 젖'이다. 이것은 말씀과 그 말씀대로 맺는 열매를 가리킨다. 주님은 그의 성도들에게 특히 말씀의 열매가 있을 때 매우 좋아 하시며 그것을 받아 누리신다는 것이다(시 19:9-10, 119:103; 잠 16:24).

또한 그가 누리신 것은 '포도주와 젖'이다. '포도주'는 구속의 은혜로 힘입은 기쁨의 상징이고, '젖'은 진리의 달콤한 맛의 상징이다. 이는 풍성하고 실로 감미로운 기쁨과 위로와 달콤한 맛을 주시는 보혜사 성령의 사역을 말한다. 주님은 우리 마음과 교회에 이러한 성령의 풍성한 기쁨이 충만할 때 제일 기뻐하신다. 그래서 교회를 희락의 동산, 온갖 향기를 발하는 꽃동산이라고 한다. 또한 각종 열매를 맺는 과수의 동산이라고도 한다.

그녀는 이렇게 기도와 말씀과 성령을 갖추어 놓고 솔로몬을 초대했다. 솔로몬은 이에 화답하여 외치기를 '나의 친구들아 먹으라. 나의 사랑하는 사람들아 마시고 많이 마시라' 고 하였다. 여기서 '먹고 마시다' 라는 말이 반복되는데, 이는 충족함을 나타내는 말로서 주님께서 우리 마음의 동산에 들어오셔서 만족하고 계심을 나타낸 것이라 할 수 있다.

'나의 친구들아' 라고 그들을 부르신 것은 그 친교의 기쁨을 함께 누리자는 간청이라 할 수 있다. 주님과 우리와의 사랑의 관계는 밀폐된 형태로는 온전한 만족이 이루어질 수 없다. 이 사랑의 궁극적 목적은 타인들에게 그 사랑을 알리는 동시에 친구들도 이 연회석에 초대되어 우리와 똑같은 주님의 사랑에 연결하라는 것이다.

2) 다시 깨어진 친교와 회복

아가서 5장 2-8절은 잃어버린 신랑을 찾는 신부의 노래다. 이 노래의 내용은 실제적인 사건이 아니라 꿈속에서 일어난 일이라고도 하지만, 사실은 그 어떤 신앙 체험을 예증하기 위한 목적을 제시해 주는 하나의 알레고리적인 표현이라 할 수 있다.[216] 그렇기 때문에 이것은 성도들에게 많은 영적인 교훈을 준다. 즉 믿는 성도들이 깨어있지 못하고 잠을 자면 실수하기 쉽다는 것과 완성이란 참으로 모진 고통을 겪어서 비로소 가능하다는 것을 다시금 깨닫게 해 준다. 솔로몬과 술람미 여인 사이의 교제가 왜 다시 깨어지게 되었으며 어떻게 재결합하게 되었는가를 살펴보겠다.

(1) 왜 그들의 친교가 또 깨어지게 되었는가?

첫째로 그것은 신부의 영적인 무기력과 방심 때문이다. "내가 잘지라도 마음은 깨었는데 나의 사랑하는 자의 소리가 들리는구나. 문을 두드려 이르기를 나의 누이, 나의 사랑, 나의 비둘기, 나의 완전한 자야, 문열어다고. 내 머리에는 이슬이, 내 머리털에는 밤이슬이 가득하였다 하는구나"(아 5:2)라는 말속에 그 이유가 가장 잘 드러난다. 육신의 행동에 의해 마음은 제약받고 눌림을 당하기 때문에 육신이 잠들었을 때 비록 마음은 깨어 있으나 육신이 깰 때까지 그 사람은 무활동의 상태에 있게 되는 것이다. 그 상태를 그녀는 '내가 잘지라도 마음은 깨었는데' 라고 표현하였다. 주님을 사랑하는 사람이라 할지라도 때로는 영적으로 무력해져서 아무것도 하질 않고 모든 것을 방기한 상태가 될 때가 있다. 그런 때가 잠은 들었지만 마음은 깨어 있는 상태다.

왜 그녀는 잠에 빠져 들게 되었는가? 그것은 영적 무기력, 즉 영적 방심의 상태에 빠져 든 때문인 것이다. 그 방심의 상태를 가장 잘 들어내는 말이 곧 '잠 잔다' 는 말이다. 이 상태는 그녀의 영적인 피곤과 어두움의 상황을 지시해 준다. 잠자는 상태는 무의미, 무의식, 무감각, 무활동, 무생산, 곧 마음으로는 그렇지 않으면서도 육신에 끌려서 그 생활은 잠자는 듯이 영적으로 무기력해진 것을 뜻한다. 성도가 영적으로 방심하는 그러한 밤에 사탄은 준동하게 된다. 마태복음 13장 25절을 보면, 잠자고 있는 밤에 원수는 가라지를 뿌린다고 하였다.

믿는 성도의 영적 수면은 방심에서 연유되는 것이다. 이런 영적 무기력에 사로잡히게 되면 성도는 긴장을 잃게 되고 주님과의 영적인 교통은 일시적이지만 끊어지게 된다. 그분의 사랑을 뜨겁게 체험하고도 무감각과 무관심 상태에 빠져 들어갈 수 있다는 사실에 우리는 유의하여야만 한다. 영혼 안에 은혜가 거하기 때문에 마음은 깨어 있을 수 있지만, 삶의 번잡함과 세상적인 유혹, 육체의 연약함 등으로 인해 잠들어 있는 성도의 모습을 여기서 발견하게 된다.

둘째로 그것은 신부의 무사 안일주의 때문이다. "내가 옷을 벗었으니 어찌 다시 입겠으며 내가 발을 씻었으니 어찌 다시 더럽히랴"(아 5:34)는 말 속에 드러난다. 여기서 옷을 벗었다고 했는데 그것은 특히 속옷을 말한다. 이처럼 속옷을 벗었다고 하는 것은 직무를 벗어던지고 안일한 상태로 지내는 것을 뜻한다. 신랑이 밤에 오더라도 옷을 입고 기다리다 맞이하여야 할 터인데 옷을 다 벗었다는 것은 말도 안 되는 방심이요 아무것도 하지 않으려는 안일한 자세의 징표라 할 수 있다.

요한계시록 16장 15절에 보면, "보라 내가 도둑 같이 오리니 누구든지 깨어 자기 옷을 지켜 벌거벗고 다니지 아니하며 자기의 부끄러움을 보이지 아니하는 자가 복이 있도다" 하였다. 여기서 '자기 옷을 지켜 벌거벗고 다니지 아니하며' 라는 말은 인격을 세우는 일에나 그 직무에 충실하라는 것을 뜻한다. 성도가 그 자신의 본분을 벗어던지고 벌거벗은 채 안일하게 살아가는 것은 죄이다.

또한 '내가 발을 씻었으니 어찌 다시 더럽히랴' 라고 한 말도 무사 안일주의를 단적으로 표현한 말이다. 2절에서 "나의 사랑, 나의 비둘기, 나의 완전한 자야, 문열어 다오. 내 머리에는 이슬이 내 머리털에는 밤이슬이 가득하였다 하는구나"라고 한 것을 보면, 우리가 편안하게 안일을 누리고 있을 때 주님은 밤이슬을 맞으면서 고난을 당하고 계신다는 것을 알 수 있다. 그리스도께서 고난당하고 계신 것을 알면서도 우리들은 종종 우리들의 안일과 무사를 즐기는 때가 있다.

그래서 주님께서는 우리들에게 '너희는 깨어 옷을 입고 나를 맞을 준비를 하라' 고 말하였다. 그가 우리에게 부탁한대로 그는 속히 우리를 찾아와서 문을 두드리며 '문 열어다오' 하실 것이다. 그러나 신부의 반응은 너무나 냉정하다. 발을 벗고 누워 있다는 것은 일을 계속할 의욕이 없는 상태의 표현이요, 또한 신랑의 외로움이나 고통 따위에는 전혀 관심이 없다는 자세의 표현인 것이다. 이런 무관심과 무사주의가 곧 하늘 문을 닫아버리게 하는 무서운 독균이 되기도 한다.

  셋째로 그것은 신부의 향락적인 삶 때문이다. "일어나서 사랑하는 자를 위하여 문을 열 때 몰약이 이 내 손에서 몰약의 즙이 이 내 손가락에서 문빗장에 떨어지는구나"(5:5)라는 말이 그녀의 향락적인 생활의 단면을 잘 말해 주고 있다. 유대 나라에서 안일한 생활을 하는 여자들이 밤에 잘 때에 흔히 몰약을 침상에 뿌리기도 하고(잠 7:17) 또 그 몸과 손에도 바르고 자기도 하였는데, 그녀도 보통 향락적인 유대 여인들처럼 그렇게 했던 것 같다.

  주님은 밖에서 고난을 당하고 계시면서도 우리 영혼을 구원하기를 열망하시는데, 성도들은 제 몸만을 가꾸고 사치스럽고 향락적인 생활을 할 때가 많이 있다. 그렇기 때문에 문을 제때에 못 여는 것이다. 이처럼 향수를 많이 사용한 것은 주님의 찾아오심을 환영한다는 것을 보인 것이라고 해석하는 경우도 있지만, 문맥을 잘 살펴보면 그것은 세상적인 향락에 취해 사는 생활의 감각적 표현이라고 보는 것이 더 옳다.

  이렇게 영적으로 잠이 들거나 무사 안일에 빠져 향락만을 즐기다가 문을 열면 이미 때는 늦다. 그래서 신랑은 벌써 떠나고 없는 것이다. 신랑은 문 밖에서 여러 모로 간청하여 이르기를 "문을 열어다오" 했으나 신부는 영적인 침체의 늪에 빠져, 그만 주님 맞을 기회를 놓쳐버리게 되는 것이다. 기회는 한 번 가면 다시 오지 않는다. 세월도 아끼지 않으면 헛되이 사라져버린다.

  (2) 어떻게 그들의 친교는 다시 회복되는가?

  신령한 성도의 모형인 술람미 여인은 드디어 문을 활짝 열었다. 그녀는 그리운 그의 얼굴을 볼 수 있을 것으로 기대하였으나 그는 가버리고 안 계셨다. 그녀는 몹시 후회하면서 물러간 신랑을 찾고자 한다. 어떤 난관이 있고 힘이 든다 할지라도 그를 찾아서 처음 사랑을 되찾아야 한다. 찾지 못하면 애정은 파탄 나고 만다. 어떻게 그들의 친교는 다시 회복되는가?

첫째는 그를 갈망하며 찾아 나섰기 때문이다. 물러간 신랑은 찾아도 못 만났고 불러도 응답이 없었다. 때가 지난 다음에는 백배의 노력을 하여도 때를 타서 잠깐 일한 만큼의 효력도 얻지 못한다. 호세아 5장 6절에 "저희가 양떼와 소떼를 끌고 여호와를 찾으러 갈지라도 만나지 못할 것은 이미 저희에게서 떠났음이라" 하였다(잠 1:28; 슥 7:13). 아무리 때가 늦었지만 그를 갈망하며 찾아 나설 때에만 그를 만날 수가 있다.

둘째는 어려움과 고통이 따랐지만 그것을 감내(甘耐)하였기 때문이다. 집에서 찾아도 없고 불러도 응답이 없으므로 그녀는 바깥으로 그를 찾아 나섰다. 그러나 거기서도 찾지 못하고 순찰자들과 파수꾼들에게 박해만 받았다. "성 안을 순찰하는 자들이 나를 만나매 나를 쳐서 상하게 하였고 성벽을 파수하는 자들이 나의 겉옷을 벗겨 가졌도다"(아 5:7). 성 중에 나갔다가 행순하는 자들을 만났는데, 그들이 그녀를 쳐서 상처를 입혔다. 중동의 여자들은 어두워지면 길거리에 나가질 않는다고 한다.[217] 그래서 순찰자들은 그녀를 좋지 못한 여자로 오인하였다. 밤거리로 손님을 찾아 나선 행실이 좋지 못한 여자이거나 행악자로 판단한 순찰자들은 순찰할 때 사용하는 곤봉을 가지고 그녀를 때렸고 그로 인해 그녀는 크게 상처를 입었던 것이다.

여기 순찰자들은 영적으로 말하면 교회의 교역자를 가리킨다. 이들의 의무는 그리스도를 잃은 자들에게 사랑의 견책을 하는 것이다. 그리스도를 잃은 자들은 교회에서 그를 찾아야 하는데도 불구하고 바깥으로 나가 찾다가 책망을 받게 되는 것이다. 그러나 그것은 사실상 하나님이 사랑하고 계시다는 증거이기도 하다.

이렇게 모욕을 당하고서도 그녀는 계속 그를 찾아다니다가 성중에서 파수꾼을 만났던 것이다. 이 파수꾼들은 그녀의 웃옷을 벗겼다. 여기서 웃옷은 얇은 천으로 만들어 머리에서 발끝까지 드리우는 것으로, 안에 입은 옷을 모두 감싸주는 옷이라고 한다. 웃옷이 벗겨진 것은 대단히 수치스럽고 민망스러운 일이라 아니 할 수 없다. 파수꾼은 교회의 지도자들을 가리킨다고 할 수 있다(사 62:6). 하나님이 세운 파수꾼의 견책은 곧 하나님의 견책이므로 달게 받아서 순종하여야만 한다.

그러나 어떤 이들은 이 파수꾼들을 거짓 신자들로 보기도 한다. 그래서 웃옷을 벗겨진 것은 바로 그들의 시기와 박해로서, 주를 열심히 갈망하는 자에 대한 모독이라고 한다. 다시 말하면 그녀를 부정한 여자로 보고 그녀에게 수모를 준 것이라는 말이다. 이런 저런 수모를 당해도 참고 견딜 때 주를 다시 만날 수가 있다.

셋째는 사랑으로 병이 날 정도로 그를 갈망했기 때문이다. "예루살렘 딸들아 너희에게 내가 부탁한다. 너희가 내 사랑하는 자를 만나거든 내가 사랑하므로 병이 났다고 하려무나"(아 5:8). 사랑을 구하는 화술(話術) 중에서 "사랑으로 인해서 병이 났다"는 말보다 더 강력한 표현은 없다고 생각한다. 신령한 성도의 상징인 술람미 여인은 사랑의 열병에 걸려 뜨거운 열정과 한없는 그리움 속에서 심히 앓고 있다. 그녀는 주님이 없이는 도저히 살 수 없다.

"사랑 때문에 병이 났다"는 말은 사랑의 종착점에 와서 마지막으로 던져보는 간절한 애원이라 할 수 있다. 방심과 안일과 무관심으로 기회를 잃었었는데, 이제는 그 기회를 회복하기 위하여 불타는 애모의 정을 나타낸다. 이것은 회개하는 불쌍한 죄인의 마지막 모습이라 할 수 있다. 이런 상사병을 고치는 데는 다른 약이 있을 수 없다. 그것은 사랑하는 사람 때문에 생긴 것이므로 사랑하는 대상을 만남으로써만 고침을 받을 수 있다. 이 정도로 상사병을 앓고 있는 믿는 사람이 있다면 반드시 주를 다시 만날 수 있을 것이다.

3) 사랑하는 사람의 우월성

"여자들 가운데에 어여쁜 자야, 너의 사랑하는 자가 남의 사랑하는 자보다 나은 것이 무엇인가 너의 사랑하는 자가 남의 사랑하는 자보다 나은 것이 무엇이기에 이같이 우리에게 부탁하는가?"(아 5:9)라고 예루살렘 딸들이 술람미 여인에게 묻는다. 예루살렘 딸들은 보통 성도들을 가리킨다. 그들의 이 말 속에는 은근한 냉소와 경멸이 들어 있다. 그들은 "너의 사랑하는 자가 남의 사랑하는 자보다 나은 것이 무엇인가"라고 묻는다. 이런 질문을 하는 것은 보통 성도들로서는 주님을 그렇게 도 사모하는 신령한 성도들을 진정으로 이해할 수 없기 때문이다. 그래서 그들은 신령한 성도들이 사랑하는 주님이 어떤 분일까 하는 의문을 품고 냉소적인 질문을 던지는 것이다(시 42:1-3).

이런 질문에 신령한 성도라면 사랑하는 자의 우월성을 분명히 말 할 수 있어야 한다. 신령한 성도의 모형인 술람미 여인은 주님이 얼마나 멋있고 우월한 분이신가를 자랑하며 칭찬한다. 주님을 그녀는 어떤 분으로 칭찬하는가?

(1) 만물 중에 가장 뛰어난 지극히 높으신 분

"내 사랑하는 자는 희고도 붉어 많은 사람가운데에 뛰어나구나"(아 5:10)라고 한다. 술람미 여인이 사랑하는 솔로몬은 멀리서 보아도 한눈에 들어올 만큼 그 얼굴은 눈이 부시도록 희고 말끔했으며 혈색은 불그레하여 건강미가 넘쳐서 모든 사람의 시선을 끌었다. 예루살렘에 사는 귀족들의 얼굴은 대체적으로 희었기 때문에 그 얼굴의 흰 색깔은 눈이나 우유에 비유되었고, 몸의 붉은 색깔은 산호에 비교되었다. 이런 사실로 미루어 볼 때, 그녀가 말하는 사랑하는 자는 보통 사람과는 구별되는 존귀한 분이라는 것을 알 수 있다. 예레미야 애가 4장 7절에서도 보면,

"전에는 존귀한 자들의 몸이 눈보다 깨끗하고 젖보다 희며"라는 표현이 있는데, 얼굴이 희다고 하는 것은 가장 으뜸가는 분을 일컫는 말이다.

영적으로 볼 때, 이 흰색은 영적으로는 그리스도의 신성과 순결성을 뜻하는(요일 1:5) 동시에 생명이 넘치는 성결의 광채를 뜻한다. 그리고 "붉다"는 것은 영적으로 그리스도의 인성과 속죄의 보혈을 뜻한다(히 7:26). 외적인 수려함을 통하여 주님의 영적인 모습을 더욱 강하게 부각시킨다. 신령한 성도의 모형인 술람미 여인이 사랑한 주님은 그의 붉은 피로써 우리의 죄를 대속하여 주신 메시아 곧 그리스도이다(엡 1:22; 골 1:18; 롬 3:24-25). 정말 우리 성도가 사랑하는 주님은 왕 중 왕으로서 지극히 높으신 분이시요(시 45:7; 왕상 3:13; 빌 2:9-10), 온 인류 가운데 우뚝 서신 만물 중 가장 으뜸이 되는 분이시라는 것을 가리킨다.

(2) 한 점 흠이 없는 완벽한 분

술람미 여인은 주님의 모형인 솔로몬이 어느 한 곳도 흠이 없는 완벽한 분이라는 것을 아름답게 묘사하기 위하여 인체의 각 부분 즉 머리, 눈, 뺨, 입술, 손, 몸, 다리, 형상, 입 등을 들었다. 이 인체의 각 부분을 간단하게 살피면서 어느 한 곳도 흠이 없고 완벽한 우리 주님의 모습을 그려 보겠다.

아름답고 귀티 나는 머리와 얼굴

주님의 모형인 솔로몬의 용모는 이렇게 묘사되어 있다. "머리는 순금 같고 머리털은 고불고불하고 까마귀같이 검구나. 눈은 시냇가의 비둘기 같은데 우유로 씻은 듯하고 아름답게도 박혔구나. 뺨은 향기로운 꽃밭 같고 향기로운 풀언덕과도 같고 입술은 백합화 같고 몰약의 즙이 뚝뚝 떨어지는구나"(아 5:11-13).

이 묘사를 통하여 우리는 솔로몬의 아름답고 귀티 나는 용모를 그려 볼 수 있다. 머리에는 순금처럼 찬란한 왕관이 씌워져 있으며 그의 검은 곱슬머리는 매력을 더해 준다. 또한 사랑으로 충만한 그 눈빛은 시냇가의 비둘기처럼 영롱하고, 젖으로 씻어낸 듯 맑으며, 반지에 박아 놓은 보석처럼 찬란하게 비추인다. 향수를 바른 뺨은 마치 향기로운 꽃밭과 같고, 그 입술은 백합과에 속하는 붉은 아네모네와 같다. 그리고 그 입술에서 흘러나오는 말은 몰약처럼 귀하고 값진 것이다.[218]

이런 외적인 용모를 통하여 우리는 주님의 영적인 모습을 좀 더 선명하게 그려 볼 수 있다. "머리는 순금 같고"(아 5:11) 하였는데, 여기서 '순금'이란 불순물을 다 제거한 정금을 말한다. 순금은 아무리 오랜 세월 동안 땅속에 묻어 두어도 그 광채와 본질이 변하지 않는다.

성경에서 '순금'은 그리스도의 신성과 불변성을 표상하는 비유로 늘 쓰인다. 히브리서 13장 8절 "예수 그리스도는 어제나 오늘이나 영원토록 동일하시니라"는 말씀에서 볼 수 있듯이, 신랑 되신 예수님의 신성은 순금처럼 영원히 변치 않는다. 그 다음 '머리털이 고불고불'하다고 하였는데, 그것은 그의 머리카락이 풍성하고 윤기가 흐르며 곱슬곱슬 아름답다는 것이다. 그리고 머리카락이 "까마귀 같이 검다"(아 5: 11)라고 한 것은 건장하고 생명력이 충만한 것을 뜻하는 것으로서 젊은이의 패기 있는 기상을 가리킨다. 실로 젊음은 아름다운 것이다.

성경적으로 '검다'는 것은 죄를 상징하기도 하지만, 여기서는 우리가 사랑하는 주님은 죽음을 이기셨을 뿐만 아니라 모든 인류에게 생명을 공급하시는 영원한 생명의 근원이시라는 것을 표상한다. 그리스도는 늙지도 아니하시고 쇠하지도 아니하시며 어제나 오늘이나 영원불변 하시는 분이시다(약 1:17).

"눈은 시냇가의 비둘기 같은데 우유로 씻은 듯하고 아름답게도 박혔구나"(아 5:12)라고 눈을 이렇게 묘사했다. 비둘기의 아름다움은 몸을 씻기 위해 깨끗한 물속으로 날아들 때에 한층 더 두드러진다. 여기서는 물

대신에 우유에 몸을 씻는 것으로 표현되었다.

영적으로는 그리스도의 순결하심과 인자하심을 노래한 것이다(사 9:6, 53:5). 여기서 "눈이 아름답게 박혔다"는 것은, 보석이 제 위치에 적절하게 박혀 있는 것처럼 그 눈이 아름답게 제 자리에 박혀있음을 뜻한다. 이것은 그리스도의 공의성을 표상하는 말이다(롬 3:10).

"뺨은 향기로운 꽃 밭 같고 향기로운 풀 언덕과도 같고"(아 5:13)라고 뺨을 이렇게 묘사했다. 이것은 영적으로는 그리스도는 능력과 영광이 넘치는 분이시면서도 은혜로우시고 평화로우신 분이어서 향기로운 풀 언덕처럼 그를 바라다보는 사람들에게 안식을 주신다는 것이다. 원수들은 그 인자하신 얼굴에 주먹질하고 침을 뱉지만(사 50:6; 마 26:67; 눅 18:32), 성도들은 거기서 위안을 얻는다. 아무리 상심하거나 병약한 자라 할지라도 화초가 만발한 꽃밭을 거닐 때는 위안과 기쁨을 얻듯이 주님의 얼굴은 꽃밭이어서 대하는 자들에게 화평과 기쁨을 주신다는 것이다.

"입술은 백합화 같고 몰약의 즙이 뚝뚝 떨어진다"(5:14)고 하였으며, "입은 심히 다니"(아 5:16)라고 하였다. 그리스도의 말씀은 은혜롭고(눅 4:22), 몰약이 방부제인 것처럼 그리스도의 말씀은 생명력이 있어서(히 4:12) 죽은 자들을 살려내며(겔 37:1-10; 눅 7:14-15; 막 5:41-42; 요 11:43-44) 살아난 자의 생명을 썩지 않게 보존하여 영생을 얻게 하신다. 요한복음 6장 63절에서 "… 너희에게 이른 말이 영이요 생명이니라"는 말씀처럼 주님의 말씀은 영원한 새 영과 새 생명을 주시는 말씀이다.

"입은 심히 다니 그 전체가 사랑스럽구나"(아 5:16)라 하였는데, 그것은 곧 그 입에서 흘러나오는 말이 모두 지혜롭고 고상하다(잠 16:21)는 뜻이다. 여기서 '심히 달다'라는 말은 중보자로서의 주님의 만족스러운 사역(使役)을 나타내는 말이라 할 수 있다. 주님은 우리의 중보자로서 하나님 앞에서 하신 그의 모든 일들이 꿀과 송이 꿀처럼 달다는 뜻이다(시 19:10). 시편 119편 103절의 "주의 말씀이 내게 어찌 그리 단지요 내 입에 꿀보다 더하나이다"라는 말씀처럼 주님의 말씀은 듣고 읽고 상고

하는 모든 사람들에게 감미롭고, 그의 사랑의 은사는 듣는 사람의 마음 속에 영생의 맛을 더해 준다는 것이다.

눈처럼 희고 보기 좋은 몸

솔로몬의 몸은 전체가 상아처럼 희고 균형 잡힌 하나의 조각품처럼 아름답다. 또한 그의 몸은 찬란한 청옥으로 입혀진 공교(工巧)한 작품처럼 백색 피부에 청색 혈관이 두드러지게 드러난다. 그리고 몸 전체의 자태가 산 중의 왕이라 할 수 있는 레바논처럼 장엄하고 위엄이 넘치며 그의 자태는 백향목처럼 늠름하고 의젓하다.

이런 묘사를 통하여 우리는 주님의 영적인 모습을 그려 볼 수 있다. "몸은 아로새긴 상아에 청옥을 입힌 듯하구나"(아 5:14)라고 하였는데, 여기서 몸이란 말은 '내장' 또는 '심장'을 뜻한다. 영적으로 생각해 보면, '몸' 곧 심장은 그리스도의 긍휼(빌 1:8)을 나타내고, '아로새긴 상아 같다' 함은 그의 결백과 기묘함(사 9:6)을 표상하며, "청옥 같다" 함은 그의 무죄와 신성(겔 1:26; 애 4:7; 사 54:11; 계 21:20)을 나타낸다고 말할 수 있다.

"생김새는 레바논 같으며 백향목처럼 보기 좋고"(아 5:15)라고 하였는데, 여기서 '생김새'란 몸 전체의 자태를 지칭한다. "백향목 같다"라는 말은 백향목이 뭇 나무 위에 뛰어나듯이 솔로몬은 뭇 형제들 중에서 뛰어나 왕으로 선택되었다는 것이다. 이것은 그리스도의 인격적 고결함과 출중하심을 형상화해 준다.

우리 주님은 백향목이 나무 중의 나무이듯이 세상 어떤 것과도 비길 수 없으신 분이시다. 히브리 1장 11절에서는 "오직 주는 영존할 것이요 그것들은 다 옷과 같이 낡아지리니 의복처럼 갈아입을 것이요 그것들은 옷과 같이 변할 것이나 주는 여전하여 연대가 다함이 없으리라"라 하였고, 히브리 1장 4절에서는 "그가 천사보다 훨씬 뛰어남은 그들보다 더욱 아름다운 이름을 기업으로 얻으심이니"라 하였다. 여기서 보듯이 주님은 천사보다 뛰어나고 그들보다 더 아름다운 이름을 가지신 영원자존자시다.

눈부시게 빛나는 손과 다리

솔로몬의 손가락은 충분히 살이 붙어서 금반지처럼 둥글고 정결하며 그의 손톱은 황옥을 물린 것 같이 투명한 분홍빛을 띠고 있어 매우 아름답고 찬란하게 빛난다. 그리고 그의 다리는 기름으로 윤기를 낸 대리석처럼 튼튼하고 미끈하다. 그리고 그 발에는 '정금 받침에 세운' 것과 같이 아름다운 샌들이 신겨져 있어 더욱 아름다움을 더해 준다.

이런 감각적인 묘사를 통하여 우리는 주님의 영적인 모습의 일부를 또한 그려 볼 수 있다. "손은 황금을 물린 황금 노리개 같고"(아 5:14) 하였는데, 여기서 손은 그리스도의 행사를 표상한다. 그 손이 황옥을 물린 것 같다고 하는 것은 그리스도의 행사가 '황옥'처럼 성결하고 '황금'처럼 견실하다는 비유라 할 수 있다. 성경에서 주님의 성결은 옥이나 보석의 빛깔로 비유되고(계 21:11, 20), 그의 신성과 견실성은 금으로 보통 비유된다(계 21: 18, 21).

"다리는 순금 받침에 세운 화반석 기둥 같고"(아 5:15)라 하였다. 여기서는 '다리'를 '순금' 또는 '화반석'으로 비유하였다. 이것은 영적으로 우주보다 무거운 속죄의 사명을 부담하실 만한 그리스도의 능력을 상징한다. 시편 55편 22절에서 말하기를, "네 짐을 여호와께 맡기라. 그가 너를 붙드시고 의인의 요동함을 영원히 허락하지 아니하시리로다"라고 하였다. 주님의 다리는 견고와 부동(不動)의 상징이다. 그 누구도 주님을 흔들어 넘어뜨릴 수가 없다. 주님은 그 견고한 힘으로써 우리의 구원을 떠받치고 있다는 것이다.

"생김새는 레바논 같으며 백향목처럼 보기 좋고"라 했는데, 이는 백향목이 풍성한 레바논처럼 그리스도에게서 무수한 의인들이 자라날 것을 가리키고(시 92:12), '백향목처럼 보기 좋다'고 한 것은 그가 구원자로서 견고하여 요동치 않으실 것을 비유한 것이다.[219]

술람미 여인은 이처럼 주님의 모형인 솔로몬을 부분적으로 칭찬하고 나서, 5장 16절에 와서는 그를 "그 전체가 사랑스러운 분"(아 5:16)으로 코러스의 역할을 하는 예루살렘 딸들에게 자랑스럽게 말한다. 내가 사랑하는 자는 전체가 자랑스러운 모든 것 위에 뛰어난 분이라는 것이다. 그러면서 그녀는 나의 사랑하는 자는 '나의 친구' 즉 평생의 동사자라고 떳떳하게 드러낸다.

우리도 주님과 동사자가 되려면 먼저 주님을 온전하게 알아야만 한다. 부분적으로 알고 부분적으로 말하는 것은 온전하지 못하다. 어렸을 때는 말하는 것이 어린아이와 같고 깨닫는 것이 어린아이와 같고 생각하는 것이 어린아이와 같지만 어른으로 장성하면 어린아이의 일을 버리고 어른처럼 말하고 생각하고 행하여야 한다(고전 13:9-13).

우리가 주님을 부분적으로만 알면 온전한 그의 친구가 될 수 없다. 어떤 사람은 주님을 인간으로만 보고, 어떤 사람은 하나님으로만 보는데, 지식으로서 그것은 불완전하다. 왜냐하면 예수는 하나님이신 동시에 사람이시기도 하기 때문이다. 이 모두를 전적으로 하나로 모을 때 좀 더 완전하고 뚜렷하게 볼 수 있다. 그때 그리스도의 영광스러움과 아름다움, 위대하심이 더한층 선명하게 드러날 것이다.

4) 사랑의 재결합

술람미 여인에게는 특이하고 끌리는 힘이 있다. 솔로몬 왕도 수많은 여인들 중 술람미 여인에게 마음이 끌렸고 처음에는 비웃었던 예루살렘의 딸들도 마음이 그녀에게 이끌려 그녀를 도와주기를 원한다. 그래서 술람미 여인과 예루살렘의 딸들이 힘을 합쳐 그녀가 사랑하는 자를 찾아 나선다. 참으로 이렇게 아름다운 사랑의 공동전선을 편 것은 너무나 자랑할 만한 일이라 할 수 있다.

(1) 사랑의 공동전선

사랑하는 자에 대한 그녀의 확신에 찬 장엄한 묘사는 예루살렘 여자들에게 깊은 인상을 심어주어 그들로 하여금 즉시 그녀의 사랑을 찾아 나서게 한다. "여자들 가운데에서 어여쁜 자야 너의 사랑하는 자가 어디로 갔는가 네 사랑하는 자가 어디로 돌아갔는가 우리가 너와 함께 찾으리라"(아 6:1)고 하였다. 이제까지 비웃던 여자들은 그녀의 확고한 애정에 감동을 받아 그녀의 사랑하는 자를 함께 찾자고 제의를 한다. 여태껏 대수롭지 않게 여겼던 그들이지만, 그녀의 이야기를 듣는 순간 그를 보고 싶은 충동에 사로잡혀서 그를 어디서 만날 수 있는지를 묻게 된다.

그리스도의 인격적인 우월성과 그의 성품에 드러나는 지고미(supreme beauty)를 확실하게 알릴 때, 그 알림은 믿지 않는 세상 사람들이나 보통으로 믿는 사람들을 확실한 십자가의 도로 이끄는 중요한 구실을 하게 된다. 사실상 그들은 그리스도에 대해서 잘 모르기 때문에 때로는 비웃기도 하고 조롱하기도 하고 무심하기도 하지만, 성도들의 확고한 신앙 자세와 투철한 신앙고백을 듣게 되면, 그들의 가슴에도 거룩한 열정의 불이 충전되어 곧장 그를 찾아 나서게 될 것이다.

로마서 10장 17절에 "믿음은 들음에서 나며 들음은 그리스도의 말씀으로 말미암았느니라" 하였다. 믿음은 지식도 아니고 장황한 논설을 내세우는 데서 나는 것도 아니다. 그것은 진솔하게 들려주는 주님과 나눈 그녀의 열정적인 첫사랑의 이야기와 확고한 신앙체험을 들음에서 나오게 된다. 이러한 확실한 믿음과 열정적인 사랑은 믿지 않는 사람들에게 큰 영향력을 미치는 증거[220]로서 작용하게 될 것이다. 그렇게 해서 공감대는 형성되고 그들 사이에 사랑의 공동전선이 놓이게 된다.

(2) 사랑의 재결합

예루살렘의 여자들은 그녀에게 "그녀의 신랑이 어디로 갔는가"라고 묻는다. 그런데 조금 전만 해도 그녀는 그의 행방을 몰라서 예루살렘 여자들에게 혹시 그들이 먼저 그를 찾게 되면 소식을 전해 달라고 부탁했었다. 그러나 이번에는 그녀가 대답해 주게 되는 것이다. 그녀는 더 이상 주님을 찾는 일에 예루살렘 여자들의 도움이 필요치 않다. 그것은 그가 '자기 동산'으로 그녀를 찾아내려 오셨기 때문이다. 아가서 4장 12-15절과 5장 1절에서 그녀는 자기 자신을 주님의 동산으로 서술한 일이 있다. 그렇다면 그녀의 사랑하는 자가 '자기 동산으로 내려왔다'는 말은 무슨 의미인가? 그것은 주님이 그녀에게로 돌아왔다는 뜻이다. 그녀는 그 감격적인 체험과 확신을 "나의 사랑하는 자가 자기 동산으로 내려가 향기로운 꽃밭에 이르러서 동산 가운데서 양떼를 먹이며 백합화를 꺾는구나"(아 6:2)라고 표현하였다.

성경에 언급된 동산은 오늘날 근동에서 볼 수 있는 그런 동산 안의 거처와는 아무런 상관이 없다. 동산은 대개 도성(都城) 밖에 위치한다. 보통 소유자의 집에서 반마일 혹은 1마일 떨어진 곳에 있다고 한다. 그런데, 예루살렘을 향해 갈 때는 올라간다고 표현하고, 그 도성에서 나갈 때는 내려간다고 하였던 것이다.[221]

그러니까 "나의 사랑하는 자가 자기 동산으로 내려가"라고 한 것은, 위에서 말한 대로 예루살렘으로부터 도성 밖에 있는 동산으로 내려간 것을 의미한다. 신령한 성도의 모형인 술람미 여인의 사랑하는 자는 낮고 천한 자가 아니고 지극히 높으신 분이시다. 그러나 그는 높은 곳에 머물기를 고집하지 아니하시고, '꽃밭'의 아름다움과 향기를 즐기고 '양떼를 치기 위해', 혹은 맛있는 실과들을 먹고 '백합화를 꺾기' 위해 낮은 곳에 있는 '자기 동산'으로 내려오셨던 것이다.

여기서 '동산'은 그리스도의 몸 된 교회를 가리킨다.[222] 에베소 5장 23

절에서는, "남편이 아내의 머리됨이 그리스도께서 교회의 머리됨과 같음이니 그가 바로 몸의 구주시니라"고 하였다. 교회가 주의 몸이 되는 것은 그가 자기 피로 이 교회를 사서 세웠기 때문이다(행 20:28).

한 동안 멀리 했던 주님을 다시 찾아 교제를 회복하게 되는 것은 그를 간절히 사모하고, 다시금 그와 깊은 사랑을 나누고자 해서 그의 동산인 몸 된 교회로 나가 거기서 말씀에 순종하며 신앙생활을 잘 할 때에만 가능하다. 그 밖의 다른 곳에서는 아무리 불러도 찾을 수 없고 응답을 받을 수도 없다.

'꽃밭'은 성도들을 가리키기도 하고 은혜로운 교회를 가리키기고 한다.[223] 그리고 그 '향기'는 그들의 거룩한 기도와(계 8:5) 아름다운 신앙의 덕행을 가리킨다. 주님의 관심은 다른 데 있지 아니하고 자기 동산에서 사랑하는 성도들의 기도와 덕행의 향기를 누리며 양떼를 먹이는 데 있다. 그러므로 성도들의 심령을 기르시고 먹이시는 것은 성도들 그 자체가 아니라 바로 주님 자신이시라는 것을 잊지 말아야 한다. 그리고 '백합화를 꺾는구나'라 하였는데, 이는 백합화로 상징되는 성도들의 신행(信行)의 향기를 주님께서 기쁘게 받으신다는 뜻이다.

따라서 우리가 주님과 깊이 사귀기 위해서는 곧장 주님의 동산으로 가야 한다. 거기에는 신령한 말씀이 있고, 평화가 있고 안식이 있다. 주님의 동산은 다름 아닌 성별된 교회이다. 교회를 떠나서 다른 어떤 곳에서 주님을 만날 수 있겠는가? 신령한 성도의 상징인 술람미 여인은 주님의 모형인 솔로몬은 그들의 '동산' 곧 향기로운 꽃밭에서 첫사랑을 회복하고 사랑의 합일을 이룬다.

(3) 사랑의 합일

"나는 내 사랑하는 자에게 속하였고 내 사랑하는 자는 내게 속하였으며 그가 백합화 가운데에서 그 양떼를 먹이는도다"(아 6:3)라 하였다. 이것은 성도가 주님과 하나가 되는 그 신비로운 체험을 비유적으로 표현한 것이라 할 수 있다. 이 신비로운 사랑의 관계는 서로가 서로에게 속하였다는 상속(相屬)의 확신과 그 애정고백을 바탕으로 더욱 깊어진다. 만일 이 바탕이 깨어지면, 그 사랑의 관계에는 틈이 생기게 되고 그 터전은 흔들리게 된다. 그러나 이 바탕만 든든하면 어떠한 난관과 역경도 그 사랑의 줄을 끊어 놓을 수 없을 것이다.

그 관계를 "그가 백합화 가운데서 그 양떼를 먹이는구나"라는 말로 표현하였다. 즉 이것은 주님과 성도와의 관계를 목자와 양의 관계로 비유한 것이다. 목자는 자기의 양떼들을 보호하기 위해서 어떤 때는 위험을 무릅쓰고 전심전력을 다한다. 목자가 양들을 보호하기 위해 온갖 희생을 감수하는 것은 그 양들이 자기의 소유이기 때문이다.

목자는 양들을 인도하고 어려울 때 그들을 보호해 주는 반면 양들은 목자의 음성을 금 새 알아듣고 절대적으로 그 음성에 복종하고 따라야만 한다. 그때 비로소 목자와 양은 사랑의 일치를 이루게 되고 거기서 우러나오는 신선한 은혜와 기쁨을 맛보게 된다. 이런 상생상존(相生相存)의 관계로부터 영적인 사랑의 세 번째 단계인 열매 맺는 시기가 열리게 된다.

3. 세 번째 단계 : 영적 사랑이 열매 맺는 시기

신령한 성도의 모형인 술람미 여인과 주님의 모형인 솔로몬 사이에 두세 번씩이나 어려운 일이 있기는 했지만, 호되고 모진 겨울을 거친 화목(花木)들이 더 아름다운 꽃들을 피우고 실한 열매를 맺는 것처럼, 그녀의 믿음과 사랑도 그런 시련을 통하여 더욱 단련되어지고 더욱 순화되어서 아름답고 향기로운 열매를 맺게 되는 것이다.

주님과 우리 성도들에게 있어서 무엇보다 더 귀하고 유익한 것은 많은 선행을 행하는 것이 아니고 조금도 틈바구니가 없는 완전 합일에 이르는 사랑의 순간에 있다.[224] 이 합일의 사랑을 아가서에서는 "나의 사랑하는 자는 나에게 속하였고 나는 그에게 속하였구나"(아 6:3, 7:10)라고 표현하였다. 아가서 2장 16절에도 같은 표현이 나오지만 그것은 한낱 착각에 불과했다. 그러나 여기서 하는 이 말은 둘이 진실로 하나로 합일되는 신비로운 체험의 경지를 토로한 말이라 할 수 있다.

진실 되게 사랑하는 사람들의 관계는 정지된 상태에서 그냥 머물러 있을 수 없다. 아가서에서도 솔로몬과 술람미 여인 사이에 이루어진 사랑은 한 자리에 그대로 머물러 있지 아니하고 시련을 통해서 온전한 사랑의 합일 단계에까지 계속 전진한다. 그것은 본서의 마지막 부분에 가서 중심 화자가 없어진다는 사실로도 증명된다. 신랑과 신부, 그 사이로 가끔 대기 중인 합창단이 끼어들기는 하지만, 각자 자유롭고 균등하게 사랑을 표현하게 된다는 것이 바로 온전한 합일 상태의 경지에 이른 증표라 할 수 있다.

미숙한 사랑의 상태에서는 자신의 행복으로 행복을 느꼈지만, 성숙된 사랑으로 나가게 되면 그분의 행복으로 행복을 느끼게 된다. 즉 더 이상 '너'와 '나'가 없는 경지까지 이르게 되는 것이다. 왜냐하면 내가 그분과 더불어 영적으로 합일된 하나가 되기 때문이다. 하나님께 순수한 사랑을 아낌없이 바치는 사람은 모든 일에서 기쁨을 발견하게 되고 보람을 느끼게 된다. 뿐만 아니라 영적으로 주님과 합일 상태에 있는 신자는 자신의 정화와 덕행의 실천을 중지하지도 않는다.

따라서 이 일 때문에 그는 영적인 싸움을 할 수밖에 없고 또한 승리하는 영전을 벌이기 위해서 다른 신자들과 신앙의 공동전선을 펴게 되는 것이다. 왜냐하면 영적 생활에 있어서 전진의 중단은 후퇴일 뿐 아니라 반드시 싸우면 이겨야 하기 때문이다. 이와 같이, 이 영적인 사랑의 완성 단계에 있어서 가장 시급한 것은 빈틈없이 연합하여 서로가 서로에게 유익한 파트너가 되는 것이고 서로 존중 존경하며 서로 받들어 주고 돕는 것이다. 이렇게 온전한 사랑으로 연합된 주님의 모형인 솔로몬과 신령한 성도의 모형인 술람미 여인이 어떤 열매를 맺게 되며 어떤 갈구를 갖는지 알아보겠다.

1) 완숙한 여자

주님의 모형인 솔로몬의 사랑은 처음이나 나중이나 동일하다. 신령한 성도의 상징인 술람미 여인에게는 때로 나태하고 안일에 빠져 사랑의 상실 상태에까지 나아간 적이 있으나, 솔로몬은 변치 않는 사랑을 그녀에게 쏟아 부었다.[225] 이러한 여인의 변덕에도 불구하고, 어제나 오늘이나 변치 않는 주님의 모형인 솔로몬은 온갖 미사여구를 다 동원하여 아낌없이 신령한 성도의 모형인 술람미 여인의 완숙미를 칭송한다. 여기서는 주님의 모형인 솔로몬이 어떻게 완숙된 술람미 여인을 묘사하고 있는가가 매우 중요하다. 그래서 그 문제를 살펴보겠다.

(1) 군대와 같이 당당한 여인

"내 사랑아 너의 어여쁨이 디르사 같이 어여쁘고, 예루살렘 같이 곱고, 깃발을 세운 군대 같이 당당하구나"(아 6:4). 이것은 솔로몬이 그녀의 완숙미(完熟美)를 '어여쁘고 아름다운' 두 성 즉 '디르사'[226]와 '예루살렘'에 비유한 것이다. '디르사'라는 말은 '즐겁다'는 뜻이다. 이런 뜻을 갖게 된 것은 '디르사' 성이 사마리아의 북서쪽에 있는 도시로서 아름답기로 유명해서 바라보기만 해도 보는 사람에게 기쁨을 주기 때문이다(왕상 14:17, 16:15, 23). 또한 이 도시는 이스라엘 국가의 중심부를 이루고 있는 수도로서 웅장하고 든든함이 그 특징이었다.

또한 그녀의 완숙미를 '예루살렘' 같다고 하였는데, '예루살렘'이란 말은 '평화의 소유'라는 뜻이다. 예루살렘은 남 왕국 유다의 수도이며 성전이 있는 곳으로서 하늘 도성 새 예루살렘의 예표가 된다. 사도 요한

은 새 예루살렘을 보았을 때 '거룩한 성' 이라 불렀고, 이것을 "신부가 남편을 위하여 단장한 것 같더라"(계 21:2)고 한 것과 같이, 매우 아름다운 도시였다(시 48:1-2, 50:2, 122:1-3, 125:1-2).

솔로몬은 자신의 신부가 '디르사' 처럼 아름답고 예루살렘처럼 특출하다고 여겼다. 그녀는 마치 깃발을 높이 세운 군대처럼 사람의 눈길을 사로잡고 마음을 이끄는 강한 견인력을 소유하고 있었다. 이 두 도성은 이스라엘 백성을 다스리는 중심지요 특히 예루살렘은 하나님을 경외하는 중심지였다. 이 비유에 비추어서 볼 때, 성도의 완숙미는 우선 하나님의 주권을 인정하고 그의 절대적인 통치를 받는 것과 하나님을 경외하는 것이라는 것을 알 수 있다.

또한 '디르사' 와 '예루살렘' 은 각기 남북의 수도이지만 둘을 합쳐 가지고 한 신부를 묘사한 것과 같이 우리 성도들의 고결성은 분열이 아니라 연합에 나타난다 할 수 있다. 가장 성숙한 성도는 하나님을 무엇보다 두려워하고 분열 아니라 통합과 일치로 지향하는 사람이다. 신령한 성도의 모형인 술람미 여인은 주님께 대해서는 '어여쁘고 고운' 성이라 할 수 있고, 사탄에 대해서는 '군대' 라 할 수 있다.

그래서 6장 4절 후반 절에서 "깃발을 세운 군대 같이 당당하구나" 라 하였는데, 이는 깃발을 펄럭이며 전투대형으로 늘어선 군대같이 당당하고 위세가 대단하다는 뜻이다.[227] 신부의 품위와 당당함은 신랑에게 존경과 흠모의 감정을 일으키지만, 한편으로는 원수를 두렵게 하고 쫓아버리기도 한다. 이런 의미에서 신부는 성이면서 또한 성을 두른 위세가 당당한 군대가 되는 것이다.

여기서 '성' 은 주님과 하나가 된 교회를 뜻하고 군대는 그 교회를 지키는 성도들을 뜻한다. 성도가 그 교회를 지키는 것은 곧 성도 자신을 지키는 일이기도 하다. 왜냐하면 이제는 신랑과 신부는 둘이 아니라 하나가 되었기 때문이다. 이것은 주님의 영적 신부인 우리들의 가장 완숙한 아름다움은 사탄과의 영전에서 승리하는 모습에서 찾을 수 있고, 그것은 또한 성도들이 호락호락 침범당하지 않고 감히 넘볼 수 없도록 굳건히 설 때 이루어지는 것이다.

(2) 온 몸이 찬사의 대상이 되는 여인

오랜 시련을 거치면서 전진을 거듭한 술람미 여인은 주님을 마음껏 사랑하며 그를 위해 마음껏 일할 수 있는 단계에까지 이르게 된다. 좀 더 정확히 말하면 그것은 주님을 위한 일이 아니고 주님과 함께하는 일이다. 이제 그녀는 주님의 일을 돌보고 그를 섬길 수 있을 만큼 거의 완전한 미를 갖추게 된다. 그는 그녀의 완숙미(完熟美)를 신체의 각 부분의 아름다움에 비유하면서 극구 칭송한다. 그는 그녀를 어떻게 찬사하는가? 6장 5-7절에서 그녀의 완숙미를 다음과 같이 칭찬한다.

첫째로 솔로몬이 칭찬한 것은 그녀의 '눈' 이다. "네 눈이 나를 놀라게 하니 돌이켜 나를 보지 말라"(아 6:5)라 하였는데, 이것은 주님을 향한 신령한 성도의 사랑이 얼마나 강렬한지를 보여주는 표현이다. 그 눈은 주님을 놀라게 할 정도로 열정적인 사랑을 담고 있는 불타는 눈이었고, 주님의 사랑을 갈구하는 애정 어린 눈길로서 완전히 그를 사로잡는 강렬한 눈길이었다. 이제 그녀의 사랑은 그를 놀라게 할 정도로 완숙되어 있었다.

눈은 마음의 등불이요 하나님을 바라다 볼 수 있는 창이다. 주님을 사랑하는 그녀의 마음이 그 눈에서 뜨겁게 불타고 있다. 이러한 사랑의 힘에 의해서 주님은 압도당하고 있는 것을 볼 수 있다. 아가서 4장 9절에서도 이미 솔로몬은 "내 누이, 내신부야, 네가 내 마음을 빼앗았구나. 네 눈으로 한 번 보는 것과 네 목의 구슬 한 꿰미로 내 마음을 빼앗았구나"라고 말한 일이 있다. 여기서 "돌이켜 나를 보지 말라"고 한 말은 솔로몬이 그녀의 강도 높은 애정을 거절한다는 뜻이 아니라 그녀를 자극하고 충동하여 좀 더 열정적인 사랑의 반응을 받자는 의도에서 나온 말이라 할 수 있다.

주님을 위한 일을 하려고 하는 사람이 갖추어야할 것 가운데 제일은 강도 높은 주님에 대한 사랑의 시선을 갖는 것이다. 사랑이란 무엇보다 그 대상에 대해 관심을 갖는 것이다. 관심이 없으면 사랑을 쏟을 수가 없다. 무관심은 곧 사랑의 비극이다. 그러므로 주님께 대한 무관심한 사람이 주님의 마음을 사로잡을 수 없고 또한 사랑의 열정 없이 어떤 고난도 참을 수 없고 어떤 일도 몸 바쳐 할 수가 없다.

둘째로 솔로몬이 칭찬한 것은 그녀의 '머리털'이다. "네 머리털은 길르앗 산기슭에 누운 염소 떼 같고"(아 6:5)라고 솔로몬은 술람미 여인을 칭송하였는데, 이와 비슷한 말은 4장 1절에도 나온다. "네 머리털은 길르앗 산기슭에 누운 무리 염소 같구나." 여자의 미를 더욱 돋보이게 하는 것은 동서고금을 막론하고 '머리털'이라 할 수 있다. 그래서 고린도전서 11장 15절에서는 "여자의 긴 머리가 영광이 된다"고 하였다.

이 "머리털이 길르앗 산기슭에 누워 있는 염소 떼와 같다"고 한 것은 심히 검고 윤기가 흐르는 머리털의 아름다움을 지칭한 말이다. '길르앗'은 요단 강 동편에 있는 넓은 산지로서(신 3:16-17; 민 32:1; 삼상 31:11) 심히 비옥하여 물이 많고 초목이 무성하므로 목축에 적합한 곳이다. 여기서 자란 염소의 털은 매우 검고 빛이 유난히 윤택하여 고귀하다고 한다. 그리고 '염소 떼와 같다'고 한 것은 '머리털'을 다발로 묶어 단정하게 한 것을 가리킨다. 현대의 미발은 흐트러뜨리는 것이지만 동양의 미발은 흐트러뜨리는 산발보다는 단정하고 곱게 땋아 빗어서 윤기가 있는 머리이다.

머리를 단정하게 하는 것은 영적으로는 신앙의 선행, 즉 주님께 드리는 순복과 헌신과 희생봉사를 뜻한다. 이런 성도들의 행동은 참으로 경건한 생활의 일면이라 할 수 있고, 사랑하는 여인이 갖추어야 할 자격 가운데 하나인 것이다.

셋째로 솔로몬이 칭찬한 것은 그녀의 '이'다. "네 이는 목욕하고 나오는 암양 떼 같으니 쌍태를 가졌으며 새끼 없는 것은 하나도 없구나"(아 6:6)라고 솔로몬은 그녀를 칭송하였다. 이와 꼭 같은 말이 4장 2절에도 나온다. 그녀의 희고 가지런한 이빨을 양의 이빨에 비유한 것이다. 양의 이빨은 사람의 이빨 같아서 날카롭지도 않고 또 그 높이도 다 가지런하다고 한다.[228]

여기서 '목욕하고 나오는 암양 떼 같다'고 한 것은 하얀 '이'를 두고 한 말이고, 영적으로는 순결하고 결백한 신앙의 아름다움을 지칭하는 말이다. 그리고 '쌍태를 가졌다'고 한 것은 골고루 균형 있게 상하 짝을 맞추어 하나도 빠짐없이 보기 좋게 나있는 것을 말한다. 이것은 영적으로 말하면 질서 있고 고른 균형 감각이 있는 신앙의 아름다움을 뜻한다고 할 수 있다. 이것은 주님께 헌신하는 여인이 되려면 믿음이 변덕스럽지 말아야 하고 단단한 말씀도 잘 씹어서 소화시킬 수 있어야 한다는 것을 지시하는 말이다.

넷째로 솔로몬이 칭찬한 것은 그녀의 '뺨'이다. "너울 속의 너의 뺨은 석류 한쪽 같구나"(아 6:7)라 하였다. 이와 동일한 말씀이 4장 3절에도 나온다. '뺨'은 마음의 상태를 나타내는 부분이다. 기쁨과 분노와 슬픔과 반가움, 부끄러움 같은 내면의 감정을 가장 분명하게 나타내는 것이 '뺨'이다. 주님께서는 우리 성도들의 마음 상태를 주목하신다는 영적인 뜻이 들어 있다.

그런데 그녀의 '뺨'은 "너울 속"에 있다고 표현되어 있다. 여기서 '너울 속'에 있는 '뺨'이란 가려진 얼굴을 가리킨다. '너울'은 여성들이 나들이 할 때 또는 나인들이 내전(內殿) 거동을 할 때에 머리에 쓰는 물건이다. 이런 의미에서 영적으로 말한다면 '너울에 가려진 얼굴'이란 세상 사람들에게는 잘 알려지지 않고 주님께만 오직 알려진 얼굴이라 할 수 있다. 경건한 성도의 아름다움은 외모에 있는 것이 아니라 너울 속에 있는 얼굴처럼 잘 드러나지 않는 내면에 있다는 것이다.

'석류 한쪽 같다'고 한 것은 무르익은 열매가 벌어져 속을 드러내 보이는 모습을 일컫는다. 석류는 그 속이 더욱 아름답듯이 주님께 대한 성도들의 중심이 아름다워야 할 것을 비유한 것이다(시 51:6). 그러므로 '뺨은 석류 한 쪽 같다'고 한 것은 성도들의 중심에 있는 믿음, 소망, 사랑이 주님 보시기에 아름답다는 것이다. 오로지 주님만을 믿고 사랑하며 그에게만 소망을 두는 여인은 완숙된 여인으로서 온 몸을 다 드려 헌신하는 여인 노릇을 할 수 있다.

(3) 오직 하나뿐인 완전한 여인

"왕비가 육십 명이요 후궁이 팔십 명이요 시녀가 무수하되 내 비둘기, 내 완전한 자는 하나뿐이로구나. 그는 그의 어머니의 외딸이요 그 낳은 자의 귀중하게 여기는 자로구나. 여자들이 그를 보고 복된 자라하고 왕비와 후궁들도 그를 칭찬하는구나"(아 6:8-9).

많은 '왕비'와 '후궁' 및 '시녀들' 가운데서도 그녀는 가장 빼어나고 가장 완전한 아름다움을 지닌 여자였다. 그래서 그녀는 왕의 총애를 가장 많이 받았다. 여기서 '외딸'이란 총애를 입는 자를 말하고, '귀중히 여기는 자'라는 말은 '선택받은 자'라는 뜻이다. 많은 '왕비'와 '후궁' 그리고 '시녀들'이란 영적으로는 교회의 여러 모양의 성도들을 가리킨다고 할 수 있다. 교회는 여러 색깔이 다른 사람들이 모이는 곳이다. 이 많은 색깔이 다른 사람들은 대개 왕과 친분을 맺음으로 부귀영화를 누려 보고자 하는 동기에서 찾아온다. 그러나 "내 비둘기 나의 완전한 자는 하나뿐이로구나"라고 한 것처럼, 많은 신자들 가운데서 참된 신령한 성도는 오직 하나뿐이라는 것이다. 부름을 받은 사람은 많으나 택함을 받은 사람은 적은 것처럼 술람미 여인도 그런 오직 하나뿐인 완전한 여자다.

많은 사람들 속에서 택함을 받는 일이란 참으로 기쁜 일이다. 더구나 일국의 왕이 선택할 수 있는 많은 여인들 중에서 뽑혀서 신부로 택함을 입는 여인의 기쁨은 무엇을 주고도 바꿀 수 없다. '여자들이 그를 보고 복된 자라하고 왕비와 후궁들도 그를 칭찬하는구나' 라는 구절이 있는데, 이는 그녀의 아름다움을 보는 모든 사람들이 다 같이 인정했다는 뜻이다. 일반적으로 신랑의 눈에 아름답게 보인다 하여도 세상이 이를 인정하지 않는다면 그것은 어딘지 모르게 드러나지 않는 결점이 신부에게 있을 수 있다는 것을 지시해 준다. 이와 같이, 신자들 하나하나가 각자 자기들이 잘 믿는다고 스스로 주장해도 주님이 인정해 주지 않으면, 그것은 아무런 소용이 없고 모두가 허사일 뿐이다.

(4) 해 같이 맑고 달 같이 뚜렷한 여인

"아침 빛 같이 뚜렷하고 달 같이 아름답고 해 같이 맑고 깃발을 세운 군대 같이 당당한 여자가 누구인가"(아 6:10). 이 말은 일종의 수사적인 질문으로서 술람미 여인을 두고 한 말이다. 여기서 '당당한' 이라는 말은 '눈부시게 한다' 는 뜻이다. 그러므로 당당한 여자란 찬란하게 빛을 발하는 여자를 뜻한다. 본문에서는 그녀를 세 가지 찬란 것 즉 '아침 빛' 과 '달' 과 '해' 에다 비유하였는데, 그것은 술람미 여인의 성결의 덕을 표상화한 것이다.

'아침 빛' 이란 아침 동편 하늘에 나타나는 불그스레한 여명을 말한다. 이 시기는 캄캄한 밤의 그림자가 사라져 버리고 만상이 희망의 새 모습을 드러내는 때이다. 깊은 밤에 피곤하게 잠들었던 사람들은 깨어 일어나 즐거운 마음으로 하루의 첫걸음을 시작하는 시간이기도 하다. 영적으로 보면 이것은 그녀가 이젠 모든 밤들을 다 통과하고 새 날을 보게 된 것을 가리킨다. 온갖 어둠의 그림자들로부터 해방을 받았다고 하는 것은 모든 시련과 회의의 그림자로부터 벗어난 것을 의미한다. 이때부터 그녀의 미래는 동터 오는 새 아침처럼 밝고 명랑하다. 다시 말하면 그녀는 어둠 곧 절망과 불안을 다 떨쳐버리고 희망이 넘치는 아침 햇빛처럼 밝고 환한 긍정적인 생활을 하게 되었다는 것이다. 확실히 아침 햇빛은 한밤을 종결짓는 경점이다. 따라서 그것은 새날의 시작이요, 주님의 표상인 정오의 햇살을 향하여 나가는 빛이라 할 수 있다.

다음으로는 '달 같이 아름답고'라고 하였는데, 여기서 달은 그 크기에 문제가 있는 것이 아니고 문제는 달의 광명과 그 아름다움에 있다. 달은 스스로 빛을 내는 발광체가 아니고 태양의 빛을 받아 반사하는 존재다. 그런 점에서 이 달은 '예수의 증인'되는 신부 곧 교회의 표상이라 할 수 있다. 예수 그리스도의 신부인 교회는 의의 태양이신 그분의 증인으로 세상에 존재할 때 가장 아름다운 것이다. 그래서 시편의 성도는 "궁창의 확실한 증인인 달 같이 영원히 견고하게 되리라"(시 89:37)고 예언하였다. 달의 생명은 아름다움에 있고 그 아름다움은 태양 빛을 반사할 때 가장 잘 드러나는 것이다.

또한 '해 같이 맑고'라 하였는데, 여기서 이 '해'는 아침 햇살이나 밤의 달빛보다 훨씬 강렬하고 완전한 빛을 말한다. 그 빛은 전 세계를 밝히는 그런 빛이다. 그 빛은 만물을 성장케 하는 열기를 내고 있고 소독하는 열을 갖고 있으며, 또한 만물을 결실케 하는 힘을 갖고 있다. 이 큰 빛(사 9:2)은 빛의 본체로서 예수 그리스도를 지칭한다. 이 빛은 "사람들의 빛이라"(요 1:4) 하였고, "세상의 빛"(요 8:12)이라고도 하였다. 그런데 여기서 보면 신부도 빛이라 하였다. 이 빛은 스스로 빛나는 것이 아니라 모든 빛의 원천이 되는 큰 빛의 반사를 받아서만 빛나는 빛이다. 이제 완전히 성숙된 성도는 해처럼 빛을 발하는 존재로 성장하게 되는 것이다. 이젠 어둠을 몰아내고 세상 사람들을 인도하고 항상 열매를 맺어 그것으로 빛을 발할 만한 존재로 성숙된다는 말이다.

성도들이 빛 된 생활을 하기 위해서는 자기희생이 따라야 한다. 초가불을 밝히기 위해서는 자신을 녹여야 하고, 형광등이 불을 밝히기 위해서는 전기가 소모되어야 한다. 아침 빛 같고 해와 달과 같이 살기 위해서는 항상 헌신하는 자세와 이 어두운 죄악 세상에서 찬란한 성결의 빛을 잃지 말아야 한다.

(5) 골짜기로 내려가 동산을 돌보는 여인

"골짜기의 푸른 초목을 보려고 포도나무가 순이 났는가 석류나무가 꽃이 피었는가 알려고 내가 호도 동산으로 내려갔을 때에 부지중에 내 마음이 나를 내 귀한 백성의 수레 가운데 이르게 하였구나. 돌아오고 돌아오라. 술람미 여자야, 돌아오고 돌아오라. 우리로 너를 보게 하라"(아 6:11-13).

여기 언급된 호도는 아마도 게네사렛 호수 근방에서 야생으로 자라는 호두일 것이다.[229] 호도나무와 포도나무 및 석류나무는 정원의 과실수로 심겨지는 것들이다. 그녀는 결혼 전에는 사실상 시골 처녀에 불과했다. 그녀는 팔레스타인 북부 출신이었는데, 그곳에도 호도나무가 있었다. 어느 날 그녀는 '골짜기'에 있는 '호도 동산'으로 내려갔다가 자기도 모르는 사이에 '귀한 백성의 수레 가운데 이르게' 되었던 것이다.

그녀가 '골짜기'에 있는 '호도 동산'으로 내려간 것은 '푸른 초목'을 보기 위해서이고, 또한 '포도나무'에 순이 났는지 혹은 '석류나무'에 꽃이 피었는지 알아보기 위한 것이었다. 그녀가 내려간 '골짜기'는 겸손을 뜻하고, 그 골짜기에 있는 '동산'은 교회를 지칭하며, '호도'는 하나님의 말씀을 가리킨다. 여기서 '푸른 초목을 보려고'라고 한 것은 시냇가에서 움트는 어린 풀들 즉 새로운 교인들을 보기 위한 것이라 할 수 있고, '포도나무의 순'이 났는지 혹은 '석류나무의 꽃'이 피었는지 알아보려고 내려간 것은 그 거듭난 심령들이 얼마나 성장했는가를 알아보기 위한 것이었다. 성숙한 여인은 자기 혼자만의 행복으로 만족하지 않고 더불어 살아가며 남을 섬기는 행복에 더 관심을 두고 그 일을 위해 겸손의 골짜기로 찾아 내려가야만 한다.

그녀는 그 사실을 '부지중에 내 마음이 나로 귀한 백성의 수레 가운데 이르게 하였구나'라고 하였다. 여기서 '내 백성'은 왕을 가리킨다. 왕은 백성의 대표이기 때문에 백성과 동일시되었다. 성경에서는 '수레'를 백성의 지도자에 비유하고 있다(왕하 2:12, 13:14). 이 말은 그녀가 비천한 데서 솔로몬의 사랑을 입고 백성 중에 머리가 된 영광스러운 상태를 일컫는 것이다. 영적으로 말하면 성도들이 '호도 동산'으로 내려가서 경건하고 겸손한 생활을 계속할 때 자기 자신과 세상을 잊어버리고 은혜 속에서 주님과 동행하게 된다는 것을 뜻한다. 은혜를 받은 성도는 은혜를 받으면 받을수록 겸손의 골짜기로 내려가는 법이다. 이것이 사랑의 진보이다. 그녀는 '호도 동산'에 들어가 호도를 따 먹는 재미에 취해 있을 때, 즉 성도들이 하나님 말씀의 꿀송이처럼 단 맛에 깊이 잠겨 있을 때, 수레 곧 주님을 만나는 고도의 신비로운 경지에 돌입할 수 있는 것이다.

'돌아오고 돌아오라' 함은 예루살렘 딸들이 '호도 동산'에서 부지중에 귀한 백성의 수레 가운데 이끌려 가는 그녀를 두고 하는 말이다. 솔로몬과 함께 있는 귀한 수레 가운데 있는 그녀에게 돌아오라고 청원한다. 이것은 신령한 성도들이 주와 따로 높은 곳을 향하여 은혜의 경지에 이르게 될 때에, 보통으로 믿는 사람들은 그것이 못마땅하게 여겨 시기하는 나머지 자기들이 있는 곳으로 '되돌아오라'고 한다는 의미이다. 그것은 분명히 영에 속한 성도들에게는 유혹적인 시험이 아닐 수 없다. 그러나 '돌아오고 돌아오라'는 세인(世人)들이나 저급한 신자들의 유혹에서 자유 하여야만 한다. 성숙된 성도는 늘 겸손의 골짜기로 내려가 거기에 있는 '호도 동산'에 상주(常住)하며 겸손을 배워야 한다. 그때 신령한 성도는 술람미 여인처럼 부지중에 왕의 수레를 얻어 타고 세상을 멀리하고 저 높은 천성을 향하게 되는 것이다.

(6) 춤추는 여인

"너희가 어찌하여 마하나임에서 춤추는 것을 보는 것처럼 술람미 여자를 보려느냐"(아 6:14). 이 말은 6장 13절 끝에서 "우리가 너를 보게 하라"는 예루살렘 딸들의 요구에 대응하는 술람미 여인을 보면서 솔로몬이 한 말이다. 여기서 '마하나임'은 '천사들', 또는 '하늘의 군대들'이라는 의미를 갖는다(창 32:2). 그리고 지리적인 위치로 보면 '마하나임'은 다윗이 압살롬으로부터 도망쳐 달아났던 곳이다(삼상 17:24). 이곳은 얍복 강 북 쪽에 자리 잡은 소도시로서, 멀지 않은 곳에 요단 계곡이 있다. 여기서 이 도시를 언급한 이유는, 아마도 바로 이 장소에서 약속된 땅으로 돌아오던 야곱의 눈앞에 천사의 모습이 나타났기 때문이 아닌가 싶다.

이곳은 갓 지파에 속했는데, 그 원주민들의 춤은 당시 사람들에게 잘 알려진 매우 매력적인 춤이었다고 한다.230) '마하나임의 춤'이란 바로 이 지방의 춤으로서 '두 줄로 돌아가는 무희들이 연출해 내는 일종의 원무'가 아니면 '두 군대의 군무'였다. 또 어떤 이들은 옛날 팔레스타인에는 혼례 시에 춤을 추는 풍습이 있었는데, 이를 '마하나임의 춤'이라고도 한다.231)

술람미 여인은 그녀의 가슴 벅찬 혼례의 기쁨과 감사하는 마음을 그들의 옛날 관습에 따라 '마하나임의 춤'으로 표현하였던 것이 아닌가 싶다. 성경에는 아주 강열한 기쁨을 춤으로 나타내는 경우가 종종 있다. 모세의 누이 미리암은 여호와의 구원의 은총에 감격하여 춤추며 노래한 일이 있는데, 그 경우가 그렇다(삼상 18:6).

술람미 여인이 춤추는 그 아름다운 모습은 실로 장엄하고 솔로몬의 극찬을 받을 만한 것이었다. 그러나 그것은 단순히 육체적인 아름다움만을 찬미한 것이 아니고 신부의 영적인 아름다움을 반영한 구상적이고 신체적인 묘사라 할 수 있다. 솔로몬은 춤추는 여인의 육체적 아름다움에 대한 칭찬을 통해 어떻게 그녀의 영적인 아름다움을 드러내는 묘사를 하였는가를 살펴보겠다.

첫 번째 그가 찬미한 것은 아름다운 '발' 이다. "신을 신은 네 발이 어찌 그리 아름다운가"(아 7:1). 이는 샌들을 신고 사뿐히 움직이는 술람미 여인의 발걸음에 대한 찬사다. 그러나 그것으로 그치지 않고 '마하나임의 춤' 을 추는 그녀의 신체적인 아름다움을 통하여 그녀의 고결한 인격과 품성을 표출하였다.

'아름다운 발' 의 영적인 의미는 '복음을 전하는 발' 이라는 것이다. 로마서 10장 15절에서는 "아름답도다 좋은 소식을 전하는 자들의 발이여" 라 하였고, 에베소 6장 15절에서는 "평안의 복음의 예비한 신을 신고" 라 하였으며, 나훔 1장 15절에서는 "아름다운 소식을 보(報)하고 화평을 전하는 자의 발이 산 위에 있도다" 라 하였다. 또한 이사야 52장 7절에서는 "좋은 소식을 가져 오며 평화를 공포하며 복된 좋은 소식을 가져오며 구원을 공포하며 시온을 향해 이르기를 네 하나님이 통치하신다 하는 자의 산을 넘는 발이 어찌 그리 아름다운고" 라 하였다. 실로 믿는 성도가 갖추어야할 자격 중에서 가장 중요한 것이 발을 부지런히 놀려 복된 소식을 전하고 평화를 전파하는 헌신의 일이라 할 수 있다.

두 번째 그가 찬미한 것은 미끈한 '넓적다리' 다. "네 넓적다리는 둥글어서 공교한 장색의 만든 구슬꿰미 같구나"(7:1). 솔로몬은 춤추는 신부의 다리를 바라보며 그 다리가 구슬로 두른 듯이 아름답다고 아낌없는 찬사를 돌린다. '구슬꿰미' 에 비유되는 '넓적다리' 는 영적으로 교회의 각 지체들이 '구슬꿰미' 처럼 연합하고 조화를 이룰 때 굳건한 힘(고후 4:9)과 아름다운 생명력을 강하게 드러낼 수 있다는 것을 가리킨다(엡 4:16).

세 번째 그가 찬미한 것은 건강미가 넘치는 '배꼽' 이다. "배꼽은 섞은 포도주를 가득히 부은 둥근 잔 같고"(7:2)라고 하였다. 여기서 말하는 둥근 잔과 같은 '배꼽' 은 옷을 벗었을 때 볼 수 있는 그런 배꼽이 아니라 아름다운 옷을 입은 둥근 잔과 같은 복부를 가리킨다. 실로 그것이 너무나 아름답다는 것이다. 일반적으로 '배꼽' 은 '몸' 을 가리킨다고 한다. 왜냐하면 배꼽이 몸의 중심부이기 때문이다.

그 둥근 잔에 가득히 부은 '섞은 포도주' 는 하나님의 은혜와 사랑과 진리로 인해 다함이 없는 풍성한 심령의 아름다움을 가리킨다. 또한 성경에서 '포도주' 는 사람의 마음을 기쁘게 하는(시 104:15, 4:7) 동시에 예수 그리스도의 피를 상징한다. 이렇게 볼 때 성도들은 예수의 보혈로 항상 경건하게 될 뿐 아니라 하늘의 '지혜' 와 '기쁨' 으로 늘 그 잔이 넘치게 되면 풍성하고 건강한 아름다움을 보존하게 된다는 것이다.

네 번째 그가 찬미한 것은 날씬한 '허리' 이다. "허리는 백합화로 두른 밀단 같구나"(7:2)라 하였다. 술람미 여인의 미끈한 허리를 백합꽃으로 장식된 밀 짚단에 비유한 것이다. '백합화로 두른 밀단' 이라는 말은 곧 풍요를 상징하고 있다. '허리' 는 생산력을(히 7:5), '백합화' 는 하나님의 은혜를(사 35:1-2), '밀단' 은 은혜 받은 성도들을 비유한 것이므로, 하나님의 은혜로 인하여 영적인 양식이 풍부하게 된 성도는 주님께 만족을 드리는 아름다운 열매를 갖게 된다는 것을 뜻한다(요 4:36).

다섯 번째 그가 찬미한 것은 불룩하고 풍만한 '유방' 이다. "두 유방은 암사슴의 쌍태 새끼 같고"(아 7:3)라 하였다. 완전히 가려지지 않고 다소 노출된 그녀의 젖가슴의 아름다움을 표현한 말이다. 아가서 4장 5절에도 '백합화 가운데서 꼴을 먹는 쌍태 노루 새끼 같다' 라고 하는 거의 같은 표현이 나온다. 그러나 아가서 4장 5절과 7장 3절의 언표(言表)가 다르듯이 그 영적인 의미도 다르다.

아가서 4장 5절에서 "두 유방은 백합화 가운데서 꼴을 먹는 쌍태 노루 새끼 같다"고 한 것은 주님의 목장에서 은혜의 표상인 백합화로 배를 채우는 아직은 미숙한 상태를 말하는 것이지만, 아가서 7장 3절에서 '두 유방은 암사슴의 쌍태 새끼 같고' 라고 한 것은 은혜 가운데서 다 자라서 오히려 젖을 공급해 줄 수 있는, 즉 다른 사람들을 도와 줄 수 있는 위치에 서게 된 것을 말하고 있다.

'쌍태 노루 새끼' 는 한 어미에서 태어난 크기가 같은 쌍둥이를 말한다. 이제 암사슴 같이 발랄하고 충만한 두개의 쌍태 같은 성도의 상징인 두 '유방' 은 말씀의 젖을 똑 같이 풍성하게 낼 만큼 커졌다는 것이다. 두 유방은 구약과 신약을 가리킨다고 할 수 있다. 유방에는 늘 젖이 풍부하게 있어야 그 가치를 인정받는다. 더구나 아이를 낳은 어머니는 젖이 풍부하여야 한다. 그러므로 신령한 성도는 영적인 어머니로 늘 어린 아이를 생산하여야 하고 그 어린 아이를 말씀의 젖(사 60:16, 66:11-13), 곧 구약과 신약을 풍부하게 먹여야 하고 믿음과 사랑(갈 5:6; 딤전 1:14; 벧전 1:5)으로 양육하여야 한다. 만일 어머니가 자녀를 양육할 수 있는 유방이 없다면, 그것은 어머니 곧 교회라 할 수가 없다.

이렇게 성숙한 여자를 아가서 7장 7-8절에서는 "네 유방은 그 열매 송이 같구나. 내가 말하기를 종려나무에 올라가서 그 가지를 잡으리라 하였나니 네 유방은 포도송이 같고"라고 묘사하였다. 그녀의 유방은 첫째로 종려나무 열매 송이에 비유되었다. 종려나무의 열매는 꼭 대추와 같은 데, 그 맛이 달고 진액이 풍족하다. 노목(老木)도 풍성하게 결실을 맺는 것이 종려나무다(시 92:14). 둘째로는 그녀의 유방을 포도송이에 비유되었다. 이렇게도 그녀는 받기만 하는 것이 아니라 젖을 줄 수 있을 정도로 성숙되었다는 것이다. 생산적이요 창조적인 성도 즉 교회가 가장 아름다운 것이다. 젖을 줄 수 없는 어머니는 어머니가 아니다. 열매 없는 무화과나무는 주님의 저주를 받을 수밖에 없었다.

여섯 번째 그가 찬미한 것은 희고 우아한 '목' 이다. "목은 상아 망대 같구나"(아 7:4)라 하였다. 이로 보아 그녀의 목은 '상아 망대' 처럼 희고 매끄러우며 매우 청청하게 보였던 것 같다. '상아' 는 희면서도 단단한 것이 그 특색이고, '망대' 란 적의 침입을 미리 탐지하기 위해 높이 세워 사면팔방을 감시하는 관측소를 가리킨다.

그런데 아가서 4장 4절에서는 그 '목' 을 "네 목은 군기를 두려고 건축한 다윗의 망대 곧 방패 천 개, 용사의 모든 방패가 달린 망대 같고"라고 묘사하였다. 이 다윗의 망대는 다윗이 시온 산꼭대기에 하얀 대리석으로 지은 망대 중 가장 당당한 것이었다. 유대인들이 하얀 대리석으로 당당한 건축물들을 지었으므로, 시온 산꼭대기 위에 우뚝 세워진 망대는 화려한 장식들과 목걸이로 장식된 신부의 아름다운 목과 비교될 만큼 아름답다는 것이다.

영적으로 볼 때 '다윗의 망대'와 같은 목은 심히 견고하고 똑바른 의지를 나타낸 다. 이것은 천개의 방패를 두려면 견고한 땅 위에 망대가 세워져야 하듯이, 그녀는 견고한 영적 기초 위에 세워졌으므로, 더 이상 세상의 유혹과 사탄의 영향력에 미치지 못할 만큼 성숙한 자태를 갖게 되었다는 것이다.[232] 여기서 우리들은 우리들의 의지를 상아처럼 정결하고 견고하게 하며 우리의 진리를 망대처럼 든든하게 파수해서 난공불락의 성을 이루어야 한다는 가르침을 받게 된다.

일곱 번째 그가 찬미한 것은 맑은 '눈'이다. "눈은 헤스본 바드랍빔 문 곁에 있는 연못 같고"(아 7:4)라 하였다. 헤스본은 요단강이 사해로 들어가는 지점에서 20마일 동편에 떨어진 한 도성이다. 적지 않은 도성의 유적들이 아직도 헤스본에 있지만, 단 하나의 건축물도 온전히 남아 있는 것은 없다. 정상으로부터 광범위한 경치와 수많은 도성들의 유적들이 한눈에 들어오는 곳에 많은 저수지들이 있다고 한다.[233] 이 지역을 원했던 지파는 갓 지파였는데, 그 까닭은 그곳이 목초지와 개울과 시내들이 많았기 때문이다. 헤스본의 연못들은 그 시내들로부터 물을 공급받았는데, 그 물은 예루살렘에 있는 연못들의 물보다 더 순수하고 신선했던 것 같다. 학자에 따라서 바드랍빔을 헤스본 어떤 인근의 도성으로 보기도 한다. 그 도성에로 나가는 길과 연결된 문이 있는데, 그 문 곁에 있는 연못들은 너무나 맑고 잔잔해서 사람들의 시선과 주목을 끌 정도였다고 한다.

이 묘사에 따르면, 술람미 여인의 눈은 바드랍빔 성문 곁의 '헤스본'

연못처럼 크고 맑게 빛나는 것이 마치 연못 속의 물과 같다는 것이다. 연못이란 언제나 햇빛에 개방되어 있는 것이 특징이다. 이런 사실에 비추어 볼 때 성도들의 눈은 언제나 밝고 빛 되신 하나님 앞에 열려져 있어야 한다는 것을 알 수 있다. 성도의 눈은 언제나 먹구름 같은 의심 한 점 없이 맑고 어떤 불안이나 동요도 없이 잔잔하며 구원의 감격과 기쁨이 늘 넘쳐흐르는 그런 눈이어야 한다. 박윤선 박사는 신령한 성도의 눈은 언제나 회개의 눈물로 가득차고(렘 9:1), 늘 밝아서 진리를 밝히 분변하여야 한다고 하였다.[234]

여덟 번째 그가 찬미한 것은 오뚝 솟은 '코'다. "코는 다메섹을 향한 레바논 망대 같구나"(아 7:4)라 하였다. 이 레바논 망대는 이스라엘과 국경을 접한 산맥의 어느 지역에 건축된 망대였을 것으로 생각된다. 더구나 그 망대는 아름다운 다메섹 골짜기를 내려다보는 높은 지대에 위치해 있었다. 신부의 목은 값비싼 방패들로 장식된 다윗의 망대와 상아 망대에 비유되었지만, 그녀의 코는 높은 레바논 산 위에 당당하게 우뚝 솟아 있는 망대 곧 다메섹 평원의 뛰어난 아름다움과 조화된 망대에 비유되었다. 무엇보다도 아름답고 균형이 잘 잡힌 코는 아름다움을 구성하는 필수 조건이다.

코의 원래의 기능은 냄새를 맡는 것이다. 성도들은 신앙생활을 하는데 있어서 때로는 둔해야 하지만 예민하여야 할 때에는 아주 민감하여야 한다. 선악과 진리를 구별하는 능력은 당연히 예민하여야 한다. 어느 것이 참 진리인지 아닌지 어느 것이 선인지 악인지 구분하는 능력이 없다면 아무리 의도가 좋고 열성이 있다 해도 사탄의 꾐에 빠질 수 있다.

아홉 번째 그가 찬미한 것은 길고 숱한 '머리' 다. "머리는 갈멜 산 같고"(아 7:5)라 하였는데, 갈멜산은 그 높이가 해발 1700척이나 되는 팔레스타인 지방에 있어서는 레바논 산 다음으로 높고 아름다운 형상을 지닌 산이다. 이전에는 소문날 정도로 땅이 비옥하였고, 항상 산림이 울창하였다. 그래서 그렇게 이름이 붙여진 것 같다. 이와 같은 표현으로 미루어 볼 때 신부의 긴 머리가 쭉 뻗은 목 위에서 두드러진 아름다움을 드러내고 있었던 것 같다.

계속해서 "머리털은 자주 빛이 있으니 왕이 그 머리털에 매이었구나" (아 7:5)라 하였다. 고대인들은 '자주 빛'을 색깔 중에서 가장 아름다운 것을 표현하는 데 사용하였다.[235] 특히 '자주 빛'의 염료는 갈멜 산 앞에 있는 도시 두로에서 나는 것으로 흘러내리는 듯한 핏 빛으로 최고의 찬사를 받는다고 한다. 술람미 여인의 머리털을 자주 빛에다 비유한 것은 최고의 아름다움에 대한 찬사다. 실제로는 멋지게 늘어진 삼단 같은 윤기 있고 아름다운 머리타래를 가리키지만, 영적으로 말하면 '머리털'은 뛰어난 헌신과 순종을 상징하는 것이다. 이 '자주 빛 머리털'에 왕의 마음은 매인 것이다. 주님은 순종하는 신부를 이처럼 떠날 수가 없고 매료되어 넋을 잃게 된다는 뜻이다.

열 번째 그가 찬미한 것은 훤칠하고 당당한 '키'다. "네 키는 종려나무 같고"(아 7: 7)라 하였는데, '종려나무'는 모든 식물 중에서 가장 키가 크고 아름다운 나무이다. 매끄럽고 윤이 나는 '종려나무'의 풍채와 인상은 말로 표현키 어려울 정도로 아주 당당하다. '종려나무'의 위엄 있는 모습은 단순히 그 치솟은 줄기 때문만이 아니며 잎사귀들의 방향(芳香)에 기인하는 것도 크다. 모든 식물 중에서 위세가 당당하고 웅대하게 보이는 나무가 '종려나무' 다.

여기서 솔로몬 왕은 그녀의 성숙된 모습을 이 '종려나무'에 비유해서 묘사했다. '종려나무'는 팔레스타인 지방의 특산물로서 그 특징은 첫째 조금도 굽지 않고 직선적으로 자란다는 것이다. 이것은 영적으로 우리 성도의 곧은 신앙의 성장을 상징한다. 둘째는 늘 푸르른 상록수라는 것이다. 항상 푸르고 크고 그 줄기는 곧아서 아름다운 모양을 가졌기 때문에 성전 내부에 많이 조각되었다(왕상 6:29-32). 이것은 타협을 모르는 백절불굴의 신앙을 상징한다고 할 수 있다. 셋째는 잎사귀가 크다는 것이다. 이것은 보호와 승리의 상징이라 할 수 있다. 이스라엘은 광야에서

이 종려나무 잎으로 더위를 가렸고 예수는 나귀 타고 입성하실 때 종려나무 가지를 들고 환영하는 무리 속에 에워싸이셨다(마 21:8). 주를 위해 일하는 사람들은 사막과 같은 뜨거운 죄악의 열도 중에서 무서운 시험과 시련을 당하지만 항상 푸른 잎으로 청청하여 승리의 상을 지니면서 살아야 한다는 것이다.

열한 번째 그가 찬미한 것은 향긋한 '콧김' 이다. "네 콧김은 사과 냄새 같고"(아 7:8)라고 하였다. 코에 대한 표현은 7장 4절에도 있었는데, 여기서는 콧김에 대해서 얘기하고 있다. 성경적으로 볼 때 코에서 나오는 김은 생명의 상징으로 생명감이 충만한 신부의 영혼을 나타내고 있다. 여기서 '네 콧김은 사과 냄새 같' 하였는데, 2장 3절에 의하면 '사과나무' 는 그리스도를 의미한다. 즉 그녀의 생명 속에 그리스도의 생명력이 임재하고 계심을 나타내고 있다고 할 수 있다. 하나님의 영기가 충만한 몸에서는 향긋한 그리스도의 냄새가 나기 마련이다. 이제는 그녀 즉 성도는 주님으로 부터 받은 그 향긋한 냄새 즉 영기를 풍기우리 만큼 성숙된 것이다(고후 2:14).

열두 번째 그가 찬미한 것은 달콤한 '입' 이다. "네 입은 좋은 포도주 같은 것이니라. 이 포도주는 나의 사랑하는 자를 위하여 미끄럽게 흘러내려 잠자는 자의 입으로 움직이게 하느니라"(아 7:9)라 하였다. 이것은 그녀의 '입' 을 맛있는 포도주에 비유한 것이다. 다시 말하면 신부가 내는 음성의 아름다움과 언사의 고상함을 찬미한 것이라 할 수 있다.[236] 언어의 아름다움은 여자의 미덕 가운데 가장 귀한 것이다. 이런 감미로운 언사는 포도주가 사람을 기쁘게 함 같이(시 104:15; 삿 9:12; 전 10:19) 듣는 사람들을 기쁘게 한다.

영적으로 말하면 여기서 '포도주' 는 영혼을 살리는 하나님의 은혜의 말씀 곧 복음을 상징한다. 이 복음이 '나의 사랑하는 자' 로 표상되는 그리스도를 위하여 전파될 때에 그것을 받아들이는 '잠자는 자' 즉 믿지 않는 자들이나 믿음이 약한 자들의 입을 열어 찬송하게 된다는 것이다.

또한 최상품의 포도주는 앞으로 경험하게 될 새 하늘과 새 땅의 것이라 할 수 있다. 그래서 주님은 약속하기를 "그러나 너희에게 이르노니 내가 포도나무에서 난 것들을 이제부터 내 아버지의 나라에서 새것으로 너희와 함께 마시는 날까지 마시지 아니하리라"(마 26:29)하였다. 이 뜻은 성도란 선한 말씀과 내세의 능력을 맛보아야 한다는 것이다.

이렇게 아름다운 신부를 보며 신랑은 "사랑아 네가 어찌 그리 아름다운지, 어찌 그리 화창한지 즐겁게 하는구나"(아 7:6)라고 찬사와 감탄의 말을 토로한다. 이는 신부의 완숙미에 취해 그 즐거움이 충만하고 말로 표현할 수 없을 정도의 황홀함을 느끼고 있음을 표현한 것이다. 날씨 중에 가장 좋은 날씨는 화창한 날씨이다. 해는 반짝이는데 덥지도 않고 바람이 부는 것도 아니면서도 따뜻함이 여기저기서 몰려오는 듯한 날씨는 모든 생명을 가진 피조물을 기분 좋게 한다. 화창한 날씨 같은 사랑이란 기쁨만이 살아 움직이는 유쾌한 사랑의 관계를 압축시켜 표현한 말이라 할 수 있다. 내가 주님을 인하여 기뻐하고 또 주님께서는 나로 인하여 기뻐하여 주님과 우리들 사이에 오직 기쁨과 즐거움만 쌓이게 할 수만 있다면, 그 관계야말로 가장 아름답고 완숙된 사랑의 경지라 아니 할 수 없다.

2) 완숙된 사랑의 갈구

아가서 7장 10절로부터 8장 5절까지에서 술람미 여인의 완숙된 사랑의 갈구가 묘사되었다. "나는 내 사랑하는 자에게 속하였도다"(아 7:10)라는 일체감을 확신하면서 신령한 성도의 모형인 술람미 여인은 "그가 나를 사모하는구나"라는 말을 첨가했는데, 곧 이 말은 부부간의 연모의 정을 표현할 때 쓰는 말이라고 한다.[237] 술람미 여인이 솔로몬 왕께 속한 줄을 확신하는 이유가 솔로몬 왕이 자기를 연모하는 줄을 알기 때문이다. 신령한 성도의 모형인 술람미 여인은 어떤 간섭이나 억제도 받지 않고 하나가 되는 전적으로 완숙된 그런 사랑을 갈구한다. 그러면 신부가 갈구하는 것이 구체적으로 무엇인가를 살펴보겠다.

첫째 그녀가 갈구한 것은 '들'로 가서 '동네'에서 유숙하는 것이다. 그녀는 신랑이 잠에서 깨자 "내 사랑하는 자야, 우리가 함께 들로 가서 동네에서 유숙하자"(아 7:11)고 그에게 조른다. 2장 10절에서는 '들'로 나가자는 신랑의 요구를 거절했던 신부가 이제는 먼저 '들로 나가자'고 재촉하는 것을 보아서, 그 사랑이 어느 때보다 더욱 더 깊은 경지에 다다른 것을 알 수 있다.

'들'이란 사람의 눈을 피할 수 있는 한적한 곳으로 아무런 외적인 방해를 받지 않고 조용히 마음을 가다듬기에 적합한 장소를 가리킨다. 우리들도 주님의 영적인 신부로서 주님과 좀 더 깊은 교제를 위해서는 '들' 곧 '주님의 세계'로 나가 주님을 찾는 경험을 가질 필요가 있다. 그녀가 유숙하고자 하는 곳은 화려한 왕궁이 아니라 '들' 가운데 있는 '동네'다. 그런데 여기서 '동네'라는 말이 복수로 되어 있어 '동네들'이라고 번역하는 것이 더 옳다. 그녀가 추구하는 것은 정착된 가정보다도 주님과 함께 하는 순례의 생활인 것이다. 순례의 여행을 하는 순례자는 지상 어느 곳에도 정착지가 없다. 그래서 그녀는 이 동리에서 저 동리로 전전하며 일하고 싶어한다. 신랑 되신 우리 주님과 함께라면 어디든 같이 가며 무슨 일이든지 할 각오가 된 것이다. 여기서 우리는 온전히 성숙된 성도의 모습을 볼 수 있다.

둘째 그녀가 갈구한 것은 '포도원'으로 가서 신랑과 함께 부지런히 일하며 그에게 사랑을 주고자 하는 것이다. "우리가 일찍이 일어나서 포도원으로 가서 포도 움이 돋았는지, 꽃술이 퍼졌는지, 석류꽃이 피었는지 보자. 거기에서 내가 내 사랑을 네게 주리라"(아 7:12)고 하였다.

'일어나라'는 신랑의 말을 들은 척도 안하던 신부가 이제는 '일찍 일어나자'고 오히려 신랑에게 요구하고 있다. '포도원'으로 가려면 일찍 일어나야 한다. 그것은 근면의 모습 곧 부지런한 생활의 모습을 보여주는 말이다(롬 12:11). 포도원은 성도의 영혼 또는 교회를 상징한다. '움이 돋음', '꽃술이 퍼짐', '꽃이 핌' 은 신앙의 성장 또는 생명을 말하는 것이다. 영혼의 성장도 그리스도가 동행해 주실 때에만 가능하다. '거기에서' 란 생명이 넘치는 동산이거나 들이거나 포도원이거나 동네일 것이다. 이제 성도는 주님으로 부터 받은 사랑을 주님께 드릴 수 있을 정도로 성숙하였고 사랑의 완성 단계에 까지 이르렀다.

그래서 이제 신부는 신랑에게 '거기서 내가 나의 사랑을 네게 주리라' 한 것이다. 사랑을 받는 것도 좋지만 사랑을 주는 것은 더욱더 기쁘고 좋은 일이다. 우리가 주님의 사랑을 받는 일도 좋은 것이지만 우리의 사랑을 주님께 바치는 것은 더욱더 아름다운 일이고 더욱더 큰 기쁨을 우리 자신들에게 주는 것이다. 그러면 우리는 신랑 되신 우리 주님을 위하여 무엇을 준비했다가 드려야만 할까?

"합환채가 향기를 뿜어내고 우리의 문 앞에는 각양 귀한 열매가 새것, 묵은 것으로 마련되었구나. 내가 나의 사랑하는 자 너를 위하여 쌓아둔 것이로다"(아 7:13)라고 하였다. 우리가 주님께 드릴 수 있는 것은 '합환채' (合歡菜)와 각종 '열매' 인 것이다.

여기서 말하는 '합환채' 는 고구마과의 한 식물인데, 5월이 되면 향내를 토하는 꽃이 핀다. 그리고 자두와 닮은 열매가 맺히는데 성욕을 자극시키는 최음제(催淫劑)로도 사용되고 불임을 막는 묘약으로도 사용된다고 한다(창 30:14-16). 임신과 관련이 있는 사랑의 꽃으로서 흰빛이 도는 초록색의 꽃이다. 이 초목은 줄기가 짧고 그 열매와 뿌리는 톡 쏘면서도 향기로운 맛을 낸다고 한다. 이 식물은 봄에 나서 보리 추수 때 그 열매가 익기 때문에 흔히 춘약(春藥)이라고도 부른다. 이 열매를 사랑하는 사람에게 주면 애정이 그에게 통한다고 생각되어서 애정의 상징으로 통용되어 오고 있다.

영적으로 말하면 '합환채' 곧 '사랑의 향기' 는 우리 성도들이 주님께 드려야 하는 기도의 향기요, 감사의 향기요, 충성의 향기라 할 수 있다.

그리고 각종 '열매' '묵은 것' '새 것' 을 다 준비해서 드려야 한다. 이것은 조금도 부족함이 없음을 나타내고 있다. 성령과 은혜와 감사의 열매를 비롯해 겸손과 미덕과 봉사와 선행의 열매 등 크고 작은, 또 보이는, 보이지 않는 갖가지 종류의 열매를 주님이 기뻐 받으실 수 있도록 광주리에 가득 담아 주님이 찾아오시면 그 앞에 놓아 드려야 한다.

셋째 그녀가 갈구한 것은 신랑이 '오라비' 같았으면 하는 것이다. "네가 내 어머니의 젖을 먹은 오라비 같았더라면 내가 밖에서 너를 만날 때에 입을 맞추어도 나를 업신여길 자가 없었을 것이라"(아 8:1)한 표현이 그 갈구를 단적으로 보여주고 있다. 신랑은 이미 신부를 향하여 '나의 누이' 하고 호칭한 적이 있으나 여기서 처음으로 신부가 신랑을 향하여 부부의 관계보다도 남매의 관계이기를 갈구하는 노래를 부른다. 형제 중에서도 어머니가 같은 형제로서의 남매이기를 원하고 있는데, 이는 같은 젖을 먹고 자란 형제간의 우정이 더욱더 짙었기 때문인 것으로 풀이된다. 부부는 결함이 발견되거나 하자가 있으면 변하고 갈라지게 되지만 혈연은 그렇지가 않다. 그러므로 여기서 한 말은 동기간처럼 변함이 없고 거리감이 없는 사랑을 원하는 것이라 할 수 있다. 그래야만 어디서나 신랑과 입 맞출 수가 있기 때문이다. "내가 밖에서 너를 만날 때에 입을 맞추어도 나를 업신여길 자가 없었을 것이라"(아 8:1)하였다. 즉 그녀는 오누이들 사이에서만 이루어지는 밀착된 관계를 신랑과 갖기를 열망했던 것이다. 만일 그녀의 사랑하는 자가 오빠라면 길에서 마음 놓고 입을 맞추더라도 누구 하나 비웃는 자가 없을 것이다. 지금도 베두인 유목민들은 같은 어머니를 가진 남 형제나 남 사촌만이 공중 앞에서 여형제에게 입을 맞출 수 있는 권리가 있다고 한다.[238]

그리고 영적으로 보면 '밖에서' 라는 말은 불신자들을 가리킨다고 할 수 있다. 남매가 세상의 이목을 피해 가면서 사랑할 필요가 없듯이 주님의 영적인 신부인 우리도 세상 또는 불신자들의 눈치를 보아가며 주님을 사랑할 필요는 없다. 만일에 세상 사람들의 비웃음이나 위협 때문에 그들 앞에서 주님의 사랑을 감추어야 한다면 이는 아직 주님의 참된 형제가 되지 못한 증거라 할 수 있다.

넷째 그녀가 갈구한 것은 신랑을 자기의 '어머니 집'으로 이끌어 들이고 그에게서 교훈을 받는 것이다. "내가 너를 이끌어 내 어머니 집에 들이고 네게서 교훈을 받았으리라"(아 8:2)하였는데, 여기서 '어머니 집'이란 사랑의 밀실 곧 교회를 뜻한다. 교훈을 받겠다 함은 마치 누가복음 10장 38-39절에서 마리아가 자기 집에 주님을 모시고 조용히 무릎 꿇고 앉아 주님의 가르침을 받던 것처럼 그분의 말씀을 듣고 배우고 싶다는 것이다. 주님의 영적 신부인 우리들도 마음의 밀실 속에서 신랑 되신 주님을 모시고 신랑이 주시는 교훈을 잘 들어야 한다.

다섯째 그녀가 갈구한 것은 신랑과 더불어 '석류즙'을 나누어 마시는 것이다. "나는 향기로운 술 곧 석류즙으로 네게 마시게 하겠고 너는 왼팔로 내 머리를 고이고 오른 손으로 나를 안았으리라"(아 8:2-3)고 한 그녀의 말 속에 그런 간절한 소망이 내포되어 있다. 석류나무는 가정의 평화와 자손의 번영을 상징하는 나무로서 당시 상류사회의 혼례식에서는 신랑과 신부가 석류즙을 나누어 마셨다고 한다.[239] 따라서 신부는 신랑을 집으로 데리고 와서 석류즙으로 빚어낸 향주(香酒)를 꼭 신랑에게 대접하고 싶었을 것이다. 이 술은 아직도 일부 중동 지역에서 인기가 있다고 한다.

'석류즙'은 고급 음료로 희락과 만족을 상징한다. 주님의 영적인 신부인 우리들이 주님께 대접할 수 있는 향긋한 술이란 '석류즙'과 같은 희락과 만족과 감사와 찬송의 생활일 것이다. 주님이 기뻐 받으실 것을 드리고자 하는 소망은 우리들의 어떤 다른 소망보다도 우선되어야 하겠다.

여섯째 그녀가 갈구한 것은 신랑을 흔들어 깨우지 않는 것이다. "예루살렘 딸들아 내가 너희에게 부탁한다. 내 사랑하는 자가 원하기 전에는 흔들지 말며 깨우지 말지니라"(아 8:4). 완전히 신부는 신랑의 품안에 안

기어 가슴을 맞대고 누웠으니 그 행복감이야말로 말로 다 표현할 수가 없다. 그래서 그녀는 그 행복의 순간이 영속되기를 바란다. 자기들의 행복을 방해하지 말라는 것이다. 신자는 주님이 다시 오실 때까지 사랑의 영속성을 지녀야 하고 은혜를 지속하여야 한다. 또한 주님의 품안에서 영원한 안식을 얻을 수 있어야 한다. 우리는 때때로 누군가의 손에 의해 잡히고 싶고 또 누군가의 품에 안기고 싶을 때가 있다. 그럴 때 우리는 우리의 신랑 되시는 주님의 팔과 품을 기억하고 조용히 기도하며 주님의 품안에 모든 것을 내맡겨야 한다.

이에 신랑이 "너를 말미암아 네 어머니가 고생한 곳 너를 낳은 자가 애쓴 그 곳 사과나무 아래에서 내가 너를 깨웠노라"(아 8:5)고 응답하였다. 가슴 두근거리며 그 첫사랑을 나누었던 고향 동네의 '사과나무' 아래서 신부를 깨우겠다는 것이다. 고향 동네는 모교회를 뜻한다고 볼 수 있고 '사과나무'는 그리스도를 표상한다. 잠시 그들은 사랑의 시련을 겪으면서 떨어져 있었던 때가 있었다. 이제는 다시 떨어지는 일 없이 그 첫사랑을 사과나무 아래서 다시 깨우겠다(회복)겠다는 것이다.

우리들도 신앙생활 중 첫사랑을 잃고 살아 갈 때가 많이 있다. 우리가 그리스도를 처음 만났을 때의 감정은 순수한 원천적인 기쁨이었다. 그러나 거친 세파에서 영혼은 메마르게 되고 자신도 모르게 모든 기쁨을 상실하고 말았다. 더욱이 우리가 실패하고 낙담될 때 우리는 주님이 주신 첫사랑과 은혜를 되새겨 볼 필요가 있다. 첫사랑의 고백이 계속되는 한, 사랑은 언제나 새롭게 아름다워질 수가 있다.

3) 완숙된 사랑의 성격

아가서 8장 6-7절은 완숙된 사랑의 성격을 표현한 말이다. 거친 들에서 야생말처럼 살던 양치기 아가씨 술람미가 주님의 모형인 솔로몬을 만나 사랑을 알게 된다. 자신과의 싸움과 모진 세파를 거치면서 완숙된 그녀의 입에서 흘러나온 사랑의 찬가다. 그녀가 찬양한 사랑의 성격은 어떤 것인가?

첫째 그것은 도장과 같이 마음에 품고 다녀야 할 사랑이다. "너는 나를 도장 같이 마음에 품고 도장같이 팔에 두라"(아 8:6)는 그 말에서 우리는 그 사랑의 첫 성격을 찾을 수 있다. '도장'은 자신의 권리를 대행하는 가장 귀중한 물건이다. 그러므로 도장 한번 잘못 누른 것이 신세를 망치는 경우도 있고, 그의 모든 권리를 빼앗기는 경우도 있다. 따라서 옛날에는 끈을 달아서 몸에 지니되(창 38:18), 목걸이처럼 목에 걸어 그것을 가슴에 품어 보관하기도 하고 오른 손에 차서 건사하기도 하며(렘 22:24), 혹 반지에 새겨 손가락에 끼기도 하였다(에 3:10; 창 41:42). 이렇게 몸에서 절대 떼어 놓지 않고 항상 지니고 다니던 반지처럼 신령한 성도의 모형인 술람미 여인은 도장에 비유되는 솔로몬 왕을 한시도 떼어놓지 않고 이 어디를 가든 무슨 일을 하든 항상 함께 살아갈 것을 원하였다.

남녀의 사랑은 뜨겁게 달아올랐다가도 금 새 식기 쉽고 꺼져버리면 까만 재만 싸늘하게 남을 뿐이지만, 하나님과 성도간의 사랑은 도저히 끊으려고 하여도 끊을 수 없는 그런 사랑이다. 하나님께서는 택한 백성의 이름을 손바닥에 새겼다고 하셨다(사 49:16). 이는 그의 백성을 잠시도 잊지 아니하시겠다는 뜻이다. 어머니가 젖먹이 어린 아이를 혹시 잊어버릴 수 있어도 주님께서는 결코 우리를 잊지 아니하신다(사 49:15). 보혈의 피로 맺어진 그리스도와 성도 사이에 맺어진 사랑의 관계는 끊으려고 하여도 끊을 수 없으며 떨어지려고 하여도 떨어질 수 없는 그런 관계이다. 그러므로 어느 곳을 가든지 무엇을 하든지 도장처럼 팔에 차거나 가슴에 두어야 한다.

둘째 그것은 '죽음보다 강한 사랑' 이다. "사랑은 죽음 같이 강하고 질투는 스올 같이 잔인하며"(아 8:6)라는 말씀 속에서 사랑의 두 번째 성격을 찾을 수 있다. 죽음은 누구도 막을 수 없는 것이다. 영웅호걸 열사도

왕후장사도 생자필멸(生者必滅)의 원리를 거역할 수 있는 자는 아무도 없다. 죽음 앞에 굴복당하지 않는 자가 없는 것 같이 사랑이 모든 것을 이긴다는 것이다. 사랑은 불가항력적일 때가 많다.

여기서 '질투'는 아주 나쁜 부정적인 의미가 아니고 사랑의 대상을 다른 자가 침범할 때 가지는 것으로서 일종의 변형된 사랑이라 할 수 있다. 그러므로 바꾸어서 이것을 열정적인 사랑으로 번역할 수도 있을 것이다. 그래서 델리취 같은 신학자는 이것을 '성난 사랑의 자기변호'라 하였고, 키트루이스 같은 이는 '투기는 사랑과 분노가 혼합된 성정'이라고 하였다. '스올'은 죽은 자들이 가는 곳을 뜻하는 것으로서(민 16:30; 시 55:15; 계 6:8), 역시 죽음의 세력과 동의어로 사용되었다고 할 수 있다. '음부같이 잔인하다'는 것은 견제 불가능함을 말한다(사 5:14; 욥 7:9). 음부는 어느 누구도 피할 수 없는 것이다. 이와 같이 사랑은 강하고 무서운 것이다. 주님과의 사랑은 바로 죽음보다도 강한 사랑이다.

셋째 그것은 '불보다 뜨거운 사랑'이다. "불길 같이 일어나니 그 기세가 여호와의 불과 같으니라"(아 8:6)고 했다. 물론 여기서의 불이란 꺼질 듯한 촛불을 말하는 것이 아니고 온 세상을 삼킬듯이 맹렬하게 타오르는 화염을 말한다. 불이란 적은 듯하지만 온 들과 산을 삼킬 수도, 온 세상을 태울 수도 있는 파괴력을 갖고 있다. 따라서 그녀가 찬양한 사랑은 사랑하는 사람을 온전히 소유하고자 하는 욕구가 불같이 일어나 도저히 끌 수 없는 그런 사랑이라 할 수 있다.

더구나 이 불은 주님께로부터 왔으므로 끌 자가 아무도 없다는 것이다. 여기서 말하는 주님의 불이란 욥기 20장 26절에 있는 바와 같은 사나운 '번개'를 나타내고 있다. 화염의 기세는 그 세력이 클수록 더 무섭고 강하다. 이런 사랑이 십자가를 통하여 나타났고, 이런 '사랑은 모든 것을 이긴다'(Amor vincit omnia)말로 표현될 수 있다. 그리스도의 사랑은 죽음까지도 이기셨다.

넷째 그것은 '물로도 끌 수 없는 사랑'이다. "많은 물도 이 사랑을 끄지 못하겠고 홍수라도 삼키지 못하나니"(아 8:7)했다. 여기서 많은 물은 바닷물을 가리키고 홍수는 강물을 가리킨다. 즉 불타오르는 신부의 사랑을 어떤 물, 아니 홍수라도 끌 수 없다는 것이다. 사랑이란 한 인간의 작은 마음속에서 느낌으로 시작되어 진행되어 가는 인간의 의사이지만 이것이 완숙하여지면 온 태평양의 물을 갖다 부어도 결코 꺼지지도 않는 뜨거운 열정으로 바꾸어지는 것이다. 따라서 인간은 사랑을 받지 않으면 살 수 없고 또 사랑을 하지 않아도 문제가 생기는 것이다.

물과 홍수는 환난과 핍박 및 박해를 비유한 것으로서 어떠한 재난도 성도들을 하나님의 사랑으로부터 절단할 수 없다는 것이다(롬 8:35-39). 우리도 주님을 사랑하되 아무도 삼킬 수 없는 뜨거운 열정을 가지고 우리의 생 모두를 드릴 수 있도록 사랑하여야 한다.

다섯째 그것은 '재물로도 바꿀 수 없는 사랑'이다. "그의 온 가산을 다 주고 사랑과 바꾸려 할지라도 오히려 멸시를 받으리라"(아 8:7)했다. 사랑은 생명 같은 것으로서 온 천하를 주고도 바꿀 수가 없는 것이다. 세상에서는 사랑을 돈으로 살려고도 하는 것이 사실이다. 그러나 사랑은 살 수도 없고 또 강압적으로 일으킬 수도 없으며, 또한 사랑은 강제로 없앨 수도 없다. 그것은 결코 은이나 금을 주고 감소시킬 수 있는 것이 아니다.

실로 사랑의 가치는 이 세상의 가치 즉 부귀, 영화, 재산, 명예보다 크고 귀한 것이므로 그것들과 바꿀 수 없다. 그런 인식을 가질 때 이 세상 모든 것을 바울처럼 배설물로 여기고 버릴 수 있다(빌 3:8). 그리고 자신의 생명을 희생 제물로 바칠 수가 있다(빌 1:20-21; 롬 14:8). 폴리갑은 화형당하는 현장에서 "86년 동안 주님께서 나를 모른다고 아니 하셨는데 내가 어찌 주님을 모른다고 하겠느냐"고 하면서 자기의 생명을 주님을 위해 바쳤다. 완숙된 사랑은 바로 이런 사랑이다.

4) 완숙된 사랑의 결실

아가서 8장 8-14절까지는 신랑 신부가 부르는 마지막 사랑의 노래이다. 이 노래 속에 드러나는 완숙된 사랑의 나무에 맺혀진 그 결실에 대해 살펴보겠다.

첫째 결실은 죽어가는 영혼들에 대한 '관심'(전도)이다. "우리에게 있는 작은 누이는 아직도 유방이 없구나. 그가 청혼을 받는 날에는 우리가 그를 위하여 무엇을 할까"(아 8:8)라고 하였는데, 여기에 반복되어 나오는 '우리' 라는 말은 신랑과 신부의 하나 됨을 가장 자연스럽게 드러내 주는 표현이다. 이 말은 신부가 사랑하는 자에게 한 말이라고 생각한다. 이 '작은 누이' 는 나이가 어리거나 키가 작은 여자를 가리키는 것이 아니라, 주님을 영접하기는 했으나 아직 믿음과 사랑에 있어서 성숙하지 못한 자를 말한다.

이 '작은 누이' 의 모습을 보니 '아직 유방이 없는 것' 이었다. 그 모습이 너무나 보기 민망하고 안타까워 '그가 청혼을 받는 날에는 우리가 그를 위하여 무엇을 할까' 하고 신부는 사랑하는 사람에게 넌지시 간청한다. 이 '작은 누이' 라는 말 속에는 우리 가족 뿐 아니라 모든 회개치 아니한 자들과 영적인 면에서 성장이 안 된 모든 자들이 다 포함된다.

주님의 영적 신부인 우리 성도들의 사랑이 완숙되면 목숨이 경각에 달린 불쌍한 영혼들의 구원에 관하여 자연스럽게 관심을 갖게 된다. 그것이 참된 은혜를 받은 사람의 현저한 특징인 것이다. 올바른 깨달음의 증거는 올바른 행동과 일치한다. 그리고 올바른 행동은 다른 영혼들의 유익을 위한 노력이나 기도로 나타날 것이다. 완숙한 사랑의 첫 열매는 회개치 아니하고 죽어가는 사람들과 주님을 영접은 했으나 영적으로 아직도 유방이 없는 자 곧 자라지 못한 미숙한 신자들을 말씀과 기도로 양육하고 훈련시키며 그들의 성장에 유익이 되는 일이라면 무엇이나 서슴지 않고 하는 것이다. 남을 섬기는 자가 가슴이 큰 사람이라 할 수 있다.

둘째 결실은 처음 믿는 신도들을 '양육' 하는 일이다. "그가 성벽이라면 우리는 은 망대를 그 위에 세울 것이요 그가 문이라면 우리는 백향목 판자로 두르리라"(아 8:9). 여기서 '작은 누이' 는 술람미 여인이 '디르사' 라고 하는 도성에 비유되었던 것처럼 성벽에 비유되었다. 예루살렘 성벽 위에는 190개의 돌로 지어진 망대들이 있었는데, 그것들은 성벽 자체만큼 견고하고, 그 돌들의 아름다움이나 접합부는 성전 그 자체에 결코 뒤지지 않는다고 한다. 히브리어로는 포탑(胞塔), 혹은 총안(銃眼)이 있는 흉벽(胸壁)을 뜻하는 그런 망대들이야말로 예루살렘 도성에다 위엄과 아름다움을 더해 주었을 것이 분명하다. 그것들은 하얀 대리석으로 지어진 듯 하고, 성전과 함께 예루살렘 성을 '온 지상의 아름다움' 으로 덧입혀 주었던 것 같다.

그리고 여기서 '작은 누이' 의 비유인 '문' 은 예루살렘 성전의 문들을 가리키는 것 같다. 열왕기상 6장 31-35절에 빗대어 보면 보통 문에다 백향목을 두른 솔로몬 성전의 감람목으로 된 문과 같은 여인이 '작은 누이' 라는 것이다. '성벽' 이 상징하는 바와 같이 '작은 누이' 의 품행이 견실하고 신앙의 정절을 진리를 파수할 때처럼 철저하게 지킨다면 먼저 된 완숙된 성도는 주님과 더불어 그 위에 '은 망대' 를 세워 더욱 굳게 지키게 하며 그 아름다움을 더욱 돋보이게 하는 데 협력을 아끼지 않겠다는 것이다. 만일 은 '망대' 가 없으면 아무리 건실한 성벽도 불안하고 또한 가치가 없으며 무용지물이 될 수도 있다. 그러므로 그 성벽이 안전하기 위해서는 '망대' 가 있어야 하듯이 성결하고 신뢰성 있는 '은 망대' 를 세워 돕겠다는 영적인 뜻을 갖는다.

또한 문이 상징하는 바와 같이 '작은 누이' 가 누구든지 밖에서 마음대로 들어올 수 있도록 문을 열어 세상의 유혹에 대항할 수가 없다면 매우 단단하고 내구력이 강한 백향목으로 널빤지를 만들어 둘러싸서 보호하겠다는 것이다. 담이 없는 문은 연약하기 이를 데 없고 또한 무용지물이라 할 수도 있다. 그래서 술람미 여인은 주님의 은총을 힘입어 백향목

판자문을 둘러서 담을 쌓아 그녀의 품성이 아름답고 거룩하게 변화도록 도와주겠다고 하였다. 참으로 협력하여 선을 이루는 것이 완숙된 성도들의 의무라 할 수 있다.

"나는 성벽이요 내 유방은 망대 같으니 그러므로 나는 그의 보기에 화평을 얻은 자 같구나"(아 8:10)라는 말은 바로 주님과 술람미 여인의 협력으로 인해 크게 은혜를 입은 '작은 누이'가 고백한 첫 번째 노래이다. 모든 더럽고 저속한 세상적인 것으로부터 불러내진 '작은 누이'는 자신을 '성벽'이라고 말하고 있는데, 이는 먼저 주님과 연합한 성도가 주님과 합력해서 이루어낸 위대한 결실이라 할 수 있다.

유방이 없었던 '작은 누이'는 주님과 술람미 여인의 노력으로 그 유방이 망대처럼 성숙하게 되었다. 즉 말씀이 풍부하여(살전 2:7; 벧전 2:2) 양육시키는 어머니의 사명을 감당할 수 있는 성도가 되었다. 유치하던 자가 성숙해서 이제는 성벽이 되고 유방이 망대처럼 부풀었으니 이제는 주님과 결혼을 할 만큼 성숙된 것이다. 망대에서 정찰과 수비를 잘하면 평화가 오듯이 성숙하게 되면 화평을 얻게 된다.

셋째 결실은 나만이 아니라 교회 또는 성도들의 공동 유익을 도모하는 것이다. "솔로몬이 바알하몬에 포도원이 있어 지키는 자들에게 맡겨 두고 그들로 각기 그 열매로 말미암아 은 천을 바치게 하였구나. 솔로몬 너는 천을 얻겠고 열매를 지키는 자도 이백을 얻으려니와 내게 속한 내 포도원은 내 앞에 있구나"(아 8:11-12). 솔로몬은 예루살렘에서 그다지 떨어지지 아니한 '바알하몬'이라는 지역에 기름지고 풍부한 포도원을 소유하고 있었다.

그 포도원에는 적어도 일천 그루 이상의 포도나무가 있었던 것 같다. 그것은 이사야 7장 23절에 의하면 한 세겔은 포도나무 한 그루의 가격이기 때문이다. 솔로몬은 천 그루씩 도지(賭地)로 포도원지기에게 나누어 주고 그 소출 중 은 일천 세겔을 도조(賭租)로 받았던 모양이다. 그런데 솔로몬과 술람미 여인이 결혼하게 됨으로 모든 솔로몬의 재산이 그녀와 공동소유가 되었던 것이다. 그것을 '내게 속한 내 포도원은 내 앞에 있구나'라고 표현하였다. 따라서 솔로몬은 술람미 여인이라는 포도원을 얻게 되었고 술람미 여인은 솔로몬의 포도원을 소유하게 된 것이다. 그것을 수익성으로 표시할 때 은 일천 세겔이라고 하였다(아 8:12). '열매를 지키는 자들'이란 곧 그녀의 오빠들 즉 보통 성도들을 가리킨다고 할 수 있다. 수익은 솔로몬만이 아니라 '포도원' 즉 교회 공동체 전체가 같이 보아야한다는 것이다. 이 기름지고 풍성한 포도원을 공동으로 소유하게 된 것이 완숙된 사랑의 중요한 결실이라 할 수 있다.

넷째 결실은 섬김의 정신과 미래 소망을 확고하게 갖는 것이다. "너 동산에 거주하는 자야 친구들이 네 소리에 귀를 기울이니 내가 듣게 하려무나"(아 8:13)라 하였다. 동산에는 과실수들이 있고, 그늘이 있다. 또한 저들이 목욕할 수 있는 장소나 우물이 있다. 이런 풍부한 동산에 술람미 여인이 솔로몬의 신부가 되어 그의 동산에 거하게 된 것을 가리킨다.

'친구들이 네 소리에 귀를 기울이니'라는 표현에 있어서 '친구들'이란 주님을 수종드는 성도들을 말하는 듯하다(벧전 1:12). 성도들의 수종은 기도와 찬미 소리로 나타낼 수 있다. 그 소리를 신랑도 애타게 듣고 싶어한다. 그래서 '내가 듣게 하려무나'라 하였다. 그에게 있어서 신부의 목소리를 듣는 것이 큰 기쁨이었다. 그래서 늘 노래를 불러줄 것을 요청하는 것이다.

이런 사랑의 증거를 받은 술람미 여인은 신랑이 빨리 오기를 대망한다. "내 사랑하는 자야 너는 빨리 달리라. 향기로운 산 위에 있는 노루와도 같고 어린 사슴과도 같아라"(아 8: 14). 이것은 주님의 재림에 대한 대망이기도 하고 주님의 임재에 대한 간절한 소망이기도 하다. 그의 임재는 '향기로운 산'을 뛰어넘는 노루와 사슴의 달려옴보다 더 많은 기민하고 순수한 기쁨을 주는 것이다. 여기서 '향기로운 산'들이란 영적으로는 천계(天界)를 가리킨다 할 수 있다.

요한계시록 22장 7절과 20절 "내가 속히 오리라"고 하니까 "아멘 주

예수여 오시옵소서"(마라나타)라는 말씀이 곧 미리 듣는 아가서의 결말이었다고 한다면, 사랑의 최종 완성은 하나님의 나라요 주님의 임재라 할 수 있다.

아가서의 핵심어(key word)는 '사랑' 이다. 요즘 세상에 가장 흔하고 싼 것이 사랑이 라는 말이다. 아무리 흔하고 싼 것이 사랑이라 하더라도 '사랑' 이란 우리 인간 생활의 활력소요 창조의 원천이 된다는 사실을 아무도 부정할 수 없다. 사랑이라는 미명 아래 온갖 사건들이 벌어지고 있지만, 사랑에 대해서 책임 있게 말하기란 그리 쉽지 않다. 그만큼 사랑이란 한 마디로 말하기가 어렵다. 그런데도 사람들은 저마다 여러 모양으로 사랑을 체험하고 그 나름대로 사랑의 본질을 잘 알고 있다고 생각한다.

사람들마다 사랑을 이야기하고 있지만 사실상 사랑이란 배우고 익히지 않으면 용이하게 알 수 있는 것이 아니다. 영적인 사랑도 마찬가지다. 더구나 이 영적인 사랑은 긴 과정을 거쳐서 비로소 성숙되고 완성되는 것이므로, 우리의 힘 만으로서는 불가능하고 존귀하신 하나님께서 베푸시는 은총의 힘에 붙들릴 때에만 이루어질 수가 있다. 이렇게 해서 이루어진 완숙된 사랑은 실로 놀랍고 엄청난 에너지로 나타날 수가 있다. 그 힘만이 혼탁한 현대인들의 사랑을 구원할 수가 있고, 세상 모든 것을 이길 수 있다. 또한 그 참된 사랑을 통해서 기쁨을 잃은 현대인들이 참 행복과 맑고 깨끗한 황홀감을 누릴 수가 있을 것이다.

각주)────────

158) 스튜워트 올리오트 저, 『전도서. 아가』, 이종수 옮김 (서울: 목회자료사, 1990), 73.

159) 위 책, 73.

160) 월취만 니 저, 『노래중의 노래』, 정동섭 역 (서울: 생명의 말씀사, 1982), 13.

161) J. C. Rylaarsdam, *Proverbs to Song of Solomon* (London: SCM Press, 1964), 7.

162) 북왕국의 수도였던 '디르사' (Tirzah-6:4) 같은 지명이 나오는 경우도 있기는 하지만, 그것은 솔로몬 사후 나라가 남북으로 갈려지기 전부터 '웅장하고 화려하고 든든한 성'으로 알려져 있었다. 그러므로 솔로몬이 그의 신부의 '아름다움'과 그 '위엄'을 비교할 때 예루살렘과 맞먹는 왕도의 위엄을 갖춘 디르사를 채용한 것이라고 볼 수도 있다. 따라서 '디르사'라는 지명만 가지고서 아가서가 솔로몬 시대 이후에 씌여졌다고 주장할 수는 없다.

163) 이경재 지음, 『사랑의 노래 중의 노래』 (서울: 기독교문사, 1985), 20-21.

164) 올리오트, 74.

165) Rylaarsdam, 136. 아가서 1:9-11; 4:1-7; 5:11-16; 6:4-10; 10:1-9 등의 사랑하는 사람들에 대한 묘사는 바빌로니아와 애굽의 연애시에서 흔히 볼 수 있는 그런 비유적인 표현들이다.

166) 조셉 딜로우 지음, 『아가』, 김선영, 김웅교 옮김 (서울: 홍성사, 1998), 142-47.

167) Rylaarsdam, 136.

168) 죠지 뷰로우 저, 최종태 역, 『솔로몬의 아가』 (서울: 도서출판 전망사, 1989), 24에서 재인용.

169) 윗책, 24에서 재인용.

170) 딜로우 참조.

171) 올리오트, 78.

172) 위 책, 78에서 재인용.

173) 박윤선 저, 『전도서. 아가서』 (서울: 영음사, 1985), 116.

174) 딜로우, 14.

175) 올리오트, 85.

176) 박윤선, 120.
177) 뷰로우, 123에서 재인용.
178) 입맞춤의 신비주의는 세 단계로 나누어 말할 수 있다. 첫째 단계는 발에 입맞춤하는 것이다. 그것은 회개(repentance)의 표지요 또한 정결(purification)의 표지이다. 둘째는 손에 입맞춤하는 것이다. 그것은 조명(illumination)의 단계이다. 그리고 마지막 단계는 입에다 입맞춤 하는 것이다. 이것은 곧 완성(perfection) 또는 합일(union)의 의미이다.
179) 딜로우, 14.
180) 여기서 향기롭고 아름답다고 묘사한 기름은 여러 의미로 해석을 한다. 첫째는 성령의 사역을 상징한다고 한다. 기름은 사람의 마음을 즐겁게 하며(잠 27:9) 사람의 얼굴을 윤택하게 하며(시 104:15) 기름은 화합일치를 이룬다(시 133:1-2). 이와 같이 성령이 충만한 곳에는 기쁨과 윤택과 화합일치가 있게 된다는 것이다. 또한 성령은 모든 삶의 윤활유가 되는 것이다. 둘째 기름은 예수 그리스도를 상징한다고 한다. "네 이름이 쏟은 향기름 같다"(1:3)라고 표현했을 때, 그 기름은 계피와 몰약과 창포와 감람유 등 향재료를 혼합하여 만든 것으로(출 30:23-24) 예수님의 이름을 찬양하여 말할 때 이 향유에 비교한다. 셋째는 십자가를 상징한다. 쏟은 향유 같다고 한 표현은 십자가를 표상 한다고 할 수 있다. 향유는 쏟아야 그 진가와 효력이 발생한다. 마리 아가 주 예수님의 발에 옥합을 깨뜨려 향유를 부음으로 그 방안에 향취로 충만케 했다. 예수님은 그 옥체를 십자가에 달아 깨뜨려 쏟으심으로 전 인류를 구하는 실로 사랑의 향취를 온 누리에 퍼뜨리셨다.

성부 하나님도, 성자 하나님도, 성령 하나님도 기름에 비유된다. 삼위일체가 어울려 사역하시는 일과 그 모습은 너무나 향기롭고 아름답다. 기름은 상처의 아픔을 덜어주고 짜증나고 권태로운 삶을 윤택하게 해주며 썩는 냄새를 제거해 준다. 주님이 우리에게 이런 일을 해 주신다.
181) 유동근 저, 『아가서에 묘사된 영적 체험의 단계』(서울: 해외선교센터, 1999), 7.
182) 솔로몬 시대에는 축제 준비로 목욕을 한 후에 몸에 기름을 바르는 풍습이 있었다고 한다. 잔체에 온 손님들의 이마에 향나는 연고를 발라서, 체온 때문에 조금씩 녹아내린 연고가 얼굴과 옷으로 흘러내려 기분 좋

은 향내를 풍기게 한 이집트의 풍습이 있었다. 그 풍습을 히브리인들은 받아드린 것이다.

183) 뷰로우, 133.
184) 아랍의 보통 여인들은 대부분 황갈색이기는 하지만, 왕비들은 그렇지 않아 피부가 흰데, 그것은 언제나 햇빛을 받지 않기 때문이라고 한다.
185) 딜로우, 16-17.
186) 나도 기름은 아주 귀하고 값비싼 연고로 유다에서는 외국 상인에게서 구할 수 있었다. 상인들은 그것을 아프리카 동해안이나 인도로부터 가져왔다.
187) 동양의 여성들은 다른 장식들보다 조그마한 향주머니들을 즐겨 사용하였다. 즉 냄새를 풍기기 위해 향품들이 가득 찬 향주머니를 사용하였던 것이다. 이 향주머니들은 목에 달아 가슴으로 드리웠다. 그러한 향주머니들은 지금도 페르시아 여성들 중에서 사용되고 있다고 한다. 저들은 가슴 아래로 드리워진 목걸이에 큰 향주머니들을 달아맨다. 이런 향낭들 중에 어떤 것들은 사람의 손만큼이나 큰 것도 있다. 보통 사용되는 향주머니들은 금으로 만들어진 것이며, 어떤 것들은 보석들로 덮여 있기도 하다.
188) 뷰로우, 186.
189) 딜로우, 23.
190) 이경재, 68.
191) 김홍규, 28.
192) 에발트(Ewald)는 이 짐승들이 일상생활에서 애호하는 동물 즉 사랑의 심볼이기 때문이라고 였고, 델리취(Delitzsch)는 이 짐승들이 완전한 자유 가운데 살고 있기 때문이라 했으며, 부데(Budde)는 이 짐승들의 사랑이 그렇듯이 놀라기를 잘하고 수줍음이 많기 때문이라고 하였다.
193) "겨울"이란 말은 히브리어로는 "마타르" 즉 "가려짐"으로 되어 있다. 팔레스타인의 겨울은 우기의 계절이기 때문에 하늘을 구름이 가려지고 있다. 겨울은 음울하고 추우며 초목의 성장이 정지되는 때다. 따라서 겨울은 자연 세계의 죽음과 영적 세계의 시험을 상징한다.
194) "비도 그쳤다"라는 말도 역시 봄이 왔다는 말과 같다. 여기서 비는 여름비가 아니라 겨울날의 궂은비로서 시련을 상징한다.

195) 꽃과 새는 낙원(천국)의 쾌적한 환경을 이루는 가장 중요한 요소 중의 하나다. 꽃은 아름다움을, 새는 행복한 노래 곧 찬양을 뜻한다.
196) "푸른 무화과"가 익는 시기는 유월절 전후다(막 11:13). 푸른 무화과가 익는 시기는 북방 유대인의 구원의 시기를 뜻한다(미 7:1).
197) 유동근 25. "무화과나무는 겨울을 통과해서 익는 열매다. 포도나무 꽃은 보기가 힘들다. 포도나무에 꽃이 피었다는 것은 반드시 포도가 열린다는 뜻이다. 이것은 주님의 십자가의 죽음 이후에 반드시 부활이 있다는 것을 뜻한다."
198) 박윤선, 141.
199) 김상배 목사 지음, ??솔로몬의 아가라?? (서울: 엘맨, 1995), 46.
200) 사랑하는 사람의 마음을 사로잡는 것은 "부드러운 소리"와 "아름다운 얼굴"이다. 이것을 영적으로 생각해 보면 "부드러운 소리"는 성도의 기도 소리와 찬송 소리 및 사상의 표현을 가리킨다 할 수 있고, "아름다운 얼굴"이란 인격과 품성의 아름다움을 뜻한다고 할 수 있다.
201) 김상배, 48.
202) 김홍규, 38.
203) 박윤선, 142.
204) 위 책, 147.
205) 김홍규, 94.
206) 뷰로우, 168.
207) 위 책, 191.
208) 위 책, 195.
209) 월치만, 80-81.
210) 뷰로우, 255.
211) 올리오트, 98.
212) 위 책, 151. 성경에 따르면 '누이'는 하나님의 뜻대로 행하는 자(막 3:35) 또는 주님의 마음에 드는 자를 가리킨다. '신부'를 애굽에서는 흔히 '누이'라고 부른다고 한다. 그리고 '신부'라는 호칭은 가장 성숙된 사랑의 대상을 부를 때 사용된다.
213) 동산은 동양적인 정원 특히 페르시아 풍의 정원을 말한다. 그 정원은 아름답고 꽃들이 만발하여 매우 향기롭고 샘물과 강물이 늘 흐르고 있어

식물들이 잘 자라며 각종 열매들이 생산되는 풍요로운 곳이므로 낙원 (paradise)의 원형이 된다. 여기서는 '과수원' (orchard-아 4:13)으로 표현되었다.

214) 딜로우, 133.

215) 위 책, 134.

216) 뷰로우, 302.

217) 올리오트, 109.

218) 김홍규, 84-85.

219) 윗책, 174.

220) 이경재, 147.

221) 뷰로우, 327.

222) 박윤선, 178.

223) 위 책, 178.

224) 吳徑熊, 222.

225) 김홍규, 94.

226) "디르사"는 사마리아의 북서쪽에 있는 도성으로서 여호수아 12장 24절에 따르면 가나안의 왕도 중의 하나로 알려져 있다. 이 도시는 여로보암 때부터 후에 오므리가 사마리아로 옮기기까지 열 족속 왕국의 수도였다.

227) 뷰로우, 329.

228) 박윤선, 156.

229) 뷰로우, 334.

230) 올리어트, 118.

231) 이경재, 159; Kylaarsdam, 157.

232) 김상택, 72.

233) 뷰로우, 344.

234) 박윤선, 189.

235) 뷰로우, 346.

236) 정봉조, 161.

237) 위 책, 164.

238) 올리오트, 121.

239) 이경재, 180.

끝맺는 말

지혜라는 말의 히브리어 '호크마'는 다양한 의미를 함축하고 있다. 일반적인 의미에서 지혜는 인생의 방향을 잡는 기술이며, 사람답게 살아가는 길을 가르치는 지식을 말한다. 이런 맥락에서 지혜의 본질적인 의미는 인간으로 하여금 슬기롭게 자신의 삶을 살아 갈 수 있게 하는 총체적인 능력 또는 '최상의 지성'이라 정의할 수 있다. 그러므로 지혜란 일상의 삶 안에서 겪는 체험에 뿌리를 둔 사고 방식으로서 시간과 공간을 초월해서 모든 사람들에게 보편적으로 적용될 수 있고, 특정한 문학양식을 통해 표현된 전통적인 가르침으로 이해될 수 있다.

히브리 현자들은 자주 인생을 등산에 비유하는데, 등산할 때 우선 중요한 것이 길을 아는 것과 등산로의 표지판을 잘 이용하는 것이다. 어떤 사람이 길도 모르고 표지판도 무시한 채 산행을 계속한다면, 그는 사고의 위험이 가득 찬 길을 걷게 된다. 인생도 이와 비슷하므로, 그 올바른 목적지에 잘 도착하기 위해서는 올바른 길을 알아야 한다. 길을 안다면, 그것은 이미 성공적인 삶을 시작인 셈이 되는 것이다. 더구나 표지판을 잘 이용하면 아주 거뜬하게 산을 오를 수 있듯이 우리 인생도 표지판과 같은 역할을 해주는 지혜를 갖고 있으면 바른 인생길을 갈 수가 있다. 그래서 히브리 현자는 "훈계를 지키는 자는 생명 길로 행하여도 징계를 버리는 자는 그릇 가느니라"(잠 10:17)고 하였다. 이처럼 지혜문학은 참다운 인생의 길을 안내해 주는 이정표나 표지판과 같은 것이라 할 수 있다.

또 어떤 사람은 인생을 망망한 대해로 조각배를 타고 항해하는 방랑자와 같다고 한다. 풍랑이 일고 있는 바다가 현실 세계의 상징이라면, 배는 교회의 상징인 것이다. 이 세상은 매우 험난하고 격랑이 이는 바다다. 그래서 불가에서는 이 세상을 고해(苦海)라고 한다. 그러나 배에 비유되는 교회 안에 있으면 하나님께서 직접 선장이 되어 우리 인생들을 조종해 주신다. 그러나 교회 안에 있어도 노가 없으면 하나님의 은총의 인도를 받을 수가 없다. 노는 바다를 항해하는데 있어서 필수적인 수단이 된다. 그러면 그 노가 무엇인가? 그것은 한 마디로 말해서 기도다. 노와 같은 기도와 나침반과 같은 성경 말씀 특히 지혜의 말씀은 하늘나라를 찾아가는 순례자들에게 있어서 가장 요긴한 무기요 도구가 될 수 있다.

그것이 또한 지혜서의 매력이라 할 수 있다. 다시 말하자면 그 매력은 '어떻게 하면 삶을 최대한 향유할 수 있을까' 하는 질문에 대한 안내 역할을 한다는 것이다. 여기서 삶이란 단순히 목숨의 연장이나 장수를 뜻하는 것은 아니다. 인간의 감정과 이성, 육체와 정신 등 인생의 기쁨과 행복 모든 것을 포함하는 전체적인 의미를 갖는다. 따라서 지혜 문학에서 가르치는 삶의 지혜는 인생의 어떤 한 면만을 다루는 부분적인 것이 아니라 모든 면을 소중하게 다루고 있다는 것을 잊지 말아야 한다.

그러나 소중하고 가치 있는 삶을 사느냐 못 사느냐하는 것은 우리 인간들의 선택 여하에 달려 있다. 현명한 선택을 하면 생명 샘에 이를 수 있지만 우매한 선택을 하면 사망의 음침한 골짜기로 헤매게 된다. 현명한 선택을 하는데 꼭 필요한 것이 지혜다. 지혜는 빛과 같은 명석한 통찰력이요 오리무중(五里霧中) 속에서도 헤쳐 나갈 수 있는 권능의 막대기요 알성 달성한 인생사를 밝게 분별해서 바른 길을 선택하게 하는 선별 능력(選別能力)인 것이다. 지혜 문학은 인간들의 이런 현명한 선택과 책임 있는 결단을 내리도록 도와주는 지침서라 할 수 있다.

물론 이 지혜의 원천은 하나님이시므로 인간은 이 지혜의 빛을 받아 살아야 한다. 하나님으로부터 이 지혜의 빛을 받으려면 생사결단의 기도와 영적인 능력과 기술을 배워서 습득하여야만 한다. 인간의 자기 능력만을 가지고서는 어리석은 선택을 할 수밖에 없고, 그렇게 되면 인생은 죽음과 멸망의 길로 들어설 수밖에 없기 때문이다.

성경은 이런 지혜를 배우는 학교이고 지혜문학은 그 교과서다. 그 교과의 내용은 인생 커리큘럼 그 자체다. 율법과 예언, 역사와 시가, 그리고 지혜로 이루어진 성경 중에서도 지혜서는 인간의 구체적인 삶을 다루고 있다. 우리 각자의 하나밖에 없는 인생이 더없이 귀하고 소중하다는 것을 인식하고 삶을 풍요롭게 만드는 것은 우리가 하여야 할 역할이요 책임이다. 지혜문학은 그 방법과 길을 가르치고 비추는 인생의 등불이 된다. 그러나 등잔만 있고 기름도 없고 등잔에 불을 켜줄 분도 없다면 모든 것이 다 허사다. 그것을 해주시는 분이 바로 하나님이시다.

모든 역사와 지혜의 근원은 본래 하나님이시므로 하나님을 경외하는 것이 우선되어야 한다. 그래서 욥은 오직 하나님께만 지혜와 능력이 있으며, 경륜과 슬기도 그분만의 것이라고 증언하고 있고(욥 12:13), 전도서의 저자 역시 하나님께서 당신 마음에 드는 사람에게 지혜와 지식과 즐거움을 내리신다고 고백하고 있다(전 2:26). 따라서 인간은 하나님께서 주시는 지혜를 찾을 때 비로소 인생의 방향을 제대로 잡아나갈 수 있으며, 사람답게 사는 법을 배우게 된다. 실제적으로 인간 지혜의 한계성을 체험한 인간은 참된 지혜가 하나님께로부터 옴을 깨닫게 된다.

참된 지혜는 하나님께로부터 오지만 우리 인간도 세상과 인생 안에서 우리가 하여야 할 역할과 책임을 최선을 다해 감당하여야 한다. 행함이 없는 믿음은 죽은 것이다. 그러니까 믿음을 갖는 것도 중요하지만 믿음 안에서 행하고 사는 것도 못지않게 중요하다. 기도만 하고 말씀을 연구하는 것만으로 우리의 믿음생활이 그치고 만다면 하나님 앞에 홀로 선 책임 있는 존재라 할 수가 없다. 하나님께서는 인간이 자신의 미래를 선택할 자유와 권한을 주셨다. 그러므로 참다운 삶을 누리기 위해서는 각자가 선하고 책임성 있는 삶을 살아야 한다. 이것이 지혜 문학이 가르치는 신앙의 척도이기도 하다. 즉 신앙이 있다는 것은 주어진 삶을 착하고 열심히 산다는 것을 의미한다고 지혜문학을 가르치고 있다.

> 저자와 협의하에
> 인지부착을
> 생략하였음.

슬기로운 삶의 기술
히브리 지혜문학의 이해

2010. 4. 15 초판 인쇄
2010. 4. 20 초판 발행

지은이 조 신 권
발행인 김 영 무

발행처 : 도서출판 아가페문화사
156-094 서울 동작구 사당4동 254-9
전화 3472-7252, 3   팩스 523-7254
등록 제3-133호(1987. 12. 11)

보급처 : 아가페문화사
156-094 서울 동작구 사당4동 254-9
전화 3472-7252, 3   팩스 523-7254
온라인 우체국 011791-02-004204 (김영무)

정가 23,000 원

ISBN 978-89-8424-108-4   03230